田宮　裕博士追悼論集　上巻

謹んで
田宮　裕先生に捧げます

執筆者一同

田宮　裕先生

1983年立教大学法学部長の頃

田宮 裕博士追悼論集

上巻

廣瀬健二・多田辰也 編

信 山 社

世話人

五十嵐紀男
井 上 正 仁
佐 藤 博 史
多 田 辰 也
廣 瀬 健 二
松 尾 浩 也
松 本 時 夫

（五十音順）

はしがき

本書は、田宮裕博士に対する追悼の想いをこめた書物である。田宮さんは、一九九八年秋から入院加療中であったが、年が改まるとともに容態が急変し、ひたすら回復を願う御家族や友人たちの祈りも空しく、一九九九年一月一二日に永逝された。その後、博士自身の論文集二冊が刊行されたが（『刑事法の理論と現実』、『変革のなかの刑事法』）、さらに関係者の間で、追悼の論文ないし随想文を集めて出版しようという議がまとまった。呼びかけに応じて寄せられた作品は、学界、実務界の双方から多数に上ったので、上下二巻に分けて順次刊行されることになる。

田宮さんも筆者も、刑事訴訟法学者としての生活は、東京大学法学部を卒業し、助手に採用されたときから始まった。もっとも、最初はすべてが見様見真似の修業であり、助手論文を提出してようやくこの世に存在するに至るというべきであろう。いわば一個の細胞が発生するのである。その「細胞-TAMIYA」が分裂を開始したのは、――筆者の見るところでは――ミシガン大学における在外研究の時期にほかならない。ミシガン大学は、アメリカの中西部の小都市、アナーバ（Ann Arbor）に在る。田宮さんは、二年間の留学を終えて帰国した翌年、随想「アン・アーバーのことども」を発表した（法学教室〈第一期〉七号）。そこには、ミシガン・ロー・スクールのすべてが、八葉の写真を交えて、生き生きと描きつくされている。美しいキャンパス、豊饒なライブラリ、教室の風景、法学教育の理論と実践、そして大学を中心に置くコミュニティ。まだ二〇代の若い田宮さんは、図書館の小部屋で「縦横に、心おきなく勉強」し、外に出ては「愛用の56フォード」を走らせて町の内外を駆けめぐり、大きな充足感とともに六〇年から六二年までの二年間を過ごしたのである。

一九六一年、アメリカ合衆国最高裁判所は、Mapp v. Ohio を言い渡して、刑事司法革命の火ぶたを切った。田宮さんは、早速これを日本に報告し、「わが国では最高裁は、この(違法収集証拠の)問題についてはまだ白紙の立場にあるが、将来正面から対決しなければならない」と結んだ(判例時報二八八号)。その後のギデオン、エスコビード、ミランダなどの判例にも、その都度直ちに関心を寄せ、その意義を説いた。「細胞分裂」は帰国後も力強く続いたのである。田宮さんの書く論文には「デュー・プロセス」の語が躍動した。第二論文集の題名は、端的に『刑事訴訟とデュー・プロセス』であった。三年遅れてミシガン大学に留学した筆者も、基本的には「アン・アーバー」で田宮さんと同じ体験をし、ロー・スクールの「ゴチックの様式が、優美で沈んだ光彩を放っている」校舎の生活を味わったが、しかし、「キラキラ光った芝生が一面に輝いて、オゾンをいっぱい含んだ西風が揺れる」という境地には達しなかった。それは、留学年齢の違いの故だったかも知れないし、アメリカ自体が大統領暗殺やベトナム戦争の行詰まりで、自己反省を始めていたためかも知れない。筆者が帰国した六五年は、日本がちょうど「恍惚と不安の昭和四〇年代」を迎えたときだった。間もなく田宮さんは、北海道大学助教授から立教大学教授に転じ、そして大学紛争の激浪が始まった。

キャンパスでは「悪戦苦闘の日々」が続いたが、しかし田宮さんは、筆硯豊かに研究成果の発表を重ねた。現在の若い研究者の方々には奇異に響くことを恐れるが、我々の世代にとっては、アメリカ刑事司法との距離をどう設定するかが最大の問題であり、共通の関心事だった。田宮さんがこの「距離」をミニマイズしようとし、筆者がこれをかなり大きく設定したことは事実である。田宮さんもそのことを絶えず気にし、「刑事訴訟法の展開と英米法の影響」、「刑事訴訟法の発展と英米法――比較刑訴法のための序説」、「刑事訴訟法に対する外国法の影響」などの論文が書かれた（『刑事手続とその運用』所収）。むろん、アメリカ自身も変化を重ねている。田宮さんは、最初の留学からちょうど三〇年後、一九九〇年一〇月にミシガンを再訪した。「アナーバーは、あの時と同じようにやさしかった。ロー・スクールの白い荘重な石造りの建物も、秋の陽を受けて昔のままのたたずまいであった。目を閉じれば、アメリカ法を学びはじめた若き日が心の中に躍るように甦ってくる。」田宮さんはそう述懐したが、同時に「今日のアメリカでは、かっての自信満々の相貌はすっかり色あせたように感じられる。犯罪の大波、刑事司法の非能率、手続の混乱や不統一、あいも変らぬ人種・人権問題等、困難で大きな課題が刑事法の岸辺にどっと押しよせている」と付け加えざるを得なかった（『刑事手続とその運用』「はしがき」）。アメリカは、――手続法的にはデュー・プロセスを堅持しながらも――犯罪対策を強化し、とくに実体法の面では著しい重罰主義に移行しようとしていたのである。

　田宮さんの胸中には、この三〇年間は何であったのかという想いが去来したに違いない。しかし、田宮さんは、決してアメリカ法と訣別しようとはしなかった。法制審議会刑事法部会で通信傍受立法の採否を論じた際、田宮さんはこれに賛成したが、「近代化」と「現代化」という二つのタームを使い分けて、捜査は「変容を遂げる」ものであり、通信傍受立法は「英米法化のアナザー・ステップ」であると論じた。一見難解な主張であったが、筆者には、その行論はよく理解できるように思われた（『変革のなかの刑事法』「あとがき」参照）。二人は、共著として一冊の本を書き、また十二冊の本を共同で編集した。「青春の夢」はそれぞれの形をとったが、「老境の悟り」は多分に重なり合っていたと思う。双曲面は、xが原点に向かうとき、yもまた原点に近づく。我々の生も、ほどなく原点に収斂するのである。

本書の出版に際しては、書肆信山社の誠実な協力があり、また世話人である廣瀬健二(東京高等裁判所判事)、多田辰也（大東文化大学法学部教授）両氏の絶大な努力があった。お二人はともに立教大学で田宮教授の教えを受け、さらにその後も学問上の縁故の深かった人たちであるが、寄稿の依頼、原稿の整理、論文及び随想文の配列策定など、煩瑣な作業をすべてやり遂げて下さった。両氏にとっては師恩に報いる自然の道筋であったに相違ないが、筆者は田宮さんの長年の友人として、まず両氏に深く感謝したい。さらに、本書の企画に賛同し寄稿して下さった方々、ならびに信山社編集部の皆さんにも、心からお礼を申し上げたい。

二〇〇一年二月一二日

松尾浩也

上巻　目次

目次

執筆者紹介（掲載順）

鈴《すず》木《き》義《よし》男《お》	元札幌高等検察庁検事長	内《うち》田《だ》文《ふみ》昭《あき》	神奈川大学法学部教授
佐《さ》藤《とう》英《ひで》彦《ひこ》	警察庁次長	林《はやし》幹《みき》人《と》	上智大学法学部教授
渡《わた》辺《なべ》修《おさむ》	神戸学院大学法学部教授	河《かわ》上《かみ》和《かず》雄《お》	駿河台大学法学部教授・弁護士
渡《わた》辺《なべ》咲《さき》子《こ》	東京高等検察庁検事	原《はら》田《だ》國《くに》男《お》	水戸地方裁判所長
鈴《すず》木《き》茂《しげ》嗣《つぐ》	近畿大学法学部教授	平《ひら》川《かわ》宗《むね》信《のぶ》	名古屋大学大学院法学研究科教授
植《うえ》村《むら》立《りつ》郎《ろう》	函館地方・家庭裁判所長	福《ふく》井《い》厚《あつし》	法政大学法学部教授
木《き》谷《たに》明《あきら》	公証人	小《こば》林《やし》充《みつる》	東洋大学法学部教授
板《いた》倉《くら》宏《ひろし》	日本大学法学部教授	小《お》田《だ》中《なか》聰《とし》樹《き》	専修大学法学部教授
浅《あさ》田《だ》和《かず》茂《しげ》	大阪市立大学法学部教授	加《か》藤《とう》晶《あきら》	元警察大学校特別捜査幹部研修所長
井《い》戸《ど》田《た》侃《あきら》	大阪国際大学法政経学部教授	菊《きく》池《ち》信《のぶ》男《お》	帝京大学法学部教授
光《みつ》藤《どう》景《かげ》皎《あき》	摂南大学法学部教授	小《こ》暮《ぐれ》得《とく》雄《お》	平成国際大学法学部教授
渡《わた》邉《なべ》一《かず》弘《ひろ》	最高検察庁刑事部検事	小《こ》林《ばやし》芳《よし》郎《ろう》	弁護士
香《か》川《がわ》達《たつ》夫《お》	学習院大学名誉教授	澤《さわ》登《のぼり》俊《とし》雄《お》	國學院大学名誉教授
内《ない》藤《とう》謙《けん》	創価大学名誉教授	田《た》中《なか》康《やす》郎《ろう》	司法研修所教官・判事
山《やま》口《ぐち》厚《あつし》	東京大学大学院法学政治学研究科教授	千《ち》葉《ば》裕《ひろし》	公証人
曽《そ》根《ね》威《たけ》彦《ひこ》	早稲田大学法学部教授	所《ところ》一《かず》彦《ひこ》	東亜大学通信制大学院教授
町《まち》野《の》朔《さく》	上智大学法学部教授	庭《にわ》山《やま》英《ひで》雄《お》	弁護士
川《かわ》端《ばた》博《ひろし》	明治大学法学部教授	古《ふる》田《た》佑《ゆう》紀《き》	法務省刑事局長
伊《い》東《とう》研《けん》祐《すけ》	名古屋大学大学院法学研究科教授	前《まえ》田《だ》雅《まさ》英《ひで》	東京都立大学法学部教授

田宮　裕博士追悼論集　上巻

Ⅰ 刑事訴訟法

1 挙動不審者停止の要件としての合理的な嫌疑
──アメリカ合衆国最高裁判所の最近の二判決から──

鈴木義男

はじめに

わが国の職務質問および所持品検査に近い概念として、アメリカでは「停止と捜検」(stop and frisk) という言葉が用いられる。停止とは、不審な挙動をする者または犯罪に関わりがあると思われる者を停止させて、犯罪を犯したかどうか、また、犯罪を犯そうとしているかどうかを調査することである。調査の主たる方法は本人に対する質問であるが、無線で警察本署に連絡して、本人や犯罪に関する情報を入手することも少なくない。他方、捜検とは、着衣の外部に手を当てて危険物などを所持していないかどうかを確かめる行為であり、pat down とも呼ばれる。挙動不審者を建物の壁や自動車に向かって立たせ、または地面に伏せさせたうえ、両手を挙げさせて背後から危険物の有無を確かめるのであり、その場面は映画やテレビにもしばしば登場する。

周知のように、アメリカ合衆国最高裁（連邦最高裁）は、一九六八年のTerry判決で、(1)これらの捜査方法が正当化される場合があることを認めるとともに、それが許容されるための要件を明らかにした。すなわち、不審な挙動から見て、犯罪を犯したことまたは犯そうとしていることについて「合理的な嫌疑」(reasonable suspicion) がある者に対しては、その場で停止させて事情を確かめることができ、その者が武器その他の凶器を所持している可能性があるため、その攻撃から警察官または第三者の安全を守る必要があると認められる場合には、捜検を行うことができるとしたのであった。

この判決は、それまでの実務において必ずしも統一的な理解のなかった分野につき、連邦最高裁としての考え方をかなり明確な形で示したものであり、その後の判例および実務を導く出発点となった。アメリカにおける一九六〇年代以後の判例の動きを見ると、いったん宣言された法原則が後の判決で覆され、あるいは、正面から否定されるには至らないにしても、その適用範囲に関する判例の積重ねにより、当初は予想もされなかったような変化が生じた場合も少なくない。これに反し、Terry判決の法理は、その後の判例において忠実に踏襲され、これを個々の事案に当てはめるという作業が積み重ねられてきたと言えよう。一九九九年開廷期にも、停止の要件としての「合理的な嫌疑」が認められるかどうかを審査した二つの判決(2)が出されたが、いずれも事例判決に近いものである。本稿では、この二判決を紹介することにより、容疑者の停止とこれに続く引留め (detention) に関する連邦最高裁の考え方を整理することとしたい。

田宮博士は、Terry判決の重要性にいち早く注目し、同判決および後続の判例を詳しく紹介されたが、一方では、停止と捜検あるいはこれに類する捜査方法が不可欠なものであることを指摘するとともに、他方では、それが個人の自由と人権を侵害するおそれもあるところから、その要件を明確にしてその行き過ぎを防止する必要性を強調し、とくに、わが国の実務では所持品検査が濫用されているとして厳しい警告を発せられたのであった。(3)博士の余りにも早いご逝去を悼む文集が編まれるにあたり、生前の博士が強い関心を抱かれた分野に関しささやかな論稿を寄せることができるのは、多年にわたり親しくご厚遇を得てきた者にとって、博士の霊を慰め自らもまた悲しみを和らげるまたとない機会である。

一　最近の二判決

まず、本年に入って言い渡された二つの判決の紹介から始めよう。

1　Illinois v. Wardlow

事案の概要　シカゴ警察の特殊捜査班に所属する警察官 Nolan と Harvey は、一九九五年九月九日、薬物事犯捜査のため市内の薬物取引中心地に向かって集結する四台の警察車のうち最後の車に乗っていたが、Nolan は、ある街角を通り過ぎるとき、被上告人 Wardlow が透明な袋を持ってビルの近くに立っているのを見た。Wardlow は二人の警察官を見て急に逃げ出したが、二人は車で追跡して彼を追いつめ、車から出た Nolan が Wardlow を停止させた。Nolan は、自分の経験から見て、薬物取引の行われるような場所ではしばしば武器が用いられるので、危険回避のため Wardlow に対して武器の捜検をしたが、Wardlow が所持していた鞄を押さえると、銃の形をした重くて固い物に触ったので、鞄を開いて実弾五発の入った拳銃を見つけ、Harvey とともに Wardlow を逮捕した。

イリノイ州公判裁判所は、拳銃に関する証拠排除の申立てを棄却し、重罪前科者による武器の不法使用で被上告人に有罪を言い渡した。しかし、同州上訴裁判所は、Nolan には調査のための停止を正当化する合理的な嫌疑がなかったと認定し、銃の証拠排除をして有罪判決を破棄した。州最高裁もこの結論を支持し、犯罪多発地域で警察官を見て突然逃げ出すというだけでは、合理的な嫌疑の認定に不十分であるとした。連邦最高裁は州側の上告申立てを受理した。

判旨――破棄差戻し　Rehnquist 長官による法廷意見(4)の要旨は、以下のとおりである。

当裁判所は、Terry 判決において、犯罪活動が行われようとすることについて合理的な嫌疑を抱いた警察官が調査のため市民を短時間停止させても、修正四条に違反はしないと判断した。「合理的な嫌疑」というのは、「相当な理由」(probable cause) より緩やかな基準であり、「証拠の優越」(preponderance of evidence) よりも低い証明で足りるが、修正四条は、停止を正当化する最低限の客観的根拠の存在を要求する。犯罪活動に関する単なる勘では足らず、具体的に説明の可能な (particularized) 嫌疑がなければならない。

本件において、Nolan その他の警察官は、薬物取引の中心として知られる地区に集まりつつあったのであり、取引関係者を含む多くの人に遭うことを予期していたが、Wardlow を調べようとしたのは、彼が警察官を見て逃げ出したからである。もちろん、ある個人が犯罪活動の予想される地区にいるというだけでは、犯罪を犯しているという合理的で説明可能な嫌疑があるとは言えない。しかし、情況が調査を許すほどに疑わしいものかどうかの決定にあたり、場所の特性を考慮してならないというものではない。停止が「犯罪多発地区」(a high crime area) で行われた事実も、考慮に加えて差支えない。しかも、本件で警察官が嫌疑を抱くに至ったのは、Wardlow が薬物取引の中心地にいただけではなく、警察官を見るなり自分から逃げ出したからである。当裁判所の判例は、神経質そうな、人を避けるような (nervous, evasive) 挙動が合理的な嫌疑を決定する際の重要な要素になることを認めている。(5) 突然の逃走はまさに人を避けるための行動である。疑わしい行動からどういう推認をすることができるかについては、実証的な研究があるわけではなく、人間行動に関する常識的な判断と推理に頼るほかはない。警察官 Nolan は、Wardlow が犯罪活動に関与しているものと疑い、調査を進めたことについて、十分な理由があった。

当裁判所は、Royer 判決(6)において、合理的な嫌疑がないのに警察官が市民に接触しようとしたとき、市民には警察官を無視して自分の望むことをする権利があると述べたが、本件はこれと矛盾しない。市民が協力を拒んだからといって、停止に必要とされる客観的な根拠が生ずることはないが(7)、自分から逃げ出すというのは、単なる協力拒否でもないし、自分の望むことをすることでもない。警察官の面前で逃走する者を停止させて調査することを認めたからといって、自分の望むことをする市民の権利を侵すことにはならない。

被上告人は、警察官を見て逃げる行為が犯罪と関係のない理由によることも少なくないと主張する。たしかにそのとおりであるが、だからといって停止が修正四条に違反することにはならない。Terry 判決では、二人の男が店の前を行ったり来たりして店内を覗き込み、互いに相談し合うという行動が問題となったが、そのこと自体は法に触れるわけではないにしろ、強盗の下見をしていると疑われる事情ではあったのだから、警察官には二人を停止させて事情を確かめる権限があるとされたのである。

合理的な嫌疑による停止を認めれば、無実の人を引き留めてしまう場合も生ずる。しかし、この危険は、相当な理由に基づく逮捕にも伴うものである。停止あるいは引留めは、短時間の調査をするためのもので、逮捕に比べ個人の権利を侵害する程度は小さい。犯罪について相当な理由があることを示すような状況が生じた場合を除いて、短時間の調査がすめば市民は自分の望むことに戻れるのである。しかし、本件では、被上告人が拳銃を所持していることが分かり、イリノイ州銃器規制法違反として逮捕されるに至ったのである。

一部賛成一部反対意見　Stevens 裁判官の意見(8)はかなり長いが、要するに、法廷意見が Terry 判決に基づいて展開する一般論には賛成しつつも、警察官 Nolan が Wardlow を追跡して停止させたことを正当化する合理的な嫌疑は認められないとし、承認された法原則の本件における具体的適用に反対する。

まず、法廷意見が、警察官を見て逃走する行為はそれだけで合理的な嫌疑を抱かせるのに十分だとする州側の主張と、警官を見て逃走したというだけで合理的な嫌疑を基礎付けることはできないとする被上告人の主張とをともに排斥したことに賛成し、合理的な嫌疑の有無は、一定の事情の存否により画一的に判断するのではなく、停止が行われた具体的な情況を総合的に考慮して決定しなければならないとする。そして、警察官を見て逃走する行為といっても、その動機は千差万別であり、犯罪とは関係のない事情で警察官との接触を避けようとする場合も少なくないのであって、とくに少数民族居住地域や犯罪多発地域においては、必ずしも犯罪とは関係のない理由から警察官を避けようとする住民が多いと指摘する。本件については、提出された証拠が十分でなく、Nolan の証言も極めて短いものにすぎず、Wardlow が犯罪活動に何らかの関わりがあったと推認できるような具体的証拠は見当たらないとし、停止行為が薬物取引の中心地で行われたという事情を考慮に入れても、Nolan が合理的な嫌疑をもって行動したとは認定できないと結論する。

2　Florida v. J.L.

事案の概要　一九九五年一〇月一三日、匿名の人物がマイアミ＝デイド警察署に電話をかけ、あるバス停で格子縞模様のシャツを着て立っている黒人の若い男が銃を持っているという情報を提供した。その人物が誰かは全く知られていなかったが、二人の警察官がバス停に赴き、三人の黒人男性がぶらぶらしているのを見た。そのうちの一人は格子縞模様のシャツを着ていたが、匿名の情報以外には、三人の誰かが違法な行動をしていることを窺わせるような情況は全くなかった。しかし、警察官の一人はJ.L.に近づき、バス停の壁に向かって手を挙げさせて捜検をし、ポケットにあった銃を差し押さえた。もう一人の警察官が他の二人を捜検したが、何も発見されなかった。

一六歳までにまだ一〇日あったJ.L.は、許可なく銃器を隠し持っていたことおよび一八歳未満なのに銃器を所持していたことで訴追されたが、違法な捜索の果実であるとして銃の証拠排除を申し立て、公判裁判所はこれを認容した。中間上訴裁判所はこれを破棄したが、フロリダ州最高裁は、捜索は修正四条違反になるとした。すなわち、匿名の情報は身元の知れた情報提供者からの情報に比べて信頼性に乏しく、それが信頼性を示す具体的な徴表（specific indicia of reliability）によって補強されていない限り、合理的な嫌疑を基礎付けるものではないと判断した。州側の上告申立てが受理された。

判旨――上告棄却　判決は全員一致によるものであり、Ginsberg 裁判官による法廷意見の要旨は、以下のとおりである。

本件でJ.L.が銃を携帯しているという警察官の疑いは、身元の分からない者が特定できない場所からかけてきた電話の情報だけから生じたものである。名前の分かっている情報提供者なら、その評判を確かめることもできるし、もし情報が根拠のないものであれば責任を問うこともできるのであるが、匿名の情報では提供者の知識や信頼度を明らかにすることがほとんどできない。もちろん、匿名の情報であっても、その信頼性を補強するのに十分な徴表が存在するのであれば、疑われている者に停止を求めるに足る合理的な嫌疑が基礎付けられるであろう。

本件と対比できるWhite事件(9)では、匿名の情報がある女性によるコカインの所持を通報するだけでなく、彼女が特定の時刻にアパートを出、特定しうる車に乗って特定のモーテルに向かうことを予測していたのであった。警察は彼女の動静を見守り、情報提供者の予測が正しかったことを確かめてから、モーテルの近くで彼女に説明を求めたのであった。ある者の将来の行動を正確に予測していたという事実は、情報提供者が容疑者の動静を知りうる立場にあり、したがって、コカインを所持しているという情報の信頼性を裏付けるものと見ることができる。もちろん、容疑者の将来の行動を予測できたからといって、コカインの所持に関する情報が常に信頼できるわけではない。その意味で、当裁判所は、White事件を一種の限界的事例と位置付けたのであった。

しかし、本件の匿名情報にはその信頼性を補強しうるような事情が全く存在しない。州側は、容疑者の服装や外貌に関する叙述が正しかったことによって情報の信頼性が補強されると主張するが、この種の表面的な事柄に関する情報が正確だからといって、情報提供者の信頼性がとくに増すことはない。

さらに、州側は、銃砲の危険性を考慮すると、銃砲に関してはTerry判決による合理的な嫌疑という基準に例外を設け、銃砲所持という匿名情報があれば、それだけで停止等の権限を警官に認めるべきであると主張する。しかし、このような例外を認めれば、他人に停止あるいは捜検という不愉快な経験をさせようとする者に格好の機会を与えることになる。さらに、銃砲について例外を認めれば、薬物など他の犯罪についても同じような議論が起こるであろう。もちろん、爆弾を抱えているといったとくに危険な行為の調査にも合理的な嫌疑は必要かという問題はあるが、本件でこの点を論ずる必要はない。

なお、本件にはKennedy裁判官の補足意見(10)があり、匿名の電話による通報であっても、発信者の信頼性を裏付けるような情況があれば、合理的な嫌疑を生ずることがありうると指摘している。

二　先例の系譜

1　捜検の要件

警察官に停止と捜検の権限を認めた一九六八年の Terry 判決は、判例や実務におけるさまざまな考え方を整理するとともに、今日に至るまで以後の判例の指針となってきた。この判決では、挙動不審者を停止させた場合における捜検の許否およびその要件に焦点が当てられたのであるが、その前提としては、犯罪を犯したことまたは犯そうとしていることにつき疑いのある者を発見した警察官に、その者を停止させたうえ、質問その他の方法により疑いの真偽を調査する権限のあることが認められている。停止も捜検も修正四条にいう逮捕(seizure)または捜索(search)に該当するが、伝統的な逮捕(arrest)や捜索に比べれば、相手方の権利またはプライヴァシーを侵害する程度が小さいことから、通常の逮捕や捜索の要件とされる「相当な理由」より緩やかな、「合理的な嫌疑」が認められれば足りるとされたのである。言い換えれば、強制捜査としての伝統的な逮捕および捜索と、相手方の同意ないし協力に基づく任意捜査との中間に、ある程度の実力行使を伴う第三の捜査方法が認められることになった。(11)

Terry 判決によって要件や適用範囲が明確にされたのは、捜検についてであった。すなわち、挙動不審者について調査を行うにあたり、その者が所携の武器や凶器を用いて警察官または第三者に危害を加えるのを避けるという自衛目的を達するためにのみ、着衣の外側から武器携帯の有無を確かめることが認められたのである。

武器以外の証拠物件を探すための捜検が許されないことは、同じ日に言い渡された Sibron 判決(12)で明らかにされている。夕方から深夜にかけ路上やレストランで何人かの薬物常用者と言葉を交わした上告人 Sibron の監視を続けていた警察官が、Sibronをレストランの外に呼び出したうえ、俺が何を探しているか分かっているだろうと問いかけたところ、Sibronがポケットに手をやったので、警察官が素早くそのポケットに手を入れて、ヘロインの入った袋を取り出したという事案であったが、連邦最高裁は、武器所持の有無を確かめるのでなく証拠を発見するために捜索(捜検)することは許されないとした。さらに、一九九三年のDickerson判決(13)では、相手が武器を所持していないことを知りながら、胸ポケットの膨らみを外側から指でまさぐることによってコカインの入った袋であることを確かめたうえ、これをポケットから取り出した警察官の行為は、武器発見という限定された目的のためにのみ許される捜検の範囲を超えるものとされた。

こうして、Terry判決の下で許される捜検は、武器を発見して身を守るという狭い目的による場合にのみ許され、薬物などの禁制物件や犯罪の証拠物を探索するのは違法であることが明らかにされている。わが国の所持品検査が、多くの場合は隠し持っている凶器その他の危険物の発見を目的としながらも、証拠物件発見のためにも利用されているのとは様相を異にする。

2　停止の許容範囲――態様と期間

他方、捜検に先行する停止については、本件二判決のように停止を正当化する合理的な嫌疑があったかどうかを問題とする判例のほか、停止が自由制限の態様や時間的継続の点で許容範囲を超えていたかどうかを審査する判例が少なくない。後者の判例では、合理的な嫌疑の有無が直接の論点になっているわけではないが、警察官が挙動不審者を停止させるに至った具体的な事情から、合理的な嫌疑とは何かの問題にも示唆を与えるところが少なくないので、先にこの類型の判例を概観しておくこととする。

まず、伝統的な逮捕と実質的に変らない程度の自由制限が加えられたときは、停止およびこれに続く引留めの相当な限度を超えるものとして合法性を否定される。一九八三年の Royer 判決[(14)]では、二名の麻薬取締官が、マイアミ空港で間もなく出航する便に搭乗しようとしていた被上告人 Royer が「麻薬運搬人の特徴一覧」(drug courier profile)に合致するものと認め、航空券と運転免許証の提示を求めたところ、航空券が偽名で購入されていたため嫌疑を深め、Royer を四〇フィート離れた取調べ用の小部屋に連行するとともに、すでに手荷物として預けられていた二個のスーツケースを搬入し、Royer の同意を得てこれを開披したところ、双方からマリファナが発見された。取調室への連行からスーツケースの開披までの時間は約一五分にすぎなかったが、連邦最高裁は、相当な理由に至らない合理的な嫌疑に基づく自由の制限は、その目的を達するのに必要な最小限度のものでなければならず、侵害の程度が最も小さい方法で行うことが必要であるとしたうえ、航空券と免許証を返却することなく、予定の便で出発する自由のあることを告げないまま取調室への同行を求めたのは、Terry 判決の許容する限度を超えるものであり、違法な引留めによって得られた証拠は排除されるべきであるとした。これに対し、よく似た事案でありながら、捜査官が航空券と身分証明書を返却し、立ち去る自由があることを告げていたことなどから、引留めの適法性を認めたものに、一九八〇年の Mendenhall 判決[(15)]がある。

引留めの時間の長短が問題となった事案としては、一九八五年の Sharpe 判決[(16)]がある。パトロール中の麻薬捜査官は、被上告人 Sharpe の運転する乗用車と同 Savage の運転するキャンパー付きトラックが縦一列で走行するのを見たが、トラックには過重積載の疑いがあり、また、キャンパーの窓は内側から覆われていることなどから麻薬運搬の疑いを持ち、他の警察官の応援をも得て被上告人等を追跡し、停止の合図をした。Sharpe はこれに応じて停車したが、Savage は合図を無視して走行を続けた。捜査官等は約半マイル追跡した後ようやく Savage を停車させ、身元確認や捜検をしたが、マリファナの臭いがしたのでキャンパーの後部を開け、梱包した大量のマリファナを発見して二人を逮捕した。車の停止から逮捕までの時間は、Sharpe について約四〇分、Savage について約二〇分であったが、連邦最高裁は、二〇分にも及ぶ引留めは実質的な逮捕にあたるとしてその適法性を否定した原判決を破棄したうえ、自由制限の当否は、引留めの継続時間だけでなく、その情況に照らして必要であったか、捜査官が自由の制限を最小限度にするため誠実に行動したか、停止を求められた者の行動が引留めの長期化に寄与したかなどの点を総合して判断すべきであるとし、マリファナ発見の端緒となった Savage の二〇分にわたる引留めは合理的なものであると結論した。

二七時間にも及ぶ自由の拘束を事案の特殊性を理由に適法としたものに、一九八五年の De Fernandez 判決(17)がある。被上告人 De Fernandez（女性）はコロンビアからロスアンジェルス空港に深夜便で到着したが、税関の調査により、最近何度もアメリカに来ているのに知人もなく英語も話せず、多額の現金を所持して商品の買い付けに来たと言いながら、売主の確認もできなかった。De Fernandez が薬物入りのゴム袋を消化器官に隠して密輸する運び屋ではないかと疑った検査官は、彼女の腹部が固く膨れているので、嫌疑を告げてX線検査を受けるように求めたが、彼女はこれを拒否した。検査官が、次の便で帰国するか、X線検査に同意するか、便通を待って腸内物を排泄するかの選択を求めたところ、De Fernandez は次の便で帰国したいとの希望を表明したが、次の飛行機に搭乗できず、自由を拘束されたまま排便を我慢し続けた。到着から約一六時間後にX線検査、直腸検査の令状が請求され、令状による検査で体内からコカイン入りのゴム袋が摘出され、到着から二七時間後になって正式に逮捕された。

連邦最高裁は、本件が合衆国に入国しようとした者に対し国境である空港で発生した点に特徴があり、国境における身体や荷物の検査には相当な理由や令状を必要としないとされてきたことを強調し、本件では薬物の密輸入について合理的な嫌疑が明白に認められるとしたうえ、拘束が長引いたのは、消化器官内に薬物を隠すという検査困難な方法を用い、X線検査を拒否し排便を我慢するという被上告人自身の行動によるところが大きいとし、長時間の自由拘束を合理的なものとした。Royer, Mendenhall, Sharpe などの諸判決が自由の拘束をできる限り短時間に制限しようとしているのに比べ、突出した判断を示しているが、国境としての空港という特殊な場を前提とする特別の扱いを示すものであり、この考え方を一般の停止にも及ぼそうとする傾向は窺われない。

停止については、いつ自由の拘束が始まるかの問題がある。Sharpe 判決は、別々の車を運転する二人の容疑者に対する引留めの時間がそれぞれ二〇分および四〇分であった場合を問題にしているが、この時間は自動車が停止させられた時から起算されている。したがって、停車を命じられて容疑者がこれに従わないで走行を続け、警察の車がこれを追いかけている間は、まだ自由の拘束はないということになるようである。

この点をはっきりさせたのは、一九九一年の Hodori D. 判決[18]である。Hodori はパトカーが近づいてくるのを見て逃げ出し、徒歩の警察官に追われている間に小さな石のような物を投げ捨てたので、警察官がこれを拾取して調べたところ、コカインであることが判明した。連邦最高裁は、修正四条の seizure は物理的な身体の拘束を意味するという文理解釈を主たる根拠にして、停止を命じて追いかけるだけでは相手の身体を物理的に拘束したことにならず、追跡中あるいは逃走中に起こったことは身体拘束の結果ではないと判示した。自動車による車の追跡にも、同じ考え方が適用される[19]。

車にせよ徒歩にせよ、容疑者を追いかけるという行為は、相手を停止させるために行われるのであるが、これによって相手の行動の自由を大きく制約することが明らかであり、追跡中にはまだ身体の拘束はないというのはあまりにも文理に拘った解釈ではないかと思われる。こういう考え方を前提にすれば、警察官を見て逃走する者を追いかけるだけならば、合理的な嫌疑のあることを必要としないという理解になるのではなかろうか。

3　合理的な嫌疑

停止の要件とされる合理的な嫌疑の存否を問題とした判例は、意外に少ない。

まず、J.L.判決で問題とされた匿名の電話通報については、同判決で引照されたWhite判決がある。両判決のほとんど唯一の違いは、その密告が対象者の将来の行動に関する予測を含んでいたかどうかの点である。White判決の事案では、容疑者が特定の車に乗って特定の場所（モーテル）に向かうという情報が含まれ、容疑者を監視していた警察官が予測どおりの行動を現認している。将来の行動の予測を含んでいることは、密告者が容疑者側の事情に深く通じていることを推認させるものであり、したがって情報全体の信頼性を裏付けることになるというのであるが、予測された行動が犯罪の嫌疑を深めるようなものであればともかく、特定の場所へ車で出かけるといった程度の行動を予測していたかどうかで信頼性の有無に差を設けることには、疑問が残るであろう。White判決が一種の限界事例とされるゆえんである。

合理的な嫌疑の有無をかなり詳しく検討したものとしては、一九八九年のSokolow判決[20]がある。連邦麻薬取締局捜査官は、マイアミ空港からホノルル空港に到着してタクシーに乗ろうとする被上告人Sokolowを停止させ、手荷物について臭気選別テストをしたところ反応があったので、令状を得て手荷物を捜索し、大量のコカインを発見したという事案である。Sokolowを停止させた際、捜査官は、①Sokolowが航空券を購入するのに二〇ドル紙幣で二一〇〇ドルを支払ったこと、②自宅の電話から判明したのとは異なる名前で旅行したこと、③旅行の目的地が麻薬供給地のマイアミであったこと、④ホノルルからマイアミまでは往復二〇時間もかかるのに、マイアミには四八時間しか滞在しなかったこと、⑤Sokolowが旅行中神経質そうだったこと、⑥乗機に際し手荷物を預けなかったことなどから、Sokolowについて薬物運搬の疑いを抱いたのであった。連邦最高裁は、これらの事情のそれぞれが直ちに犯罪行為の存在を窺わせるものでなくても、これを全体的に考察すれば、合理的な嫌疑を裏付けるのに十分であるとした。

なお、麻薬関連の捜査においては、「麻薬運搬人の特徴一覧」という一種のマニュアルが用いられ、そこに示された特徴に合致する者について捜査が進められるのであるが、この事件における前記の諸事情も、特徴一覧に依拠して認知されていた。そのため、被上告人側は、特徴一覧に合致したというだけで合理的な嫌疑の存在を認めるのは不当だと主張したが、連邦最高裁は、特徴一覧に合致したかどうかではなく、捜査官の認知した事情が全体として合理的な嫌疑を裏付けるかどうかが重要であり、捜査の過程で特徴一覧を利用することに何ら問題はないとした。

停止の許容範囲に関する前記の諸判例のうち、Royer事件でも特徴一覧が用いられているが、合理的な嫌疑の有無については、Sokolow事件とほぼ同様の認定をすることができたのであろう。また、De Fernandez判決の事案の下では、合理的な嫌疑の存在を認めることが一層容易であったと思われる。

これに対し、Sharpe判決では、合理的な嫌疑の有無が直接の争点となっていないこともあって、判決文中にはこれを裏付ける事実への直接の言及はほとんどない。捜査官はキャンパーの窓が内側から覆われていたことから薬物運搬の嫌疑を抱いたとする記述もあるが、それだけで合理的な嫌疑を認めることには無理があろう。

なお、合理的な嫌疑は、停止を求めた捜査官が自ら認知した事実ではなく、他管内の警察などから回付された手配書（flyer or bulletin）に依拠した場合でも、その手配書が合理的な嫌疑に基づくものであれば、停止を正当化するのに十分であるとされている。(21)

三　二判決の位置付け

本稿で検討した連邦最高裁の最近の二判決は、容疑者が警察官を見て逃走した場合および容疑者が犯罪を犯しているという匿名の電話通報があった場合に関し、容疑者を停止させるに足る合理的な嫌疑が認められるかどうかについて、かなり明確な見解を表明している。すなわち、逃走については、それが犯罪多発地域で起こった場合には、それだけで合理的な嫌疑を認めることができるのに反し（Wardlow 判決）、電話による密告は、それだけでは合理的な嫌疑を裏付けない（J.L. 判決）というのである。

このうち、J.L. 判決は、それが全員一致の意見によることから見ても、また、先例である White 判決が限界的事例と位置付けられていることから見ても、電話による密告だけでは犯罪の合理的な嫌疑は認められないという考え方を定着させるに至ったものと見てよい。密告には具体的な犯罪行為を特定するものが多いとも言えるが、密告者あるいはその情報の信頼性を判断する資料がないことのほか、警察官がもしこの種の情報に基づいて停止、引留め、捜検などの半強制的な措置を取りうるとすれば、他人を中傷してそういう不愉快な目に遭わせようとする嫌がらせを防ぎえなくなるという考慮も働いているようである。この点は、逮捕や捜索の根拠となる相当な理由の認定にあたっても、提供者を特定しない情報には慎重な態度をとる連邦最高裁の判例(22)と軌を一にしている。

これに対し、Wardlow 判決では、裁判所の意見が五対四に分かれていることからも窺われるように、警察官を見て逃走したという事実だけから合理的な嫌疑を裏付けることができるかには、疑問の余地が少なくない。とくに、この事件では、警察官 Nolan が疑いを抱いた根拠に関する具体的な事情が究明されておらず、どういう犯罪(銃の所持か麻薬の取引か)の嫌疑を抱いたのかさえ明らかにされていない。法廷意見は、逃走の事実とそれが犯罪多発地帯で起こったという事情だけから、合理的な嫌疑の存在を肯定しているが、これは、合理的な嫌疑の認定には諸事情全体を考慮すべきだとする連邦最高裁の基本的立場に合致しているかどうかも問題である。Wardlow の当時の服装、逃走前の挙動、仲間の有無などの事情が明らかにされていれば、合理的な嫌疑の存在を肯定するにせよ否定するにせよ、より自然で説得力のある結論を示すことができたのではないかと思われる。

わが国の判例も、職務質問や所持品検査など、場合によってはある程度の実力行使を伴うこととなる捜査上の処分については、諸事情全体を総合的に考慮してその適否を判断すべきものとしている。例えば、職務質問に伴う所持品検査に関する指導的判例(23)において、最高裁は、「所持人の承諾のない限り所持品検査は一切許されないと解するのは相当でなく、捜索に至らない程度の行為は、強制にわたらない限り、所持品検査においても許容される場合がある」としたうえ、「所持品検査には種々の態様のものがあるので、その許容限度を一般的に定めることは困難であるが、所持品について捜索及び押収を受けることのない権利は憲法三五条の保障するところであり、捜索に至らない程度の行為であってもこれを受ける者の権利を害するものであるから、状況のいかんを問わず常にかかる行為が許容されるものと解すべきでないことはもちろんであって、かかる行為は、限定的な場合において、所持品検査の必要性、緊急性、これによって害される個人の法益と保護されるべき公共の利益との権衡などを考慮し、具体的状況のもとで相当と認められる限度においてのみ、許容されるものと解すべきである」とし、容疑者の所持するボーリングバッグおよびアタッシュケースをその承諾を得ないまま開披した警察官の行為を肯認した。

この種の所持品検査が捜検の目的を武器の発見に限定するアメリカで許されないことはともかくとして、同じく事情全体の総合的考慮というアプローチをとりながらも、日本の最高裁が問題の捜査方法の合法性そのものを審査する基準として用いているのに対し、アメリカでは停止や引留めの要件である合理的な嫌疑の有無というごく限定された事項の判断に用いられるにすぎない。日本では、嫌疑の程度や容疑者の権利に対する侵害の程度を含め、捜査の緊急性や犯罪の重大性など一切の事情が考慮されるのに反し、アメリカでは、合理的な嫌疑の判断に必要な限度において周辺の諸事情に目が向けられるにすぎず、どの程度の権利の侵害または自由の制限が許されるかは、本稿でも触れたように、別に検討されることになる。言い換えれば、アメリカでは、どういう場合にどういう自由の制限が許されるかをできる限りルール化し、ルール化ができない場合のやむをえない判断基準として事情全体が考察されるのに対し、わが国では、この全体的考察方法こそ正義を実現するための正しい解釈態度であると考えられている。そのいずれが適当かについて軽々しく結論を出すことはできないが、おそらくこの違いは両国における法文化の伝統に深く根差しているのではないかと思われる。わが国でも、何らかの実力行使を伴う任意捜査の方法については、権利の侵害が比較的重大な場合には相当な理由の存在を要件とし、侵害の程度が軽い場合には合理的な嫌疑で足りるという方向で、問題を整理ないし解決しようとする提案がある。(24) 一種のルール化の試みであるが、それが今後の判例や学説においてどう受け取られることになるかは、まだ予測の限りではない。

（1）　Terry v. Ohio, 392 U.S. 1 (1968). 本件につき、松尾浩也・アメリカ法一九六九年二号二四六頁参照。

（2）　Illinois v. Wardlow, 120 S.Ct. 673 (2000); Florida v. J.L., 120 S.Ct. 1375 (2000).

(3) 田宮裕「職務質問と所持品検査――『検問』と自由の限界」『捜査の構造』（一九七一年）所収、「警備警察はこれでよいのか――目にあまる機動隊の職権濫用」『刑事法の理論と現実』（二〇〇〇年）所収。

(4) O'Connor, Scalia, Kennedy, Thomas 各裁判官同調。

(5) Florida v. Rodriguez, 469 U.S. 1 (1984); United States v. Sokolow, 490 U.S. 1 (1989).

(6) Florida v. Royer, 460 U.S. 491 (1983).

(7) Florida v. Bostick, 501 U.S. 429 (1991).

(8) Souter, Ginsburg, Breyer 各裁判官同調。

(9) Alabama v. White, 496 U.S. 325 (1990).

(10) Rehnquist 長官同調。

(11) 停止および捜検に関する連邦最高裁の判例を紹介したものとして、木藤繁夫「職務質問と所持品検査――ストップとフリスクに関するアメリカの立法及び判例の動向」警察研究四五巻二号（一九七四年）、渡辺修『職務質問の研究』（一九八五年）二〇四―二五二頁、ロランド・V・デル＝カーメン（佐伯千仭監修）『アメリカ刑事手続法概説――捜査・裁判における憲法支配の貫徹』（一九九四年）一二二―一三六頁などがある。

(12) Sibron v. United States, 392 U.S. 40 (1968). 本件につき、松尾浩也・アメリカ法一九六九年二号二四九頁参照。

(13) Minnesota v. Dickerson, 508 U.S. 366 (1993). 本件につき、洲見光男「『プレイン・フィール』の法理」下村康正先生古稀祝賀『刑事法学の新動向』下巻（一九九五年）参照。

(14) Florida v. Royer, 460 U.S. 491 (1983). 本件につき、鈴木義男編『アメリカ刑事判例研究』第二巻（一九八六年）七頁（平澤修担当）参照。なお、わが国の任意同行に相当するような場合につき、逮捕にあたるとして適法性を否定した判例として、Dunaway v. New York, 442 U.S. 200 (1979) がある（本件につき、鈴木義男編『アメリカ刑事判例研究』第一巻（一九七二年）一四七頁（酒井安行担当）参照）。

(15) United States v. Mendenhall, 446 U.S. 544 (1980).

(16) United States v. Sharpe, 470 U.S. 675 (1985). 本件につき、鈴木義男編『アメリカ刑事判例研究』第三巻（一九八九年）一三頁（加藤克佳担当）参照。

(17) United States v. Montoya De Fernandez, 473 U.S. 531 (1985). 本件につき、鈴木編・前掲注(16)二〇頁（上野芳久担当）参照。

(18) California v. Hodori D., 499 U.S. 621 (1991).

(19) County of Sacramento v. Lewis, 523 U.S. 833 (1998).

(20) United States v. Sokolow, 490 U.S. 1 (1989). 本件につき、加藤克佳・愛知大学法学部法経論集一三〇号六一頁（一九九二年）参照。

(21) United States v. Hensley, 469 U.S. 221 (1985).

(22) McCray v. Illinois, 386 U.S. 300 (1967); Illinois v. Gates, 462 U.S. 213 (1983); Massachusetts v. Upton, 466 U.S. 727 (1984).

(23) 最判昭和五三年六月二〇日刑集三二巻四号六七〇頁。

(24) 洲見光男「任意捜査と権利制約の限界」刑法雑誌三九巻二号（二〇〇〇年）。

2　捜査概念について想う

佐藤英彦

一　二つの定義

表現に多少の違いはあるものの、捜査とは「公訴の提起・遂行の準備として犯人及び証拠を発見・収集する手続（行為）である」とするのが通説的定義であろう。私もこの定義を当然のことと受け止めて警察捜査に従事した。

ところが、警察署の刑事課長、警察本部の鑑識、捜査第一課、捜査第二課の各課長の立場で捜査指揮と捜査運営の経験を重ねるに従い、この定義は「何か違っている」との感を深くしてきた。そして刑事部長に在任していた際辿り着いたのが警察捜査に関する次の結論であった。

各処分が刑事訴訟法の定めるところに従って行われるものであることを当然の前提とした上で、捜査とは「個人の生命、身体及び財産を保護し、公訴の提起・遂行の準備その他公共の安全と秩序を維持するため、証拠を発見・収集するほか、犯罪に係る情報・資料を収集・分析するとともに、犯人を制圧し、及び被疑者を発見・確保する活動である」（拙稿「警察捜査の意義」講座・日本の警察（第二巻）（立花書房、平成五年）四五頁以下）

こうして、私は、捜査に関し異種の定義を唱えることになったが、これは、捜査とは何かを考えるに当たってのアプローチが通説的定義と異なることに基因しているように思われる。

通説的定義の場合は司法的アプローチと言えるものであり、私の定義の場合は行政的アプローチと言えるものである。

司法的アプローチは、いわば、刑事裁判というゴールに立って公訴の提起・遂行の先にある一連の捜査手続を見つめるものである。

これが是とされる所以は、捜査に関する手続が、刑事裁判に関する手続法である刑事訴訟法で定められていること、しかも、その体系を次のように理解できることである。

すなわち、刑事訴訟法は「第一編　総則」で裁判所及び裁判に関する総則的事項を規定するとともに裁判所の行う押収・捜索・検証等の手続を規定し、捜査については「第二編　第一審」の第一章に位置づけて所要の規定を置いている。また、押収、捜索、検証等については相当数裁判所についての第一編の関係規定を準用してもいる。したがって、刑事訴訟法は、捜査を第一審裁判の始まりに位置するものとして体系づけているという理解である。

これに対し、行政的アプローチは、捜査の開始というスタート台に立って公訴の提起・遂行とその先にある裁判を見つめて捜査を考えるものである。

二　行政的アプローチ

警察捜査に関しては、行政的アプローチが自然であり、合理的であると考える。それは警察捜査の実相が次のようなものであることによる。

確かに、個人レベルの単発的な犯行で、発覚時点では既に過去の事象となる一般犯については司法的アプローチで概ね矛盾は感じない。一般犯に対する捜査は、過去の行為や過去に在ったものを解明する遡及型捜査となり、その結果を公訴提起に向けて証明するものとなるからである。

ところが、同一手口による強盗、窃盗、詐欺、性的犯罪、放火、殺人、誘拐等の連続犯となると捜査の様相は大きく変る。個々の事件についての遡及型捜査に併行して、連続犯の発生事態、発生地域に関する情報収集、容疑者の性格、行動特性、生活実態に関する情報収集、犯罪発生場所の予測、尾行、張込等の活動を展開する。このようなよう撃型捜査は、犯罪の次なる発生を未然に防止することを目的とする捜査でもある。

また、人質監禁、誘拐のように現に人の生命、身体が危険に曝されている危害進行犯の場合には、被害者の救出・保護が最大目的となるから、捜査は犯人の完全制圧を主たる内容とする制圧型捜査となる。したがって、他に方法がないときは、公訴の提起が不可能となるとしても、犯人が死亡する結果となりうる制圧手段を執らなければならない。

暴力団員による犯行や大方の薬物の密造・密売事犯のように、組織の構成員が組織の指示により、又は組織の威力を背景にして行う組織犯に対する捜査は、犯罪の原因となっている組織を弱体化し、さらには、これを解体することを志向する攻略型捜査となる。けだし、これなくして犯罪を減少させることは不可能だからである。この捜査では、遡及型捜査の積み重ねに加えて、犯罪の発生とは関わりなく組織の構成員、拠点、指揮命令系統、資金源、活動範囲等組織の実態を解明し、そのための情報源を確保する等の平素の恒常的な活動が不可欠の要素である。また、犯罪の発生が表面化していなくとも、潜在している犯罪の発見に努めて組織攻略のための事件を掘り起こすことが重要な内容となる。

このように、ひと口に捜査と言っても、種々の態様があって、いくつかの捜査目的が分かち難く複合しているし、捜査要素に様々なバリエーションがある。

したがって、警察捜査は、公訴の提起・遂行を指向するものに違いないが、それらの準備であると断じ切れないものがあるし、犯人及び証拠の発見・収集という範ちゅうに納まらない活動が少なくない。

捜査の開始にしても、その必要が生じた場合に、それを可能とする態勢を整えたときに行われる。無数と言ってよい犯罪のうち、いづれについて捜査を開始するかは、国民の求めるところ、すなわち国民の捜査需要を勘案して決しなければならないし、犯罪の発生を認知して直ちに開始するものもあれば、犯罪の発生に備えて、あるいは犯罪を認知しようとして開始するものもある。このように、捜査の開始はすぐれて行政裁量的である。

三　概念規定の実益

捜査概念の理解の違いは捜査指揮ないし捜査運営に少からぬ影響を与える。

警察では、古くから、財産犯特に窃盗犯の捜査において被害品の回復を重視はしてきた。ただ、その当時の理論的理解は、被害品は重要な証拠なのであって、事件捜査の過程で被害品を発見・押収し、証拠品としての用を了すれば被害者に還付され、結果として被害は回復されるというもので、いわば、捜査手続の反射的効果説とでもいうものであった。

ところが、昭和四十年代に、被害の届出は、捜査手続開始の端緒であるとしても、被害者が警察に捜査して欲しいとの意思を表明するものであって、その真意は、被害品を取り戻して欲しいということが通例であり、このことを直視すべきとの考え方が提起された。

その結果、盗犯捜査の運営方針を、既届・未届の別なく事件を検挙することから、既届盗犯（被害の届出がされている事件）を重点的に捜査することに切り替えた。さらには、被害品の回復率を捜査の評価要素とするようにもなった。

連続犯の捜査によう撃捜査をとり入れるのが常道となったのはそれ程古いことではない。それまでは、犯人の捜査と次なる発生の未然防止を図る活動は概念的には別のものであるとの考え方が強かった。しかし、現実の行動はそのように截然と区別しうるものではないと理解するようになって、犯人逮捕のためであり、かつ、未然防止のためでもある捜査としてよう撃型捜査を考案し今日に至っている。

危害進行犯の典型である身の代金目的誘拐事件の捜査については、考え方の違いが捜査方針に微妙な違いをもたらす。人質の救出がこの捜査の目的であることに違いはないが、捜査である以上犯人の逮捕がこの目的と同等の目的であるとしていた従来の考え方においては、犯人が身代金を手にする機会は逮捕の最大のチャンスであり、身の代金を取り逃げされる可能性が大きい場合には身の代金をセットすべきでないとの方針をとる。これに対して、人質の救出は他に優先するこの捜査の最大の目的であるとする考え方が力説されるに至って以降は、人質に対する生命・身体への加害の危険性を回避することになるのであれば、取り逃げされる可能性が大きくとも身の代金をセットすることとあるべしとの方針をとるように変ってきた。

以上のような差違が生じるのには、捜査経済、適性捜査、捜査の効率性等の考慮も働いているが、何といっても、捜査概念の理解の違いが大きい。

四　捜査概念の明晰化

平成九年、田宮先生が「変容を遂げる捜査とその規制」（法曹時報四九巻第一一号）を発表された。先生は、この論文で、法制審議会刑事法部会における「組織的な犯罪に対処するための刑事法整備要綱骨子（案）」についての議論の中に重要な原理問題があるとし、その一つが将来起こりうる犯罪について捜査が可能かという刑事訴訟法の基礎観念にまつわる問題であると指摘され、考察を加えておられるが、その過程で捜査概念に関して言及されている。

「このように考えてくると、現行法のもとでは、捜査は「司法」の色彩を失い、したがって、強いて性格づければ、司法の一翼から離脱した検察官と公権力の実現をめざす警察官の両者による行政的活動であって、司法との関係は、裁判＝司法へ向けて準備の役割・効用をもつというだけである。」

「つまり、現行法のもとでは、捜査は司法に付随するいわばその運命共同体的な〝司法的捜査〟から、広い意味での犯罪鎮圧（犯罪への対抗といった方がよいかもしれない）の一部を構成する〝ロー・エンフォースメントたる捜査〟へとパラダイム転換を遂げるのがふさわしかったといえる。しかし、法規はこれを体現した条文化を遂げてはいない。あるべきパラダイム転換と法文（とその解釈）にくい違いが生じてしまったわけで、これはとりもなおさず、法規があるべき法思惟に追いついていないことを意味しよう。」

「そのどこまでを「捜査」と考えるかは、既述のとおり「定義」の問題というだけのことになる。」

論文の脈絡に頓着することなく捜査概念に関わる部分を抜すいしたことを御容赦頂くとして、私は、この論文を拝読して、行政的アプローチと警察捜査に関する定義が独り善がりではなかったのだと安堵した。

近年、警察捜査の不作為が批判の対象となるケースが目立つなど警察に対する国民の捜査需要は大きく変化してきている。この変化に的確に応えるためにも捜査概念の一層の明晰化を進めなければならない。このような時機に、法制度を考究し捜査が有する機能に着目した新たな捜査定義を先生に教示して頂くことが叶わないことは残念の極みである。

3 勾留の執行停止について

渡辺　修

一　問題の所在　大阪高決平一一・二・一〇の紹介

1　九九年二月に大阪高裁が勾留執行停止決定を取り消した事案に接した。被告人は、次のような殺人の公訴事実により、一九九八年九月一四日起訴され、勾留中であった。

「被告人は、平成一〇年八月一七日午前六時三〇分ころ、○○県○○の義兄S方便所において、女児を分娩したが、同児が妻子を有する○○国籍のO・Jの子供であったことから、分娩の事実を母及び姉らに隠ぺいするため、殺意をもって、同日午前七時三〇分ころから同五〇分ころまでの間、同所において、同児の鼻口部に下着及びタオルを巻きつけるなどしてこれをふさいだ上、同児をビニール製手提げバッグの中に詰め込み、同バッグを右S方二階西側洋間の窓から同人方南隣の田地に投げ捨て、よって、同月一八日午後一時三九分ころ、同県○○市○○所在の○○病院において、同児を頭部右側打撲に基づく脳腫脹、脳硬膜下出血及びくも膜下出血などによる脳圧迫（脳腫脹）により死亡させて殺害したものである。」

九九年二月五日、被告人の実母が死亡し、被告人の親族らが、被告人にその事実を伝えないまま、同月六日から七日にかけて右実母の通夜及び葬儀が執り行われた。その後、親族らの協議により、同月一〇日に行われる初七日の法要に被告人を参列させたいと希望するに至った。九九年二月九日、弁護人から、勾留の執行停止の申立てがなされた。

大津地裁は、右申立ての趣旨に沿って次のように勾留執行の停止を認めた。「右の者に対する殺人被告事件について、検察官の意見を聴いたうえ次のとおり決定する。被告人に対し平成一〇年八月二六日にした勾留の執行を平成一一年二月一一日午後三時まで停止する。被告人の住居を〇〇県〇〇郡〇〇町〇〇番地〇〇、F方に制限する」（大津地決平一一・二・一〇、平成一〇（わ）三八七）。

しかし、検察官は、以下の理由で抗告を申し立てた。

① 勾留執行停止が非常救済的な身柄解放処分であること。「『裁判所が適当と認めるとき』とは、勾留の目的を阻害することとなっても、なおその執行を停止し、釈放すべき緊急あるいは切実な必要がある場合をいう。」

② 逃亡の虞れがあること。「本件は、被告人が、分娩した嬰児の口や鼻をタオル等で塞いだ上、同児を右手提げバッグに詰め込んだ上、これを実姉方二階窓から隣地の水田に投棄して同児を殺害したという重大悪質事案であり、事件の重大性、内容等からしても被告人に勾留の執行停止の恩恵を与える必要性は乏しい。」「被告人は、公判段階に至って、捜査段階では認めていた確定的殺意を争い、さらに、殺意そのものの有無を否認するかのごとき供述をなすに至っており、被告人が、本件による実刑判決を恐れて逃走する可能性が大である。」

③ 初七日法要はそもそも「適当」性要件を満たさないこと。「被告人の母親の通夜、葬儀は既に執り行われて

いるところであり、法要等については、遺族の亡骸に面会することのできる最後の機会である葬儀等の場合とは全く異なり、勾留の執行を停止すべき緊急又は切実な必要性が認められるものではなく、弁護人が申立ての理由とする初七日の法要での霊前へのお参りについても、霊前へのお参り自体は、いつでも可能なことである上、初七日の法要という事実をもって格別に扱うことは、一般的に見て、宗教の違い、あるいは、当該被告人が親族の死亡の時期を知った時期いかんによって不公平を生ずるものであり、そもそも勾留執行停止の理由とするに適当しない。」

「右初七日の法要は、平成二年二月一〇日であるから、同日を経過することにより被告人の勾留を執行停止する利益は消滅する。」「以上によれば、本件勾留執行停止は、勾留の執行を停止すべき実際の必要性・緊急性に乏しいことが明らか」であり「速やかに取り消されるべきである」。

2　これをうけて、大阪高決平一一・二・一〇（平成一一（く）三〇）は、勾留執行の停止を取消す決定をした。次の理由による。

「刑訴法九五条にいう『適当と認めるとき』とは、勾留執行停止制度の趣旨からして、勾留の目的を阻害することとなっても、なおその執行を停止して釈放すべき緊急性ないし必要性があり、勾留の執行を継続することによって、勾留の目的以上に被告人に不当な苦痛又は不利益を与える場合をいうものと解されるところ……実母の初七日の法要へ参列するという事情は、右のような場合に当たるとはいえない。したがって、被告人に対する勾留の執行を停止した原決定は、その裁量の範囲を逸脱した不相当なものというほかはないから、右原決定の取消しを求める本件抗告は理由がある。」検察官の①②の主張を認めたものである。

3　さて、田宮裕博士は、勾留執行停止制度について次のように論じた。

表 1　終局人員と身柄関係の統計

1997年

	終局人員	勾留人員	勾留率	保　釈	保釈率	停　止	停止率
地　裁	57,301	45,402	79.2%	7,536	16.6%	98	0.22%
簡　裁	9,604	8,742	91.0%	760	8.7%	15	0.17%

1998年

	終局人員	勾留人員	勾留率	保　釈	保釈率	執行停止	
地　裁	57,301	45,402	79.2%	7,536	16.6%	98	0.22%
簡　裁	9,604	8,742	91.0%	760	8.7%	15	0.17%

＊各年の司法統計年報による。「停止」は勾留執行停止を意味する。以下各表とも同じ。

「実際問題としては、親族等に委託できる場合はほとんど保釈が可能であること、委託すべき保護団体の数がきわめて少ないことなどのため、この制度が活用されるのは、被告人等の病気、親しい親族の冠婚葬祭、学生である被告人の試験等の場合に限られざるをえない。しかし、身柄の解放こそ原則であるべきこと、貧困者には保釈以外の非金銭的条件による制度を考案すべきことが、比較法的すう勢であること、わが国には起訴前の保釈がないので、その代役がどうしても必要な場合がありうることなどから、この制度はもう少し弾力的に運用すべきではないか[1]。」

そこで、本稿では、上記高裁決定を素材にして、田宮博士の右提案を解釈論として裏付けられるか検討したい（最近の運用状況について**表1**参照）。

二　判例と「緊急の生活利益」基準説の定着

1　勾留執行停止を認める決定が公刊されることはあまりない。そこで、勾留執行停止が認められた裁判例をいくつか紹介して、今の運用状況を確認しておきたい。

○　東京地決昭三九・九・二九判タ一六六号二二一頁。勾留執行停

止の裁判を相当とし、検察官の準抗告申立を棄却した事例。暴力団総長が二名と共謀の上タクシーによる事故を口実に社員を脅迫して金員を喝取しようとした恐喝未遂事件。原決定は、叔父の葬儀出席を理由に、被告人について六日間の勾留執行停止を認め、準抗告審もこれを相当とした。

「本件のばあい、検察官は恐喝未遂の公訴維持のため必要とされる証拠の蒐収を一応終り、共犯者は依然勾留中であって、現段階においてあらたな罪証隠滅を企図し或いは証人威迫を計るような状況は推認できない。」「過去において捜査官憲において長期間被告人の所在を探知できなかった事実があっても、これをもって直ちに被告人が勾留執行停止の機会を利用して逃亡を企図しているとする具体的事情とすることはできない。」

○　大阪地決平三・一二・一一、昭六〇（わ）三二一六号。逮捕監禁、殺人、死体遺棄被告事件で審理中の被告人について、白内障による左目失明状態、右目視力の急激低下のため両眼失明の恐れがあり、眼科医の治療を要するため、勾留執行停止を認めた事例。六月、一一月と二度申入れの後、一二月に決定。ほぼ一月の停止を認め、その後も一月単位程度で執行停止決定を繰り返した。期間延長については、新たな勾留執行停止決定を行って対処した。

○　大阪地決平五・四・二三、平五（わ）九四八、一〇二七。強盗致傷事件の女性被告人が、共犯者であり内縁関係にあった者との間でできた子供を中絶するために認めた事例。期間延長申出については、延長決定で対処した。

○　大阪地決平八・五・一〇、平八（わ）一二〇八。恐喝、覚せい剤自己使用事件で審理中の被告人について、可能性扁桃腺炎で高熱を発したため治療のため約二日の勾留執行停止を認めた事例。

○　大阪地決平九・三・二七、平（わ）二八五三。覚せい剤自己使用罪で起訴された被告人について、拡張型心筋症という重い心臓病の加療のため認めた事例。但し、大阪地決平九・四・二、平八（わ）二八五三（勾留執行停止取消決定）で、入院中に覚せい剤の差入れを受けたため執行停止の取消となった。

○　大阪地決平一〇・一・九、平三（わ）一九〇。詐欺被告事件で審理中の被告人について胆石症の手術のため、一五日間の勾留執行停止を認める。大阪地決平一〇・一・二三、平三（わ）一九〇で、「勾留執行停止期間延長決定」が出されて、さらに一五日の延長が認められている。

以上の限りでは、緊急の治療を要する病気などの例が多い。ただ、最決平成四・一〇・一九裁集刑二六一号一六五頁は、被告人が経営する会社の従業員の結婚式と披露宴出席のため当日午後零時から六時まで勾留執行停止とした原決定について、期日を経過したため抗告の利益を失ったとして事実上これを認容した。なお書きなどでかかる勾留執行停止を不相当とする等の指摘はない。

また、千葉地決平一一・四・二六（大麻取締法違反、関税法違反被告事件。千葉刑事弁護ニュース・第二号（金子宰慶弁護士発行））では、イギリスから大麻樹脂二七グラム余りを郵送で輸入をはかった事件と被告人方で大麻樹脂〇・八グラムを所持した事件で審理中の被告人について、父の経営する工場で働いていたが、機械類のプログラミングを自ら作成し生産ラインを稼働させているもので、納期までの製造、新規受注ができなくなり、倒産の危機に直面しているので、生産ラインの修復など職場環境整備のため勾留執行停止を一週間求めたのに対して、二日に限りこれを認めた。

この二つの事例からは、市民生活上の重要性も加味していくぶん柔軟に運用する姿が浮かび上がる。

2　次に、原審が勾留執行停止を認めても、（準）抗告審がこれを取り消す等した事例をまとめておこう。こうした裁判例を総合すると、裁判所が勾留執行停止の可否を決める一定の判断基準を読み取ることができる。

①　東京地決昭四二・二・二一判時四七五号六二頁は、社会党の東京都の区議が、同党の衆院立候補者の選挙運動に関する法定外選挙運動文書の作成の報酬として金員を支払った公選法違反事件の被疑者として勾留中、原審が認めた三日の勾留執行の停止を取り消した。①原審は中野区議会臨時会の総務財政委員会に出席するために認めたが、これについては、「右の審議に参加ができなかったというだけで、被疑者の政治活動全体に著しい支障を来し、或は回復できない不利益を生ずるとは考えられない」とし、「本件事犯の性質上なお被疑者の勾留の執行を継続する必要がある」とした。②次に、他に弁護人が上申書で主張する理由中、二月後に迫る同区議会議員選挙立候補準備については、「勾留期間満了を待つことができない程重大な事由とは言えない」し、③弱視のため勾留中の生活に多大の不便を蒙る点については、「仮に被疑者に多少の生活上の不便を感じさせるとしても、緊急に治療を要する状態にあるわけではなく、このため勾留が不当な苦痛を与えるという程のものとも認められない」とした。

②　広島高決昭六〇・一〇・二五判時一一八〇号一六一頁も、殺人未遂、銃砲刀剣類所持等取締法違反罪により広島地裁で審理中の被告人が、神戸市長選に立候補しその選挙運動のために申し立てた勾留執行停止を認めた原審決定を取り消した。

「被告人が勾留されたままであれば、自らの主義主張を直接選挙民に訴えられないなど、釈放された場合に比し選挙運動にある程度の支障が生ずることは明らかであるが、選挙公報或いは支持者、運動者による選挙運動も可能であること、被告人は昭和五八年一二月一九日以来勾留され、数度の保釈請求がいずれも却下された状態で、即ち自ら街頭へ出ての選挙運動ができないことを承知のうえで敢えて立候補したものとみられること、勾留が選挙運動にある程度の影響を与えても、立候補或いは選挙運動の自由を害するとは言えず、勾留の執行停止の要件である緊急かつ切実な必要性に直ちに結びつくものとは解されないこと、本件公訴事実が改造けん銃の発砲による殺人未遂であり、重大な事案であることなどに照らすと、被告人が神戸市長選挙に立候補したことによる選挙運動の必要性は本件事件についての勾留の執行を停止するのを適当と認める理由とは言い難い。」

③　他に、東京地決昭三九・一〇・二七法曹時報一八巻五号七三七頁は、暴力団の党首代理が他人の不動産売買に介入して因縁をつけて小切手を喝取した事案で、被告人が経営する会社の構成計画立案のため管財人と十分な打合せができないという理由では勾留解除は相当でないとする。

東京高判昭五〇・六・二五令状関係裁判例集（逮捕・勾留）三六九頁は、よど号ハイジャック事件の被告人について、手術不能の胃癌のため余命数か月の実父の見舞ないしは面会という心情的理由は勾留の執行停止をなすべき必要ないし緊急性のある事態とは認め難いとする。東京高決昭五九・九・七東高刑報三五巻八・九号七三頁は、被告人の母親の危篤を理由とする勾留執行停止の決定につき、凶器準備集合罪、傷害致死罪という被告事件の性質、態様、背景、被告人の役割、捜査段階からの事件の経過等からうかがわれる「逃亡及び罪証隠滅の虞れの程度」を考慮し、「検察官が被告人に介護者を付することができる等の条件」があることを考慮しても停止期間の三一時間は不当であるとして取り消し、九時間に短縮した。

大阪高決昭六〇・一一・二二判時一一八五号一六七頁は、在日韓国人の被告人が親族のつながりを美風とする文化的背景などを根拠とする、実弟の結婚式への出席を理由とする勾留の執行停止決定を取り消している。

3　裁判所は、事案の重大性、捜査または審理の進行状況、被疑者・被告人の防御方針、勾留執行停止した場合の罪証隠滅・逃亡の危険性、その他の事情を総合的に考慮しながら、緊急の手術・処置などを要する病気治療や両親などごく近親の者の葬儀出席、将来発生する生活利益の重大な逸失の防止が必要か否かを判断しているとみていい（「緊急の生活利益」基準説）[2]。

この点について、前掲東京地決昭四二・二・二二は、適当性の要件について、「勾留執行停止制度の目的から考えると、勾留の目的を阻害することとなってもなおその執行を停止して釈放すべき緊急或いは切実な必要がある場合をいう」とし「例えば被疑者の重病或は急病のため緊急の治療を要するとか、被疑者に回復することのできない、経済的、社会的不利益を生ずるとか、家族の危篤又は死亡等の場合の如く、勾留期間の満了或いは保証金の納付を条件とするところの保釈による釈放を待つことができず、勾留の執行を継続することによって、勾留の目的以上に、被疑者及び家族等に対して、不当な苦痛或は不利益を与えるような場合」とする。前掲広島高決昭六〇・一〇・二五も、「制度の目的に照らすと、それは緊急かつ切実な必要性がある場合をいう」とする。

4　裁判例が「緊急の生活利益」説に従い[3]、ごく例外的にやむをえない場合に期間を絞って勾留執行停止を認める運用を行っている背景として、とりあえず保釈・勾留執行停止中の被疑者・被告人の逃走抑止問題がある。新法制定当初、保釈・勾留執行停止の積極運用の反面で、逃亡抑制が大きな課題になった。

一九五〇年、最高裁事務総局は、「新保釈制度についてては、個人の基本的人権を尊重するあまり、或は公共の秩序維持を害するのではないかとの論議が特に最近新聞雑誌誌上においてみられるところであって、今後立法上の問題は別としても更に運用上考慮を要する」と指摘した[4]。四年後にも、権利保釈率の高さ、保釈・勾留執行停止中の逃亡者の多さを問題として取り上げ、「逃亡の禍根は権利保釈制度にある如くであって、逃亡の虞ある者に権利保釈を許す制度自体の矛盾を是正しなければ、年々の逃亡者の増加を阻止できない」と指摘した[5]。この前後から勾留数上昇、保釈率減少傾向が続き、これに伴い逃亡人員も減少する（表2参照）。

二年後、「勾留率は簡易裁判所でも地方裁判所でも年毎に高くなり、保釈率は漸次減少する傾向にあり、之に伴

表 2　各年末係属事件の被告人の身柄関係

年	係属人員 A	勾留人員 B	保釈中 C	保釈中逃亡 D	停止 E	停止中逃亡 F	その他逃亡 G
1960年	64,555	14,753	18,366	*	*	*	*
1965年	50,996	11,878	12,654	1,654	515	174	1,268
1970年	50,931	9,434	16,221	1,262	341	102	900
1975年	42,022	9,913	13,315	1,109	255	72	586
1980年	34,032	10,904	8,044	547	245	42	429
1985年	29,596	12,696	4,632	307	243	21	321
1990年	20,884	8,928	3,242	148	218	14	212
1991年	20,845	9,570	3,210	139	235	11	192
1992年	21,040	10,372	2,974	127	191	14	197
1993年	21,605	11,194	3,002	113	186	11	195
1994年	21,497	11,680	2,739	103	288	13	158
1995年	21,992	12,179	2,436	88	205	11	136
1996年	22,370	12,616	2,415	89	273	8	115

＊ 全裁判所の合計人員である。1960年の総逃亡人員は4,182人である。

表 3　逃 亡 率

年	保釈中(D/C)	停止中(F/E)	その他	保釈率(C/B)	停止率(E/B)
1960年	*	*	*	28.45%	*
1965年	13.1%	33.8%	4.89%	24.81%	3.24%
1970年	7.8%	29.9%	3.61%	31.85%	2.48%
1975年	8.3%	28.2%	3.16%	31.69%	2.64%
1980年	6.8%	17.1%	2.89%	23.64%	1.61%
1985年	6.6%	8.6%	2.67%	15.65%	1.04%
1990年	4.6%	6.4%	2.50%	15.52%	0.71%
1991年	4.3%	4.7%	2.45%	15.40%	0.67%
1992年	4.3%	7.3%	2.63%	14.13%	0.60%
1993年	3.8%	5.9%	2.70%	13.89%	0.52%
1994年	3.8%	4.5%	2.33%	12.74%	0.48%
1995年	3.6%	5.4%	1.90%	11.08%	0.40%
1996年	3.7%	2.9%	1.63%	10.80%	0.40%

い逃亡率も減少する傾向にある。……逃亡の減少は国家の治安及び国民生活一般の安定による点も少なくないこと考えられるが、しかし、勾留及び保釈の適正な運用が逃亡率を減少させるに与って力があったことを覗うに足る」と評価している。(6)

一九六〇年代から八〇年代にかけても、著しく高かった勾留執行停止中の逃亡率が、保釈率・勾留執行停止率の全般的な減少により激減した事実がある（表3参照）。

こうした実情に照らして、法九五条をみなおすと、法が予定している親族への委託、住居制限では保釈の保証金に比べると逃走・罪証隠滅の抑止力が裁判上の経験則として弱いと受けとめられているのではないか。刑訴法は保釈を被疑者・被告人の権利とし、勾留執行の停止を裁判所の職権に委ねているとの解釈を妥当と解する理由のひとつはここにある。

そのため、勾留の効力を維持しつつ身柄を釈放する手段としては保釈が原則で、勾留執行の停止を緊急かつ例外的とする運用および法解釈が定着したのではないか。(7) 加えて、現代社会では親族間、地域間の絆が弱まっている。勾留執行停止については、一層慎重に運用する必要が強く、その面からも勾留執行停止の当否を決めるには「緊急の生活利益」基準説が妥当とされているのかもしれない。(8)

5　とすると、本件高裁が勾留執行停止を取り消した処分は必ずしも不当とはいえなくなる。次の事情があるからである。

①公判がはじまってから、被告人は犯意の態様を争っているが、かかる被告人の態度は勾留・保釈の運用との関連では逃亡、罪証隠滅の相当の理由をうかがわせる一事情と扱うのが普通である。②社会生活の一般常識として、かかる事件を起こした被告人は兄弟など親戚との人間関係でも居たたまれずに身を隠すおそれは低くはない。

母親が死んだとすればなおのこと、家族との絆が薄れる。兄宅への住居制限で逃亡防止の抑止として十分とはいいにくい。③本件では、不倫の結果妊娠した子を殺害した不名誉な犯罪であって、実刑の可能性がなくはない。その分、逃亡のおそれが高まる。④通夜、本葬もすみ、初七日法要に出席する利益は、多々ある同種の冠婚葬祭に関する行事に比較したとき、特に「生活利益」としての緊急性・重大性が高い訳ではない。

三　勾留執行停止の再構成　「防御の利益」基準説の可能性

1　しかし、勾留執行停止をいくぶん柔軟に運用する余地はないものだろうか。それにはなによりも勾留執行停止中の逃亡数をどうみたらいいか問題にしなければなるまい。

まず、勾留の有無に拘わらず、裁判自体から逃避する被告人も毎年相当数居る。また、今のところ幸いなことに、保釈中逃亡人員に比して停止中逃亡人員が格段に高いとはみれない。逃亡数はさておき、逃亡率が特に上昇するなどの変化もない。もともと勾留の効果を維持しつつ、保釈または執行を停止する制度の性質上、逃走者が皆無になることはありえない。逃亡人員が少ないことが望ましいのは当然であるが、一定数の逃亡率は制度に伴う「病理」ではなく、「生理」現象と割り切らざるを得ない。

それを防ぐため、勾留執行の停止にあたり、指定条件として「逃亡若しくは罪証を隠滅すると疑われるような行動は避けなければならない、召喚を受けたとき正当な理由がなく出頭しないようなことがあってはならない」と付すことがある。これに加え、事件に即して、「被告人は○○市○区○丁目○番○号所在の○○病院に入院していなければならない」といった条件を付すこともできる（例えば、大阪地決平九・三・二七（勾留執行停止決定）、平成八（わ）二八五三、大阪地決平九・四・二（勾留執行停止取消決定）、平成八（わ）二八五三）[9]。

結局、勾留執行停止を認めるべき積極的な事由とのバランスで考えざるを得ないが、ことさら逃亡のおそれを重視する運用は好ましくないのではないか。

2　その上で、勾留執行停止制度の役割を従来よりも修正して捉えることはできないか。すでに学界では勾留執行の停止を保釈と独立・固有に、被疑者・被告人の「防御の利益」を保障するための身柄解放の制度とみる視点、立場が散見される。

例えば、被疑者の場合に、勾留執行停止の「弾力的運用」を求める摘示は古くからある。[10] さらに踏み込んで、勾留中の被疑者について、勾留執行停止に関する請求権を解釈論として認める説もないではない。理由は、①起訴前勾留の期間が短くないこと、②にも関わらず保釈が認められていないこと、③勾留の執行停止が保釈に代替する機能を果たすべきであること、④起訴前段階でも身柄解放が原則であるべきことも考慮すれば、執行停止の要件はより弾力的に捉える必要があること、⑤九五条の文理上請求権を認めても矛盾はないことなどである。[11] では、この点をどう考えたらいいいか。

3　基本的には、被疑者・被告人ともに、勾留執行の停止の運用を広げるべきではないか。そのためにも、勾留執行の停止については、八八条所定の被告人・弁護人その他の者に請求権を認める余地があるのではないか。次の理由による。

保釈、勾留の取消し、勾留執行停止は、勾留の効果を実質上消滅させる手続である。手続の明確性と被疑者・被告人の利益の確保の点からも、①要件、②発動の手続、③裁判形式が明示されていなければならない。

八七条の勾留取消しの要件は勾留の理由または必要性の消滅である。発動の手続は、検察官または被告人、その弁護人などの請求または職権である。裁判形式は決定である。保釈については、八九条で要件を定め、八八条で発動手続として被告人らに請求権を与える。裁判形式は決定である(九二条参照)。九〇条の保釈では、「適当」事由が要件にあたる。発動手続としては職権に限定している。裁判形式は決定である(九二条参照)。九一条では、不当長期拘禁を要件として、保釈と勾留取消し二つの救済手段を定める。発動手続は、職権で行える場合と八八条規定の被告人・弁護人その他の者の請求権を定める。裁判形式は決定である。

こうした条文構造と比較すると、九五条では、①適当事由を要件とすることと、③裁判形式を決定とすることと、委託または住居制限を条件とすることは定められているが、実は②発動手続については定めがない。

従来、明文がないことを理由として被告人らの請求権は認められていない。他方、特に職権によると定めていないにも拘わらず、職権発動の権限があると実質解釈がなされている。

だが、発動手続の欠如は立法の不備である。職権発動の権限のみ認めるのは、旧法上保釈と勾留執行停止が職権によるものであったことなどに引きずられた解釈である。必ずしも正当性はない。少なくとも、被告人らの請求権を認めない不均衡を正当化できる根拠はない。むしろ、勾留の効果を事実上消滅させる手続に関する刑訴法の構造をみると、上記のように、発動手続としては、職権、検察官の請求、被告人または弁護人など被告人関係者の請求が認められている。そうであれば、勾留執行停止の性質に反しない限り、検察官および八八条に所定の被告人らの請求を認めても法解釈として無理はない。立法史に照らしても、旧法まで保釈・勾留執行停止とも職権によっていたが、他方で、ふたつの処分の「同質性」も認められている。[12] 新刑訴法上保釈について請求権を認めたとすれば、同性質の勾留執行停止についてことさら請求権を排除すべき根拠はない。[13]

4　請求権を認める実質上の根拠は、勾留執行停止が単なる「緊急の生活利益」の保護にとどまらず、「防御の利益」からみて重要視すべき利益を保護する制度として運用すべきだからである。条文の「適当」性事由については、この角度からの総合判断をすべきではないか。本件に即して考えてみよう。

まず、逃亡の可能性と初七日法要出席とのかねあいでは、勾留執行停止の「適当」性事由はあるのか。

① 検察官のいう逃走の虞れは、防御活動の在り方を理由に勾留執行停止を否定するものであり、まさに「防御の利益」基準の視点に反する。

担当弁護士の私信によると、本件勾留執行停止の申立は、被告人質問の途中でなされた。被告人側は、犯行の外形的事実および犯意については争っていない。ただ、確定的故意ではなく未必的であり、突発的な犯行であったことを主張する方針であった、という。

この枠内で考えれば、犯意を全面的に争ったり、犯行関与を否認するのとは態様が著しく異なる。犯行の非計画性、故意の未必性を争うことは反省・悔悟と矛盾するものでもない。また、検察官の主張に対する被告人側の主張を法廷で立証すること自体は正当な防御権の行使である。他に特殊な事情がない限り、逃走のおそれを認定することはできない。

現に、検察官の主張からは特に逃亡を疑わなければならない具体的な徴表が捜査段階などで浮き彫りになっている訳ではない。あまり抽象的類型的な事情により、逃走を疑う相当の理由を認定すべきではない。

② 反省悔悟と更生の気持ちを固めることが、本件でのもっとも重要な「防御上の利益」である。担当弁護士の私信の一節に相応の説得力がある。

「本件の罪名は殺人ではありますが、いわゆる嬰児殺の事案であり、かかる事件の被告人は、判決をうけなくとも真摯に反省をし、罪滅ぼしのためなら収監されることも苦としない場合があります。本件被告人も、公判で確定的故意は否定していますが、殺意自体を争うものではありませんし、実刑となることも覚悟をしています。逆に、実刑を予期しているからこそ、刑を務めに行く前に是非とも母の霊前にお参りをしたいと考え、勾留執行停止を求めたところです」。「肉親の死という事実を受けて勾留執行停止がなされるのは、亡骸に面会するためなどではなく、勾留中の被告人に勾留制度が予定する以上の無用の苦痛を与えないためであると考えます」。「世間では、遺体を荼毘に付してから通夜・葬式を執り行う場合もあり、かかる場合には勾留執行停止が認められないとするのは不当です」。「たとえ亡骸はなくとも、一度霊前に手を合わせることができたならば、被告人とて以後の公判及び服役にあたっては落ち着いた心境で臨むことができるはずです。従って、かかる場合に勾留執行停止を認めることこそが、以後の公判を円滑に進め、被告人の反省をも促すのに有効であり、まさに法九五条にいう『適当と認めるとき』に該当するものと考えます」。

その意味で、本件は「緊急の生活利益」基準から「防御の利益」基準へと視座を移すことにより、勾留執行停止の事由を認定しやすくなる事例と言えないか。

四　結　語　勾留執行停止の柔軟な運用

保釈は、保証金によって逃走防止の担保にしている。しかし、保釈保証金は相場が固まっている。被告人の財産状況に従って名目的な金額で対処することは、今の実務感覚にそぐわない(例えば、一万円とする等)。他方、被告人の立場からは、数日に限り保釈を認められれば、とりあえず社会生活の整備などを含めた広い意味での防御準備ができる事例もある。しかし、保釈について、例えば、「保釈期間を〇月〇日〇時までとする」と期限を限定することは、実務上熟していない(但し、法九三条三項の解釈上も実質的な必要性に照らしても、期限を条件とすることはできると解する)。

他方、勾留執行停止については、期限は付けられるが、逃走防止の法定の手段は委託または住居制限だけでありやや弱い。

とすると、保釈保証金に代わる程度の強い「条件」を付すことができれば、積極的に勾留執行の停止を活用する余地はある。条件の一つとして、監視付きで行動することや、保釈保証金としては不十分だが、その被告人の立場からは逃亡を防ぐに値する金額を納めること等も考えてはどうか。

このようにして、被疑者・被告人段階いずれでも、勾留執行の停止が保釈代替機能を果たせるような手続に改善することを考えるべきではないか。

（1） 田宮裕編著・刑訴法Ⅰ（一九七五年）二六七頁（田宮裕）。

（2） 勾留執行停止の申立に対して原審が職権を発動しない措置に対して、抗告がなされることがある。しかし、判例は、勾留執行停止は職権で行うものであり、被疑者・被告人など当事者に申立権がないので、職権不発動は（準）抗告の対象となるべき裁判ではないとする（例えば、最決昭六一・九・二五裁集刑二四三号八二一頁参照）。

ただ、抗告を棄却するにあたり、実際上事案に関する判断を示すことがある。その結果、運用上勾留執行停止を認めない事由が浮き彫りになる。例えば、大阪高決昭四九・一一・二〇刑裁月六巻一一号一一五八頁は、実刑判決を受けた被告人が、韓国で結婚式を挙げるため、挙式に必要な二〇日間ほどの期間の勾留執行停止を求めたが、原審がこれを却下したのに対して申し立てられた抗告を棄却している。

同じく、東京高決昭四六・九・六高刑二四巻三号五三〇頁も職権不発動に対する抗告を棄却した。五回の審理を経た段階で「被告人は全面的に公訴事実を否定しており、これまでに僅か証人数名と書証の一部の証拠調を了したに過ぎず、書証も重要なものはほとんど同意がなく、今後相当数の証人の取調が予想されること等に徴すれば、被告人がその地位を利用して、関係者に働きかける等罪証を隠滅すると疑うに足りる相当な理由があるとすることも是認され得る」し、「被告人が常習として長期三年以上の懲役にあたる罪を犯したものにあたることも明らか」である一方、「病名は肺結核（陳旧性）というのであるが……被告人が勾留に耐えられないほどその病状が重篤であることは認められない」。その結果、原審がした保釈請求却下は妥当であり現段階でも保釈すべき事由はなく、さらに勾留執行停止をしなかった点について抗告はできない上、現時点でも勾留執行停止すべき事由は認めがたいとした。

（3）　但し、名古屋高決昭四五・一二・一五判時六二三号一一一頁は、やや特殊な事案である。被告人は、強盗と窃盗で起訴されたが、第一回公判で訴因をすべて認め検察官提出書類も同意して取調べが終了した。しかし、検察官が余罪捜査、追起訴見込みだが一月を要すると申し出た。弁護人も窃盗に関する証拠の検討は終わっていないと申し出た。裁判所は、第二回公判期日を二月ほど先に指定するとともに、職権で勾留執行停止を決定した。これに対し、検察官が抗告した。高裁も、捜査当局が、本件勾留を、被告人に対する余罪取調べ、追起訴準備のために事実上利用していることを認めつつ、原審が二月後に次回期日を指定していることに照らして、「本件において検察官が述べているような程度の余罪捜査、追起訴準備のために、本件勾留を利用したとしても、原決定が指摘しているとおり、専ら余罪捜査のためにこれを利用しているものとは謂えず、従って人権保障を基調とする令状主義の原則に背馳するものではない。また本件勾留を、その侭の形で継続させて置いたとしても、右勾留の基礎事実である強盗の訴因につき十分な防禦方法を講ずることができなくなるというような特段の状況など、本件勾留の執行を停止するのを相当とするような事情を窺うことができない」として、勾留執行停止を取り消した。

（4）　最高裁事務総局刑事局「新刑事手続一年間の運用状況」法曹時報二巻八号（一九五〇年）三九二頁。

最高裁事務総局刑事局「新刑事手続半年間の運用状況」法曹時報一巻九号（一九四九年）三九二頁によると、現行法が施行された一九四九年一月から六月までの保釈、勾留執行の停止の運用は次の通り。

地　裁　　月末現在勾留人員　五三、〇三〇人
　　　　　保釈人員　　　　　一一、八九〇人

保釈率	四八％
執行停止	一一〇人
簡裁	
月末現在勾留人員	二四、八七五人
保釈人員	四、六八五人
保釈率	二六％
執行停止	二四三人

検察サイドも、同時期の統計によって、保釈、勾留執行停止中の者の再犯ならびに逃亡の実状を明らかにし、保釈・勾留執行停止の運用拡大に批判的な姿勢を示した。武安将光「新刑訴法の運用状況について（二）」曹時三巻六号（一九五一年）五九頁参照。これによると、勾留執行停止の制度について、戦前は数がかなり限られていた。例えば、昭一八年で、保釈者一〇、七四八人（保釈率、二五・六％）、勾留執行停止六三名、責付二四名に対して、昭二五年の月末別の身柄状況に関する平均では、勾留中一二、九八三名、保釈中一、五〇一五名、勾留執行停止中六六七名であって、勾留執行停止の数が相当数増えているが、再犯に及ぶ者が、昭和二五年では年間で三三四人と多数にのぼっている。そこで、現行制度が「濫用されていることは明らかである」と指摘する（七二頁）。

（5）「昭和二八年における刑事事件の概況」曹時六巻一一号（一九五四年）六八頁。

（6）「昭和三〇年における刑事事件の概況」曹時八巻一〇号（一九五六年）五六頁。

（7）保釈が勾留執行停止の原則形態であり、狭義の勾留執行停止は、市民生活上の緊急・切実な不便・不利益を損なわないようにする特別の救済方法とみる立場として、例えば、法律実務講座（刑事編）第二巻（一九五三年）二九三頁（安村和雄）、戸田弘・判タ八三号（一九五八年）二二頁、西村好順・勾留・保釈に関する準抗告の研究（一九七二年）二二九頁、新関雅夫ほか・新版令状基本問題（一九八六年）三五四頁（木谷明）、木谷明「勾留の執行停止」捜査法大系II（一九七二年）二九九頁、西村尤克「刑訴法九五条の適当とみとめるときの意義」判タ二九六号（一九七三年）三七八頁、平田友三「勾留執行中の被疑者の逃亡を防ぐ措置」判タ二九六号（一九七三年）三八二頁。

(8)　実務関係者は「緊急の生活利益」基準説を支持する。例えば、安西溫・刑訴法（下）（改訂版、一九八二年）七九三頁は、「実務上は、被告人または被疑者の病状が悪化して入院・手術の必要が生じそれ以上拘禁を継続することが不適当であるとか、父母兄弟・配偶者等の近親者の冠婚葬祭等、身柄の釈放を必要とする差し迫った理由のある場合」とする。「家事整理・示談交渉・商談等の必要があるにすぎず事案の性質上逃亡・罪証隠滅のおそれなしとしないような場合は執行停止は適当でない」。石丸俊彦他・刑事訴訟の実務（上）（一九九〇年）七二二頁は、被告人の場合、「兄弟姉妹の結婚式の出席や、子供の入学式の出席などでは適当と認められない」が、「勾留の内容（法定刑が軽くて、社会における正義を有し、逃亡の虞れがないとき）に応じて、その被告人の人生を左右する出来ごと（たとえば、年一回の国家試験など）の場合、裁判所の裁量により、短期間の勾留執行停止をしても、不適当とはいえない」とする。他に、註釈・刑訴法一巻（新版、一九九七年）一二八頁（河上和雄）、臼井滋夫・刑訴法（一九九二年）一七四頁、同・基本と実務刑訴法入門（一九九五年）三四一頁、坂本武志・刑訴法（一九九二年）、条解刑訴法（新版、一九九六年）一五五頁。

学界でもこれを支持する説が多い。例えば、石川才顯・刑訴法講義（一九七四年）二一五頁、注解・刑訴法（上）（一九七八年）（高田卓爾）、渥美東洋・刑訴法（新版、一九九〇年）二六五頁、松尾浩也・刑訴法（上）（新版、一九九九年）一〇六頁、田口守一・刑訴法（三版、二〇〇〇年）七〇頁。

こうした解釈に基づく中立の実務について、熊谷弘編・逮捕・勾留・保釈の実務（一九六五年）二〇八頁、「勾留執行停止に関する手引」書協会報一〇二号一八頁以下、工藤涼二・神戸弁護士会刑事弁護センター通信三号（一九九一年）一九頁以下参照。

(9)　勾留執行停止に様々な条件を付せるかいくぶん問題になる。

例えば、本件原決定では、平成一一年二月一一日午後三時まで執行を停止するとして期間を付している。従来から勾留執行停止については、始期は定めないが終期を定める運用が多くみられる。考え方としては、終期の定めはできないとする説もありうる。期限を付すことを認める条文がないからである。勾留執行停止は保釈と同じく勾留の効力を停止する処分であるが、保釈には期限を定めることはなされていない。これと同じく、勾留執行停止にも期限を付せないとみる余地がある。さらに、勾留執行停止事由があるか否かは、委託または住居制限を条件とすれば、逃亡または罪証隠滅、被害者などへの加害・畏怖行為を防止できる場合であることを裁判所が総合衡量の上認定するものである。こうした条件を満たせば執行停止を認めるべきであり、さらに期限を付すことはむしろ処分の本質に反するといえなくもない。

だが、むしろ終期を付せると扱うのが適当であろう（さしあたり、団藤重光・条解刑訴法上（一九五〇年）一九一頁参照）。なによりも、勾留執行停止事由の性質上一定時期に事由が消滅することはある。その場合、その期間の限度で勾留執行を停止することは処分の性質に反しない。病気治療など勾留執行の停止を要する事由が消滅したとき、期限を定めておかないと、収監にあたりあらたに勾留執行の停止取消し決定を要することになる。だが、法九六条列挙の事由ではかかる場合が含まれない。逆に言えば、期限を定めることで対処することを法も許容する趣旨とみていい。期限を付すことを認める条文はないが、法九八条一項で勾留執行停止に期間を付せることが前提となった収監手続規定がある。これは、裁判所の内在的な権限として期間を定めることを法が許容する趣旨とみていい。

終期以外にも勾留執行停止後の被告人の行動制限などに関する条件をつけることはできるか。本件原審決定では、住居制限の他に特段の条件は付されていなかった。が、例えば、「警察官が寄留先まで同行すること」、「検察官の付す看守と行動を共にすること」など検察官が被告人の行動を監視・看守できる条件を付すことはできるか。

この点について、条件をつけられないとする説もありえる。ちなみに、瀧川幸辰ほか・刑訴法（一九五〇年）一三一頁（中武靖夫）は、九五条前段の処分を旧法にならって責付と呼び、これには明文がないので住居制限の条件を付せないとしている。ただ、同条後段の住居制限付き処分を勾留執行停止とよび、責付と勾留執行停止を併せて許可できるとする。

確かに、かかる考え方にも一応の正当性がある。以下の理由による。条文上条件を付せる権限はない（法一六八条三項参照)。法律が規定するのと異なる条件を付するのは、裁判官・裁判所の裁量で勾留の効果を解除する新たな処分を創設することになる。むしろ、勾留執行停止は、委託または住居制限という法定の条件を除き、被告人が身柄を拘束されていない自由な状態に置くことを法律効果とする。捜査機関または検察官の同行監視を条件とするのは、これに反する。また、勾留の執行停止が認められれば、勾留に伴う戒護・処遇の権限は消滅する。裁判所が看守を命ずべき法的根拠がない。法一六七条三項によると、鑑定留置を裁判所が命じた場合、その効力の一部として司法警察職員に被告人の看守を命ずることができるが、勾留執行停止に関連してはかかる権限規定がない以上、監視・看守に関する条件を付すことはできない。事実上検察官を介して警察に監視を依頼することを許容する説もあるが、これも自由な活動を束縛しない限度に留めざるを得ない(参照、安西溫・刑訴法(下)(改訂版、一九八二年)七九五頁)。

ちなみに、名古屋地判昭四〇・九・二八下刑集七巻九号一八四七頁は、勾留執行停止に「警察官を同行すること」との条件を付することはできないとし、次のように述べている。「被告人がその条件を遵守するかしないかが被告人の自由意思によって決定し得られる事項のものでなければならない」ので、右条件は適法なものでない。また、「団員が多衆集合する解散式に出席する各被告人等に対しその同行警察官の数、同行計画等を前以て予定してこれを行うことは困難であろうし不慮の事態が発生した場合は所期の目的である罪証隠滅、逃亡のおそれを阻止するに万全を期することができない」。

しかし、自由拘束を解除するために職権で適当な条件を付すことは認められてよい(鈴木茂嗣・刑訴法(新版、一九九〇年)一五一頁。他に、法律実務講座(刑事編)第二巻(一九五三年)二九五頁(安村和雄)、注釈・刑訴法(上)(一九八七年)三〇三頁(高田卓爾)、前掲・註釈・刑訴法一巻一二九頁(河上和雄)、大コンメンタール刑訴法二巻(一九九四年)一九七頁(川上宅一)など参照)。以下の理由による。

条文上は、九六条一項五号で保釈または勾留執行停止を取り消すことのできる事由として「裁判所の定めた条件に違反したとき」が予定されているが、これは九三条三項の保釈に関する条件と別に、勾留執行停止の場合にも裁判所が裁量で条件を付すことを予定していると解釈できる。実質的には、勾留執行停止も保釈と同性質の広義の勾留の効力を停止する処分である。ただ、保釈保証金による逃走・罪証隠滅の抑制力がない。だから、これに代わる適当な条件を付すことは制度の趣旨に反しない。また、原勾留裁判の効果は消滅していない（勾留取消しとは異なる）。勾留裁判の執行について責務をおう検察官は、勾留執行取消し事由の発生の有無を監視する責務も残る。被疑者・被告人との関係で身柄解放の効果を認めつつ、勾留裁判が無に帰さないための執行に関する条件を付すことは、法九五条に内在している裁判所の権限とみていい。

したがって、検察官に行動監視を命ずるとともに、「看守者の看守の範囲内で行動すること」という条件を付すことも許容される。

ちなみに、先述の東京高決昭五九・九・七は、原審の勾留執行停止の期間を短縮したものであるが、原決定が付した「検察官が被告人に介護者を付することができる等の条件」については特に問題にしていない。広島高決昭六〇・一〇・二五判時一一八〇号一六一頁が取り消した原決定では「被告人は選挙運動以外の目的でみだりに外出してはならない」等の条件が付されていた。

(10)　前掲、田宮裕編著・刑訴法Ⅰ二六七頁（田宮裕）の他、同・注釈刑訴法（一九八〇年）一一六頁、同・刑訴法（新版、一九九六年）九〇頁。他に、庭山英雄・岡部泰昌編・刑訴法（一九九四年）（水谷規男）四三頁、福井厚・刑訴法講義（一九九四年）一一二頁、田宮裕編・刑訴法（ホーンブック）（一九九八年）九八頁（木本強）。

(11)　刑事弁護（一九九三年）二三頁。同旨、刑事弁護コンメンタール・刑訴法（一九九八年）八一頁（村井敏邦）。

(12)　立法史に照らすと、保釈、責付、勾留執行の停止の処分の同質性が認められる。このことも、勾留執行の停止について解釈で被疑者・被告人の請求権を補い、保釈との同質性を発展的に維持してよいひとつの理由になる。

明治初期の刑事裁判を規律する統一法典はないが、明治六年の断獄則、明治九年の糺問判事職務仮規則等の各種通達類で手続を形作っていた。この当時から、保釈は保証金により逃亡と罪証隠滅を防ぐ担保して身柄拘束を停止する処分と解されていた。例えば、保釈条例（明治一〇年布告）二条は「裁判官ハ被告人ノ遁逃シ或ハ罪証ヲ隠滅スルヿナキヲ察スレハ懲役終身以上ニ該ル者及ヒ先ニ重罪ノ刑ニ処セラレタル者ヲ除クノ外保釈ヲ許スヘキモノトス」と定めていた。

その後、治罪法は、保証金納入を条件として勾留の執行を停止する保釈（同二一〇条）と別に、責付（同二一九条）の制度を取り入れた。「予審判事ハ保釈ノ請求アルト否トヲ問ハス検事ノ意見ヲ聴キ被告人ヲ其親属又ハ故旧ニ責付スルヿヲ得」

保釈は、フランス法にならうものであった。治罪法、明治刑訴法、大正刑訴法とも勾留は罪証隠滅または逃走の虞れあることを要件とするもので、保釈については保証金差出などにより逃亡・罪証隠滅を防ぐ担保のあることが条件であると解されていたと思われる。この点について、福井淳・刑法刑訴法註釈全（明治二三年）一四一頁も「凡ソ予審中ニハ被告人ヲ取扱フニハ宜シク無罪人ヲ以テスベシ然レトモ若シ之ヲ拘留セザレバ証拠ノ湮滅若クハ逃亡ノ虞アルトキハ一議ニ及バス直チニ拘留状ヲ発シテ拘留スベキナリ人斯ク証拠湮滅若ハ逃亡ノ虞ナキ以上ハ之ヲ無罪人ト同一ノ取扱ヲナシテ須臾ク之カ自由ヲ復セザルベカラズ」と説く。

責付は、徳川時代の親類預かりまたは五人組預かりの慣習に由来する（富田山壽・刑訴法要論（上）（明治四四年）六一一頁）、林頼三郎・刑事訴訟法論（大正六年）四二六頁、安平政吉・日本刑訴法（昭一三年）三〇〇頁。「本邦の旧慣を因襲せしもの」とする井上操・日本刑訴法講義五九二頁など参照。徳川時代の「お預け」の制度については平松義郎・近世刑訴法の研究（一九六〇年）七五二頁以下参照）。樫田忠美・日本刑訴法論（上）（昭一〇年）二六〇頁も、親類預け、五人組預けの慣習によるとするが、「家族制度ヲ採用セル我ガ国情ニ最モ好ク適合発達シ来レル醇風美俗ノ成文化トシテ我ガ国刑事訴訟法ノ特色ヲ形成セルモノ」と高く評価している。

治罪法上の責付の要件に関しては、「本条ハ被告人逃亡シ又ハ其罪蹟ヲ湮滅スルノ恐アラサル時ハ其罪禁錮以上ノ刑ニ該ル可キ者ト雖モ保証ヲ立テスシテ其親属若クハ故旧ニ責付スルヿヲ得ルノ方法ヲ定ム」（太田律郎・治罪法義解（明治一三年）、あるいは、「被告事件禁錮以上ノ刑ニ該ル可キ時ト雖モ被告人ノ身分高貴ナルカ若クハ巨大ノ財産ヲ有スル等ノ原由ニ因リ其逃亡ノ恐アラサルニ於イテハ保証ヲ要セスシテ之ヲ其親族又ハ故旧ニ責付スルヿヲ得」と解されていた（村田保・治罪法註釈五巻（明治一三年）九頁）。立野胤政・治罪法註釈（明治一四年）二三八頁は「被告人ノ身分貴顕ナルカ又ハ富豪等ニテ逃亡等ノ恐レアラサルニ因リ保証ヲ要スルニ及ハスト認ムル時」とする。

明治刑訴法は、保釈・責付両制度を引き継いだ。富田山壽・同上六一一頁は、保釈と責付の差は請求によるか職権によるかであるが、その他の点では「全然保釈ト相同シ」であり「責付中ノ被告人モ亦勾留中ノ被告人ト全然同一ノ取扱ヲ為ス可ク」とされる。明治三三年八月二七日司法省通達によると、「重罪事件ノ公判中被告人逃走罪証湮滅ノ虞ナク其他特殊ノ事情ナキ場合ハ重罪事件ノ被告人ニ対シテモ成ル可ク保釈責付ヲ許ス方針ヲ採ル可シ」とされている（金田謙・刑事訴訟法解義（大正三年）三四二頁から引用）。清水孝蔵・刑事訴訟法論綱（明治四三年）二七七頁も「保釈ニ於テハ財産ヲ担保トシテ其出頭ヲ確実ニシ責付ニ於テハ人心ヲ担保トシテ其出頭ヲ確実ニスルモノ」と説明している。

他に、責付に関しては、林頼三郎・刑事訴訟法論（大正六年）四二六頁が、「我国特有ノ制度」と評価し、その意義・効果について、責付を受けた親属故旧は出頭させる義務は観念的に生じるがこれを担保する方法は特になく、被告人が出頭しない場合制裁はないし、親属故旧が直接出頭を強制する権限もないが、それでも「実際上ニ於テハ被告人ハ保証ヲ得タル親属故旧ヘノ徳義上出頭ヲ肯ンスヘク又親属故旧ニ於テモ自己カ保証シタル責任上種々ノ方法ニ依リ被告ノ出頭義務違背ヲ防止スルニ努力スベキカ故ニ実際上ニ於テハ実益アルモノトス」としている。

但し、保釈の除外事由の定めは特にない。また、被告人は申立ができるという限度での権利はあるのにとどまり、現行法の意味での「権利」保釈制度ではない。保釈の許否は裁判所の裁量により職権で決定する（例えば、豊島直道・修正刑訴法新論（明治四三年）三三六頁は、「被告人ハ保証金ヲ差入ルルトキハ権利トシテ勾留ヲ免カルルニアラス保釈ヲ許スト否トハ裁判所ノ自由ナリ」とする）。

大正刑訴法に至り、責付の対象先を拡大し、また別に住居制限を条件とする勾留執行停止を導入した。

「裁判所ハ検察官ノ意見ヲ聴キ決定ヲ以テ勾留セラレタル被告人ヲ親族其ノ他ノ者ニ責付シ又ハ被告人ノ住居ヲ

制限シテ勾留ノ執行ヲ停止スルコトヲ得」(同一一八条一項)。

刑訴法案理由書(大正一一年)八二頁によると、住居制限付き勾留執行停止制度の新設の理由として、「被告人保証金ヲ納ムルコトヲ得サル為保釈ノ処分ヲ為スコトヲ得サルカ又ハ引受人ナキ為責付ヲ為スコト能ハサル場合ニ於テモ可成拘束ヲ解キ得ルノ途ヲ開キ勾留ノ時間ヲ短縮セムトスルノ趣旨」とする。

いずれの制度についても、淵源は異なるものの、福井淳・刑法刑訴法註釈全(明治二三年)一四七頁は、「同一ノ目的ニ出テタルモノ」と理解していた。南波杢三郎・実際的研究新刑事訴訟法(大正一三年)二〇三頁も、「未決勾留ハ当事者主義ヨリ見レハ被告人ノ権利ニ対スル非常ノ制限也。夫故既ニ勾留ノ必要消滅スルカ、又ハ比較的其必要減少シタルトキニハ身体上ノ自由ヲ復帰セシムルヲ当然トスヘシ。是レ保釈又ハ責付或ハ住居ノ制限ニ依ル勾留ノ執行停止ノ制度ヲ設ケラレタル所以也」とする。

このように、大正刑訴法で、責付の他、住居制限付き勾留執行の停止を導入したことにより、かえって広義の勾留執行の停止としての同質性と相互補完性が認識されるようになった。

例えば、平沼騏一郎・新刑訴法要論(大正一二年)二八四頁も「被告人ヲ責付スヘキ適当ノ者ナキ場合ニ於テ勾留ヲ停止スルノ途ヲ開キタルモノニシテ旧法ノ欠点ヲ補正シタルモノナリ」と解説している(草刈融・改正刑訴法詳解(大正一一年)一五〇頁同旨)。林頼三郎・刑事訴訟法要義(総則)(大正一三年)一九九頁は、「被告人保証金ヲ納ムルコトヲ得サル為保釈ノ処分ヲ為スコトヲ得サルカ、又ハ引受人ナキ為責付ヲ為スコト能ハサル場合ニ於テモ、成ル可ク拘禁ヲ解キ得ルノ途ヲ開キ勾留ノ期間ヲ短縮セムトスルノ趣旨」とする。平井彦三郎・刑訴法要綱(昭七年)は、「保証金ナキ為保釈シ能ハサル被告人ヲ保護シ、又責付ノ外住居ノ制限ヲ認メタルハ、身元引受人ナキ為責付ニ付シ能ハサル被告人ヲ保護シ、全被告人ニ対シ不公平ナカラシムルノ趣旨ニ出タルモノトス」(二二四頁)とする。

樫田忠美・日本刑訴法論(上)(昭一〇年)では、広義の勾留の執行停止の中に保釈、責付、住居制限付き勾留執行停止があるとしている(二五六頁)。大正刑訴法が住居制限付き執行停止を新たに導入した意義については、保証金を納入できず、親族その他の者がなくてもなお「住居ノ制限ヲスルコトノミニ依リ勾留ノ執行ヲ停止スルノ便法ヲ必要トシタルモノナリ」とする（二六一頁）。

(13) 戦後の刑訴法改正では、大正刑訴法の保釈、責付、住居制限付き勾留執行停止の三つの制度をどう継受するか揺れ動きがあったようだ。

司法省刑事局別室が策定した、昭二一年八月の「刑訴法改正要綱試案」第一二では、「勾留及び勾留の更新は、検事の請求により、勾留の取消、保釈、責付及び勾留の執行停止は、検事、被告人、弁護人、被告人の法定代理人等の請求により、原則として相手方の意見を聞き、これを行なふものとすること」との基本指針が定められている。

これを受けて、昭二一年八月作成の改正刑訴法第一次案では、これらを「勾留の停止」としてまとめる案が策定された（同案三八条）。「勾留を停止する場合には、保証金額を定め、被告人を親族その他の者に責付し又は被告人の住居を制限しなければならない」、「前項に規定する処分は、その二以上を併せて行ふことができる」とする。検事と被告人・弁護人等が請求権を有し、裁判所の職権によるのは「急速を要する場合」に限られていた（「刑訴法の制定過程」（一三）（一四）法協九三巻四号、五号参照）。

昭二一年一一月作成の改正刑訴法第三次案では、請求による権利保釈制度を独立させた（同案一二四条以下）。これと別に、責付と住居制限付き勾留執行停止を定めた（同案一二八条）。「裁判所は、適当と認めるときは、決定で、勾留されている被告人を親族、保護団体その他の者に責付し、又は被告人の住居を制限して勾留の執行を停止することができる」。この段階で、発動手続についてどうするのかに関する文言が削除された。このため、当事者の請求権を削除して職権に委ねる趣旨なのか、発動手続については、保釈と同じく当事者の請求権を残す趣旨なのか文案の比較からは不明なものとなった。昭二二年六月段階の第六次案もこれと同じである（「刑訴法の制定過程」（一六）（一七）法協九五巻九号一五三五頁以下、同一二号一九〇二頁以下）。同年一〇月、ＧＨＱに提出した九次案で、「責付」の語が「委託」に代えられた。ＧＨＱ側のプロブレムシートでは、この制度は特に取り上げられることなく（「新刑訴法制定資料」検察資料二八号）、現行法通りの国会提出案が策定されて現在に至っている。

この立案プロセスから、勾留中の身柄釈放は広義の勾留の停止であり、その中に要件を異にする保釈と狭義の勾留執行の停止があると考えられていたことがわかる。他方、勾留執行停止について被告人側の請求権をことさら排除し職権に限定する趣旨であったか否か、その積極的な理由が何であったのかは必ずしも明らかではない。今後の研究にまちたい。

＊　本件については、大津地判平一一・五・二五（平一〇（わ）三八七）で、被告人に対して懲役三年、未決勾留日数二〇〇日算入、四年の執行猶予とする判決が言い渡されて確定している。

4　現行刑事訴訟法制定時における公訴提起に必要な嫌疑の程度

渡辺咲子

はじめに

我が国の刑事裁判における有罪率は極めて高く、これについては、刑事裁判の形骸化をもたらすとして批判も多い。

有罪率が一〇〇％、又はこれに限りなく近いということは、実質的に有罪・無罪を決するのが検察官であるということになるから本来司法が担うべき役割を検察官が果たしてしまうのはおかしいという批判は、確かに一面では正論である。また、その結果、検察官が無罪をおそれる余り、少しでも疑いのある事件については、公訴提起をしないことになれば、本来救済されるべき被害者が忘れ去られ、処罰すべき犯罪者が野放しになるというおそれもない訳ではない。

そこで、従来、検察官に対してはもっと「ゆるやかな起訴」をすべきであるという有力な議論がなされてきた。

「被告人」の立場におかれることの不利益は、事実上計り知れないほど大きいから、検察官としては、無罪かも知れない者について安易に公訴提起することは許されない。無罪事件について、国家賠償請求訴訟が提起され、検察官の公訴提起・公訴維持についての過失の有無が審理されるというのは、原則として、検察官が無罪のおそれのある事件を起訴してはならないということであろう。

もとより、戦後の検察が公訴提起の方針について誤っていたと考えるものでも、これからの公訴提起をもっとラフに行うべきであると考えるものでもない。起訴に必要な嫌疑の程度のハードルを低くしたゆるやかな起訴制度を考える場合には、私人訴追・起訴陪審、有罪答弁や取引等の諸制度の導入の是否等公訴制度全体を総合して検討すべきであろうが、そもそも、公訴についての制度がドラスティックに変更された現行刑訴法制定時に、公訴提起に必要な嫌疑の程度についてどのように理解されていたかを振り返り、今後の論議の基礎としようとするのが本稿の目的である。なお、本稿中、意見にわたる部分はあくまで私見であることをお断りしておく。

一　予審の廃止と被疑者の勾留

1　予審の廃止

現行刑訴法の制定作業は、第二次世界大戦終戦直後に、旧刑事訴訟法（大正刑事訴訟法）を改正するかたちで作業が開始された。これは、ポツダム宣言を受諾した我が国の刑事訴訟制度の民主化の作業であり、その最も重要な眼目は、捜査における基本的人権の保障にあり、またもう一つの重要な課題が裁判所から検察機構を分離することにあった。

刑事訴訟法の改正に当たっては、連合軍総司令部（GHQ）は、大陸法に造詣の深いオプラーを責任者に据えるなど、可能な限り、我が国の従来の法体系と我が国自身による改正作業を尊重する方針をとったが、当初から、GHQの絶対的な方針であったのが、「予審の廃止」であったようである。これは、戦争中に、いわゆる思想犯が未決のまま長期間身体を拘束されていたことが、「予審」と「行政検束」の濫用によって行われたと考えられたことから、両者の廃止が民主化の第一歩であるとされたことによる。そこで、予審廃止は、当初から刑事訴訟法改正作業の方針として示されており、その当否について司法省内において検討がなされた記録は存しないが、後述の司法制度改正審議会第二諮問事項小委員会において、一部委員が予審廃止につき反対意見を述べたのに対し、委員長から「予審の廃止は、マッカーサーが総理との会見で司令部の要求として提示した事項である。」旨の説明があり、予審廃止は、刑事訴訟法改正に当たっての動かし難い前提であったと見られる。

2　司法省における刑事訴訟法制定作業の始まり

捜査機関の強制権の内容についての司法省における最初の検討結果は、昭和二〇年一〇月一八日付「捜査機関の強制権の問題」(1)にまとめられている。

これによれば、検事及び検事補（当時の構想によるもので、現行の副検事に相当するもの）は被疑者の召喚、勾引(2)、訊問及び勾留ができ、勾留期間は、通じて四月を以って最長とするとされ、一方、司法警察官には被疑者の召喚、訊問をすることが認められたほか、「仮勾留」の権限を与えることとなっていた。この仮勾留は、期間を一〇日とし、仮勾留後速やかに検事又は検事補に報告が必要であり、必要な場合には、検事又は検事補の許可により、当初から検事又は検事補の命令による勾留とみなして勾留を継続することが認められることになっていた。

この四か月の検事勾留、一〇日間の司法警察官の仮勾留という考えは、大正刑事訴訟法の予審判事のする勾留を検事の勾留に移すもので、勾留期間について変遷はあるものの、その後の刑事訴訟法改正第一次案に引き継がれている。

3　司法制度改正審議会における審議(3)

刑事訴訟法改正に関する最初の審議は、昭和二〇年一一月一六日の閣議決定により設けられた「司法制度改正審議会」において行われた。

同審議会に対する諮問事項は、「第一　新情勢に鑑み裁判並に検察の機構に付改正を要すべき具体的事項如何、第二　新情勢に鑑み犯罪捜査に関し人権を擁護すべき具体的方法如何」の二項で、諮問事項毎に小委員会が設けられて審議が行われた。

第二諮問事項小委員会の論議は、司法警察を分離して司法省に移管することの是否について集中したが、勾留等の強制捜査権の問題と捜査の構造については、「検事に勾留権を認めてはならない。現行刑事訴訟法の一〇日の勾留をさらに制限すべきである。」、「有罪判決に必要な程度の証明があって初めて起訴するのが検事の良心であって、このような良心的に捜査遂行のためには、強力な強制力が必要である。」などという意見があり、政府提案の勾留期間については、

林　委員「勾留期間を何故二月にしなければならぬのか。今まで強制処分は十日間の勾留でやっていたのではないか。」

佐藤委員「十日ではとても足りないと思ふ。現在の勾留状の期間が二月であるから基本を二月とした。」

林　委員「十日では無理と思ふが、二月は長きに失しはせぬか。」

佐藤委員「全部の事件にそれ丈け必要とは思はないが、之れ丈けあれば大抵の事件はやれるだらうと云ふところを見て居る。」

という問答があり、結局政府案のとおりの答申がなされた。(4)

4　司法省刑事局別室における刑事訴訟法改正作業の開始

司法省刑事局では、昭和二〇年一二月末に、刑事局別室と呼ばれたワーキンググループ(5)が組織され、本格的な刑事関係法令の改正作業が始まり、昭和二一年一月二六日、「刑事訴訟法中改正要綱案」がとりまとめられた。

同案は、検事及び検事の命による司法警察官に四八時間内の勾引及び勾留の権限を認め、検事の勾留を一か月（三か月まで延長可）、司法警察官の勾留を一〇日としていた。(6)

これが、刑事訴訟法改正案として具体化された。同年八月から九月に起案された第一次案の勾留に関する規定は右要綱案のとおり、検事に一か月（最長三か月）、司法警察官に一〇日の勾留を認めている。(7)

5　予審の廃止と検察制度

前述の司法制度改正審議会の答申において、検察組織を裁判所から分離することが答申され、司法省別室においては、刑事訴訟法改正案の起草と同時に検察庁法案の制定作業が始まったわけであるが、予審の廃止を受けて、これまで予審が担ってきた役割を検察庁が担うことが当然予定されていたことは、以上に述べた勾留制度に関する法案に明らかである。

すなわち、旧刑事訴訟法では、予審段階の勾留期間は二か月（特に必要がある場合には更新できる）（一一三条）、検事のする勾留期間は一〇日（二五七条「第二五五条ノ規定ニヨリ被疑者ヲ勾留シタル事件ニ付十日内ニ公訴ヲ提起（公判請求又は予審請求）セサルトキハ検察官ハ速ニ被疑者ヲ釈放スヘシ」）であったから、改正案において検察官のする勾留を一か月ないし三か月、司法警察官のする勾留（仮勾留）を一〇日としたのは、予審・検事の勾留をそのまま検察官・司法警察官にスライドさせたもので、これによれば、検事のする公訴提起（公判請求）を従来の予審における公判に付する決定と同質のものと期待していたことが明らかである。

二　ＧＨＱの介入・指導と現行刑事訴訟法

1　ＧＨＱ側の起訴に対する考え方

刑事訴訟法改正案の第一次案が起草されるのと同じころ、我が国の法律改正作業に関するＧＨＱの体制が整い、(8)オプラーを筆頭に、ブレイクモア、マイヤース、アップルトンの四名が刑事訴訟法の改正を担当するようになったが、(9)そのころ、周知のとおり、憲法草案の「司法官憲」の意義をめぐり、日本側とＧＨＱ側の解釈の違いが明らかになり、司法官憲に検察官が含まれるとの前提によって起草された刑事訴訟法改正案の令状に関する規定は、大幅に見直しが必要とされるに至った。

ＧＨＱが刑事訴訟法改正に大きく関与するようになってからも、公訴提起に必要な嫌疑の程度について直接議論がなされたことはほとんどないようであるが、被疑者の逮捕・勾留に関する議論に、日米双方の公訴提起に関する考え方の違いがあらわれているので、これをみていこう。

昭和二一年秋に刑事訴訟法改正要綱案に関してＧＨＱ側と司法省刑事局長ら刑事訴訟法立案担当者との会談が(10)開かれている。この中で、ＧＨＱ側は、ブレークモアの起案した逮捕・勾留に関するペーパー（ブレークモア私案）(11)

を手渡し、被疑者の勾引（逮捕）・仮勾留（被疑者の勾留）、被告人の勾留・保釈に関するGHQの見解を示した。

これについてのGHQ側と司法省側の会談の中、起訴に関連する部分を見てみると、

司（司法省担当者）　貴案のやうに一週間の仮勾留制度を認めると、夫れ以後は捜査出来ないことになるのか。

ブ（ブレークモア）　左様なことはない。検事には裁判官に有罪判決をさせる義務があるのであるから、裁判がある迄は何時までも捜査を続けることが出来るのである。

司　従来、日本では、起訴後における検事の捜査権は、実際上、非常に狭いものなのである。

ブ　起訴後公判までの期間に何故捜査をしないのか。此の間における捜査の結果、若し人違なることが判ったやうな場合には、起訴を取消せば宜いではないか。

司　従来日本では、いったん、起訴されると、それだけで、もう世間から白眼視され指弾されるやうになって、本人の為著しく不利益なことゝとなるので、検事としても早急に起訴することを避け、十分な捜査を尽し、有罪の確信がついてから起訴するやうにしており、従って、日本では、起訴された事件の大体九九パーセント近くまでが、有罪の判決を受けて居る実情なのである。

ブ　併し被疑者を勾留するまでには、判事も一応取調べて居り、その上で令状を出して居るのであるから、起訴後になって別の証拠が提出され、その為に犯罪の嫌疑がなくなるやうになっても、夫れは已むを得ないことではないか。

というやりとりの後、司法省側は、一週間では、有罪の証拠を固めることが出来難いと主張し、これに対して、GHQ側は、

ブ　一旦起訴してからでも、十分取調べを続け得るではないか。

局　起訴するまでに有罪の見込がつく程度の証拠が集まらなかったならば如何。

ブ　その時は釈放せねばならぬ。

とした上、被害者多数の殺人事件などの場合には、仮勾留を事件毎に行うものであり、誘拐事件で後に殺人の事実が判明したような場合には、一応の罪名で起訴し、後日の取調の結果判明したところに依って、補充訂正をすればよいなどと説明している。これは、まだ刑事訴訟法改正作業の中で「訴因」の観念が持ち出される以前の議論であって、双方がこの違いを十分に理解して議論しているものではなかったように見える。さらに、続いて、

司　従来の遣り方としては、被害者の生死、所在が判らぬやうな事件は、仮令、誘拐罪としても、起訴しないだらうと思ふ。

局　従来は、十分に取調べてから起訴する方が望ましいと一般に考へられて居るのである。

ブ　嫌疑者本人の立場からは、什うか。

局　嫌疑者本人としても十分調べてから起訴されることを望んで居ると思ふ。

ブ　併し、若し自分が嫌疑者だとすれば、どんどん起訴して貰って、一刻も早く保釈になり度いと思ふ。

局　慎重に調べれば、起訴せずに済まし得る場合も多いと思ふ。

ブ　勿論、当方としても、起訴を殊更軽々しくせよといふのではない。

局　夫れなら、仮勾留の後に判事の令状を求めて勾留をすることを許しては什うであらうか。

ブ　勾留の期間は什うするのか。

局　判事の勾留状に期間の定めをしておくのである。

ブ　その勾留は捜査の段階におけるもので、保釈は許されないのであるから、左様な場合に長く勾留してお

くことは面白くない。

局　それならば、その勾留期間でも、保釈が出来るやうにすれば宜いではないか。

ブ　左様なことをするよりも、起訴して置いてから取調を続ける方が宜いではないか。

ブ　アメリカでは捜査の為の勾留は認めて居らず、勾引してから二十四時間内に身柄を判事の前に出し、同時に起訴（information of charge）をしなければならない。

局　併し、その際、予審判事は令状を出すのでないか。

ブ　起訴があってから予審判事は令状を出すが、この場合でも、被告人は保釈の権利を失はない。

局　その令状には、期間の制限が書いてないのではないか。

ブ　期間の制限は書かれて居る。

局　貴方の御趣旨は判るが、重大な犯罪人を捜査の段階において放して仕舞ふことは、その者の個人的自由の為には望ましいであらうが、夫れに因って社会の被る不利益は比較にならぬ程大きいのである。

ブ　例へば、確かに、殺人の罪を犯したと思はれても確たる証拠がないために起訴出来ないやうな場合もあるであらうが、それは已むを得ないことでないか。

（中略）

司　予備審問（preliminary hearing）の期間に付ての制限はないか。

ブ　その点に付ては、別段の制限がないから、例へば、遠方に居る証人を呼ぶやうな場合には、それに必要なだけの十分な時間の余裕は取れると思ふ。

司　予備審問が終わる迄は被告人を留置出来るのか。

ブ　留置出来る。
司　それは、如何なる根拠に依って、留置出来るのか。
ブ　その点は十分考へなかったが、多分仮勾留の一部といふことになるのではないか。
（中略）
ブ　自分の案の内容に付ては、十分批評して貰ひ度いが、唯、曩にオップラー氏も言はれたやうに
(イ)　勾引の場合に判事の承認を必要とする
(ロ)　勾留状は必ず判事が出す
(ハ)　勾留された被告人は、原則として保釈権がある
以上の三点は、既にGHQとしての意見が決定して居るのであるから、什うしても、納得して貰はなければならないのである。
という議論があり、次に、日を改めた会談では、
司　本日は曩にお示しの貴案に付、若干お尋ね致し度いことがあって参ったのである。
予審といふものは、最初の貴案に依ると、事件を公判に付すべきや否やを決する為のものとなって居たが、後の案には、そのことが判然見えて居ないようであるが、如何。
ブ　その点に付ては、第二次案の第十八項で触れて居ると思ふ。(12)
司　それに依ると、予備審問官は被告人を勾留（detain）すべきや否やを決めることになって居る様ではないか。
ブ　その通りである。それは検事が起訴してから後のことである。

司　それでは、予備審問官は如何なる仕事をするのか。

ブ　重要な証拠を保存したり保釈に関する決定をしたりするのである。

司　事件を公判に付すべきや否やを決定するのではないのか。

ブ　そうではない。予備審問官は否定権だけを持って居るので、検事の起訴を理由なしと認めれば、これをディスミス（免訴）するのである。

司　それでは、予備審問官は免訴することが出来るのか。

ブ　その通りである。尚之は参考の為伺っておき度いのだが、日本では一旦免訴し又は起訴を取消した事件に付て後で、改めて、起訴出来るか。

司　起訴出来ない。

ブ　アメリカでは一旦起訴を取消しても、後になって新しい証拠がで出て来れば、その同じ事件に付て又起訴することが出来るやうになって居る。尤も一度無罪の判決があった事件に付ては後日重ねて起訴することは許されない。

ブ　日本も左様な制度に改めたら什うか。そうすれば、起訴する前に長く調べる必要もなくなるわけではないか。

司　併し、所謂ダブルジェパーディ（doubule jeopardy）は判決以外の場合にも、適用があるのではないか。

（答なし）

司　予備審問では証拠を集めるか。

ブ　起訴の理由があるかないかを決める為には証人を調べたりする必要もあるのだから結局、証拠を調べる

司　ことになると思ふ。

ブ　左様な証人調べは検事の申立に因るものであるのか或は職権に因ってやるものであるか。

司　検事が起訴したのであるから、原則としては検事の申立に因るべきものと思ふが、併し、予備審問官は職権で証拠調べをする権限もあると思ふ。

ブ　アメリカでは、本人が希望しないときは、予審をやらないことになって居る。

司　左様な場合には、勾留は什うなるのか。

ブ　勾留は自動的に始まるのだと思ふ。

司　その場合、事件は直接公判に移るのか。

ブ　然り。起訴になれば、勾留が自動的に始まり、被告人は公判迄の間原則として留置されることになる。

（中略）

司　事件が予審にかけられない場合には、什うなるのか。

ブ　その場合には、予備審問官に代るべき他の判事が保釈の決定をすることにならう。

司　予備審問の結果、公判に付するに足る嫌疑があれば、必ず事件を公判に廻さなければならないのか。

ブ　然り。

司　其の場合、予備審問は、証拠はあるが軽微な事件だから公判に廻す必要はないといふ理由で起訴を否定することは出来ないか。

ブ　左様な事は許されない。

司　それなら、総ての事件を直接公判に廻すこととし、簡易裁判所の判事や公判の判事が起訴の取消や保釈の決定を為すことにすれば事足りるわけであって、予備審問といふ特別の中間手続を置く必要はないのではないか。

ブ　交通違反のやうな軽微な事件なら、勿論、予備審問の必要はない。

司　仮に重罪であっても、直接公判に廻して差支えないのではないか。

ブ　併し、そうすると、検事が証拠固めをする余裕がなくなる。

司　結局、勾引してから二十四時間とか一週間とかいふ短期間内に起訴をさせやうとするからこと捜査の時間が足りなくなるのであって、検事に十分捜査を尽させた上で、起訴させるやうにした方が宜いではないか。

ブ　夫れは立場の違ひで、被疑者としては出来るだけ早く検事の手許を離れて裁判官の裁断を受け度いと思ふ。何故なら、検事は偏頗であるが裁判所は中立だからである。

司　要之、問題は捜査を起訴前にするか又は起訴後にするかの違ひに帰着する。

ブ　併し、その違ひは重要である。何故なら、一旦起訴をすれば、その後は裁判所の看視の下に置かれるので、不当に長く捜査を引伸ばすことは許されなくなるからである。

司　結局、問題は、被疑者が留置されて居る場合に起るのであるが、目下立案中の検察庁法案では、検事の延滞に対する不服の申立が許されることになって居るのである。

ブ　併し左様な不服の申立も矢張り同じく編頗な検事の上部の者に対して為されるに過ぎないではないか。

司　当方の案では、検事は起訴前に判事に請求して被疑者を留置して貰ひ、その間に捜査を遂行するが、一方、又、裁判所は被疑者の請求により何時でも保釈を許すといふ建前になって居るのである。

ブ　夫れは、被疑者にとって好ましからぬ状態である。何故なら、その場合、被疑者としては、検事が一体起訴をするのか什うか、又起訴をするとすれば、何時如何なる内容の起訴をするかが、少しも判らないからである。

若し、之に反し、検事が早く起訴をすれば、如何なる犯罪事実に基いて起訴が為されたのかといふことが判然判るので、その対策を準備することが出来るわけである。

ブ　当方の第二次案第二十一項の趣旨を改訂して「被告人が拘禁されてゐる場合には、原則として三箇月の間に公判を始めなければならない。此の期間は、例外の場合に延長することが許されるが、夫れは検事の為す捜査の必要の為であってはならない。」といふ趣旨にしたら、什うであらうか。

司　貴案に依ると、予備審問は検事の起訴の理由の有無に関する調査を為すことを主眼とするものゝやうであるが、それならば、寧ろ、左様な事は公判判事にやらせれば宜いではないか。

ブ　併し、公判でやるといふことになると、その開廷期日が遅れる関係上、被告人にとって迷惑ではないか。

司　従来重大な事件の場合には、開廷期日が遅れることもあったが、それは大部な記録を三人の判事が順々に読むからで、今度予備審問の段階を設ければ更に公判開廷が遅れると思ふ。

ブ　尚、こちらの第二次案の第十五項の二として、重罪の場合にだけ予備審問をするといふ条項を入れた方が宜いと思ふ。

司　重罪に付ても、被告人が予備審問を欲しない場合には、直に事件を公判に廻して宜しいか。

ブ　その場合には、被告人が予備審問を受ける権利を拋棄したのだから、事件は、勿論直に公判に廻されることになる。それで予審判事は被告人に対し、彼に対する訴の性質及び自ら選択する弁護人に依って代理される権限を有することを告げると同時に、予備審問を受ける権利を抛棄することの出来ることも亦告げなければならない。

司　予備審問手続の期間に付ては、如何に考へられるか。

ブ　予備審問は原則として、検事の出した書類を調べるだけであるから、割合早く……時には二、三時間位で……済むのではないか。

司　それでも、証人を呼んだりする場合には相当時間がかゝることもあるだらうと思ふ。

ブ　余り重要でない証人で遠方に居るやうな者に付ては、わざわざ呼出さなくても、口供書のやうな書類を出させても宜いではないか。

司　起訴後予備審問が済む迄は、被告人を留置出来るか。

ブ　勿論出来る。

司　その間は保釈をしなくても宜しいか。

ブ　予備審問の手続は割合早く済むから、保釈の必要はなからうと思ふ。

司　併し、証人を呼んだり書類を作ったりする為に多少の時間はかゝると思ふ。

ブ　いづれにしても、予備審問の手続きが済む迄は、被告人を留置出来るし、亦保釈する必要もないと考へて差支えないと思ふ。

司　先日佐藤局長からも云はれたことだが、出来るなら従来の起訴制度は之をその侭残して置き、その代り留置の期間が長引くやうな場合には保釈等の方法によって被疑者の利益を保護することにして行き度いと思ふのだが、什ふであらうか。そちらの提案のやうにする為には刑事訴訟法制度を根本的に作り直さねばならず、今回のやうな短期間内では難しいと思ふ。

ブ　成程、こちらから提案して居る起訴の観念は多少従来のそれとは違ふ新しいものかも知れないが、その他の点は左程理解に困難なことではなからうと思ふ。

（以下略）

やや引用が長くなったが、この論議の中心は、「司法官憲」の解釈にあったので、起訴の際の嫌疑の程度については、双方の理解が全く異なることを認識したのみで、論議がすれ違ったままに終わっている感がある。

ここで、ＧＨＱ側は、「二、三時間の審理で嫌疑が存在せず、免訴の決定を下せる」程度の起訴を予定しており、日本側は、従来の予審における公判に付する決定と同じものを予定していることが分かる。「七日間の仮勾留で起訴・不起訴を決する捜査を遂げることができない。」旨の日本側の具体的事件を挙げた反論は、訴因の観念を持たず人単位を前提としていることから、事件単位を前提とするＧＨＱ側を説得するに至らず、結局議論は平行線に終わった。

2　第三次案以降応急措置法まで

この一連のＧＨＱとの会談等を経て、司法省は、「司法官憲」に検察官が含まれないとの解釈に立った改正案の起草を迫られ、同年一一月に、第三編の改正案第三次案が起草されるに至った。この第三次案は、前記のＧＨＱの意向を強く反映したものになり、ほぼ現行法に近いが、司法警察官の逮捕後のいわゆる持ち時間が二四時間であること、仮勾留（被疑者の勾留）の請求後二四時間以内に裁判官は仮勾留状を発すべきこと、仮勾留期間を一〇日以内とすること、緊急逮捕後直ちに裁判官に引致することが求められていることが現行法と異なる。

第三次案は、前記ブレークモア私案の逮捕（勾引）・仮勾留の制度をほぼそのまま受け入れる一方、「予備審問」の制度を設けなかった。これに関する司法省内部の検討内容を示す資料は、現在のところ見あたらないが、前記のGHQとの会談の内容に照らせば、日本側は、あくまで、九九％以上の有罪率となる起訴を考え、制度的にも予審における公判に付する決定と同程度の嫌疑の存在があって初めて公訴提起することを予定しており、GHQ側が示したような予備審問において二、三時間の審理を行えば嫌疑が存在せず、免訴の決定を下すべき事例を起訴することを全く予定していなかったと考えられる。

どの程度の嫌疑によって検察官は起訴すべきであるのかについては、その後も正面から論議された形跡はなく、GHQ側と日本側の逮捕・仮勾留（起訴前の勾留）の期間をどの程度にすべきであるかとの論議は、起訴時における嫌疑の程度について双方の考えが全く異なるままに、常に平行線をたどっていた感がある。

刑事訴訟法改正案は、昭和二二年三月までに、第六次案までが作成された[13]が、結局、周知のとおり、新憲法の制定施行に間に合わず、同月、急遽、新憲法に抵触しないように最小限度必要な変更を行うかたちで「日本国憲法の施行に伴う刑事訴訟法の応急的措置に関する法律」（以下、応急措置法という。）が制定されるに至り、応急措置法の逮捕・勾留に関する規定が、ほぼそのまま現行刑事訴訟法に受け継がれたのである。

この応急措置法は、わずか数日で起草されたといわれており、起草に当たっての検討についての記録は存しないが、仮勾留を「勾留」としたこと、緊急逮捕後に裁判官への引致を要しないものとしたほかは、第三次～第六次案とほぼ同内容であった。

4　現行刑事訴訟法制定まで

このように、起訴に対するGHQ側と日本側の考え方が全く異なるままに刑事訴訟法の改正作業が続けられたわけであるが、この食い違いは、ついに、最後まで調整されることはなかった。

応急措置法の施行結果を踏まえて、刑事訴訟法改正案はさらに練り直され、昭和二二年一〇月、第九次案が最終案としてＧＨＱ側に示された。ＧＨＱ側では、これを検討して、「日本人との論議の基礎とするため争点の簡単な分析と、諸種の解決案を記載したプロブレムシーツ」[14]を作成し、これを基にして、昭和二三年四月から五月にかけて、ＧＨＱ側と日本側（裁判所、検察庁、法務庁、弁護士会、学会の代表が参加した。）の折衝（「刑訴改正協議会」）が行われた。[15]このＧＨＱから提出された問題のうち、第八五問として提出されたＧＨＱの提案は、まさに、米国法の予備審査を我が国刑事訴訟に持ち込もうとしたものであり、日本側の反対が激しく、結局撤回されたものであるが、ＧＨＱ側と日本側の起訴に関する考え方が最後まで異なっていたことを示すものである。[16]

第八五問(1)公判前の審査（予備審査）

問題　拘禁せられた被告人は、自分が公判のために拘束されることを合理化するだけの十分の事実の存否に関し、裁判官の決定を要求する権利を有すべきではないか。

理由　改正案の規定では、保釈を拒否されて未決監に拘禁されている被告人が、公判期日前公判のために拘束さるべきか否かを決するため、速やかな審理をうける方法がない。被告人の訴追された犯罪が八一条[17]の文言により自動的に保釈を禁ぜられるものであり又は被告人が保釈を取り消され、もしくは保証金を納め得ない場合であって、しかも実際は被告人にとり全然理由のない事件であることもあり得る。この場合被告人はその事件が公判に付されるまで、監獄に拘置されなければならず、それは数ヶ月になることもあろう。被告人を公判のために拘束すべき充分な理由の存否を簡易迅速に決定するため拘禁された被告人が公判の裁判官以外の裁判官に――もし裁判官が欲すれば――警察官、検察官による捜査の記録及び全証人を調査してもらうことのできる規定を数個設けなければならない。

勧告　左の新条文を設ける。

八七条の二

「保釈を許されない罪のため又は保釈を拒否され若しくは保証金を納めることができず、勾留状により拘禁された被告人は公判前公判を開く必要があると認められる十分の事実の存否を決するため、裁判官を選任することを該裁判所の裁判長に請求することができる。

請求がなされてから三日以内に該裁判所の裁判長は、その裁判所の裁判官を指名するか又は他の裁判所の裁判官に嘱託しなければならない。

受命裁判官又は受託裁判官は直ちに検察官に対し、その事件の捜査中に得られた記録又は証拠物の送致を求めなければならない。

調査裁判官は特別の場合証人を召喚することができる。然し当事者はいかなる証人の召喚も請求することはできない。

調査裁判官は公判のために被告人を拘束することを合理化する事実の存否のみを決することができ、公訴提起に充分な理由があるように思われること又は充分な理由がないことのみを書面で裁判長に報告しなければならない。

調査裁判官が公訴提起に不十分な理由しかないと決定した時は、裁判長は調査裁判官が報告をなした後二四時間以内に被告人が釈放されるべきこと及び公訴の棄却されるべきことを命令しなければならない。

これは、協議の過程で次のように修正された。

第八五問(2)公判前の審査（予備審査）（修正）

参照　なし

問題　保釈を許されなかった被告人は裁判官に公訴棄却の請求をする権利を有すべきではないか。

理由　保釈を許されなかった被告人は提起された公訴が正当か否かを争う機会をもつ資格がある。しかし公判期日前における検察官の訊問記録の広範囲な審査は全裁判所に時間を浪費せしめる手続となるであろう。又同じくその裁判所の同事件に関する爾後の公判に障碍を与える可能性が多い。最上の折衷案は、その事件に爾後加わらない裁判官により検察官及び警察官の記録を調査することであると思う。裁判官は明白にそれが不当である場合に限り公訴を棄却することができる。

勧告　左の新条文を設ける。

「八七条の二　公判前保釈を許されなかった被告人は、公訴棄却を請求することができる。

この請求はその事件を管轄する裁判所の裁判長に対してする。

請求をうけた裁判長は遅滞なく単独の裁判官に検察官及び警察官の記録の調査を命じ公訴提起が明白に根拠があるかどうかを決定させなければならない。

簡易裁判所の裁判長が公訴棄却の請求をうけ、右の調査を命ずべき下位裁判官がいない場合は、管轄地方裁判所の長に特別に右の目的のための裁判官を指名することを依頼しなければならない。

公訴提起の理由があると認めるときは、裁判所は請求を棄却しなければならない。公訴提起の理由が明白に不十分と認めるときは、裁判所は決定を以て公訴を棄却しなければならない。この決定に対しては即時抗告をすることができる。

公訴棄却の請求に関する調査に関係した裁判官は爾後その事件の公判に加わることができない。公訴棄却の決定に対する即時抗告を審判した裁判官についても、同様である。

八五問についての討議は、協議会の最終段階に近い昭和二三年五月一一日になされた。この日、議長役のオプラーは、刑事訴訟法改正法案の国会提出期限が五月二〇日に迫り、協議会の討議を明日（一二日）に終えねばならない旨を発表した上で、八五問の討議に入った。以下は、八五問についての討議録である（記録が不鮮明で判読できない箇所もあることをお断りしておく）。

オ（オプラー）　第八五問は稀な場合に適用されることであらうが、誤った起訴を速かに補正しようと言うために考え出したものである。多くの起訴は正当であり、多くの保釈請求却下も正当であろう。然し百件に一件でも不完全な起訴を受け且保釈の請求が却下された者に対して速なる審理請求権を認めたいのである。起訴は不完全で保釈は却下され且拘禁状態がどんどん継続する（コンティニーズ、コンティニーズ、コンティニーズと反復した）ことは好ましい事ではない。従って請求によって予審判事が直に調査に着手する。此の判事は検察官の手から記録を受け取り記録だけについて事件を審査する。そして記録だけで判断して十分なる理由なしと考えれば公訴棄却するのである。勿論此の様にして公訴が棄却されることは判って居る。然し百件に一件でも不当の拘禁を防止したいのである。それから此はもとの予審のように徹底的に調べるのではなくて主として書類だけで審理するのである。だから大して時間もかからない。それから、此の審理をやった判事は公判の審理に関与することはできないのである。

説明は此の位にして先づ裁判官から意見をきこう。島氏。

島（裁判所・島保）　私は此の御提案の趣旨には反対ではない。但し此を認めると不当にその理由がない者がやると言う意味で濫用の危険性は感ずるが、御提案には賛成する。

ア（アップルトン）　誰が濫用するというのか。

島　公訴棄却すべき事実もないのに誰でも中立をしないかと心配するのである。

オ　私も君の言う通りになるであろうとその点では賛成である。従って此の手続はもとの予審のようにやれば大いに問題だと思う。然しながら、記録をさっさと見てさっさと却下するようにすれば格別問題は起きまい。そのようにすれば事務は渋滞しないであろう。

ア　提案の説明としてもう一つ附加したい。米国には大陪審があるが日本には此がない。従って検事の起訴は検事の裁量に委かされており、起訴をチェックするものはない。仮に検事が悪い人間であるような場合には起訴が濫用される事になる。それを此の提案をチェックしようと言ふのである。

オ　江橋氏の意見は。

江橋（弁護士会・江橋活朗）　私は此の御提案には頗る趣旨に賛成である。然し実際上むづかしくはないかと考へて居る。その他に格別の意見はない。

オ　橋本氏の意見は。

橋本（検察庁・橋本乾三）　G・S当局の御提案の根本趣旨は尤もと思う。然し此の提案通りに実行することは不可能ではないか。私は別の案を持って居る。成程検事も神様ではないから間違いはやる。之は防止せねばならぬ。その点ではG・Sの御考へに同感である。然し此の提案の様な審査は一見して法律違反が明瞭であるような場合に限り、事実の点の審査には及ばぬこととしてはどうか。前の場合は比較的簡単と思うが事実まで調べることになると困難と思う。

オ　橋本氏は我々の提案の趣旨を誤解しては居ないか。何も事実を徹底的に調べるというのではない。一応嫌疑の有無をしらべるだけである。従ってそれ程むづかしい事ではあるまいと思う。

橋本　私が実際上むづかしいと思うもう一つの状況を申したい。新制度のもとにおいては、仕事が複雑になるから検事も益々手不足になる。そうなると検事は多くの証人の調書までは作成しない。即ち公判に出ても間違いなく同じことを言うと思う様な証人の調書は作成しなくなると思う。然るに、此の提案の調査は記録だけに基いてやる事になって居る。然らば重大な証人の証言などは判事の手許に提出されずに審理が行はれることになる。その様な不完全な審理で公訴が棄却されてはたまらない。

ア　橋本氏、私は日本における二十数回の軍事裁判で検事をやった経験から一つ忠告をしよう。証人は必ずしも検事の前でのべた事と同じ事を公判で言うものではない。むしろちがうのが普通である。だからせいぜい調書はとった方がよい（笑声）。

オ　それに証人は死んだり居なくなったりするから調書はいくら簡単でも全然とらぬ訳には行くまい。

橋本　然し実際問題としてはとても忙しくてできるものではない。それではこうしたらどうか。即ち、請求があったら公判を速に開く。又は第一回公判は起訴後五日以内に必ず開くことにして、その際有罪無罪の答弁を確かめ、疑があるものは先に審理をするとしては如何（此の趣旨は必ずしも十分にオプラに徹底せず）。

オ　それでは公判判事が記録を見るようなことになって了っていけない。我々は此の種の調査は公判判事以外の裁判官にやらせたいのである。

橋本　然し此の案でも調査裁判官は調査の結果を裁判長に報告することになって居るのではないか。此の案は裁判長をデクノボウ扱ひするつもりか。調査裁判官が裁判長に報告する時、裁判長がどう言う訳でその様になるかなどという事は事実上尋ねると思う。それならば予断を抱くにきまって居る。

（この時筆録者は偶々橋本氏の右に座っていたために同氏が第八五問の修正前の印刷物に基いて議論しているのを発見、注意した）

マ（マイヤー）　橋本氏はもとの予審の様なものを考えて只今の話をして居るのではないか。我々の提案は、起訴が十分な理由があるかどうかをしらべるのである。つまり果たして起訴が一応明瞭な十分な理由をもって居るかどうかを調べるのである。そして理由が十分でなければそれを裁判長に報告して公訴を棄却する。検事は之に対して異議を申し立てる事はできる。我々の提案は此の様なものである。

オ　obviously unfounded であるかどうかをきめるだけである。

オ　時間の余裕がないので橋本氏の話を充分にきく余裕がないのは遺憾であるがすべての人の意見をきく為に一応この程度にして貰いたい。……それでは団藤氏の意見をきこう。

団藤（学界・団藤重光）　此の御提案の趣旨は面白いと思う。然し次の二点で実際上疑問をもって居る。第一は、現在簡易裁判所又は地方裁判所の支部では判事が一人しか居らぬところがある。そこで若し此の提案を実行すれば本案の裁判は別の裁判所でやらねばならぬと言う結果を生ずるであろう、と言うことである。既に改正案第七五条(18)では勾留理由開示の手続を規定して居る。私は之で十分だと思う。此の提案で公訴棄却になる様な被告人は本案の裁判でも無罪になるであろう。公訴棄却の場合には新しい証拠が発見されれば又訴追を受ける虞もある。被告人としても公訴棄却よりは無罪の判決の方がよいのではないか。

（中略：勾留理由開示に関する論議）

オ　一人しか判事の居ない裁判所の事はよく判った。然しその場合でも手続は書面だけでできる事であるから別の裁判所から判事が出張してきてノー、ノー、ノー、ノー、ノー、ノー、イエースと言う風にさっさと片づければよいではないか。それからもう一点尋ねたいが、勾留理由開示というのは憲法に従って勾留理由だけを告知するので起訴の価値（メリット・オヴ・インダイトメント）までしらべるのではないのではないか。

団藤　私の考えでは嫌疑の点までしらべると思う。何故ならば嫌疑もないものを勾留すべきではないからである。

（中略：勾留取消に関する論議）

オ　兼子氏の意見は。

兼子（法務庁・兼子一）　私は起訴が不当である場合に勾留を解くことは是非必要だと思う。然し七五条の勾留理由開示は単純な勾留原因であるとは考えない。なぜならば其の二項で「意見を述べる」と言う事が規定されているところから見ると、勾留理由の当否についての意見が述べられるものとしか考えられぬからである。然し起訴不当ときまった場合には、勾留を解けば十分で公訴棄却までやることは代えって危険だと思う。先刻「裁判長」と言うのが「裁判所長」のことだと言はれたが所長の如きは行政機関であって裁判機関ではない。所長にやらせる事などは正しくないと思う。

オ　然し意見は調査裁判官が出すのである。

兼子　それにしても一人の裁判官が門前払いをする事はおかしい。被告人としては公訴棄却の方が有利とは限らず本案で無罪を受けた方が有利の場合もある。

オ　其の様に考える者は此の様な請求はしまい。

兼子　然し、勾留は困る。無罪の判決は受けたいという者はあり得る。

ア　それは別問題だ。それは保釈の問題だ。

兼子　公訴棄却になるような事件は裁判を開いたってすぐ片づくと思う。だからむしろ公判を開く請求を認めた方がよい。

オ　然し今裁判所は人手不足でそう簡単に公判はできない。

兼子　それならば調査裁判官でも同じことだ。一人の調査裁判官を出す余裕もないのである。

（マイヤースとオプラとが相談）

オ　被告人がどうしても本案の裁判を受けたいというのであれば受けさせればよいではないか。我々は八六問で一回公訴が棄却されたら一度起訴することはむづかしいと言ふ事にしてある。従って公訴棄却は無罪と同じになるのではないかと思う。

　私は数ケ月前に検事の諸君と話しをした時、日本の検事は起訴が殆ど間違ったことがないと言う話を聞いた。即ち被告人が無罪になることは少ないというのである。然るに、今兼子氏の話を聞いて私は一寸奇妙な感じがする（どの点が奇妙なのか趣旨不明）。

団藤　私はもう一点補充して申しておきたい。第八五問の提案の実行により救はれる被告人は極めて稀であると思う。之に対して申立は極めて多数になるであろう。そうすれば徒らに裁判所の事務を増すだけではないか。

鈴木（弁護士会・鈴木勇）　私は此の御提案に賛成する。我々としては大陪審を設けることまで提案したいと考えて居た。此の御提案の公訴棄却は本案裁判に於ける無罪の判決と違って居て洵に面白い。

マ　国宗氏は我々の提案に足りない点があると思うのか。つまり調査裁判官に証人調もさせた方がよいと言うのか。

国宗（法務庁・国宗栄）　いやそうは思はない。若しどうしても実行した方がよいと言はれるのならば、調査裁判官のやる事は此の程度でよいと思う。

オ　すると原理には反対しないが実際上反対だというのか。他の規定でもできると言うのか。裁判官が不足して居ると言うのか。

国宗　全部その通りである。

オ　では改正案第七三条[19]の方に公訴を棄却し得る場合を規定してはどうか。

国宗　私は公訴棄却と言うことには反対である。然しどうしても入れるのならば改正案第七三条の方に入れて貰いたい。

オ　斎藤裁判官の意見は。

斎藤（裁判所・斎藤悠輔）　私は此の提案に反対である。此の提案の実行は本案の審理をおくらせるだけであると思うから。

大室（法務庁・大室亮一）　私は賛成である。

斎藤（学界・斎藤金作）　私は提案の趣旨は判るが、改正案第七三条をひろげたらよいと思う。

ア　問題は此の取調は公判裁判ではいけないので調査裁判官でなければいけないと言う点だ。その点を考えて貰いたい。

斎藤（金）　私が何となくひっかかるような感じがするのは単独の調査裁判官が公訴を棄却するという点なのである。

ア　それだから検事には異議の申立を認めてある。

オ　円山氏の意見は。

円山（弁護士会・円山田作）　私は賛成。此の提案を実行すれば被告人の利益になる事もある。唯之が濫用される虞のある事も心配しては居る。

オ　木内氏。

木内（法務庁・木内曾益）　私は反対である。理由は先刻来皆さんが申されたところと同じであるが私は之を概括して申し上げたい。

(1)　此の制度を設ければ此の種の申立は沢山ある。裁判所はその煩に耐えないであろう。

(2)　公訴棄却するなどと言う様な重大問題を捜査記録だけで判事が判断することは危険である。それならばむしろ証人までも調べさせねばならぬ。

(3)　現在人手不足で実行は困難である。

(4)　調査裁判官が請求を却下した場合には公判判事に予断を抱かせる虞がある。

反対理由は大体右の四点だが、御提案のような気の毒な被告人もあり得るから被告人の公判を早くやればよい。それがよい救済方法だと思う。

ア　そりゃよい。

木内　先刻オプラ氏が日本の検事が間違いが少ないと言われたが実際之までに無罪になるのは千人に一人か二人、事件によっては万人に一人か二人である。それ位稀な被告人を救済するためにわざわざこのような制度を新設しなくてもよいのではないか。

（アプルトン、オプラ相談）

オ氏　それでは改正案の方で勾留が不当に長くなった場合には、裁判官は被告人より勾留理由開示の請求を受けた場合より被告人のために有利に考えるべきだ、その方で救済しうると言うのであるか。

木内　その様な場合は勿論取消さねばならぬ。然し不当かどうかは裁判所の認定による。

（中略・勾留取消に関する論議）

オ　第八五問については午前中諸君の意見をきいたが、多分諸君の意見を入れて、此の提案を撤回し第七三条乃至第八〇条において此の趣旨の修正を行うこととなるであろう。

このように、ＧＨＱ側が最後までこだわった予備審査の制度は我が国に受け入れられることがなかったが、我が国側が、我が国の起訴がほぼ一〇〇％に近く有罪となるという厳格な嫌疑の程度を要求していることを当然の前提とし、ＧＨＱ側もこれを受け入れ、これを前提に予備審査の提案を撤回したことが分かるのである。

おわりに

以上みたように、戦後の改正作業の中で、ＧＨＱは、記録を一べつした程度で嫌疑のない起訴であることが判明するような起訴のあることを前提としていたものの、日本側は、裁判所・弁護士会・検察庁がいずれも、ほぼ一〇〇％に近い有罪率を得る厳格な起訴を行う実務を前提としており、結局、ＧＨＱもこれに異を唱えることなく、一応の理解を示して、ゆるやかな起訴を前提とする提案を撤回するに至ったことが分かる。

反面、捜査における被疑者の身体拘束期間は、戦前の予審のように十分な検討を行う時間を与えられることなく、ＧＨＱの考えに従って決定された。一〇日という勾留期間は、戦前であれば「予審にかけるかどうか」を決定するのに必要な期間である。

すなわち、起訴前の身体拘束は、ＧＨＱ流の緩やかな起訴を前提とし、公訴提起は、従来の日本流の一〇〇％に有罪に近い嫌疑を要求することとなったわけである。

このように、立法過程を見るといびつな構造というほかない刑事訴訟法であったが、五〇年間にわたる努力と工夫によって、不当に長い身体拘束を行うことなく、しかも、嫌疑の不十分な起訴をすることなく、健全に運営されてきたと言えるのではないだろうか。

被疑者・被告人の人権を保障し、犯罪者を確実に発見し処罰して国民生活の平穏を保障し、被害者を保護してゆくためには、刑事訴訟法は、極めて微妙なバランスをとって運営してゆかなければならない。公訴提起に係る立法当初の論議を振り返ることは、このようなバランスを保ったよりよい刑事訴訟制度を運営してゆく参考になると思われる。

（1）　法務省資料による。以下、引用した資料は、かな書、現代漢字に改めたほか、原文のとおりである。
（2）　現行法における「逮捕」。旧刑訴法は、現行犯人逮捕以外に「逮捕」の規定はなく、「逮捕状」は、現行法の「収監状」の意義に用いられている。
（3）　刑事訴訟法制定過程研究会「刑事訴訟法の制定過程」法協九一巻七号〜九九巻一二号

（4）　同

同小委員会の答申の勾留に関する部分は次のとおりである。

一　検事及司法警察官は犯罪捜査の目的を達する為必要とするときは押収、捜索、検証及被疑者の召喚、勾引、勾留、被疑者若は証人の訊問を為し又は鑑定、通訳若は翻訳を命ずることを得るものとすること

二　検事の為す勾留の期間は一月とし特に継続の必要ある場合に於ては検事長の許可を得て一月を限り二回迄之を更新することを得るものとすること

三　司法警察官の為す勾留の期間は十日とすること

（5）　前出「刑事訴訟法の制定過程」、勝田成治ほか「座談会・刑事訴訟法の制定過程」ジュリスト五五一号三〇頁

（6）　この要綱案は、その後の改訂を経て八月五日付「刑事訴訟法改正要綱試案」、八月八日付「刑事訴訟法改正要綱案」に至ったものである。勾留に関する部分は次のとおりである。

第二十　検事の強制捜査権は、次の要領によりこれを認めること。

一、検事は、捜査を行ふにあたって、強制の処分を必要とするときは公訴の提起前に限り、押収、捜索、検証、被疑者の召喚、勾引、勾留、訊問、及び証人の(召喚、勾引)訊問をなし、鑑定、通訳及び統訳を命ずることができるものとすること。

前項の処分については、別段の規定がある場合を除く外裁判所の行ふ前項の処分に関する規定を準用するものとすること。

二、検事のなした勾留の期間は、一箇月とし、特に継続の必要があるときは区検察庁検事は検事正の許可、地方検察庁検事は検事長の許可を受けて一箇月毎に勾留の期間を更新することができるものとすること。但し、通じて三箇月を超えることができないものとすること。

三、(略)

第二十一　司法警察官に対しても或る程度の強制捜査権を認めること。

但し勾留の期間は十日を限度とすること。此の場合においては速かに検事の指揮を受くることを要するものとし且つその勾留日数は検事の為す勾留日数に通算するものとなすこと。

(7) 第一次案の関係条文は、前出「刑事訴訟法の制定過程」にある。
(8) GHQ・GS法律班。
(9) A・オプラー「日本占領と法制改革」等。
(10) 法務省資料。
(11) ブレークモア私案は次のとおりである。前出「刑事訴訟法の制定過程」。

勾引 (Arrest)

一　「勾引」(Arrest)といふ言葉の意味は、現実に有する又は有すると主張する権限に基づいてある人が犯した嫌疑のある犯罪を捜査する目的を以て、この者を強制的に拘禁することである。

(註)　この「勾引」の観念は、召喚状を発した後の証人の勾引を包含しない。証人の出頭を強制する手段は、刑事訴訟法によって権威づけられるものではなく、事ろ裁判所侮辱罪を処罰する裁判所の基本的な権利によって、権威づけられる。それ故に、裁判官又は審問官の命令による場合を除いては、捜査の過程では之を用ひることができない。


(註)　審問官は、最高裁判所によって任命され、地方裁判所の所長の監督に服する所の司法官憲である。

(註)　犯人は、通告の前は、被疑者 (suspect) と呼ばれ、通知の後は被告人 (accused) と呼ばれる。

(註)　勾引は、被疑者の身柄を逮捕した時に直に開始する。

裁判所又は警察署に連れて来ることは、勾引の要素ではない。

二　いかなる罪を犯したことも、法律の定める手続によって勾引する理由となる。

三　勾引するには、あらかじめ勾引状を発しなければならない。
但し、その者が現行犯として捕へられる場合又は重罪(Felony)（一年以上の禁錮又は懲役に処することのできる罪）を犯した事を疑ふに足りる相当の理由によって捕へられる場合は、この限りでない。

四　勾引状は裁判官又は審問官によって署名され、且つ捕へらるべき被疑者に関する次の事項を記載しなければならない。

(A)　姓名又は特徴

(B)　住所又は事務所（判明した場合）

(C)　犯罪事実及び指定された特定人に嫌疑をかける理由

五　検事、検事補助、司法警察官吏及び令状に特に指名された者は、勾引状を執行することができる。

現行犯の場合には、誰でも、令状なしに被疑者を勾引することができる。

検事、検事補助及び司法警察官吏は、勾引される者が重罪を犯したことを疑ふべき相当の理由がある場合においては、令状なしに勾引することができる。

六　若し、拘禁した後二十四時間以内に釈放しない時は、勾引された者を裁判官又は審問官の前に連れて来なければならない。

若し、やむを得ない理由によって二十四時間以内に之を行ふことができないときは、なるべく速かに裁判官又は審問官の前に連れて来なければならない。

七　勾引された者が連れて来られたときは、裁判官又は審問官は、直ちに勾引が法律に従ってなされたかどうかを確め、なほ、令状なしになされた適法な勾引を、令状を発することによって確認すべきである。

八　令状なしに勾引された被疑者が裁判官又は審問官の前に連れて来られないで釈放された時は、権限を有する裁判官又は審問官は、勾引をなした者の要求があれば、勾引の効力を審査すべきである。

九　若し、勾引が令状なしになされ且つ爾後の令状の発布によって確認されないときは、法律の一般規定に従って、民事の損害賠償責任が認めらるべきであらう。

予備審問（Prekunubart Hearing）

一〇　検事又は検事事務取扱者は、勾引された者が裁判官又は審問官の前に連れて来られた時に、訴を起すことができる。

一一　若し勾引された者が裁判官又は審問官の前に連れて来られたときに、検事又は検事事務取扱者が、更に捜査をなすために被疑者の勾留を要求した場合には裁判官又は審問官は検事又は検事事務取扱者の提出した理由を考慮し且つ彼自身の裁量によって、被疑者の仮勾留（temporary detention）を命ずることができる。

一二　仮勾留は、七日を越へてはならない。仮勾留状は仮勾留の期間を明示しなければならない。仮勾留状は、その令状を発して裁判官又は審問官がいつでも之を撤回することができる。

一三　裁判官又は審問官によって認められた仮勾留の期間内、又は裁判官若は審問官が令状を撤回した時は、直ちに検事又は検事事務取扱者は、被疑者を釈放するか又はこれに対して訴を起すかを決定すべきである。

一四　起訴は、書面でなされ、その起訴状の写を被告人に渡さなければならない。

一五　起訴があったときは、裁判官又は審問官は、被告人に彼に対する訴の性質及び自ら選択する弁護人によって代理される権限を有することを告げなければならない。

一六　裁判官又は審問官は、証人を召喚及び訊問する権利を有する。

一七　予備訊問の目的は、被告人が有罪判決を受けるであらうといふことを予想することができる程度に十分な理由があるかないかを確めることである。

一八　予備審問において、被告人が、有罪判決を受けるであらうといふことを予想することができる程度に十分な理由があることが判明したときは、裁判官又は審問官は被告人が勾留（detention）さるべきことを命ずる。

（一九以下は、勾留と保釈に関するものであり、勾留を起訴から公判終結までの被告人の身体拘束手続とした上、勾留期間を一月、二回に限り更新できるとし（最長三月）、起訴後の保釈を原則として権利として認める。）

(12)　ブレークモア私案の第二次案については、現在のところ、記録がない。

(13)　第三次案から第六次案については、前出「刑事訴訟法の制定過程」参照。

(14)　アルフレッド・C・オプラー、法律タイムズ昭和二五年二月号、三月号、横井大三「新刑訴制定資料」刑法雑誌三巻三号。
(15)　井上正仁「刑事訴訟法制定過程年表」ジュリスト五五一号五九頁。
(16)　以下の議事録は、法務省資料による。
(17)　八一条は現行刑訴法八九条に相当する権利保釈に関する規定である。
(18)　七五条は勾留理由開示手続の規定である。
(19)　七三条は勾留理由開示請求の規定である。

5 公訴事実の同一性

鈴木茂嗣

はじめに

筆者は、刑訴二五六条の「公訴事実」について、検察官が審判対象として主張する具体的な「公訴犯罪事実」の、事実面とその法律構成面を示すものと解すべきだとの立場をとっている。(1) それでは、同三一二条の「公訴事実」についても、この二五六条の「公訴事実」と同義に解してよいか。また、「公訴事実の同一性」にいう「同一性」とは、いかなる意味か。これらの点を中心に、三一二条の「公訴事実の同一性」の意義と基準について、あらためて検討を加えてみようというのが、本稿の目的である。

一 「公訴事実の同一性」の意義

1 審判の対象は「公訴事実」だというのが、旧法下の通説であった。もっとも、それは実定法上の概念ではなく、講学上の概念にすぎなかった。実定法上は、起訴状の記載事項として、「犯罪事実」が問題とされていたにとどまる（旧刑訴二九一条一項）。ただ、「事件」ないし「被告事件」の語は随所にみられ、この「事件」の同一性は「被告人」の同一性と「公訴事実」の同一性によって決せられるとされていたのである。しかし、いずれにせよ「公訴事実」＝「審判対象」（訴訟対象）と解する以上、「公訴事実の同一性」は端的に「審判対象の同一性」を意味することになり、「公訴事実」を同一にする限り起訴状記載の「犯罪事実」と異なる事実を認定することも可能だとされ、その「公訴事実」とは何かが理論上問題とされた。そして、それは、法的評価を経て問題とされる個々の犯罪事実ではなく、むしろその法的評価の対象となる「社会的事実」であるとするのが、当時の一般的理解であった。そこでは、「審判対象の同一性」概念と「公訴事実の同一性」概念との間に乖離はない。

これに対して、現行法の下では、むしろ検察官が具体的に主張する「訴因」を審判対象だとする見解が有力になった（いわゆる「訴因対象説」）。そして、この「訴因」の変更の限界として、実定法上「公訴事実の同一性」が問題とされることになったのである（刑訴三一二条一項）。そうだとすると、「審判対象の変更」があるときに「公訴事実の同一性」を問題としなければならないことになり、「審判対象の同一性」と「公訴事実の同一性」とは乖離するほかない。

そこで、議論は二手に分かれる。第一は、「同一性」概念にこだわり、「審判対象」とは次元を異にする同一の「公訴事実」とはなにかを理論的に探ろうとする方向である（第一説）。他は、むしろ「公訴事実」を「審判対象」と同義に解した上で、「同一性」ないし「公訴事実の同一性」の語は、訴因変更の限界を画する機能概念にすぎないと割り切り、語義にこだわることなく、機能的にその基準を探ろうとする方向である。ただ、この方向をとる見解にも、「公訴事実」の「同一性・単一性」という分析を前提に実質的基準論を展開するもの（第二説）と、この分析を旧法的な発想だとして、まさに機能的に訴因変更の限界論を展開するもの（第三説）とがあることに、留意しなければならない。そして一般に、第一説は旧法的な発想であり、第二説から第三説へと次第に当事者主義的な発想が強くなると評されることが多い。

しかし、このような単純な割り切り方でよいかには、疑問がある。たとえば、訴因変更は同一審判手続中で審判対象の変更をもたらすものであり、これを正当化する実質的理由として、たとえば「刑罰関心の同一性」といった観点から、いわば「手続課題」の「同一性」を問題とすることは、主張吟味型の訴訟観をとるときにも、それじたい理論的に十分意味のあることだからである。

2　筆者も、かねてから審判対象論や公訴事実の同一性論に関心をもち、種々の機会に検討を加えてきた。そして、当初は、訴因を審判対象、公訴事実を訴訟対象と位置づけ、訴因は「判断の対象」、公訴事実は「対象の判断」、公訴事実は「訴訟課題」だと解したが、その後、各種の批判に応える形で、「公訴事実」の狭義の「同一性」は「訴訟課題」の同一性であるのに対して、いわゆる「単一性」は、かかる訴訟課題の解決案として示される「公訴犯罪事実」の単一性と解すべきであって、同一性・単一性を論じるに当たって問題とされる「公訴事実」は同じものではないと主張した(2)。そして、一九九〇年の『刑事訴訟法〔改訂版〕』では、さらに「証拠の共通性」という基準をも考慮すべきだとして、結局、①訴訟課題の同一性、②公訴犯罪事実の単一性、そして③証拠の共通性が、公訴事実の同一性（広義）の実質的根拠だと主張するに至った(3)。

この理論展開は、先の第一説の発想に立ちつつ、できるだけ実質的に訴因変更の限界基準を解明しようとした筆者なりの努力の軌跡であった。そして、「公訴事実の同一性」概念を前提としながら、両立する犯罪事実の間の「単一性」の問題として、まず②を広義の同一性概念から区別し、さらに狭義の同一性を①の場合と③の場合に分析して、①を最狭義の同一性（真の意味での同一性）と位置づけたのである。しかし、ここまで実質的な分析を詰めて来れば、もはや「公訴事実の同一性」概念を分析するという理論枠組は捨て去り、審判対象たる「公訴犯罪事実」が変化しても、依然同一の審判手続の対象となしうる条件いかんを、むしろ端的に議論するほうがよいのではないか。近時、このように考えるようになった。しかし、そのためには、実定法上の「公訴事実の同一性」概念についていま一度検討を加え、その文言の意味について明確な態度を打ち出しておく必要がある。これが、本稿で問題としたいことの第一点である。

その意味で、先の私見で明らかにした実質的基準自体は、現在でもほぼ妥当なものと考えている。ただ、その分析方法が、「公訴事実の同一性・単一性」という伝統的分析枠組にとらわれていた点に、なお不十分さがあったことを率直に認めざるをえない。そして、この枠組が無用な誤解を生み、筆者の真意が必ずしも十分に伝わらない原因にもなっていたように思われる。

前述のように、そもそも「公訴事実の同一性」という観念は、公訴事実対象説の下では「審判対象の同一性」と同義であって、「公訴事実」とは何かを論じることは、結局「審判対象」は何かを論じることと同義であったといってよい。これに対して、主張吟味型訴訟観に立って、「訴因」自体ないし訴因によって特定される具体的「公訴犯罪事実」が審判対象だと解し、実定法上の「公訴事実」概念を検察官の主張内容をなす犯罪事実と解する限り、「公訴事実の同一性」とは、厳格な意味で「公訴事実」の「同一性」を意味するものではありえない。けだし、「公訴事実」が「変更」される基準として「公訴事実」の「同一性」を問題とせざるを得ないからである。それゆえ通説は、「公訴事実の同一性」概念に実質的意味は求めず、単なる機能概念としてこれを理解しようとするのである。しかし、条文の文言にそれ相当の定義を与えることなく、単に機能概念だと割り切るところに解釈論として不十分さがあるのみならず、これを機能的に捉えるという前提に立ちつつも、訴因変更の実質的基準を検討するに当たって「公訴事実」の「同一性」や「単一性」の概念を前提にする見解が多い点にも問題がある。「公訴事実の同一性」論を複雑にし、かつ関連する諸問題の分析を曖昧にする主たる原因は、まさにその辺りにあると思われる。そして、従来の私見も、その弊を免れていなかった。

3　そこで、「公訴事実の同一性」を「公訴事実」の「同一性」と「単一性」に分析しそのそれぞれにつき実質的基準を検討するという分析方法じたいについて、まず検討することにしよう。

この分析方法は、訴因対象説の主唱者である平野龍一においても、みられたところである。平野は、単一性と同一性の区別の基準については、訴因の両立・非両立という形で当事者主義的観点から新たな提案をしたが、「公訴事実」の「同一性」と「単一性」の区別にこだわるという点では、なお伝統的発想を脱していなかった。(4)

この点につき発想の転換を鮮明に打ち出したのは、松尾浩也である。松尾は、公訴事実の同一性・単一性という分析を意識的に回避しようとする。松尾は、「公訴事実の同一性」を指すものと解し、これが原則として訴因変更の限界を画するとする。そのうえでさらに「罪数による規整」が働くとし、しかし判例上この点は、すべて「公訴事実の同一性」の有無という形で論じられていると指摘しつつ、次のようにいう。「罪数による規整を認める趣旨は、公訴事実の同一性を要求するのと同じく、これによって手続の安定をはかるためであるから、一括して扱うこと自体は差しつかえない。しかし、旧法以来、学説は『同一性』を『狭義の同一性』と『単一性』とに分けるという操作に親しんできたため、罪数による規整を『単一性』の問題と同視する傾向があることは否めない。もともと、『単一性』の観念は、公訴不可分の原則……と結びつくものであり、また、一罪の場合を『単一』とするのも、必然性のあることではない……。したがって、罪数による規整は、むしろ公訴事実の同一性とは別個の概念として、いわゆる一訴因一罪の原則……とともに考察するのが適切だと思われる。」と。[5]

これに対して、田宮裕は、次のようにいった。いわゆる公訴事実の「単一性」については、旧法では公訴不可分の原則があったため、起訴状の記載がその一部の事実に限られていても、公訴の効力は当然に一罪の全部に及んだので、『どこまで広がるか』を説明するため、その概念の必要性（実益）があった。しかし、今日では、訴因制度の導入により、右の公訴不可分の原則はなくなり、他方、同一性論（広義）は訴因変更や択一的・予備的記載という局面でだけ問題になるので、ずれの問題である『かれこれ同じか』という狭義の同一性論で足りることになったといえる。もっとも、同一性（ずれ）が問題となる場合に二種あると考えるのが便利である。すなわち、①ずれても罪数論上一罪……の範囲に入るために同一性が肯定される場合……と、②ずれが一罪の外にまたがるにもかかわらず同一性が肯定される場合……である。同一性論としてその基準がとくに問題となるのは、この後者」である、と。そして、①②をそれぞれ新たな「単一性」「同一性」と呼び、この「単一性」を「罪数による規整」（いわば一罪一公訴事実の原則）として「公訴事実の同一性」論から切り離す松尾説に対しては、「これは論理的に徹底した一つの提案ではあるが、訴因変更の限界として問題になることにはかわりがないので、『公訴事実の同一性』（三一二条）の一分野と構成しておいた方が便利だ」とするのである。[6]

これらは、いずれも、訴因と訴因の比較として問題を捉えその基準を探ろうとするもので、その意味では主張吟味型訴訟における訴因変更の限界自体を率直に検討するとの問題意識に基づく分析といってよい。しかし、公訴事実の同一性・単一性という概念への対応には、両者に微妙な差異がある。

4　思うに、刑訴三一二条が「公訴事実の同一性」を訴因変更の限界と定めている以上、分析の出発点は「公訴事実」の「同一性」であって何ら不思議はなく、ただそれが機能概念であることに留意すればそれでよいとの見方もあるかも知れない。しかし、訴因変更の限界の「実質的」基準を論じるに当たって「公訴事実」の「同一性」を出発点とし、これをさらに「単一性」と「同一性」とに分析するという発想をとる場合には、その基準で判断されたものは、公訴との関係で常に一体性・同一性を有するという意識に陥りやすいことに注意しなければならない。すなわち、「公訴事実の同一性・単一性」という発想では、公訴事実をいわば一定の「もの」にたとえ、その同一性・単一性を論じるという思考傾向に、とかく陥りやすいのである。そこでは、公訴にまつわる諸種の法効果について、一律に「公訴事実の同一性」を判断基準にするという傾向も生み出されやすい。

しかし、そもそも「公訴事実の同一性」は、訴因変更の限界を画するための機能概念であったはずである。したがって、それ以外の法効果との関連では、その法効果独自の性質に着目しつつ、あらためて「機能的」に基準設定をしなければならないはずである。「公訴事実」の「同一性」という問題設定は、かかる分析を曖昧にし、画一的判断に陥る危険をはらんでいる。形式は、えてして実質に転化しやすい。議論の混乱を避ける意味では、訴因変更許容の実質的基準の分析に当たり、「公訴事実の同一性」の語は一切用いないに越したことはない。

われわれは、端的に「公訴犯罪事実の同一審判手続対象性は、どのような観点から基礎づけられるのか」という発想に立って、訴因変更の許容性を実質的に基礎づける理論的「視点」(「理由」、「根拠」、あるいは「基礎」といってもよいであろう)を、まず問題とすべきである。同一審判手続対象性判断の具体的「基準」は、かかる基本的「視点」が確定された後に、これを前提としてあらためて真正面から検討するのが妥当といえよう。

5　ところで、このような発想の転換を明快に打ち出すためには、実定法上の「公訴事実の同一性」の概念自体について、あらためて分析を加えておく必要がある。まず、「公訴事実」とは何かについて検討することにしよう。私見によれば、三一二条一項にいう「公訴事実」とは、「訴因」と「罰条」をもって特定された、検察官の主張内容たる「公訴犯罪事実」を意味すると解すべきである。ここでの「公訴事実」は、「訴因」のみならず「罰条」変更の条件ともされているのであって、これを二五六条と同様に「訴因」と関わる狭義の「公訴事実」（公訴犯罪事実の事実的・法律構成的側面）とのみ解するのでは、一面的にすぎるといえよう。それは、「公訴犯罪事実」の事実的・法律構成的側面のみをいうものではなく、罰条評価の側面をも含むという意味で、二五六条の「公訴事実」とは異なるのである。しかし、だからといって、決して公訴犯罪事実や公訴事実の背後にある「嫌疑」や「実体」を意味するものではない。私見も、検察官の具体的な主張を審判対象と解する「主張吟味型」の訴訟観を堅持するものであり、その点では通説と発想を共通にする。ただ、その主張を、単なる事実の主張ではなく、事実と法的評価の複合体である一定の「犯罪事実」だと解する点で、通説と立場を異にしているにすぎない。(7) むしろ私見は、事実面のみならず法的評価の面についても、主張吟味型訴訟観に徹しようとするものなのである。

次に、「同一性」の概念について。通説は一般に、これを「審判対象」が「同一」であることを意味するものと解しているといってよい。(8) そのうえで、これを機能概念として、緩やかに解しようとするのである。しかし、ここにいう「同一性」は、審判対象たる「公訴犯罪事実」が「同一性」を有していること、換言すれば「同一・審判対象性」をいうのではなく、むしろ「公訴犯罪事実」が同一審判手続の対象たる性質を有していること、換言すれば「同一審判・対象性」をいうと解すべきであろう。すなわち、三一二条一項の「公訴事実の同一性を害しない限度」とは、「公訴犯罪事実の『同一審判手続対象性』を害しない限度」という意味なのである。同一なのは、実は「審判手続」であって、「公訴犯罪事実」ではない。「公訴犯罪事実」は変化しても、それが同一審判手続の対象たる性格を有している限度であれば、訴因・罰条の変更が認められるということにすぎないのである。

この「同一審判・対象性」を、法は簡単に「同一性」という語で表現しているにすぎないと解するのが妥当と考える。要するに、「同一性」を「同一・審判対象性」と解する通説に対し、私見ではこれを「同一審判・対象性」と解するということになる。

以上のような理解に立てば、三一二条の解釈は、きわめて平明なものとなる。そこにいう「公訴事実の同一性」は、「公訴事実」が同じこと（実質的意味での「同一性」）を意味するのではなく、「公訴事実」が同一審判手続の対象となりうる性質を有すること（「同一審判手続対象性」）を意味するのであるから、われわれは、これを前提に「同一審判手続対象性」が認められるべき条件は何かを端的に明らかにするという観点に立ち、素直な解釈論を展開すれば足りる。われわれは、審判対象たる公訴犯罪事実以外の何らかの事実の存在を連想させる「公訴事実」の「同一性」あるいは「単一性」という発想を前提とすることなく、端的に訴因変更の限界基準を検討すればよいのである。

もっとも、このような理解に立つと、三一二条自体からは、何ら訴因変更の「基準」が出てこないではないかとの疑問が生じるかも知れない。しかし、この点は、「公訴事実の同一性」を訴因変更の限界を画する「機能概念」と解する通説にあっても同様である。三一二条一項の趣旨は、同一審判手続対象性を害しない限度で訴因変更が認められるのであって、この限界を越えるものは追起訴ないし別訴で対応すべきことを明らかにするところにあり、「同一審判対象性」の根拠や基準自体については、むしろ刑訴法全体の趣旨をふまえた理論的検討にその解決が委ねられていると解するのが相当と思われる。旧法下においても、「公訴事実の同一性」をめぐる議論は必ずしも単純ではなかったのであり、立法者がこのような態度をとっていると解することは決して不合理ではない。

二　「公訴事実の同一性」の基準

1　かくして問題は、公訴犯罪事実の「同一審判手続対象性」の基礎ないし基準を理論的にどう考えるかという点に移る。

訴因変更の限界を訴因と訴因の比較で決しようとする立場をとる論者の間で今日有力になりつつあるのは、被告人の防御上の利益・不利益を主たる観点として、利益衡量的見地からこれを決すべきだとする方向である。

たとえば、松尾はいわゆる「総合判断」説に立ち、次のようにいう。「訴因は、罪となるべき事実を特定して示したものであり、その要素としては、犯罪主体としての被告人のほか、犯罪の日時、犯罪の場所、犯罪の方法ないし行為の態様、被害法益の内容、その主体としての被害者、共犯関係などが考えられる。これらのうち、いずれか一個だけの変動にとどまる場合は、かなりの程度まで『同一性』を肯定できよう。逆に、二個以上が変動する場合は、各要素間に、一致、類似、近接、包含等の関係を求める必要が増大する。同一性の判断は、これらの要素間の関係を総合的に評価し、検察官と被告人との間の対立利益を比較衡量して決定される。」と。(9)

小田中聰樹も、一つの試論として、次のようにいう。「訴因変更の物的限界の考察に当り重要なのは、訴因変更許容によって受ける被告人の防御上の不利益(および検察官の訴追上の利益)と訴因変更許容に伴い拡大する被告人の一事不再理の利益(および検察官の不利益)とを比較衡量することであるが、この衡量がビジブルに明示的になされるためには訴因の共通性を判断基準とすることが妥当だと思われる」。「この考え方は、一罪性があるから必然的に訴因変更を許容すべきである(単一性がある)とする思考とは異なっており、一罪性がある場合でも訴因変更が許容されない場合があることを認めていこうとする考え方に発展する契機を内蔵している。」と。(10)

防御の観点をとくに強調するのは、三井誠である。三井は、公訴事実の単一性・同一性の区別を維持する観点から、狭義の「同一性」について次のようにいう。「同一性の有無はあくまでも訴因（事実）と訴因（事実）とを比較したうえで、一個の手続で訴訟を解決するのが妥当かという観点から判断される。」「訴因どうしの比較において考慮されるべきことは、当然ながら一回の刑事訴訟によって解決を図るべき範囲である。その場合の考量要因は少なくないが、訴因の機能からもわかる通り……基本は訴因を変更しても当初の訴因がもつ告知機能を害することにならないか、被告人の防御範囲に実質的な差異はないかにおくべきであると考えられる（さしあたりこれは防御同一説とでも名付けられよう）。訴因変更の要否について防御の見地が重視されたと同じ思考である……。これまでの学説はややこの点に関する配慮に欠けていたきらいがなくはない。」と。(11)

しかし、これらの見解は、訴因変更の限界につき、結局は具体的利益衡量に依存するのであり、必ずしも明確な基準を示したとはいい難いであろう。また、たとえ被告人の防御権への配慮から訴因変更の許容性を限定したとしても、その犯罪事実について別に追起訴がなされうるというのであれば、結局、訴因変更を許すのとさして違いはないのみならず、訴因変更により「被告人の防御に実質的な不利益を生ずる虞がある」と認められるときは、むしろ法は公判手続の停止で対応することを予定していること（刑訴三一二条四項）とも、整合性を欠くことにならないかとの疑問がある。被告人の防御の観点は、たとえ無関係とはいえないにしても、訴因変更の限界を考える上では、必ずしもそれのみが前面に出るべき観点とはいえないであろう。

2　この点では、むしろ田宮が、あらたな単一性と同一性を区別する立場からではあるが、後者につき「刑罰関心の同一性」という実質的観点を提示していたことに注目する必要がある。すなわち田宮は、同一性を論じるにつき、帰属のアプローチをとるのではなく比較のアプローチをとるべきであるとして、松尾説との共通性を認めつつも、次のようにいうのである。「ただ、この説は、概念としてやや不明快という難点をもつ。そこで、基準論のもつべき特性として、問題の本質にふれつつ、多くの事例（判例）を統一的に説明でき、簡明であるということが要請されると考え、かねて刑罰関心同一説を提唱してきた……。すなわち、犯罪の日時・場所、手段・方法、被害客体など両訴因を構成する事実が相互に重複、近接、類似している等の事情上、それぞれ別個に二個の刑罰を加えるのは妥当でなく、一方が成立すれば他方は成立しないという刑罰関心の択一関係（非両立性）があれば、公訴事実は同一と解すべきだとする。いわば総合評価を統括する指標として、刑罰関心の一個性をもち出すわけである。その背景にあるのは、①公訴事実の同一性なる問題の根底に一回的解決の相当性……という観念がある以上、国家の刑罰関心の一個性という表現がふさわしく、②それは、比較される訴因の択一関係が基本になり、判例法をもっともよく説明しうる、③そして、『処罰＝犯罪の成立』の択一性という基準は、諸事情の総合評価をまとめて表現しうるという簡明さをもっている、という考慮である。もっとも、ここで注意してほしいのは、この択一関係は、刑罰関心の同一という基準からみた事実上の非両立性のことであって、論理的な択一性一般を意味するのではないことである……。」と。[12] これは、重要な指摘といわねばならない。

もっとも、これに対しては、①訴因の形をとる以前の、訴訟外にしか存在しない国家の刑罰関心なるものを訴因変更の許否の判断基準とすることは、当事者主義的審判対象論と果して調和するであろうか、②国家の刑罰関心という概念は、専ら訴追側の発想に基づくもので、訴因変更によって蒙る被訴追側の利益・不利益の比較衡量により訴因変更の許否を検討し論定するという手法を受け入れる余地を、本来持たないのではないか、③訴訟理論として、訴訟外にある国家の刑罰関心の一個性および前後同一性から直ちに訴訟の一回性が生ずると考えるべきでなく、訴訟の一回性は被訴追側（および訴追側）の利益・不利益の比較衡量により論定されるべきものでないのか、④罪数論上一罪とされるものの中に訴因変更を許すべきでないもののあることを理論上全く認めないことは、果して妥当だろうか、等の疑問を呈する見解も有力である。[13]

しかし、刑事訴訟が刑法の実現を目的とする以上、刑法的関心すなわち刑罰関心の同一性・単一性が訴訟の一回性を基礎づけるというのは、いわば当然のことといえよう。また、訴訟の一回性を訴追側・被訴追側の利益衡量で決するという発想は、基準の明確性という点で問題があるのみならず、被告人の防御上の不利益は訴因変更を認めた上で公判手続の停止で対応するという現行法の基本姿勢と一致するかにも問題があることは、すでに指摘したとおりである。また、罪数論上科刑上一罪とされるものの中に、訴因変更を許さずしたがって一事不再理効の及ばないものを認めることにも、科刑上一罪については狭義の併合罪と異なり複数の有罪判決の存在を予定していない刑法五四条の趣旨からいって[14]、疑問があるといえよう。

他方、「処罰非両立」を基準とする見解も有力に唱えられている。[15] この見解は、訴因の処罰上の非両立関係に着目して、同一性を判断するとの基本的立場をとる。しかし、「処罰上の非両立」は、結局「刑罰関心の同一性」と表裏一体の関係に立つといわざるを得ない。現に田宮も、「刑罰関心の択一関係（非両立性）」の語を「刑罰関心の同一性」と同義で用いているのである。[16] 処罰非両立説に立つ光藤景皎は、公訴事実の同一性（広義）が認められる基本類型として、①訴因事実が事実として両立しない場合、②犯罪としては一見両立するようにみえつつ結局一罪しか成立しない場合（法条競合）と両立するが処罰は一個の場合（観念的競合）、③事実としては両立するが両者の密接な関係から一罪として扱われる場合（牽連犯、不可罰的事前・事後行為、包括一罪）の三つをあげるが、基本的に「刑罰関心」を問題とするのであれば、観念的競合と牽連犯は共通の性質を有するものとして類型化すべきであろうし、①の類型についても、単に形式的に事実として両立しないというだけではなく、刑罰関心の同一性を基礎づける何らかの実質的要素をさらに問題とすべきであろう。

3　かくして、「刑罰関心の同一性」は、訴因変更の限界を画する観点として、基本的に妥当なものと考えられる。もっとも、「刑罰関心」という視点は、単に田宮のいわゆる狭義の同一性のみならず、単一性の面でも妥当しうる観点であることに、留意する必要がある。議論をより明確にするためには、理論上、「公訴事実」の同一性・単一性を区別するのではなく、むしろ端的に「刑罰関心」の同一性と単一性を区別して論じるのが相当といえよう。前者では「法益侵害の同一性」が実質的基準となり、後者では可罰評価上の「行為の密接関連性」が実質的基準となる。

たとえば、「法条競合」が、認識上両立する複数の犯罪事実が問題とされうる場合であるにかかわらず一罪とされるのは、その行為による「法益侵害」が同一であり、「刑罰関心」を同じくするからにほかならない。同一法益侵害に対して二罪を認めるならば、二重処罰を認めることになるといえよう。これに対して、観念的競合や牽連犯といった「科刑上一罪」の場合には、法益侵害という観点からは複数の侵害が問題となっているといってよい。その意味では、この場合、必ずしも刑罰関心が「同一」だとはいい難い。しかし、これも、科刑上したがって手続上は一罪として一体的に扱われねばならないのである。その実質的理由は、刑罰関心の「同一性」というよりは「単一性」、すなわち刑罰関心の一体性にあるといえよう。それらは、行為の一個性や行為の手段目的・原因結果関係という犯罪行為の密接関連性によって、一体的な刑罰関心の対象とされるのである。

他方、非両立関係にある犯罪事実に関しては、「刑罰関心の同一性」が、いわば訴訟上の「解決課題」の同一性という形で現れる。犯罪処罰の最も基本的な理由は、その行為の「法益侵害」性にある。それゆえ、審判手続上同一の法益侵害が問題とされている限り、審判対象たる公訴犯罪事実の態様、すなわち法益侵害態様が変化しても、同一の刑罰関心に基づいて問題解決に当たっているといってよいのである。したがって、それらの犯罪事実は、同一審判手続対象性を有するものとして扱われうる。

以上のような意味において、犯罪事実の両立・非両立を問わず、公訴犯罪事実の可罰評価面に着目すると、まず実体法的な「刑罰関心の同一性・単一性」によって、公訴犯罪事実の同一審判手続対象性は基礎づけられうるといってよい。

4　他方、われわれは、この問題を考えるに当たって、審判手続それ自体にも眼を向ける必要がある。この観点から重要なのは、「証拠の共通性」という視点である。これは、上述の刑罰関心の同一性・単一性とは全く別の、公訴犯罪事実の「事実認定」面に着目した、いわば手続的関心に基づく視点といってよい。そこで問題とされるのは、ある公訴犯罪事実を対象とする審判手続と、他の公訴犯罪事実を対象とする審判手続の、相互利用関係を認めるべきかどうかという視点である。「刑罰関心」の「同一性・単一性」が認められない場合であっても、二つの犯罪事実の立証上問題とされる証拠の共通性が高い場合には、訴訟経済からいっても当事者の便宜からいっても、それらの相互利用を認めて手続上一回的に処理するのが相当といえよう。それらを別個の審判手続の対象とし、あらためて一から立証を繰り返させるのは、合理的な対応とはいえない。もっとも、このような観点からは、すでに進行した審判手続上の証拠状態を個別具体的に検討して一回処理の妥当性を判断するという手法も、観念的には考えられないではなかろう。しかし、それでは、手続関係の法的安定性を害する虞がある。したがって、その基準は、客観的・類型的に設定しておく必要があり、犯罪の重要部分すなわち「犯罪の結果ないし行為」が共通するときに同一審判手続対象性を認めるという基準を選択するのが相当である。[(17)] ただこの場合にも、実質的に重要なのは、単なる訴因の事実的重なり合いそのものではなく、それに由来する立証上の証拠の共通性であることを看過してはならない。この点に遡ることによって、はじめて、同一審判手続対象性の実質的基礎が明らかになるのである。

5　このように、刑事訴訟が刑法を具体化するものであり、その審判対象が一定の「犯罪」であることに由来する「刑罰関心の同一性・単一性」という実体的・評価的観点と、「証拠の共通性」という手続的・事実的観点とが、それぞれ同一審判手続対象性を認めるための基本的な理由であることを、われわれは十分に認識する必要がある。その上で、それらを踏まえた具体的判断基準をさらに詳細に詰めていくべきであろう。

もっとも、ここで留意すべきは、このような基本的発想に立った場合、これらの二大視点から導かれる具体的判断基準には、事実上、一部重なり合うところがあるという点である。たとえば、刑罰関心の同一性という観点から導かれる「法益侵害の同一性」という基準は、証拠の共通性という視点からの「行為または結果の共通性」という基準のうち、後者の「結果の共通性」という基準と一般に重なり合うことになろう。しかし、その具体的「基準」自体が一部重なり合うとしても、それを支えている基本的視点には異なる二つのものがあることを、ここで十分心に止めておく必要がある。(18)さもないと、各種の法的効果との関係で、常にかかる基準を二つながらに持ち出し、それにより形式的に結論を導くという画一的発想に陥る危険があるからである。われわれは、訴因変更の許容範囲であれ、公訴提起による公訴時効停止の範囲であれ、はたまた予備的・択一的訴因や訴因変更命令の許容範囲であれ、それらの訴訟行為のもつ実質的意味とそれらに与えられる法的効果の実質的根拠に十分留意しつつ、その限界を個別具体的に詰めていく必要があるといえよう。(19)これまでの公訴事実同一性論は、ともすれば画一的形式主義に陥り易かったのであり、そこには先に述べたような基本的考え方の硬直さが反映していたといってよいと思われる。

おわりに

以上検討してきたように、現行法上、いわゆる「公訴事実」ないし「公訴犯罪事実」の観念自体を、訴因の背後にある「実体」や「嫌疑」あるいは法律構成以前の「社会的事実」等と解する必要は何ら存しない。それは、単純に検察官によって主張された具体的な公訴犯罪事実(三一二条。広義の「公訴事実」)、ないしはその事実的側面(二五六条。狭義の「公訴事実」)を示す概念と理解しておけば足りるのである。これを前提に、三一二条では、その「公訴犯罪事実」が「同一審判手続対象性」を有するのはどのような場合かを、実質的・具体的に検討していくことこそ、われわれに与えられた真の理論的課題である。そして、その点を明確にするためには、刑訴三一二条の「公訴事実の同一性」は、公訴事実の「同一・審判対象性」ではなく、「同一審判・対象性」の趣旨であることを、解釈上まず確認しておく必要がある。この点が明確になれば、訴因変更の限界を論じるに際し、「公訴事実の同一性・単一性」といった分析から議論を始める必要はもはや存しない。訴因変更の限界いかんは、むしろ現行刑事訴訟の審判対象が法的評価と事実の複合体たる公訴犯罪事実であることを踏まえて、「法的評価」すなわち刑罰関心の同一性・単一性の側面と、犯罪「事実」立証上の証拠の共通性の側面の両面から、複合的にその基準を探るべきものといえよう。

(1)　鈴木「訴因・公訴事実・公訴犯罪事実」梶田・守屋両判事退官記念論文集『刑事・少年司法の再生』(現代人文社、二〇〇〇年)二三五頁以下参照。

(2)　この点については、鈴木『続・刑事訴訟の基本構造』(成文堂、一九九六年)三二五頁以下参照。

（3）　鈴木『刑事訴訟法〔改訂版〕』（青林書院、一九九〇年）一一四頁以下参照。
（4）　この点についての興味ある分析として、小田中聰樹『ゼミナール刑事訴訟法（下）演習編』（有斐閣、一九八八年）一三八〜一三九頁参照。
（5）　松尾浩也『刑事訴訟法・上・新版』（弘文堂、一九九九年）三〇八頁。
（6）　田宮裕『刑事訴訟法〔新版〕』（有斐閣、一九九六年）二〇三〜二〇四頁。
（7）　この点については、鈴木・注（1）論文参照。
（8）　たとえば、小田中聰樹『ゼミナール刑事訴訟法（上）争点編』（有斐閣、一九八七年）一二五頁参照。
（9）　松尾・注（5）二六五頁。
（10）　小田中・注（4）一四四頁。
（11）　三井誠「訴因の変更〔6〕」法学教室一七八号（一九九五年）八一頁。
（12）　田宮・注（6）二〇六〜二〇七頁。
（13）　小田中・注（4）一四二頁。
（14）　刑法五四条二項は、狭義の併合罪に関する四九条二項の規定のみを準用し、五〇条以下の規定の準用は認めていない。
（15）　米田泰邦「枉法収賄と贈賄の各訴因の間に公訴事実の同一性が認められた事例」判例タイムズ三六八号（一九七八年）九一頁、光藤景皎『口述刑事訴訟法・上〔第二版〕』（成文堂、二〇〇〇年）三〇四頁。
（16）　田宮・注（6）二〇七頁。
（17）　これは、平野龍一が提示した基準と、実質的に一致する。平野龍一『法律学全集・刑事訴訟法』（有斐閣、一九五八年）一三九頁。しかし、なぜこれが具体的基準となるかについては、平野は、ただ「犯罪を構成する重要な要素」だからという理由を述べるにとどまっている。なお、この点につき、平野『刑事訴訟法の基礎理論』（日本評論社、一九六四年）一一五頁以下も参照。

(18)　なお、刑罰関心の同一性・単一性では説明しきれず、証拠の共通性という基準が独自に働く場合の適例として、かつて平野が挙げた「人だと思ってピストルを撃ったら犬だった」といった錯誤事例がある。平野龍一・注(17)『刑事訴訟法の基礎理論』一一八〜一一九頁参照。すなわち、犬が殺されたので器物損壊として起訴したところ、被告人は人だと思っていたことが判明したというような場合である。この場合、法定的符合説に立つかぎり、殺人未遂しか成立しない。この場合の器物損壊から殺人未遂への訴因変更の根拠づけは、刑罰関心の同一性や単一性ではなく、行為共通に基づく証拠の共通性に求めるほかないであろう。

(19)　この点に関しては、鈴木・注(3)一一七頁、同『刑事訴訟の基本構造』(成文堂、一九七九年)二六四〜二八三頁、三一二〜三一四頁、三二一〜三三〇頁等参照。

6 立証趣旨とその拘束力について

植村立郎

はじめに

立証趣旨の拘束力については、これまで、田宮裕先生の刑事訴訟法（新版、平成八年）三一二頁等を始めとして多くの研究や裁判例が集積されていて、現在は、立証趣旨の拘束力を否定し、これを肯定する積極説の結論を個別の理由から説明する消極説が有力といわれている。筆者も、この問題については、注釈刑事訴訟法〈新版〉第五巻（平成一〇年）一五八頁以下で部分的な検討を試みているが、今回、多数の御論稿を通じて多大な学恩を賜った田宮裕先生を追悼する貴重な機会を与えられたので、杉田宗久「立証趣旨と証拠決定」中山善房判事退官記念「刑事裁判の理論と実務」（平成一〇年）二三三頁以下、藤木英雄・土本武司・松本時夫・刑事訴訟法入門（第三版、平成一二年）二六八頁以下等の論稿も参酌しながら、従来の研究等で明らかにされている点を適宜要約整理しつつ、筆者なりに改めて検討してみたい。なお、文献、裁判例については、拙稿を含む右各論稿も参照していただきたい。

一　立証趣旨の意義等

1　立証趣旨の意義

立証趣旨という言葉は、刑事訴訟規則（以下「規則」と、刑事訴訟法は「法」という）一九四条の三第五号にあるが、その意義は、規則一八九条一項に「証拠調の請求は、証拠と証明すべき事実との関係を具体的に明示して、これをしなければならない」と規定されているところから、証拠との関連性を明らかにすることであるとされている。

2　立証趣旨の内容

㈠　被告人その他の者の供述調書、証拠物、証人尋問等の証拠請求の際、検察官や弁護人から、例えば、①「犯行目撃状況」②「本件凶器の存在」③「被告人に故意がないこと」④「被告人にアリバイが成立すること」⑤「被告人の自白に任意性があること」などが、当該証拠の立証趣旨として主張されることがある。そして、確かに、これらは、いずれも、当該証拠と証明すべき事実との関連性を示してはいる。

しかし、これらは、検察官又は弁護人の立証目標、立証見込みといったものに過ぎないのであって、規則が規定し、拘束力の有無が問題とされている「立証趣旨」に該当するものではない。付言すると、①ないし⑤の証拠についても、いわゆる証拠共通の原則が適用され、①②の証拠に基づいて被告人の犯人性を否定することも、③の証拠に基づいて被告人の故意を認定することも、④の証拠に基づいて被告人のアリバイを否定することも、⑤

の証拠に基づいて被告人の自白の任意性を否定することも、いずれも可能であることからしても、前記のような立証趣旨そのままが規則が規定する立証趣旨でないことは、明らかといえる。そのため、誤解を回避する点からも、この趣旨の立証趣旨を意味するものとして「立証事項」という用語も用いられている（杉田・前掲二五六頁注(53)等）が、本稿では、右のような誤解を生じるおそれのあるときは、『立証趣旨』と記載することとした。

そして、『立証趣旨』としては、①に関しては、①の証拠で目撃したとして立証しようとする事項に応じて、例えば、特定の日時、場所における被告人の行動といったものが、②に関しては、②の証拠物の存在、形状が（なお、被告人が犯人性を争っている事案では、①②のような立証趣旨の証拠に関して、被告人は当該事件の犯人ではないから、①②の証拠は関連性がないなどと主張されることがないでもない。しかし、前記の『立証趣旨』を前提としても、当該証拠の関連性は肯定できるのであって、右のような主張は、①②の証拠と被告人との関連性を否定しているのに過ぎず、関連性を正解したものとはいえない（なお、類似の指摘に、三井誠「証拠の関連性」法学教室二〇一号（平成九年刊）一〇九頁、山崎学「証拠の関連性」新版実例刑事訴訟法III（平成一〇年刊）五四頁以下等）。）、③に関しては、③の証拠で被告人の故意を否定しようとする事項に応じて、例えば、被告人の覚せい剤に関する認識の有無、程度といったものが、④に関しては、犯行時刻又はその前後における被告人の所在場所といったものが、⑤に関しては、⑤の証拠で被告人の自白の任意性があるとする事項に応じて、例えば、特定の日の被告人に対する取調状況といったものが、それぞれ該当する。

このように立証趣旨の拘束力を認めることと、いわゆる証拠共通の原則との間には、抵触関係はないのである。現在では、右の点に関して従前あった誤解は解消したと思われるが、『立証趣旨』の拘束力に関する議論を混乱させないためにも、この点の確認は重要である。

㈡　そして、立証趣旨の主張が不適切であった場合は、釈明等を行って適正な『立証趣旨』を明確にすることは、実務上肝要なことであって、そのような実践も勿論行われている。しかし、当事者の立証の見込みにとどまる、前記例示のような内容の立証趣旨のままで、その後の手続が進行することも見られる。このことは、実務で、右のような内容の立証趣旨が『立証趣旨』であると誤解されているからではなく、裁判所はもとより、多くの場合、検察官、弁護人にも、今述べた内容に引き直したものが規則が規定する『立証趣旨』であって、右のような引き直しを明示的に行わなくても、その後の手続は、実質的には、引き直した『立証趣旨』を前提に進められているものと理解されていて、そのように取り扱うことが、当事者に対して不意打ちとなるものでないと了解されていることによるものと理解すべきである。

3　立証趣旨と証拠能力、証明力

立証趣旨との関係で証拠能力、証明力が相対性を持つことがある。

㈠⑴　供述の真実性を立証しようとするときは、伝聞証拠であるが、供述の存在自体を立証しようとするときは、非伝聞証拠であるといわれるように、当該証拠が伝聞証拠であるのか非伝聞証拠であるのかの判断根拠に立証趣旨がなる場合がある。

このような場合でも、当該証拠が伝聞証拠とされるときは、その供述の存在自体も立証趣旨に含まれていると解されるから、伝聞証拠として採用された証拠を当該供述の存在といった限度で用いることは、勿論可能であって、その故に立証趣旨との関係で証拠能力が否定されることはない。

しかし、当該立証趣旨との関係で非伝聞証拠として証拠能力を肯定された証拠を、伝聞証拠として用いることが許されないことは、一般に承認されている。このようなときは、当該証拠を、当初の立証趣旨を超える伝聞証拠として用いることができないから、その限度で、立証趣旨が証拠能力を規制していると見ることができる。

(2)　このことは、証言中のいわゆる伝聞部分に関しても、同様にいえる。

(二)(1)　告訴等の訴訟条件、自白を含む供述の任意性、信用性、捜査手続の適法性等の訴訟法上の事実(訴訟法上の事実については、前掲拙稿一二頁等参照)を立証するとの立証趣旨で証拠とされた証拠は、当該立証事項は自由な証明で足りるとして証拠能力の制約から解放された前提で証拠として採用されていた場合は勿論、証拠能力をも肯定されて採用されていた場合でも、証拠として起訴事実の立証に用いることが許されないことは、一般に承認されている。

前者の場合は、当該証拠は、当初の立証趣旨を前提に証拠能力を要件とせずに証拠とされたものであるから、証拠能力が要件とされる起訴事実の立証に用いられないのは、立証趣旨に拘束力を認めるか否かにかかわらず、当然のことである。

後者の場合は、当該証拠を、当初の立証趣旨を超えて、起訴事実の立証の証拠として用いることができないから、その限度で、立証趣旨が証拠能力を規制していると見ることができる。

(2)　後者の場合に関する当該証拠が証人や鑑定人等の人証であるとき(なお、被告人質問については、控訴審では立証趣旨を明らかにした上でされる運用もあるが、少なくとも第一審では立証趣旨は明示しないまま行われるのが通例であるから、立証趣旨について考察する本稿では、被告人質問は、共同被告人の被告人質問が他の共同被告人との関係では証言と同様に考えるべき場合も含めて、人証としての検討からは除外する。)について見ると、これらの証言等を起訴事実の立証に用いることが許されないことは、一般に承認されている。

その理由については、当該証言等に対する反対尋問等もその立証趣旨に関するものを中心としてされるであろうから、書証の場合と同様に、その証言等の証拠能力も立証趣旨によって規制されていると一応考えることができる。しかし、反対尋問等がどの範囲で、どの程度されるかは、個別の事案に応じて自ずと異なり得るのであって、事案によっては、当該証言等を起訴事実の立証に用いるという観点から見ても、十分な尋問がされているといえる場合もあり得る。そういったことも考えると、前記証言等の証拠能力が一律に立証趣旨によって規制されているとするのは、いささか硬直的であって、当該事案に即した適切な結論が得られないおそれがある。そのため、証言等に関しては、立証趣旨は、原則的には証拠能力を規制しているものの、例外的にはその証明力に関する限度で規制していると解するのが相当である。

なお、このように解すると、対象となる証拠によって結論を異にすることになるが、人証の場合は、供述者に対して現に尋問がされているから、それを経ていない書証に関する場合と結論が異なっても、そのことの合理性を肯定できると解される。

㈢　いわゆる法三二八条の証拠とされたものも、㈡の場合と同様に考えることができる。

㈣　①公訴時効の成否、公判手続の停止の要件となる被告人の心神喪失の状況の有無等に関する事実を立証するとの立証趣旨で証拠とされた証拠（この点については、前掲拙稿一三頁等参照）、②没収・追徴の前提事実中犯罪事実の証明以外の事実を立証するとの立証趣旨で証拠とされた証拠（この点については、前掲拙稿一四頁等参照）についても、起訴事実の立証に用いることは許されないと解される。

この点に関する説明は、当該証拠が人証である場合を含めて、㈡と同様である。

㈤　前科は、一般的には起訴事実の立証には用いられないから、その場合は、立証趣旨と立証事項との関係で問題となることはない。しかし、例外的に起訴事実の立証に用いることが認められることがある（前掲拙稿一一一頁等参照）。例えば、被告人の犯意（例えば、窃盗犯で、前科の手口との同一性からその知情性を立証する、覚せい剤を知らないとの被告人の弁解に対し、覚せい剤の同種前科からその知情性を立証する場合等）、共謀（共犯者を知らないとの被告人の弁解に対し、当該共犯者が前科でも共犯者でもあったことからその知情性を立証する場合等）等の立証に、前科に関する証拠が用いられることがある。

そこで、いわゆる意見証拠としての性格も伴っているところから、証拠としての適格性が争われることもある前科に関する判決書について検討する。

まず、判決書は、ある罪で刑の言い渡しを受けた、その刑の執行を受けたといった事実の立証との関係では、証拠としての適格性は否定されないと解される。そして、立証趣旨が、被告人の故意、常習性等の起訴事実の立証に用いることが明示されている場合はもとより、通常の前科に関する立証の場合と同様に「前科の存在」といったものであっても、ある罪で刑の言い渡しを受けたなどの前記事実は、「前科の存在」に含まれるもの又はそれに付随するものと解されるから、いずれの場合も、立証趣旨と立証事項との間で齟齬はなく、判決書を起訴事実の立証に用いても問題は生じない。

次に、判決書を前科の犯罪内容等の事実の立証に用いる場合は、判決書の証拠としての適格性が争われている。しかし、この場合も、その適格性は肯定して良いと解される（この点については、前掲拙稿一一二頁等参照）。

そして、判決書が、前記のように、起訴事実の立証に用いることが明示された立証趣旨の下で取り調べられたときは、判決書を、前科の犯罪内容等の事実の立証のために用いても、立証趣旨と立証事項との間で齟齬はなく、問題は生じないといえる。

しかし、立証趣旨が、前記のように「前科の存在」といった程度のものであったときは、判決書を、前科の犯罪内容等の事実の立証のために用いようとすると、立証趣旨と立証事項との間に齟齬があるといえる。被告人側も、通常は、当該判決書は、右のような立証趣旨の範囲内での立証に用いられるものとして同意していよう。したがって、判決書を、右のような立証趣旨の範囲を超える、前科の犯罪内容等の事実の立証に用いることは許されないと解される。右の限度では、立証趣旨が判決書の証拠能力を規制していると見ることができる。そして、判決書を立証趣旨の範囲を超える事項の立証に用いたいのであれば、検察官は、その旨を立証趣旨で明らかにする必要がある。

㈥　同意についても一部既に言及しているが、更に付言すると、特定の立証趣旨を前提とした同意の効果として、当該証拠を、右立証趣旨以外の事実の認定に用いることを認めない見解は、見方を変えれば、右の限度で立証趣旨によって証拠能力が規制されることを認めるものということができる。

㈦　前掲拙稿でも述べたように（一五九頁）、我が国の刑事手続では、事実認定過程と量刑過程が分離されていないから、起訴事実の立証に用いられた証拠を、情状立証にも用いることができることは、制度上予定されているといえる。そのため、立証趣旨には、当該証拠を情状立証にも用いることが明記されていないときでも、制度上、その旨が含まれているものと解すべきであり、起訴事実の立証に用いられた証拠を情状立証に用いることは、当初の立証趣旨の範囲内のことというべきである。

しかし、逆に、情状立証を立証趣旨とする証拠は、情状立証は自由な証明で足りるとして証拠能力の制約から解放された前提で採用された場合は勿論、証拠能力をも肯定されて採用された場合でも、証拠として起訴事実の立証に用いることは許されないことは、一般に承認されている。

前者の場合は、当該証拠は、当初の立証趣旨を前提に証拠能力を要件とせずに証拠とされたものであるから、証拠能力が要件とされる起訴事実の立証に用いられないのは、立証趣旨に拘束力を認めるか否かにかかわらず、当然のことである。

後者の場合は、当初の立証趣旨を超えて、起訴事実の立証に関する証拠として当該証拠を用いることができないから、その限度で、立証趣旨が証拠能力を規制していると見ることができる。

後者の場合における当該証拠が人証であるときの説明は、本項(二)(2)の場合と同様である。

(八)　以上のように、立証趣旨が証拠能力や証明力を規制していることを立証趣旨の拘束力と見るかは争いがあるが、この点に関しては、田宮・前掲三一二頁が証拠能力が立証事項との関係で相対性をもつことの裏返しにすぎないといわれるのは正鵠を得たものであって(もっとも、主観的併合に関しては、次項参照)、いずれの見解においても、立証趣旨との関係で、証拠能力ないし証明力に規制が及ぶことを承認する点では変わりがないといえる。

4　立証趣旨と事件の併合

(一)　いわゆる主観的併合の場合

一部の共同被告人との関係で取り調べられた証拠は、各被告人に対する手続は、併合審理の下でも、各々併存しているのに過ぎないから、そのままでは他の共同被告人の証拠とすることができないことは、実務上承認されている。

確かに、当該証拠がどの共同被告人に対して請求されたものであるかは、証拠等関係カードの関係被告人欄の記載に基づいて判断されるから、当事者の証拠請求の仕方に依拠しているとはいえ、前記の事柄は、手続の主体を異にすることによる当然の帰結であって、立証趣旨の拘束力とは無関係である（田宮・前掲頁がこの点に関しても、立証趣旨に関連して説明していることには賛成できない）。

㈡　いわゆる客観的併合の場合

この場合も、主観的併合の場合と同様に、併合されても事件ごとに手続が併存しているだけであるとして、併合されている一部の事件に関して請求された証拠は、そのままでは他の事件の証拠とすることができないとし、そのことを厳格に解する説が有力である。

確かに、併合されている甲事件について請求された証拠は、通常は、そのままでは併合されている乙事件の証拠とならないこと、及び、そのことは、併合された各事件の手続が併存していることの帰結であって、立証趣旨の拘束力と無関係であることは、主観的併合の場合と同様に肯定して良い。

しかし、客観的併合の場合は、主観的併合の場合とは異なり、主体は同一なのであるから、事件が併合されていても各事件の手続は併存しているとの原則を前提としながらも、主観的併合の場合に比べれば、柔軟な解釈ができる余地のある法律関係にあり、具体的場面において、当該訴訟行為を合理的に解釈して妥当な結論を得るのに大きな支障はないといえる。

そのため、前掲拙稿一六二頁でも説明しているが、例えば、甲、乙両事件とも覚せい剤事犯であって、甲事件の関係だけでいわゆる補強証拠として被告人の無資格の証拠が請求されて取り調べられている状態のままの場合は、検察官としては、本来は、当該証拠を乙事件に関しても用いることができるように、証拠等関係カードの公訴事実の別の欄に乙事件も追加すべきであり、その実行を怠ってはならないのに、右手続の実行を懈怠しているだけであって、乙事件の立証にも右証拠を使用する意思を有していることは、容易に看取できる。そして、被告人側もそのことを容易に察知できるから、そのままの状態で、乙事件の証拠として用いることも、救済的な解釈ではあるが、当初の立証趣旨の範囲内の事柄と見ることが許されると解される。

また、乙事件が、当該証拠が取り調べられた後に追起訴された場合の取扱方については、前掲拙稿一六一頁でも述べているように、説が分かれていて、いわゆる再度請求説が有力とされている。しかし、この場合も、検察官としては、事後の覚せい剤事犯の追起訴事件の立証にも、当該証拠を使用する意思を有していて、単にそのために必要な手続を行うのを遅滞しているのに過ぎないものと容易に看取できる。そして、被告人側もそのことを容易に察知できるから、そのままの状態で、乙事件の証拠として用いることも、救済的な解釈ではあるが、当初の立証趣旨の範囲内の事柄と見ることが許されると解される。

同様なことは、例えば、いずれも併合罪関係にある、①複数の時期の窃盗事件において、各被害を一括して申告した一通の被害届、②犯行場所が同一である複数の事件において、当該犯行場所の特定の立証のための一通の実況見分調書、③複数の事件を自白した一通の供述調書等が、当初そのうちの一つの事件についてだけ請求されて取り調べられ、そのまま放置されている場合等でもいえることである。

二　消極説の根拠に関する検討

立証趣旨の拘束力に関連した検討も、既に一部行っているが、立証趣旨の拘束力を認めるかについて消極に解する見解の根拠とされているいくつかの事項に関して、更に付言する。

1　立証趣旨と刑事訴訟法との関係

立証趣旨の拘束力を認めない根拠の一つに、立証趣旨が規則に根拠があるだけで、法に根拠がない点が挙げられることがある。これは、規則一八九条一項を創設的規定と解した上でのことかと思われるが、右を確認的規定と解すれば、法に根拠がないとの点は、立証趣旨の拘束力を認めるか否かに関して、大きな意義を持つものとは見られない。そして、立証趣旨が現在の実務で果たしている役割の大きさに照らしても、立証趣旨は、法に根拠を置くものといえるのであって、規則の前記規定を確認的なものと解することに支障はないといえる。

2　立証趣旨が当事者の主張であること

立証趣旨は、当事者の主張に過ぎないから、拘束力が認められる根拠がないといわれることがある。

しかし、立証趣旨は、当該証拠に関する手続が証拠請求の段階で終わってしまえば、その拘束力が問題とされる場面は生じない。その拘束力が問題となるのは、当該証拠が採用されてその取調べがされる過程(前掲拙稿一五八頁で述べているように、立証趣旨の拘束力は、訴訟追行面でもあるとの指摘がある。)、さらには、その後の証拠能力、証明力との関係等、いずれにしても、証拠決定後の段階の事柄との関係である。このように、立証趣旨自体は当事者の主張であっても、その拘束力が問題となるのは、証拠決定後においてであるから、立証趣旨に拘束力があるといっても、証拠決定が介在することを前提としたものであって、当事者の主張である立証趣旨がいわば「生」の形で拘束力を持つものでないことは、当然のことといえる。

したがって、このような手続の段階的、発展的な推移をも考慮すれば、立証趣旨自体に拘束力があるというか、その後の手続の前提となっている証拠決定を介する形で立証趣旨の拘束力を説明するかは、いわんとする実質、目的に質的な差異あるとまでは解されない。その意味では、立証趣旨が当事者の主張であるからといって、そのことが立証趣旨自体に拘束力を認める支障となっているとまでは解されない。

3 立証趣旨と自由心証主義

立証趣旨の拘束力を認めると自由心証主義が制約されるといわれることがある。

(一) しかし、例えば、アリバイに関する供述調書や証言の内容は、①被告人のアリバイを裏付ける、②被告人のアリバイを否定する、③曖昧でどちらともいえない、などといった内容となろう。そして、前記のように引き直した『立証趣旨』を前提にすれば、裁判官が右①②③の供述等の内容に応じた心証を形成することは可能であるから、この場合には、『立証趣旨』が裁判官の自由心証を制約する事態は生じない。換言すれば、立証趣旨に拘束力を認めるか、否かにかかわらず、右の限度では、実務上差異は生じないのである。

(二) それにもかかわらず、前記のような指摘がされるのは、以下のような問題があるからであろうか。

アリバイに関する供述調書や証言から、その立証趣旨の範囲を超える、例えば、被告人に当該犯罪を犯す動機があったことを認定することができるかということである。

これには、右供述調書や証言中の一部の内容に基づいて、直ちに、当初の『立証趣旨』の範囲を超える事実を認定する場合と、当該供述調書や証言から当初の『立証趣旨』の範囲内にある特定の事実を認定した上で、その事実から、或いはその事実と他の関係証拠を総合して、当初の『立証趣旨』の範囲を超える事実を認定する場合とがあり得る。

この点については、見解が分かれ得る。そして、立証趣旨の拘束力を認める立場でも、犯罪事実の部分的な立証趣旨の場合は、そのような立証趣旨に限定の効果はなく、犯罪事実全体の立証趣旨と解する見解（杉田・前掲二五五頁）を前提とすれば、右は、当初の立証趣旨内の事柄となるので、いずれの場合も可能ということになろう。しかし、このように、当該証拠を、その立証趣旨の内容如何にかかわらず、原則として、常に犯罪事実全体の立証に用いることが可能であると解するのでは、立証趣旨自体の意義を低めるばかりか、その拘束力を認める意義が限定されたものとなろう。したがって、前記の点について積極に解される場合があるとしても、その理由付けについては更なる検討が必要なように思われるので、項を改めて検討したい。

4　立証趣旨と当該証拠から認定できる事実

㈠　まず、前記供述調書や証言中の一部の内容に基づいて、直ちに、当初の『立証趣旨』の範囲を超える事実を認定する場合について検討する。

この場合を具体的に例示すると、アリバイに関する当初の『立証趣旨』の範囲を超える、被告人が被害者を殺そうと言っていたとの供述部分や証言部分から、被告人の殺人の犯行動機を認定することができるかということである。

まず供述調書についていえば、右のような認定をすることは許されないと解される。供述調書中に、前記のように、被告人が被害者を殺そうと言っていたとの部分があったとしても、それは、通常、立証趣旨との関係から、被告人の殺人の犯行動機といった事項の立証には用いられないものとの前提で、取り調べられていると解されるからである。このことは、同意の効果として説明できるときもあるが、立証趣旨によって裁判官の自由心証が制約されていると見ることもできる。

そして、立証趣旨によって、右のような制約が生じると見られたとしても、そのことに不合理な点はないと解される。例示した供述内容は、当該供述調書を閲読することによって容易に判明するわけであるから、検察官としては、右のような供述内容を被告人の殺人の犯行動機の立証に用いたければ、そのことを『立証趣旨』として明示すべきであり、このようなことを要請しても、格別過大な要請ともならないといえる。

次に、証言中に前記のような証言部分がある場合について検討する（なお、蛇足ながら、当該証拠が証人尋問調書の場合は、供述調書と変わりはない）。立証趣旨に忠実に証人尋問が行われているときは、そもそも右のように、『立証趣旨』の範囲を超える証言がされたままで放置されることは通常起こらず、前記のような証言に対しては、相手方から直ちに異議が出されて、必要な手続的修正が行わることが考えられる。そのようなときは、今検討しようとしているような事態の発生に至らない形で当該尋問が終了したり、適切に立証趣旨が変更されてその後の尋問が行われたりなど、いずれにしても、今検討しようとしていることは、問題とならない形で処理されよう。しかし、そのようなことがないまま当該証人尋問が終了したときは、黙示的に立証趣旨の追加請求があって、相手方もそれを黙示的に承諾したものと解することができる場合があり得る。この点に関しては、いわゆる伝聞証言について原則として黙示の同意の効果を認めた最決昭和五九・二・二九刑集三八巻三号四七九頁（龍岡資晃・判例解説同年度（昭和六三年刊）一六九頁）が参考となる。

前記のように解される場合は、当該証言内容は、新たに追加されたものを含めた立証趣旨の範囲内の証言ということになるから、立証趣旨に拘束力を認めても、そのことで、裁判官の自由心証が制約されることにはならない。

しかし、右龍岡解説でも述べられているように（前掲一八八頁）、立証事項とされていなかった事項について、重要な内容の伝聞証言がされながら、伝聞として直ちに異議を申し立てるなどの措置を取ることができなかったような場合は、黙示の同意があったと解することはできない。その場合は、当該証言部分が伝聞証言として証拠能力が排除されることもあろうし、供述調書について述べたように、立証趣旨によって裁判官の自由心証が制約されていると見て、右証言部分からは、被告人の殺人の動機と言った『立証趣旨』の範囲を超える事実の認定は許されないと解することもできる。

(二)　次に、当該供述調書や証言から当初の『立証趣旨』の範囲内にある特定の事実を認定した上で、その事実から、或いはその事実と他の関係証拠を総合して、当初の『立証趣旨』の範囲を超える事実を認定する場合について検討する。

例えば、右証拠から、被告人が犯行に接着した時間帯にア点にいたとの事実を認定することは、当初の『立証趣旨』の範囲内の事実に関することであるから、可能であり、右認定事実を被告人のアリバイの成否の判断に用いることができるのも、当然である。

問題は、その事実を新たな証拠として(認定された事実も一つの証拠であることや関連する裁判例については、前掲拙稿一一四頁等参照)、当初の『立証趣旨』の範囲外の事実を認定することができるかということである。具体的に例示すると、被告人がア点にいたということから、被告人に当該場所付近の土地勘があることが推認されるとして、被告人に右のような土地勘があることを犯人性の根拠とできるかということである。

このように、当初の証拠から認定された事実（これを便宜上、以下「二次的証拠」という。）と当初の『立証趣旨』との関係をどのように解するかがここでの問題である。そして、このことは、立証趣旨に拘束力を認めるか否かにかかわらず問題となることであるが、従来余り論じられてきていないように思われる。

そこで、まず、当初の『立証趣旨』は、当初の証拠に関するものであって、この二次的証拠に対するものではないから、当初の『立証趣旨』と二次的証拠とは全く無関係であると解することはどうであろうか。そのように解することができれば、事柄は簡明に処理できる。

しかし、例えば、法三二八条の証拠として取り調べられた証拠から、被告人が矛盾した供述をしていることが認定できたとして、その事実を、被告人の犯人性立証のための証拠として用いたり、否認事件で仮定的な情状立証としてされた、被告人が被害者に対して被害の弁償をしたとの事実を、当該被告人の犯人性立証の証拠として用いるなど、これらの事実を、起訴事実の立証のための証拠として用いることは、やはり許されないものと解するのが相当である。

このように考えると、立証趣旨が当該証拠の証拠能力を規制している場合は、二次的証拠についても、その証拠能力の規制の効果は及んでいて、二次的証拠を、当初の『立証趣旨』を超える事実の認定のために用いることは許されないと解するのが相当である。この限度では、立証趣旨によって裁判官の自由心証が制約されていると見ることもできる。

他方、立証趣旨が当該証拠の証明力を規制しているのに過ぎない場合は、二次的証拠には、そのような規制は及ばないと解して良いように思う。そのため、このような場合は、この二次的証拠自体から、或いは他の証拠と総合して、当初の『立証趣旨』を超える事実を認定することは可能であって、当初の『立証趣旨』は、裁判官の自由心証を制約しないことになる。

以上述べてきたように、立証趣旨と自由心証主義との関係は、一律的な関係にはなく、立証趣旨との関係で、裁判官の自由心証が制約される場合があっても、格別不合理なこととは見られないのである。

5　立証趣旨と不意打ち防止

(一)　立証趣旨の拘束力を認める見解の結論で個別問題に解体できないものは、不意打ち防止の理論によって問題の解決を図ればよいともいわれる。

しかし、この点は、立証趣旨の拘束力に違反した訴訟行為の適法性の問題を、部分的に、別の視点から説明しようとするものともいえる。

立証趣旨の拘束力を認める前提でも、その拘束力に違反したことが、当然に、判決に影響を及ぼす訴訟手続の法令違反等に該当することになるわけではない。そして、右の程度の違反といえるか否かの一つの判断要素に、不意打ち防止の観点があることは、明らかである。特に、立証趣旨が当該証拠の証明力を規制しているのに留まるときは、立証趣旨の拘束力に違反することが、当事者にとって不意打ちとなっているか否かは、その違反に対する評価を決めるに当たって、重要な事柄であるといえる。

他方、不意打ち防止の理論から説明できるからといって、立証趣旨の拘束力を前提とした説明が不合理なものとなるわけでもない。

(二)　なお、杉田・前掲二五五頁や前掲拙稿一六〇頁等でも指摘されているように、実務では、立証趣旨が「A、B等」といった「等」を伴う包括的な形で主張されることが少なくないので、ここで、右拙稿を敷衍して、「等」の内容とその点に関する処理について説明する。

当該証拠の立証上、「等」自体に重要な意味がない場合や、重要な意味があっても、「等」に含まれているものとして立証しようとする事項が、A、Bに準じたものやA、Bから推測できるものなど、「A、B」の記載が「等」の例示として適切に機能していて、その記載を基にすれば前記事項を了解することが可能なときは、問題はない。

そうではなく、「等」に含まれているものとして立証しようとする事項が、A、Bと関連性に乏しいもの、極端な場合は関連性が全くないものであるなど、「A、B」の記載が「等」の例示として適切に機能しておらず、その記載を基にしては右事項を了解することができないときは、問題である。こういったときでも、当該証拠の具体的な取調の状況、当該証拠の内容等から、「等」に含まれているものとして立証しようとする事項が自ずと理解できるときは、右の問題は解消したといって良いであろう。しかし、そうでなければ、当該証拠を、「等」に含まれているとする事項の立証に用いるのは、当初の立証趣旨の範囲を超えるものと解するのが相当であって、そのような立証は、当事者の防御権を侵害することになるときがあり得る。

そのため、そのような事態が生じた場合は、裁判所としては、釈明等を適切に行って、「等」に含まれているものとして立証しようとしている事項を明らかにさせ、必要に応じて、明示的な立証趣旨の追加、変更をさせる運用を行うことが望まれる。

三　結　語

以上、立証趣旨とその拘束力に関連した事項を、立証趣旨の拘束力を認める立場をも踏まえて検討してきた。

現在、立証趣旨の拘束力を認めない見解が有力であることは、冒頭でも述べた。そして、右有力な見解によって、種々の問題点がより明確にされてきたことも事実である。しかし、右有力な見解も、立証趣旨が実務で果たしている役割の重要性は肯定した上でのことであって、立証趣旨の拘束力を認める、認めない、それぞれの見解から、問題とされる個々の事項に関して下される結論の多くは一致していて、ただその説明の仕方が異なるだけである。

そして、立証趣旨は、当事者の訴訟活動に具体的な指針を与えるものであって、実務の手続を明確にする上で、大きな役割を果たしており、立証趣旨の範囲を常に明確にして、その範囲内で立証活動や事実認定がされることが望ましいことであることは、明らかである。しかも、立証趣旨の拘束力を認める立場からは、種々の問題の解決を、一元的な視点によって図ることが可能である。

このように考えると、立証趣旨の拘束力を認めることは、格別不当なことではないのであって、それを肯定した上で、実務の問題を処理していくことにも、十分な合理性があるように解される。

今回は、田宮裕先生の御遺徳を偲びつつ、立証趣旨とその拘束力に関する自分なりの考えを紹介することに力点を置いたので、文献や裁判例の紹介は、主として前掲拙稿等に譲って、最小限に留めた。

そして、今後も、この問題について、新たな学説や裁判例も参酌しながら、更に検討を深めていきたい。

7　事実認定適正化の方策

木谷　明

はじめに

1　私は、一昨年（平成一〇年）以来極度に悪化させた持病の腰痛がなかなか本復せず、厳しい裁判の仕事を続けていく自信を失ったので、本年（平成一二年）五月二三日付けで判事を退官させていただいた。もともと「生涯一判事」を志して裁判官の途を選んだ私としては、定年まで二年半を余して職を辞さなければならないことは、それ自体残念なことであった。それだけではない。私は、これまでの三七年余りの裁判官生活において、刑事裁判や少年審判における事実認定をどうすれば適正に行うことができるかについて、自分なりに工夫し、多少なりとも対外的な発言をもしてきた積もりである。そして、今回の東京高裁勤務においては、従前の発言を集大成し、自分の理想にできるだけ近い形で刑事裁判を主宰していくことができるのではないかと、心中密かに期するところがないわけではなかった。それだけに、この折角のチャンスを活かすことができなかった自分自身が情なく、無性に腹が立つ。

2　このような健康状態であるから、編集者から田宮裕先生の追悼論集の寄稿を依頼されても、本格的な論文を書き下ろすのは到底無理であり、一応お引き受けはしたものの、最終的には執筆不能としてお断りする以外に方法がないのではないかと考えていた。しかし、私は、駆け出しの判事補のころ、先生と同じく平塚市に居住していた関係で、東京まで湘南電車でご一緒させていただいたことが何回かあり、車内で親しくご指導いただく機会に恵まれた。それ以外にも、当時気鋭の学者として令名をはせておられた先生のご卓見に実務上しばしば勇気づけられたのは、もちろんのことである。そのような先生とのご縁を考えると、この際、何とか執筆の責任を果たしたいという気持ちも捨てきれない。

3　そこで、今回の退官を契機に、従前私が判決その他で断片的に発言してきたことを、ある程度まとめてみようかと考えるに至った。私の従前の発言がどれだけ意味のあるものであるかは他からの評価に委ねるほかないが、このような試みでも、閉塞状況に陥っているかにみえる刑事裁判の活性化に向けて、なにがしかの刺激にはなり得るのではないかと考えたからである。また、現在の私の健康状態からすると、この程度の作業が、できることの限界でもある。生前田宮先生から受けた多くの学恩に比すれば余りにもささやかなものではあるが、何もしないよりはましであると考え、あえて紙数を埋めさせていただくことにした。なお、このような状況であるから、参照することができた文献や裁判例は、ごく限られたものだけになってしまったことを、最初にお断りしておく。

一　関与した主要な裁判例の概要

1　最初に、私が下級審の陪席（主任）・単独裁判官又は裁判長あるいは最高裁調査官として関与した刑事・少年関係の裁判例のうち、事実認定の手法に関係する主なものを一括して掲げておく。

（札幌高裁時代）

① 白鳥事件再審請求棄却決定に対する異議申立事件（札幌高決昭和四六・七・一六判時六三七号三頁）

（東京地裁時代）

② 富士高校放火事件（証拠決定）（昭和四九・一二・九判時七六三号一六頁）、（無罪判決）（昭和五〇・三・七判時七七七号二一頁）

（名古屋地裁時代）

③ 中日スタジアム倒産に絡む大型の特別背任事件（無罪判決）（名古屋地判昭和五二・九・三〇判タ三五三号一三九頁）

（最高裁調査官時代）

④ 鹿児島の夫婦殺し事件（破棄差戻し）（一小判昭和五七・一・二八刑集三六巻一号六八頁、判時一〇二九号二七頁）

⑤ 北海道の交通人身事故事件（破棄差戻し）（三小判昭和五六・二・一九判時九九六号一三一頁）

⑥ 柏の少女殺し事件（少年事件）（破棄差戻し）（三小決昭和五八・九・五刑集三七巻七号九〇一頁、判時一〇九一号三頁）

⑦　流山中央高校事件（少年事件）（棄却）（一小決昭和五八・一〇・二六刑集三七巻八号一二六〇頁、判時一〇九四号一六頁）

⑧　よど号ハイジャック事件（控訴審における謀議の認定手続に不意打ちの違法ありと認定、棄却）（三小判昭和五八・一二・一三刑集三七巻一〇号一五八一頁、判時一一〇一号一七頁）

（大阪高裁時代）

⑨　ウイスキー窃盗事件（破棄差戻し）（昭和六三・二・一七判タ六六七号二六五頁）

⑩　轢き逃げ事件（破棄差戻し）（昭和六二・六・五判タ六五四号二六五頁）

（浦和地裁時代）

⑪　女店員嬰児殺事件（訴因変更請求却下決定）（昭和六三・九・二八判時一三〇六号一四八頁）、（無罪判決）（平成元・三・二二判時一三一五号六頁）

⑫　強姦未遂事件（自白調書を排除した上で有罪判決）（平成元・一〇・三判時一三三七号一五〇頁）

⑬　車上狙い事件（無罪判決）（平成二・三・二八判タ七三一号二四七頁）

⑭　三郷市のアパート放火事件（無罪判決）（平成二・一〇・一二判時一三七六号二四頁）

⑮　覚せい剤譲受け事件（共同譲受けの訴因につき譲受け幇助と認定）（平成三・三・二五判タ七六〇号二六一頁）

⑯　贈賄事件（証拠決定）（平成三・五・九判タ七六四号二七一頁）

⑰　強姦致傷事件（証拠決定）（平成三・一一・一一判タ七九六号二七二頁）、（有罪判決）（平成四・三・九判タ七九六号二三六頁）

⑱　覚せい剤の自己使用事件その1、その2（各無罪判決）（平成三・一二・一〇判タ七七八号九九頁、同四・一・一

四判タ七七八号九九頁）

⑲　殺人事件（証拠決定）（平成四・一・一六判タ七九二号二五八頁）

（東京高裁時代）

⑳　調布駅前事件（少年事件）（取消し差戻し）（公刊物不登載）

2　このように並べてみると、私が関与した事件の中には、超特大の事件こそ見当たらないものの、事実認定に関連する重要な法律判断を含む事件とか、事実認定の上で大きな話題を呼んだものが比較的多いのではないかと思う。私のような者が、かなりの数に上るこの種の裁判に関与することができたのは、全く偶然の結果ではあるが、裁判官冥利に尽きることであったとつくづく感ずる次第である。

二　事件処理の過程で痛感したこと

そこで、これらの事件を処理する経過の中で、事実認定に関し私が痛感した点を思いつくままに挙げた上で、そのうちの何点かについて、後にやや詳しく論ずることとしたい。

1　物的証拠についても捜査官の作為があり得ることを率直に認めるべきである（①白鳥事件、④鹿児島事件、⑩轢き逃げ事件、⑮覚せい剤譲り受け事件、⑱覚せい剤自己使用事件その1、その2）。

2　自白の任意性に関する判例の基準は緩やかに過ぎる。また、自白の任意性を厳密に判断するためには、緻密な審理と厳格な事実認定が必要である（②冨士高校事件、⑨ウイスキー窃盗事件、⑪嬰児殺事件、⑫強姦未遂事件、⑭アパート放火事件、⑮覚せい剤譲り受け事件、⑯贈賄事件、⑰強姦致傷事件、⑱覚せい剤自己使用事件その2、⑲殺人事件）。

3　別件逮捕、余罪取調べの限界については、なお検討すべき問題がある（②富士高校事件、④鹿児島事件、⑭アパート放火事件）。

4　任意性に関する判例の基準を前提とする限り、自白の信用性をよほど慎重に判断しないと事実認定を誤る虞れがある（②富士高校事件、④鹿児島事件、⑪嬰児殺事件、⑫強姦未遂事件、⑮覚せい剤譲受け事件、⑰強姦致傷事件、⑱覚せい剤自己使用事件その2）。

5　適正な事実認定をする上では検証がきわめて有用である（②富士高校事件、⑭アパート放火事件）。

6　人物識別供述の信用性の判断や状況証拠の証拠価値の評価は、厳密に行う必要がある（②富士高校事件、⑭アパート放火事件、⑬車上狙い事件）。

7　事実認定については、誤解を受けないように十分に言葉を使って説明することが大切である（全件についてそのように心がけたつもりであるが、諸般の制約上、これができなかった事件や必ずしも十分でなかった事件も少数ながら散見され、心が残る）。

三　物的証拠に関する捜査官の作為の問題について

1　作為の可能性について

事実認定においては、自白に頼ることなく、動かぬ物証、物的証拠を中心に据えて検討する必要があるということが言われている。その点については、私も全く同感である。ただ、この証拠物自体について捜査官の作為が入り込む余地があるので、特に注意する必要がある。犯罪の捜査を遂行し、正義を体現すべき立場にある捜査機関が、犯罪をも構成しかねない証拠物への作為に荷担したのではないかと疑わなければならないのは情ないことではあるが、軽々に「そのようなことはあり得ない。」と断定するのは危険である。

2 実例

（1） 私が刑事裁判官として初めて本格的な事件に取り組んだのは、①白鳥事件再審請求棄却決定に対する異議申立事件であったが、この事件で早くも、札幌市郊外の山中（幌見峠）から発見されたという重要な証拠弾丸が二個とも偽造であったのではないかという深刻な疑惑に逢着した。そして、その後に審理ないし調査を担当した事件でも、同様な疑問を容れざるを得ない事件が決してきわめて少数という訳ではなかった。

（2） その代表的な例は、最高裁調査官として調査を担当した④鹿児島事件である。この事件では、「被害者の陰部から採取されたという陰毛三本のうち一本が被告人に由来すると認められる。」という科学警察研究所の鑑定書が有罪認定の最も有力な柱とされていたのであるが、この証拠の陰毛が、実は被告人から対照用の鑑定資料として提出させた被告人自身の陰毛ではないのかという疑いが払拭できなくなったのである。すなわち、記録によると、被告人から対照用の鑑定資料として提出させた陰毛二三本のうち五本が捜査官の手中で所在不明となっており、その後「警察により発見された。」として検察官が公判廷に提出した五本の毛髪は、鑑定の結果陰毛ではなく頭毛であるということが判明していた。そのような証拠物のずさんな管理態勢を前提として考えると、証拠の陰毛と対照用の陰毛がすり替わることがあり得なかったとは簡単にはいえない筈である。しかるに、原審は、事実関係の究明をそこまでに止め、証拠物の混同は絶対になかったという捜査官の証言を鵜呑みにした形で、証拠物のすり替え、混同の疑いの主張を排斥してしまっていた。

（3） また、⑩轢き逃げ事件では、「現場遺留の自動車の塗膜片が被告人車のそれと同質であり、その一片と被告人車のフェンダー下端部の損傷部位の曲率が一致する。」という科学捜査研究所等の鑑定書があり、これが有罪認定の決め手とされていた。ところが、記録によると、問題の遺留塗膜片は、奇妙なことに、鑑定を重ねるに従って形状が大きくなっていることになり、それがどういう理由によるのかについて十分な解明がされていなかった。そのため、証拠物として公判廷に提出され鑑定の資料とされたものが本当に現場から採取されたものであるかについて疑問を免れなくなっていたのであるが、第一審裁判所は、独自の推定を働かせて、両者の同一性を肯定していた。しかし、記録を精査してみると、遺留塗膜片とその後被告人車から採取された対照用の塗膜片とがすり替わる機会があり得たことが判明したので、「遺留塗膜と鑑定資料等との大きさの不一致が、捜査官による資料のすり替え・混同等の重大な疑問に結びつくものでないことを立証しない限り、被告人を有罪と認めることはできない。」と判示して破棄差戻しの判決をすることになった。

（4）　これらは、上級審において問題となったものであるが、その後第一審を担当するようになってからも、覚せい剤自己使用事件で、被告人が「提出した尿を第三者のものとすり替えられた。」とか「提出した尿に第三者の尿を混入された。」などという、一見すると荒唐無稽の感すら受ける弁解をする事件に遭遇した。そのような弁解を被告人から公判廷で初めて聞かされた段階では半信半疑の域を出なかったが、証拠調べを重ねるに従い、その弁解するような事実があったのではないかという疑いを払拭できなくなり、結局、二件とも無罪を言い渡す結果となった（⑱覚せい剤自己使用事件その1、その2）。

（5）　そして、調べてみると、捜査官が物的証拠に作為を加えたと疑われる事案は、過去にも決してなかったわけではない。例えば、有名な再審事件である弘前大学教授夫人殺し事件の無罪判決[1]や、甲府放火事件の最高裁判決[2]などでも証拠物に対する作為の疑惑が浮上している[3]。これは、重大な問題であるといわなければならない。

3 作為の動機

以上の体験を通じ、私は、次のような感想をもつに至った。すなわち、それは、「多くの捜査官は、日常真剣かつ地道に捜査に取り組んでいるが、捜査官も人間である以上、捜査が難航し解決の糸口が見つからなくなると、物的な証拠に作為を加えてでも、自分たちの想定に都合のよい証拠を作出しようとすることがあるのではないか。」というものである。捜査官のこのような行為はまことに許せないことではあるが、捜査も人間のする営為の一つである以上、そのような行為があり得ないと断ずるのは適当でないと思われる。したがって、証拠物に対する作為の有無が争われた場合には、捜査官がそのような違法行為をする筈がないと決めてかかるのではなく、捜査官であっても（あるいは、むしろ「捜査官であるが故に」）、一定の場合にはそのような行為に出る動機があるのだと考えて、十分な審理を遂げ虚心に証拠を検討すべきである。

4 立証の程度と方法

（1） そして、そのような事実の有無の判断にあたっては、本来、作為がなかったことについて検察官が立証責任を負っている事実を忘れてはならない。もともと、物的証拠については、作為が入り込んだと疑われる余地がないように、適正な取扱いをすることが法令上義務づけられている。作為の疑いは、捜査官がそのような義務に違反したところから出てくるのである。したがって、証拠物の管理について捜査官の法令上の義務違反が判明した場合には、それが単なる手続き上のミスに過ぎず証拠物自体の真正に繋がるおそれがないという点について、被告人を含む社会一般が納得し得るような事実の立証が求められるというべきであろう。

（2） 例えば、④鹿児島事件に関する前記**2**（2）記載のような事実関係を前提として考えると、現実に提出された証拠物が果たして真正のものであるのかどうかについて、誰しも疑わしいと感ずるのではないか。そして、この疑問は、捜査官が「単なる手続き上のミスであり、証拠物のすり替え・混同はあり得ない。」と抽象的に説明するだけで解消し得る性質のものではない。この事件で最高裁は、陰毛の保管責任者において「保管する被告人の陰毛の一部を紛失し、しかも他の毛髪を紛失した陰毛であるとしてのちに提出するに至った経緯等につき首肯しうる説明をするのでない限り、右紛失した陰毛の一部がキヨ子の死体の陰部から採取された陰毛の中に混入し……鑑定の資料とされたのではないかという疑いを否定することはできない」と判示し、重大な事実誤認の疑いによる破棄差戻しの理由の一つとした。当然の措置であったというべきである。

5　再発の防止と裁判所の責任

(1)　もちろん、以上の事例で提起された疑問はあくまで疑問に止まり、実際に証拠物のすり替え・混同があったという事実を認定させるに足りるものではない。したがって、真実は、検察官が主張するように、単なる手続き上の過誤に過ぎなかったのかもしれない。しかし、過去の多くの先例によって指摘された証拠物に対する作為の問題は、証拠物に対するそのようなルーズな取扱いを看過してきたことから現実化したのではなかったか。裁判所は、捜査官による証拠物の作為の疑いが指摘された事件においては、「単なる手続き上のミスである。」とする捜査官の証言を鵜呑みにするのではなく、徹底的に事実関係を明らかにする努力をすべきである。そして、証拠物の保管方法に捜査官側のミスがあって、被告人側の提起する疑問が簡単には否定できないような状況になった場合には、立証責任の原則に立ち返り、遠慮なく捜査官に不利益な認定をしていくようなプラクティスを確立すべきである。そうでないと、捜査官による証拠物に対するルーズな取扱いをなくすことは「百年河清を待つ」

に等しいことになるし、そしてまた、その間隙を縫って、証拠物に対する捜査官の作為という恐るべき違法行為が現実に行われることにもなりかねないと考えるからである。

（2）最近、捜査官特に警察官による各種の違法行為が新聞誌上を賑わせている。このようなことは、決して最近になって初めて行われるようになったものではないと思う。そして、その原因を遡れば、捜査官に対する司法の監督が従前必ずしも十分に行われていなかったことがその一因ではないかと考えられる。具体的事件の裁判の場で、裁判所がこれらの点を厳しくチェックするようになれば、捜査官の態度も次第に改まるのではないか。裁判所の責任はますます重いというべきであろう。しかし、このような違法行為の究明は、裁判所の努力だけでは限界がある。私の担当した事件においても、前記のような結論に到達するまでには、弁護人による懸命の、そしてきわめて適切な弁護活動があったことを付記するとともに、今後も、弁護人の活発な活動を期待したい。

四　自白の任意性について

1　判例の傾向と私の取り組み

（1）自白の任意性については、昭和三〇年代の後半から四〇年台の半ばにかけて注目すべき三つの最高裁判例[4]が出て、判例は違法排除説に傾いたのではないかとさえ思われた。しかし、その後、昭和の終わりころ以降に出された最高裁判例は、いかにも緩やかに過ぎて賛成できない。例えば、①警察が手配した施設に五日連続して宿泊させた上で取り調べた後の自白や、②徹夜で二二時間連続して取り調べた後の自白の任意性をいずれも肯定した判例[5]は、大いに問題である。これらの判例は、取り調べられる者の立場について余りにも配慮が不足していると考えるからである。私は、自分が大変気の弱い人間であるからかもしれないが、これらの判決で認定されているような取調べを受けたら、ひとたまりもなく虚偽の自白をしてしまうだろうと思う。

（2）　しかし、これらの判例にただやみくもに反対してみても、たちまち判例違反として破棄されるだけで、被告人のためにはならない。そこで、私は、最高裁に考え方を改めてもらうために遠大な計画を立てた。それは、まず下級審において、自白の任意性について厳格な考え方をとる裁判例を少しずつ集積させていき、最高裁としてもこのような実務の趨勢を無視できないような環境を作り出すということである。そのような考え方に基づき、私は、自分自身がそのような裁判例の集積の先頭を切る覚悟を決めた。

2　実　例

（1）　私が、大阪高裁及び浦和地裁時代に関与した裁判例の中で、自白の任意性を否定したものとしては、⑨ウイスキー窃盗事件判決、⑪嬰児殺事件判決、⑫強姦未遂事件判決、⑭アパート放火事件判決、⑮覚せい剤譲り受け事件判決、⑯贈賄事件証拠決定、⑰強姦致傷事件証拠決定、⑱覚せい剤自己使用事件判決その2、⑲殺人事件証拠決定などがある。

（2）　事案をかいつまんで紹介すると、⑨は、常習累犯窃盗事犯ではあるが、僅か三〇〇〇円相当のウイスキー一本の窃取の疑いで、被疑者を警察に任意同行した上徹夜で一〇時間取り調べた事案であり、⑪は、産褥期にある女性被疑者の健康状態に配慮せず、黙秘権・弁護人選任権の告知も不十分なまま厳しい取調べをした事案であり、⑫は、当時窃盗罪により執行猶予中で本件強姦未遂について再度の執行猶予に付せられる可能性が事実上全くなかった被疑者に対し、自白すれば執行猶予になるとしょうようして得た自白を「偽計による自白」として排除した事案であり、⑭は、日本の法律制度についての知識がなく知能程度も高くない外国人被疑者を取り調べるに当たって、通訳人を介してした黙秘権、弁護人選任権の告知が十分でなく、健康状態に対する配慮もしなかった事案であり、⑮は、覚せい剤事件の被疑者に対し、黙秘権・弁護人選任権の告知を一度もしないまま違法・不当な言動による取調べを行って自白を得た事案であり、⑯は、贈賄事件の被疑者に対し、検察官が「否認を続ければ妻らを逮捕したり、会社の顧問弁護士で被疑者と親交のある弁護人が資格剝奪されることになるが、自白すれば助けてやる。」という趣旨の、脅迫、約束ないし利益誘導、更には偽計という不当・違法な取調べによって自白を得た事案であり、⑰は、二〇歳前後の少年又は若年成人の各被疑者を代用監獄に勾留した上、その弁解に一顧も与えず、不当な言動により自白を迫った事案であり、⑱は、採尿手続きと取調べの各状況を詳細に認定した上で、警察官が被疑者の尿を第三者のそれとすり替えた疑いがあり、これを前提として、被疑者の尿から予試験による覚せい剤反応が出たと告げて自白を迫ったことを偽計と捉えた事案であり、⑲は、妊娠五ヶ月の女性被疑者を連日長時間にわたり取り調べ、不当な言動により脅迫して自白を得た事案である。

（3）　これらの裁判例は、検察官の上訴があり得ることを予想して、任意性に関する審理及びその事実認定に慎重を期したためであろうか、全てその審級限りで確定したので、上級審の判断を受ける機会がなかった。

3　任意性に関する審理と判断の手法

（1）　取調べ状況に関する立証というと、ともすると、被告人のいい分と捜査官のいい分が食い違って水掛け論になることが多いように思われる。そのような事態を回避するための方策として、「捜査の可視化」の必要が叫ばれ出したが、その後かなりの年数が経過しているのに、法務・検察サイドの動きは鈍く、事態改善の動きは全くみられない。また、刑事裁判の実務においては、取調べ状況一覧表の作成等の工夫もされるようになったが、それすら検察官の協力がなかなか得られないというネックがあって、運用が定着したとはいえない状況である。

しかし、刑訴法施行後既に五〇年以上を経過しながら、取調べ状況について、「言った言わないの水掛け論」を、一〇年一日のように法廷で繰り返すというのは、何とも能のない話ではないか。私は、自白の任意性に関する立証がこのような隘路から抜け出せない理由は、前記のような水掛け論となっていい分が対立した場合、おおむね捜査官側のいい分が採用されて自白の任意性が肯定されるという現実が、法務・検察サイドに硬直した態度をとらせている点にあると考えている。そうであれば、この点についても、裁判所の責任が大きいといわなければならない。

(2)　ところで、私は、第一審の審理を担当していた当時、取調べの時間等の客観的な事実については留置人出入簿等の簿冊類を取り調べることによって客観的に認定する一方、取調官の具体的な言動については、当該取調官の証言と被告人の供述を対比することにより認定していた。しかるに、その後上級審で記録を読むようになると、「取調べ状況に関する被告人の供述には……のような不合理な点があるので、信用できない。」として、取調官の尋問もしないまま任意性を肯定しているものがかなり目についた。しかし、私は、このような判断の仕方には到底賛成することができない。もともと、取調べという異常な事態に直面させられた被疑者・被告人に完全な供述を期待すること自体が無理であって、その間に多少の思い違いや誇張があるのはある意味では当然のことである。したがって、被告人の法廷供述に多少の不合理や誇張が混在しているからといって、直ちに取調べ状況に関する供述全体の信用性を否定するというのは正しい採証の態度ではないというべきである。私は、取調べ状況に関する被告人の供述に多少の疑問があっても、このような論法ではねつけるという手法は一度もとったことがない。そして、被告人の供述するような事実の有無について必ず取調官の説明を求めるという方針を貫いた。

（3）　もちろん、そのような場合、被告人が供述する決定的な言動を取調官がそのまま認めることは希であった。しかし、否認していた被疑者が真に任意の自白に転じたのであれば、その自白に転じた契機について、取調官が合理的な説明をすることは容易な筈である。したがって、取調官を証人として取り調べる場合には、この点について明確な説明を求めるべきであり、もし取調官が、単に被告人のいう決定的な言動はしなかったと否定するだけで、被告人を自白に転じさせた契機について説得力ある説明をしないのであれば、被告人の主張するような理由（それがよほど不合理なものでない限り）により自白が導き出された疑いがあると認定するほかないと考えていた。いずれにしても、密室での取調べにより得られた自白の任意性について、被告人に事実上立証責任を負わせるような結果とならないよう、裁判所としては万全の意を用いるべきである。

（4）　この点をやや誇張したいい方で表現すれば、「取調べ状況について、被告人と取調官との間での水掛け論に持ち込まれた場合は、捜査官側の負けと割り切る必要がある。」ということである。これは、現在の実務を前提とすると、かなり大きな発想の転換であるが、取調べ状況の立証に関する現在の実務を改善していくためには、現場の裁判官が思い切って考え方を変えていく必要があるのではないか。私自身は、実際の事件処理において、このような論法に近い論法で事実認定をし、自白の任意性を否定したことが何度かある（⑮覚せい剤譲受け事件、⑱覚せい剤自己使用事件その2など）。しかし、そうはいっても、裁判所が「どうやら被告人の言い分の方が真実らしい。」という心証を抱くことができれば、自信をもって自白調書の却下に踏み切ることができる。この点についても、証拠物への作為の問題におけると同様、弁護人の適切な弁護活動が大いに期待される。

4　警察官の言動の検察官調書への影響

（1）　自白の任意性に関しては、警察官の違法な言動により任意性のない自白が得られた場合に、その影響が検察官調書にまで及ぶかという問題がある。この点については、その影響の遮断を認め、検察官の取調べにさえ問題がなければ検察官調書の任意性を肯定するという見解が、実務上有力であろうかと思われる。しかし、警察官の違法な取調べによって自白させられた被疑者が、取調べの主体が警察官から検察官に代わったというだけで任意の供述をすることができるようになると考えるのは、余りにも観念的ではないかと思う。

（2）　私は、ウイスキー窃盗事件以来一貫して、そのような場合には、取調べの主体が同じ捜査官であることに着目して、検察官調書は、「検察官において、警察官による違法な取調べの影響から被告人を脱却させるための措置を講じていない限り、検察官調書も警察官調書と運命を共にする。」という見解によってきた。例えば、⑪嬰児殺事件判決、⑫強姦未遂事件判決、⑭アパート放火事件判決、⑮覚せい剤譲り受け事件判決、⑰強姦致傷事件証拠決定、⑱覚せい剤自己使用事件判決その2、⑲殺人事件証拠決定等がそれである。一般の被疑者にとって、警察官と検察官の区別及びその相互の関係を明確に理解することは難しく、むしろ両者は一体のものと考えるのが通常であろうと思われるから、この見解は社会の常識にも合致すると考えている。

5　任意性の判断時期及び信用性判断との関係

（1）　最後に任意性の判断時期及び信用性判断との関係について触れておく。任意性は当該証拠の許容性の問題であるから、任意性のない自白について信用性を論ずることはもちろん、そのような自白を裁判官の目に触れさせるということ自体が、本来あってはならないことである筈である。したがって、任意性の有無については、審理の途中のしかるべき時期（すなわち、取調べ状況などに関する双方の主張と立証が終了した段階）に裁判所が判断を示すこととし、もし証拠能力を欠くという結論に達すれば、この段階で却下決定をするというのが本来の姿である。これは、余りにも当然の結論であるといわなければならない。

（2）ところが、この理論上当然なことも、これを現実の実務で行おうとすると、決して容易なことではない。その理由は、

① 任意性に関する立証を終わっただけの段階では、本案についての被告人の具体的な供述が公判廷に現れていない。そして、取調べ状況に関する被告人の供述の信用性は、本案についての供述の信用性と微妙に関連するようにも考えられるので、本案に関する被告人の供述を聞く以前に任意性に関する被告人の供述の信用性について裁判所の確定的な判断を示すのは不安であること

② 任意性に疑いありとして自白調書の取調べ請求を却下し無罪を言い渡した場合に、任意性に関する判断が上級審で誤りであるとされたときは、事実認定を根本的にやり直す必要を生じ、多くの場合差戻しによる訴訟の長期化に途を開く結果となること

③ 任意性に関する上級審の判断基準は前記のとおり緩やかであるから、任意性に疑いありという下級審の判断が上級審で維持されるかどうかには、なかなか自信がもてないのが通常であること

④ そのため、もし事案が実体的にも無罪になる可能性があるのであれば、自白の信用性についても判断を示した上で、できればその審級限りで確定させたいという心理が働くし、仮に控訴があってもその方が上級審で維持される確率が高いと思われること

などにあると思われる。

（3）　そのような理由によるのであろうか、実務では、任意性の立証が終了した段階で自白調書が任意性なしとして却下されることは希であり、多くの法廷では、判決段階で証拠排除することはあっても、少なくとも一旦は証拠として採用するという運用を生じている。このような運用には弁護人からの反発が強いし、理論上これを正当化する説明は困難である。

（4）　ところで、私が第一審の裁判長としてこの問題に初めて逢着したのは、⑪嬰児殺事件のときであった。この事件は、前任者から引き継いだ事件で、着任後記録を読んだ段階では、既に取調べ済みの自白調書が記録に編綴されていたが、私の目からみると任意性に関する審理が不十分で、何とも心証がとれない状態であった。しかし、私は、更新手続きの段階では、証拠の排除を強く求める弁護人の反対を押し切って、「判決段階において、任意性についても再度検討するので、今後も任意性について双方が主張・立証を重ねられたい。」という留保を付した上で、刑訴規則二一三条の二第三号但書所定の「自白調書を取り調べない旨の決定」をすることなく、これを取り調べることとした(⑪嬰児殺事件第六、一、判時一三二五号二一、二二頁)。あとから考えれば、この段階ではまだ任意性の立証がついていなかったということであるから、いずれにしても更新手続きの段階で一旦証拠から排除して、もしその後に任意性が立証されれば採用するという方法をとればよかったように思うが、前記①ないし④の事情が頭をよぎり、この段階での証拠の排除にまでは踏み切れなかったものである。そして、その後も、⑫強姦未遂事件（「自白調書の証拠能力について」の項、判時一三三七号一五一頁）、⑭アパート放火事件（第六、一、判時一三七六号三五頁）、⑮覚せい剤譲り受け事件(第五、判タ七六〇号二六八頁)、⑱覚せい剤自己使用事件その2(第九、一、1、判タ七七八号一三五頁）など、かなり多くの事件の判決において同様の手法を用いている。

（5）　この手法は、自白の証拠能力に関する判断を証明力の判断と同時に行うというものであるから、安易に用いると、証明力の高そうな自白については証拠能力を肯定するという帰結にも結びつきかねない危険性をはらむ。したがって、もしやむを得ずこの手法を採用するのであれば、最終的な証拠能力に関する判断を厳格にし、いやしくも、証明力に引きずられて証拠能力を肯定したというような批判を受けないように努めなければならないであろう。私は、この点については、極力注意を払ってきたつもりである。そのためであろうか、当初はこの訴訟指揮に強く異議を唱えていた多くの弁護人も、私の任意性に関する考え方を理解するに従い、次第に協力してくれるようになっていった。

（6）　しかし、どのように弁解しようとも、自白の証拠能力をその証明力と同時に判断することは理論上正当化し難く、一種の邪道であるという批判を免れない。そこで、私は、浦和地裁時代の後半から、任意性の争われた事件においては、証拠決定の段階で、できる限り証拠能力に関する裁判所の判断を明らかにするように努めてみた。⑯贈賄事件、⑰強姦致傷事件、⑲殺人事件などの各証拠決定がそれであり、かなり多くの自白調書をこの段階で却下する訴訟指揮をしている。そして、その結果としての感想は、裁判所が事実関係をよく見極めて事件の帰趨を見通すことができれば、審理の途中で自白の採否を最終的に決定することは、決してできないことではないというものであった。しかしながら、そうはいうものの、このような判断をすべての事件で常に強いられるのは、多忙な刑事裁判官にとって大きな負担になりつらいことでもある。実務の現実を前提とすると、当初私が採用してきたような手法も、例えば、事実関係がきわめて微妙な事案等においては、実務上の苦肉の策として是認せざるを得ないような気もしている。

五　別件逮捕・勾留及び余罪取調べに関する規制の仕方について

1　基本的見解とその発想の根拠

(1)　別件逮捕・勾留（以下「別件逮捕」という。）の適否及び別件逮捕中の余罪取調べの限界については、かねてより議論があり、私も、比較的早い段階で合議体の一員として関与した裁判の中で、一定の見解を示す機会があった。(7) その見解というのは、簡単にいうと次のようなものである。すなわち、

①　別件逮捕の適否の問題と別件逮捕中の余罪取調べの限界の問題を区別する。

②　別件について実質的に逮捕勾留の要件があるのであれば、捜査官がその身柄拘束を利用して身柄拘束の要件を具備していない本件について取調べをする意図であるからといって、別件による身柄拘束が違法となることはない（もっとも、形式的には一応逮捕勾留の要件があるように見える場合でも、捜査官が、これをもっぱら本件の捜査に利用する意図であって、ただ別件に藉口したに過ぎないような場合には、ひるがえって別件による逮捕勾留の必要性ないし相当性が否定され、結局、右のような理由による身柄拘束それ自体が許されないこととなる）。

③　被疑者は逮捕勾留中の事実（別件）については取調べ受忍義務を負うが、身柄拘束の基礎とされていない事実（本件）についてはその義務を負わない。

④　したがって、捜査官は、両者に密接な関係があって本件に関する取調べがすなわち別件に関する取調べの意味をもつというような特別な場合以外には、別件による身柄拘束中に、本件について、取調べ受忍義務があることを前提とする取調べをすることはできない。

⑤　この④の規制に違反する取調べによって得られた自白は、証拠能力がない。

（2）　この見解のうち別件逮捕に関する部分は、「別件基準説」に分類されるものであって、本件基準説が主流となった学説上の評判は芳しくない。また、余罪取調べの限界に関する見解については、当該事件の上級審から厳しい批判を受けるとともに、検察官サイドからも猛然たる反発を招いていた(8)。それだけではない。この見解は、当時公刊されていた有力な実務家の見解を参考にしたものであり(9)、その後実務においてかなりの支持を受けるようになってはいるが(10)、この見解が捜査・裁判の実務において定着したとはいえないと思われるし、かえって、刑事裁判官の中からも、これに明確に反対する意見が出されている(11)。

（3）　別件逮捕に関する学説の主流は、いわゆる「本件基準説」であり、「令状の出ていない本件について令状主義を潜脱する結果となるような別件による逮捕は違法」ということで割り切るのである。それはそれで、きわめて筋の通った考え方であるから、もし私が実務家でなかったならば双手を上げてこれに賛成していたであろう。しかし、現実の刑事裁判の実務に携わる実務家の立場で考えると、ことはそれほど簡単ではない。実際、別件について実質的に逮捕勾留の要件が備わっている事案について、捜査官が別件以外の本件について取調べをしようとしていると考えられるという理由により別件に関する令状の発付を拒否することは、かなりの勇気を必要とすることで現実にはなかなか実行しにくい。他方、われわれが、自白を是非とも排除すべきだと考えるのは、捜査官の身柄確保と取調べの方法が、逮捕権の濫用あるいは取調べの限界の逸脱と考えられる事案であり、そのような事案について別件による身柄拘束と余罪取調べの行き過ぎをチェックすることができるのであれば、さしあたりの目的は達すると思われる。また、現実の問題として、逮捕事実に関する被疑者の取調べ受忍義務それ自体を否定することは、現在の捜査実務を根底から覆すことになるので、簡単には踏み切れないことである。仮にそのような見解を裁判実務の上で打ち出してみても、上級審の支持の得られる可能性は乏しい。

（4）　そのような意味で、私は、前記②富士高校事件の証拠決定及び本案判決の中で述べた考え方は、現在の実務を改革し得るほとんど唯一の現実的アプローチではないかと考えていた。そこで、私たちは、その後の⑭アパート放火事件の判決において、別件逮捕についての考え方を一部修正するとともに、余罪取調べの限界に関する見解について従前寄せられていた批判に答える形で、明確な反論を示すこととした。

2　⑭アパート放火事件で示した見解について

（1）　アパート放火事件で私たちが示した見解は、次のようなものである。

①　別件逮捕の適否について……違法とされる別件逮捕には、別件について逮捕勾留の要件を欠く典型的な別件逮捕のほかに、重大な甲事実について被疑者を逮捕勾留する理由と必要が十分でないのに、主として右事件について取調べる目的で、甲事件が存在しなければ通常立件されないと思われる軽微な乙事件につき被疑者を逮捕勾留する場合を含む（このような逮捕は、令状主義の実質的潜脱であり、逮捕権の濫用となる）。

②　余罪取調べの限界について……被疑者が取調べ受忍義務を負うのは逮捕勾留された事実についてだけであり、それ以外の余罪（本件）についてはこれを負わない。したがって、捜査官が被疑者に対し別件以外の事実例えば本件について取調べを行うときは、両者が密接に関連して本件についての取調べが別件についての取調べとしての意味をもつ場合以外は、取調べを受けるかどうかについて被疑者に実質的な自由を保障しなければならない（この制約に違反した取調べによって得られた自白は証拠能力を欠く）。

（2）　①の見解は、「別件基準説では違法な別件逮捕として規制できる範囲がきわめて狭くなる」という批判を念頭に置いたものである。そして、この見解は、学説から、「本件放火の事実について取り調べる目的に着目した違法判定を可能とする巧みな判断枠組みを示したもの」「本判決の用いる『実質的には甲事実に基づく逮捕勾留』『令状主義の実質的な潜脱』『逮捕権の濫用』という表現は、まさに本件に着目した実質的基準であり、本件基準説の発想を従前の裁判例の枠内にできるだけ取り込もうとした試み」などとして、(結論的には反対ながら)比較的好意的に受け止められている。(12)

(3) ②の見解は、②富士高校放火事件におけるそれと実質的に同一であるが、前記のような上級審やその後の学説からの批判を念頭に置いて詳細に論理を補強したものである。しかし、この見解については、学説上依然として厳しい批判が寄せられている。(13)

3 余罪取調べの限界に関する私たちの見解への批判とそれに対する再反論

(1) 私たちの見解に対する批判は、おおむね三つの異なった方向から寄せられている。

① 第一の批判は、身柄を拘束された被疑者には取調べ受忍義務があり、それは逮捕事実についてであると余罪についてであるとを問わない、事件単位の原則は、取調べについては適用がない、というものである。(14)

② 第二の批判は、黙秘権を保障された被疑者には逮捕事実についても取調べ受忍義務がないから、余罪についてそれがないのは当然であるというものである。(15) また、この見解は、事件単位の原則を取調べに援用することはできないとする点では、第一の批判と一致している。

③ 第三の批判は、より実際的な観点からのものであるが、「取調事実ごとに観念的に出頭及び取調べ受忍義務の存否を峻別し、それに対応して強制処分か任意処分かを使い分けるのは、捜査の実情から離れ、便宜的に過ぎる」というものである。(16)

以下、これらの批判について順次反論する。

（2）第一の批判について。しかし、身柄拘束中の被疑者に取調べ受忍義務があるとすれば、その根拠は、当該事実について厳格な司法審査を経ているという点以外にはあり得ないと思われる。そうではなく、一旦身柄拘束を受けた被疑者は、どのような事実についても取調べ受忍義務があるとするのでは、一般に身柄拘束を受けていない被疑者には取調べ受忍義務がないとされている点と明らかに権衡を失する。

次に、この批判は、自説を支える法文上の最大の論拠として「刑訴法一九八条一項ただし書が二二三条に準用されている点」を挙げている。確かに、参考人の場合は取調べの対象となる事実について身柄拘束を受けているということは考えられないから、刑訴法二二三条が一九八条一項但書をそのまま準用していることは、一見この見解の根拠になりそうにも思われる。しかし、私たちは、一九八条一項但書の解釈として、そこにいう「逮捕又は勾留されている場合」は「取調べの対象となっている当該事実について逮捕又は勾留されている場合」の意味に理解すべきだと主張しているのである。そして、参考人について「取調べの対象になっている当該事実について逮捕又は勾留されている」という事態が考えられないことは、論者の指摘するとおりである。したがって、その結果として、二二三条によってこの規定が「準用」されても、参考人にはこの除外規定が適用される余地がなくなり、常に「出頭を拒み」「出頭後、何時でも退去することができる」ことになる。刑訴法二二三条が一九八条一項但書を準用していることの意味は、その程度のことであると解して何らの支障はない筈である。この準用規定からそれ以上の意味を読みとろうとするのは、いかにも些末な立法技術に囚われた本末転倒の見解であるといわなければならない。これらの点については、アパート放火事件判決中においても詳細な説明をしており、この説明については、学説からも、「その根拠付けは明快である」と評価されている。(17)

（3） 第二の批判について。確かに、この見解が主張するように、被疑者の取調べ受忍義務を完全に否定することができるのであれば、問題はきわめて単純であろう。しかし、現行法の施行後五〇年以上の長期間にわたり牢固として確立されてきた実務の慣行を一気に覆すのは、容易なことではない。そのような理想論を振りかざした議論を展開しても、従前の判例の傾向からみて、これが上級審に容れられる蓋然性はきわめて乏しく、結局、実務上の混乱を招くだけでなく被告人にもぬか喜びをさせる結果となるであろう。したがって、そのような方法は、実務家の立場としてはそれこそ簡単には踏み切れないものである。私たちが、身柄拘束の基礎とされた事実に関する取調べ受忍義務はやむを得ずこれを肯定した上で、身柄拘束の基礎とされていない本件の取調べにはこれが及ばないようにするために、あえて前記のような議論を展開してきたのは、まさにこの点を考慮したからにほかならない。被疑者の身柄拘束について司法審査を経た別件についての取調べ受忍義務を肯定するとしても、司法審査を経ていない本件についてはそのような取調べを許さないとすることは、かなりの説得力をもつ論理ではないであろうか。また、余罪の取調べについてそのような規制ができれば、少なくとも捜査実務における大きな一歩の前進であるというべきではないか。事件単位の原則がもともとは身柄拘束に関するものであったことはそのとおりであるとしても、以上のような点を考慮すれば、これを取調べについて援用することを否定するのは賢明ではないと考える。(18) 被疑者の取調べ受忍義務を否定する学説が、純理論的な観点にこだわる余り、また、理想を追うのに急な余りに、実務におけるこのような現実的な工夫に対し冷淡な対応しか示してこなかったことは、「捜査実務の改善を進める」という観点からは、はなはだ遺憾なことであったというべきである。

（4） 第三の批判について。私たちの見解が現実の「捜査の実情から離れ」ているいう批判は、ひとまずこれを甘んじて受けることとしよう。(19) しかし、そもそも私たちは、「現実の捜査」の行き過ぎを抑制して被疑者の人権を保障するためにはどうすればよいかを考えているのである。したがって、その結果が現実の「捜査の実情」から離れているということ自体は、私たちの見解に対する適切な批判にはなり得ない。また、もしこの批判が、そのような任意の取調べでは余罪について被疑者を自白させることができないという意味を含むものとすれば、それこそ問題である。被疑者に対する取調べは、ただやみくもに厳しい取調べをして自白を迫るというのであってはならない筈である。取調べ受忍義務を前提とした厳しい取調べでなければ余罪についての効果的な取調べができないというのでは、いつまで経っても捜査技術の向上は期待できないということになるのではないか。

更に、私たちの見解が「便宜的に過ぎる」という点については、それがどういう意味で「便宜的」であるのか理解することができない。また、この見解は、私たちが、任意性の担保として、捜査官に黙秘権・弁護人選任権の告知や、出頭義務・取調べ受忍義務がないことの告知を必要とした点について、そのように解すべき「法的根拠もない」と批判している。しかし、私たちは、どのようにしたら余罪の取調べを真に任意のものとすることができるかという観点から実際的な方策を考えているのであるから、ここで法的根拠を持ち出すことは、明らかに見当違いであるといわなければならない(20)。

あるいは更に、取調べ受忍義務のある取調べとそうでない取調べとを区別することは実際上無理である、という批判もあり得るかとも思われる。しかし、両者を区別することは十分可能であるし、捜査官にその使い分けを期待することが現実的でないとは必ずしもいえないと考える。私たちの立場では、余罪について取調べ受忍義務のないことを前提とした取調べを行ったという事実は検察官が立証すべきことになるから、検察官としては、最低限度、黙秘権と弁護人選任権を告知するだけでなく、余罪については被疑者にもともと取調べ受忍義務がなく、取調べを受けるかどうか、また、取調べをやめてほしいときは直ちに中止してもらえることを分かりやすく説明した上で取調べを実施したという事実を立証しなければならない。そして、形式的にはこのような被疑者の同意を得て取調べを行った場合でも、例えば、否認している被疑者に対する取調べが追及的で長時間に及んでいる場合とか、体調の優れない被疑者に対し取調べを実施した場合等には、特段の事情がない限り、取調べ受忍義務を前提としたものではないかという疑いをもつべきである。要するに、取調べの時間、方法、被疑者の体調等を総合して、「現実に行われた余罪の取調べが、身柄の否認事件における通常の取調べの方法と大差のないものであれば、取調べ受忍義務を課した上での取調べと推定する」という態度でことに当たれば、取調べ受忍義務を前提とした取調べとそうでない取調べを区別することは、決して困難なことではないと考える。そして、そのような裁判例が実務で一般化すれば、捜査機関も、余罪の取調べについて格段の配慮をした事実を公判廷で立証していかなければならなくなるであろう。そのような裁判例の積み重ねこそが、今後の実務の改善に役立つと考えるものである。ちなみに、起訴後の被告人に対する取調べについては、任意の取調べしかあり得ないことに異論がなく、実務もこの線で動いているとみられるが、このことは、被疑者に対する余罪の取調べ方法の限度を考えるについても参考にされてよいであろう。(21)

4　神戸まつり事件控訴審判決の見解について

(1)　前記**3**(1)③記載の第三の批判が頭にあるからであろうか、余罪取調べの規制について実務上比較的強い支持を得ているのは、いわゆる神戸まつり事件控訴審判決の見解である。(22)

この見解は、取調べ受忍義務の範囲については直接触れることなく、取調べの状況全体をみて、本件(余罪)に対する取調べが「実質的な令状主義の潜脱」になるかどうかによってその限界を画そうとするものである。そして、取調べが「実質的な令状主義の潜脱」に当たるかどうかをどのように判断するかについて、同判決は、次のように判示する。すなわち、「①甲事実と乙事実との罪質及び態様の相違、法定刑の軽重、並びに捜査当局の両事実に対する捜査上の重点の置き方の違いの程度、②乙事実についての証拠特に客観的な証拠がどの程度揃っていたか、③甲事実についての身柄拘束の必要性の程度、④甲事実と乙事実との関連性の有無及び程度、ことに甲事実について取り調べることが他面において乙事実についても取り調べることになるような密接な関連性が両事実の間にあるか否か、⑤乙事実に関する捜査の重点が被疑者の供述（自白）を追求する点にあったか、客観的物的資料や被疑者以外の者の供述を得る点にあったか、⑥取調担当者の主観的意図がどうであったか等を含め、具体的事情を総合して判断するという方法をとるほかはない。」と。そして、この見解は、その後、ほぼ同旨の高裁判例や裁判実務家の支持を得ている。(23)

（2）　しかし、この見解が当該取調べが「実質的な令状主義の潜脱」になるかどうかを判断するに当たって考慮すべき事情として挙げるところは余りにも広範囲であらゆる事情に及んでいるため、その「総合判断」によって、取調べの適否を決することは容易ではない。その意味で、この見解の挙げる基準が、実務を指導する判断基準として適切に機能し得るとは思われない。実務上の判断基準はできるだけ単純であることが望ましいのであって、この見解のように多くの事情を考慮した上での総合評価に委ねるのは、必ずしも得策とは思われない。(24)

六　自白の信用性について

1　任意性と信用性

自白の任意性に関する基準が緩やかな場合には、任意性が肯定された自白の中に虚偽自白が混入するという事態がかなりの確率で発生するのを避けられない。したがって、実務においては、自白の信用性の判断がきわめて重要な位置を占めることになる。このような事態がしばしば発生することは好ましいことではないが、現在の判例を前提とする限り、やむを得ないことである。

2 注意則について

（1） そこで登場してきたのが、自白の信用性判断に関する注意則の考え方である[25]。これは、自白の信用性について判断を示した従前の裁判例や学説を集大成したものであり、実務上大変便利であるばかりでなく、自白の信用性の評価を直感的・印象的な判断によってではなく、分析的・客観的に行うことを意識させる働きをするので、その功績は大きい。しかし、この注意則を具体的な事件に適用するのは、必ずしも容易なことではなく、また、注意則に従って自白の信用性を判断していれば間違いがなくなるというものでもない。例えば、「自白内容が不自然、不合理ではないか」という点は注意則の一つであることに異論がないが、具体的な自白が不自然・不合理でないかどうかを巡って、下級審と上級審で見解が分かれた事例が決して少なくないのである。私が調査を担当した④鹿児島事件では、被告人の自白のうち、被害者の夫の不在中に被害者方を訪れた被告人が、夫の帰宅が容易に予測される時間帯に、同人の自宅でその妻（被害者）と情交を遂げようとしたという点など三点が不自然、不合理であるとされたが、原審はそうは判断していなかった[26]。さらに、六甲山殺人事件に関する最高裁判決や山中事件判決[27]など、原審で信用性を肯定された自白が最高裁によって不自然・不合理であると判断された事例は枚挙にいとまがない。

（2） したがって、この注意則を適用する場合には、当該の具体的な事情の下でその自白が本当に不合理ではないのかということを慎重に検討することが重要である。私は、かねてより、自白の信用性を判断する場合には、直感的・印象的な判断によるのは危険であり、分析的・客観的に行うべきであると強調してきたが、[28] 方法論としては分析的な方法によった場合でも、自白内容の具体性・詳細性等に目を奪われると、先に指摘した鹿児島事件や六甲山事件の原審のように注意則の適用が甘くなってしまうので、この辺は十分注意する必要がある。

3　特に留意すべき点

（1）その関係で、私が特に強調したいのは、①自白の信用性判断における検証の重要性、及び②厳しい取調べによって得られた自白の信用性判断についてである。前者については、別稿[29]で比較的詳しく述べる機会があったので、ここでは論述を控える。

②は、要するに、厳しい取調べによって得られた自白は、そのこと自体によって、ある程度信用性に疑問を差し挟むのが相当であり、そのような目でみて、信用性を特に厳密に判断すべきだということである。厳しい取調べかどうかは、取調べ時間の長短、被疑者の年齢・健康状態、身柄拘束の場所、取調べの方法、[30] 接見禁止の有無・程度等諸般の事情を総合して決すべきであるが、最低限度、裁判官自身が現実にそのような取調べにさらされた場合を想像しつつ判断することが必要であると思う。

（2）厳しい取調べによって得られた自白でも任意性が否定されることが稀であるとすると、任意性のある自白に虚偽自白が混入することは避けられない。そうであるならば、せめて信用性判断のレベルで極力そのような自白を発見するようにしていかなければ、無辜を処罰する結果となってしまうのではないか。このことは、私がこれまでの判決の中でたびたび言及し、過去の論稿の中でも強調してきたことであるが、本稿を閉じるに当たって、もう一度声を大にして指摘しておきたい。

おわりに

十分でない体調の下で、最後まで書き上げられるかどうかと心配しながら稿を進めてきたが、どうやら一応の責任が果たせそうでほっとしている。有り難いことに、退官の前後から体調が少しずつ好転してきたのも幸いした。最後に、田宮先生のご冥福とご家族の皆様の今後のご多幸をお祈りしつつ、本稿を閉じさせていただくこととする。

（1）　仙台高判昭和五二・二・一五判時八四九号四九頁（鑑定により血痕が付着しているとされた被告人着用の白色シャツには、押収当時にはもともと血痕は付着していなかったという推察が可能である、と指摘）。

（2）　最一小判昭和四八・一二・一三判時七二五号一〇四頁（警察は、犯行直後の実況見分の際に押収したダンボール箱の中から、内部犯行説の有力な証拠とされた蠟紙を一週間後に発見したが、これを一週間前の当初の実況見分の際に発見したように日付を遡らせた、と指摘）。

（3）　詳細は、拙稿「犯人の特定」（小林充ほか『刑事事実認定』下巻（判例タイムズ社・一九九二年））二〇頁以下参照。なお、この論文の初出は、判タ七四八号三〇頁以下、七五〇号二六頁以下、七五一号九頁以下の拙稿「『犯行と被告人との結びつき』について」（上、中、下）（一九九一年）。

（4）　①手錠を施したままでの自白に関する最二小判昭和三八・九・一三刑集一七・八・一七〇三、②約束による自白に関する最二小判昭和四一・七・一刑集二〇・六・五三七、③切り違い尋問による自白に関する最大判昭和四五・一一・二五刑集二四・一二・一六七〇）。

(5) ①最二小決昭和五九・二・二九刑集三八・三・四七九(高輪グリーンマンション事件)、②最三小決平成元・七・四刑集四三・七・五八一。
(6) 前記⑫強姦未遂事件では留置人出入簿の証拠能力が争われたが、私たちは、留置人名簿、同出入要請書及び同出入簿の作成手続き及びその内容を十分に検討した上、「少なくとも、(留置人出入簿の)留置人の出し入れ時刻に関する部分は、信用性の情況的保障が特に強く、刑訴法三二三条二号所定の『業務の通常の過程において作成された書面』として、その証拠能力を肯定することができる。」と判示した。なお、本件に関する評釈として、能勢弘之・判例評論三七九号(判時一三五二号)二三六頁がある。
(7) 前記②富士高校放火事件の証拠決定及び本案判決。
(8) 東京高判昭和五三・三・二九判時八九二号二九頁、河上和雄「余罪取調べの限界」刑事訴訟法の争点〔新版〕(平成三年)六四頁等。
(9) 小林充「いわゆる別件逮捕・勾留の適否」新関ほか・令状基本問題追加四〇問(一粒社・一九七二年)八頁。
(10) 小林「いわゆる別件逮捕・勾留の適否」新関ほか・増補令状基本問題上(一粒社・一九九六年)二一九頁に、従前の裁判例が詳細に紹介されている。
(11) 中谷雄二郎「別件逮捕・勾留――裁判の立場から」(三井誠ほか・刑事手続(上)(筑摩書房・一九八八年))一九九頁以下、特に二〇四頁。
(12) 酒巻匡「別件逮捕・勾留と余罪取調べ」刑訴法判例百選<第七版>(一九九八年)四〇頁。
(13) 酒巻・前掲四二頁。
(14) 前掲注(8)記載の東京高判、同河上・六五頁、前掲注(11)記載の中谷・二〇四頁。
(15) 酒巻・前掲四三頁など。逮捕事実についても被疑者には取調べ受忍義務がないとするのは、学説上の通説であるから、第二の批判は、ほぼすべての学説からのものであると理解される。
(16) 中谷・前掲二〇四頁。

(17)　酒巻・前掲四三頁。
(18)　他方、取調べ受忍義務の内容については、自白の任意性の判断を厳格化していくことにより徐々に形骸化させるという方向で対処するのが、実際的ではないかと考えている。
(19)　もっとも、現実の捜査においても、余罪の取調べについて、私たちの見解を取り入れたとみられる実例が散見されるようになったとの報告もある。小林充「別件逮捕に関する一事例」（警察公論五〇巻九号四二頁以下）参照。
(20)　なお、前掲注(9)記載の文献の筆者である小林（前）判事（現東洋大学教授）は、その後の前掲注(10)記載の「増補令状基本問題上」二二九頁では、詳細について「曹時二七巻一二号一頁及び警論集三一巻一号三九頁」の各論文を引用した上で、「別件勾留中本件の取調べが許容される場合につき、本件についての被疑事実とそれについての供述拒否権等の告知及び出頭・取調受忍義務のないことの告知を要件とすべきであるとの点については、法律上の明文がないとの批判を考慮し、その告知がなされていることを一般的に任意性を推定させる事情と説明を改めた」とされた。しかし、同（前）判事は、前掲注(9)及び同書引用の各論稿においても、これらの告知を、本件に関する供述調書の証拠能力を肯定するための絶対的な要件としておられた訳ではないのであるから（前掲・令状基本問題追加四〇問二一頁、前掲・曹時一九頁）、これは改説というほどのものではないというべきであろう。私も、これらの告知を本件に関する供述調書の証拠能力を肯定するための不可欠の要件であるとまでする必要はないと考えているが、その告知が欠けている場合に本件に関する供述調書の証拠能力を肯定することができるのは、被疑者が余罪について取調べ受忍義務がないことを知悉していたことが明らかであるときなど、これらの権利等を改めて告知する必要がないことを窺わせる特段の事情がある場合に限られると考えている。
(21)　前掲注(10)記載の小林「増補令状基本問題」二一八頁参照。
(22)　大阪高判昭和五九・四・一九高刑集七・一・一九、判タ五三四号二二五頁)。
(23)　福岡高判昭和六一・四・二八刑裁月報一八巻四号二九四頁、判時一二〇一号三頁、中谷・前掲二〇四頁。なお、このうち前者は、神戸まつり事件控訴審判決とほとんど同旨であるが、後者が挙げる判断要素は、①捜査機関が第一次勾留を請求する目的ないし意図、②第一次勾留の本件取調べへの流用の程度、③本件と別件との関係、④取調べの態様及び供述の自発性、⑤捜査の進行状況、⑥第一次勾留が起訴後のものである場合には、さらに別件の審理に通常要すべき期間や、別件につき予想される刑期などである。ここで挙げられている基準は、二つの高裁判決のそれと若干異なるようでもあるが、基本的には同じ発想に基づくものであるとみてよいと思われる。

(24) ほぼ同様の観点からこの見解を批判するものとして、前掲注(10)記載の小林「増補令状基本問題（上）」二二二頁参照。

(25) 渡部保夫「自白の信用性の判断基準と注意則について」岩田誠先生傘寿祝賀・刑事裁判の諸問題二九五頁（昭和五七年）（後に、渡部「無罪の発見」（勁草書房・一九九二年）に「自白の信用性の判断基準と注意則」として収録）。

(26) 最二小判昭和六三・一・二九刑集四二巻一号三八頁、判時一二七七号五四頁。

(27) 最一小判平成元・六・二二刑集四三巻六号四二七頁、判時一三一四号四三頁。

(28) 拙稿「自白の信用性の評価」（刑訴法の争点《新版》一九九一年）二〇〇頁、同・前掲注(3)「犯人の特定」二八頁以下。

(29) 拙稿「事実認定における検証（特に夜間検証）の重要性について——先例に学ぶ（覚書き）」渡部保夫先生古稀祝賀（日本評論社・平成一二年）。

(30) 特に黙秘権・弁護人選任権の告知が十分に行われたか、取調官が適切でない言辞を発していないかなど。

8 情況証拠による事実認定

板倉　宏

はじめに

情況証拠を重視した事実認定を定着させ、刑事司法の客観化をはからなければならない。それは日本の刑事司法が直面する喫緊の課題である。

情況証拠のみで事実認定をした事例分析を中心に、問題の検討・解明を試みたい。

一　情況証拠の意義

情（状）況証拠という概念は一義的ではない。一般には、直接証拠と間接証拠を区別して、①要証事実を直接、証明する証拠を直接証拠（自白、共犯者の自白、被害者や目撃者の犯罪状況に関する証言など）、②要証事実を推認させる間接事実を証明する間接証拠を情況証拠とよんでいる。ところが、英米では、間接事実（情況事実）自体も情況証拠（circumstantial evidence）とよんでおり[1]、わが国でもそのような用例に従うものがみられるが[2]、田宮博士が指摘されるように、間接事実は要証事実との関係で、「証拠」的な役割を有するが、厳密には証拠といえず、証拠の標目に掲記することはできない[3]。その意味で、間接事実と情況証拠は区別されなければならない。しかし、間接事実も、直接証拠以外の「証拠」としての役割りを有し、また、情況（間接）証拠と間接事実の検討は密接不可分の関係にある[4]。刑事司法を客観化するために、直接証拠以外の証拠による事実認定を重視するべきことを主張するという本稿の目的から、間接事実も、情況証拠（広義の情況証拠）の概念に含めて、論じたい。

また、要証事実の存否の証明に向けられる証拠を実質的証拠といい、実質的証拠の証明力に影響を及ぼす事実（補助事実）を証明する証拠を補助証拠というのが一般的であるが、ここでは、このような補助証拠や補助事実も情況証拠の概念に含めることにする[5]。これらも直接証拠以外の証拠であって、事実認定に向けられるものであるからである。

二　情況証拠のみで犯罪事実を認定した事例

1　自白、共犯者の自白など、要証事実を直接証明する直接証拠がないときは、要証事実を推認させる間接証拠（情況証拠）のみによって事実認定するほかない。もともと直接証拠か情況証拠かによって、証明力に優劣があるわけではなく、英米では、大多数のケースでは、情況証拠のみによって事実認定されているといってよいが、日本では、情況証拠だけで有罪認定されるケースは、ごく稀であるといわれている[6]。

殺人被告事件について、情況証拠のみによって有罪認定した事例としては、①波崎事件判決、②名古屋バラバラ殺人事件一審判決、③ロス疑惑銃撃殺人事件第一審判決、④トリカブト殺人事件第一審判決、同第二審判決、⑤福岡県飯塚市二女児殺人事件第一審判決があげられる。

2　波崎事件第一審判決（確定）(7)

(1)　情況証拠のみで、殺人、同未遂の事実を認め、死刑を言い渡したおそらく最初の事例である。被告人側は上訴したが、昭和四八年七月六日、東京高裁判決で控訴棄却、昭和五一年四月二三日、最高裁で上告棄却され、死刑判決が確定している。水戸地裁土浦支部が認定した殺人の罪となるべき事実の概要は、次のとおりである。

被告人はN社とAを保険契約者兼被保険者、交通事故等に因る災害に基づき死亡した場合は、被告人とAの妻Nを各三〇〇万円の保険金受取人とする生命保険契約をしていたが、Aが自動車を運転中過って交通事故を起こして死亡した如くに偽装し、その方法として、同人が乗車直前に青酸化合物をカプセルに入れたものを同人に正常な薬品と詐って服用させるならば、カプセルが溶解するまでには多少の時間を要するところから、同人はその場では即死せず、自動車運転中、間もなくカプセルの溶解と共に、青酸中毒を起こし、苦悶の末死亡し、しかも外見上の観察からして、同人が自動車運転中操作を過って交通事故を起こし、それによって死亡したものと簡単に処理され、青酸中毒による他殺であるとは到底看破されないものと思惟し、爾来密かに短時間内に青酸化合物をカプセルに入れる準備を整え、好機の到来を待っていたところ、昭和三八年八月二五日午後八時三〇分頃、Aが被告人の車を借りて金策に出かけ、その晩は必ず帰りに被告人方に立寄ることになっていたことからして、被告人は、この機会を利用すれば、かねての計画を実行に移すことができるのではないかと考え、Aが、被告人方に戻って来るまでの間において、密かにカプセルに青酸化合物を入れたものを作り、Aの帰って来るのを待ち受けていたところ、Aは、同日午後一一時三〇分ころ、被告人方に戻って来たのであるが、同人が、翌二六日午前〇時一五分頃、被告人方から辞去するに際し、被告人の乗用車を借り、同人だけ乗車運転して、同人方まで帰ることになった際、同人が今夜は興奮して眠れない等と云い出したので、将に好機到れるとして、いよいよかねての計画どおり、Aを毒殺して多額の生命保険金を不法に利得しようと決意し、鎮静剤やこれと同様の効力のあるアスピリンを飲めばよく眠れる等と申し向け、正常な薬品のように装い、その実、青酸化合物を致死量を超えた分量でカプセルに入れたものを、Aに交付し、これを正常な鎮静剤であると誤信した同人が、即座に土間に設けられている水道から水を出して、その水と共に右カプセル入りの青酸化合物を飲み下し、そのまま、直ちに、被告人方前の道路に置いてある被告人の乗用車を、被告人から借り受け、これに単身乗車し帰宅の途についたところ、被告人の期待に反し、その途中では別段の症状も起こさず、無事に、同日午前〇時二〇分頃、Aの自宅に帰着し、部屋に上って就寝しようとしたところ、間もなく、青酸中毒の症状を起こし、猛烈な苦悶を始め、波崎済生病院に運び込まれたのであるが、いくばくもなく、同日午前一時三〇分頃、同病院内において、青酸化合物の中毒によって死亡し、そこで、被告人のかねての計画どおりの自動車運転中の交通事故に因る死亡と偽装することには失敗したが、ついにAを殺害した、というものである。

(2)　水戸地裁土浦支部は、右事実摘示の犯行と被告人との結び付きについて、以下、被告人の主なる弁疏の措信し難き理由と共に、積極的に被告人の犯行としか考えるしか道がないと判断される証拠を説示するとして、次のような情況証拠による事実認定をしている。

①　科学警察研究所作成の鑑定書によると、Aは、青酸化合物を入れたカプセルをミネラル入りのビタミン剤

の糖衣錠と共に飲んだと見る可能性があるとされているが、被告人は捜査段階では、Aに「アスピリンを二、三錠飲めばよく眠れる」といった旨供述していたのに、そのことを公判の途中で極力否定し去ろうとした異常な行為に敢えて出たことは、Aに対し、ミネラル入りのビタミン剤を飲ませたり、更には青酸化合物を入れたカプセルまで飲ませた事実が、すぐそのあとに続いて存在しているためであると強く合理的に推断せしめるのである。

② 被告人は、捜査段階では、カプセル入りの薬品が、A死亡以後、二、三日まで、被告人方に残っていた旨を供述し、被告人の内妻は、A死亡二、三日後、家宅捜索を受けた際、被告人がカプセル入りの薬品一箇を、車酔いの薬だといって飲んでしまった旨証言しているが、家宅捜索を受けた際、被告人が任意提出書に署名して警察に提出した書面の目録に記載された薬品名並にこれに相当する全薬品にはカプセル入りの薬品は一つも存在していない。とすれば、Aが被告人方にいた最後の晩に、被告人方にカプセル入りの薬品があったと認めるべきである。ところが、被告人は、公判でAが来た最後の当夜には、自分の家にはカプセル入りの薬品はなかった旨述べている。被告人が、この事実を強いて否認しようとしているのは、Aの死因は自殺であることにするためであるが、Aが自殺しなければならなかったと認めるに足る積極的な証拠は何もない。科警研鑑定によるとAはカプセルに入れた青酸化合物を飲んだと見る可能性がある。そうだとすれば、自宅で自殺する者がなんで毒物をカプセルに入れて飲むのであろうか。Aの妻は、Aは帰宅して二、三分後に苦しみ出し、「薬を飲まされた、箱屋だ」といい、「薬はな二つ、あと一つ、飲まされた」、「俺、箱屋にだまされた」と三、四回言った。「箱屋とは被告人のことを意味する」と証言し、Aの娘もAの断末魔の苦しみをその場で直接見聞し、Aは倒れていながら、「薬を飲まされたと言った」また「父ちゃんの薬を飲まされたという声で目を覚ました」旨証言している。

Aの妻の証言により、「箱屋」とは被告人方を呼ぶ名称であることは明らかであるばかりか、被告人も公判期日で、Aは被告人のことを「箱屋のちゃん」と呼んでいた旨を供述しているので、Aが、死の断末魔において、自分をだまして毒薬を飲ました犯人は、被告人である旨を妻に言い遺した言葉は、もはや豪末も疑いを容れる余地のない厳粛な事実であることが明らかである。Aが間違えて犯人を被告人といったか、わざと嘘をいったのかという疑問を容れるに足りる証拠は全く存しない。然らば、A毒殺の真犯人は被告人以外の者であると考えることはもはや不可能になったといえるであろう。

③　被告人及び弁護人のいう如くAが被告人方にいた時間は一二、三分の短時間であったとしても、前々からA毒殺の方法を計画していたとすれば、市販の薬品入りのカプセルに青酸化合物を入れることは素人でもできる。

④　被告人は、Aが被告人方にいた時間は短く、同人が自宅に帰って発病するまでの時間が長かったことを主張し、A自殺の裏付けにしようとしているが、日本薬局方に合格したカプセルでも溶解するまで相当の時間がかかる可能性があるから、被告人の主張は決して的を得たものにはならない。しかして、Aが被告人方を最後に退去した時刻は、被告人のいうように早くはなく、翌日午前〇時一五分頃と見るべき証拠がある。

⑤　被告人が青酸化合物を入手した経路を明らかにする直接証拠、あるいはこれを所持していたと認むべき直接証拠はない。しかし、かかる証拠のないことは本件を有罪と認定することについて、これを排斥するだけのものではない。まず、青酸化合物は決して素人でも入手困難なものではない。次に、被告人は車大工の仕事の傍ら鍛冶屋同様の仕事をやっていたとすると、被告人は全然素人の場合よりは、青酸化合物を入手する方便――青酸カリは鍛冶屋では鉄を焼く際に使う――を持っていたといえる。現に被告人は、持っていたのは青酸化合物ではなくエチレングリコールであると説明しているが、A死亡後家宅捜索を受けた日には、被告人所有の薬瓶は無くなっていたという不利な情況証拠が現われているのに拘らず、エチレングリコールに過ぎなかった、すなわちそ

ならぬ情況証拠の一つと云うべきである。

⑥　被告人は青酸化合物を使用して池の魚を取ったことがあり、青酸化合物について経験を有し、カプセルの効能を知悉している。そこで、Aの死亡を交通事故と偽装するためには、青酸化合物をカプセルに入れて飲ませて時間を稼ぐ必要があったので、カプセルが用いられたと認むべきである。

⑦　被告人はA急病の知らせを受けるや、本来ならば内妻（Aの従姉）と駆けつけるべきであるのに、自分だけで病院に行って家に戻り次に内妻の娘と病院に行き、Aの死顔を見て、おそくなってから帰宅し、その後内妻は病院に出かけている。問題は、何故真先に行くべきはずの内妻を一番最後にしてしまい、最初は自分一人だけで行動し、次に内妻の娘とだけ一緒に行ったかである。かかる行動は常識を外れた異常な行動と考えざるをえない。Aが自動車運転中に中毒症状を起こさず、帰宅してから起こしたことを知らされ、周章狼狽の上、まず被告人一人だけで出かけ、青酸化合物その他重要証拠物件を密かに湮滅したものと推断できなくはない。

被告人の自白はなく、毒物を飲ませるところを見聞した証人もなく、毒物の入手先も、処分方法も不明であるが、叙上各証拠を総合検討した結果、犯人は被告人以外の者とは、どうしても考えることができない、即ち、被告人が犯人に相違ないとの判断に到達したのである。

(3)　直接証拠がないばかりか、推定力の高い情況証拠もとぼしいのに、各情況証拠を立証命題を肯定する積極証拠と評価し、情況証拠の総合評価による間接立証を重視した先駆的判例として、大きな意義がある。

3　波崎事件第二審判決[8]・同最高裁判決[9]

(1)　東京高裁は、一審判決を破棄し、殺人未遂の事実は無罪にしたが、Aに対する殺人については、一審判決の事実認定を維持し、被告人に死刑を言い渡している。

東京高裁は、本件犯行と被告人の結びつきについて、原判決の証拠説明が非論理的、非科学的で、合理性を欠くとする弁護人の主張について、次のような判断を示している。

①　被告人がAに「アスピリン二、三錠のめばよく眠れる」といったことを否定する趣旨の発言をしたのは、被告人がAに青酸化合物入りのカプセルをのませた事実が存在しているためである、とした原判決の判断には、飛躍がある。しかし、被告人が「アスピリンをのめばよく眠れる。」と言った事実は、その際に被告人が正常な薬品といつわって、青酸化合物入りのカプセルをAにのませることのできた機会があったということになり、被告人にとって不利益な情況の一つである旨の原判決の判断部分は合理的なものとして是認できる。

②　原判決は、被告人がカプセルを所持し、これを使いうる立場にあったこと、それにもかかわらず、被告人が原審公判廷で、事件当時カプセルを所持していたことを否認していることとの矛盾を指摘し、右の事実と他の証拠とあいまって、被告人がカプセルに青酸化合物をつめてAにのませたと認定しているのであって、原判決の右認定には、何ら違法の点はない。

③　弁護人は、Aの死が自殺とは判断し難いことやAの妻の証言が信用できるということから、犯人は被告人以外の者であると考えることは不可能になったとしているのは、無根拠性、非論理性、非科学性が著しいというが、原判決のこの判断は、Aの妻の供述が信用できるものとすれば、他に合理的な疑いを生ぜしめる事由のない限り、是認できる。事件当夜の状況についてのAの妻の証言は、原審および当審を通じ、充分信用できる。

④ 弁護人は、Aが青酸化合物をのませた場所が被告人方の土間であるとみることが充分可能であるとし、そのことから一足とびに土間で「のませた」との行為を認定していると原判決を非難しているが、原判決は、犯行の場所が土間であることの可能性から、ただちに、土間で「のませた行為」を認定しているものでないことは、判文自体から明らかであって、原判決中所論指摘の部分は、被告人が犯人であること、犯行の場所が被告人方であることを前提として、Aが青酸化合物をのまされた場所が、被告人方のどこであるかを特定するための説明であり、その場所が土間であるとした原判決の認定は、……充分是認することができる。

⑤ 弁護人は、被告人がカプセルに青酸化合物を入れたものを作ったことについての原判決の証拠説明の判示は、不合理という。しかし、原判決の証拠説明の判示は、Aが被告人方にいた時間は短時間であったとしても、また、Aの妻など二人が同室していて、青酸化合物のカプセルへの詰めかえができなかったとしても、これより前、すなわち、当夜午後八時三〇分ころ、Aが八日市場へ出かけた後、被告人方へ帰ってくるまでの三時間の間に、誰にも気付かれずに青酸化合物を入れたカプセル一箇を作っておく時間と余裕があったはずである、というのであって、右判文には何ら不合理な点はない。所論は、右判示部分は、「詰めかえができなかったとしても、詰めかえができたはずだ。」というに帰するから、非科学的な判断である、というのであるが、これは判文を読み違えたものというほかかない。

⑥ 弁護人は、Aが被告人方を退去した時刻を午前〇時一五分ころと認定したのは、事実を誤認したものであるというが、Aが被告人方を退去した時刻は、ほぼ原判示のころと認められるのであって、事実の誤認があるとはいえない。

⑦ 弁護人は、原判決が、「被告人が青酸化合物を入手した経路を明らかにする直接証拠、あるいはこれを所持

していたと認むべき積極的な直接証拠はない。しかし、かかる証拠のないことは、本件を有罪と認定することについて、これを排斥するものではない。」としたのは、証拠によらずして事実を認定した違法がある、という。しかし、原判決は、……証拠により、被告人がAに青酸化合物をのませた犯人であることを認定しているのであって、原判決中所論指摘の部分は、被告人の青酸化合物の入手経路および青酸化合物所持についての直接証拠がないとしても、青酸化合物は、素人でも入手することが困難ではないことから、被告人がこれを所持していたことの認定を妨げるものでなく、本件犯行について合理的疑いをさしはさむ事由とはならない旨説示しているものと解されるのであって、原判決には、所論のように、証拠によらずして事実を認定した違法は存しない。

⑧　弁護人は、原判決は、「被告人がカプセル入りの青酸化合物をのませた」という証明のない前提から、「Aの交通事故を偽装しようとの被告人の意図」という仮装を導きだし、さらにこの仮装を合理化するために、「被告人がカプセルを利用した」と推断しているのは、違法な事実認定の方法であるとする。しかし、原判決中所論指摘の部分は、被告人がカプセルを使用したと認むべき理由の説示ではなく、被告人がカプセルを使用した理由の説示であることは、判文を熟読すれば明らかであって、その理由が、交通事故を偽装するためであるとした原判決の認定も、不合理とはいえない。所論指摘のように、右偽装が不成功に終わる危険があるからといって、不成功に終った場合、必ずしも本件のような経過により被告人に嫌疑がかかるであろうことを被告人において予想できたとは限らないのである。したがって、かかる予想ができることを前提にして、被告人が、自分に嫌疑がかかることの危険をおかしてまで本件のような行動に及ぶはずがないとの所論も、首肯し難い。

⑨　弁護人は、本件犯行は、被告人がAを被保険者とし、被告人を保険金受取人とする生命保険金の取得を目的としてなしたものである旨認定したのは、事実誤認であるという。しかし、本件犯行当時、被告人としては、

保険契約が成立しており、しかも、死亡の場合の保険金受取人が自己一人になっているものと信じていたことが認められ、そうだとすれば、ほかに動機・目的の考えられない本件において、この犯行が保険金の取得を目的としてなされたものと認定した原判決には、何ら不合理な点はなく、事実の誤認は存しない。

⑩　弁護人は、被告人がK社に土地の売込の交渉をしており、三〇〇万円位の利益が上がる見込であったから、本件犯行の動機・目的がなかったことを主張しているが、所論のような契約の成立を期待し得る状況にあったとは、とうてい認められないから、売込交渉の事実をもって、被告人の本件犯行の動機・目的がないことの理由とはなし難く、原判決の判断は、結論において是認できる。

⑪　弁護人は、被告人が急病の電話連絡を受けた後の被告人の言動について、原判決が言及していることに対し、これは、根拠のない推理に止まり、被告人を有罪と認めるに足りる証拠とはならないという。しかし、原判決は、電話連絡を受けた後の被告人の言動をもって被告人を犯人と認めるべき情況証拠と見ているわけではなく、他の証拠により被告人が犯人であることを確定したうえ、被告人の右言動と被告人が犯人であることが矛盾しないことを指摘するに過ぎないのであって、このうち推測にわたる部分については、これを判決理由として記載することの妥当性を疑わせる点はないではないが、かかる記載をすることが違法であるとまではいえない。

以上、被告人が青酸化合物により本件殺人の犯行をおかしたものであることは、証拠を総合することにより、優に肯認することができるのであって、原審の記録および証拠物を精査し、当審における事実の取調の結果を合わせて考察しても、被告人が本件殺人の犯行をおかしたことにつき、合理的な疑いをさしはさむ余地があるとは見られない。

(2)　本判決は、情況証拠による事実認定について、めん密な検証を加え、情況証拠のみによる間接立証の妥当性を確認したものであり、大きな意義がある。とくに、情況証拠の消極価値をいたずらに増幅させることなく、情況証拠の積極価値を経験則に即して合理的に評価したのは、間接立証を重視した判決説示として、貴重である。

(3)　昭和五一年四月、最高裁第一小法定（裁判長裁判官　藤村益三―裁判官　下田武三、岸盛二、岸上康夫、団藤重光）は、「なお、所論にかんがみ、職権で記録を調査したが、被告人がAを殺害したものと認められるとした原判決の認定は、正当である。」として、裁判官全員一致の意見で、上告を棄却した。波崎事件判決は、情況証拠のみによる殺人の犯罪事実認定のモデルケースであるといってさしつかえあるまい。

4　名古屋バラバラ殺人事件第一審判決(10)・同控訴審判決(11)

(1)　本件は、平成元年から二年にかけて、名古屋市内で、女性の遺体の一部がバラバラになって発見された事件で、殺人・死体遺棄等の罪に問われた被告人に無期懲役を言い渡した事案である。殺人の犯罪事実は、被告人は、同居している戸籍上の姉Bを、昭和六四年一月四日夜から同六日午前八時一九分すぎころにかけB及び被告人方において、殺意をもって右Bの頸部を絞め、よって、そのころ、同所において、同女を窒息死させて殺害したというものである。

(2)　名古屋地裁は、被告人はサラ金地獄に陥り、Bの貯金を無断で引き出すなどし、さらにBC共有名義の土地建物を売却しようとしたが、Bの反対でそれができずにいたことからすると、①被告人にはB殺害の動機があること、②被告人は、Bの行方不明後、Bが別の場所にいるかのように装って、虚偽の事実を述べたり、右共有名義の土地を自ら売却するための積極的行動をするなど、被告人がBを殺害したのではないかと疑わせる言動をしていること、③被告人がBと同居している建物内にBが殺害、切断されたと見られる痕跡があり、かつ、被告人が犯人と仮定すると、適切に説明できる事実が存在することなどを総合して、情況証拠のみに基づいて、被告人を犯人と認定している。

(3) 詳細な情況証拠を積みかさねて、それらの情況証拠を経験則にしたがって積極的に評価して、合理的な事実認定をしたものである。控訴審判決も同様である。

5 ロス疑惑銃撃事件第一審判決(12)

(1) 被告人は、氏名不詳者と共謀の上、被告人の妻Kを被保険者とする生命保険金を取得する目的で同女を殺害しようと企て、昭和五六年一一月一八日、ロスアンジェルス市の駐車用空地で右氏名不詳者が、同女に対し、その顔面にライフル銃を発射して命中させ、よって昭和五七年一一月三〇日、同女をして、右銃弾による脳挫傷により死亡させ殺害したものである。

(2) 東京地裁は、各種の状況から認められる間接事実の総合評価により、右の殺人の犯罪事実を認定した。

東京地裁は、①被告人が本件銃撃事件の前にKに多額の保険を掛けていること、②本件銃撃事件とKに対する殴打殺人未遂事件が同じロスアンジェルスで起っており、その態様がいずれも強盗を装っていること、③本件銃撃事件は、殴打事件の共謀の際、被告人がY女（殴打事件実行犯）に提案したK殺害方法と類似していること、④殴打事件は、保険金取得を目的としてYにK殺害を実行させようとしたものであること、⑤被告人は殴打事件の以前からK殺害を計画し、共犯者を物色していること、⑥被告人が、グリーンの車の二人組の強盗犯人に銃撃され、白いバン（実行犯人は白いバンに乗ってKを待ち伏せしていた）には気づかなかったとことさら虚偽の供述をしていることなどを総合すると、Kを銃撃した殺害犯人の特定を待つまでもなく、被告人がKに掛けられていた保険金取得を目的として、Kを本件現場まで連れ出し、そこで待ち伏せしていた実行犯人にKを銃撃させて殺害したものと優に認定できると判示しているのである。

(3)　個々の間接事実やその総合評価において、経験則に従った合理的判断を示し、情況証拠のみによって緻密かつ厳格な事実認定をしたものとして、相当の意義がある。

6　トリカブト殺人事件一審判決[13]・同二審判決[14]

(1)　被告人は、妻Iに生命保険を掛けて殺害して保険金を取得しようと企て、Iを生命保険に加入させたのち、沖縄旅行に誘い、那覇市内において、トリカブトとフグの毒を詰めたカプセルをIに服用させて急性心不全により死亡させた。

(2)　一審判決は、右のような事実を情況証拠のみによって認定して無期懲役を言い渡した。二審判決も同様である。

二審判決は、Iは、トリカブト毒とフグ毒のカプセルを服用して死亡したことを認定した上、トリカブト毒とフグ毒を詰めたカプセルをIに渡したのは誰なのかを詳細に検討し、①被告人はトリカブトとフグの毒を多量に入手した、②被告人はIがカプセルを服用していることを知っており、夫としてIと終始行動を共にしており、被害者Iに接触できた、といった情況証拠を総合すると、トリカブトの毒とフグの毒をカプセルに詰めてIに服用させることができたのは被告人以外にはいない――いわゆる消去法による認定、さらに、③被告人は金銭的に著しく困窮した状態にあり、Iに高額の生命保険を掛けて自らがその死亡保険金の受取人になっていたのであり、I殺害の動機となる事情がある、④被告人がI死去の前後にわたって甚だ不自然な行動――Iの死体の解剖を渋り、解剖承諾後は、その臓器の回収に執着するとともにすぐ火葬にすることを主張、Iの日頃のカプセル服用の事実を明らかにしようとせず、Iの死因に強い関心を示す一方で、Iの死亡に至る状況等については全く無関心――をとっており、それらの行動は、被告人がI殺害の犯人であるとするならば合理的に説明できる性質のものである、といった諸事情を総合すれば、被告人がIを殺害する目的で、その具体的な手段方法につき、なお特定できない部分があるとはいえ、Iにトリカブト毒とフグ毒を詰めたカプセルを渡し、中身を知らないIをしてこれを服用させ、死亡させたことは合理的疑いを超えて認定できる、としている。

(3)　ロス疑惑一審判決と同様、個々の間接事実やその総合評価において、経験則にそった合理的判断が示されている。とくに、消去法による認定は、緻密である。

7　二女児略取誘拐殺人事件判決(15)

(1)　本件は、平成四年二月二〇日、小学校一年生の女児二名が、車で誘拐された上、頸部を締められて殺害され、その後、国道沿いの山中に死体が遺棄されていたという事案である。福岡地裁は両女児に対する未成年者略取誘拐、殺人、死体遺棄の犯罪事実を認定し、死刑を言い渡している。

(2)　福岡地裁は、次のような、間接事実について検討している。

①被害児童の遺留品発見現場付近で目撃された自動車の特徴が被告人所有車両の特徴と同様であり、また、犯人は土地勘を有する者と推測される、②被害児童が犯人車に乗せられた機会に付着したと認められる繊維片が、被告人使用車両と同型の車両に使用されている座席シートの繊維片である可能性が高いこと、③被告人車の後部座席シートから血痕と尿痕が検出され、血痕については被害者のうちの一人の血液型と同型であり、尿痕は人痕

であること、血痕と尿痕は、被告人が被告人車を入手して自己の管理下に置く以前に付着した可能性はなく、しかも被告人は付着の原因について納得のいく合理的説明をしていず、むしろ被害者の遺体から出血と失禁が認められることからすると、被告人車で被害者を運んだ際に付着したとの合理的説明ができること、④被害者の身体等に付着していた血液の血液型とDNAの型が被告人のそれと一致すること、⑤被告人にはアリバイがないほか、被害者らが失踪した時間帯及び場所は、被告人が妻を勤務先に被告人車で送った後、被告人方に帰る途中の時間帯と通路にあたっていた可能性がある。

福岡地裁は、以上のような情況証拠によって証明することができる個々の情況事実は、単独では被告人を犯人と断定することはできないが、情況証拠によって証明された個々の情況事実は、これらをすべて照合して総合評価する必要があり、そうすると、被告人が犯人であることは、合理的な疑いを超えて認定できるとしている。

(3)　情況証拠を積極的に評価して、情況事実（間接事実）——を証明し、それら——広義の情況証拠——を、経験則によって総合評価して合理的に事実認定をした事例として貴重である。

三　ロス疑惑銃撃事件控訴審無罪判決(16)

1　東京高裁は次のように判示して、無罪を言渡している。

「……実行犯人不詳のまま、その者との共謀を認定するためには、その共犯事実について、仮に氏名不詳者が見つかっても、その者からの事情聴取が必要でないほどの、確かで、証明力の高い証拠が備っていることを検討・確立しなければならない。被告人の場合には、例えば殴打事件前に共犯者探しともみえる一連の不可解な言動が認められ、その後に発生した殴打事件をめぐる行動にはKの殺害とその保険金取得をねらったとしか思えない加害意思を読みとることができ、その三か月後に起った本件との間には犯行態様その他について何やら共通性も見え隠れし、しかも、銃撃発生時の現場の状況に関する被告人の供述、中でも銃撃犯人をグリーンの車で来た二人組の強盗犯である、白いバンには気づかなかったと述べる点には虚偽供述との疑いが強く持たれるなど、W(相被告人)の場合よりもはるかに強い嫌疑を抱かせる事情が認められることは否定できず、検察官が、少なくとも被告人の犯行関与は間違いがないと主張することにもかなりの程度理由があるといえる。

しかし、他方、Kに続いて被告人もライフル銃で被弾している本件の犯行態様からみて、本件は、共犯者抜きには考えられない態様の犯行であることは明らかになっているところ、……共犯者とおぼしき者が全く見当らない状況にある。証拠上、共犯者が単に特定されていないというだけでなく、全く解明されていないのである。加えて、日本にいた被告人において、アメリカにいたと想定するほかない氏名不詳の共犯者を新たに見つけ、その者との間で特に殴打事件後本件発生までの間に銃撃事件について謀議をし、これを完了しておくまでの機会はほとんどなく、かつ、現実に謀議をした痕跡は全く見当たらないこと、Kを連れて渡米した経過にはむしろ犯行計画を否定しているかのような事情が認められること、犯行加担に対する報酬支払いの事実が全くないこと等々の、いずれも共犯者の存在を否定する趣旨の情況事実が多く認められる証拠関係にあること等の周辺事実を含めて総合考察すると、検察官が主張するような、銃撃犯人は不明でもその氏名不詳者と被告人との間に共謀が成立していたこと及び被告人がその者にKを銃撃させたことにまちがいないと推断するに足りるだけの確かな証拠は見当らず、なお合理的な疑いが残るといわざるを得ない。」

2　東京高無罪判決には、経験則、社会常識に反して情況証拠が有する積極価値を軽視し、消極価値を重視したと見られる判断がある。

(1)　まず、本件銃撃事件より約三か月前におこった、元女優Yと共同して行ったKに対する殴打殺人未遂事件(いわゆるロス疑惑殴打事件)について、東京高裁は、「被告人が保険金取得等の目的で、YにK殺害の計画をもちかけて応諾させ、被告人が持ちかけた筋書きどおりに同女に実行させたものであって、その経過は、被告人の否認供述にもかかわらず、覆い難いと認められる。そして、このときの被告人の行動にはK殺害の犯意が込められていたと理解するほかない。本件犯行と外形的特徴が酷似する犯行方法を持ちかけていたことがYの供述どおりであったとすれば、本件がおこる数か月前に、すでに本件と同様の特徴を持った事件の予告していたと思われることになるから、被告人の本件への関与を強く推認させる状況事実となると考えられる。」としながら、Yの供述はマスコミが事件の全体像を報道した後のもので、直ちに信用できず、そのような方法で依頼されたとの事実まで認定できないとしている。

しかし、それならば、殴打殺人未遂事件におけるYの供述も、マスコミ報道が先行していたから信用できないということになるはずである。Yは殴打殺人未遂事件公判でも、被告人から本件と酷似する方法での銃撃を依頼されたと供述し、被告人の弁護人は、そのような供述はマスコミ報道に影響されたもので信用できないと強調したが、一審[17]・二審[18]ともに、Yの供述は十分に信用できるものとして、被告人のKに対する保険金取得目的の殺人未遂を認定し(最決平一〇・九・一六により被告人側上告棄却・確定)、本件東京高裁判決もこれを積極的に支持しているのである。

東京高裁無罪判決はYの供述を常識に反してことさら軽視し、経験則に反した証拠評価をしているといっても過言ではない。あるいは、東京高裁が殴打殺人未遂事件については、元女優Yの供述を信用できるとして、被告人の有罪事実を認定した判決を支持し、被告人が持ちかけた筋書きどおりにYに実行させたものであるとしながら、本件事実認定ではY①供述を信用できないとしたのは、Yの供述は殴打殺人未遂事件では直接証拠であるが、本件では情況証拠であるということも影響しているようにも思われる。しかし、本来、直接証拠か情況証拠かによって証明力に優劣があるわけではなく、同じような供述内容を直接証拠だから信用性があるとし、情況証拠だから信用性がないというのはおかしい。直接証拠であれ、情況証拠であれ、経験則上信用できるものは信用できるのであり、信用できないものは信用できないのである。本無罪判決には、公訴事実を認めて有罪の判決をなし得べき極めて有力な証拠が存するにかかわらず、これを単に措信するに足らずとして排斥したものとして、証拠の採否における合理的限界を超え経験則に違反しているものと思われる。

(2)　また、東京高裁は、銃撃犯人が乗っていた疑いの強い白いバンに気づかなかったと述べているのは虚偽供述の疑いが強く持たれ、被告人の犯行関与の強い疑義を抱かせるとしつつ、被告人がKと撮り合った写真の一枚に、問題の白いバンの一部が写っていることを取り上げ、白いバンをことさら隠そうとしたわけでない可能性があるとしている。しかし、この点も、経験則に反して証拠評価をし、消極的価値を過大視しているように思われる。一枚の写真に白いバンの一部が写っていたとしても、たまたま写っていたのかもしれないし、隠そうとしていたわけではないとはいえまい。また、写真に写っているような白いバンをおぼえていないというのであれば、隠そうとしていたと見るのが常識であり、経験則であろう。被告人は、共犯者の存在を隠そうとして、虚偽供述をしたとする一審の事実認定が経験則に従った合理的判断であるといえる。

第一審は、「被告人が被弾した直後にバンが走り去っていること、目撃者らはバンの他に事件直後に本件現場から立ち去って行った車や人を目撃していないこと、バンは本件銃撃の状況を東側から目撃されるのを避ける役割を果たしたものと考えられることなどからすると、バンに乗車していた者が本件銃撃事件の実行犯人と認められる」とし、「被告人は、本件直後からほぼ一貫してグリーンの車に乗った二人組の強盗に襲われた旨述べており、その供述内容も詳細かつ具体的である。したがって、被告人が全く存在しないグリーンの車や二人組の男の存在したものと誤信して述べたということはおよそ考えられず、被告人が故意に虚偽の事実を述べてきたことは明らかである。また、被告人は、目撃者が供述している白いバンを見ていない旨供述しているが、被告人の運転するフェアモントが、駐車している右バンのすぐ隣りに割り込むような形で駐車していたこと、被弾した際、Kは被告人から見てバンの前に立っていたことなどからすると白いバンに気付かない可能性はなく、被告人は故意にバンの存在を秘匿しているものと認めるのが相当である。」と認定している。経験則に従った合理的判断に基づいた緻密かつ厳格な事実認定である。

被告人がKと撮り合った写真の一枚に白いバンが写っていたからといって、被告人が白いバンの存在をことさら隠そうとしていたわけでないと見るのは、事実の全体像を無視した、経験則に反する不合理な判断であるといってさしつかえあるまい。

四　東京電力OL強盗殺人事件第一審無罪判決(19)

(1)　本件公訴事実は、「被告人は、平成九年三月八日深夜ころ、渋谷区内K荘○○号室において、A女を殺害して金員を強盗しようと決意し、殺意をもって同女の頸部を圧迫し、よって、そのころ、同所において、同女を窒息死させて殺害した上、同女所有の現金約四万円を強盗したものである。」というのである。

被害者A女は犯人との性交後に殺害されて現金を強奪されたと認められるが、検察官は、次のような理由から、被告人と本件を結びつける直接証拠はないが、被告人がその犯人であると主張している。

①現場に遺留されたコンドーム内の精液と陰毛のDNA型、血液型が被告人のそれと一致しており、精液の遺留時間が犯行時刻と符合すること、②A女が携帯していたショルダーバッグの取っ手から被告人と同一の血液型の付着物が検出されたこと、③被告人が犯行前後を通じて現場アパートの鍵を預かっており、さらに右鍵の返還時期に関して同居人と口裏合わせをしていたこと、④犯行前には用意できなかった家賃を犯行後には用意できたことから、その間に右金額相当額を取得していること、⑤被告人が犯行時刻ころに犯行現場に到達することは可能であったこと、⑥被害者との面識があったにもかかわらず、捜査官に対し、これを否認する供述をしていたこと等の各情況証拠を総合すれば、被告人が本件犯人であることは優に認められるというのである。

(2)　第一審判決は、「……本件コンドーム内の精液の血液型やDNA型、○○号室から発見された陰毛の血液型やDNA型が被告人のそれと合致しており、精液の精子の状況が被害者の殺害時期と矛盾しないこと、本件ショルダーバッグの取っ手から被告人と同じB型の血液型物質が検出されていること、被告人が犯行時に○○号室の鍵を所持していたとまではいえないが、犯行時に○○号室が空室であることは熟知していたこと、被告人には、現金奪取の動機があったことは否定できないこと、被告人が犯行時刻に○○号室に存在することは十分に可能であったこと、被告人と被害者とは面識があったのに、捜査段階では、これを否定する不可解な言動に出ていたこと等の事情が認められ、これを総合するときには被告人が本件の犯人であることは動かし難いもののようにも思われる。」としながら、以下のような問題点が残るとする。

①　犯行現場に遺留された精液内の精子の頭部・尾部に関する鑑定結果等は、殺害時期との関係で矛盾がないというにすぎないのであり、検察官の主張を直接支持し裏付けるものではなく、犯行日ころに遺留された可能性

が、被告人の弁解する被害者との性交時期に遺留された可能性よりも高いなどと断定することはできない。また、右精液が入っていたコンドームに対応する包装用パッケージが犯行現場から発見されていないこと等によると、右コンドームが本件犯行の際に用いられたものであるとすることには疑問があり、さらに、被害者の財布から紙幣のみを抜き取ったという冷静とも思える犯行態様からすると、その処分が困難でなくはない本件コンドームを犯行現場にそのまま放置していたことは不自然である。

②　現場から全く第三者の陰毛が三本発見されているほか、そのうち、一本は、被害者のショルダーバッグ取っ手から検出された血液型と同一であり、右陰毛の持ち主も本件犯行に及んだと考えられる本件売春客の資格を有することとなりうる。したがって○○号室から被告人の陰毛が発見されたからといって、これが直ちに被告人が犯人であることを指し示すものではない。

③　犯行日から数日後に被害者の定期券入れが被告人の土地鑑のない民家敷地内で発見されており、関係証拠上、本件犯人が右定期券入れを投棄した可能性が最も妥当な結論と考えられるところ、……定期券投棄の事実は、被告人が本件犯人だとすると合理的説明がつけられない、というのである。

(3)　そこで、第一審判決は、「以上、検討したところによると、検察官が主張する被告人と犯行との結びつきを推認させる各事実は、一見すると被告人の有罪方向に強く働くもののように身受けられるが、仔細に検討すると、そのひとつひとつが直ちに被告人の有罪性を明らかに示しているというものではなく、また、これらの各事実を総合したとしても、一点の疑念も抱かせることなく被告人の有罪性を明らかにするものでもなく、各事実のいずれを取り上げても反対解釈の余地が依然残っており、被告人の有罪性を認定するには不十分なものであるといわざるを得ない。そして、その一方で、被告人以外の者が犯行時に○○号室内に存在した可能性が払拭しきれない上、被告人が犯人だとすると矛盾したり合理的に説明が付けられない事実も多数存在しており、いわば被告人の無罪方向に働く事実も存在しているのであるから、被告人を本件犯人と認めるには、なお、合理的な疑問を差し挟む余地が残されているといわざるを得ないのであり、そうすると、「疑わしきは被告人の利益に」との刑事裁判の鉄則に従って判断するのが相当である。」として、犯罪の証明がないとして無罪を言渡したのである。

(4)　このような第一審無罪判決は、情況証拠の総合判断による間接立証の途を閉ざすものといわざるをえない。第一審無罪判決は、仔細な検討ということで、情況証拠の消極的価値を増幅させることによって、その積極的価値を減殺し、間接事実について反対解釈の余地を過大化している。

たとえば、被告人は、はじめ被害者との面識を否定したが、公判段階で、被害者を三回買ったことがあり、犯行現場に遺留された精液入りのコンドームは、最後に被害者を買ったとき(平成九年二月二五日から三月二日ころの間、本件犯行日時から六日〜一二日前)のものであると、いわゆるアナザー・ストーリーを主張したのであるが、第一審は、犯行日に遺留された可能性が、被告人の弁解する被害者との性交時期に遺留された可能性よりも高いと断言できないし、また、冷静な犯行態様からすると、本件コンドームを犯行現場にそのまま放置していたことは不合理であるといった推論によって、精液入りコンドームの積極的価値を減殺している。また、現場から第三者の陰毛が発見され、そのうち一本はショルダーバッグ取っ手から検出された血液型と同一であることから、右陰毛の持ち主も本件犯行に及んだ売春客の資格を有するとし、被告人の陰毛が発見されたとしても、被告人が犯人であることを示すものでないとして、証拠の積極的価値を減殺している。○○号室には、従来から多数の者が居住しており、第三者の陰毛が紛れこむ可能性があるのだから、第三者の陰毛の存在ということで、被告人の陰毛の積極的証拠価値を大きく減殺するようなことは不合理である。また、被告人の土地鑑のない民家の敷地内に被害者の定期券が投棄されていたことで、被告人が本件犯人だとすると合理的説明がつかないとしているのは、情況事実についての反対解釈を過大評価するものである。犯人が投棄したものとはかぎらないし、犯人が投棄したとしても、捜査かく乱を意図するなど、土地鑑のないところに被害者の物を投棄することはめずらしいことではあるまい。波崎事件判例などに示された事実認定基準によれば、犯行現場に遺留されたコンドーム内の精液、陰毛、被害者のショルダーバッグの付着物など証拠価値の高い物証や、○○号室が空室であることを熟知していたこと、現金奪取の動機があったこと、捜査段階で被害者との面識を否定する不可解な言動に出ていたことなどの情況証拠を総合すれば、被告人が本件の犯人であることは優に認定できる事例である。

前述したように、情況証拠は立証命題を肯定する積極証拠とも、否定する消極証拠とも評価できるので、それだけに証拠評価は慎重でなければならず、また、情況事実の分析・評価については、いくつかの解釈、推論の余地があり、場合によっては、反対の事実を推定する余地もあるから、一つの可能性だけを認め、他の可能性を排除するためには、慎重な作業が必要である。しかし、本判決のように、情況証拠の消極的価値を増幅させ、情況事実について反対解釈の余地を過大評価すると、証拠価値の高い物的証拠など情況証拠が重なっても、その総合判断で有罪事実を認定できなくなる。けっきょく、情況証拠だけで有罪事実を認定する途をふさぎ、司法の客観化をさまたげることになる。(20)

五　情況証拠のみによる犯罪事実認定の具体的問題点

1　英米法系の刑事訴訟では、罪状認否手続(arraignment)で、無罪の答弁をした者についてだけ、公判(trial)が開かれ、有罪の答弁や不抗争の答弁(plea of nolo contendere)をした者については、犯罪事実についての審理は行われず、刑の決定手続に移行する。つまり、裁判による事実認定は、自白という直接証拠がないケースについて行われるわけである。共犯者を免責して供述させるということも可能であるが、共犯者の供述(自白)という直接証拠もないのが多くのケースのようである。また、犯罪は他人に見られないように気をつけて行われるものであることから、犯行情況に関する目撃証言といった直接証拠もないケースが多い。大多数のケースは、情況証拠——なお、前述したように、英米では間接事実も情況証拠とよんでいる——のみによって事実認定がされているといってよい。日本では、情況証拠だけから事実認定されているようなケースが、ごく稀であるのと対照的である。英米の裁判官は、情況証拠による事実認定に習熟し、陪審員も情況証拠による事実認定に努める。情況証拠だからといってその証拠価値を減殺するようなことはないといってもよい。直接証拠も、犯行現場の指紋・血痕といった物証——推定力の高い情況証拠——もまったくないような場合にも、情況証拠のみによって犯罪事実を認定することもめずらしくない。(21) 英米では、直接証拠や物証がないようなケースでは、無罪になるかのように伝えられているが、まちがった情報である。

2　(1)　日本でも、刑事司法の客観化、事実認定の客観化の要請によって、情況証拠による事実認定の必要性、重要性がクローズ・アップされ、伝統的な自白といった直接証拠重視から、情況証拠を積み重ねていく間接立証を推進すべきであるといわれている。裁判の客観化の観点から、「情況証拠を重視した判決説示が望まれている。(22)」とされ、また、「わが国では自白事件が多いことも基因して、裁判所が否認事件につき情況証拠だけで有罪認定することに躊躇する例が多い。それが、逆に捜査官をして自白獲得に精力を傾注せしめる原因にもなっている。被疑者、被告人に黙秘権を認めている現行法の下にあっては、法曹関係者が情況証拠による積極認定に習熟し、それを強力に推進すべきもの」[23]と主張されているのである。[24]

ちなみに、事実認定は直観型でなく、論理型の判断方式が基本となるべきであるが、[25]情況証拠に重点をおいた事実認定を目指す場合は、事柄の性質上、まずは、分析的・論理的な方向を強調[26]することになる。情況証拠を重視した事実認定は論理型の事実認定のためにも必要なことなのである。

(2)　情況証拠による間接立証を重視し、情況証拠のみによって事実認定をすることについては、一般論としては、異論のないところになっているといってよい。ロス疑惑銃撃事件控訴審無罪判決も、もっぱら情況証拠によって犯罪事実を立証する必要性は肯定している。「もし、情況証拠から推認する過程において、いくらかの疑問が残ることを理由として、事実の認定力に決断力を欠き、安易に疑いが残るとして証明不十分とするならば、情況証拠による犯罪立証の余地は大幅に狭められ過ぎることになりかねない。もとより、刑事裁判における有罪認定には、合理的な疑いを差し挟む余地のない程度の立証が必要であり、また、〝疑わしきは被告人の利益に〟が鉄則とされていて、そのことには異論はないが、ここに合理的な疑いを差し挟む余地がないとは、反対事実の疑いを全く残さない場合をいうのではなく、社会経験上はその疑いに合理性がないと一般的に判断されるような場合は、有罪認定を可能とする趣旨であって、このことは、専ら情況証拠によって犯罪事実の立証を行うほかない本件のような事案の場合に強く認識しておく必要がある。」としているのである。

ところが、東京高裁は、情況証拠を積み重ねて立証するほかない事案の場合には立証の程度が低くてもよいという意味ではもとよりなく、中核となる要証事実について、質の高い情況証拠による立証が不可欠とされるとし、そのような観点から合理的な疑いをいれる余地のない立証がされたとはいえないとして、無罪を言い渡したのである。

直接証拠と情況証拠とによって証明力に優劣があるわけではないし、また、立証の程度に優劣があるわけではない。(27)したがって、情況証拠の積み重ねによる場合、立証の程度が低くてもよいわけはない。情況証拠が集積することによって、推定力が強化されることはたしかであるが、推定力のある、その意味で質の高い情況証拠が集積しなければ要証事実を認定できないといってよい。「証明力が薄いかまたは十分でない情況証拠を積み重ねるだけであって、それによって証明力が質的に増大するものではない。」として、情況証拠のみで有罪認定した控訴審判決を破棄して無罪を言い渡した最高裁判例(28)もある。

しかし、質の高い情況証拠による立証ということで、情況証拠が有する積極価値を経験則に反して、いたずらに軽視し、犯罪事実を否定する消極価値を重視するということになってはならない。情況証拠は直接証拠とちがって、立証命題を肯定する積極証拠――積極的情況証拠――とも、否定する消極証拠――消極的情況証拠――とも評価でき、それだけに証拠評価はとくに慎重でなければならないが、経験則に反して、積極的情況証拠の証拠価値を減殺したり、消極的情況証拠のように判断してはならないのである。

情況証拠については、それによって証明しようとする間接事実の分析、評価に際して、いくつかの解釈・推論の余地があり、場合によっては、証明しようとする事実と反対の事実を推定する余地もある。そこで、情況証拠から、一つの可能性だけを認めるためには、他の可能性を排除する根拠を明らかにするなど、慎重な作業が必要である。(29)しかし、直接証拠と情況証拠とで、その証明力や立証の程度に優劣があるわけではなく、情況証拠は情況証拠であるが故に、特に質の高いものでなければ、積極的情況証拠として使ってはならないとすることは不合理である。

東京高裁無罪判決は、「実行犯人不詳のまま、その者との共謀を認定するためには、その共犯事実について、仮に氏名不詳者が見つかっても、その者からの事情聴取が必要でないほどの、確かで、証明力の高い証拠が備わっていることを検討、確立しなければならない。」としている。殺人事件について被疑者の事情聴取・取調べなしで、公訴を提起するといった事件処理は考えられないから、東京高裁がいう「事情聴取が必要でないほどの」という意味は明確ではないが、「その者からどのような弁明や供述等がなされても共謀して銃撃させたことを裏付けるに足るだけの確かな証拠」をいうものと思われる。しかし、そのような証拠が必要であるとしたのでは、けっきょく、情況証拠では事実認定はできないことになる。そのような情況証拠は希有だからである。東京高裁は、一般論としては、情況証拠のみによる事実認定の必要性は肯定してはいるが、情況証拠については、直接証拠よりも特に高度の証明力を必要とすることによって、情況証拠のみによる犯罪事実認定の途をとざしているといってよい。

3　情況証拠であるが故に、特に証明力の高いものでなければならないとするのは誤りである。直接証拠か情況証拠かによって、証明力や立証の程度に優劣があるわけではないからである。証明力が薄い情況証拠を積み重ねるだけで、それによって証明力が質的に増大するものでないことはたしかであるが、このことは直接証拠についても妥当することである。たとえば、犯行情況に関する目撃者のあやふやな証言が複数あっても、証明力が質的に増大するわけがなく、そのような証言で事実を認定できないのである。証拠の証明力は、その証拠ごとにちがうのであって、直接証拠か情況証拠かによってちがうものではない。直接証拠でも証明力の弱いものもあれば、犯行現場から発見された指紋、血痕などの物的証拠のように、情況証拠でも証拠価値が高く、証明力の強いものもある。

直接証拠であれ、情況証拠であれ、その証拠だけでも事実認定できるほど質の高い証拠である必要はなく、集積した証拠を総合的に判断して主要事実を認定するのであり、このような総合的判断に際して、情況証拠の集積によって推定力が増大することを忘れてはならないのである。[30]

なお、主要事実の総合的認定過程で判断される間接事実（情況事実）——広義の情況証拠——は、主要事実自体ではないのだから、主要事実のように、合理的疑いをこえて立証される必要はない。それが主要事実の推論に登場する間接事実——いわゆる第一次間接事実——を認定するための間接事実——いわゆる第二次間接事実——についてはもちろん、第一次間接事実についても同様である。[31]

4　集積した情況証拠を総合的に判断して主要事実を認定するには、合理的な疑いを差し挟む余地のない立証が必要であるが、ここに「合理的な疑いを差し挟む余地がない」とは、東京高裁無罪判決もいうように、反対事実の疑いを全く残さない場合をいうのではなく、社会経験上はその疑いに合理性がないと一般的に判断されるような場合は、有罪認定を可能とする趣旨であり、[32]このことは、情況証拠のみによって犯罪事実を立証するほかない事案の場合に、とくに強く認識しておかなければならないのである。しかして、合理的な疑いをさし挟む余地がないかどうかは、経験則によって判断しなければならない。自由心証主義（刑訴三一八条）から証拠の証明力については裁判官の自由な判断に委ねられているといっても、それは経験則（物事を判断する上でよりどころとする経験的な知識・法則）に従った合理的な判断でなければならないからである。証拠の取捨選択、評価ならびに事実認定は事実審裁判所の専権に属するが、それが経験則に反するときは、違法である。[33]

反対事実の疑いに合理性がないと経験則に従って一般的に判断される場合は、合理的疑いをさし挟む余地のないものとして有罪認定が可能なのであるから、被告人側からいわゆるアナザー・ストーリーの主張がされても、その主張に合理性がない場合は有罪事実を認定することが可能である。アナザー・ストーリーの主張が虚偽であることが判明したような場合は、そのこと自体が被告人に不利益な情況証拠——積極的情況証拠——として、他の情況証拠とあわせて有罪認定できる。情況証拠のみによって有罪事実を認定する場合、被告人以外に犯人と結びつく者はいないとするいわゆる消去法的認定が行われている場合が過半——波崎事件、名古屋バラバラ事件、トリカブト事件各判決、なお、和歌山ヒ素カレー毒殺事件（平一〇・七・二五発生、同一二・二九起訴）も情況証拠のみによって立証するほかない事件であるが、消去法的立証で被告人の特定がなされている(34)——を占めているが、そのようなケースでは、アナザー・ストーリーの主張が信用できないことを積極的情況証拠として、他の情況証拠とあわせて有罪認定している事例がある。たとえば、名古屋バラバラ殺人事件控訴審判決は、「生ごみを捨てるために自転車を購入し段ボールに生ごみを積んで運ぼうとしていた」との弁解が信用できないとして、他の情況証拠と併せて考慮し、原審の有罪判断を相当としている(35)。

ところが、東京高裁無罪判決は、情況証拠のみによる事実認定の必要性を認めるといいながら、前述したように、経験則に反しているとも見られる不合理な判断で情況証拠の積極価値を減殺し、消極価値を増幅させる証拠評価によって無罪を言渡してる。東京電力ＯＬ殺人事件無罪判決（東京地裁平一二・四・一四）も同様である。これらは、間接立証重視による刑事司法の客観化の流れに逆行するものである。

このような不合理な判断の背後には、情況証拠は直接証拠に較べて証拠価値が格段に低いという先入観がひそんでいるように思われる。だからこそ、情況証拠は特に高い質のものでなければならないといったことを強調するのであろう。

情況証拠は情況証拠であるが故に、直接証拠と較べて証拠価値が低いかのように考えるのは、まったくの誤りであり、刑事司法の客観化を妨げるものである。そのような誤解、先入観を払拭し、情況証拠による間接立証を重視した事実認定を定着させ、刑事司法の客観化をはからなければならない。それは、日本の刑事司法が直面する喫緊の課題である。

(1) 足立勝義『英米刑事訴訟における情況証拠』司法研究報告書五輯四号（一九五二年）二頁など。
(2) 司法研修所篇『情況証拠の観点から見た事実認定』（司法研究報告書（昭和六三年度司法研究員、中川武隆、植村立郎、木口信之判事）四二輯二号（一九九四年）七頁、藤井敏明「刑事事実認定入門」自由と正義二〇〇〇年六月号七五頁など。
(3) 田宮裕『刑事訴訟法』（一九九二年）二八〇頁。
(4) 『情況証拠の観点から見た事実認定』前掲注(2)七頁。
(5) 前掲注(2)七頁。
(6) 前掲注(2)二頁、土本武司『刑事訴訟法要義』（一九九一年）三二五〜三二六頁。
(7) 水戸地裁土浦支判昭四一・一二・二四下刑八・一二・一五八二。
(8) 東京高判昭四八・七・六。
(9) 最判昭五一・四・一。
(10) 名古屋地判平六・三・一六判時一五〇九・一六三。
(11) 名古屋高判平八・三・一八判時一五七七・一二九（上告）。
(12) 東京地判平六・三・三一判時一五〇二・四八・判タ八四九・一六五。
(13) 東京地判平六・九・二二判時一五三二・二八、判タ八九七・八七。

(14)　東京高判平一〇・四・二八判時一六四七・五三、判タ九八二・八四（上告）。
(15)　福岡地判平一一・九・二九判時一六九七・一二四（控訴）。
(16)　東京高判平一〇・七・一判時一六五五・三。
(17)　東京地判昭六二・八・七判時一二四八・三八。
(18)　東京高判平六・六・二二判時一五一一・一二六。
(19)　東京地判平一二・四・一四判時一三七七・三、判タ一〇二九・一二〇。
(20)　土本教授も、「これだけの物証があり、血液型鑑定やＤＮＡ型鑑定などの結果も被告と一致。目撃証言など犯行前後の状況も被告との結びつきを示していた。裁判官は有罪にすべきだったと思う。状況証拠は積極的解釈もできれば消極的解釈もできる。この判決は『反対解釈の余地がなお残る』としているが、裁判官は反対解釈を過大評価したと見られる。この論理では、被告人が否認すれば有罪認定できなくなり、捜査当局が自白を強要する傾向を招きかねない」とコメントしている（二〇〇〇年四月一四日付産経新聞、東京新聞など）。
(21)　ロス疑惑銃撃事件ときわめて類似した物証なき保険金目的殺人事件について情況証拠のみで死刑判決をかちとったことについて、犯行から捜査、訴追、裁判の全貌を、ロスアンゼェルス地方検事局の担当検事が詳細に記述したドキュメンタリーとして、Vincent T. Bugliosi; Till Death Us Do Part, 1978. V・ビューグリオシー、中村保男訳『裁判――ロサンゼルス二重殺人事件（上）（下）』（一九七九年）。
(22)　前掲注(2)、三二頁。
(23)　土本「ロス疑惑銃撃事件判決雑感」捜査研究一九九八年一〇月号一四頁、なお、同、前掲注(6)『刑事訴訟法』三二五～三二六頁。
(24)　佐藤博史「情況証拠による事実認定」ジュリ刑事訴訟法判例百選〈第七版〉（一九九八年、一四二頁）も、「事実認定の客観化の要請と相俟って、情況証拠による事実認定の必要性は、今後増加することはあっても減少することはない。」とする。

(25)　松本一郎「有罪と無罪の岐路」刑事訴訟の現代的動向一九七頁。
(26)　前掲注(2)三〇～三頁。
(27)　土本『刑事訴訟法要義』前掲注(6)。
(28)　甲府放火事件最判昭四八・一二・一三判時七二五・一一一。
(29)　土本（判研）法学新報一〇五巻一二号（一九九九年）三二〇頁。
(30)　自白は補強証拠がなければ有罪事実を認定できないが(憲法三八条三項)、他の直接証拠でも、一つだけで有罪を認定できるだけの高度の証明力をもつようなものは、あまりないであろう。
(31)　この問題については、村岡啓一「情況証拠と事実認定」刑法雑誌三九巻三号（二〇〇〇年）三〇二頁、石塚章夫「情況証拠と事実認定（コメント）」刑法雑誌同右三〇九頁。
(32)　長坂町放火事件最判昭四八・一二・一三判時七二五・一〇四。
(33)　最判昭二三・一一・一六刑集二・一二・一五四九。
(34)　土本・前掲注(28)三二六頁。
(35)　村岡・前掲注(30)三〇五頁。

追記　平成一二年一二月二二日、東京高裁は、東京電力ＯＬ強盗殺人事件第一審無罪判決を、証拠の評価を誤り事実を誤認しているとして破棄し、無期懲役を言い渡した。検察側は、控訴審で、被害者の手帳の記載の正確性や、犯行のあった部屋の鍵の返還時期に関する関係者証言の信用性などについての立証を補充したが、証拠は一審とほぼ同じであるといってもよい。同様の証拠で、無罪、有罪と判断がわかれたのは、一審が情況証拠の積極価値を減殺し、その消極価値を増幅させたのに対し、控訴審は集積した情況証拠を総合的に判断していることによる。被告側は上告したが、経験則に沿った合理的な情況証拠の評価がされており、波崎事件判決――注(7)(8)(9)――などに示された情況証拠の評価のしかた、間接立証による事実認定基準によれば、主要事実を認定できる事例であるとおもう。

9

証言の信用性と心理学鑑定

――ドイツ連邦裁判所の新判例について――

浅田和茂

はじめに

二〇〇〇年七月九日、東京大学教育学部において「『法と心理学会』発起人会」が開催され、同年一一月四日に設立総会が開催されることが決定された。そこで提案された「設立趣意書（案）」では、「諸外国に目を向ければ、法学と心理学とが広範な領域で積極的に研究交流を展開し、組織的な研究基盤も確立されており、社会的な役割を果たしています。日本においても、このような学際的な研究交流と研究活動の組織化は緊急の課題であり、早急に実現する必要があると考えます。ここに法と心理学会を設立する目的があります」と述べられていた。(1) わが国における法学と心理学の学際的研究が新たな段階に入ったことを示しており、今後の発展が大いに期待されるところであるが、そこに指摘されているように、この分野ではとくに諸外国の経験に学ぶべきところが多いといえよう。近年は、この分野の代表的な文献が邦訳されて、共通の認識となってきている。

たとえば、ドイツのウンドィッチは、一九六七年の論文（邦訳は一九七三年）において、供述の信用性をめぐる心理学鑑定の展開を、供述の信用性について概して批判的であった第一期（一九三〇年ころまで）、供述研究への関心は低下したがライヒ司法大臣の刑事裁判準則に心理学専門家への依頼を推奨する規定が置かれた第二期（第二次大戦終了まで）、供述の信用性を肯定する心理学鑑定が重要視されるようになってきた第三期（戦後）に区別し、この第三期を促進したものとして、彼自身の多くの業績を挙げている。そこでは、鑑定の重点が証人の信用性（Glaubwürdigkeit）ではなく供述の措信性（Glaubhaftigkeit）に置かれるべきであることが強調されている。(2) スウェーデンのトランケルも、一九七二年の著書（邦訳は一九七六年）において、ウンドィッチと同様の方向で、供述の現実分析の方法を探求し、供述が現実の出来事・現実の観察に基づいてなされたものであるために充たされていなければならない規準として種々の「現実規準（criteria of reality）」を提示した。(3) 他方、アメリカのE・F・ロフタスは、一九七九年の著書（邦訳は一九八七年）で、目撃証言が誤りやすいこと、陪審員や裁判官が目撃証言を過信しがちであることを具体的に指摘し、心理学専門家の証言の重要性を強調している。(4)

筆者は、先に「年少者の証言と鑑定」と題する論文で、年少者（および精神障害者）の証言の信用性に関するわが国およびドイツの判例を紹介・検討した。そこでは、ドイツではこの分野における心理学・精神医学鑑定の利用がわが国と比べてはるかに進んでいること、とくに年少者の証言の信用性判断においては供述の初期条件および帰罪の発生史の吟味が必要であり、できるかぎり早期の心理学鑑定が望ましいことなどを指摘したうえ、「現在の供述心理学は、知覚・記憶・表現の各段階における誤りの要因を析出することによって、年少者の証言や目撃証言について弁護側からの供述の吟味を可能にしているが、それが証言の正しさを根拠づける供述心理学へと転化しうることは容易に予測可能である。鑑定の活用は、常に『疑わしきは被告人の利益に』という刑事裁判の鉄則を念頭に置いたものでなければならない」と述べた(5)。このような観点からすると、前述のウンドィッチやトランケルの主張方向には若干の危惧を抱かざるをえないところがあり、ドイツの裁判実務もそのような方向に進んでいるのかについて関心があった。ところが、最近、心理学鑑定のあり方について詳細に判示したうえ、この点でかなり抑制的な方向を示した連邦裁判所判決が出された。本稿は、この判決を比較的詳細に紹介することにより、今後わが国における証言の信用性に関する心理学鑑定のあり方について示唆を得るとともに、前稿の不足を補充しようとするものである（なお、他の判例および文献については右拙稿を参照していただければ幸いである）。

一　一九九九年七月三〇日連邦裁判所第一刑事部判決
(NJW 1999, 2746＝NStZ 2000, 100)

1　事実の概要

被告人は、養子である一四歳の女児に対する性的虐待を理由に起訴され、ラント裁判所（LG Ansbach、以下ＬＧと略す）は、同女に対する八年間に九件の性的虐待を認めて有罪判決（六年六月の自由刑）を下した。判決の基礎にされたのは、被害児童の供述は信用できるという心理学士（女性）の供述心理学鑑定（以下「原鑑定」とする）であった。弁護側は、原鑑定には、心理学的調査の理論的基礎およびその計画と実施の点で欠陥があり、今日の学問的水準に相応していないとして、新たな鑑定人の召喚を申請した。ドルトムント大学司法心理学研究所所長の書面による意見表明に基づいて、個別的に指摘されていた。原鑑定の欠陥は、しかし、ＬＧは、指摘されている原鑑定の欠陥について彼女に尋問することもなしに、弁護側が主張するのとは反対の事実についてすでに確信を有しているとして、申請を却下した。ＬＧは、当該鑑定人は慎重でかつ法廷経験を有しており、その専門知識に疑いの余地はないとし、刑事訴訟法二四四条四項二文（「新たな鑑定人の尋問は、先の鑑定によって、主張されている事実とは逆のことがすでに証明されているときも却下することができる。ただし、先の鑑定人の専門知識に疑いがあるとき、その鑑定が不適切な事実的前提に基づいているとき、鑑定が矛盾を含んでいるとき、または、新たな鑑定人が先の鑑定人を凌駕すると思われる調査手段を有しているときは、この限りでない」）のただし書きの要件を充たしていないと判断したのである。上告認容（破棄差戻）。

2　判決の概要

I　新たな鑑定人の申請を却下したＬＧの決定は、法定の要件を充たしていない。決定には訴訟当事者および上告審裁判所に再吟味を可能にするような理由が必要である。鑑定人は慎重で法廷経験を有するといった簡単な指摘で足りるのは、その専門知識に対する疑いを生じさせるような理由を示すことなしに新たな鑑定人の尋問が申請された場合だけであり、詳細にかつ他の専門家による批判的な評価を援用しつつ、鑑定の具体的な欠陥が指摘されている場合、裁判所は、主張されている異議に個別的に答えなければならない。この要求は、主張されているような欠陥が一般に認められている学問的基準から見て明らかに存在しない場合には当てはまらないが、本件ではそうではない。

II　本刑事部は、二人の鑑定人に鑑定を依頼し、書面および口頭で鑑定報告を受けた。両鑑定人は一致して、原鑑定は今日の学問的状態から見て内容的にも説明の点でも欠陥を有するという結論に至っており、本刑事部もこれに賛成である。この場合、先に提出された書面鑑定は暫定的なもので、判決発見（原判決の吟味）にとって決定的なのは公判鑑定であるが、今回は例外的に公判鑑定における書面鑑定からの大きな逸脱ないしその補充を認めなかったので、後のLGでの吟味に当たっては書面鑑定の内容に依拠してよい。

(1) 鑑定について

供述心理学鑑定の対象は、継続的な人的特性という意味における被調査者の一般的な信用性(Glaubwürdigkeit)ではない。むしろ、問題は、一定の事象に関する申立が正しいか否か、すなわちそれが被調査者の実際の経験に合致しているか否かの判定である。原鑑定は、そのための方法論上の最低基準を充たしていない。

(a) 方法論上の基本原理は、吟味されるべき事実すなわち特定の供述の措信性(Glaubhaftigkeit)を、その否定が収集された事実と一致しなくなるまでは否定することであり、鑑定人は、鑑定に際して、まずその供述は虚偽であると仮定するということである(ゼロ仮説)。彼は、この仮定を吟味するために仮説を形成しなければならない。虚偽仮説が調査された事実と一致しえないことが明らかにされた場合、その仮説は捨てられ、真実の供述であるという代替仮説が通用することになる。したがって、重要な仮説の形成は、措信性鑑定の内容および方法にとって決定的な意義を有する。

i 鑑定のためのテスト・調査手段の選択は、虚偽供述の説明としていかなる可能性が考慮されうるかということに依存する(仮説に導かれた診断)。意識的な虚偽供述の他に、自らの暗示または(意識的な)他者の暗示による虚偽供述がありうる。とくに児童の場合、質問する成人の期待に合わせてあるいはその成人の多大な権威に適合させようとして、その供述を無意識に自己の記憶に反して変更する危険がある。もちろん、ここで顧慮されなければならないのは、考えうるすべての説明可能性ではなく、具体的事件において調査段階に応じて現実的であると思われるような説明可能性である。

ii　原鑑定は、右の基本的要請に適合していない。原鑑定は、たしかに意識的な負罪や他者による暗示の可能性に触れてはいるが、証人が記憶の欠損部分を首尾一貫させるために、それを構成的に補充し、被告人による実際の性的侵襲よりも過度に強度にかつ広範に負罪しえたか否かについては吟味していない。その児童によって主張された行為が、一部はまだ年少の頃のものであり、また彼女が鑑定以前に何度も様々な機会に供述したものであったことは、不適切な過度の負罪という仮説形成の手がかりになりえたはずである。供述は成人に対してなされており、その点で、証人に質問者から不適切な情報が与えられ、それを自分の記憶として再現したという可能性が顧慮されなければならなかった。

(b)　鑑定は、現在の学問的水準に適合した方法で行われなければならず、実施されるテストや調査は、形成された仮説の吟味に適したものでなければならない。複数のテストが存在する場合、その選択は鑑定人の義務的裁量による。鑑定人が、あるテストを不必要であるとして使用しなかったとしても、そのこと自体は原則として鑑定人の専門知識に疑いがあるということを意味しない。

i　供述の措信性の鑑定の場合、通常、供述の内容的一貫性（inhaltliche Konsistenz）が吟味されなければならない。その基礎にあるのは、真実の事象の叙述と意識的な虚偽の事象の叙述との間には、供述者の精神的作業の点で根本的な差異が存するという経験的仮説である。

①　記憶に基づく報告は再生されるだけであるが、意識的な虚偽供述者は、その供述を自分が保有している一般的知識から構成する。自らの認識的基盤のない（複雑な）事象に関する供述を考え出し、長期に亘って維持するには高度の認知的能力を要するから、副次的な細部、行為の連鎖の破綻、予期しない出来事、理解できない行為の事象に合った説明などが存在する蓋然性は低い。さらに自分にも信じさせようとする努力が加わるので、意識

的な虚偽供述には、訂正、自己負罪、記憶欠損の是認は少ないことが予想される。

供述の質の分析のために、これまで、供述が実際の体験に基づくか否かの決定に徴憑的意義を有しうるようなメルクマールが収集されてきた。問題は、供述に内在する質的メルクマール(論理的一貫性、細部の量的豊富さ、場所的時間的な結びつき、異常な細部や心的経過の叙述、被疑者の免責、その犯罪に特殊な供述要素)であり、その顕れが供述の措信性を示す。このいわゆる現実標識（Realkennzeichen）は、経験的に検証可能である。たしかに個々の徴憑は偶然をわずかに超える低い信頼性を有するに過ぎないが、供述の措信性がそれらの徴憑全体から導かれたものであれば、結論の信頼性は高い（集積原理）。もっとも部分的に誤りの余地は残るし、年令差による違いもある。いずれにせよ、その図式的な適用（一定数の徴憑から供述の措信性を導くことなど）は不可能である。若干の現実標識から措信性が導かれることもあるが、それが欠けているからといって供述の虚偽性が導かれるわけではない。注意を要するのは、現実標識が真実の供述と暗示による供述との区別には役立たないという点である。暗示による供述の場合、供述者はとくに信用性があるように述べなければならないわけでも自分が考案した状況に集中しなければならないわけでもないからである。たとえば児童は、無意識に尋問する成人の期待に応えて、客観的に虚偽の供述を主観的に真実と考えることがある。

②　右の内容的分析が個々の供述の質に関するものであるのに対して、恒常性分析（Konstanzanalyse）では供述行動全般が問題になる。恒常性分析は、同一事実の異なる時点における供述の比較から生ずるメルクマールに関わる。ある証人が数回尋問された場合、一致・矛盾・補充・省略という観点から供述の比較が行われる。もちろん、すべての不一致が措信性の欠如を意味するわけではなく、記憶の不確実性が、認定された事実の食違いの十分な説明となる場合もありうる。

ii　以上の供述分析法は、とりわけ供述者の管轄〔支配領域〕・経験さらに供述の発生史・展開を顧慮してはじめて意義を有する。個々の現実標識の存在は、高度に供述者の諸要素に依存しており、結果は、誤判定原因および管轄の分析を通じて、その供述価値の点で供述心理学的指標から見て信頼しうる程度のものか否か吟味されなければならない。

①　誤判定原因の分析では、（無意識の場合を含めて）他人の暗示による影響が問題になる事案においては、通常、供述の発生史とその展開の解明を要する。これに動機分析（Motivationsanalyse）が加わる。

供述の発生史の確定は、中核的な分析段階である。とくに被害者とされている者が幼児である場合には、被害について打ち明けられた者の陳述を顧慮しなければならない。原鑑定人は、情報収集のために証人（被害者）の祖母・母親・教師から聴取しただけでなく、女子同級生からも聴取した。この点に上告が主張するような専門的過誤は存しないが、本刑事部は、公判前に実施される情報収集のための聴取には法的問題があると考えている。この種の聴取はこれまで許容されてきた。これに対する刑事訴訟上および法事実上の批判にもかかわらず今後もこれに従うべきか否かは、ここでは問わないことにする。法八〇条によれば、鑑定人は、鑑定の準備に必要な場合には、検事局または裁判所に証人の尋問を行わせることができ、またそれらの尋問に立ち会い質問することができる。これは、とくに証言拒絶権を有する者の場合に当てはまる。それとは別に検察官は、幼児・児童の信用性にとって重要なすべての事情をできるかぎり早期に確定するために両親や教師を尋問する義務を負っている。幼児に対する性的犯罪の嫌疑がある場合、すでにこの最初の尋問に当たって児童心理学の知識と経験を有する鑑定人を関与させることは、推奨に値する。

他方、動機分析は、被疑者に対する証人の誤った負罪に関するありうべき動機の認定を目的としている。ありうべき負罪動機に関する重要な手がかりは、証人と被疑者との関係を調査することから得られる。負罪が関係者ないし第三者にいかなる帰結をもたらすのかという問いがとくに重要である。もっとも、証人に負罪の動機が存在するからといって必然的に虚偽供述という結論が導かれるわけではない。

②　管轄〔支配領域〕分析（Kompetenzanalyse）では、そのようにして見いだされた供述の質が、それとパラレルな体験によって説明可能か、それとも新たな考案によって説明可能かが吟味される。そのためには、供述者の管轄、とりわけその一般的および言語的な知的能力ならびに負罪対象となっている領域（たとえば性犯罪）に関する知識についての判定を要する。被検査者の人格発展における供述に関連する特殊性（自尊心や自己顕示欲など）を含むこれらの能力が具体的な負罪を顧慮しつつ吟味されることになるが、その吟味は、一般的な心理学的診断方法（問診・観察・テスト・質問表など）を用いて行われる。診断方法の選択は鑑定人の管轄に属し、個別事件において実験的な手続を採用することも許されるが、鑑定人は、常に現在の学問的水準を尊重しなければならない。この点で性犯罪の領域には特殊性があり、原則として性的既往歴が考慮されなければならない。これに対して、幼児の素描の解釈や、幼児が解剖的人体人形を用いて行った相互行為の解釈は、司法供述心理学的鑑定においては意味がない。性的既往歴は、必ずしも一般的に措信性鑑定にとって重要なわけではないが、性的犯罪の負罪が問題になる場合、通常、証人の性的関係の知識・経験の評価は不可欠である。このことは、とくに（たとえばその年令からして）相応の知識を有することを前提としえないような証人の場合にあてはまる。

原鑑定は右のような要請を正当に評価していない。原鑑定は、証人には友人がなくその点で進展もなかったと認定しているだけである。さらに、証人が（その申立によれば）すでに長く性交はなかったのに妊娠することがありうると考えていたことから、性的知識が正確でないという帰結が導かれているが、証人が直接的な性的行動について知識を有していたか否かは解明されていない。証人は学校の性教育の授業で非常に目立った行動をしたというのであるから、その解明のための手がかりもあったはずであるのに、その目立った行動がいかなる種類のものであったのかも、原鑑定は報告していない。

他方、原鑑定で行われた空想テスト(Phantasieprobe)は、鑑定の本質的欠陥へと導くようなものではない。それは科学的に新しい手法であるが証明力は低い。空想テストの実施にあたっては、とくにその適用領域の限界に注意しなければならない。空想テストは、ある人が疑いの余地のない事実経過についても、主張された事実関係の報告の場合と同様に、現実的な叙述(内容的に説得的で感情を帯びた叙述)を行うことができるか否かをテストするものである。したがってこのテストは、第三者に誘発された供述か否かを吟味するのには適さない。被暗示性供述で問題になるのは、状況を超えて行われるその人格に固有の構成ではなく、一連の認知的および社会心理学的なメカニズムによって影響を受けるような現象だからである。鑑定は、この限界に注意していない。さらに、通常は行われない言語知覚テストや自画像スケッチを用いたテストを実施している点でも、原鑑定には疑問がある。それらの基礎・方法・具体的実施についての説明が欠けているために、これらの使用が今日認められている学問的認識に抵触するか否か判定できないからである。

(c)　上告は、原鑑定人が供述の評価に関して婦人科的診察の結果を顧慮している点に過誤があると主張している。このことは、場合によっては唯一証拠評価の権限を有する裁判所と鑑定人との法律上の任務分担の点で疑問を生じさせうるが、本刑事部は、この点では鑑定の独自性という原則に対する違背は存しないものと考える。むしろ、既存の調査結果から引き出された事項を鑑定に援用することは許される。

(2)　鑑定の説明について

本件の鑑定の説明および結論は、部分的に学問的最低水準を充たしていない。もちろんどのような方法で鑑定を裁判所に報告するかは鑑定人に任されている。しかし、それには鑑定の再吟味可能性および可視性という留保が伴う。このことは、一方では、鑑定人の診断的帰結はできるかぎりすべての訴訟当事者に再吟味可能なように(とくに関連事実および所見事実の記述によって)説明しなければならないということを意味する。他方、鑑定人がどのようにしてそのような結論に至ったのかが関係者（少なくとも他の鑑定人）によって再吟味可能でなければならない。個別的には以下のとおりである。

(a)　鑑定の基礎になった仮説は、鑑定書に個別的に記載しなければならない。使用された調査方法およびテストを挙げ、その仮説との関連を示さなければならない。すなわち、いかなる問題設定がいかなる手続で行われたのか、なにゆえにその手続が方法論的に適切といえるのかが明らかにされていなければならない。

一般に是認されている心理学的診断手続の場合は、通常、その構想および方法について詳細な説明は必要でない。しかしそうでない場合は、再吟味可能性および可視性の要請を充足するために、それを鑑定中で説明しなければならない。このような基準からすれば、原鑑定人は、診断方法のリストに自画像テストや言語徴表テストの名称を挙げるだけで済ませてはならなかった。詳細な説明なしには、訴訟関係人も他の鑑定人も、それらがいかなる方法で行われたのか、その結論にいかなる証明力があるのかを判断できないからである。また、テストに要した時間も重要でありそれも記載されるべきであった。

(b)　原鑑定の最初にある「とくに証人特性の顧慮の下における人格について」の部分も、可視性と再吟味可能性の要請に合致していない。そこではデータの報告と心理学的解釈とが区別されていないので、証人の人格の諸側面について原鑑定人が導いた帰結を再吟味することは不可能だからである。

(c)　これに対して、原鑑定人が必ずしもすべての実施した診断的措置の内容と結果を個別的に詳述しなかったことに、異議が唱えられるべきではない。

i　個別事件において、鑑定人が所見から導いた帰結を再吟味できるようにするために、すべてのテスト結果を訴訟関係人に伝えることが必要な場合もありうる。しかし通常は、鑑定の実施にあたって鑑定委託に応えるために重要な結果を挙げて解釈することで十分である。したがって鑑定人がこのような説明方法を採用したとしても、原則としてそれに異議を唱えることはできない。しかし、この場合、鑑定人は、事案解明の必要性からして、公判において他のテスト結果についても説明できなければならない。

ii　同様の基準は、供述の聴取書および（被検査者の同意を得て行われる）録音ないしビデオ録取にも当てはまる。複雑な事案における供述分析の実施は、問診経過の記録なしには不可能と思われる。しかし、このことは問診における会話が鑑定書中に完全に再現されるべきであるということを意味するものではない。むしろ鑑定を果たすために意味があるかぎりにおいてのみ会話を逐語的に記載した報告書で十分であり、またその方が優れてもいる。記録された資料は（少なくとも判決確定まで、再審を考えるとその後も）保管されなければならず、必要な場合には公判に提出されなければならない。

III　原判決は、とりわけ新たな鑑定人の召喚を求める証拠申請の誤った却下に基づいており、破棄されなければならない。LGが（判決理由の一頁半にわたって記載されているにもかかわらず）鑑定は確信形成にとって重要ではないと見なしていることも、その点を変更するものではない。原鑑定の欠陥に鑑みると、新たな鑑定人が学問的に認められた異論のない方法により証人の申立の措信性について別の評価に達することもありえたからであり、もしそれが行われていれば、LGの証拠評価に影響を及ぼし別の判決に至らせたということを排除できないからである。本件は新たな審理と裁判を必要としている。

一般的に言えば、事実審裁判官が措信性鑑定の実施を要すると考えた場合、学問上の最低限の要請の保持を確保することは、原則として彼の任務である。そのために裁判官は、鑑定人の活動を導くというその権能を行使しなければならないのであり、精確な鑑定委託とりわけ鑑定が基点とすべき関連事実の伝達は、それに役立ちうる。通常、鑑定の構想・実施・結果について判決理由中に詳述する必要はない。鑑定の理解とその説得性および法的過誤のないことの判定とに必要なように、重要な関連事実および方法の説明を含んでいれば十分である。訴訟関係人が、鑑定は学問的要請を充たしていないと考えた場合、彼は新たな鑑定人の選任を目指さざるをえないであろう。裁判所がその証拠申請に従おうとしないとき、裁判所は、通常は、申請者が鑑定の欠陥を具体的に述べている場合にのみ却下決定に詳細な理由を示す必要がある。鑑定の欠陥が具体的に述べられている場合、少くともその欠陥について原鑑定人を聴取し意見表明の機会を与えることは当然のことであろう。

二 本判決の位置づけ

弁護士のR・デッカースは、一九九九年の（本判決に先立つ）論文において、この分野における戦後の展開を、大要、次のようにまとめている。戦後直後は、禁欲的な風潮の下で、児童との性的関係自体がタブー視され、それが児童証言に対する懐疑的評価に結びついていたが、一九六〇年代における性の解放化は、そのタブーを除去するとともに、児童が性的被害者と位置づけられるようになり、それに前後して、刑事事件において児童被害者の証言の信用性を肯定する心理学鑑定が重視されるようになってきた。一般社会でもマスコミでも、児童証言に対する懐疑から措信への展開が見られ、それに被害者保護の潮流が加わった。被疑者は、嫌疑を受けただけで社会的スティグマに晒され、それゆえに容易に自白はすまいという観点から、否認しても信用されないという事態に至っている、と。

デッカースは、右のような力関係の下で、無実の者を罰しないために被疑者・被告人を支援するのが刑事弁護の任務であるとし、とくに、捜査段階における証人尋問への立ち会い権の活用（法二五五条a二項）、対立鑑定人の申請などを提案している。そこでは、最近の供述心理学では代替仮説の吟味を要求しているとし、そこでは「この証人は、その個人的な諸条件の下で、所与の質問状況において、かつ、具体的事件でありうべき第三者の影響を顧慮したときに、この特別な供述を、現実の体験的基礎に基づくことなしに、なしえたであろうか？」ということが問われると指摘している。(6) その趣旨は、本判決にも生かされているといえよう。

心理学者のオッフェによれば、本判決は、供述分析による措信性鑑定の心理学的手続を科学的に根拠があるものと認めたうえ、証人の供述の措信性鑑定の判定に対する諸要求を示したものであり、この最低要求基準の公式化は、すべての訴訟関係人による措信性鑑定の判定にとって歓迎すべき明瞭性を創設したものであって、個別事件においてこの最低要求基準が充たされているか否かを吟味することは、事実審裁判官の任務である。オッフェは、本判決を要約しつつ、措信性鑑定の一般的原則として、仮設に導かれた診断、可視性・再吟味（検証）可能性を挙げたうえ、鑑定に必要な構成要素として、①供述それ自体の分析、②恒常性分析、③管轄分析、④供述の発生および展開の解明、⑤動機分析を挙げている。(7)

刑事弁護士のG・ヤンセンも、「連邦裁判所の基礎的な判決〔本判決〕によって、今や手続関与者が従わなければならない前提条件が創設された。これによって、刑事訴訟において現代の供述心理学的知識を是認し尊重することを巡る議論に終止符が打たれたといってもよいであろう。同時に、第一刑事部は、供述心理学鑑定が手続関与者にとって可視的で跡づけ可能なものでなければならないことを明らかにしたが、この点は著名な心理学者がすでに以前から要求していたところである。連邦裁判所の述べるところによれば、『上述の学問的に最小限の要求の充足を確保すること』は原則として事実審裁判官の管轄に属し、『そのために、彼は、場合によっては鑑定人の活動を導くというその権能（法七八条）を行使しなければならない』のである」と述べ、本判決に従いつつ現代の供述心理学の方法を詳細に検討している。(8)

心理学者でもある弁護士ツィーゲルトは、本判決の評釈において、新たな鑑定人の召喚の申請に際してなされる原鑑定に対する批判に理由がある場合、裁判所は具体的にそれに答えなければならないこと、鑑定は今日の学問的水準を充足していなければならないことなどの点で、本判決の要求するところは精神医学鑑定にも共通するとしたうえ、「第一刑事部判決は、しばしば裁判所が本来なすべき実体的決定が鑑定人に委ねられがちな領域において、事実審裁判官の責任を強調している点で、歓迎すべきものである。連邦裁判所は、事実審裁判官に、単に義務づけるだけでなく、彼が鑑定人の指導およびコントロールにおいてその基礎としなければならない識別規準をも提供している。判決は、たいていは弁護人の申請中で原鑑定を吟味している第二鑑定人の価値を、原鑑定は第二鑑定人に跡づけ可能なように作成されていなければならず、裁判所は第二鑑定人の論拠を立ち入って検討しなければならないとすることによって、高めている。最後に、本判決は、上訴法の観点からも、歓迎すべきものである。もっとも、判例が本判決の約束を今後も維持するか、上告審は事実審でなされた鑑定の内容的コントロールを行うものではないという立場（BGH NJW 1998, 3654, 3655）に再び後戻りするかは、今後の展開に待たなければならない」と述べている。(9)

以上のとおり、本判決は、供述の措信性鑑定についての基本原則を示し、その吟味の方法を示したものとして、学説・実務に好意的に受けとめられた。

おわりに

以上のようなドイツの新判例における供述の信用性（措信性）に関する心理学鑑定のあり方は、現在わが国の心理学にとってはすでに自明のものであるかもしれない。わが国の心理学は、欧米諸国の影響の下に、ドイツよりはるかに進んでいる可能性もあるからである。しかし、少なくとも刑事裁判における心理学鑑定の活用という点において、ドイツとわが国とで格段の差があることは、判例を散見したかぎりでも、明らかに看取しうるところである。その意味で、わが国においても本判決に学ぶべきところは少なくないと思われるのである。筆者としては、本判決が、供述が虚偽であるという仮説から出発すべきであるとしている点、現実標識につき、その図式的な適用を戒め、真実の供述と暗示による供述との区別には役立たないとして、抑制的に捉えている点に、とくに共感を覚えている。いずれにせよ、本稿が、些かでも今後わが国の刑事司法における心理学鑑定の発展に寄与するところがあるとすれば幸いである。(10)

（1）　正式の「趣意書」ではなく発起人会において配布された「趣意書（案）」であり、若干の手直しが予定されている。法と心理学会は、弁護士・心理学者・刑事法学者等による「目撃証言研究会」を中心に設立の準備がなされてきたが、今後の活動範囲は必ずしも刑事事件に限られてはいない。

（2）　U・ウンドィッチ（植村秀三訳）『証言の心理』（一九七三年、東京大学出版会）三八頁以下。

（3） A・トランケル（植村秀三訳）『証言のなかの真実』（一九七六年、金剛出版）一七一頁以下。
（4） E・F・ロフタス（西本武彦訳）『目撃者の証言』（一九八七年、誠信書房）一七九頁以下。
（5） 浅田「年少者の証言と鑑定」竹澤先生古稀祝賀記念論文集『誤判の防止と救済』（一九九八年、現代人文社）三四一頁以下、三六六頁。
（6） R. Deckers, Glaubwürdigkeit kindlicher Zeugen — Vernehmungsfehler und Begutachtung —, NJW 1999, 1365 ff.
（7） H. Offe, Anforderungen an die Begutachtung der Glaubhaftigkeit von Zeugenaussagen, NJW 2000, 929 ff.
（8） G. Jansen, Überprüfung aussagepsychologischer Gutachten — unter Berücksichtigung der Grundsatzentscheidung des BGH v. 30. 7. 1999 —, StV 2000, 224 ff.
（9） U. Ziegert, Ammerkung, NStZ 2000, 105 ff.
（10） ドイツでは、ヴォルムスにおいて発生した三件の児童の性的虐待事件につき、同時にマインツ地裁で審理されたが、一九九四年初頭から一九九七年六月までの（ドイツでは異例の）長期裁判を経て無罪判決が出され、問題になった。本稿では、当初この事件についても紹介・検討する予定であったが、他日を期すことにせざるをえない。

※ 田宮先生は、学会・研究会等を通じて、若輩の小生にもいつも親切に接して下さり、形式的権威とは無縁のその姿勢から、研究者とはいかにあるべきかを教えていただいたように思う。刑法学会の経済的危機を乗り越えるために、京都まで来られて理事懇談会を持たれたのが、つい最近のように思い出されるが、今はただご冥福をお祈りする他はない。

［補遺］　本稿脱稿後の二〇〇〇年九月二一日、筆者は、フライブルクのマックス＝プランク国際刑法外国刑法研究所において、同研究所研究員で心理学士でもあるH・クーリー教授（Prof. Dr. Helmut Kury）に会い、この分野における最近のドイツの動向について情報提供をいただくとともに、本稿で紹介した連邦裁判所判決について意見を伺うことができた。その機会に、原判決の基になった心理学士（Dip.-Psychologin H. Poschenrieder）の鑑定書（一八頁）、弁護人の提出したドルトムント大学シャーデ教授（Prof. Dr. B. Schade）の鑑定書（七頁）、連邦裁判所が依頼した二人の鑑定人、ハイデルベルク大学フィードラー教授（Prof. Dr. K. Fiedler）およびベルリン大学シュテラー教授（Prof. Dr. M. Steller）の鑑定書（前者はJ. Schmid氏との連名で五四頁、後者はR. Volbert氏との連名で一一九頁）の全文をコピーしていただいた。これらの鑑定書については別の機会に改めて紹介したいと考えているが、通覧しただけで連邦裁判所判決が後者の鑑定書に全面的に依拠していることが分かる。クーリー教授によれば、原鑑定人は著名な心理学者アルンツェン教授の設立した私的鑑定機関に属していて、鑑定の手法も同機関に特殊なもの（本文では触れなかったが言語徴表テスト〔Verbalmerkprobe〕など）が用いられており、本判決は、それに対する批判の意味をも有しているとのことであった。

なお、本文冒頭に触れた「法と心理学会」は、二〇〇〇年一一月四日の設立総会において正式に発足した。

10　犯罪後の時の経過と情状事実

井戸田　侃

一　問題の所在

1　先日、松山地裁は、強盗殺人犯行後、約一四年一一月にわたって逃亡生活をつづけて逮捕、起訴された被告人に対して無期懲役刑を言渡した。この事件というのは、昭和五七年八月一九日午後二時頃、被告人は、松山市の被害者宅で、金品強取の目的で、A子を殺害し、同日午後八時ころから午後一〇時すぎころまでの間、現金、家具等を運び出し、奪取したという事実のようである。被告人には、昭和四〇年九月一七日(少年の時)犯した強盗事件により懲役三年執行猶予五年(保護観察付)に処せられ、その他罰金前科二犯がある。求刑は無期懲役。この事件は、控訴されたから引きつづき高等裁判所で審理されることになる。(1)

本稿の課題は、本件犯罪の成否ではなく、犯行後、約一四年一一月(公訴時効期間は一五年――あと二一日)の間の逃亡生活を送り、平成九年七月二九日、福井市で逮捕され、引きつづき起訴された事実が量刑上どのような意味をもつか、さらにはその理由はどうか、またその結果が、刑訴法体系上どのような効果を及ぼすかという問題の検討にある。

この事件については、時効完成期日が近づいてくるにつれて、たとえば、平成八年八月には、愛媛県警察協会が有力情報提供者に一〇〇万円の懸賞金を出すと発表し、九年七月には、被告人の整形手術をした美容整形病院も四〇〇万円の懸賞金を贈ると発表し、マスコミもこの時効完成間近い事実について大きく取り上げ、世論の関心も高かった。

2　そういうこともあり、また弁護人も、「時の経過とともに可罰性が減少するから、公訴時効の完成が近づけば近づくほど、その時の経過は情状面で被告人に有利に斟酌されるべきである」と主張したこともあり、右松山地裁判決は、時の経過と情状事実について詳細に判示する。

その判断は、判決文によれば、大要、つぎのようである。すなわち公訴時効に関する諸規定や自首減軽の制度からみれば、「時が経過することによって証拠資料が散逸し、右目的（注、法第一条の目的）を達成することが困難になるような事態が生じることもあり得る。また日々新たな犯罪が起きている現代社会において、国家社会の人的及び財政的制約を受けつつ、右目的を達成するためには、ある事件について、一定の期間で機械的に捜査などを打ち切る根拠を与えることも、全体的に見ればやむを得ない面がある。そこで、公訴の時効制度は、このような観点から規定されたものと理解すべきである。」として、「公訴の時効制度は、時の経過による犯罪の可罰性の消滅を根拠とするものではない。」「したがって、時効完成間際に公訴を提起されたという事情自体は、被告人にとって、有利な事情とはなり得ない」と判示した。そうしてまた本件逃亡の理由についても、「被告人がやむに止まれず、長期間、逃亡したような事情は認められない」し、「この間、被告人が犯行を反省したり、悔悟したりした事情は認められない」ので、長期間逃亡していたことは被告人に有利な情状とはなり得ないとするのである。

3　この判決は、時の経過が情状事実に影響を及ぼすかという問題について、公訴時効の本質の分析から迫ろうとした姿勢は正しいと思うけれども、公訴時効の本質については、あれもあるし、これもあるとこれまでの学説のいう根拠を並べるだけであって（なお、自首を公訴時効と同旨の制度であるという考え方は特別な考え方のように思われる。公訴時効は時の法律効果である。自首はそうではない）、結局、公訴時効の本質を示すことができなかった。また「やむに止まれず」逃亡した場合や、「被告人が犯行を反省したり、悔悟したりした事情」がなければ、法の定める期間が経っても、公訴時効の完成はないというのであろうか疑問がある。この判決は、公訴時効を考えるにあたっても、「被害者やその遺族の被害感情」を重視し、また「犯人が早期に自主的に処罰を受けるための行動をとることを奨励し」ているという姿勢にもとづく判旨であるといわざるをえないのである。被害者の意思の重視は、公訴時効制度の廃止につながりかねず、また自首を原則と考えることは、憲法が保障する供述拒否権と矛盾する。

4　「被告人がやむに止まれず、長期間、逃亡したような事情」はなくても、「被告人が犯行を反省したり、悔悟したりした事情」はなくても、「被告人が逃亡中に真摯に反省していた」事情はなくても、どのような経過で逃亡しようと関係なく法定の除外事由のない限り、本件については、一五年の期間が経過すれば、公訴時効が完成し、不起訴とすべきであり、もし起訴されたとすれば、免訴の裁判によって打切られることをはっきり認識すべきである。このように時の経過が刑罰を回避させる効果を持つならば、完成日に突然、変化が生ずるというのではないから、その時に近づけば近づくほど――その根拠は別として、結果としては――ゼロに近づく、すなわち刑量が少なくなるというのが常識的な結論であろう。

そういうこともあるのであろう。かりに時効が完成しなくとも、少なくともこれまで新聞記事にあらわれた報道によれば、時の経過そのものが、被告人に対する有利な情状として扱われてきたことは実務上の取扱であったといってよい。

昭和五二年一二月一三日付毎日新聞は、白鳥事件のKさんにつきつぎのように報じていた。「手持ち証拠によって、有罪の立証はできるが、『事件からすでに二十五年を経過して、社会情勢も変わり、その間、帰国できなかったKは、すでに制裁を受けたともいえる。Kの容疑と同じ殺人ほう助罪で起訴された者に対する判決も執行猶予つきだった』などの理由から、拘置の延長は請求せず、起訴猶予をする方針を固めている。」というのである。この種の記事は決してまれではない。そうしてこの理は、保釈逃走の場合――この場合には、公訴時効と異って、時効完成の効果は及ばない――にも及ぶのである。これが一般国民の常識であるからであろう。いま手許にある新聞記事によってもつぎのようなものがみられる。

平成一一年三月二六日付読売新聞によると、「詐欺罪に問われて保釈中に逃走し、一三年間も公判が停止していた兵庫県姫路市内の無職男性に対して二六日午前、起訴から二三年ぶりに神戸地裁で判決が言い渡され、白神文弘裁判長は『裁判の長期化は被告の逃亡のためだが、四半世紀も前の犯行で被害感情もやわらいでいる』と、男性に懲役三年、執行猶予五年（求刑・懲役四年）を言い渡した。」という。その他、平成八年七月二二日付朝日新聞は、「四二年後の有罪判決」という見出しのもとに、「四〇年前に米国製の乗用車を買い受けた際、自動車通関証明書を偽造したとして公文書偽造や関税法違反の罪に問われ、求刑直前に行方不明になっていた男性に対する判決公判が二二日、横浜地裁で開かれた。松浦繁裁判長は、『犯行は計画的』として、懲役三年執行猶予三年、罰金一五〇万円、追徴金約九〇〇万円の支払いを命じた。男性は逃走数年後南米へ渡り、現在はブラジル・サンパウロ市で社長として従業員二〇〇人の食品製造会社を経営しているという。」「松浦裁判長は『三五年間のブラジル生活は刑に服役したと同様の苦しみもあり、逃亡の報いは受けていた。しかし罪は罪なので、相応の責任はとってもらう』」とした旨報じている。また平成五年一〇月二九日付読売新聞は、「逃亡二二年けじめの実刑」と題し、大阪地裁七沢章裁判長は、「……しかし『逃亡中制裁を受けたともいえる』と指摘。『現在は反省しており、昔悪い事をした人には見えない。心情的には気の毒と思わないわけではないが、やった事のけじめは必要だ』と実刑を選択した苦しい胸のうちを明かした。」という。その他私の目についたものでは、平成八年七月二九日付読売新聞は、「保釈中に逃走、二六年ぶり判決、元京大生に執行猶予」、平成一一年三月二六日付朝日新聞は、「一三年逃亡の被告に刑猶予」と報じている。雑誌を見ても、判例タイムズ九六〇号には、約二六年間経過後自主的に出頭した被告人（新宿騒乱事件――騒擾指揮、威力業務妨害、公務執行妨害被告事件）の判決が紹介されている。この解説者は、時効直前の起訴事件における情状についても問題提起している。

このことは、起訴後であっても時の経過による法律効果として、時の経過が刑の情状として一定の影響を与えることが人間感情として正しい考え方であることを示している。

かりに時効完成一日前に起訴されたとしよう。時効完成すればゼロであるが、その一日手前であれば、一〇〇であるということにはならないであろう。時の経過による法律効果は、時効に向かって、徐々にゼロに向かって、つまり処罰価値が減少すると考えるのが一般の常識であると思われる。そこでこの理論的根拠について説明しなければならない。(2)

二　時の経過による法律効果

1　現行法上、全体としての刑事訴訟の中で、時の経過を問題にする場合としては、公訴時効制度が重要であるが、その他に法第一条、憲法三七条一項がある。これらはいずれも時の経過が違法であるとするものであるが、全体としての訴訟の中で時の経過を問題にするものである以上、これらを統一的に理解することが必要であろうと思われる。このような体系的理解を基礎においてこそ論理的に一貫した矛盾のない理解を導くとともに、実定法上足りない点を解釈上補う足がかりをたてることができるのである。その意味で法第一条、憲法三七条一項については、その要件、その法律効果が明文上、記載されていないけれども、解釈上、これを理論的に補うことができるのである。また一定の時の経過後の起訴（公訴時効完成後の起訴）は、違法であることを認識させる。

これまで刑訴法上における諸問題については、問題を個々的に考え、どうすればうまく人権保障という理念に沿うか、どう考えれば真実追求に寄与できるか、どう取扱えば捜査の便宜、審理の能率化に寄与できるかというような政策的視点にもとづいて対立する利益の「選択」という方法によって解釈する傾向が顕著であったといってよい。いま取り扱っている問題にしても、迅速な裁判（憲法三七条）違反の基準の問題と公訴時効の期間とは別であるという考え方が通説であった。その法律効果も、迅速な裁判違反の効果を免訴（公訴時効の法律効果）と見ないというのがむしろ多数の見解であった(3)。そのように個々的に問題を考えることでは何が正しいかという決定的な理由づけがでてこない。「私はそれを選択する」と言うに過ぎないのである。対立する考えもお互いに水かけ論になってしまう(4)。つまりこれまでの解釈の方法論について反省を加える必要があると思われる。とくに重要なことは、公訴時効の問題などにおいては、体系的に基礎づけておかないと、政策の変更ということによって、法の改正があれば、時効制度の存在価値をもくつがえしかねないことになってしまうのである。たとえば被害者の立場の強調は、時効制度の崩壊に連なるであろう。公訴時効制度が憲法三七条一項に根拠をもつということは、きわめて大きな意味を持つ。法第一条が時効制度を支えていることは、時効制度の強力な支柱になる。「迅速」という具体的な内容についても、公訴時効期間プラス通常の審理に要する期間ということがここから出てくる。その基準が客観化されるのである。

2　公訴時効制度については、これまで、実体法説、訴訟法説、混合説とその本質についての見解は、分かれていた。これらは、時の経過が犯罪の可罰性、証拠の散逸など具体的な利益を失うことによって説明しようとしていた。しかしそれがどれかひとつではすべての場合についてうまく説明できないということになって、いまでは国家の政策論によって説明するのが多数の見解となっているようにみえる。具体的な理由づけを放棄したのである。その考えはよくわかるけれども、もしその政策を変更したということになれば、理論上、公訴時効制度自体の抹消をもたらすことになってしまう危険があるのである。公訴時効制度は、いまでは国家の市民権を獲得した制度であるといっても、右の松山地裁判決のような考え方を押しすすめれば、公訴時効制度はやめてしまえという方向に動きかねないのである。それは被害者の神経をさかなでする制度であり、悪人を不当に解放する制度であるといわれかねない。その原因はその存在根拠が正当に把握されていないからである。公訴時効制度は、法律がそれを定めているからその制度があるというものではない。それが正しいからこそその制度があるのである。体系的な理解が必要である所以である。

3　それでは、公訴時効制度は何故存在するのか、その根拠を示す必要がある。

これまで公訴時効制度は、国家的視点から可罰性がなくなる、訴訟上立証が困難になる、さらには国家が処罰権を抛棄したのだ等々国家的な視点からの説明が通常であった。私はむしろ視点をかえて、時の経過によって被告人(被疑者)に与えた不利益を法が考慮したものともいえないだろうかと思っている。時効制度は被疑者のための制度であって、国家の都合を考えた制度ではないというのである。発想の転換が必要であると思っている。まさに憲法三七条一項は被告人(被疑者)の立場という人権保障の見地から迅速な裁判を要求したのである。長期裁判が被告人らに与える不利益な影響を考慮したのである。そうしてその具体化の一つの現れとして起訴前においては、公訴時効においてこれを具体化しようとしたということができる。その意味で被疑者が逃亡した結果であろうかどうかは関係がないし、その間反省したり、悔悟したりしなかったかは関係がない。ただ犯人が国外にいる間は、捜査機関の権限が及ばないため時効の進行が停止するだけである。起訴後においても、法二七一条二項がそうである。ただこの場合には、一旦起訴されたので逃げ隠れているかぎり、時の効果の進行は停止すると定めたとしてよい。

時の経過は、被告人(被疑者)に対して大きな不利益を与える。たまたま私が見つけた新聞記事もこれを伝えている。「逃亡一七年に執行猶予刑、収監の元組員『時の流れは重い』」(昭和五四年六月一六日付読売新聞)、「三〇年目、やっと判決『苦渋、刑に匹敵』と猶予」(昭和五五年五月六日付毎日新聞)、「晩年を裁判くぎづけと猶予、一八年前の手形乱発」(昭和五五年一〇月一八日付毎日新聞)というが如きである。その他私の目についたものでも「逃亡三二年、捕まる」という見出しで、「再婚した妻にも過去を秘めた逃亡生活に疲れ果てた六二才のこの男は『心の重荷がおりた』と裁きを待っている。」被告人も、「三二年間の逃亡生活について、『ワシの人生の半分が逃亡生活や。気が安まることがなかった。これで心の重荷がとれた』と捜査員に心境を語っている。」という(昭和五三年九月七日付毎日新聞)。「逃亡一三年→神戸で逮捕」は、被告人は、「約八年前から女性と同居し子供が二人いるが、逃走の事については知らせていない。同署員には『逃亡生活に疲れた』ともらしている」という（平成六年一〇月二五日付朝日新聞）。「逃亡二二年、控訴・保釈中不明に」という見出しの事件は、「枝川被告は長い逃亡生活に終止符を打てることから、『迎えに来てもらってよかった』と係官に話したという」（平成一一年六月二九日付毎日新聞）。さらには、時効完成した事件についても、「行員、脳裏で生きていた」「殺害告白の男性」「良心の責めに苦しむ」「『時効待って』名のり出る」という見出しで、「白昼の人込みの中にさえ彼の姿があり、足が進まず、その場で吐いたり、吐血をしたり、……。夢は月日が経過するに従って回数が多くなる。私の脳裏では彼は生きていました。」といい、「女房や子供がいたからしゃべっちゃいけない。一五年がたったらしゃべろう」「この手紙を出すことによって恐怖は多少は安らぐかもしれませんが、良心の呵責からは死ぬまで逃れることはできません。お許し下さい」といったという（平成一〇年二月二八日付朝日新聞）。また、「強盗殺人はすでに時効が成立、捜査、公判の過程で『被害者にはすまない気持ちでいっぱい』と偽名で生きてきた三十一年間の逃亡生活の苦しみを吐露した」被告人の具体的な苦しみを報じている（平成六年一〇月一三日付読売新聞）。

犯罪後の時の経過は、被告人（被疑者）に対して、一般に、刑を受けたのに匹敵する制裁を加えるのであろう。いつ逮捕され、刑を受けるかも知れないからである。これは起訴後の逃亡の場合も変わりはないし、刑の時効の場合も等しく考えてよい。ただそれぞれの段階の特殊性によって、起訴前、起訴後、刑確定後の時効期間、停止（中断）事由等々に相違があることに注意すれば足りる。時効制度を続けてきたこれまでのわが国民は、時の経過が犯罪者に与える影響については大きな考慮を払っていたといえるのである。

4　日本の刑訴法は、起訴便宜主義をとっている。ここでも現行法の謙抑主義が現れている。起訴・不起訴の決定にさいしては、たとえ犯罪が成立しても処罰する必要があるかどうかを検察官が検討する義務があり、情状事実から考えて処罰する必要がないときは起訴してはならないと私は考えている。時の経過によって処罰を必要としないときも、処罰する必要がない場合として起訴してはならないのである。公訴時効未完成が訴訟条件であることはもちろん、これを包含した起訴猶予事情がないことも一訴訟条件である。そうしてもし訴訟条件が欠けているのに検察官が起訴すれば免訴とする。(5) これは法三三七条四号の規定に即応する。このようにして公訴時効が免訴事由になっていることは、起訴便宜主義違反も免訴事由であることを示しているのである。

これは公訴時効が完成してしまった場合であった。その時にはもはや具体的刑罰権の実現（処罰）の必要がないものとして起訴猶予処分とすべきである。そうしてもし時の経過が公訴時効の完成に至らないときには、その期間は起訴猶予すべき一つの条件としてそれなりの考慮をうけることになる。

起訴後においてもその理は、変わらない。ただ起訴後においては、公訴時効の進行は停止するから、公訴時効の完成ということはありえない。しかし時の経過は、起訴猶予すべき事由の一つとしては生きている。したがって起訴後には時効完成ということはありえないけれども、起訴猶予事由発生ということはありうるのである。時の経過以外の情状事実と相まって、起訴後において起訴猶予すべき事由が発生すれば、免訴によって手続を打切ることになる。

5　このように見てくると、つぎのように結論づけることができる。

刑事における時効制度は、憲法三七条一項にもとづく被疑者（被告人）のための時の経過による法律効果として、被疑者（被告人）のうけた時の経過による苦痛を考慮した結果、被疑者（被告人）の利益のための制度であり、それは起訴猶予すべき一つのファクターとして位置づけるべきである。公訴時効が完成したときには、処罰する必要のないものとして起訴猶予処分をうける。もし誤って起訴されたときには免訴の裁判をうけることになる。起訴後においても同様である。ただこの時には時効完成ということはないだけである。

それは、憲法三七条一項違反の法律効果は、免訴判決であることを示している。と同時に「迅速な裁判」違反とは、公訴時効期間に通常、この事件に要する審理期間を足したものということになる。かくして起訴後においては、時効完成ということはないけれども、時の経過により起訴後における起訴猶予事由の発生として、免訴の判決をうける余地のあることを示している。(6)

右松山地裁のようなケースにおいては、時の経過による有力な情状事実になる。これらは法第一条の目的に支えられているのである。

三　この理論的効果

このテーマの直接的な結論については右にあきらかにしたとおりであるが、これから生ずるその他の結論について、まとめておこう。

① 法二四八条にもとづく起訴猶予処分のファクターとなる「情状」についてはここではあきらかにしていないが、起訴の前、後を問わず、犯罪の後の時の経過は、この一情状としての位置づけをもつ。したがって他の諸情状の一つとして評価されるべきである。改しゅんの情があるとか被害弁償をしたというような事情があれば、公訴時効が完成していなくても、起訴猶予になる。他の情状事実との総合評価が可能となるのである。

② 起訴猶予すべきでないことを訴訟条件とするから、起訴後においてもこの判断が可能となる。そうして訴訟係属中でもそれ自体で、あるいは他の事情の相まって、処罰するべき事情がなくなったと判断すれば、裁判所は免訴によって手続を打切ることができる。

③　時の経過を一情状として位置づけるのであるから、犯罪の大小によって、処罰する必要がなくなったかどうかの判断が異なることになる。大きな犯罪については、大きな情状事実を要するのは当然である。

④　この考え方は、私の主張する公訴権濫用の一環として位置づけることができることが重要である。公訴権濫用については、すでに繰返し述べたところであるので、ここでは省略する。まとまったものとしては、「公訴権濫用論」（学陽書房、一九七八年）、最近のものでは、「公訴権濫用の理論と現実」新・生きている刑事訴訟法（一九九七年）を参照せられたい。

（1）　松山地裁平成一一年五月三一日判決、判時一六八四号一三一頁。

（2）　公訴時効をめぐる理論的問題については、すでに私も説明したことがある（井戸田「公訴時効理論の再構成」団藤古稀論文集第四巻、一九八五年）。本稿は、情状に焦点を当ててそれを整理したものであることをお断りしたい。

（3）　これらについては、たとえば、田宮「刑事訴訟とデュー・プロセス」（一九七二年）三一五頁以下、三三一頁以下など。田宮教授は、異常な時の経過はせいぜい未決通算として考慮されるだけであって、量刑事由とは関係ないとされた。

（4）　この間の問題については、井戸田「刑事訴訟におけるデュー・プロセス論の限界」（中山古稀論文集五巻、一九九七年）。

（5）　これが私の主張する公訴権濫用の一つの場合である。

（6）　その意味で高田事件最高裁大法廷判決（昭和四七年一二月二〇日刑集二六巻一〇号六三一頁）が免訴判決を言渡したことはこの考えに即応する。この判決は当然の判決であって、一般にいわれているような特殊な判決であるのではない。

11　無罪判決破棄自判の問題性

光藤景皎

一　問題の所在

さきに、平場安治博士は、「控訴審の逆転死刑判決と再審」と題する論文(1)の中で、一審無罪判決を、検察官控訴をうけて控訴裁判所が破棄するとともに有罪の自判をすることの問題性について次の如く述べられた。すなわち、一審無罪、二審逆転有罪の場合には、一審有罪、二審逆転無罪の場合とは平行的に考えられない問題があるとし、二つの点を指摘されている（数字は筆者）。

①「一審有罪の場合は、公訴犯罪事実の全体にわたって、『合理的疑いを超える心証』が得られた場合である。従って、そのどこかに、『合理的疑い』があることの立証に成功すれば、破棄無罪の判決が得られるのである。従ってこの場合の控訴審での争点は、公訴犯罪事実認定のすべてに及びうるのである。これに対して、一審無罪の場合は、公訴犯罪事実を認定する上で一つでも合理的疑いを残す場合は、無罪の結論が出るのである。この判決

を攻撃する控訴では、合理的疑いがあるとした点を反論してその認定を覆そうとすることになる。これが成功して、一審の示した合理的疑いを払拭したとしても、それで以って、公訴事実全体について合理的疑いを超えたことには必ずしもならないのである。それは、無罪となった点は、とことんまで心証をとって、合理的疑いを抱いたのではあるが、その他の点は、結論を左右することのない傍論であるから、合理的疑いがないかどうかまでの心証をとる必要はなく、一応の認定で済ませている可能性があるからである。従って、公訴犯罪事実全体を争点にするためには、第二の第一審の手続が必要なのであって、破棄して第一審に差し戻す必要があるのである」。

②「殊に、第一審無罪判決において認定された被告人に不利益な事実は、被告人の方から、これを争うことはないであろうし、まして検察官の方から、これを争うことはない。そうすると、無罪理由となった事実が覆ると、これらの点は争点となることなく、当然あったものとして認定され、争点となることなく確定するということになる」と。

ここで言われているのは、第一審が有罪判決の場合は公訴犯罪事実を構成するすべての事実について合理的疑いをこえた立証がされたことになっているのだから、控訴審での争点は公訴犯罪事実のすべての事実に及びうる。これに対し、第一審無罪判決のばあいには、逆に、すべての事実を検討しないでも公訴犯罪事実を構成する一つの事実につき合理的疑いが生ずれば無罪判決がなされる。控訴審では、合理的疑いありとされたその(争点)事実の存否に攻防が集中し、被告人にとって有利であるかもしれないその他の争点は欠落することになる。それなのに、破棄・有罪自判を認めると、争点欠落のまま有罪認定に至るおそれがある（第一）。

また、一審無罪判決の中で認定された被告人に不利益な事実について、被告人はこれを争わないであろうが、無罪判決が破棄され、有罪の自判がなされると、争わなかった不利益な事実は争点となることなくそのまま確定することになってしまう（第二）。

この、第一、第二の理由から、平場博士は一審無罪を破棄し有罪判決をするためには、第二の第一審の手続が必要即ち、破棄して差戻す必要があることを主張されたのである。

上訴制度は異っている（軽微な犯罪については、覆審たる控訴審と、法律審たる上告審の審査をうけうるが、一定以上の重さの犯罪については法律審たる上告審の審査があるだけである）が、ドイツでも、一審無罪判決を、上告裁判所が有罪判決でもって取って替えることができるか、即ち破棄ののち、有罪の自判ができるかどうかについては、第二次大戦後、激しい議論が展開されてきたのである。

もっとも、ドイツでは、上告審が、判決の法令違反を審査する審級である（ドイツ刑訴三三七条一項）ことのほか、三五四条一項に次の定めがある。すなわち

第三五四条（自判・破棄差戻し）

① 判決の破棄が、判決の基礎となった事実認定への法の適用にあたっての法令違反のみを理由として行われるときは、上告裁判所はさらに事実を審理することなく無罪または手続の打切りもしくは無条件に定まった刑を言渡すべきとき、または、上告裁判所が検察の申立てと一致して、法定の最下限の刑もしくは刑の免除を相当と認めるときは、事件について自ら裁判しなければならない。

② その他の場合には、上告裁判所は、事件を不服が申立てられた裁判をした裁判所の別の部、または同一州内のそれと同等の他の裁判所に差し戻さなければならない。高等裁判所が第一審として裁判した手続においては、事件を同一裁判所の他の部に差し戻さなければならない。

したがって、本条文からすると一審の無罪判決を上告審は破棄し有罪の自判をすることはできないはずであるが、三五四条一項が類推適用されて、実務においては、訴訟経済の観念とも相まって、これが行われる傾向にあ

る。それに対し、一部裁判例は、一審無罪判決のばあいの有罪の自判に異論を唱え、学説は、殆んどすべてが、これに反対している。

反対論の主たる根拠は次のようである。即ち、

①一審で、公訴犯罪事実を構成する一つの事実又は要素について合理的疑いを超える証明がなかったならば、それだけで無罪判決が下される。この無罪判決の基礎にある認定事実は、有罪判決の基礎としては不十分である。原判決の法令違反の存否の審査を任務とする上告審自身がこの事実を基礎として有罪判決をすることは許されない。

②無罪判決に対して、その言渡しを受けた被告人は、上訴の利益を有しないので、それに被告人に不利益な事実認定が含まれていても、（独立に）これ（この争点）を争うことが許されない。せいぜい、検察官の上訴理由に対して答弁書を提出して対抗できるだけである。そうすると、有罪の自判を認めると不利益な事実認定は被告人にはこれを正面から争う機会のないままそのまま確定してしまうことになる。これは極めて不公平である。

この論拠は、上訴制度を異にするわが国の状況に対しても反省を迫るものがある。この論拠を、詳しく紹介・検討するに先立って、わが国の一審無罪・破棄自判をめぐる問題状況を概観しておくことにしよう。

田宮裕博士は、上訴制度についても、通説に囚われず先見性ある理論でもって、私達の蒙を開いて下さった。感謝の思いをこめて本論文を田宮裕博士に捧げる。

（1）　平場安治「控訴審の逆転死刑判決と再審」ジュリスト九九七号（一九九二年）五二頁以下。

二　わが国の判例と問題状況

一審無罪の判決を控訴審において有罪とする場合の自判について、わが国における取組みは（あるいは分析の視点）は、刑訴四〇〇条但書の解釈として展開されてきた。

かつて、最高裁は、最判昭二六・一一・一九刑集五巻一号一二頁において、「刑訴四〇〇条但書には、それに『及び』の辞句を用いているからといって控訴裁判所が訴訟記録及び第一審で取り調べた証拠のみによってただちに判決することができると認める場合でも、常に新たな証拠を取り調べた上でなければいわゆる破棄自判ができない旨を規定しているものと解すべきではない」としていた。法令適用の誤りを理由に原判決を破棄し、自判するような場合には、新たな証拠を取り調べなくても足りる場合もあろう。しかし、問題は、無罪を破棄し有罪の自判をする場合にも右判旨が適用されるか、にある。(1)最初、最高裁は適用されるとしていた。例えば最判昭二九・六・八(2)は次のように述べているからである。即ち、

「原審が自ら事実の取調をなさず単に書面審理によって第一審の無罪の判決を覆し有罪の認定したことを非難するが、刑訴四〇〇条但書の解釈として、控訴裁判所は訴訟記録及び第一審で取調べた証拠のみによって直ちに判決することができると認める場合でも、常に新たな証拠を取り調べた上でなければいわゆる破棄自判ができないものではないとするのが当裁判所の判例の示すところである。……従って原審が書面のみによって事案を審理し自ら判決したからといって違法であるとはいえない」と。

この判決の中で小林俊三判事は、次のような少数意見を唱えられていた。すなわち、第一審の無罪判決に対し、控訴審が破棄自判によって有罪判決するばあいは、控訴審が結局公訴事実そのものを自ら認定することに帰する

のであって、いいかえれば控訴審ではじめて罪となるべき事実すなわち犯罪構成要件を具備する事実を証拠によって認定するということである。従って厳格な証明を必要とするのであるが、仮りに第一審で取り調べた証拠が手続上適法であり、証拠能力において欠けるところがないとしても、その証明力に対する価値判断は、第二審の裁判官の全く自由に定め得るところであり、また人間として異なる以上、その判断が第一審と異なることのあるのは当然であって、審級の意義もここにあるのである。してみれば、本件のように証拠の証明力について、第一審で一たん無に帰した証拠が、控訴審で逆に有罪の証明力を認められることとなる関係においては、被告人は控訴審ではじめて公訴事実すなわち罪となるべき事実を認定されるのであるから、控訴審として改めてこれらの証拠につき少くとも被告人の意見弁解を聴き本来の防禦方法を行う機会を与えなければ、刑訴のもっとも重要な原則が被告人に行われない審判があることを認めることとなり、その不当なるこというをまたないのである」と。ここでもっとも重要な原則とは、直接審理主義と口頭弁論主義を指しているのである。

やがて、この考えは、最高裁の多数意見としてとり上げられることになるのである。すなわち、最(大法廷)判昭三一・七・一八(3)は、次の如く判示した。

「本件の如く、第一審判決が被告人の犯罪事実の存在を確定せず無罪を言渡した場合に、控訴裁判所が第一審判決を破棄し、訴訟記録並びに第一審裁判所において取り調べた証拠のみによって、直ちに被告事件について犯罪事実の存在を確定し有罪の判決をすることは、被告人の前記憲法上の権利(注・憲法三一条・三七条)を害し、直接審理主義・口頭弁論主義の原則を害することになるから、かかる場合には刑訴四〇〇条但書の規定によることは許されないものと解さなければならない」と。

右の判例は、第一審判決が「被告事件が罪とならない」として無罪としたのを、控訴審が有罪の自判をした場合であるが、最高裁は、証拠不十分で無罪とした場合についても同様としている。

即ち、最(大)判昭三一・九・二六[4]は

第一審判決が起訴にかかる公訴事実を認めるに足る証明がないとして、被告人に対し無罪を言渡した場合に、控訴裁判所が右判決は事実を誤認したものとしてこれを破棄し、自らなんら事実の取調をすることなく、訴訟記録及び第一審裁判所で取り調べた証拠のみによって、直ちに被告事件について、犯罪事実の存在を確定し、有罪の判決をすることは、刑訴四〇〇条但書の許さないところである。

とした。

昭三一年大法廷判決に対して、学説はおおむね賛意を表明した。たとえば、平野龍一博士は「……したがって控訴審は、はじめて犯罪事実を認定することになる。そのためには、……一審と同じように適法に証拠調をする必要がある。たしかに、四〇〇条但書そのものからは、右の趣旨は明らかではない。『訴訟記録および原審で取調べた証拠』で自判できるとしているので、反対意見のような所論も訴訟法の規定だけからみれば不可能ではないようにもみえる。しかし、犯罪事実の認定については、憲法三一条および三七条が、被告人に公判廷で直接証拠を吟味する権利を保障しているのであるから、少くともこれを満足させるだけの手続は必要である。反対意見は、一度、すなわち第一審で吟味の機会を与えた以上、ふたたび控訴審で吟味の機会を与える必要はないとするのであるが、やはり事実認定をする裁判所の前で吟味する機会を与える必要があるといわなければならない」とし、判旨が、「憲法三一条の趣旨に沿って、控訴審の審理の適正をはかったのは極めて妥当なものというべきである」とされている。[5] この趣旨は三一年九月二六日判決にも妥当するとされている。[6]

高田卓爾博士も、「第一審が直接審理に基づいて行った事実の認定および刑の量定を控訴審が単なる書面審査に

よって変更することは、現行法が第一審における審理を重視し直接審理主義を強化した趣旨に反する」とされている。(7)

たしかに三一年七月一八日の大法廷判決のいわんとするところが最も適切にあてはまるのは、むしろ同年九月二六日の事案のように一審が犯罪の証明なしとして無罪を言い渡したのを控訴審が有罪に改めようとする場合であろう。(8)すなわち、第一審では有罪認定の根拠となる事実の存在が認められないとした同じ証拠で、しかも、これを被告人の面前で証拠調の手続をとることもなく、第一審とは異って、右事実の存在が認められるとすることは、憲法三一条の趣旨に反することとした点に、学説の共感を呼ぶ理由があったものと思われる。

だが問題がないわけではない。本判決（最判昭三一・九・二六）も、「自ら何ら事実の取調をすることなく無罪の第一審判決を破棄して前記の如く直ちに有罪の言渡をした原判決は違法であって、」と判示し、控訴裁判所が何か事実の取調をしさえすれば、犯罪の証明なしとして無罪を言い渡した一審判決を、有罪判決に改めて自判することが許されると解している。殊に本判決が原判決だけを破棄し、事件を原裁判所即ち控訴審に差し戻して、第一審に差し戻していないところをみると、控訴審に今一度事実の取調をする機会と与えているものの如くである。(9)第控訴審を事後審とする現行法の立場と矛盾するところがあると岩田判事は指摘されたのである。

中武靖夫教授（当時）は、この状態を「本件判決（最判昭三一・七・一八）によって、従来の判例は変更された。無罪を有罪に自判するためには、書面審理だけで、被告人の直接の弁解も聴かないでしてはならないことになったのである。このこと自体は、最高裁としては大きな前進であるが、未だ四名の裁判官の反対意見が表明されている。この二つの考え方の相違は、一見、被告人の防禦権の尊重と、控訴審の事後審的性格の強調の対立からくるように見える」と評されたのち、次の如く述べられている。即ち、「しかし問題は、控訴審が本来自判すべからざるときに、敢て自判した点にある。事件を差戻または移送をすれば、被告人の防禦権を侵すことにもならず、また事後審としては本来そうすべきものなのである。訴訟経済の原則も、このような刑訴法の根本原則・基本構造を破壊してまでも遵守しなければならない筋合いのものではない。最高裁は、実務において、この、原則と例外の関係が逆立ちしている現象を、もっと反省すべきであった」と。(10)

つづいて、「本判決は、事実の取調さえ行うならば、無罪を有罪に自判することも許される、ということを裏面の意味として判示している。しかし、何度も言うように、無罪を有罪に自判することは、本来許されないことである。これを許すとするがゆえに、ここに新しい問題を提起した。①一つはこの事実取調の程度であり、②他の一つは、法令適用の誤りで破棄して、無罪を有罪に自判するばあいには、事実の取調を必要としないかどうかの問題である。本件は、一審において犯罪事実が確定されなかったのであるから、このばあいについての判断は示されていない」（番号筆者）と述べられている。(11)

かっての多数意見や現在の少数意見が、控訴審の事後審としての構造と、直接主義・口頭弁論主義は一審において実現されていれば足ることを理由として、一審の無罪判決を書面審理のみでくつがえして有罪の自判をすることにちゅうちょを感じなかったのに対し、中武教授らの説は、最高裁の新判例を、被告人の防禦権の保障の見地から歓迎すると同時に、そのために新判例が控訴審が無罪判決を破棄し自判するためには事実の取調さえすればよいとすることに対し、それでは、控訴審が覆審化せざるをえず、それは現行法の予期せざるところであった、という観点から――また被告人の防禦権の保障を十全ならしめるためには他に「差戻し」という方法があるのだから、すべからずそれによるべしという観点から、――新判例を批判されるものであった。

ここには重要な問題提起があったと言わねばならない。

(1)　中武靖夫『注解刑事訴訟法(下)』一八五頁。
(2)　最判昭二九・六・八刑集八巻六号八二一頁。
(3)　最判（大）昭三一・七・一八刑集一〇巻七号一一七四頁。
(4)　最判（大）昭三一・九・二六刑集一〇巻九号一三九一頁。
(5)　平野龍一『刑事判例評釈集』一八巻一〇七～一〇八頁、団藤重光『刑事訴法綱要』五四五頁も、判旨を基本的に支持されている。
(6)　平野龍一『刑事判例評釈集』一八巻一四八頁。
(7)　高田卓爾『刑事訴訟法二訂版』五四六頁。
(8)　岩田誠『最高裁判所判例解説・刑事篇・昭和三一年度』三一一頁。
(9)　岩田誠・前掲書三一二頁。
(10)　中武靖夫『総合判例研究叢書・刑事訴訟法(17)』（一九六五年）一八九頁、『中武靖夫刑事法論集』（二〇〇〇年、天理時報社）七八六頁。
(11)　中武靖夫・前掲叢書一八九頁。

三　ドイツの判例・学説

「一審無罪判決を破棄して有罪の自判をすることができるか」はドイツでも激しく争われ、現在も争われている。もっとも、一定以上の重さの事件の第二審にして終審を担当し、原判決の法令違反の有無の審査を本則とするドイツ上告裁判所の権限をめぐる論争が中心である。しかし、そこでなされてきた議論は、わが控訴裁判所が、一審無罪判決を破棄・自判できるかの問題を考えるに当っても益するところが多い。以下、この問題の紹介と検討に入ろう。

1　判例の流れ

(1)　ライヒ裁判所の構成員だったハルトゥングが、上告裁判所は、無罪判決を有罪判決によって置き換える権限があるなどとは考えたこともなかった、と述べて以来[1]、ライヒ裁判所にさような判決はないと思われてきた。だが、例外があったらしい。一九二九年のライヒ裁判所五〇周年記念論文集の中で、シュナイデヴィン（Schneidewin）がライヒ裁判所が、事実認定が確定しているばあいに「無罪判決を有罪判決によっておき代えた」事例が存在したと報告している[2]。また、一九四二年に、侮辱罪につき、構成要件が充足されておらず、告訴も有効になされていないことを理由としてなされた無罪判決を、有罪判決によって置き換えている[3]。このようにみると、ライヒ裁判所が先行する無罪判決を破棄し有罪の自判したことはないとはいい切れないが、他方かかる例がきわめて稀であったことは間違いない。

(2)　第二次大戦後、イギリス占領地区の最高裁判所は、それが存在した短い期間内に数回無罪判決を破棄し有罪の自判をしたことが報告されている[4]。

連邦通常裁判所は、この立場を継承した。例えば、前審が不可罰な予備行為と評価し、それにより被告人を無罪とした事案につき、可罰的未遂を認め、有罪に変更したもの[5]、前審が注意義務違反と生じた結果の間の因果関係を否定し過失殺の公訴事実につき無罪を言渡したのを、右因果関係を肯定することにより、破棄・有罪としたものなど[6]がその例である。

上級地方裁判所の判例は、不統一であるが、概して、事実審において無罪を言渡された被告人に対する上告審による有罪の言渡しは適法と見做されているようである[7]。

これに対して、無罪判決の、上告裁判所による有罪判決への変更を原則として許さないとする裁判例や、特別の例外的事情のもとでのみ許す裁判例があるのが注目される。

(3)　その点で最も注目を浴びるのが、バイエルン上級地方裁判所一九六〇年九月六日判決である。(8) 上告裁判所が、無罪判決を有罪判決に置き換えることができるかの問題に対し、基本的には否定的な立場をとっている。その理由とするところは次の通りである。

①　破棄された無罪判決の基礎にある事実認定は有罪判決を支えるには不十分であることを第一の根拠としている。即ち、事実認定の基盤(Grundlagen)は、被告人が無罪判決を受けるときと、有罪判決を受けるときとでは異っている。有罪判決のばあいには、判決理由が、証明されたとみなされる事実——その中には犯罪行為の法律上の要件事実があげられる——を示さなければならない。それは、被告人の刑法上非難さるべき行為全体についての、(主観的及び客観的側面にわたる)裁判官の確信の表現である。裁判官は公判に提供された証拠及び必要と思われる証拠を十分に汲み尽したときにのみ右の確信に達することができる。これに反し(無罪判決の場合)裁判官は、被告人の罪責を何らかの点で、証明可能でないと考えるならば、その余の証拠を調べることは許されないし、調べるべきでもない。むしろ、要にあるのは、事実審裁判官が、そのための証拠を不十分とみなすのであれ、証明されたとみられる被告人の作為又は不作為を可罰的でないとみるのであれ、犯罪を構成する事実の否定なのである。この法律の定める要件事実の一つが、公判審理の結果充足されていないという事実審裁判官の評価が、彼の判断を決定し、結果として無罪判決になるのである。その余の認定は従属的な意義をもつにすぎない、というのは、それらは判決を担ってはいないからである。ここに有罪判決のばあいと、無罪判決のばあいとで、原審の事実認定に差があるのである。

②　第二に、無罪判決に対し、その中の認定に仮に不服があっても、被告人は上訴を申立ててそれを争うことができないことも有罪の自判に反対する理由だという。即ち、無罪を言渡された被告人には、「証拠が手続の誤りのため十分取調べられなかった、したがってそういう資料にもとづいてなされた事実認定は、法的に瑕疵がある」として、上訴を申立てることもできない、と。

(4)　この判決に示された無罪判決破棄有罪自判に原則反対の理由付けは、その後の裁判例の動きにも、とりわけ学説に大きな影響を及ぼしたことは否定できない。

もっとも裁判例は、いかなる場合に例外的に破棄有罪自判を認めるかにより、おおむね次の型に分類できる。(9)

ⓐ　事実審裁判官による無罪判決があった場合には、上告裁判所による有罪判決の自判は、いずれもこれを許さないとするもの（例・ライヒ裁判所の判例）。

ⓑ　上告裁判所による有罪判決は、すでに事実審が被告人の罪責を認定したが訴訟障害の結果手続打切りか、（誤って）無罪判決していた場合にのみ許されるもの（BGH NJW 1952, 1263, OLG Hamburg NJW 1962, 754）。

ⓒ　上告裁判所による有罪判決は——ⓑの場合は別として—事実関係は認定済みで、ただ極く限られた法律問題だけが問題となるとき（例えば予備かそれとも未遂、警告かそれとも脅迫）、許容されるとするもの（KG, JR 1957, 270）。

ⓓ　事実審裁判官による無罪判決のばあいの上告裁判所による有罪判決が、有罪判決として初めてのものでないときにのみ、許容されるとするもの（OLG Hamburg NJW 1956, 756）。

ⓔ　事実審裁判官により無罪判決のあった場合の、上告裁判所による有罪判決は、上告裁判所の考えによると、（差し戻しても）事実審はそれ以上、被告人に有利なことは何もなしえないと思われるとき、許容されるとするも

の (OLG Köln, JMBl, NRW 1952, 14)。

このように分類したのち、ペータースは、判例の傾向を次の如くまとめている。すなわち、判例の傾向は、事実審による無罪判決があった場合の上告裁判所による有罪判決の原則的拒否（ライヒ裁判所判例）から、原則的許容（イギリス占領区の最高裁判所判例）を経由して、有罪判決の限定的場合の許容に至っている、と。[10] 原則的許容にゆかぬための重要な論拠を提供したのが、前掲バイエルン上級地方裁判所の判決 (3) だったといってよいだろう。

（1） Hartung, Fritz: Revisionsurteil oder Revisionsbeschluß?, ORZ 1950, 219 (220).
（2） Schneidewin, Karl: Zur Entwicklung der Rechtsprechung des Reichsgerichts, in: Fünfzig Jahre Reichsgericht am 1. Oktober 1929, 270 (322) (Walbaum, S. 80による)。
（3） RGSt 76, S. 226.
（4） Walbaum, Ina: Schuldspruch in der Revisionsinstanz nach freisprechendem Urteil des Tatgerichts (1993), S. 80.
（5） BGH Urt. v. 12. 04. 1957.
（6） BGH VRS 54 (1978) 436 (438).
（7） Walbaum, ibid., S. 80.
（8） BayObLG Urt. v. 6. 9. 1960, NJW 1961, 742.
（9） Peters, Karl: Schuldspruch durch das Revisionsgericht bei Freispruch in der Tatsacheninstanz, in: Festschrift für Ulrich Stock, 1966, S. 199.
（10） Peters, ibid., S. 200.

2　学説の展開

(1)　1(3)のバイエルン上級地方裁判所の判決についての注釈の中で、ペータースは同判旨に対する賛意を表明した。即ち、原審無罪判決に対する上告裁判所の有罪判決には、十分な証拠調の保障が欠けていること、また、瑕疵ある手続に基く事実認定に対しても防禦が制限されていること、を強調した。[1] 上告裁判所による独立の有罪判決というような影響の大きい裁判が口頭弁論なしに許されるであろうならば、明確に実定法の定めがなされていただろうに、それもない。

　たしかに、上告裁判所は有罪判決を変更できるけれどもそのことは上告裁判所が有罪判決を独立に招来することができるわけではない。有罪判決の変更は、事実審によって有罪を宣告された被告人が別の法的観点のもとで有罪であるという意味だけである。それは可罰性を始めて理由づけるのではなくて、ただ言渡された可罰性を正しい法律上の位置に整頓するにすぎないだろう。事実審が罪責を明確に認定していながら、誤って訴訟障害が存在すると考えて手続を打切ったときの手続打切り判決の上告裁判所による破棄と有罪判決は、是正(Berichtigung)に過ぎない。上告裁判所が、無罪判決を破棄し有罪の自判をするならば、それはその権限を越えることになろう、と指摘した。

　ペータースは、続けて、シュトック判事の祝賀論文集に「事実審で無罪判決があった場合の上告裁判所による有罪判決」と題する論文を書き、[2] この問題について、多面的な論点にわたる検討を、はじめて行った。この論文が表記問題についてのその後の研究の発展の基礎となったことは間違いないが、[3] 本論文によってきっかけを与えられることによってより論点を明確に整理し、議論を発展させたバテロー(Batereau)の著作をみておうと思う。

(2)　バテロー（Batereau）(4)

バテローは、一九七〇年の著作の中で、無罪判決の破棄・有罪自判の拒絶に至らざるをえない理由として、とくに次の二つを挙げている。

①　無罪判決においては、被告人に不利益な事実認定があっても、それは有罪判決におけるようには確かなものでない。一個の特定の理由から被告人の罪責を証明可能とは考えないならば、裁判所は、被告人に不利益な要素を動揺させる可能性のある証拠をすべて利用する義務を負わず、むしろ、訴訟経済上の理由から、過剰な事案解明を控えるべきものである。したがって、裁判所が、いずれにせよ重要性を認めない点については、被告側証人または被告人から、陳述を聴取するのを控えるのである。これに対し、裁判所が、被告人に有罪判決しようと思うならば、事情は別である。この場合には裁判所と被告人は、公訴事実全体に取り組まねばならない。(5)

無罪判決に付せられるべき理由（ドイツ刑訴二六七条五項）も、立法者が有罪判決に要求している理由（ドイツ刑訴二六七条一項乃至四項）とは同じでない。後者では、尽された証拠調に基いて証明されたと見做されるすべての事実が示されなければならないが、無罪判決のばあい要の位置にあるのは、その存在を事実審が否定するところの要素（事実）なのである。その他の理由は、裁判を理由付けるものではないので従属的な意味をもつにすぎない、その結果その説明の労は殆んどとられない。(6)

このように、無罪判決は、有罪判決のために十分で且つ委細を尽した事実的基礎が上告裁判所のために用意されているという保障を提供しない。それでも、上告裁判所が有罪判決するならば、上告裁判所はたんに刑訴三五四条一項に記された実体裁判のための要件を無視することになるだけでなく、同時に広く意見を聴取すべし（rechtliche Gehör）という要請に反することにもなる、(7)と。

② 事実審で無罪を言渡され、それから上告審で有罪を言渡される被告人は、彼に不利益な事実認定に対して、とりわけ事実審の手続上の瑕疵に対しこれを争う手段をもたない。無罪判決があった以上、それに手続の誤りがあろうがなかろうが、彼は、無罪判決を受け入れざるをえない。(広義の)不利益(Beschwer) がないため彼は上訴を申立てることができないのである。さて、検察が、手続上の瑕疵を帯びたまま成立した無罪判決に、「実体法の誤り」だけを掲げて上告を申立てるならば原判決は、この上告理由についてだけ上告裁判所の審査を受ける。(8) いずれにせよ、上告裁判所のこれ迄の裁判によると、被告人はあるいは存する手続の誤りを争う手段がそもそも存しないまま有罪判決されることがありうることになるが、それは彼にとって耐えがたく思われる。被告人にとって重要な権利が、まさしくこの被告人から奪われることになる。

とはいえ、判決理由中の不利益な記述を理由とする不服申立を認めるならば、その結果、手続の際限のない拡張となろう。しかしそんなことをすると、判決を破棄されないためには、下級裁判所は、たとい公訴事実の証明不能すなわち無罪がとっくに明らかになっていたとしても、無実又は証明不能性が確実に認定されるまで手続をすすめるべく義務付けられるだろう。したがって、被告人は無罪に対して上訴を申立てることはできないという原則は維持されねばならない。(9)

かくて、被告人は、原審無罪判決の場合には、事実誤認または訴訟手続の法令違反を理由に不服申立できない。したがって、これらの場合には、上告裁判所は、有罪の自判を思い止まらねばならない、即ち事実認定を破棄して事件を下級審に差戻さなければならない。勿論、これによって被告人に前審の無罪判決の瑕疵に不服を申立てる機会が与えられるわけではない。だが、被告人には新たな公判審理を受ける権利が与えられ、それによって、新たな裁判の実体法的及び手続法的瑕疵のすべてを争う可能性が与えられる。いずれにせよ、瑕疵ある、とりわ

け手続上の瑕疵の上に成立した事実認定にもとづく有罪判決を被告人の頭越しに発することは避けられる、と。(10)

(3)　バルバウム（Ina Walbaum）(11)

バルバウムも、無罪判決の上告裁判所による破棄・有罪の自判に対し、次の理由を挙げて反対している。すなわち、

①　無罪判決にとって十分と思われる事実認定も、その全部分に事実審裁判官が全責任を負っていない危険があるので、上告審の有罪判決のための信用のおける基盤とはなりえない。無罪判決では、その存在が否定される要件事実が要の位置にある。その他の認定は重要さで劣る。有罪判決のばあいには、個々の要件事実はいずれも対等に重要である。たった一つの要件事実が存しなくても、有罪判決は否定されるのだから。原審の有罪判決を上告審が自ら正すことが許されるからといって、原審無罪の場合も同様というわけにはゆかない。(12)

また、下級審は、被告人の行為は、一個の特定の理由から罪とはならないとの確信に達したならば、訴訟経済上の理由から、それ以上証拠を取調べるべきでないが、そのことも、上記理由（有罪判決の基礎としての不十分性）に付け加わる。(13)

②　被告人に不利益な上告審判決は、その成立に対して、被告人が、全般的に、すなわち「実体法の誤り」を理由とする不服申立であっても、「手続の誤り」を理由とする不服申立であっても、自己を防禦する機会をもつときにのみ、受け入れることができる。ところが、そうはなっていない。

(i)　無罪判決を有罪判決で以って置き換えるならば、被告人の防禦は、検察の「実体法の誤り」を理由とする上訴（Sachrüge）に対する意見表明（答弁書）へと引き下げられ、手続上の瑕疵を主張する権利は被告人の手から完全に奪われることになる。(14)

(ii)　無罪判決を受けた者は、その判決に上訴を申立ることができないので、有罪判決に対して上訴で対抗できる有罪の言渡しを受けた者より劣悪な立場に置かれる。一審有罪の者が、例えば、「実体法の誤り」を理由とする不服申立（Sachrüge）と並んで、訴訟手続の法令違反を理由とする不服申立（Verfahrensrüge）に成功するならば上告審は、手続違反に関する認定を含め事件を破棄し、差戻さなければならない。手続の瑕疵なく審理がなされる新たな公判において、元の事実とは相違する事実が判明しそれに基いて被告人が無罪判決を受けることもありうる。しかし、こういう機会は、手続に瑕疵のある公判の後、無罪判決を受けそして検察の「実体法の誤り」を理由とする上訴(Sachrüge)に基いて有罪判決を受けた被告人からは奪われている――これは、無罪判決の有罪判決による置き換えによって引き起される正当化しえない不平等扱いである。[15]

(iii)　このような事態は、無罪判決に対する上訴権を被告人に認めることによって克服できないか。しかし、通説はこれを否定する。不利益（Beschwer）の存否は、判決理由によってではなく、判決主文に基いて決まる。刑事手続は、被告人が有罪と認められるかどうか、及び必要とあらば、いかなる制裁が当該犯罪を理由に科せられるべきかを明らかにすべきものである。犯罪行為が認定できなければ、被告人は無罪を言渡されなければならない。それでもって刑事訴訟の任務は果される、と。無罪判決に対し、被告人に上訴権を認めるならば、手続の際限のない拡大を引き起すことになるだろう、[16]と。かように、無罪判決に対し被告人に上訴権が認められないのであれば、無罪判決を上告審が自から有罪判決に置き換えることは、許されるべきでない、[17]とバルバウムは言うのである。

(4)　原審無罪判決を上告裁判所が破棄し有罪の自判をすることに対し、学説はこぞって拒否反応を示していることは、以上にみた通りである。[18]だが、実務は必ずしもそのように進んでいるとはいえない。そのような中で、上告審手続改善論とも称すべきものが報告されている。[19]

ボルヴェーバー（Wollweber）は、無罪判決を受けた被告人の不服申立権の欠如の問題の解決のために上告手続において公判審理を義務付けることを、原判決の事実認定が十分かつ誤りのないものであるかどうかの検討のための適当な枠組みだと考えている。被告人の効果的防禦の要求は、公判審理の内容をもっと充実さすことによって、保障されねばならないとして、次の三点の改善策を挙げている。(i)被告人は、公正な手続の保障のために、上告審で（はじめて）有罪判決がなされる可能性を指摘されねばならない。(ii)被告人は、無罪判決の個々の事実認定が（それにより）影響を受ける事がありうるであろう手続の誤りを主張する機会をもたねばならない。さらに、(iii)新たに公判が開かれたなら、（行われようとしている）有罪判決の基盤を取去る可能性ありと思われる補充的事実認定を指摘する手段をもたねばならない、と。そのさい被告人の能力が、義務弁護人の選任が（三五〇条、一四〇条二項）気前よく認められることによって拡張されねばならない、と。ボルヴェーバーは、被告人は、それによって上告申立人にはならないで、上告裁判所の有罪判決によって生じるであろう不利益と闘うだけである、と述べている。[20]これに対し、シュタインメッツは、人々が事実審の無罪判決後に有罪判決する権能が上告裁判所にあることに賛成ならば、この妥協案に対して、反対することは殆んどできないだろうが、しかし上告人ならざる者の手続法上の地位をかように改善しても、上級裁判所が「心やましいところなく」有罪判決にすることができるのに寄与するだけである、と手厳しい。[21]

（1）Peters, Karl: Anmerkung zum Urteil des Bayerischen Obersten Landesgerichts vom 06. 09. 1960, JZ 1961, 508.

（2） Peters, Karl: Schuldspruch durch das Revisionsgericht bei Freispruch in der Tatsacheninstanz, Festschrift für Ulrich Stock, 1966, S. 197.

（3） エーベルハルト・シュミットは彼の刑訴法コンメンタールの一九六七年補巻の中でペータースの見解を全く正当と評価し，無罪判決を上告審が有罪判決に置き換えることに反対している。Schmidt, Eberhardt: Kommentar zur Strafprozeßordnung und zum Gerichtsverfassungsgesetz, Nachträge und Ergänzungen zu Teil II (1967) §§353-355, Rn. 18.

（4） Batereau, Ludwig Hans: Die Schuldspruchberichtigung (1970).

（5） Batereau, ibid., S. 97.

（6） Batereau, ibid., S. 98.

（7） Batereau, ibid., S. 99.

（8） Batereau, ibid., S. 101.

（9） Batereau, ibid., S. 103.

（10） Batereau, ibid., S. 104.

（11） Walbaum, Ina: Schuldspruch in der Revisionsinstanz nach freisprechendem Urteil des Tatgerichts (1996).

（12） Walbaum, ibid., S. 125.

（13） Walbaum, ibid., S. 126.

（14） Walbaum, ibid., S. 132.

（15） Walbaum, ibid., S. 133.

（16） BGH St 16, 374 (379).

（17） Walbaum, ibid., S. 136.

（18） その他無罪判決の上告裁判所による破棄・有罪自判を無条件に許されないとするものとして Bode, Karl

Heinrich: Die Entscheidung des Revisionsgerichts in der Sache selbst (1958), S. 30f.; Schmidt, Eberhardt, ibid., §§353-355 Rn. 54a; Ranft, Orfried: Strafprozeßrecht (1991), S. 504; Roxin, Claus, Strafverfahrensrecht, 24. Aufl. (1995), S. 417; Rudolphi, Hans-Joahim: Anmerkung zum Urteil des Oberlandesgerichts Hamburg vom 27. 05. 1982, JR 1983, 252などがある。

また、特別の例外事情のもとで許容するものとして Karlsruher Kommentar/Pikat, StPO, §354 Rn. 13; Kleinknecht/Meyer-Goßner, StPO §354 Rn. 23f.; Röwe/Rosenberg/Hanack StPO, §354 Rn. 44などがある。

(19) Wollweber, Harald: Die innerprozessuale Bindungswirkung vom Reichsgericht aufrechterhaltener tatrichterlicher Feststellungen (1991), S. 80ff., 128f. (Steinmetz, Jan: Sachentscheidungskompetenzen des Revisionsgerichts in Strafsachen (1997), S. 176f. による)

(20) Wollweber, ibid., S. 81 (Steinmetz, ibid., S. 177による)

(21) Steinmetz, ibid., S. 177.

むすび

ドイツ上告審は、一定以上の重さの犯罪（四年以上の自由刑にあたる罪）に対する第二審且つ最終審であり（軽微な罪については、事実審たる一、二審と上告審の三審制をとる。第二審たる控訴審は覆審である）、原判決の法令違反の有無を審査するのが原則（ドイツ刑訴三三七条）である。それでも事実誤認のまま有罪判決を確定させることには、徐々に批判がつよまり、事実誤認をも、何とかして法令違反の枠組みに組み込む努力がつづけられてきたといってよい。他方、事実問題と法律問題の区別、事実審と法律審の権限のちがい、即ち事実問題は事実審へ、法律問題は法律審（即ち上告審）の権限分配の意識も亦根強く残っている。それはドイツ刑訴三五四条一項にもあらわれている。原判決を破棄した場合法律審たる上告審が自判できるのは、それ以上事実の取調をしないで決しうる範囲に限られている。事実審の（有罪の）事実認定は維持しつつ法令適用の誤りがあるとして破棄・自判するとか、原審の有罪認定よりいわば「小」といえる無罪を言渡す範囲では、破棄・自判も許されてきた。しかし、無罪判決を破棄して法律審たる上告審が有罪の自判をするとなると、事実審の権限を侵蝕することになる。ペータースがそれを上告審の本質との矛盾、法律上の裁判官（gesetzliche Richter）の裁判を受ける権利の侵害、素人参加による事実認定権限の侵害を批判したのはこの点を衝いていたのである。だが、直接主義・口頭弁論主義の侵害の点は、事実審においてそれが保障されていれば、その結果を前提としての法律審の法律判断は直接主義を直接侵すものではないと考える説もある。しかし、無罪判決が破棄された場合、維持されるべき事実は存在しないのである。その場合に有罪の自判をするには新たに心証形成をし有罪心証を築き上げねばならない。このためには被告人の「法律上の審問」を受ける権利が保障されていなければならない。上告審による無罪判決破棄、自判有罪では、これらが保障されていないと考えるのが学説の一般的考えである。

わが国の控訴審の場合、事情がいくらか異なる。控訴審は法律審でもあるが事実誤認を正面から控訴理由としその審査にあたるまさしく事実審である。そして、事実誤認や量刑不当を理由に原判決破棄ができるだけでなく、自判も明文で認められている。掲げられた控訴理由以外の控訴理由についても裁判所は職権で調査できる（三九二条二項）。控訴理由の存否の審査にあたり自から事実の取調べをすることも可能だとする規定がある（三九三条）。

それにも拘らず、控訴審自身事実の取調べもしないで、書面審理だけで、一審無罪判決を破棄するだけでなく有罪の自判をすることには強い抵抗が出てきた。はじめて有罪認定するには、被告人に直接審理主義・口頭弁論主義の保障が必要であると。一審有罪判決を破り適用法条を是正する場合や、一審有罪判決を破棄し無罪を言い渡すことは、是正ないし縮小という広い意味の訂正に入るが、一審無罪判決破棄・有罪の自判となると、国家と国民との間にあらたに刑罰関係という法状態が生み出されるのである。平野博士が、やはり事実認定をなす裁判所の前で直接証拠を吟味する機会を与える必要があるといわれるのは一般論としては妥当だと思われる。だが一審無罪判決を破棄して、有罪判決する場合、一旦無罪判決を受けた被告人の防禦の権利を「控訴審の審理の適正化」のみによって保障することができるかどうかの問題が残っている。

中武教授は、一審が被告事件が罪とならないとして、また、証拠不十分として無罪を言い渡した事件においては、第一審としては事実認定がなされていないのだから、控訴審としてあらたな事実認定を必要とする、とされ、次の如くつづけられている。「しかし、問題はもっと根本的に、このように、自判するためには控訴審として新たに犯罪事実を認定しなければならないときに、なおかつ自判することができるかにある。すなわち、初めから新たに被告事件の全体について事実認定をしなければならないのであるから、事後審を建前とする控訴審の構造上許されないことが問題となるのである。私は許されないと解する。けだし、これを許すことは、事件の全体についての証拠調を控訴審が行うことであって、控訴審の覆審化を意味する。これは現行法の認めていないところである」とされた。(1)

これは、確かに鋭い指摘である。もっとも、控訴審の事後審性のみで根拠として十分だろうか。控訴制度の目的が事実誤認の救済にあり控訴審が事実誤認の有無をも審査する事実審である点が強調されるようになっている(2)現在、厳格な事後審的構造理解でもって、事実誤認からの救済という控訴制度の目的を達成しうるとは考えられない。したがって、一審無罪判決破棄・有罪自判の許されない理由を――直接審理主義・口頭弁論主義の保障の観点をベースにしながらも――他にも求めねばならないと思う。この点、別の個処で中武教授自身示唆されていたし、今日まさしく平場教授が指摘された。私は、ドイツ上告裁判所による事実審の無罪判決破棄・有罪自判に対し、学説がこぞって反対しているその理由（前掲三2）に注目する。これをわが制度に移して考えれば

①一審有罪の場合は、公訴犯罪事実を構成するすべての事実について合理的疑いを越える心証が得られているのに対し、一審無罪の場合は、公訴犯罪事実を構成する一つの事実（または要素）について合理的疑いが存するだけで、無罪判決が言い渡される。その他の事実の存否については仮に判断がなされても一応の認定にとどまる。控訴審が、この無罪判決を破棄するにとどまらず有罪の自判をするとなると、公訴犯罪事実を構成するすべての事実（又は要素）について合理的疑いを越える心証が得られていなければならない。そのベースは、一審無罪判決の認定からは得られない。また、控訴審が、一・二の証拠を直接取調べたからといって、公訴犯罪事実を構成する事実のすべてについて合理的疑いを越える心証が得られるような保障はない。

②一審で無罪判決を受けた被告人は、その認定の中に不利益な事実が含まれていても、また一審の手続に（判決に影響を及ぼすような）法令違反があっても、これを争う手段をもたず、無罪判決を引き受けざるをえない。

この場合検察官の上訴申立に対し、答弁書を提出してそれに反論することはできるだろう。しかし、一度無罪判決をもらった者が、無罪判決が破られるかもしれない個々の点に注意を払い、これが反証を十分になすことを期待することはできないだろう。この二点がわが国においても、原審無罪判決の上訴審による破棄・自判に対し向けられてしかるべきものと考える。

それに対して、わが控訴審はドイツと異なり、事実誤認も控訴理由となっており、控訴審における事実の取調も、原審で取り調べられた証拠、申請したが却下された証拠、やむを得ない事由により原審が取調を請求できなかった証拠だけでなく、職権によりこれを拡張することもできる。それなら訴訟経済の点からも、控訴審におけ

る事実の取調べの実行により自判への道を開くべきだとの意見もあるかもしれない。

有罪判決から無罪判決、有罪判決から有罪判決の場合ならば、これは肯認されてよい。

しかし、無罪判決破棄・有罪の自判の場合は別である。控訴審が、新たに処罰を基礎付ける事実をはじめて認定するのに、一・二の証拠を直接取調べることで、被告人の防禦の権利が保障されるとは言い難い。この点は、すでに述べてきたところである。また、一審で取調べた証拠については、控訴裁判所は書面審査するのみで、証拠調はしない。それなのに、有罪自判のばあい、それが証拠の標目に掲げられる。せめて破棄差戻後の手続のばあいのように更新手続（規則二一三条の二）がなされてしかるべきであるが、それもない。また、控訴審においては、被告人に弁論能力が認められていない（刑訴三八八条）。そのため、控訴審において事実の取調が行われたばあいにも、証拠調の結果についての意見の陳述が被告人には一切認められていないのが実情である。

無罪判決に対する検察官上訴の禁止への道がまだ遠いとするならば、せめて、一審無罪判決を受けた被告人に対し、いわば「頭越し判決」となる可能性のある破棄自判だけは、これを避けるべきではなかろうか。

（1）　中武靖夫『総合判例研究叢書・刑事訴訟法⒄』一七四〜一七五頁

（2）　田宮裕『刑事訴訟とデュー・プロセス』三六五頁、石松竹雄「控訴審における事実判断」小野慶二判事退官祝賀論文集『刑事裁判の現代的展開』二〇五頁など。

12　犯罪被害者等の保護に関する刑事訴訟法等の一部改正について

渡邉一弘

はじめに

平成一二年五月一二日、第一四七回国会において成立した「刑事訴訟法及び検察審査会法の一部を改正する法律」（平成一二年法律第七四号。以下「刑訴法等改正法」という。）及び「犯罪被害者等の保護を図るための刑事手続に付随する措置に関する法律」（平成一二年法律第七五号。以下「犯罪被害者保護法」という。）は、同月一九日公布され、既にその一部が施行されている。(1)

近時、犯罪被害者に対する社会的関心が大きな高まりを見せ、被害者やその遺族に対する一層の配慮と保護のための諸方策を講じることが、喫緊の課題とされ、多岐にわたる法的・政策的課題についての指摘や要望がある中、とりわけ、刑事手続等の分野においては、これまでにもいくつかの法的手当てがなされているものの(2)、その法整備について、諸外国に比較して立ち遅れている(3)、特に、被害者が証人尋問を受ける際などに、過度に精神的苦痛を受けるなど、刑事手続におけるいわゆる二次的被害を受けていること、被害者は、当該事件に関する刑事裁判の推移や結果に重大な関心を持ち、その適正妥当な解決を期待するのが通常であるのに、刑訴法上は、告訴権を有するほか、証人あるいは参考人の一人として位置づけられているに過ぎず、制度上、刑事手続への十分な関与の機会が与えられていないこと、また、被害者が犯罪によって被った被害を迅速かつ的確に回復することが困難であることなどの指摘がなされるとともに、その立法的解決が求められていた(4)。

法務省では、平成一一年三月、刑事手続における犯罪被害者の保護等に関する法整備に向けての検討を行うようにとの法務大臣の指示に従い、その検討を重ね、実務の運用による対応では不十分であり、早急に法整備を行う必要があると考えられる事項を選別した上、平成一一年七月から八月にかけ、インターネット上の法務省のホームページを利用して、これについての一般からの意見募集（パブリックコメント）を実施した(5)。

その結果、寄せられた意見は、各項目について、いずれも賛成とその早期実現を求めるものが多数を占めたことから、同年一〇月二六日、法務大臣から法制審議会に対し、刑事手続において、犯罪被害者への適切な配慮を確保し、その一層の保護を図るための法整備について、九項目にわたる事項に関しその整備要項骨子を示されたいとの諮問が発せられ(6)、同審議会においては、刑事法部会での審議を経た上、翌一二年二月二二日、「刑事手続における犯罪被害者保護のための法整備に関する要綱骨子」を答申した(7)。法務省では、この答申を受けて「刑事訴訟法及び検察審査会法の一部を改正する法律案」及び「犯罪被害者等の保護を図るための刑事手続に付随する措置に関する法律案」の二法案を立案し、同年三月一七日、閣議決定の上、第一四七回国会に提出し(8)、この二法案については、同年四月二一日に衆議院において可決（全会一致）され、同年五月一二日に参議院における可決（全会一致）をもって成立し、同月一九日に公布されたことは、先に述べたとおりである。

法務省刑事局において、その所管する法律の企画立案を担当する部署に籍を置く者の一人として、この二法の目的と趣旨が十分に理解され、刑事裁判実務に生かされることを願いつつ、田宮先生の追悼論集に紙面を与えていただいた機会に、そのうちの「刑訴法等改正法」について、その概要を紹介することとしたい。もとより、意見にわたる部分は、筆者の私見であるので、予めお断りしておく。

二　刑訴法等改正法の概要

刑訴法等改正法は、証人の負担軽減のための措置である証人尋問の際の証人への付き添い、証人尋問の際の証人の遮へい措置、いわゆるビデオリンク方式による証人尋問、親告罪であるいわゆる性犯罪の告訴期間の撤廃、被害者等による心情その他の意見の陳述、検察審査会への審査申立権者の範囲の拡大等について規定している。

1　証人の負担軽減のための措置

(一)　証人尋問の際の証人への付添い（証人付添人）

(1)　制度の趣旨　性犯罪の被害者、あるいは年少者などが、証人として尋問を受けるときは、強い不安感や緊張を覚え、時にはこれらの者の受けた精神的被害を更に悪化させることが考えられる。そこで、その不安や緊張を和らげるため、法廷において、証人の証言中、適当な者を証人に付き添わせることができることとされたものである（刑訴法一五七条の二）。

(2)　制度の概要　付添いを認められるのは、証人のそばにいて証人に安心感を与え、不安や緊張を緩和することが期待できる者で、かつ、裁判官や訴訟関係人の尋問あるいは証人の供述を妨げたり、供述の内容に不当な影響を与えるおそれがない者である。具体的には、心理カウンセラーや年少者の親などが想定されている。(9)証人付添人は、証人のすぐそばに着席し、証人の様子を見守ることが想定されているが、(10)裁判官や訴訟関係人の尋問あるいは証人の供述を妨げたり、供述の内容に不当な影響を与えるような言動は許されないとされている(同条二項)。

（二）証人尋問の際の証人の遮へい措置

(1)　制度の趣旨　被害者等が、証人として尋問を受ける場合において、被告人の姿を見たり、被告人や傍聴人の面前に姿を見せざるを得ないことにより、強い心理的精神的負担を受けたり、心身や名誉を害されることが少なくない。そこで、このような場合には、証人の心理的精神的負担を軽減するために、証人と被告人又は傍聴人との間に、衝立等で遮り、直接見えないようにして証人尋問を実施することができるよう遮へい措置を採ることができることとされたものである（刑訴法一五七条の三）(11)。

(2)　制度の概要　被告人との間の遮へい措置は、犯罪の性質、証人の年齢、心身の状態、被告人との関係その他の事情により、証人が被告人の面前において供述するときは圧迫を受け精神の平穏を著しく害されるおそれがあると認める場合であって、相当と認めるときに、検察官及び被告人又は弁護人の意見を聴いた上で、かつ、弁護人が出頭している場合に限り、採ることができることとされている（同条一項）。傍聴人との間の遮へい措置は、犯罪の性質、証人の年齢、心身の状態、名誉に対する影響その他の事情を考慮し、相当と認めるときに、検察官、被告人又は弁護人の意見を聴いた上で、採ることができるとされている（同条二項）。

（三）　いわゆるビデオリンク方式による証人尋問

(1)　制度の趣旨　強姦罪等の性犯罪の被害者は、証人として公開の法廷において、裁判官、被告人その他の訴訟関係人の面前で尋問を受ける場合には、犯罪により受けた心身の被害に加え、さらに強い心理的精神的負担を余儀なくされ、いわゆる二次的被害と言われるように、その名誉等が著しく害される結果となることが少なくない。また心身が未成熟な児童、あるいは暴力団等による組織的犯罪の被害者等が証人として尋問を受ける場合も、同様の心理的精神的負担を受けることがある。こうした精神的負担を軽減するために、このような証人については、法廷の外の別室に在室させ、法廷にいる裁判官や訴訟関係人は、テレビモニターに映る証人の姿を見ながら証人尋問を行う、いわゆるビデオリンク方式による証人尋問を行うことができることとされたものである(刑訴法一五七条の四)[12][13][14]。

(2)　制度の概要　ビデオリンク方式による証人尋問は、強制わいせつ、強姦の罪、わいせつ又は結婚目的の誘拐罪や、児童福祉法における児童に対する淫行の罪、児童に対する有害支配の罪、いわゆる児童買春法における児童買春の罪等の被害者を証人として尋問する場合において、相当と認めるときは、検察官、被告人又は弁護人の意見を聴いた上で、行うことができることとされている（同条一項一号、二号）。また、これら以外の者でも、犯罪の性質、証人の年齢、心身の状態、被告人との関係その他の事情により、被告人その他の訴訟関係人が在席する場所において供述するときは圧迫を受け精神の平穏を著しく害されるおそれがあると認められる者[15]を証人として尋問する場合において、相当と認めるときは、検察官、被告人又は弁護人の意見を聴いた上で、ビデオリンク方式による証人尋問を行うことができることとされている(同条一項三号)。例えば、暴力団等による組織的犯罪の被害者、年少者である被害者等を証人として尋問する場合がこれに該当することがあり得ると考えられる。

証人が入る別室には、証人のみが入り、裁判官や検察官、被告人、弁護人は、法廷に残ってテレビモニターを通じて証人の姿を見ることになる(同条一項柱書)[16]。ただし、事案に応じ、証人付添人が、別室に同席することが考えられよう。

(四)　ビデオリンク方式による証人尋問の録画

(1)　制度の趣旨

性犯罪が共犯で犯された場合、各被告人の公判が分離されているときは、被害者がそれぞれの公判において同一の被害事実について繰り返し証言させられ、いわゆる二次的被害を繰り返す事態となることがある。そこで、このような弊を避けるため、証人の同意があるときは、ビデオリンク方式による証人尋問の状況をビデオテープ等の記録媒体に録画して証人尋問調書に添付することができることとし（刑訴法一五七条の四、二項、三項）、当該証人が後の公判等において証言を求められた場合に、訴訟関係人に当該証人を尋問する機会を与えることを条件として、記録媒体が添付された調書を証拠とすることができるとするものである(同法三二一条の二、一項)。

(2)　制度の概要

ビデオリンク方式による証人尋問を実施する場合に、証人が後に再度証人尋問を受けることがあると思料される場合であって、証人の同意があるときは[17]、その証人尋問の状況をビデオテープ等の記録媒体に録画して調書に添付することができることとされている（同法一五七条の四、二項、三項）[18]。

そして、このような記録媒体が添付された調書については、訴訟関係人に当該証人を尋問する機会を与えることを条件として、記録媒体が添付された調書を証拠とすることができるとされている（同法三二一条の二、一項）。これは、伝聞法則の例外を認めるものではあるが、前記のとおり、後の公判において、証人が被害の状況を一から改めて証言する弊を避ける必要性は高く、また、ビデオリンク方式による証人尋問を記録した記録媒体は、テレビモニターを通じてではあるが、裁判官の面前で、かつ宣誓をした上で証言したものである上、その記録媒体に記録された内容は、まさに、元の公判で、裁判官がテレビモニターを見て心証を得たものと同一の内容であることから、訴訟関係人に反対尋問の機会を保障することを条件に、証拠能力を認めることができると考えられたものである。

なお、法制審議会刑事法部会の審議では、一部の委員から、記録媒体に記録された証人尋問中、弁護人の反対尋問とそれに対する証人の供述は、後の公判の被告人の主張とは異なる場合もあり、その部分についても、後の公判の被告人・弁護人がこれを弾劾するための尋問を行わなければならないのは、被告人側に不当な負担を負わせることになりかねないとの理由から、証拠能力を認めるのは主尋問部分に限り、反対尋問部分は弁護人の同意がある場合に限るべきとの修正案が提案された。しかしながら、現行刑訴法は、証人の証言について、尋問者が誰であるかによってその差異を設けておらず、反対尋問に対する証言部分の証拠能力を別異に扱うことは相当でないし、主尋問、反対尋問は、刑訴法上の概念ではなく、その区別を法律的に証拠能力に反映させることは困難である、共犯者の弁護人の反対尋問が事実上被告人とって不利益な内容の証言を引き出す方向に向けられることがあるとしても、それは被告人と共犯者の審理が併合されている場合でも生じうる状況である、証拠能力を主尋問部分に限って認めるとすると、前の公判で反対尋問に対して証言した内容を、後の公判で再度証言しなければならなくなる可能性があり、繰り返し証言をさせられる負担を軽減する趣旨に反することになるなどの意見が出され、修正案は採用されなかった(19)。

記録媒体が添付された調書については、同法三二一条の二第一項により証拠能力を認める場合には、前の裁判においての裁判官が心証を得る上で見聞きしたのと同一内容を後の裁判官が見聞きすることにより、証人尋問おける直接性を実質的に満たすため、必ずその記録媒体を再生して取り調べなければならないこととされている(同条二項)。

同法三二一条の二、一項の規定により取り調べた調書に記録された証人の供述は、同法二九五条一項前段並びに三二一条一項一号及び二号の適用については、当該公判において証言されたのと同様に扱うこととされている(同法三二一条の二、三項)。したがって、同法二九五条一項により、当該調書の取調べ後に行われる証人尋問において、裁判長は、重複する尋問等を制限することができる。また、当該調書に記録された供述の内容が、他の裁判官面前調書や検察官面前調書と異なるいわゆる相反供述等であった場合、その裁判官面前調書等を同法三二一条一項一号または二号により証拠として採用することができる。

また、ビデオリンク方式による証人尋問の状況を記録した記録媒体については、当該記録媒体が、種々の者の目に触れるようなことがあれば、証人のプライバシーや名誉、心情が害されることが考えられる上、万一これが流用されれば、その被害が拡大することから、検察官、弁護人は、記録媒体の謄写をすることはできないこととされている（同法四〇条二項、一八〇条、二七〇条二項)。

2　親告罪であるいわゆる性犯罪の告訴期間の撤廃

親告罪である強制わいせつ罪、強姦罪等のいわゆる性犯罪については、刑訴法上、他の親告罪とともに、犯人を知った日から六か月以内にしなければならないとされていた[20](本改正前の刑訴法二三五条)。しかし、これらの犯罪の被害者には、六か月という短期間では告訴をするかどうかの意思決定が困難な場合があるため、同条が規定する告訴期間の制限が撤廃された。

強姦罪等の性犯罪は、重大な法益を侵害する犯罪であるが、その性質上、密かに行われるのが通常であって、被害者の意思にかかわらず起訴によって被害を受けた事実が公になると、被害者の名誉が害され、精神的苦痛等の不利益が一層増大する結果となるおそれがあるため、被害者保護の観点から親告罪とされているものと解される。その上、性犯罪は、被害者に対して深刻な精神的被害を与えることにより、被害者がその衝撃から立ち直れず、告訴期間内には告訴するか否かの意思決定が困難となる場合が少なくなく、また、被害者と犯人の間に特別の関係があるために、そのような関係が継続する限り告訴が困難な場合もある。このようなことから、強姦罪等の告訴期間を制限することがかえって被害者保護の趣旨を没却する面があるため、告訴期間の撤廃が必要であると考えられたのである。(21)

もとより、告訴期間が撤廃されたとしても、公訴提起は、公訴時効の期間内になされなければならないから、いつまでも告訴ができるわけではなく、国家刑罰権の発動が長期間にわたって私人の意思に左右されたり、犯人の法的地位が長期間にわたり不安定になるのではないかとの懸念は、必ずしも当を得たものではない。前者のような事態は、性犯罪の被害者が精神的被害から回復できないことなどから適切な意思の決定が困難になっているために生じることであり、このような被害者の保護を図る措置として、告訴期間の撤廃は止むを得ないものと思われる。また、告訴するか否かの意思決定のために十分な時間的猶予を被害者に与えることは、むしろ刑罰権の発動を適正なものにすることになろう。(22)犯人の法的安定性については、別に公訴時効の制度があり、告訴期間が設けられた趣旨は、犯人の保護ではなく、手続の法的安定性を図ることにあるものと考えられ、被害者が告訴に関する適切な意思決定が困難になるような要素のある犯罪について、短期間の告訴期間を定めることは、被害者の保護のための制度がかえって犯人に不当な利益を与えている面があると思われる。このように考えると、告訴

期間の撤廃は犯人の法的地位の安定性を不当に害することにはならないといえよう。(23)

なお、刑事訴訟法二三五条の改正規定は、刑訴法等改正法の公布の日から起算して二〇日を経過した日(平成一二年六月八日)から施行されている(刑訴法等改正法附則一項一号)が、施行日よりも前に犯されたこれらの罪については、なお従前のとおり告訴期間は六か月に制限される(同附則二項)。

3　被害者等による心情その他の意見の陳述

(一)　制度の趣旨　この制度は、被害者が公判で被害に関する心情その他の被告事件に関する意見を述べたいとの希望を持つ場合には、これを被害者に陳述させることとするものである(刑訴法二九二条の二)。

これにより裁判が被害者の心情や意見をも踏まえた上でなされることがより明確となり、刑事司法に対する被害者を始めとする国民の信頼を一層確保することに資するものと考えられる。また、被害者に一定の範囲で刑事裁判に主体的に関与させることにより、過度の応報感情に走ることの防止に資する面があるとともに、被告人に被害者の心情や被害の実態を認識させることにより、被告人の反省を深め、その更生にも資すると考えられる。

(二)　制度の概要　意見陳述をなし得るのは、被害者又はその法定代理人(被害者が死亡した場合においては、その配偶者、直系の親族又は兄弟姉妹。以下「被害者等」という。)である(同法二九二条の二、一項)。

被害者等が意見陳述を希望する場合には、あらかじめ、検察官に申し出なければならず、この場合において、検察官は意見を付して、これを裁判所に通知するものとしている(同条二項)。これは、検察官は公益の代表者として被害者等の心情等を訴訟に適正に反映させる責務があり、被害者等の意見陳述の希望の有無を踏まえた訴訟の進行を考慮する必要もあるからである。

裁判所は、被害者等から申出があれば、原則として意見を陳述させることとなるが（同条一項）、審理の状況その他の事情を考慮して、相当でないと認めるときは、意見の陳述に代え、意見を記載した書面を提出させ、または意見の陳述をさせないことができることとされている（同条七項）。意見陳述は、口頭で行うことを原則とするが、意見陳述を希望する被害者が多数存在し、一部の者にしか口頭による意見陳述をさせることができない場合、被害者が入院等の理由により法廷に出頭できない場合や、事案にもよろうが、被害者が直接被告人と対面すると過度に感情的になり、審理に混乱をきたしかねない場合には、訴訟の進行に支障を生じさせずに、例外的に意見を記載した書面を提出させることができること、また、否認事件などにおいて、現に罪体部分の立証が行われている場合や、被害者を証人として証人尋問を実施したときに、被害者が被害感情等の意見をも併せて詳細に陳述しており、その直後に被害者から再度同一内容の意見陳述の申し出があった場合には、あえてこれを認める必要性に欠けるので、意見陳述をさせないことができることとされたものである。なお、書面が提出された場合には、これを公判廷に顕出する手続が必要であることから、裁判長は、公判期日において、書面が提出されたことを明らかにしなければならず、また、裁判長は、公判期日において、その書面を朗読し、又はその要旨を告知することになる（同法二九二条、八項）。

被害者等の意見陳述の時期については、被害者は、事件の内容、被告人の供述を始めとする審理の状況等を傍聴、記録の閲覧（犯罪被害者保護法二条、三条参照。）等によって知った上で、心情その他の意見を陳述する希望を持つことが多いと考えられること、検察官や弁護人は、被害者の意見陳述の内容を勘案して論告、弁論を行うのが適当であると考えられることから、基本的には、証拠調手続の後に、検察官の論告及び弁護人の弁論に先立って、これを実施するのが適当であろう。もっとも、被害者は、検察官あるいは弁護人の請求による被害者の証人尋問の際に、その尋問に応じて処罰感情を証言することは当然許されており、場合によっては、その機会に被害者等の意見陳述を認めるのが適当な場合も考えられる上、被告人側で被害者の陳述を聴いてこれへの対応をすることも考えられるため、必ず証拠調べの最後に実施すべきものとする必要はないものと思われる。

なお、控訴審は事後審制を採用しており、被害者には第一審で意見陳述をする機会が与えられていること、さらに被告人も控訴審では陳述することが認められていないことなどから[24]、控訴審での被害者の意見陳述は原則として認められないこととなるものと思われる。上告審についても同様であろう。もっとも、控訴審において、事実や情状の取調べがなされる場合には、被害者に意見を陳述させることが相当であると認められる場合もあろう。

被害者等に陳述させる意見の内容は、基本的には、被害感情や被告人に対する処罰感情等の被害に関する心情その他の被告事件に関する意見ということになるが、このような内容の陳述は、被害者等が自己の実体験を基礎としてなすものであり、刑訴法二九三条二項の被告人の陳述に類似するものと考えてよく、裁判所は、これを単なる意見として斟酌するだけでなく、量刑上の資料の一つとすることができる[25]。また、意見の前提となる被害事実等の事実については、犯罪事実又は犯情の認定のために、その事実を中心として陳述することは許されないが、被告事件に関する意見を述べる際に、既に他の証拠の取調べにより明らかにされた事実であれば、必要な範囲でその概要に触れることは許されると考えられる。もっとも、被害者の意見陳述が、被告事件に関する意見の前提となる事実にわたる場合も想定されるが、このような陳述は被害者にとって不可避的なこともあり、予めこれを厳格に制限する必要はなく、陳述された事実が犯罪被害により受けた影響、示談交渉の状況等のいわゆる狭義の情状に属する事実が事実であれば、先に述べたとおり、その陳述を量刑の資料の一つとすることは可能であろう[26]。ただし、こうした陳述が犯罪事実や被告人の犯行後の状況等いわゆる犯情に及ぶ場合、これらの事実については厳格な証明の対象とされていることから、これを証拠とすることはできないこととされている（同法二九二条の二、九項）。

被害者等の陳述の内容や犯罪との結び付きが不明確である場合などには、裁判官や訴訟関係人は、その趣旨を明確にするため、被害者等に質問することができる（同条三項、四項）。

裁判長は、被害者等の意見の陳述又は訴訟関係人の被害者等に対する質問が既にした陳述若しくは質問と重複するとき、又は事件に関係のない事項にわたるときその他相当でないときは、訴訟の円滑な進行を図るため、適宜訴訟指揮権を行使して、その陳述又は質問を制限できる（同条五項）。

なお、意見陳述にも、付き添い（一五七条の二）、遮へいの措置（同法一五七条の三）、ビデオリンク（一五七条の四）の措置をとることができる（同法二九二条の二、六項）。

4 検察審査会への審査申立権者の範囲の拡大等

（一） 検察審査会への審査申立権者の範囲の拡大

検察官が事件を不起訴処分にした場合、被害者や告訴・告発等をした者は、その処分の当否の審査を検察審査会に申し立てることができるが、被害者が死亡した場合の遺族は、審査申立権者とされていなかったところ、被害者の遺族は、被害者と同様、訴追権の適正な行使に高い関心を抱いているものと考えられるので、告訴権者との均衡も考慮し、審査申立権者を被害者の遺族にも認め、審査申立権者の範囲を拡大することとされたものである（検察審査会法二条、三〇条）[27]。

（二）　検察審査会への意見書等の提出

従前、検察審査会の実務の運用上、審査申立人が検察審査会に意見書や資料を提出することは認められていたが、その法令上の根拠としては、検察審査会法施行令により、審査申立書に審査に必要と考える資料を添付することができるとされているにすぎなかったところ、審査申立人が検察審査会に対して意見書又は資料を提出することができることを法律上明示的に認めることとされたものである（同法三八条の二）。

これにより、検察審査会の議決がより確実な根拠・資料に基づいてなされることとなって、その機能の充実が図られるとともに、被害者等の保護にも資するものと考えられる。

（1）　刑訴法等改正法は、公布の日から起算して六月を超えない範囲内において政令で定める日から施行することとされているが、刑事訴訟法第二三五条の改正規定（親告罪であるいわゆる性犯罪について告訴期間を撤廃するもの）及び検察審査会法の改正規定は、公布の日から起算して二〇日を経過した日（平成一二年六月八日）から、刑事訴訟法第一五七条の四（いわゆるビデオリンク方式による証人尋問を導入するもの）に係る部分の改正規定は、公布の日から起算して一年六月を超えない範囲内において政令で定める日から施行することとしている（刑訴法等改正法附則第一項）。また、犯罪被害者保護法は、公布の日から起算して六月を超えない範囲内において政令で定める日から施行することとしている（犯罪被害者保護法附則第一項）。

（2）　甲斐行夫「刑事手続における犯罪被害者等の保護に関する従前の法整備等の状況と立法的課題」ジュリスト一一六三号一三頁。

（3）　宮澤浩一「犯罪被害者救済の現状と最近の動向」法律のひろば平成一一年五月号四頁。椎橋隆幸「犯罪被害者の救済に必要な法制度」自由と正義一九九八年一一月号一〇〇頁。

（4）　例えば、野間禮二「わが国の刑事手続における犯罪被害者の保護」刑訴法における現代的課題（判例タイムズ社）二七一頁以下、椎橋隆幸「犯罪被害者をめぐる立法課題」法律のひろば平成一一年五月号一二頁、川出敏裕「刑事手続における被害者の保護」ジュリスト一一六三号三九頁など。

（5）　犯罪被害者保護の基本的理念について、筆者の理解をここで述べておくこととすれば、「犯罪被害者は、犯罪によって大きな精神的、財産的被害をうけることが少なくないとともに、事件の処理に関連して種々の負担を負う状況にあり、また、刑事手続が対象としている事件によって直接の被害を受けた者と言う意味では事件の当事者であり、多様な面からの配慮が必要である。これを刑事手続についていえば、現行の刑事手続が検察官及び被告人・弁護人を訴訟当事者としていることを前提としつつも、その手続において犯罪被害者の立場が尊重され、その心情・名誉、被害回復あるいは刑事手続における負担の緩和について適切な配慮が図られることは、被害者の心情が刑事司法に適切に反映され、被害者が過度の応報感情に走ることを抑える上で有益であるだけでなく、事件の処理の一層の適正化、ひいては犯人の改善更生に資するとともに、刑事司法に対する国民一般の信頼の確保に寄与することにもなる」ということであろう。

（6）　九項目は、次のとおり。①性犯罪の告訴期間の撤廃又は延長、②ビデオリンク方式による証人尋問、③証人尋問の際の証人の遮へい、④証人尋問の際の証人の付添い、⑤被害者等の傍聴に対する配慮、⑥被害者等による公判記録の閲覧及び謄写、⑦公判手続における被害者等による心情・意見の陳述、⑧民事上の和解を記載した公判調書に対する執行力の付与、⑨被害回復に資するための没収及び追徴制度の利用。

なお、意見募集においては、「被害者の地位の明確化」という項目が掲げられたいたが、法制審への諮問事項にはこれが含まれていない。この項目については、寄せられた意見をも踏まえた上で、「犯罪被害者の刑事訴訟手続上の地位に関しては、検察官と被告人・弁護人を訴訟当事者とする現行刑訴法の基本構造を前提とする限り、被害者に検察官や被告人・弁護人と同様の地位を認めることは困難であるし、また刑事手続の様々な場面で図られるべき対応は一律に決せられない。被害者の立場に相応した適切な保護・配慮は、そのための個別的具体的な制度を導入する法整備により、被害者が刑事手続上、他の関係人や一般の人とは異なる配慮を受ける地位にあることが明らかにされることとなることから、あえてその地位の明確化のための一般的な規定をおくことは、必ずしも必要ではない」のではないかと考えられたことによる。このことについては、法制審刑事法部会の審議を通じて、大方の委員の理解するところであった。

(7)　法制審議会の審議経過については、村越一浩「法制審議会における審議の経緯及び要綱骨子の概要」ジュリスト一一七六号三九頁以下に詳しく紹介されている。なお、諮問項目⑨被害回復に資するための没収及び追徴制度の利用についてが、答申の要項骨子に含まれなかった経緯については、同村越論文四六頁以下参照。

(8)　法案立案の過程で、犯罪被害者等の保護のための法整備は、刑訴法改正法と犯罪被害者保護法の、いはば二本立ての法案として立案され、犯罪被害者保護法は、公判手続の傍聴、公判記録の閲覧及び謄写並びに民事上の争いについての刑事訴訟手続における和解（以下「刑事和解」という。）の措置を規定している。

このように、これらの措置を刑訴法ではなく、単行法に規定することとしたのは、刑訴法は、刑事事件につき、事案の真相を明らかにし、刑罰法令を適正かつ迅速に適用実現することを目的とし(同法第一条)、公判手続においては、裁判所が当事者の攻撃防御活動を踏まえて被告人の刑事責任の有無及びその内容を認定する手続を設けているところ、①公判手続の傍聴並びに公判記録の閲覧及び謄写は、いずれも公判手続の中で実施されるものではなく、被告人の刑事責任の有無等の認定に影響を及ぼす措置でもないこと、②刑事和解は、公判手続の中で実施される措置ではあるものの、その目的が被害者等の損害回復を容易ならしめることにあり、被告人の刑事責任の有無等を認定することを目的とする措置ではなく、また、和解記録の閲覧・謄写、和解申立等の手数料等の各種の手続規定が必要であることから、いずれの措置についても、刑事訴訟法に規定することは適当ではないと考えられたからである。

(9)　警察等で被害者対策に従事している者も、付き添うことが認められることがあると考えられるが、捜査への関与などによる証人の供述に不当な影響を与えるおそれの有無については慎重な判断が必要になると思われる。また、被害者の依頼した弁護士を付添人にすることについては、証人付添人には、法律的見地から証人に助言を与えたり、異議を述べたりすることは許されていないので、特に想定されていない。もっとも、これらの者を付添人とすることが適当と認められる事情があれば、これを妨げるものではないと思われる。

(10)　ただし、証人の体調が悪くなったり、精神的にパニック状態になったりしたときは、証人に対し、その具合を聞いたり、あるいは裁判官に証人の状況を伝えることは許されるものと考えられる。

(11)　憲法三七条との関係が問題となるが、同条は、証人を過度の負担から適切に保護することを許さない趣旨とは考えられない。改正法は、被告人と証人との間を遮へいした場合、弁護人が終始立ち会うこととしており、弁護人は、証人の面前で、その供述を見聴きしながら直接尋問することができ、被告人においても、証人に対する尋問と供述を終始聴き、尋問をする機会が与えられるのであって、証人が著しい精神的負担を覚える場合に、その保護のためこのような措置を講じることが憲法三七条の証人審問権を侵害することにはならないと考えられる。なお、最判昭和三五年六月一〇日刑集一四巻七号九七三頁は、刑訴法三〇四条の二（被告人の退廷）の規定に従った措置を、憲法三七条二項に違反しないとしている。

(12)　憲法三七条二項の趣旨は、証人に対し反対尋問の機会を十分に与えなければならないというものと解され、必ずしも常に被告人が証人の証言態度を面前で直接観察でき、あるいは証人に被告人の面前で証言させなければならないとするものとは考えられない。このことは、刑訴法三〇四条の二の規定からも明らかであろう。なお、前掲・川出「刑事手続における被害者の保護」ジュリスト一一六三号四四頁以下参照。

(13)　ビデオリンク方式による証人尋問は、証人は法廷に在廷して尋問を受けるという原則の例外的措置であるので、特にその必要性が高いと認められる犯罪類型の被害者を例示的に列挙している。これに対し、前項の被告人との遮へいの措置については、証人が法廷に在廷するという原則を維持するものであり、必ずしも特定の罪名を挙げる必要はなく、一般的な要件を掲げ、これに該当するか否かを判断すればよいとの考えから、各号列挙とはされていない。

(14)　一五七条の四、一項柱書は、ビデオリンク方式による証人尋問を「これらの者が在席する場所と同一の構内に限る」としている。同一の構内とは、一般的に同一の裁判所構内を意味しているが、裁判所外で証人尋問が行われることもありえることから、このように表現されたものである。従って、今回の改正では、遠隔地間のビデオリンク方式による証人尋問は導入されていない。遠隔地間でもこれを認めるかどうかは今後検討すべき課題であろう。

(15)　裁判官及び訴訟関係人等が在席する法廷という場所的要因により圧迫を受け、著しい屈辱感、恐怖心、畏怖心、羞恥心等を抱く、あるいは著しく困惑を感じる強度の心理的精神的負担を負うおそれがあると認められる者である。

(16)　法制審議会刑事法部会の審議においては、一部委員から、柱書の方式を原則としつつ、例外的に検察官、弁護人も別室に入って直接証人を尋問できるようにすべきとの修正案が提案された。しかしながら、検察官、弁護人が、裁判官のいないところで、証人と一緒に別室にいて直接尋問を行うとすると、そのこと自体によって、証人に精神的負担を負わせることになる上、裁判官が法廷に残って訴訟指揮をするのは、その実効性からいっても疑問があり、さらにそのため、裁判官のいない場所で、検察官、弁護人間で異議の応酬等がなされる場合には、そのことによって証人が圧迫を受け、心理的精神的負担を被るおそれがあるなどの意見が述べられ、修正案は採用されなかった。

(17)　証人の同意が要件とされたのは、証言状況を克明に録画されることは、かえって証人の心理やプライバシーに悪影響を与え、新たな心理的精神的負担を与えかねないことから、録画するかどうかについては、証人の意思を尊重することとされたものである。

(18)　捜査段階においても、被害者が繰り返し供述を求められることによって受ける二次的被害があり、これを防ぐため、被害者の供述を録画すべきではないかとの意見を聞くことがあるが、捜査は段階を追って進展していくものであり、その進展に応じて被害者に確認しなければならない事項も変化していくのが通例常である。取調べの状況を録画することが、その回数を減少させることには必ずしも結びつかないと思われる。

(19)　修正案は、前の証人尋問が弁護人申請による場合や職権で行われた場合には、どのような取り扱いとなるか不明である。また、そもそも、現行刑訴法は、主尋問、反対尋問の区別をしておらず、かつ、主尋問、反対尋問は請求者が誰であるかによって変わるものであり、共犯者の弁護人が請求した場合にはその弁護人の尋問部分が主尋問となるのであるから、どのような規定振りになるのか、さらに、反対尋問は、弁護人の同意がある場合にのみ、証拠能力を有するとすると、検察官が主尋問部分のみ証拠請求した場合に、弁護人が反対尋問部分が被告人に有利であると考え、その部分を弁護人側から証拠請求したときは、どのような取り扱いなるのか不明である。

(20)　親告罪の告訴期間に制限を設けた理由は、その犯罪の性質にかんがみ、刑罰権の発動を被害者等が処罰を求める場合に限る一方で、公訴提起の可否を私人である被害者にゆだねる状態が長く続くことにより手続の安定性が害されることを避けようとするものであると考えられる。また、告訴期間が「犯人を知った日から六か月」と定められたのは、大正一一年に制定されたいわゆる旧刑訴法からであり、昭和二三年に制定された現行刑訴法においても同様の規定が置かれた。刑事訴訟法案貴族院衆議院委員会会議録によると、政府委員の答弁に「別に格段六箇月にしなければならぬということを、特別にこの期間に依って言うのではありません。（中略）六箇月が相当なるや否やはもちろん議論の余地があります。それで、この案におきましては其の範囲を六箇月と致しましたのは、もしも犯罪があって、其時から六箇月ということでありますれば、それは考慮の余地があります。誰か其罪に当たる行為をしたものがあると、斯う言うことを知ってから六箇月でありましたならば、十分に考慮の余地があると思うのです。」とある。

(21)　これに対し、他の親告罪、例えば、名誉毀損罪は、既にそのような行為が行われたことは明らかになっているものであって、被害者の意思を無視して訴追しなければならないほど法益侵害の程度が大きいとはいえないこと、訴追されることで被害者の名誉を再度傷つけることもあり得ることから親告罪とされているものであって、親告罪とされている趣旨が異なるものであり、強姦罪等の性犯罪と同列に告訴期間の撤廃の必要があるとはいえないであろう。

(22)　実務的には、性犯罪は被害者の告訴がない間は捜査機関に発覚していないことが多く、犯罪が捜査機関に発覚しているにもかかわらず、被害者の告訴に関する意思決定が行われないため刑罰権の発動ができないという事態になることは少ないであろう。また、告訴以外の端緒により捜査機関に犯罪が発覚しているような場合には、被害者に対し捜査機関から告訴の意思の有無についての確認がなされ、通常は相当の期間内に告訴の意思決定がなされると思われ、刑罰権の発動が被害者の意思により長期間にわたって左右されることは、現実にはさほど生じないであろう。

(23)　強姦等の性犯罪について、むしろ非親告罪化すべきではないかとの意見がある。しかし、これらの罪は、被害者の意思にかかわらず起訴によって被害を受けた事実が公になると、被害者の名誉が害され、精神的苦痛等の不利益が一層増大する結果となるおそれがあるため、被害者保護の観点から親告罪とされているものと解され、これを、非親告罪とすることは、被害者の不利益を増大させる結果を招来させることになるものと思われ、被害者保護の観点からは適当でないであろう。

(24)　刑訴法四〇四条（準用規定）は、「第二編中公判に関する規定は、この法律に特別の定がある場合を除いては、控訴の審判にこれを準用する。」としているところ、被告人自身の弁論については、同法二九三条は準用されないとするのが判例である（最判昭和二五年四月二〇日刑集四巻四号六四八頁）。

(25)　被害者等に意見陳述を認めると重罰化につながるのではないかとの意見があるが、被害者の陳述は、量刑資料の一つとされるに過ぎず、むしろ、被害者に意見を陳述させることによって、被害感情の緩和が図られるとともに、被告人の反省を深め、その更生に効果を与える結果ともなるため、被告人の利益にも資する場合もあり、これを認めても被告人の重罰化につながるものとは考えられない。

(26)　もっとも、この場合でもこれまで証拠に現れていない重要な事実であれば、改めてその点について証人尋問等を行った上で意見陳述を認めることとなろう。

(27)　改正前も、審査申立権のない被害者の遺族から申立があったときは、検察審査会は、これらの者の申立を不適法として却下するものの、ほぼ全事件につき検察審査会の職権により審査を行っていたとされている。

II 刑法

13 一つの解釈論

香川達夫

一 刑法の解釈

1 「すべての解釈は、条文の解釈から始まる」(1)とは、メッガーの言である。「その言や良し」で、そのこと自体、真実であることを否定するつもりもない。加えて、その表現に若干の差——その対象が、条文(Wortlaut)なのか、法規範(Rechtsnorm)とされているかの差——がみられるにせよ、イェシェック＝ワイゲンドもまた「すべての法規範は、その解釈を要求する」(2)として、そのことの必要性を強調している。解釈なくして法規の適用はありえないし、それだけに解釈が、そのすべての出発点となっているのは事実である。ただそれにしても問題なのは、その条文あるいは当該法規範の解釈に際し、どのような解釈方法を選択し準拠するかであり、その方法論の当否あるいはその選択・採用の仕方には重要なものがあるといえる。かつてルドルフィーは、そのための方法論として、四個の方法を分類し整理していた。(3)文法的解釈(die grammatische Auslegung)、体系的解釈(die systemati-

sche Auslegung)、主観的・歴史的解釈方法（die subjektiv-historische Auslegungsmethode)、客観的・目的論的方法（die objektiv-teleologische Methode）の四者がこれである。メツガーやイェシェック＝ワイゲンドの認識もまた、基本的にみて、この間の事情に変化はなかった。[4] 文法的解釈のほかに、歴史的解釈・体系的解釈そして目的論的解釈の三者が、同じくそこには列記されているからである。[5]

ところで、そのいずれにも共通する第一の方法、すなわち文法的解釈については「一般的な言葉遣いのほか、特殊な法律的、とくに刑法的な言葉遣いにしたがって、それはなされなければならない」[6]とされている。ということは、基本的にいってこの解釈方法自体は、その表現のもつ文法的ないし言語学的さらには訓詁学的な拘束からの離脱が許されない、とする趣旨であろうかと推測される。[7] そしてもしそうであるのなら、そのこと自体、理解しえないわけではないし、また法の解釈にとって、これほど安全・確実な方法はないともいえる。そこに安住しているかぎり、罪刑法定主義違反であるとか、類推解釈であるとかいった非難に晒されることもないからである。

だが他方、同じく文法的解釈とする表現を使いながら、イェシェック＝ワイゲンドのいい方には、メツガーのそれとは多少異なった主張がなされていた。「法文上の表現が、たとえきわめて明確に規定されていたとしても、当該法規のもつ立場からでてくる法律的な意味は、そこに明示された法文上の表現に関する、公平なそして偏見のない理解や解釈と、それは必ずしも同一である保障はない」[8]として、それが言語学的な、さらには「刑法的な言葉遣い」の枠内にとどまりえない事実を、当初から是認するような口吻を示しているからである。そうだとすると、同じ方法論に準拠するとはいえ、同じなのは名称の同一性だけであって、その果たす機能の間には、そこはかとない差異のある事実は、これを是認しなければならないのかもしれない。そのかぎり、現実の法解釈に際して、それは決して安住の地を容易に見出しうるものでもなくなってくるようであるし、また安住の地を求めること自体が困難のようでもある。だが逆に、困難だからこそ、安住地への願望が、同時にさらなる他の解釈方法の登場を促す契機となっているのかもしれない。その意味で、第一の方法すなわち文法的な解釈をもって――後述するように――、極力狭く解しようとしたであろうメッツガーのいき方が、「すでに古くなった」(9)とされるのも、やむをえないところだったのかもしれない。固定化され、その変動自体を予定していない法典と、日々の変化をともなう現象、とくに現実に発生する多種多様な犯罪現象との間の調和、この両者間の合理的な接点を追求しようとするのなら、必然的に文法的あるいは訓詁学的な解釈といった桎梏から――とくに、メッツガー流の狭さから――の解放が要求されることにもなってこよう。

もっとも、そうした批判を前提にしながらも、メッツガー自身は文法的な解釈をするについて、「その際、ともに考慮されるべき事柄として、その成立の歴史とそれに加えて、当該法規のもつ外部的な関連をも考慮にいれなければならない。ただそれにしても、この歴史的解釈と体系的解釈の両者は、それらが解釈のための補助手段とはなりえても、同時にそれらが、拘束的な線として位置づけられているわけのものではない」(10)として、文法的解釈のもつ基本な線を変えようとはしていなかった。その意味では、狭く解しようとしていたとする評価は許されようし、したがってまた、あげられた四個の方法論のうち、歴史的解釈と体系的解釈とは、法解釈における主導的な地位を与えられず、それらは単なる脇役的な機能しか期待されていなかったとはいえるようである。だがそうしたメッツガー流のいき方に対し、それとは多少趣を異にしながら、イエシェック＝ワイゲンドのばあい、歴史的解釈と目的論的解釈との同時性を強調し、そのもつ役割を重視している。(11)その意味では、類型化された方法自体の分類あるいはその名称には共通するものがあるにしても、その果たす機能においては、ここに引用した両者の間にあってさえ、すでに異なった認識がみられるといってもいいのかもしれない。

（1） Edmund Mezger, Strafrecht, 3. Aufl., 1949, S.80.

（2） Hans-Heinrich Jescheck = Thomas Weigend, Lehrbuch des Strafrechts, Allgemeiner Teil, 5. Aufl., 1996, S. 154. もっともそれも、Karl Larenz, Methodenlehre der Rechtswissenschaft, 6. Aufl., 1996, S.312ff. に影響づけられての発言のようであるが、すでにその前に、メツガーのような発言は存在していた。

（3） Hans-Joachim Rudolphi = Eckhard Horn = Erich Samson, Systematischer Kommentar zum Srtafgesetzbuch, Bd. 1, Allgemeiner Teil, 5. Aufl., 1992, §1, Rdnr. 29ff.

（4） メツガーもまた、文法的解釈・歴史的解釈・体系的解釈と目的論的解釈の四者をあげているからである（Vgl. Mezger, a.a.O., S.80ff.）。なお、この四個の方法論については、山中敬一・刑法総論Ⅰ（一九九九年）六九頁以下に、その詳細な紹介がなされている。そこで、ここに記述した文法的解釈を、山中教授は文理解釈と翻訳されている。日本語としての表現からいえば、この方が分かりやすい感じもするが、原文をそのままここでは訳出するにとどめておく。

（5） イェシェック = ワイゲンドもまた、基本的にみて変化はなかった（Vgl. Jescheck = Weigend, a.a.O., S.154 ff.）。

（6） Mezger, a.a.O., S.80.

（7） もっとも、メツガー自身はその事例として、かつての五二条二項すなわち親族の範囲（Angehörige）に関する規定や、三五九条所定の公務員の概念（Begriff der Beamten）をあげている。その意味では、この文法的解釈方法を、私のように安易に言語学的解釈の範囲にとどめるといい換える点については、非難されることになってくるのかもしれない。そこには、これらの法条の予定する、純粋に個別的な法律用語として、それらの定義規定が置かれており、決して言語学的な枠内にのみ、それらはとどまっているものではないからである。

（8）Jescheck = Weigend, a.a.O., S.154. ここでもまた、文法的な解釈を前提にしてもなお、法の表現内にとどまりえない事実が例示されている。たとえば、強盗罪のばあい、その構成要件的行為としては「人身に対する暴力(mit Gewalt gegen Person)」の存在が要求されている（二四九条参照）。そして、この暴力とは有形力の行使を意味することが当然であるとしたにしても、問題なのはそれにかぎられるかにあるからである。たとえば化学的手段を用い、相手方に対して暴力を加えることなく、被害者を麻痺させて財物を強取する事例も考えられるし、それもまた同条にはいりうるところだからである（Vgl. Jescheck = Weigend, a.a.O., S.154.）。そしてまた、そこまで該当しうるとするのが通例のようである。Vgl. Herbert Tröndle = Thomas Fischer, Strafgesetzbuch und Nebengesetze, 49. Aufl., 1999, §249, Rdnr. 4. その意味で、イェシェック = ワイゲンドの主張もわからぬわけではないが、この理解はわが国との関連で、無用な解釈ではある。

わが国のばあい、二三六条所定の強盗罪のほか、二三九条にはいわゆる昏睡強盗罪の規定が明記され、麻酔等の科学薬品使用の事例は、後者の法条の適用をもってたりるからである。そのかぎり、文法的な解釈にこだわりうる範囲は多い。

（9）Reinhart von Maurach, Deutsches Strafrecht, Allgemeiner Teil, 4. Aufl., 1971, S.101.

（10）Mezger, a.a.O., S.80. “nur Hilfsmittel sein”とされているからである。

（11）Jescheck = Weigend, a.a.O., S.155.

2　ともあれ、問題なのは最後の方法、すなわち目的論的解釈にあった。ところで、その目的論的解釈とは「法規の表現を越え、法規自身から見出されうべき当該法規の目的によって左右される」[12]という解釈方法を意味している。当該法規のもつ目的、とくにそのもつ社会的目的を達成するための手段として、そして他方では、そうした目的との関連から、現実的にそれが理解され把握される必要があるとする方法論のことである。さきにも述べたように、法と現実といった両者間の合理的な接点を求めようとするのなら、こうした方法が説かれるのもわからぬわけではない。

ただ、特定の法規に関連づけられた目的——それは刑法という枠のなかで、構成要件といった形で具体化されている——、それをメツガーが指摘しているように、個々の構成要件が予定している法益あるいは全体的な法秩序(die Rechtsordnung als einem Ganzen)、さらには法自身に内在する目的(der immanente Zweck des Rechtesselbst)のなかに求め、またそこに解釈の指針・基礎を見出すとしたにしても、(13) それによって論理必然的に、目的的な解釈の合理性が保障されるといいうるのかといえば、ことはそれほど単純ではない。そうした担保が、果たして現実になされうるものなのかといった疑問は、私の頭脳から離れてはくれない。

構成要件中に規定されたあらゆる概念の解釈に際しては、「当該構成要件によって保護されている法益、それによって、その方向づけがなされる(14)」といわれるように、当該構成要件のもつ目的あるいは法益概念との関連で、その解釈なりその進展なりがなされていくとするこうしたいき方は、それが一つの解釈論として肯認しうるのは事実である。だが、解釈基準としての法益概念なり、あるいはその目的との関連への配慮が、同時にそうした解釈の合理性あるいは判断の指針としての的確性、そういった機能にそれが直結するものとも考えられない。なぜなら、たとえばそこでの指針とされる法益概念のばあい、それが不磨の鉄則として、過去から未来永劫にいたるまで不変の原理として妥当しうるものでもないし、また誰もがそうだと断言しうるところでもないからである。(15)それ自身のもつ流動的な性格に災いされて、こうした解釈による結果が、つねに必ずしも妥当な帰結に落ち着くといった保証はなにもない。

もっとも、そうした危惧に対しては「法の目的にしたがって解釈するばあい、裁判官はつねに現在の憲法が是認する価値決定がなんであるか、それを忘れてはならない[16]」とされているように、それが重要な指針となっていることは知っている。換言すれば、「憲法に合した解釈（Verfassungskonforme Auslegung）[16]」の必要性を否定するつもりもない。そうした価値基準に準拠することによって、法のもつ限界を越えてはならないとする意識は、不断にもちあわせていなければならないのは当然である。ただ、こうした言葉としての基準あるいは指針の設定が、とかく訓示的な機能ないしは意味づけだけに終わり、そうした基準の設定あるいは指針とはうらはらに、実はそれ自身が変化し流動している事実もまた否定できないところである。そこに目的論的解釈のもつ危険性が内在する。

それだけではない。指針とされる法益ないしはその目的が、単一の構成要件との関連で、つねに単一の法益・単一の目的として予定されているわけではない。私見としては、単一の構成要件は、つねに単一の法益に限定して理解されるべきことを強調し、またそれを実践してはきたが、それがここでの問題ではない。私を除く大方の見解は、重畳的な理解に好意的であるのが現状である。となると、そうした重なった意味での法益あるいは目的を是認するかぎり、ここでの問題である目的論的解釈を実行する段階で、重なった法益中のそのいずれを重視するのか、あるいはそうではなくて、その双方を利用することによって、かぎりなく構成要件の枠の拡大化を可能としていく趣旨なのか。そうした疑問も生じてくる。そこでそうした視点から、過去の著名な一事例を対象としして――与えられた紙数の制限もあるので――、まずは単一の法益を前提とし、しかもそれを指針として解釈したにしても、ことは必ずしも素直にいくものではない事例を検討していくことにしたい。

（12）　Mezger, a.a.O., S.81. もっとも、H・マイヤーにいわせれば、立法者の現実的な歴史的な意思から予想される目的の達成、それが歴史的－目的論的解釈であるとされ、目的論的解釈をもって、独立した方法として把握しているわけでもないようである（Vgl. Hellmuth Mayer, Strafrecht, Allgemeiner Teil, 1953, S.81.）。だがそれに対して、メッガーは「拘束力のある法とは、法の内容すなわち法の意思であって、その形成過程すなわち、立法者の意思にあるのではない」（Mezger, a.a.O., S.80ff.）として、かなり批判的である。

（13）Mezger, a.a.O., S.81.

（14）Mezger, a.a.O., S.81.

（15）後述するように、往来妨害罪はこれまで少なくとも、その位置づけは公共危険罪の範囲に所属されるにとどまっていた。だが他方、公共危険罪としての性格づけは、第二次的なものであるに過ぎず、むしろ人身犯として構成すべきだといった新説の登場が、最近はみられるところである（平川宗信・刑法各論（一九九五年）一二二頁以下参照）。そのこと自体、私見として賛意を表するものではないが、解釈上の貴重な指針となるべき法益概念自体に、その変更を求める所説の存在する事実だけは指摘することが可能である。

（16）ともに、同一箇所に記載されている文言を、引用の必要上分割して記載しただけなので、頁数そのものには当然のことながら変更はない（Jescheck = Weigend, a.a.O., S.155.）。

二　同一法条

1　大判昭和一五年八月二二日刑集一九巻五四〇頁以下に掲載された「業務上過失致死傷竝業務上過失列車転覆破壊被告事件」とは、いわゆる「ガソリンカーは汽車なりや」といった表題で親しまれている、拡張解釈と類推解釈の限界をめぐって争われた顕著な先例である。もっとも、この両者の限界をめぐる論争は、その後新しい事例がいくつか登場したこともあって[1]、最近は多少その影が薄くなった嫌いがないわけではないが、先例としての存在価値が大きいだけに、その再登場を促したいわけである。というのは、単一の法益保護という、共通の指針を前提として考えたにしても、それは必ずしも同一の帰結に達するものではない事例であったからである。

事案の概要は、左記のようである。すなわち「被告人ハ……ガソリンカーニ機関手トシテ乗務シ乗客九十余名ヲ満載シ……久居駅ヲ発車シタルカ同駅ニシテ……遅発ナリシヨリ遅延時間ノ回復ニ努メ速力ヲ増大シテ……疾走……途中……通称Sカーブニ差蒐ルヤ右カーブ曲線度急ニシテ常ニ制限速度十五粁以内ニテ運行スヘキモノナルコトヲ知悉セルニ拘ラス遅延時間ノ回復ノミニ心ヲ奪ハレ僅カニ速度ヲ緩メ……漫然驀進ヲ続ケタル為メ……該曲線ニ適セサル過速度運転ニ因リ該ガソリンカーヲ転覆セシメ冷却機其ノ他ヲ破壊シタル上乗客ナル甲・乙ヲ各死ニ致シ……乗客等八十数名ニ夫々重軽傷ヲ負ハシメタ」というのがこれである。

業務上過失致死傷の点は別にして、列車転覆の件に関して、原審である安濃津地方裁判所は、刑法「第百二十九条第二項ニ該当スル」として、なんらの躊躇いもなく、ここでの対象であるガソリンカーを、同条項所定の「汽車」に当たるとしていた。「ガソリンカーは汽車なりや」とする課題は、まさしくここから始まったわけである。ただ、それを不服とした弁護人は、その点をめぐってつぎのようにいって上告した。「第百二十九条ノ犯罪ノ客体ハ汽車、電車又ハ艦船ト明記シアリテ『ガソリンカー』ヲ含マス……強ヒテ……汽車ノ一種ト見做スカ如キハ極メテ無理ニシテ刑罰法規ノ解釈トシテハ不当」とするものであった。だがそれも、結局は当時の大審院のいれるところとはならなかった。

「汽車ナル用語ハ蒸気機関車ヲ以テ列車を牽引シタルモノヲ指称スルヲ通常トスルモ同条ニ定ムル汽車トハ汽車ハ勿論本件ノ如キ汽車代用ノ『ガソリンカー』ヲモ包含スル趣旨ナリト解スルヲ相当トス蓋シ……規定ヲ設ケタル所以ノモノハ交通機関ニ依ル交通往来ノ安全ヲ維持スルカ為メ之カ防害《(まま)》ト為ルヘキ行為ヲ禁シ以テ危害ノ発

生ヲ防止セントスルニ在ルコト勿論ナレハ汽車ノミヲ該犯罪ノ客体ト為シ汽車代用ノ『ガソリンカー』ヲ除外スル理由ナキノミナラス右両者ハ単ニ其ノ動力ノ種類ヲ異ニスル点ニ於テ重ナル差異アルニ過キスシテ共ニ鉄道線路上ヲ運転シ多数ノ貨客ヲ……運輸スル陸上交通機関ナル点ニ於テ全然其ノ揆ヲ一ニ……」するからとして、ここでの課題に対し、ことは積極的に対応しうるとしたのが、本判決のいい分でもあったからである。

本判決に対する賛否両論の対立には、当時にあっても激しいものがあった。いち早く賛意を表した木村博士の所説を一方の対極として、(2)他方で滝川博士による否定論が展開されていたからである。(3)ただ私自身は、この判決をもって「単なる拡張解釈であって類推解釈ではない」(4)とされる木村理論に、ここで賛意を表するつもりはない。もっとも、この判決をもって「類推解釈であると主張する説は類推解釈と拡張解釈の区別を明確に認識しないものとして妥当とはいいがたい」(5)とする厳しい批判のあることも知っている。そこから、あるいはそれもあってか、学界の大勢は残念ながらこの木村理論に傾き、せっかく登場した滝川理論は、昔日の輝きを失っているのが現状なのかもしれないが、それにしても肯定説には疑問が残る。

加えて、こうした肯定説すなわち通説に対しては、私として一点だけ聞いておきたいことがある。というのは——既述の木村博士の言葉にもみられるように——、少なくとも通説にとって類推解釈と拡張解釈とは、その概念およびその具体的な適用に当たって、この両概念間の差は明確であり、それだけにその適用に際しても、なんらの疑問も存在しないとする認識が前提になったうえでの発言なのかとする点がこれである。もとより、解答はイエスであろう。さもなければ「区別を明確に認識しない」といった批判はでてこないはずだからである。(6)たとえ、その間の差が「紙一重」(7)であるとされたにしても、紙一重を境界線として、この両概念間の区別が可能になるといわなければ、こうした表現を使う実益はないことにもなってくると、そうもいえるからである。

そこで、そうであろうと念を押せば、同じ通説の側から返ってくる答えは、決して単一なものではなかった。「ある程度流動的であることを免れない(8)」といった答えも準備されているからである。おそらく、両概念間の限界づけもそしてその適用も、ともに流動的であるとされる趣旨であろうが——ある意味では、それが良心的な回答とされる余地もあるであろう——、およそ人権保障の見地から、換言すれば、一方であれば処罰され、他方であるのなら処罰の外といった効果を前提にしておきながら、こうした流動的な基準によって、その運命が左右されるということに、なんらの違和感を感ぜずに流動的とされるのであろうか。そういった疑問は避けられない。それは私の理解の範囲を越えるものがある。その意味で、呉越同舟の感を免れない通説に対しては、批判的にならざるをえないのが現状である。本件をもって、拡張解釈ではあっても類推解釈ではないとするのなら、それだけの見識、すなわちその区別は明確であるとする認識をもっての見解であって欲しかった。

そこから、賛同者が多数であるということと、つねそれが、ここでの正論であるとする評価に直結するものとも思えない。したがって、「我に利(理)あらず」として、その撤退を余儀なくされる必要もないと考えている。通説に対して、非礼の誹りを免れないのかもしれないが、数多きが故に尊からずといえるのなら、そしてそれに対する抵抗が、たとえ蟷螂の斧であるといわれようとも、私自身多数説に対する批判的な認識を、ここで変えるつもりはない。その理由は、次の点にある。

本判決が、類推解釈なのか拡張解釈なのかとする選択・決定に先行して、そこでの類推解釈と拡張解釈とが、どのように定義づけられ、またどうした形での概念規定がなされているのか。その確定こそが先決問題であることは既述した。なぜなら、それが流動的であるかぎり、そのいずれに所属させようと、それは前提となる定義の差からでてくる必然的な帰結であって、類推解釈の可否をめぐる論争とはなってこないからである。そこで、ともかくもここでは木村博士のいう、両解釈の定義を前提にして考えいく以外に方法もないことにもなってくる。そして木村博士のばあい、この両概念間の区別は明確であるとされている。したがって、それに準拠するのがまた、批判する側の礼儀でもあるからである。

次のような定義がみられる。すなわち「類推解釈と拡張解釈との相違は、拡張解釈が刑法の成文の言葉の可能な意味の限界内にとどまるのに対して、類推解釈はその可能な意味の限界を踏み越え、従って、成文に規定のない事実に対して刑法規範の妥当性を認める点にある。……その限界を越えるということは単なる量的差別ではなくて質的差別であって、拡張解釈は法の解釈であるが、類推解釈は、もしこれを裁判官が行うときは、裁判官による法の創造であり、立法である」(9)とされるのがこれである。

定義として、こうした両解釈間に区別のある事実は了解する。「ドイツ基本法一〇三条二項およびドイツ刑法一条所定の規定は、刑罰規定の創造およびその拡張の手段としての類推解釈を禁止している(nullum crimen sine lege stricta)」(10)とするイシェック＝ワイゲンドの主張は、木村博士のそれより以上に、類推解釈の範囲を限定的に解しているものといえるのかもしれないが、いずれにせよ、類推解釈の定義ないしはその概念規定が、このように明確であるのなら、そのこと自体をとやかくいうつもりはない。問題なのは、そうした定義を前提にしながら、その定義を具体的な事案に適用するに際して、その適用の仕方が流動的・恣意的にならないかという危惧だけが問題だからである。逆にそうでなければ、それで適用による公平さは保障される。保障されるのなら、非難する必要はなくなってくる。だからこそ、木村博士もいわれるように、この両者の差が、質と量の関係にあるとされるのは、すなわちその質と量の差は、決して流動的ではないとする趣旨に私は理解しているわけでもある。

(1)　最も近い例としては、平成三年四月五日刑集四五巻四号一七一頁の事案をあげることができよう（香川・刑法講義〔総論〕第三版（二〇〇〇年）二三頁以下参照）。

(2)　木村亀二・刑法総論（一九五九年）二六頁。

(3)　滝川幸辰・刑法講話（一九五一年）五五頁以下参照。

(4)　木村・総論二六頁。ここでの課題である、ガソリンカーだけにその対象を絞ってみても、板倉宏・刑法総論（一九九四年）四〇頁以下、吉川経夫・三訂　刑法総論（一九八九年）五〇頁、齊藤信宰・刑法講義〔総論〕第二版（一九九六年）二七頁、佐久間修・刑法講義〔総論〕（一九九七年）一三頁、荘子邦雄・刑法総論〔新版〕（一九八二年）二一頁、正田満三郎・刑法体系総論（一九七九年）二九頁、曽根威彦・刑法総論（一九八七年）一九頁、滝川春雄・刑法講義総論　新訂（一九六〇年）五八頁、中義勝・刑法（一九七一年）一九頁、中森喜彦・刑法各論（一九九一年）二一七頁、西田典之・刑法各論（一九九九年）三〇〇頁、野村稔・刑法総論（一九九〇年）四八頁等、多くの賛同者をみることができる。

そのなかで、木村・総論二六頁、団藤・刑法綱要総論　第三版（一九九〇年）五九頁等は、この判例理論と同じく、動力の差は問題にならないことを理由に、これを拡張解釈の枠内に置くことを可としている。そうかと思えば、格別の理由も示さずに、この一五年判決の帰結をそのまま引用している見解も多い。そういったなかで、佐久間・総論一六頁は、その規定のもたらす「同時代的解釈」の必要性を強調し、そのことから、汽車の枠の拡大が、決して好ましくない解釈ではないとしている。ただ、こうした傾向の是認は、同時代性を契機にどこまでその拡張が可能になるのか、その限界線明示の必要性が要求されることになってこよう。ただそれにしても、こうした多少とも謙仰的な理解とは別に、ガソリンカーを汽車とすることになんらの抵抗も示さず、ことは拡張解釈でもなんでもないといった、勇壮な所説も一方ではみられる。そのかぎり、拡張か類推かの論争自体が、惨めに感ぜられるような所説もある（藤木英雄・刑法講義総論（一九七五年）四七頁参照）。

(5)　木村・総論二六頁。そうした批判のあることを甘受しながらも、なお本件をもって類推解釈とし、したがって適切でないとする者に、植松正・再訂 刑法概論 I総論（一九七四年）七四頁、内田文昭・刑法概要 上巻（一九九五年）九五頁以下等がみられる。

（6） これだけ厳しく批判するのなら、この基準の具体的な適用もまた厳格化するとみるのが素直とも思えるが、現状は必ずしもそうではなかった。となると、まさしく植松博士もいわれているように、それは「言語の魔術」（植松・総論七七頁）以外のなにものでもないといわれても、致し方ないことになってこよう。法の創造を否定しながら、結果として、その創造を認めるような解釈が適切であるとも思えないからである。

（7） 福田平・刑法解釈学の基本問題（一九七五年）一二頁。

（8） 吉川・総論四九頁。

（9） 木村・総論二六頁。

（10） Jescheck = Weigend, a.a.O., S. 134. そして、イェシェック＝ワイゲンドは、さらに言葉を続けて、一九四四年のフランス刑法一一一条四項が、あきらかに次のような原理、すなわち『刑法は、厳格解釈である(La loi pênale est d'interprétation stricte)』と宣言している。そしてそれは、単に類推解釈だけに関連があるのではなく、拡張解釈にも関連してくる」としている。この事実を、看過してはならない（なお、cf, Jean Pradel, Le nouveau Code pênal, Partie générale, 1994, p. 24.)。

2 そこから私自身としても、この間の定義の差を改めてここで強調したり、さらには固有の私見を開示するつもりもない。[11] ここで重要なのは、定義・概念規定の新設なのではなくて、既存の定義とくに木村博士の定義を、ここでの対象である本件に適用したとき、それが論理必然的に拡張解釈の枠内に収まりうるものなのかどうか。その検証だけが、最大の課題となっているからである。

ところで木村博士によると、汽車とは「語原的に蒸気機関車をもって牽引する列車を汽車という……日常用語的意味を拡張して、動力の種類を異にする列車の上に及ぼした」[12]だけであるとされている。だから、ガソリンカーを汽車とするのは、拡張解釈の範囲内に属するとされるのは了解する。ただそれにしても、ここで拡張解釈の範囲内であるとされることの論拠がどの点にある趣旨なのかは、既述の引用自身からは判断し兼ねている面もある。というには、列車だからなのか動力の差だけだからなのか。そこには、二様の理由づけがなされているようにも読め――私の読みすぎかもしれないが――、下手にその一方のみを批判すれば、核心は別の点にあると反論されそうな印象もあるからである。そこで結果的に二面作戦をとらざるをえず、それぞれの理由づけらしきものの検討をする以外に方法もないことになってくる。

その第一は、汽車もガソリンカーも、ともに「列車」であるという点で共通する。したがって、その列車の動力が蒸気なのかガソリンなのかは、それほど基本的な差異ともなってこない。だから、拡張解釈の範囲内にとどまりうるとする意味なのかがこれである。そう読める感じもするし、したがってその趣旨なのかとも考えてみた。しかし、「列車」とする用語自体は、法自身が予定しているところではない。そこから、列車という共通項を媒介にして、拡張解釈が許されるとする根拠はでてこない。にもかかわらず、逆にそれが許されるとするのなら、共通項の発見は法文の無限の拡大化に貢献することにもなってこよう。それでもなお、拡張解釈の範囲内とするのなら、もう一言納得のいく説明は必要になってくるようにも思われる。

そこでかりに百歩譲って、その趣旨であるとしたにしても、こうした共通項の発見は、たとえその動力が蒸気であろうとガソリンであろうと、さらにはディーゼルであろうと、それらはすべてここでの問題外のこととなり、重要なのは列車かどうかに帰せられることにもなってくる。列車でなければ汽車ではないとされているからである。ところで、その列車とは「鉄道で、旅客や貨物を輸送するために運転する、編成された車両」[13]、すなわち一連のつながりを前提にする構造を予定している。そうだとすると、単一の車両だけでの運行は列車の運行とはいいえないはずである。そして、事実そういいえないのなら、動力の違いよりも、その編成が単独であるか連結であるかによって、本条の適用の可否が左右されることにもなってくるが、そこまで予定して共通項としての「列車」論なのかといった批判がでてくる可能性もある。「列車」とする表現の利用は、そこまで考えての発言なのかと考えてみたが、それは私の思い過ごしであるし、またそこまで主張しているものとも思えない。「列車」という表現にこだわりたい面もあるが、流石にそこまで考えて、「列車」と書いているのではなかろうと私は推測し反省もしている。

そうだとすると、残された方法第二のとしては、ここでの主眼はやはり動力の差、すなわち動力の点に格別の気配りをする必要はないとする意味に理解される。動力の差を無視することによって、ガソンリンカーもまた汽車と解しうると、そのように本判決を読むのが素直であり、また木村博士の真意もそこにあったとみるべきなのかもしれない。事実、本判決自身「交通機関ニ依ル交通往来ノ安全」の維持という目的ないしは法益保護に対応するため、汽車とガソリンカーの差は「動力ノ種類ヲ異ニスル点ニ於テ重ナル差異アルニ過キス」と判示しているからである。その意味では、後者のいき方がまた、木村博士の真意であったと理解すべきであろう。

ところで、本判決を検討するとき、そこには汽車といえるための三個の要件が記載されていた。第一に、専用軌道を持っていること、第二に、一時に多数の人または物を輸送する陸上交通機関であること、そして第三に、その動力が蒸気であること、この三要件が汽車といえるための前提とされていた。そして、これだけその定義あるいは要件を明快に判示し、またその範囲で汽車であるとするのなら、そのこと自体を否というつもりはない。対象が汽車であるのならこの定義で充分である。だがここで問題なのは、汽車ではなくてガソリンカーであった。

そこから、ガソリンカーもまた汽車であるとするのなら、そのための前提的な操作として、ガソリンカーも既述の三要件を具備していること、そのことの論証が不可避の要件となってくるはずである。同じだから、同じように保護する必要があるといえるからである。少なくともそう考えるのが筋とするのは、素朴な発想のようである。現に本判決自体は、そうは解していなかったからである。

比喩的ないい方が許されるのなら、汽車といえるための三要件中、ガソリンカーに使えるのは、そのうちの三分の二の要件だけであり、残りの三分の一すなわち動力の点は無視せざるをえないとしている。そこで、なぜ無視しうるのかと聞けば、その根拠は、本犯罪の予定する保護法益との関連にあると回答され、事実既述の引用からもあきらかなように、本判決はその点を強調して汽車であるとしている。もともと目的論的解釈とは、そういうものであるといえるのなら、こうした解釈を妨げる理由もなく、そしてそれがなお、拡張解釈の枠内にとどまりうるとするのは事実であろう。拡張解釈もまた、目的論的解釈の一分野であることは承認されているところだからである。

そうではないとはいわない。ただそれにしても、私はこうした立論自体には釈然としないものを感じている。というのは、もう一度、本条自体――ここでは、一二九条――を読み返して欲しいという気持ちが残るからである。あらためていうまでもないが、同条との関連で、そこに列挙されている客体は、汽車のみにかぎらない。電車もまた、その対象とされている。そこで、残された電車とはなにかと聞けば、既述した三個の要件中、前二者については変更がなく、第三の要件すなわち動力が、蒸気ではなくて電気だから、それを電車と法定したとする返事が返ってくることであろう。そのこと自体は間違いでないし、私自身もまたそうであると理解している。だがそこで、汽車と電車が別途に法定されているのは、まさしくその動力に差があるからである。差があるからこそ、別記されている事実を看過しえないし、またその点を、強調したいわけでもある。換言すれば、この両者のもつ交通機関としての差異は、まさしく動力の差であり、その差があるからこそ、別記されているのが実情なのである。その意味では、本判決判示のように、まさしくこの間の差は、「重ナル差異」――この表現の読み方にもよるであろうが、それは「重大な差」の意味ではなくて、「主な差」の意味でしか使われていない点は承知している。だからこそ逆に――、すなわちこの差は「重大な差」なのであって、また重大な差であるからこそ、わざわざ汽車と電車とが法文上列記されている、とそのように読むのが素直なのではなかろうか。少なくとも私にはそう読める。

換言すれば、法自体はそこに予定する交通機関として、つねに三分の三の要件を具備することを要求するものではあっても、決して三分の二でたりるとしているわけのものではないのである。逆に、そうではない。三分の二でたりると反論するのなら、わざわざ汽車と電車とが列記されていることの理由を、明確に答えて欲しいという疑問は消滅しない。当時の陸上交通機関としては、この二者しかなかったからとするのでは、回答として充分であるともいえない。たとえ現実にこの二者しかなかったとしても、この両者間の動力の差を重視したからこそ、列記したのが制定当時の認識であったはずだからである。

逆に、動力の差が重要ではないとする認識が、かりに立法当時にあったとするのなら、そのいずれか一方の法定だけでことはたり、自余の陸上交通機関については、あげて動力の差があるにすぎないとして、その単一の法定対象である汽車のなかに、そのすべてを代入すればたりたはずだからである。だが現状は、くどいようだがそうではない。動力の差を考慮にいれ、それを重視するからこそ、二者の列記が現になされているのではなかろうか。ガソリンカーが汽車か否かといった狭隘な視野に眩惑されて、そして公共の交通機関の保護という名分からその処罰を急ぐあまりか、さらには立法の欠陥を解釈によって糊塗するつもりか、その動機が奈辺にあるかは知らないが、本判決そしてそれを是認する通説については、最も大事な点に対する回答がないとする意味で疑問の残るところである。

類推解釈か拡張解釈か、そのことをめぐる格調の高い論調に対しては、もとより敬意を惜しまない。ただ、冒頭でも引用しておいたように、所詮解釈とはメツガーもいっているように、構成要件として具体化された対象からの束縛を無視できないはずである。その意味では、一挙に類推か拡張かとする選択に走るより先に、適用すべき当該構成要件内に規定されている行為なり客体なりを、さらには主体・行為事情等々を、それらの相互の関連に着目して解釈していく、換言すれば、法文上の表現からその第一歩を進めることこそが、最も自然ないき方なのではなかろうか。いうなれば、同一法条内の他の表現との均衡を考慮にいれての解釈論こそが大事なのである。「千里之行、始於足下（千里の行も足下に始まる）」とする先人の言を、あらためてここで再認識していきたい。そのかぎり、拡張解釈ではあっても類推解釈ではないといった弁明は、所詮でてくるはずのない立論となってくる。三要件を具備した汽車と電車だけが、法の予定する範囲内なのである。

（11）　私見については、香川・総論二〇頁以下参照。
（12）　木村・総論二六頁。
（13）　鎌田正＝米山寅太郎・大漢語林（一九九二年）一五二頁。なお、新村出編・広辞苑〈第四版〉（一九九一年）二七二二頁参照。

14 戦後日本における刑法判例の形成と展開

内藤　謙

はじめに

本稿は、第二次大戦後の日本において、刑法に関する判例がどのように形成し、展開したかを検討しようとするものである。検討の対象は、憲法問題に直接に関係する刑法判例を中心にしているが、犯罪総論に関する判例をも含んでいる。下級審判決も、最高裁判所判決と異なる判断を示したことになる判決に注目してとりあげている。それによって下級審判決と最高裁判所判決の相互関係を示し、判例の形成・展開過程を動的に理解しようとするためである。

一　犯罪総論の諸問題

1　超法規的違法阻却事由

超法規的違法阻却事由は、戦前の日本では、妊娠中絶などに関し超法規的緊急避難（「超法規的緊急状態」）として学説において形成されたものであった。(1) これに対し、戦後の日本で、一九五〇年代なかごろ以降、超法規的違法阻却事由として具体的事件について新しく論議されたのは、憲法によって保障された権利・自由（学問の自由、思想・集会・表現の自由など）が警察官の違法な立入り、官憲のスパイ的活動などによって侵害された場合に、その侵害を排除し、かつ同種の侵害を予防しようとして侵害の現場で軽度の実力的行動をしたとき、超法規的に違法阻却を認めうるか、であった。違法な侵害に対応する現場での行動という意味で正当防衛の延長線上にある性質をもっており、いわば「超法規的正当防衛」である（適用条文としては刑法三五条の問題とする考え方もある）。実質的違法性論を背景とする点では戦前と戦後に共通性があるが、問題状況は異なる。

一九五四年ころから下級審判決のいくつかは、右のような性質の事件について超法規的違法阻却事由を認め無罪を言い渡した（①東大ポポロ事件第一審・第二審判決〔東京地判昭和二九年五月一一日判時二六号三頁、東京高判昭和三一年五月八日高刑集九巻五号四二五頁〕、②舞鶴事件第一審判決〔東京地判昭和三一年五月一四日判時七六号二頁（一名無罪。他の一名は過剰行為として刑の免除）。第二審判決〔東京高判昭和三五年一二月二七日下級刑集二巻一一＝一二号一三七五頁〕は違法阻却を認めず二名とも有罪〕、③大阪学芸大学事件第一審判決〔大阪地判昭和三七年五月二七日判時三〇七号四頁。第二審判決〔大阪高判昭和四一年五月一九日下級刑集八巻五号六八六頁〕は、可罰的違法性論によって第一審判決の無罪の結論を維持。最高裁決定〔昭和四八年三月二〇日判時七〇一号二五頁〕も、検察官上告を棄却し、無罪確定〕、

④はぐるま座事件第一審判決（京都地判昭和四七年二月二九日判時六六八号九九頁。第二審判決（大阪高判昭和五二年二月七日判時八六三号一二〇頁）により破棄され、有罪）等）。

しかし最高裁判所は、一九六三年から六四年にかけて、前掲①②の下級審無罪判決を否認する態度を示した（最大判昭和三八年五月二二日刑集一七巻四号三七〇頁（第一審判決・第二審判決を破棄、差し戻し。東大ポポロ事件）、最決昭和三九年一二月三日刑集一八巻一〇号六九八頁（有罪の第二審判決を維持。舞鶴事件））。最高裁判所は、憲法上保障された権利・自由に対する侵害（学問の自由と大学の自治に対する侵害）の問題ではないとして、その侵害の存在を否定し（東大ポポロ事件）、あるいはまた、その侵害（思想・表現・集会等の自由に対する侵害）に配慮を示すことなく、かつ、超法規的違法阻却事由の要件として補充性の原則をきわめて厳格に解釈した第二審の有罪判決を維持することにより（舞鶴事件）、具体的事件について超法規的違法阻却事由を認めなかったのである。(2)

もっとも、最高裁判所判例も超法規的違法阻却事由はおよそありえないとまでしているわけではないであろう。一九七三年以降のいわゆる久留米駅事件判決方式（最大判昭和四八年四月二五日刑集二七巻三号四一八頁（労働刑事事件についての有罪判決））にしても、違法阻却事由の有無の判断が「当該行為の具体的状況その他諸般の事情を考慮に入れ、法秩序全体の見地から許容されるべきものであるか否か」の判断であるとし、法規による判断に限定していない点では、超法規的違法阻却事由の存在の可能性までを否定したものではないとみることができよう。(3)

いずれにせよ、超法規的違法阻却事由が最高裁判所によってなかなか認められない状況のもとで、一九六五年ころから、可罰的違法性論が労働公安事件についても展開されることになる（前掲③大阪学芸大学事件第二審判決も、その一例であった）。

2 可罰的違法性

可罰的違法性(刑罰を科するに値する程度の量ないし質をもった違法性)がないことを理由に犯罪の成立を否定する可罰的違法性論は、一九一〇年の一厘事件大審院判決(明治四三年一〇月一一日刑録一六輯一六二〇頁)を手がかりとして、すでに戦前にその基礎が形成された理論であった。

が、戦後、一九六五年ころから可罰的違法性論が判例・学説によって有力に展開されたとき、その適用範囲は、一厘事件のような、被害が極度に軽微な事件(絶対的軽微型)だけではなく、労働公安事件など広い範囲に及んでいた(法益衡量・相対的軽微型、合憲限定解釈型、違法の相対性型)。可罰的違法性を欠くことを実質的な理由とした無罪判決ないし有罪原判決破棄判決は、最高裁大法廷判決(東京中郵事件、都教組事件。後出**四3**(ア)(イ)を含めて、公刊物に登載されたものだけでも一三〇件を超えていた(後出**四3**(ウ))。可罰的違法性論は、もともと、刑法における謙抑主義の原則を基礎に、違法概念の形式的理解による刑罰権の濫用を阻止し、個々の事件について具体的に妥当な結論を得ようとして形成・展開した理論であったことからみれば、その判例の動向には十分な理由があったように思われる。しかし、このような状況には、一九七三年の全農林警職法事件最高裁大法廷判決(後出**四4**(ア))による判例変更以後、大きな変化が生じている(4)(後出**四4**(ウ))。

ただしかし、最高裁判所も可罰的違法性論をいっさい否定しているわけではないであろう。現に、可罰的違法性論によって第一審判決の無罪の結論を維持した大阪学芸大学事件第二審判決について、一九七三年最高裁決定(昭和四八年三月二〇日判時七〇一号二五頁)は、検察官上告を棄却し、無罪が確定しているのである(前出**1**③)。

なお、絶対的軽微型の事件について、一九八六年のマジックホン事件最高裁決定(昭和六一年六月二四日刑集四〇巻四号二九二頁)は、電話回線に取り付けると発信側の通信料金の計算が不可能になるマジックホンという機器を取り付けた者が、一回通話を試みただけで、刑事法令に触れるのでないかと危惧をいだき、すぐにこれを取り外した場合でも偽計業務妨害罪と有線電気通信法二一条違反が成立する（観念的競合）とした（谷口正孝裁判官の反対意見がある。第一審無罪、第二審有罪）。ここでも、不可罰とするのに厳しい態度を示すようになっているのである。

3　違法性の錯誤

最高裁判例は、大審院判例を受け継いで、自然犯・法定犯を問わず故意の成立には違法性の意識を必要とせず、違法性の錯誤は故意を阻却しないとする基本的態度をとっている（最大判昭和二三年七月一四日刑集二巻八号八八九頁、最判昭和二四年一一月二八日刑集四巻一二号二四六三頁等）。しかし最高裁判例は違法性の意識不要説をとる実質的理由を明確に述べているわけではなく、しかもその基本的態度を示す判例は公刊物には一九六〇年ころまでに現れたにすぎなかった。そして一九五九年最高裁判決（昭和三四年二月二七日刑集一三巻二号二五〇頁〔物品税法違反事件〕）には、少数意見ではあるが、「法定犯については、法の不知は、これを知らざるにつき相当の理由がある場合は犯罪の成立を阻却する」という意見（藤田八郎裁判官）も表明されていたのである（大審院判例にも、一九三二年以降、判例の主流とは異なり、違法性の錯誤ついて「相当の理由がある」ときは故意を阻却するとした一連の判例が存在した〔大判昭和七年八月四日刑集一一巻一一五三頁（犯罪の成立を否定）〕等）。このように、違法性の錯誤は故意を阻却しないとして犯罪の成立を認める最高裁判例の基本的態度も確固不動のものではないように思われる。

そのことも反映して、戦後の、高裁判決を含めた下級審判決には、最高裁判例の基本的態度とは異なり、違法性の錯誤について「相当の理由がある」（ないし違法性の意識の可能性がない）として故意（ないし責任）の阻却を認め、犯罪の成立を否定した判決が、少なからず現れている（代表的な判決として、①東京高判昭和二七年一二月二六日高刑集五巻一三号二六四五頁〔こんにゃくだま窃盗現行犯逮捕事件〕、②東京高判昭和四四年九月一七日高刑集二二巻四号五九五頁〔映画「黒い雪」事件〕、③東京高判昭和五五年九月二六日高刑集三三巻五号三五九頁〔石油カルテル（生産調整）事件〕等）。これらの高裁無罪判決は、判例違反による検察官の上告がなされることなく確定しているので、最高裁判所の判断は示されるにいたらなかった。

そして一九七〇年代後半以降の最高裁判例には、違法性の錯誤に相当の理由があるとして故意ないし責任の阻却を認めた判例はまだ存在しないとはいえ、従来の基本的立場である違法性の意識不要説について再検討の余地がありうるという問題意識を示そうとしたと理解しうる判例が現れている。

まず、①一九七八年の羽田空港デモ事件第二次上告審判決（最判昭和五三年六月二六日刑集三二巻四号九六七頁）は、違法性の錯誤について相当の理由があるから犯罪の成立を阻却するとして第一審の無罪の結論を是認した第二次控訴審判決（東京高判昭和五一年六月一日高刑集二九巻二号三〇一頁）を、破棄、差し戻した。しかし、その際、判例違反が上告理由として主張されているにもかかわらず、判例違反の点には触れることなく、被告人に違法性の意識が欠けていたことを前提とする原判決には右の前提事実につき事実誤認があることを理由に破棄したことが注目に値する。これには、適切な事案がくるまで現在の判例をさらに固めてしまうことがないように配慮することには合理性があるという考え方が加味されている可能性も否定できないといえよう。(5)

次いで、②一九八七年の百円紙幣模造サービス券作成事件最高裁決定（昭和六二年七月一六日刑集四一巻五号二三七頁）は、違法性の錯誤に「相当の理由がある」かどうかが争われたことに対し、注目すべき判示をした。本決定は、事実関係を詳細に説示したうえで、このような事実関係の下では、違法性の意識を欠いたとしても、それにつき「相当の理由がある」場合には当たらないとした原判決の判断は是認できるから、「この際、行為の違法性の意識を欠くにつき相当の理由があれば犯罪は成立しないとの見解の採否についての立ち入った検討をまつまでもなく、本件各行為を有罪とした原判決の結論に誤りはない」と判示したのである。最高裁判例が基本的にとってきた違法性の意識不要説の立場からは、違法性の錯誤が問題になった本件の場合、原判決がとった有罪の結論を是認するだけでも足りたはずであろう。本決定が判示のいわゆる相当理由説（学説上有力ないわゆる「違法性の意識の可能性必要説」に当たる）の採否を留保したまま、相当の理由がある場合には当たらないとした原判決の判断を是認していることも異例である。それにもかかわらず、本決定が右のような判示をあえてしたのは、最高裁判例が伝統的にとってきている違法性の意識不要説について再検討の余地がありうるという問題意識を示そうとしたものと理解することができよう(6)。このようにして、本決定をみても、最高裁判所が違法性の錯誤につき「相当の理由」があるから犯罪の成立を否定すべきであると判断するに適切と考える事件が上告された場合には、判例変更を行う可能性があるように思われる(7)。

4　期待可能性

期待可能性の理論にとって先駆的意味をもつ態度を示した判例は、すでに大審院時代に存在したが（大判昭和八年一一月二一日刑集一二巻二〇七二頁（第五柏島丸事件））、戦後、一九五五年ころまでの社会の混乱期に、経済統制法規違反事件や労働事件を中心として、期待可能性がないことを理由に超法規的責任阻却を認めた無罪判決が、公刊物に登載された高等裁判所判決でも一五件を超えて現れた。最高裁判所は、一九五六年の判決で、一般論としては期待可能性の不存在が超法規的責任阻却事由であることを認めた（最判昭和三一年一二月一一日刑集一〇巻一二号一六〇五頁〔三友炭坑ピケ事件〕)。しかし、それを積極的に認めるかについては、肯定も否定もしていない。最高裁判所は、原審高裁が期待可能性がないことを理由に無罪とした判決(福岡高判昭和二四年三月一七日刑事裁判資料四八号二二五頁〔三友炭坑ピケ事件〕、東京高判昭和二八年一〇月二九日高刑集六巻一一号一五三六頁〔東芝川岸工場失業保険料不納付事件〕)に対して上告がなされたとき、無罪の結論を維持しながら、違法性がないという理由で(前掲、昭和三一年三友炭坑ピケ事件判決)、あるいは、構成要件に該当しないという理由で(最判昭和三三年七月一〇日刑集一二巻一一号二四七一頁〔東芝川岸工場失業保険料不納付事件〕)、犯罪不成立としている場合もある。これは、それぞれの事案の解決として妥当な理論構成であったといえる。しかしまた、期待可能性がないことを理由に無罪とした高裁判決(東京高判昭和二八年四月六日高刑集六巻四号四五八頁)を、なんの留保もなく維持した最高裁判決もある(最判昭和三三年九月一二日判時一六三号五頁〔肥料公団業務上横領事件〕)ことに注目しなければならない。

一九六〇年代以降、期待可能性の欠如を理由に無罪とした下級審判決は少なくなる(東金簡判昭和三五年七月一五日下刑集二巻七＝八号一〇六六頁〔墓地外区域遺体埋葬事件〕、松江地浜田支判昭和三八年一二月一一日下刑集五巻一一＝一二号一一六六頁〔不法出国事件。広島高松江支判昭和四六年四月三日刑裁月報三巻四号四八三頁により破棄〕、一宮簡判昭和四八年一二月二二日判時七三九号一三七頁〔無免許診療エックス線照射事件〕等)。このような動向には、社会生活が戦後の混乱期から脱した状況が反映している。さらに一九六五年ころから可罰的違法性論による無罪判決が増加したことも影響しているといえよう。だが、期待可能性の不存在による超法規的責任阻却事由の肯定が、刑法の世界における非常口としてもっている意味がなくなったわけではない。(8)

5　共謀共同正犯

最高裁判例は、大審院判例を踏襲して共謀共同正犯を肯定している。そして一九五八年の練馬事件最高裁大法廷判決（昭和三三年五月二八日刑集一二巻八号一七一八頁（傷害致死事件））は、結論として原審の有罪判決を維持したが、①「共謀共同正犯が成立するには、二人以上の者が、特定の犯罪を行うため、共同意思の下に一体となって互いに他人の行為を利用し、各自の意思を実行に移すことを内容とする謀議をなし、よって犯罪を実行した事実が認められなければならない」。②このような謀議（共謀）に参加した事実が認められる以上、直接実行行為に関与しない者でも、「他人の行為をいわば自己の手段として犯罪を行ったという意味において」、その間刑責の成立に差異はない。③右の謀議（共謀）は、共謀共同正犯における「罪となるべき事実」にほかならないから、これを認めるためには「厳格な証明」が必要である、という新しい判示をした。

この練馬事件大法廷判決は、共謀共同正犯における謀議（共謀）の内容を単なる「意思の連絡」や「共同犯行の認識」では足りず、①②の内容をもつものでなければならないとするとともに、謀議は、単なる主観的要件にとどまるものではなく、実行共同正犯における客観的要件である「二人以上の者の実行行為の分担」にも比すべき、共謀共同正犯の客観的要件でもあると解したものとみることができる（いわゆる客観的謀議説）。そこで、「謀議」があったという事実は「罪となるべき事実」であるから「厳格な証明」を必要としたのである。(9)

そして、最高裁判所は、その一年余後の一九五九年の松川事件大法廷判決（昭和三四年八月一〇日刑集一三巻九号一四一九頁（汽車顚覆致死等事件））において、右の練馬事件大法廷判決を引用して、謀議の枢軸である、国鉄（当時）組合側と東芝組合側との二つの連絡謀議の存在に疑いがあり、厳格な証明があったとはいえないので、それは本件事実全体の認定にまで影響を及ぼすとして、原審の死刑四名を含む有罪判決を破棄、差し戻した（小谷勝重ら七裁判官の多数意見）。これに対し反対意見（田中耕太郎ら五裁判官）は、主観的な意思の合致の存在それ自体を重視する基本的立場から、仮に連絡謀議の存在に疑いがあったとしても、その他の謀議、実行行為等の存在により何らかの意思連絡の事実の存在が推認でき、かつそれで足りるとした（いわゆる主観的謀議説）。だが多数意見は、このような立場を排斥し、客観的な連絡謀議の厳格な証明を要するとしたのである（いわゆる客観的謀議説）。そこには、練馬事件大法廷判決が影響していたといえよう。結局、松川事件は全員無罪で確定した（最判昭和三八年九月一二日刑集一七巻七号六六一頁）。

その後、大麻密輸入罪につき共謀共同正犯の成立を認めた一九八二年最高裁決定（昭和五七年七月一六日刑集三六巻六号六九五頁）は、大麻の密輸入を計画した甲からその実行担当者になって欲しい旨頼まれた乙が、大麻を入手したい欲求にかられ、執行猶予中の身であることを理由にこれを断ったものの、知人の丙に対し事情を明かして協力を求め、同人を自己の身代りとして甲に引き合わせるとともに、密輸入した大麻の一部をもらい受ける約束のもとにその資金の一部（代金に見合う二〇万円）を甲に提供したときは、乙はこれらの行為を通じ甲及び丙らと大麻密輸入の「謀議を遂げた」ものと認められるとした（団藤重光裁判官の「意見」がある）。

本決定は、事例判断であるが、共謀共同正犯を単に「謀議に参加した」というだけで肯定するのではなく、被告人の意思内容や謀議その他犯罪遂行過程において具体的に果たした役割の重要性などを総合して、被告人が「謀議を遂げた」ものと認める手法をとったとみることができよう(10)。

二　死刑の合憲性

1　一九四八年最高裁合憲判決

死刑が憲法三六条の禁止する「残虐な刑罰」に当たらず合憲であるとすることについては、戦後初期の一九四八年最高裁大法廷判決（昭和二三年三月一二日刑集二巻三号一九一頁）が、その後の判例にも引用され受け継がれて、現在にいたっている。右の大法廷判決は、①憲法一三条は、公共の福祉に反する場合には生命に対する国民の権利も立法上制限ないし剝奪されることを予想しており、②憲法三一条は、法律の定める適理の手続により生命を奪う刑罰を科せられることを定めているとして、憲法は死刑の存置を想定し是認したものと解すべきであるとする。そのうえで、③死刑は、火あぶり、はりつけ、さらし首、釜ゆでなど、「その執行の方法等がその時代と環境において人道上の見地から一般に残虐性を有すると認められる場合には」憲法三六条に違反するが、「刑罰としての死刑そのものが、一般に直ちに同条にいわゆる残虐な刑罰に該当するとは考えられない」として、死刑を合憲としたのである。(11)

もっとも、この大法廷判決には、島保ら四裁判官の補充意見が付されていた。憲法三一条の反面解釈から死刑を合憲としながらも、文化と社会の進展に応じて「国民感情」が変化した場合には憲法三一条の解釈もおのずから制限されて、死刑が「残虐な刑罰」として憲法違反となることもあろう、とするものであった。

2　一九九三年最高裁合憲判決における補足意見

近年の一九九三年最高裁第三小法廷判決（平成五年九月二一日最高裁判所裁判集〔刑事〕二六二号四二一頁）におけ

る大野正男裁判官の補足意見は、一九四八年最高裁大法廷判決の補充意見と「基本的に考えを同じくする」ものであり、憲法三一条の文理解釈から出発して死刑の合憲性を肯定する。もっとも、大野補足意見は、一九四八年最高裁大法廷判決以後の四十五年間に、死刑制度の基礎にある立法的事実に重大な変化――死刑廃止国の増加、国連総会でのいわゆる「死刑廃止条約」の採択・発効、四人の死刑確定者の再審無罪など――が生じていることを認める。それにもかかわらず、大野補足意見が死刑を合憲とする主な理由は、死刑に対する「国民感情」（各種の世論調査に示されるとする）にほとんど変化がみられず、大多数が死刑存置を支持していると指摘する点にある。そのような国民感情と、裁判所の死刑の制限的適用の現状を考えれば、今日の時点で死刑を、罪刑の均衡を失した過剰な刑罰であって憲法に反すると断ずるにはいたらない、とするのである。

しかし他面、大野補足意見は、国際的動向と国民意識とが、このまま大きな隔たりをもち続けることは好ましくないとし、その間の整合を図るためには、一定期間、死刑の執行を実験的に停止して犯罪増加の有無との相関関係をみることや、現行刑法の無期刑とは別種の無期刑を設けて罪刑の均衡を図るなどの立法的施策を提示し、死刑の存廃および改善の方法を立法府にゆだねている。これは、立法による死刑廃止をつよく志向したものといえる。最高裁判決における補足意見としてこのような見解が表明されたことは、特筆に値する。

死刑の存廃は、たしかに、裁判所による合憲・違憲の判断よりは立法による解決に適する問題であろう。しかし、かりに合憲性判断を憲法三一条の文理解釈から出発して行う判例・通説の論理をとったとしても、残虐性判断は、文化と社会の進展につれてその内容が動くものである。現在の国際的動向をも視野に入れて、判例も学説も、死刑が憲法三六条の禁止する「残虐な刑罰」に当たるのではないかを再考すべき時期に来ているように思われる。すでにみたように、一九四八年最高裁大法廷判決も残虐性判断が「その時代と環境において人道上の見地から」変化する余地を認めていたのであり、同判決の補充意見はその展望をより明白に示していたのである。そして近年の一九九三年最高裁判決における大野裁判官の補足意見は、右の大法廷判決後四十五年間の新しい事象の発生をみると、「死刑が残虐な刑罰に当たると評価される余地は著しく増大した」と認めているのである。(12)

三　尊属殺重罰規定の合憲性

1　一九五〇年最高裁合憲判決

戦後初期の一九五〇年最高裁大法廷判決（昭和二五年一〇月一一日刑集四巻一〇号二〇三七頁）は、尊属傷害致死重罰規定（刑法二〇五条二項。一九九五年に削除）を憲法一四条一項に違反しないとした。尊属親に対する殺人、傷害致死等に重罰が科せられるのは、「人倫の大本」、「人類普遍の道徳原理」に基づくものであって、不合理な差別ではなく、合憲であるとした（真野、穂積各裁判官の反対意見があった）。そして尊属殺人罪（刑法二〇〇条。一九九五年に削除）についても、右の判決の趣旨に徴して、平等原則に違反しないことは明らかであるとしたのである（最大判昭和二五年一〇月二五日刑集四巻一〇号二一二六頁（前記各裁判官の反対意見があった））。

これに対し、刑法全面改正作業の過程で、一九六一年の「改正刑法準備草案」（刑法改正準備会）は、尊属殺人規定（二〇〇条）だけではなく、尊属傷害致死規定（二〇五条二項）など尊属関連の加重規定をすべて削除した。その理由として、憲法一四条に違反する疑いがあることが、刑事政策的理由とともに挙げられていた。(13)そして一九七四年の「改正刑法草案」（法制審議会）も、同様に、尊属関連の加重規定すべてを削除したのである。

2　一九七三年最高裁違憲判決

やがて、最高裁大法廷判決は、一九七三年にいたって、判例を変更し、刑法二〇〇条（尊属殺人罪）は憲法一四条一項に違反するとした(昭和四八年四月四日刑集二七巻三号二六五頁)。ただし、その多数意見の理由は、尊属殺人を普通殺人より重く処罰すること自体については、「尊属に対する尊重報恩は、社会生活上の基本的道義というべく、このような自然的情愛ないし普遍的倫理の維持は、刑法上の保護に値する」ものであるから、被害者が尊属であることを「類型化し、法律上、刑の加重要件とする規定を設けても、かかる差別的取扱いをもってただちに合理的な根拠を欠くものと断ずることはでき」ないとした。そのうえで、ただ「加重の程度が極端であって、前示のごとき立法目的達成の手段として甚だしく均衡を失し、これを正当化しうべき根拠を見出しえないときは、その差別は著しく不合理なものといわなければならず」、刑法二〇〇条は、尊属殺の法定刑を死刑または無期懲役のみに限っている点において、その立法目的達成のために必要な限度をはるかに越え、憲法一四条一項に違反し無効であるというものであった。

もっとも、本判決には、前示の立法目的そのものを違憲とし、普通殺人と区別して尊属殺人に関する規定を設け、尊属殺人なるがゆえに差別的取扱いを認めること自体が憲法一四条一項に違反するとする、田中二郎ら六裁判官の「意見」が付されていた。この意見によれば、尊属殺人規定のみならず、尊属傷害致死規定など尊属関連の加重規定も、いずれも違憲無効ということになる。

前記の七三年大法廷判決の多数意見は、基本的には一九五〇年判決の考え方を変えるものではなく、ただ差別的取扱いの程度の点でのみ二〇〇条を不合理な規定と認めたにとどまるものであった。現に、その後、一九七六年最高裁判決は、尊属傷害致死重罰規定(二〇五条二項)については、「合理的根拠に基づく差別的取扱いの域を出ない」ものとして、合憲としたのである（昭和五一年二月六日刑集三〇巻一号一頁）。

このためもあって、国会は、その後も、二〇〇条を削除する改正を行わなかった。したがって、尊属殺人罪は刑法典に残されていたが、実務的には二〇〇条による訴追は行われなくなったので、尊属殺人罪は実質的にみれば廃止された状態にあった。このような経過を経て、一九九五（平成七）年の刑法典の表記を平易化等する改正に際し、二〇〇条のほかに、尊属関連の加重規定（前記二〇五条二項、二一八条二項〔尊属保護責任者遺棄〕、二二〇条二項〔尊属逮捕監禁〕）は、すべて削除された。改正理由として、二〇〇条については、一九七三年以来の違憲判決状態の回避と量刑の実情とが挙げられ、その他の加重規定については、二〇〇条削除とのバランスと、量刑の実際とが挙げられている。(14)が、尊属関連の加重規定をすべて削除していることからみると、一九七三年大法廷判決における六裁判官の「意見」の考え方に基づくことになるものといえよう。

四　公務員の労働基本権の制限と刑事罰

1　問題の所在

現行法は、非現業公務員の争議行為を一律に禁止し（国公九八条二項、地公三七条一項）、その「あおり」等を処罰する規定を設けているが（国公一一〇条一項一七号、地公六一条四号）、その法制は、労働基本権を保障した憲法二八条との関係で、合憲性に問題がある。さらに、実行行為に当たる争議行為それ自体を処罰する規定がない（それは当然である）のに、その前段階行為・周辺行為を、争議行為を「あおり」、「企て」る等の広汎な明確でない概念でとりあげ、処罰の対象とすることは、刑事立法の在り方として異例であり、その妥当性が問われることになる（このような立法形式は、戦前の治安警察法（一九〇〇（明治三三）年）の一七条にみられたが、その一七条は一九二六（大正一五）年に削除された）。

そして、現業公務員（国営企業職員〔旧・公共企業体等職員〕）の場合は、争議行為は一律に禁止されている（国企労一七条〔旧・公労一七条〕）が、その禁止違反に罰則は規定されていない。しかし、特別の事業法が国営企業（旧・公共企業体等）の業務の停廃行為を刑事罰の対象としている場合がある（郵便七九条一項〔郵便の取扱をしない等の罪〕）。現業公務員の労働基本権制限についても、その合憲性に問題があることはもちろんであるが、さらに、現業公務員の争議禁止違反行為を単純に事業法違反として処罰したのでは、争議行為自体を処罰することになるから、右の場合に、労働組合法一条二項の適用を認めて、刑事免責を肯定できるか、が問われることになる。

このような問題に対する最高裁判例の態度は、公務員の争議行為禁止規定を憲法に違反しないとする結論では一致しているが、合憲とする理由と、それに関連する罰則の解釈には、注目に値する劇的な変遷がある。(15)

2　第一期――一九六〇年代前半まで

戦後初期の最高裁判例は、公務員の争議行為を一律に禁止・処罰する法制を、公務員が「全体の奉仕者」（憲一五条）であることや「公共の福祉」（憲一三条）を、その内容について具体的な説明をしないままに援用して、簡単に合憲とした（最大判昭和二八年四月八日刑集七巻四号七七五頁〔政令二〇一号違反事件〕）。

そして公共企業体等職員（現・国営企業職員。以下同）の争議行為を禁止する法制についても、「公共企業体の国家経済と公共の福祉に対する重要性に鑑み、一切の争議行為禁止という制限を受けても憲法二八条に違反するものではない」とした（最大判昭和三〇年六月二二日刑集九巻八号一一八九頁〔三鷹事件〕）。このような憲法論に対応して、一九六三年の国労檜山丸事件判決（最判昭和三八年三月一五日刑集一七巻二号二三頁）は、「公共企業体等の職員は、争議行為を禁止され争議権自体を否定されている以上、その争議行為について正当性の限界如何を論ずる余地はなく、したがって労働組合法一条二項の適用はない」としていたのである。これは、公労法上違法であれば刑法上も違法であるという意味で、厳格な違法一元論をとり、可罰的違法性論を否定するものであった。

3　第二期——一九六〇年代後半以後

やがて一九六〇年代後半に入ると、最高裁判例にも変化が現れ、公務員の職務の性質と労働基本権制限の必要性、制限を担保する刑事罰の在り方についてきめ細かな衡量を示し、刑事罰適用を限定するようになった。

(ア)　東京中郵事件判決　まず、現業公務員に関する一九六六年の東京中郵事件最高裁大法廷判決(昭和四一年一〇月二六日刑集二〇巻八号九〇一頁)は、「労働基本権が勤労者の生存権に直結し、それを保障するための重要な手段」であることを考慮すれば、その制限が合憲とされるためには、「労働基本権を尊重確保する必要と国民生活全体の利益を維持増進する必要とを比較衡量して」「合理性の認められる必要最小限のものにとどめなければならない」という原則を確認した(「国民生活全体の利益の保障」という見地からの「内在的制約」として、労働基本権制限四条件を示した)。そして従来の判例(前出**2**・一九六三年国労檜山丸事件判決)を変更し、公労法一七条違反の争議行為にも労組法一条二項の適用があり、正当な争議行為であれば(正当性判断三基準を示した)、郵便法七九条一項違反の罪は成立しないとし、有罪の原審判決(第一審判決は、労組法一条二項を適用し無罪)を破棄、差し戻した(奥野、草鹿、石田、五鬼上各裁判官の反対意見があった)。この東京中郵事件判決は、労働基本権を尊重して、その制限を必要最小限にとどめる憲法論を基礎に、公労法上違法な争議行為であっても、刑事罰の対象として予定する違法な行為とは限らないという意味で、違法の相対性を認め、可罰的違法性論をとったのである。

(イ)　都教組事件判決　次いで、一九六九年の都教組事件最高裁大法廷判決（昭和四四年四月二日刑集二三巻五号三〇五頁）は、非現業地方公務員の場合について、東京中郵事件判決の憲法論の趣旨を承継し、地公法三七条一項、六一条四号の規定を、文字どおりに、すべての地方公務員の一切の争議行為を禁止し、これらの争議行為の「あおり」等をすべて処罰する趣旨と解すべきものとすれば、「公務員の労働基本権を保障した憲法の趣旨に反し」、「違憲の疑を免れない」とした。そのうえで、地公法六一条四号について、「争議行為自体が違法性の強いもの」であり、かつ、「争議行為に通常随伴して行なわれる」限度をこえた、違法性の強い「あおり」行為等に限って処罰の対象とすべきだとし（いわゆる二重の絞り論）、有罪の原審判決（第一審判決は限定解釈により無罪）を破棄し、無罪とした（破棄、無罪の多数意見は、横田〔正俊〕、入江、城戸、田中〔二郎〕、松田、岩田、色川、大隅、飯村の各裁判官。これに対し、奥野、草鹿、石田、下村、松本各裁判官の反対意見があった。なお本判決と同日に言い渡された仙台全司法事件大法廷判決〔刑集二三巻五号六八五頁〕では、二重の絞り論をとりつつ、「あおり」行為およびその対象となる争議行為の双方に強度の違法性があったとして、原審の有罪判決が維持された）。本判決は、労働基本権を尊重して合憲限定解釈をし、「刑事罰をもってのぞむ違法性」を問題として可罰的違法性論をとったのである。

(ウ)　東京中郵事件判決と都教組事件判決の位置と影響　この最高裁両判決は、当時の下級審判決に現れた動向を反映したものであり（両事件の第一審判決は無罪であった）、また、その後の下級審判決にも大きな影響を及ぼした。とくに両判決の可罰的違法性論は、公務員関係以外の一般労働刑事事件においても、下級審判決にひろくうけいれられた（たとえば、①日本鉄工所事件控訴審無罪判決・大阪高判昭和四六年四月二一日刑裁月報三巻四号五〇一頁、②光文社事件控訴審無罪判決・東京高判昭和四八年四月二六日刑裁月報五巻四号四八四頁等）。

さらに、最高裁両判決における憲法上の権利を尊重する基本的な考え方は、公安条例違反事件について相次いで現れた下級審の可罰的違法性論による無罪判決に反映した（たとえば、①東京都公安条例に関する羽田空港デモ事件第一次控訴審判決・東京高判昭和四六年二月一五日刑裁月報三巻二号八四頁、②大阪市条例事件控訴審判決・大阪高判昭和四七年五月三一日高刑集二九巻九号九一七頁等）。

そしてまた、公務員の政治的意見表明の自由の制限についても、下級審の適用違憲無罪判決が現れたのであった。すなわち、北海道の猿払村の郵便局員が、衆議院議員の選挙用ポスターを公営掲示板に掲示したり、他に配布したところ、国家公務員法（国公法一〇二条一項、人事院規則一四―七（政治的行為）五項三号、六項一三号）に違反するとして起訴された猿払事件について、第一審・第二審判決は、機械的労働に携わる現業国家公務員が、勤務時間外に国の施設を利用することなく行った行為にまで、刑事罰を適用することは必要最小限度の制限とはいえず、違憲であると判示したのである（旭川地判昭和四三年三月二五日下刑集一〇巻三号二九三頁、それを支持した控訴審判決・札幌高判昭和四四年六月二四日判時五六〇号三〇頁。同旨の下級審判決が十件にも及んだ）。

4　第三期――一九七三年以後

しかし、このような判例の流れは、最高裁判所裁判官の交替とそれに伴う法政策的判断の変化とによって、一九六九年の都教組事件判決のわずか四年後の一九七三年に、大きく逆転することになる。

(ア)　全農林警職法事件判決　一九七三年の全農林警職法事件最高裁大法廷判決（昭和四八年四月二五日刑集二七巻四号五四七頁）は、非現業国家公務員の争議行為について、「国民全体の共同利益の見地からする制約」を根拠に、担当する職務内容の別なく、公務員であることそのこと、すなわち「公務員の地位の特殊性と職務の公共性」を強調して、一律かつ全面的に争議行為を禁止し争議行為をあおる行為等を処罰する国公法の規定を合憲とした

(いわゆる勤務条件法定主義論、ロックアウト不能論、市場抑制力欠如論、代替措置論などをも理由に挙げた)。そして都教組事件判決・仙台全司法事件判決におけるような、二重の絞り論(前出3(イ))を廃棄し、「あおり」行為等を一律に処罰すべきだとして、仙台全司法事件判決(国公法の事件)を本判決の判示に抵触する限度で変更したのである。その後、本判決の趣旨にしたがい、一九七六年の岩手教組事件最高裁大法廷判決(昭和五一年五月二一日刑集三〇巻五号一一七八頁)は、地方公務員法に関する都教組事件判決をくつがえした。

本判決は、政治的目的のための争議行為を正当な争議行為とみない最高裁判例の従来からの立場(東京中郵事件判決も仙台全司法事件判決もその立場をとった)からすれば、また、本判決の少数意見も同じ見解を示していることからみれば、警職法改正反対闘争という政治的目的に出た争議行為に関する事案の解決として、仙台全司法事件判決を変更しなくても、上告棄却(有罪の原判決維持)の判断を示しうるものであった(田中、大隅、関根、小川、坂本の五裁判官(二重の絞り論を維持する)および岩田裁判官の少数意見の主張。なお、色川裁判官の反対意見もあった)。それにもかかわらず、本判決があえて判例変更を行ったのは、政治的目的以外の場合についても、公務員の争議行為の一律・全面的な禁止・処罰が合憲であると積極的に主張するためであったともいえよう。

しかし、むしろ、より根本的には、都教組事件判決・仙台全司法事件判決が関係公務員法の規定を文字どおり解釈すれば違憲の疑いを免れないとして行った合憲限定解釈による二重の絞り論に対する根深い反対意見の立場が、裁判官の交替を好機として、少数意見の強い反対を押し切り、八対七という最僅少差で(上告棄却の結論については一四対一)、このように重大な判例変更をわずか四年後にあえて行わせたとみるべきであろう(多数意見は、石田、下村、村上、藤林、岡原、下田、岸、天野の八裁判官による)。このようにみるとき、憲法解釈の誤りが明白だとはとうていいえないし、また、事案の解決にとって必要がないにもかかわらず、実務にも重大な影響を及ぼし、関係公務員にも予測困難な不利益を与えることになる判例変更を最僅少差で強行した本判決には、憲法判例変更の条件をみたしていたかという点から考えても、疑問が大きいのである。(16)

ところで、本判決は合憲限定解釈による二重の絞り論を廃棄する理由として、「このように不明確な限定解釈は、かえって犯罪構成要件の保障機能を失わせることとなり、その明確性を要請する憲法三一条に違反する疑いすら存する」という。しかし、それならば、争議行為の「あおり」等を一律・全面的に処罰するほうが、犯罪構成要件の保障機能をみたし、憲法三一条に適合するといえるのであろうか。いえると解する本判決は、まさしく、憲法三一条すなわち罪刑法定主義を形式的側面だけから理解し、刑罰法規さえあれば当然に処罰してよいと考えているのである。本判決のような理解があるからこそ、憲法三一条は、刑罰法規の内容が「適正」なものであることを要請すると考えることが必要になると思われる。その意味で、都教組事件最高裁判決等は、罪刑法定主義の実質的側面、すなわち「実体的デュー・プロセス」の考え方に基づく刑罰法規適正の思考を根底に、労働基本権に配慮して、合憲限定解釈により刑罰法規について二重の絞りの解釈をしたといえよう。その解釈が明確性を欠くというならば、法令違憲の手法をとり、具体的な基準の設定を立法にゆだねる道を選ぶべきであろう。(17)

(イ)　名古屋中郵事件判決　　やがて、現業公務員の争議行為についても、一九七七年の名古屋中郵事件最高裁大法廷判決（昭和五二年五月四日刑集三一巻三号一八二頁）は、すでにみた全農林警職法事件最高裁判決と基本的に同趣旨の憲法論を基礎にして、公労法一七条違反の争議行為について労組法一条二項の適用はなく、その争議行為に参加を呼びかけた行為は郵便法七九条一項の罪の幇助罪としての処罰を免れないとして、無罪の原審判決を破棄した（団藤、環各裁判官の反対意見がある）。このようにして、一九六六年の東京中郵事件判決（前出**3**(ア)）も変更されたのである。

(ウ)　全農林警職法事件判決と名古屋中郵事件判決の影響　　全農林警職法事件判決にはじまり名古屋中郵事件判決によって完了した最高裁判例の流れの逆転は、単に公務員関係の労働刑事事件に大きな影響を及ぼしただけではない。一般の労働刑事事件を含めても、最高裁は、ピケッティング等につき可罰的違法性論を基礎にして無罪を言い渡した下級審判決を、つぎつぎと破棄して有罪としていったのである（たとえば、日本鉄工所事件について最判昭和五〇年八月二七日刑集二九巻七号四四二頁、光文社事件について最判昭和五〇年一一月二五日刑集二九巻一〇号九二九頁は、それぞれ、第二審の無罪判決〔前出3(ウ)〕を破棄し、第一審の有罪判決を維持した）。

さらに、公安条例違反事件につき可罰的違法性論を基礎に無罪を言い渡した下級審判決も、一九七五年の一連の最高裁判決によって、破棄されることになる（たとえば、前出〔3(ウ)〕東京高判、大阪高判の無罪判決も、最判昭和五〇年一〇月二四日刑集二九巻九号七七七頁、最判昭和五〇年一〇月二四日刑集二九巻九号八六〇頁によって、それぞれ、破棄された）。そして、公務員の政治的意見表明の自由の制限に関する猿払事件下級審適用違憲無罪判決（前出3(ウ)）も、公務員の職種、職務権限、勤務時間の内外、国の施設の利用の有無等を区別することなく、行政の中立的運営を強調する一九七四年の最高裁大法廷判決（昭和四九年一一月六日刑集二八巻九号三九三頁）によって破棄され、有罪となったのである。

このようにして、判例の流れは、公務員の労働基本権を尊重し、その制限は必要最小限のものではなければならず、とくに刑罰をもって争議行為の「あおり」等を処罰しうる場合はきわめて限定されているとする判例から、現行法の一律・全面的な制限・処罰を積極的に合憲とする判例に逆転した。その逆転は、ひろく一般の労働公安事件、公務員の政治的意見表明の自由制限に関する事件などにも影響しつつ、現在にいたっているのである。

(1) 武藤文雄『刑法における概念の規範的構成』（一九三四年）八五頁、牧野英一『重訂日本刑法上巻』（一九三九年）三八一頁等。

(2) 超法規的違法阻却事由について、裁判例とその事案、学説の動向を含め、詳細は、内藤『刑法講義・総論(中)』（一九八六年）七〇六頁以下。

(3) 内藤・前掲注(2)六九〇頁。

(4) 可罰的違法性について、裁判例とその事案、学説の系譜・動向を含め、詳細は、内藤・前掲注(2)六四七頁以下。

(5) 佐藤文哉・本判決調査官解説・法曹時報三二巻八号（一九八〇年）一五一頁参照。

(6) 仙波厚・本決定調査官解説・法曹時報四二巻八号（一九九〇年）二一九頁参照。

(7) 違法性の錯誤について、裁判例とその事案、学説・立法の動向を含め、詳細は、内藤『刑法講義・総論(下)Ⅰ』（一九九一年）一〇〇四頁以下。

(8) 期待可能性について、裁判例とその事案、学説の動向を含め、詳細は、内藤・前掲注(7)一一八五頁以下。

(9) 岩田誠・本判決調査官解説・『最高裁判所判例解説・刑事篇・昭和三三年度』（一九五九年）三九九頁以下参照。ただし、本判決は、謀議の行われた日時、場所、またはその内容の詳細についての具体的判示を必要としないとした。また、共謀参加者の「役割のいかんは」共謀共同正犯の「刑責じたいの成立を左右するものではない」ともしている。この二点に本判決は問題を残したといえよう。

(10) 木谷明・本決定調査官解説・法曹時報三五巻五号（一九八三年）一四四頁以下参照。

(11) 一九四八年最高裁大法廷判決は、本文に挙げた論理のほかに、死刑合憲論の実質的・政策的理由として、①「現代多数の文化国家におけると同様」であること、②「死刑の威嚇力によって一般予防をなし、死刑の執行によって特殊な社会悪の根元を絶ち、これをもって社会を防衛せんとしたものであ」ること、③「個体に対する人道観の上に全体に対する人道観を優位せしめ」たものであることを挙げている。しかし、①は、いわゆる先進国のうち死刑を存置するのはアメリカ合衆国（ただし一二州で廃止）と日本だけになった現在では理由にならない。②の死刑の威嚇力による一般予防効果と、死刑執行による無害化効果（抹殺効果）とによる社会防衛論は、死刑存廃論の問題点であるが、この二つの効果ともに死刑を正当化する理由として疑問の余地が大きい。③の理由の意味は明白でないが、全体と個体を対立させる見地から前者に優位を認める点で、全体主義的発想を示したものとして疑問がある。

(12) 死刑の合憲性、立法政策としての死刑存廃論について、私見の詳細は、内藤「死刑廃止論の現況と課題」佐伯千仭・団藤重光・平場安治編著『死刑廃止を求める』（一九九四年）九一頁以下。

(13) 刑法改正準備会『刑法改正準備草案・理由書』（一九六一年）二六四頁以下、二七三頁、二七六頁。

(14) 麻生光洋・井上宏・三浦透・園部典生「刑法の一部を改正する法律について――表記の平易化等のための刑法改正」松尾浩也編『刑法の平易化』（一九九五年）五七頁以下。

(15) 公務員の労働基本権の制限と刑事罰に関する裁判例とその事案、裁判例の変遷について、詳細は、内藤・前掲注(2)四九〇頁以下。

(16) 芦部信喜『現代人権論』（一九七四年）三三五頁参照。

(17) 内藤『刑法講義・総論(上)』（一九八三年）三六頁以下、内藤・前掲注(2)五〇九頁以下。

15 欺罔に基づく「被害者」の同意

山口　厚

一　はじめに

法益侵害に対して法益主体が同意を与えている場合には、法益主体の法益処分が制限されている生命等の場合[1]を除き、当該法益はその要保護性を失い、その侵害はもはや法益侵害とは評価されず、犯罪の成立が否定される[2]。法益主体の有効な同意により、そのことだけに基づいて、犯罪の成立は否定されるのである[3]。

本稿で扱う問題は、法益主体が他人により欺罔され、錯誤に基づいて同意を与えた場合の、同意の有効性である。周知の通り、判例は、いわゆる偽装心中事例において、欺罔による同意は「真意に添わない重大な瑕疵ある意思」によるものであり、無効であるとする立場（以下、「重大な錯誤」説と言う）を採っている[4]。すなわち、欺罔がなければ与えなかったであろう同意は無効とされることになるのである。この問題に対する学説の対応は分かれている。判例の態度を支持する見解がおそらく多数を占めるものと思われるが[5]、法益侵害についての認識がある場合には同意は有効だとする見解も有力に主張されている[6]。ことに、最近は、後者の見解をより理論化し、当該法益に関係ない錯誤によって同意の有効性は失われない、同意を無効とするのは法益に関係した錯誤のみであるとする「法益関係的錯誤」説が有力に主張されている。(7) 筆者も、すでに、「法益関係的錯誤」説を支持する旨の態度を明らかにしているところである。(8)

最近になり、判例・多数説の採る、同意と条件関係に立つ錯誤は無効だとする「重大な錯誤」説を批判しつつも、「法益関係的錯誤」以外にも同意を無効とすべき場合があるとする主張がなされるようになってきた。(9) そこでは、検討を要すべき重要な問題が提起されていると言えよう。

本稿は、このような状況の下において、「法益関係的錯誤」説を擁護しようとする基本的な立場から、その根拠について改めて確認を行い、同説に対する近時の批判を検討することによって、法益主体の同意の有効要件にかかわる「欺罔に基づく同意」の問題について、再度、考察を行おうとするものである。

二　「法益関係的錯誤」説

1　「法益関係的錯誤」説の根拠

「法益関係的錯誤」説の根拠としては、すでに、「もし、ある構成要件の保護法益と無関係な利益についての欺罔行為を、被害者の承諾を無効にすることを通じて当該構成要件で処罰するならば、アルツト教授が言うように、実質的には当該法益を錯誤が関係する別の法益に変換することになるか、あるいは、欺罔から自由であるという意思活動の自由一般を保護することになってしまう」という理由が提示されている。(10) 本稿は、これ自体に異議を唱えるものではないが、次の点こそが決定的な根拠だと思われる。それは、保護法益の内実の限定的理解である。すなわち、最も議論の対象とされている人の生命・身体については、処分価値・交換価値もが保護の対象とされている財産(11)とは異なり、その存在価値のみが(殺人罪、傷害罪、暴行罪等の規定による)保護の対象となると理解するということである。それは、人の生命・身体は、他の価値獲得手段と事実上なりうる場合があるとしても、あくまでも自己目的として、それ自体の価値において保護されるべきだとする理解を前提とするのである。こうして、同意が、それ自体としては、自由に与えられたにもかかわらず、保護の対象である価値以外に関する欺罔・錯誤(「法益関係的」でない欺罔・錯誤)の存在を理由として、その同意を無効とすると、結果として、保護の対象外である価値までが保護されることになり、当該処罰規定の保護目的を逸脱する処罰を肯定することになって妥当でない、と解されることになる。そこから、同意を無効とする欺罔・錯誤は、保護の対象となる保護法益の価値に関するもの(「法益関係的錯誤」)でなければならないことになるのである。こうして、「法益関係的錯誤」説が基礎付けられることになり、保護法益の内実を客観的に限定して理解することが「法益関係的錯誤」説の根拠であることになるのである。

このように理解された「法益関係的錯誤」説に対しては、二通りの批判が考えられる。第一に、保護の対象となる法益の価値を客観的に限定して理解したとしても、法益はその処分の自由を含むものとして保護の対象となるのであるから、その価値の処分の過程に錯誤がある場合には、同意を無効と解することが可能であるとの批判が考えられる。しかし、同意が意思の抑圧に基づいて与えられたような場合を除き、侵害の対象となる法益の価値について錯誤がない場合には、他の点に錯誤があっても、法益の限定的に理解された保護価値はなお「自由に」処分されたと解することができる。欺罔や錯誤が保護されない価値に関わる場合には、その事情が真実に合致するという期待は刑罰による保護の対象とはならないのである。

第二に、保護法益は法益主体自身のものであるから、その内実は本人の主観的な意思によって自由に決定することができるとする趣旨の批判を加えることが考えられる。人の身体も他の目的に供する（たとえば、腎臓を他人に移植するために摘出する）ことがあり、そのような身体の利用価値も保護に値するのではないかが問題となるのである。このように理解する場合には、保護の対象となる価値の客観的制約はなくなり、錯誤がなければ同意を与えなかったであろうという場合に同意の有効性を否定する判例・多数説の「重大な錯誤」説に帰着することになるものと思われる。

このような法益主体による法益処分の包括的な保護は、確かに、法益主体の保護に資するものであり、また法益主体をことさらに欺罔した者については保護の必要性がないから、「重大な錯誤」説を採ることの方が妥当だとする見解が主張されるに至ることは十分に理解可能である。[12] しかし、それでは行き過ぎた処罰の拡張に至ることになると思われる。たとえば、頭を丸刈りにすれば似合うからと勧められて、頭髪を刈り込むことに同意した者は、丸刈りにした自分の姿が気に入らず、後で後悔したという場合、同意を与えた当時そのことがわかっていれば同意を与えなかったであろうとして、同意は無効であり、丸刈りにするように勧めた理髪師が暴行罪ないし傷害罪で処罰されると解するのは不当である。ここでは、「見栄えの良さ」を獲得するために頭髪を刈り込むという、身体（頭髪）についての処分価値が害されているが、そのようなものが保護に値しないことは明らかであろう。これは、本人の自己責任の範囲内の問題である。また、腕の立つ病院の外科部長が手術をしてくれるというので、担当医師の説得に応じ、ごく簡単ではあるが気の進まない手術に同意したところ、麻酔下で行われた手術は別の（外科部長同様に腕の立つ）医師により行われたという場合にも、同意は無効であり、その事情を知る執刀医は傷害罪で処罰されることになってしまい、妥当でない。[13] やはり、錯誤がなければ同意しなかったであろう場合に同意をすべて無効と解することは、妥当でない帰結をもたらしうることになると思われる。このことは、保護の対象となる価値にはやはり客観的な限定が必要であることを意味するのである。そして、後述するように、「法益関係的錯誤」説も、反対説が処罰すべきことを主張する事例のうち、処罰価値のあるものについては、同意の有効性を否定して、処罰することが十分に可能であり、法益主体から必要な保護が奪い去られるわけではない。こうして、依然として、「重大な錯誤」説を否定しつつ、「法益関係的錯誤」説を支持することは可能であり、またそれが妥当であると思われるのである。

「法益関係的錯誤」説は、法益主体が保護の対象となる法益の価値、その侵害の内実について錯誤に陥っている場合に、与えた同意を「無効」と解している。ここでは、法益侵害についての同意が形式的ないし外形的には存在するから、存在する同意が「無効」となると解されているものと思われるが、法益の保護される価値及びその侵害の内実について正しい認識が存在しないのであるから、むしろ、惹起された法益侵害についての同意は実質的には存在せず、したがって同意の不存在により犯罪の成立が阻却されないことになると解することができるものと思われる。

2　「法益関係」性の意義――身体の場合

「法益関係的錯誤」説からは、何が「法益関係的」な錯誤かが決定的に重要な問題となる。これは、各構成要件の解釈によって決まる問題であり、本稿で扱いうる限りのテーマではないが、以下の議論との関係でも重要な人の身体に関する理解についてだけは一言言及しておくこととしたい。

人の身体は、個別の部分がばらばらに意味があり、ばらばらに保護されるのではなく、あくまでも全体として意味があり、全体として保護の対象となる。したがって、身体のある部分を保護するため、あるいは身体的利益の究極形態である生命を維持するために、身体のある部分に侵害を加える場合には、全体としての身体的利益（いわば、その個々の利害得失の総計）について、その侵害性を考える必要があることになるのである。それゆえ、健全な臓器を、病変に冒されており摘出した方がよいと欺罔して、同意を得て摘出した場合には、同意者は臓器の摘出自体には錯誤がないが、臓器の摘出による身体全体に対する効果について（改悪であるのに、改善であるとの）錯誤に陥っており、「法益関係的錯誤」が存在する。したがって、身体的利益の現実の侵害についての同意がなく、欺罔により同意を得て臓器を摘出した者について、傷害罪が成立するのである。

3　無効な同意

すでに指摘したように、「法益関係的錯誤」がある場合には、存在する同意が無効であるというよりも、むしろ惹起された法益侵害についての同意が存在しないために、犯罪の成立が阻却されないと解されることになるのである。

では、「法益関係的錯誤」がないため、同意が存在する場合には、同意は常に有効なのであろうか。そうでないことは、一般に承認されており、また、そのような理解は正当であると思われる。それは、脅迫により同意が与えられた場合である。すなわち、法益主体の同意が脅迫によって与えられた場合には、その同意は存在するとしても、明らかに無効である。それは、法益主体の意思が抑圧されており、その同意は自律的な意思決定によるものでないからである。

ここで、脅迫以外に、同意を無効にする事情が存在しないかが問題となる。脅迫による同意の獲得は、法益主体又はその近親者等に対する加害の告知により、法益主体の意思を抑圧し、加害を避けるために自己の法益に対する侵害を受忍（同意）させることに他ならないが、これ以外にも類似の状況において、同意が、自由な意思決定によらないため無効となることがあるのではないかが問題とされている。[14] そこで、議論の対象となっているのは、緊急状態の存在を欺罔することにより獲得した同意の有効性である。次に、その問題について検討を加えることにする。

三　緊急状態の欺罔

1　同意無効説の検討

存在しない緊急状態を欺罔することにより獲得した同意の有効性が、以下で検討する内容であるが、議論の対象となる問題についての具体的理解に資するため、ここでは、挙げられることの多い、二つの事例を区別しつつ、それを念頭に置きながら考察を進めることにしたい。その事例とは、第一に、猛獣を自宅の檻で飼育している飼い主が外出中、電話で、猛獣が檻から逃げて人を襲っている等と飼い主を欺罔し、その同意を得て猛獣を射殺した事例［猛獣射殺事例］であり、第二に、母親に、子供が事故にあって眼に傷害を受け、視力維持のためには角膜移植が必要であると欺罔し、一方の眼球の角膜を子供のために提供することに同意させて、それを摘出したが、実際には角膜移植は全く不要であり、その角膜は廃棄されたという事例［角膜移植事例］である。

学説においては、緊急状態の欺罔の場合には、法益主体は脅迫と同様の心理的強制状態に陥っており、その同意は自由な意思決定によるものでないから、無効であるとする見解が主張されている。[15] そして、さらに、同意が無効となるのは自由意思の喪失を根拠とするから、同意の有効性は本人の意思に即して主観的に判断されなければならないとの主張もなされるに至っているのである。[16]

これらの指摘には十分に検討を要するものが含まれているが、この見解には、少なくともその主張をそのままの形で受け取る限りにおいては、疑問ないし問題があるように思われる。まず、そもそも、法益主体の価値観を基準として、もたらされる利益の価値が処分される利益の価値をはるかに凌駕するために、問題の法益を「処分せざるをえない」と考えた場合には、その意思決定は不自由であるとすることには、疑問があると思われる。[17] これでは、金銭欲の強い者に、高額の対価を本当に与えて、その財産を処分させた場合には、「甘い話すぎて断ることはできない」から、その同意は不自由な意思により与えられたものとされて、財産犯が成立することになりかねないが、その帰結は明らかに承認しがたいものであろう。このことは、自由意思の喪失はいかなる意味で認められるのかが問題となることを示しているが、そもそも問題となる緊急状況において、意思決定が自由でないとすること自体に対して疑問を生じさせるに十分であると思われる。すなわち、緊急状態の欺罔の事例においては意思が抑圧されているとしても、緊急状態の認識による意思の抑圧が認められる場合には、その同意は自由な意思決定に基づくものでないから一般的に無効であるとは直ちには言い得ないのである。なぜなら、緊急状態が本当に存在した場合においても、その認識が意思に抑圧的に作用する程度は欺罔された場合と少なくとも同じだから、同意は無効となってしまい、問題を生じることになるからである。たとえば、角膜移植事例において、子供に角膜移植が本当に必要であり、そのために母親は進んで摘出手術に同意して、角膜が摘出された場合に、母親の同意は無効であり、医師は傷害罪で処罰されなければならないなどという結論が承認しがたいものであることは明らかであろう。[18] また、この場合、一旦同意を無効とした以上、そのような手術が正当化される余地はありえない。このことは、母親の同意なくその角膜を摘出する行為は、およそ正当化の余地がないことからも明らかであると思われる。緊急状態が実際に存在し、同意するしかない状況にあっても、本人がそれを切に望んでいる場合には、同意は有効と解されなければならないのである。このことは、緊急状態の欺罔の議論を一旦頭の外に置けば、疑う余地のない自明の結論であろう。意思の抑圧により、直ちに同意の有効性を否定するのでは、先に示したような荒唐無稽の結論がもたらされることになってしまう。こうして、緊急状態の欺罔の場合に、同意は自由な意思に基づくものではなく、無効となると直ちに言うことはできないのである。

2　緊急状態と同意

緊急状態の欺罔の事例について考える前提として、まず、緊急状態が実際に存在した場合について検討することが必要である。

同意の有効性が明らかに否定されうると思われる脅迫による強要の事例と、同意の有効性を直ちに否定することに問題があると思われる緊急状態の事例との相違は、前者においては、脅迫者(同意を得て法益侵害を惹起する者)自身がその支配下において回避可能な緊急状態を生じさせているのに対し、後者においては、同意を得て法益侵害を惹起する者以外の事情(人・自然的状況等)により回避不能な緊急状態が生じている点にある。この違いが、侵害に対する同意の「有効性」の判断に際して決定的な意味を有するように思われるのである。たとえば、家の中に猟犬を連れた人が現れて、犬に襲わせようとしながら、「犬に嚙まれたくなければ、ガラス窓を壊してやるから、そこから逃げろ」と言われ、ガラス窓の破壊に同意した者の同意は「無効」と解されるものと思われるが、部屋の中に野犬が侵入して襲われそうになったとき、家の外からこの事情を見た者に「ガラス窓を壊してやるから、そこから逃げろ」と言われて、ガラス窓の破壊に同意した者の同意は「有効」であると解される(19)。つまり、客観的には類似した緊急状況であり、意思は同様に抑圧されているにもかかわらず、同意の「有効性」の判断は、結論として、相対化せざるを得ないと思われるのである。いかにして、このようなことが可能になるのであろうか。

それは、脅迫又は緊急状態の場合において、意思決定の自由が完全に失われていたのであれば、同意は勿論無効であるが、その場合（たとえば、失神した場合）にはそもそも同意すらなしえないことになるものと思われる。そうだとすると、通常の、意思の抑圧により同意がなされる事例においては、なお意思決定の自由が実は残されているのである。前者の脅迫者自身が同意を得る場合には、緊急状態の現実化の脅威を示して同意を得る経過を全体的に見れば、本来制約されていない（制約されるべきでない）自由を人為的に制約しているから、同意は意思の抑圧によりまさに強制されたのであり、自由になされたのではない（したがって、内心では同意していないと見る余地もある）との客観的評価が可能になる。これに対し、後者の場合には、客観的に存在する回避不能な緊急状態下で与えられた同意において、緊急状態により制約された法益主体の自由がまさに行使されたと見ることができるのである。このような、同意がなされるに至る経過についての客観的な評価の差が同意の有効性の差をもたらしていると言えよう。

こうして、脅迫事例とは異なり、緊急状態の場合には、その認識により、自由な意思決定がなしえないとの評価が直ちに可能となるわけではないことが明らかになったと思われる。では、緊急状態が実際に存在した場合とは異なり、緊急状態について欺罔された場合においても、同意はやはり有効であり、犯罪の成立は否定されることになるのであろうか。それが次に検討する問題である。

3　欺罔による同意の有効性

結論から述べると、先に示した猛獣射殺事例においては同意の存在を否定し、角膜移植事例においては同意の有効性を否定することができると思われる。

まず、猛獣射殺事例から検討することにしよう。この事例の特色は、欺罔の内容が真実であれば、正当防衛又は緊急避難として、同意なく猛獣を射殺することが許される（そのように事例を設定している）という点にある。この意味で、猛獣の価値は（他の法益の擁護のために）客観的に制約されていることになるのである。したがって、欺罔されて射殺に同意した場合には、猛獣の（法的）価値についての錯誤（正確に言えば、その価値を基礎付けている事情についての錯誤）に陥っているのであり、「法益関係的錯誤」が認められることになる。[20] それゆえ、（実際には価値が制約されていない）猛獣の射殺についての同意は存在しないことになるのである。[21] ここでは、法益主体の意思の抑圧は問題とならない。この事例の解決については、こうして、あまり問題がないと思われる。

これに対し、問題があるのが、角膜移植事例である。ここでは、欺罔の内容が真実であるとしても、緊急避難として、法益主体の同意なく侵害行為を行うことが許されるわけではないから、法益の価値自体が客観的に制約されているとは言えない。そして、この場合には、身体が他の目的に供されているから、身体の法益としての価値はその存在自体にあると解する前述の立場からは、およそ「法益関係的錯誤」を認めることができないのである。しかし、この場合、欺罔により作り出された意思抑圧の程度は高く、また欺罔された事情が存在しなければ、およそ同意することは考えられないのである。この意味で、欺罔された母親を保護すべきだとする要請が高まることは十分に理解しうると言えよう。学説において、このような場合に、「法益関係的錯誤」説の「例外」として、同意を無効とする見解が主張されていること[22]も十分理解しうるところである。しかし、同意が無効となるこ

とを「例外」として承認するというのでは、それが「原則」に取って代わらない保障はないように思われる。(23)

ここでは、緊急状態の欺罔それ自体に着目した解決が必要である。そして、緊急状態が現実に存在した場合と、単に仮装されその存在が欺罔されたに過ぎない場合とを区別することが必要であると思われる。(24)前者の場合においては、すでに述べたように、緊急状態を惹起し、意思の抑圧状態を生じさせた脅迫者については、緊急状態の現実化の脅威を示して同意を得た過程について、意思の抑圧により同意は自由に与えられたのでないとする客観的評価が可能であったが、後者の場合については、さらに検討が必要となる。この場合には、法益主体の主観面では、確かに、緊急状態が実際に存在した場合と同じであるが、しかし、客観的には、存在していない緊急状態の脅威を示すことによって同意が得られたのであり、本来制約されていない自由を制約して同意が得られたのであるから、脅迫による場合と同じ客観的評価に値するのである。すなわち、緊急状態の欺罔の場合には、同意を得た過程は脅迫の場合と同視しうるのであり、この意味で、同意は自由に与えられたのでないとする客観的評価が可能となると言える。こうして、法益主体による同意の有効性は、法益主体の意思が主観的に自由でないから否定されるのではなく、客観的に自由でないと評価されるから否定されることになるのである。

以上の検討から、客観的な緊急状態を惹起して同意を得た脅迫者、緊急状態を欺罔して同意を得た欺罔者については、抑圧された意思によりなされた同意は、同意を得た過程の客観的な評価により、同意は「自由でない」としてその有効性が否定されることになる。

(1) 周知の通り、身体の場合、法益主体による法益処分を制限するかについて争いがあるが、この問題には立ち入らない。

(2)　本文のような説明によれば、違法性阻却以前に、すでに構成要件該当性が否定されると解するのが自然だといいうことになろう。なお、自由・財産については構成要件該当性を否定しつつ、身体については違法性阻却と解する見解として、井田良「被害者の同意」現代刑事法一四号八七頁以下（二〇〇〇年）があるが、その当否についてはここでは立ち入らない。

(3)　したがって、本稿は、犯罪の成立を阻却する同意の効力を、他の事情との関係で相対化する判例（最決昭和五五・一一・一三刑集三四巻六号三九六頁）の立場に反対である。

(4)　最判昭和三三・一一・二一刑集一二巻一五号三五一九頁。

(5)　たとえば、大塚仁『刑法概説（総論）〔第三版〕』四〇一頁（一九九七年）、大谷實『新版刑法講義総論』二七四頁（二〇〇〇年）など。ごく最近では、井田・前掲注（2）九一頁以下が、この見解を支持している。

(6)　たとえば、平野龍一『刑法総論II』二五六頁（一九七五年）、内藤謙『刑法講義総論（中）』五九二頁（一九八六年）など。

(7)　山中敬一「被害者の同意における意思の欠缺」関西大学法学論集三三巻三・四・五号二七一頁以下（一九八三年）、同『刑法総論I』二〇五頁以下（一九九九年）〔ただし、例外を承認する〕、佐伯仁志「被害者の錯誤について」神戸法学年報一号五一頁以下（一九八五年）など。

(8)　山口厚『問題探究刑法総論』七九頁以下（一九九八年）参照。

(9)　斉藤誠二「欺罔にもとづく承諾」『刑事法学の歴史と課題・吉川経夫先生古稀祝賀論文集』一五九頁以下（一九九四年）、林美月子「錯誤に基づく同意」『刑事法学の現代的状況・内藤謙先生古稀祝賀』二一一頁以下（一九九四年）、林幹人「錯誤に基づく被害者の同意」『松尾浩也先生古稀祝賀論文集　上巻』二三三頁以下（一九九八年）など。「法益関係的錯誤」説を紹介・展開する、山中・前掲注（7）「被害者の同意における意思の欠缺」三四五頁は、「法益関係的錯誤」以外に同意が無効になる「例外」を認めていた。

(10)　佐伯・前掲注(7)五九頁、さらに一二二頁参照。引用されているアルツトの見解は、Gunther Arzt, Willensmängel bei der Einwilligung (1970), S. 17ff. に示されている。

(11) なお、財産については、およそ処分価値・交換価値が保護の対象となると解するか、それは構成要件によって異なりうると解するかが問題となるが、本稿ではその点については立ち入らない。

(12) ドイツでは、最近、Knut Amelung, Irrtum und Täuschung als Grundlage von Willensmängeln bei der Einwilligung des Verletzten (1998) は、そのような観点から、アルツトらの「法益関係的錯誤」説を批判し、「重大な錯誤」説と同趣旨の見解を主張している。

(13) 注(12)で引用したアメルングも、論理的な無理を犯しつつ、このような場合に犯罪の成立を否定する。

(14) 林(美)・前掲注 (9) 及び林(幹)・前掲注(9)の二論文がそうした見地から検討を加えている。

(15) 林(美)・前掲注 (9) 三二頁参照。

(16) 林(幹)・前掲注 (9) 二四〇頁、二四五頁以下参照。

(17) 林(幹)・前掲注 (9) 二五〇頁参照。

(18) 林(美)・前掲注 (9) 五一頁は、この問題を意識しつつも、なお犯罪の成立を否定することが可能だと考えているが、それは所詮無理な話である。

(19) 後者の例で、人の連れた猟犬に襲いかかられようとしている状況が存在する場合に、脅迫者以外の者が同意を得てガラス窓を破壊することも同じである。

(20) これに対しては、「行為者の主観の現実の状態から遊離した」考え方であるとの批判がある (山中・前掲注(7)『刑法総論I』二二〇頁注一四参照)。しかし、法益主体は、「同意せざるを得ない」から同意しているのが実態に合致すると思われるが、「同意せざるを得ない」との認識の中に、法的価値が制約されていることの認識を捉えることができる。この意味で、「行為者の主観の現実の状態から遊離した仮定的考察」ではないと思われる。

(21) 山口・前掲注(8)八三頁参照。

(22) 「緊急状態下での法益の救助という価値に拘束された動機の錯誤によって、自己の法益の相対的価値を錯誤した場合の同意をとくに無効とする」のである（山中・前掲注(7)『刑法総論I』二〇九頁参照)。

(23) 法益の相対的価値の錯誤を強調すると、他の目的実現のために法益を処分する状況において、「重大な錯誤」説に至りうるのである。したがって、「価値への拘束」に焦点が当てられる必要があるが、それがいかなる意味で同意を無効とするかが問題である。

(24) ロクシンも、本稿と同様に、両者を区別することの必要性を承認している。Claus Roxin, Die durch Täuschung herbeigeführte Einwilligung im Strafrecht, Gedächtnisschrift für Peter Noll (1984), S.287参照。

16　客観的帰属論の方法論的考察

曽根威彦

一　はじめに——目的合理的刑法体系と客観的帰属論

1　客観的帰属論は、一九七〇年代以降、ドイツ刑法学およびその影響を受けたヨーロッパ諸国の刑法学において解釈論上もっとも激しく議論されているテーマの一つであり、わが国においても、近年、その議論は活発なものとなってきた。(1) 具体的に客観的帰属論に関して従来論議されてきたのは、①相当因果関係論、目的的行為論といった刑法の基礎理論との関わりに関する問題、②存在論か目的論(認識論)か、事前判断か事後判断かという方法論をめぐる問題、③行為か構成要件か、客観的構成要件か主観的構成要件かという犯罪論体系をめぐる問題、そして最後に、それとの関わりで④客観的帰属論は既存の理論、例えば実行行為論、因果関係論、違法論、過失犯論等に解消しうるのではないか、という客観的帰属論の存在理由をめぐる問題である。ただ、客観的帰属論の対象領域は論者によって異なり、存在論的観点からも規範論的観点からもその射程範囲は帰一するところを知らない状況にある。[2] その原因の一端については、筆者自身、すでに論じたところであるが、[3] 本稿では、客観的帰属論をめぐる刑法学上の方法論との関連で、この見解が刑法理論としてもつ特質をさらに明らかにしてみたい。

2　ドイツで一九七〇年代に入り、客観的帰属論が台頭した学説史的背景として、目的的行為論、特にヴェルツェル説の存在は無視しえないものがあるように思われる。[4] 客観的帰属論の基礎にある犯罪論体系は、目的合理的（zweckrational）ないし機能的（funktional）刑法体系であって、それは、目的的行為論の体系アプローチを拒否し、刑法上の体系構成は行為、因果関係、事物の論理構造といった存在論的な所与に結びつくものではなく、もっぱら刑法上の目的設定によって導かれるものである、という。[5] すなわち、理論刑法学の任務は、（目的的行為論のように）法に先立つ行為の存在構造を明らかにして、そこから生ずる結論を導くことにあるのではなく、規範的に定められるべき一般的な客観的帰属基準を解明するところにある、[6] とするのである。

ロクシンは、このような思想的基盤の上に立って、一九七〇年に公刊された著書の中で、[7] 両大戦間期の新カント学派（および新ヘーゲル学派）の諸アプローチ（それは新古典的体系において不十分にしか展開されず、ナチス期に埋没してしまった）を彫琢し、内容的に新しい形式をとってさらに前進させることを試みた。[8] 新たな展開は、特に、文化諸価値への新カント学派の何かあいまいな方向づけを、特殊刑法的な体系化の規準すなわち現代刑罰目的論の刑事政策上の基礎によって代置することの中にみられる。そこから、刑法の解釈論および体系論のために個別的に生じてくるテーマとして、実際上の効果という点で、目的合理的な体系構想の特に重要な二つの中核部分が挙げられるが、その一つが客観的構成要件への帰属の理論である、という。[9]

ロクシンによれば、目的的行為論を含め、従来の体系構想が結果犯の客観的構成要件（リスト―ベーリング流の古典的体系では構成要件の内容のすべてであり、メツガーらの新古典的体系構想はこれに主観的構成要件要素を付加し、目的的行為論はさらに故意をも付加した）を本来的に純粋な因果性の問題に還元したままであったのに対し、目的合理的なアプローチは、結果の客観的構成要件への帰属を「構成要件の射程範囲内での許されない危険の実現」に依拠させることによって、因果性という自然科学的ないし論理的な範疇を初めて法的評価を指向した準則装置によって代替することが可能になったのである(10)。そして、すでに一九三〇年頃、新カント学派および新ヘーゲル学派によってそのための理論的基礎が置かれていたが、この思想の理論体系上の展開はその当時未発達のままの状態であって、まもなく忘れ去られることになったのである、という(11)。

3　客観的帰属論の基礎にある目的合理的な刑法体系は、新カント学派（ないし新ヘーゲル学派）の認識論を背景とする新古典的刑法体系論を発展させたものとして、それが存在論を基盤とする目的的行為論と対抗関係に立つことは否定できないであろう。ロクシンが客観的帰属論を復活させようとしたとき、その当初の狙いは、客観的帰属という観点を持ち出すことにより、客観的帰属論を、故意を不法構成要件の要素として位置づけようとする人的不法論（目的的行為論）に対するアンチテーゼとして構成するところにあったのである(12)（後出二）。

また、客観的帰属論が、価値判断を通して、行為による結果の因果的惹起の広がりを限定する基準を探求することに関心の目を向けたとき、それが規範主義的傾向を帯びることは避けられなかった。帰属の理論は、もともと、正しい処罰という観点から見たとき、行為者がその生じさせた結果について責めを負わなくてはならないかどうかを問題とするものであり、客観的帰属論にとって決定的な問題は、不法を不運から区別するために、その結果が行為者に「彼の仕業」(sein Werk) として帰属しうるか、という点にあった。ロクシンらは、前法的な行為概念に対する法的な判断基準の優位を保持するために、この帰属理論の必要性を力説したのである(13)（後出三）。

二 客観的帰属論と故意・過失

1 主観的限定から客観的限定へ

ロクシンによれば、従来の理論体系学は、結果に対する行為者の挙動の因果性によって客観的構成要件は充足される、ということから出発していた。そこで、故意作為犯において、因果関係が肯定されることにより客観的構成要件該当性が充足されるにもかかわらず処罰が不相当とみられる事例では、故意を否定することによって刑罰から解放することが試みられてきた。(14) 例えばヴェルツェルは、当初、甥が殺害の意図で伯父を雷の鳴っている森に散歩に行かせる、という事例(雷事例)について、それは社会的に相当な行為であるとして客観的観点から構成要件該当性を否定していたが、(15) その後、殺人の故意を否定することによってこの事例を解決しようとするに至った。(16) 故意を主観的構成要件に移行させることによって、故意犯の場合、すべての客観的限界づけ基準は、条件説の意味での因果関係の外部にあって余計なものとされ、他方、過失犯については、客観的予見可能性および客観的注意義務違反という客観的要素が構成要件に取り入れられたのである。(17) 客観的帰属論は、ここにヴェルツェル流の人的不法論の欠陥を認め、行為刑法においては原則として、実現された客観的構成要件が刑法的評価の対象となるのであり、それは結果の発生と条件関係があるというだけで認めるわけにはいかない、としたのである。

客観的帰属論は、一九七〇年代にほぼ今日あるような姿を整えつつあったが、さらに一九八〇年代に入り、目的的行為論の側からの批判(18)と対決し(特に最近では、ヒルシュによって客観的帰属論に対する批判が精力的になされている)、(19) これに反論する形で自説を発展させていった。ところで、客観的帰属論の批判者が主観的構成要件(故意)に位置づけている問題を、客観的帰属論者は客観的構成要件の問題と解しているのであるが、この点との関連でヒルシュは、故意犯に関する特に重要な例として、意図した結果に対する影響力が欠如している場合と、著しい因果関係の錯誤が存在する場合とを挙げている。(20)

まず、意図した結果の実現について、行為者に影響可能性が欠如している場合、例えば伯父が飛行機事故で死ぬことを期待して、財産の相続を目当てにしている甥が伯父に飛行機旅行を勧める、という事例の場合(飛行機事例)、ドイツの従来の通説では、伯父が飛行機事故で死ぬという行為者の認識は単なる「願望」にすぎず、故意を認めるために必要な因果経過を支配・操縦する意思がない、として侵害故意を否定する。これに対し、客観的帰属論は、右の事例において、故意が欠落するのは、客観的対象をもたないからではなく、この種の結果惹起が「侵害事象」とみなされないからであるとし、仮に伯父の殺害が行為者に客観的に帰属しうる殺人であるとすれば、行為者は主観的にまさしく客観的に発生したことを目的としていたのであるから、故意も肯定されなければならない、とするのである。(21)

次に、著しい因果関係の錯誤の場合として、例えば橋の上から突き落とされた被害者が、行為者の予想とは異なり、溺死によってではなく、橋脚に頭を打ち付けて死亡したという事例(橋脚事例)について、従来の通説は、ここでも故意の成否を問題とし、因果経過のずれが行為者の認識にとって非本質的なものにとどまり、なお故意に含まれるものとみてよいかどうかが問題となり、もし主観面と客観面のずれが相当性の範囲を逸脱した著しい程度のものであれば、発生結果との間では過失犯の成否のみが検討されるにすぎない、としてきた。これに対し、客観的帰属論は、著しい因果関係の錯誤が認められる場合には、すでに客観的構成要件が否定されると説き、(22)その場合には過失犯成立の余地もないことになる、とするのである。(23)

目的的行為論を含むかつての通説が、行為者の意図は単なる「願望」にすぎないとして故意を否定するのは、願望の対象である客観的事実が構成要件の予定していない異常な事態であって、客観的構成要件に該当しないからである。したがって、故意の対象は、客観的構成要件が予定する相当な事態でなければならず、その意味で、客観的帰属論が従来行われてきた故意の面からの主観的限定を客観的限定へと移し替えたことは、犯罪論の主観主義的傾向を客観主義犯罪論の立場から是正したものとして評価することができよう。

2　客観的帰属論と過失犯

ところで、客観的帰属論は、従来、主として過失犯について論ぜられてきている。すなわち、客観的帰属論の主要テーマである危険増加説や規範の保護目的（保護範囲）の理論は、過失犯論における学説の一つとして展開され、それが注意義務の認定に際してどのような意味をもつかが議論の中心に置かれてきた（例えば危険増加連関では、過失犯における義務違反と結果の関係が問題とされる）。客観的帰属論者は、伝統的な過失論を構成する諸概念――注意義務違反、予見可能性、回避可能性――によって言い表わされるべきことは、（客観的）帰属基準をもってより詳細に記述しうることから、これらは余計のものであって、それらから訣別すべきである、という。(24) 特に、古い過失理論の中心的概念である「注意義務違反」という基準は、その存在において法的に否認される危険の創出が認められるための前提に対する総称にすぎず、このような前提の特徴づけを与えうるものではない、というのである。(25)

これに対しヒルシュは、不注意な行動と結果との間にどのような関係が必要とされるかは、すでに過失結果犯の本質から当然に導かれることであって、客観的帰属という独自の理論ないし体系的カテゴリーを一般的な形で過失犯の要件として組み入れる必要はまったくなく、「規範の保護目的」というテーマの下で議論されている典型的な事例についても、問題とされるべきは、客観的帰属というような一般的観点ではなく、過失犯に特有な要件の存否である、という。(26) また、結果的加重犯における「直接性の関係」についても、過失犯の場合と同じであって、これも一般的な理論学上の原理から引き出されるものではなく、結果的加重犯という犯罪形態に固有の性質から導かれるのである、としている。

このように、客観的帰属論者とその反対者の間で、過失理論と客観的帰属論との関係をめぐって見解は真っ向から対立するが、ただ、(客観的) 帰属基準と過失犯固有の要件のいずれかに引き付けて一元的に過失犯論を展開するという点で、両者は共通の方法論的基盤に立っているとみることができる。これに反し、客観的帰属を広狭二義に捉えることから (後出三1)、過失犯の帰属基準についても二元的に捉え、事後的に検証すべき狭義の客観的帰属を、事前的に検証すべき客観的注意義務に代わるものとしてではなく、これを補充するものとして位置づけているのがシューネマンである。

シューネマンは、その侵害が (過失犯の) 構成要件に該当する態度を形成する行為規範は事前的に構成され、状況ならびに行為者の認識を出発点とするのであって、客観的帰属論のいう「行為者は構成要件に該当する態度によって法的に否認された危険を創り出さなければならない」という公式は、「結果の原因となる行為は客観的に注意義務に違反していなければならず、その際、注意義務は、行為者の個人的知識および能力を考慮して行為の瞬間に客観的に事前的に判断されるべきである」という古い公式の変形にすぎない、という。(27) そして、この客観的注意義務違反の確定に続く次の段階として、客観的帰属が検証されることになるが、そこではすべての事後的に知られるに至った事情の下でも、侵害された注意規範が結果防止のために依然としてなお刑事政策的に合理的な手段であることが示されなければならないとし、この客観的帰属の判断はもっぱら事後的に裁判官(任意の観察者)

の視点から検証される、とするのである。

3 故意犯と過失犯の統一的把握

右にみたように、従来、客観的帰属論は過失犯を中心として論ぜられてきたが、今日ではそれが故意犯にも妥当するか、という形で問題提起されるに至っている。故意犯において、客観的帰属論が正面から議論されてこなかった理論史的背景としては、今日、客観的帰属の問題とされている事態が主観的帰属としての故意論の対象とされてきたという事情がある（前出**1**参照）。従来の通説は、故意犯の客観的要件は因果関係（条件関係）に尽きると解していたため、特に故意犯について客観的帰属を論ずる余地がなかったのである。ところが、客観的帰属論者によって故意犯においても客観的帰属の側面の重要性が意識されるようになると、故意犯と過失犯とは主観面においてのみ区別され、客観的構成要件については故意犯と過失犯との共通性が認められるに至った。そこから、客観的帰属論には客観的構成要件と客観化された過失の成立基準との混交がみられる、という指摘がなされ、ここに客観的帰属論における故意犯と過失犯との関係が問われることになったのである。

客観的帰属論は、まさに故意結果犯と過失犯の客観的構成要件を一つのものに統一できることを自負しており、結局、客観的帰属論に従うとき、過失犯の構成要件そのものが故意結果犯の客観的構成要件と同一のものとなってしまう。(28) これに対し、ヒルシュは、このような理論構成が本当に所与の実体に適合したものといえるであろうか、と疑問を提起し、故意犯においては、構成要件該当行為は未遂犯の成立する段階に至って初めて開始されるが、過失犯における不注意な行為は、時間的にもっと早い段階に存在しうるとして、故意犯と過失犯の客観的構成要件の相違を強調する。そして、このような故意犯と過失犯の相違は、過失犯では、結果発生をその因果的効果としてもつ危険行為が行われることが重要であるのに対し、故意結果犯においては、まさに具体的な結果実現行為に関心が向けられなければならないのである、と説明している。ヒルシュは、過失犯においては因果関係のほかに注意義務違反と発生結果とを結び付けるための諸要件が必要となるが、それらは過失犯の構造そのものから当然に導き出される要件であって、過失との関係で客観的帰属論が新たにもたらしたものは何もない、とさえ言い切っているのである。

一方、シューネマンは、基本的に客観的帰属論の中核に過失犯論を置きつつ、客観的帰属が故意犯の場合にも一定の役割を果たすか、という問題を設定した上でこれを肯定する。ただ、この問題について詳細な基礎づけを試みたロクシンの見解を、出発点において正当であるとしつつ、故意犯の場合と過失犯の場合とが客観的帰属の面で完全に一致する、という彼の主張は極端にすぎる、としてこれを排斥し、故意犯の場合と過失犯の場合との帰属基準の一致は拒否されなければならない、としている。(29) したがって、シューネマンにおいてもヒルシュの場合と同様、故意犯の客観的帰属を否定することが必然的に過失犯における客観的帰属の否定を伴うものではないことになる。(30)

法益侵害説に立脚する物的不法論の立場からすれば、故意犯と過失犯とで客観的構成要件に相違は認められない。その点で、客観的帰属論に基本的正しさが認められる。ただ、客観的帰属論も主観的構成要件要素である故意・過失を違法要素と解する点で、これを責任要素と解する物的不法論とは決定的に異なっている。したがって、故意犯を否定することが必然的に過失犯を否定することにはならないとしても、それは、故意犯と過失犯の客観的構成要件が異なるからでも、また、故意不法と過失不法とが違法性の質・量において異なるからでもなく、主観的な責任の質・程度において故意犯と過失犯の間に相違が認められるからなのである。

三　規範主義と客観的帰属論

1　客観的帰属論と規範の構造

客観的帰属論の方法論的特徴は、帰属限定の場面を主観面から客観面に移行させ、客観的構成要件該当性の面で故意犯と過失犯とに統一的基準を設定しようとしたことのほかに（前出二）、認識論を背景とする規範主義的傾向と、その規範主義の内容が一般予防目的を基本とする刑事政策目的によって規制されている点に求められる。

規範主義的思考の基礎は、そのよって立つ規範論にある。[31] 刑法規範を行為規範と制裁規範とに截然と分離する立場からすると、行為規範違反を内容とする「許されない危険の創出」の問題は、直接に客観的帰属に関わる要素ではないとして、客観的帰属論から排除されることになる。その典型は、フリッシュの「構成要件該当的態度の理論」にみられるが、[32] ヒルシュもまた、彼の客観的支配可能性の理論(Lehre von der objektiven Beherrschbarkeit)において、危険の設定の否認（Mißbilligung einer Risikosetzung）に関し、客観的帰属論のある部分は誤りであり、他の部分は余計である、としばしば指摘してきた。[33] そして、ヤコブスも、客観的帰属論のうち結果帰属に関わらない部分を帰属の事例から解放して、一定の規範解釈に解消するという可能性、すなわち構成要件の内容に関する理論に解消するという可能性を示唆している。[34] 以上は、人的不法論の考え方を徹底し、帰属それ自体(制裁規範違反）とその前提である危険の創出（行為規範違反）とを分離した場合、論理必然的に導かれる帰結であるが、客観的帰属の概念を広狭両様の意義に解して問題の解決を図る見解がある。

シューネマンによれば、行為者を非難できるためには、彼の違反した行為規範（禁止規範）が展望的にみて具体的に発生した結果の阻止のためにも合目的であり、また回顧的にみても合目的であり続けなければならないのであり、この場合には展望と回顧とが一致するが、これに対し、爾余の重要な要素が事後的には認識されたものの、事前的には認識不可能であった場合、両者は互いに食い違うことになる、という。(35) そして、事前判断と事後判断が一致する前者の場合には、「広義の客観的帰属」について論じることが可能であり、事後判断によって初めて付加的な要素が明らかになる後者の場合は、「狭義の客観的帰属」について語ることができる、としている。シューネマンの見解は、規範論理的にいえば、狭義の客観的帰属において問題となるのは、事前的に構成すべき禁止規範と事後的に構成すべき制裁規範とはたしかに一致していないが、事前的に表明された禁止が事後的観点からも発生した結果の阻止のために合目的的な手段であるという形で相互に関連づけられなければならない、というものである。(36) したがって、結果犯の場合、フリッシュのいう構成要件に該当する態度とロクシンらのいう結果帰属とが一体となって初めて構成要件が充足されることになるのである。

2　規範主義に対する批判と反論

(1)　客観的帰属論が一面的に規範主義的な方法論によっていることに対しては、その限界を指摘する声も有力である。例えばキュッパーは、危険を担う行為が否認されるのは、それが特定の利益を保証するために適切、必要かつ相当な場合だけであるが、そのような考慮は、(客観的帰属論において)きわめて曖昧な基準の下で、刑罰規定の規範的な相対化に帰してしまっている、という。(37)(そこでは)「法律なければ犯罪なし」の原則によって保障された構成要件の明確性について語られることはなく、結果として「規範主義」(Normativismus)は、刑法上のカテゴリーの軟化に陥っている。加えて、規範的評価を下すためには、最初に評価の基体が確定されなければならず、それによって初めて何らかの評価を結びつけることが可能となるが、客観的帰属論にあっては理論体系上の二つの側面、すなわち一方における行為と結果との構造、他方におけるこれらの構造の規範的内容が十分に考察されていない、とするのである。

ヒルシュも同様に、客観的帰属論においては問題となっている現象が十分に分析されず、実体的な差異が不分明なものとされてしまう、と批判する。[38] 彼は、ドイツにおいて客観的帰属論を有力化することに有利に作用した規範主義の傾向は、故意犯においても一般的・規範的基準を導入することにより構成要件の明確性が損なわれる結果となっており、この理論の提示する基準も実体に即したものではない、と指摘している。そして、規範主義的方法とは異なり、価値的評価を始めるに先立って、各構成要件の背後にある規範の対象、すなわち禁止された行為とその実体的構造上の限界とを把握したうえで、問題にアプローチするという方法論を採ることによって初めて、問題がそもそもどこにあるかも判明する、というのである。[39]

客観的帰属論が過度の規範主義に陥っているというヒルシュの指摘は、法以前の段階の行為概念に考察の目を向けさせることになる。ヒルシュによれば、規範に違反する行為といえるためには、客観的な行為の開始時点が問題となるが、発生結果との間に因果関係のある行為に、客観的構成要件該当行為としての刑法的重要性を認めるためには、それぞれの構成要件に該当する行為が開始されなければならないのである。[40] そして、ここでの問題が未遂の開始時点を決める基準だということになれば、客観的帰属論が用いる「危険」の惹起という基準が類似の方向を示すことになるが、後者の基準は決定的なポイントを示すものではなく、客観的帰属論はこの点で著しく不明瞭である、という。すなわち、実行行為が開始されたというためには、危険性が認められるというだけでは不十分であり、「危険」は基準として役に立たず、これによっては客観的帰属論者が求めようとするものを得ることはできない、としている。ある行為をするというためには、当該行為によって引き起こされた事象を支配することが必要であるとして、ヒルシュにより危険概念に代わるものとして用意されるのが「因果的事象の支配」(Beherrschung des Kausalgeschehens) の考え方である。[41] 出来事につき影響可能性が欠如している場合（例えば前掲の飛行機事故事例）、およびきわめて著しい因果関係の錯誤がある場合（例えば病院火災事例[42]）においては、すでに客観面で殺人行為といいうるものが存在しないことは明らかであるが、それは具体的な結果発生が行為者の支配しえない偶然に委ねられているからである、という。

(2)　規範主義的考察方法に対する存在論的立場からする批判に対しては、客観的帰属論の側から次のような反論ないし反批判が用意される。まず、ヤコブスは、ヒルシュのいう客観的支配可能性、すなわちヤコブスの用語で言えば「客観的および主観的所為（無）能力」（行為（不）適格性＝Tat(ohn)macht）の概念を真正な事実と捉えるとすると、所為能力は、どんなにわずかであっても危険が創出された場合には常に存在し、単に危険を「成立せしめうること」を言い換えたに過ぎないものとなってしまう。しかし、これでは危険の創出と比べても何ら有意義とはいえず、このような事実上の見込みを指向した所為能力（客観的支配可能性）の理解は、ヒルシュによっても実態に沿わないものとして正当にも拒否されざるをえないであろう、としている。[43]

そこで、所為能力が規範的に把握されることになると、この概念を客観的に確定された事実的な危険の量によって解釈する可能性は峻拒されることになる。というのは、量的にはまったく等しい危険を招来する場合であっても、社会は時にこれを容認し、時にこれを排斥するからであって、問題とされなければならないのは、社会における許された形態に属するために被害者によって甘受されなければならないような危険が行為者によって創出されたか否か、ということであって、禁止と許容の複合的な内容が事実的な危険の量に解消されることはありえないのである。社会の許された形態に属するため被害者によって引き受けられなければならない危険を創出した場合は、その危険を克服することが被害者の役割となることから行為者に「客観的支配可能性」が欠けるのであり、反対に、許されない危険の場合は、被害者も第三者も責任を負わないことから行為者に答責されるのである。したがって、所為能力（の有無）は危険の種類に依拠しており（許されていない危険は行為者が責任を負担し、そうでない危険については第三者ないし被害者が負担することになる）、結局、いかなる場合にも所為能力（客観的支配可能性）は規範的に限界づけられることになる、という。(44)

一方、シューネマンも、先に述べたように、事後的な帰属は、行為者によって侵害された行為規範が発生した結果の阻止のために刑事政策上有意義なものであり続けたか、ということに依拠しているとする前提から（前出**1**）、その際問われるのは法的評価であり、したがって帰属基準は、存在論的関係の記述的確認に尽きるものではない、と論じている。(45)例えば病院事例において、交通事故を引き起こし被害者の死の結果をもたらした（〔直接の死因が〕病院の火災であれ、救急手術の失敗であれ、抵抗力のあるバクテリアの感染によるものであれ）有責な運転ミスの因果性は疑いの余地がないのであって、ここで重要なのは、注意義務に違反した道路交通事故の惹起の禁止が病院での危険に対しても保護されるべきか、という規範的な問題だというのである。たしかに、ここではもっぱら行為による人の事象支配が問題となることから、結果帰属の射程範囲の決定にとって存在論的視点が重要な意味をもつのであるが、帰属の限界を規範目的から導くことになる価値判断が、その結果として記述的な事態によって代置されるということはありえず、例えば金持ちの叔父を雷の荒れ狂う丘へと向かわせることが殺人行為であるかは（前出**二1**）、存在論的な分析によってではなく、当該危険の評価によって決定されるのである、という。(46)

目的論的考察方法（規範主義・価値論）か存在論考察方法かという対立は、客観的帰属論と目的的行為論との方法論的基礎にかかわる論争であるが、規範科学としての刑法学において究極的には目的論的考察方法によらざるをえないとしても、刑法学方法論の出発点は、事実との接点を堅持するうえからもやはり存在論考察方法に求められるべきであろう。評価基準が規範的、価値的なものに求められるとしても、評価の対象は事実的、存在論的なものでなければならない。評価の対象と対象の評価とは厳に区別されなければならないのである。また、最終的には規範的な価値判断によらざるをえないとしても、それを（客観的）構成要件該当性判断、したがって客観的帰属基準について行わなければならない必然性はなく、犯罪論体系上、違法性に構成要件該当性から独立した意義を認める立場からすれば、例えば危険が許されたものであるか否かの判断はやはり違法論において取り扱うべき問題であろう。

3 客観的帰属論と刑事政策目的

(1) 客観的帰属論の規範主義的特色は、単に法的、価値的な一般的不法評価にとどまらず、あくまでも処罰の観点からみた刑法上の帰属を問題にする点にある[47]。この問題は、違法性を法秩序の統一性という観点から統一的、一元的に把握すべきか、それとも刑法独自の観点から相対的、多元的に把握すべきか、という問題に遡ることができるが、客観的帰属論はまさに後者の立場に立脚していると評することができる。違法統一性論と違法相対性論の検討は本稿のよくするところではないので[48]、ここでは、客観的帰属論に対し次のような批判があることを指摘するにとどめよう。

すなわち、客観的帰属論が用いる特殊刑法的観点は、すでに存在する違法行為に対し刑罰を用いたより強い否定的評価を加えることに関係する視点ということになるが、理論的厳密性をもって客観的構成要件の範囲を限定できる特殊刑法的な一般的基準がほとんど示されていないことを別としても、客観的帰属論者が客観的に帰属せず特殊刑法的な違法性を欠く、とする諸事例に関して（例えば前出**二1**の飛行機事故事例）、刑法的な観点からする当罰性・要罰性が否定される以前に、すでにいかなる意味においても違法行為そのものが存在しない。したがって、ここでの問題の検討に当たっては、（規範論的視点に立つとしても）一般的な違法論との関係に注目することが必要であり、不法論の出発点である規範違反に立ち返って考察されることが要求される、とするのである。(49)

これに対し、シューネマンは、民法では発生した損害の事後的に適切な配分が問題であり、したがって法の均衡の機能が支配的であるのに対し、刑法においては、禁止規範の一般予防的作用による損害（法益侵害）の防止が重要なのである、としてその独自性を強調している。したがって、刑法による禁止が何ら法益侵害回避のための合目的的な手段でないような状況では、結果の帰属が拒否されることになる、(50)というのである。ここでは、違法性の強さ・程度といっても、それは法益侵害性ないし規範違反性自体の強さ・程度ではなく、刑罰を科することによる予防目的達成の必要性・有効性という政策目的に置かれていることに注意する必要がある。仮に、客観的帰属の判断にあたって規範的評価が不可避であるとする立場を採るとしても、そこにおいて将来に向けての犯罪予防目的を視野に入れることは、違法判断を過去の行為に対する刑法規範による事後的評価と解する見地とは相容れないことになろう。

(2) 客観的帰属論が刑法のもつ刑事政策的機能を自説内に取り込むとき、客観的帰属論は存在論的所与としての因果関係（条件関係ないし相当因果関係）を前提としつつ、これを刑事政策的に限定する理論として展開され、あるいは相当因果関係論を否定したうえで、これに代わるものとしてその妥当性が強調されることになる。客観的帰属論者が相当因果関係論に消極的な態度を取る場合、その後の対応には二通りの方向がある。その一つは、相当因果関係論を条件関係の限定にとり不十分であるとした上で、さらにこれに客観的帰属論の枠をはめて帰属を限定するものであり、他の一つは、相当因果関係論を全面的に否定した上で、これに代わるものとして客観的帰属論を展開するものである。ここでは、このうち前者の方向についてのみ考察することにするが（後者の方向については別稿で扱う予定である）、この方向を目指す者の一人がシューネマンである。(51)

彼によると、相当因果関係説が条件説に対する唯一の矯正手段として十分でない理由は、行為と結果との間の因果関係が蓋然的でないとはいえないことから客観的に予見可能である（したがって相当因果関係が認められる）にもかかわらず、行為者に結果に対する刑法上の責任を問うことが刑事政策的に無意味となるような一連の状況が存在することにある。例えば、交通事故の被害者が病院でバクテリアに感染して死亡した場合、このような経過は生活体験の外部にあるとはいえず、不相当とみることはできないが、病院での感染の危険は社会的相当であるが故に性質上患者の唯一の生活危険として評価されるのであるから、その危険を行為者に帰属させることは刑事政策的にいかなる意味ももたない、という。相当因果関係説は、たしかに不相当な因果経過の除去を基礎づけることはできるが、結果が社会的に相当な危殆化を経由して発生した場合には役に立たないのであって、後者の場合に行為者を帰責から解放するのはもっぱら「規範的視点」だというのである。シューネマンによれば、刑法においては禁止規範の一般予防的作用による損害の防止が重要なのであり、したがって刑法において結果の帰属が刑事政策的に意味をもつのは、それが一般予防的作用メカニズムに導入される場合だけである。

ここで、シューネマンが存在論的意味をもつ（相当）因果関係と、規範論的に構成される客観的帰属論とを分かった上、因果経過が不相当な場合には相当因果関係が欠けるとして、部分的にせよ相当因果関係に帰属限定の機能を認めたことは適切であった。また、一般予防という刑事政策的考慮をもっぱら規範的視点から捉え、これを

（相当）因果関係論の領域から排除したことも適切であったと思われる。ただ、相当性判断の基礎に置かれた客観的予見可能性をかなりゆるやかに認定していることは（例えば前掲のバクテリア感染事例）、相当因果関係のもつ客観的帰責限定機能を過少に評価し、そのことが客観的帰属論を援用する根拠となっているだけに放置しえない問題を含んでいる。また、相当因果関係を認めた場合に、はたして一般予防の必要性が存在しないという政策的考慮によって直ちに客観的帰属、客観的構成要件該当性を否定することが妥当であるかについては、さらに検討を要する問題である。過去に行われた行為に対する評価を本質とする構成要件該当性判断に、一般予防目的という実質的、政策的判断を介在させることには極度に慎重でなければならないであろう。

おわりに

客観的帰属論をめぐる方法論上の争いは、二つに大別される。一つは、犯罪論における不法論内部の争いであって、違法評価に際し主観的要素（故意）に客観的要素と対等の資格を与えるか（目的的行為論）、それともあくまでも客観的要素を基本とすべきか（客観的帰属論）、という問題であり、他の一つは、そもそも客観的帰属の問題を全体として規範的、価値的に捉えるべきか、それとも存在論的な行為概念を議論の出発点に置くべきか、という問題である。

(1)　ヒルシュは、ドイツ刑法学において人的不法論が通説化したのに伴い、現在では、客観主義か目的主義かが問題なのではなく、当該の事例を、人的不法論の体系における不法構成要件のどの部分で取り扱うのが実体に適合することになるのか、というもっぱら構成要件概念内部での位置づけだけが問題となったのであるが、最終的な構成要件該当性の評価は、客観的構成要件だけで確定するものではなく、主観的要素も含めたすべての構成要件要素が存在して初めて下されるものなのである、としている[52]。これに対し、ロクシンは、このようなヒルシュの指摘が「フィナリストの視点」に基づくものであるとした上で[53]、フィナリストは、目的的行為論によって偏愛された主観的構成要件の側面に優先性を維持するために客観的構成要件への理論的重点移行を共有したくないのである、と応じている[54]。

右の争いは、人的不法論内部での主観主義的傾向と客観主義的傾向との対立を反映している。物的不法論に立脚する筆者の観点から、客観的帰属論は人的不法論に対するアンチテーゼとしての役割を堅持すべきであったと考えるが、別稿で論じたように[55]、論者の規範構造論からみて、客観的帰属論自体に主観的な人的不法論へと傾斜する要因が内在していたことは否定できないところである。客観的帰属論が文字どおり「客観的」帰属判断に専念するためには、人的不法論から脱却することが不可欠の前提となろう。

(2)　目的合理的、規範主義的な客観的帰属論に対し、規範的評価の前提として存在論的な行為概念の重要性を説くヒルシュは、行為の側面の重要性は、犯罪論の基礎から導かれる要請であって、目的的行為論をめぐる論争とはまったく無関係であるとし、また、自己の見解は、まったく存在論的所見から直接に法的な結論を導くべきだというものでもない、との弁明を試みている[56]。

右の方法論上の争いについてみれば、客観的帰属論が担うべき違法評価の対象の確認は、価値に関係するとはいえ規範的判断から独立して事実的、存在論的になされなければならないと思われる。特に、違法評価が国家の刑事政策的目的（一般予防目的）によって規制されると解する立場を採るのであれば、その要請はなおさら切実なものとなる。存在論的考察方法と目的論的考察方法の対置は、形式的犯罪論と実質的犯罪論の対立へと発展する契機を含んでいるが、刑法解釈の厳格性を維持するうえからも、（客観的）構成要件該当性判断は、存在論的方法を基礎とした形式的、事実的なものにとどめられなければならないであろう。

（1） 代表的な研究成果は、山中敬一『刑法における客観的帰属の理論』（一九九七年）である。

（2） Vgl. Bernd Schünemann, Über die objektive Zurechnung, GA1999, S.207.

（3） 曽根威彦「客観的帰属論の体系論的考察——ロクシンの見解を中心として」西原春夫先生古稀祝賀論文集第一巻（一九九八年）六五頁以下、同「客観的帰属論の規範論的考察」早稲田法学七四巻四号一五七頁以下、同「客観的帰属論の類型論的考察」宮澤浩一先生古稀祝賀論文集第二巻（二〇〇〇年）一七三頁以下。

（4） Schünemann, 前掲注(2)S. 211ff. これに対し、山中敬一「わが国における客観的帰属論の展望」現代刑事法四号（一九九九年八月号）一〇頁は、目的的行為論という対抗物を意識せずに、客観的帰属論が通説化しているとするが、少なくともその出発点において客観的帰属論が目的的行為論のアンチテーゼとして登場したことは否定できないであろう。現に、山中・前掲注(1)三三九頁も、存在論的考察方法を標榜する目的的行為論と、目的論的考察方法に依拠する客観的帰属論ないし規範目的論との本質的な相違を認めている。

（5） Claus Roxin, Strafrecht, Allgmeiner Teil, §7 Rdn. 24, S.154f.

（6） Hans Joachim Hirsch, Die Entwicklung der Strafrechtsdogmatik nach Welzel, in: ders., Strafrechtliche Probleme, Schriften aus drei Jahrzehnten, 1988, S.69. 福田平＝井田良訳「ヴェルツェル以降の西ドイツ刑法学(上)」ジュリスト九三四号一二二頁以下。

（7） Roxin, Kriminalpolitik und Strafrechtssystem, 1970.

（8） Roxin, 前掲注(5)§7 Rdn. 25, S. 155.

（9） ロクシンは、目的合理的な体系構想の他の一つとして「責任」の「答責性」カテゴリーへの拡大を挙げている(Roxin, 前掲注(5)§7 Rdn. 27, S. 156)。

（10） Roxin, 前掲注(5)§7 Rdn. 26, S.155f.

(11) Vgl. Roxin, Gedanken zur Problematik der Zurechnung im Strafrecht, in: Festscrift für R.M. Honig, 1970, S.133ff. ロクシンのこの論文は、客観的帰属論再生の最初の試みの一つであるが、それは明らかに新カント学派のホーニッヒおよび新ヘーゲル学派のラレンツの先行業績に依拠している、という(Roxin,前掲注(5)§7 Rdn. 26, Anm. 33, S.155f.)。

(12) Hirsch, Zur Lehre von der objektive Zurechnung, Festschrift für Theodor Lenckner, 1998, S.120. 井田良／金子文子訳「客観的帰属論批判（上）」法学研究七一巻七号八二頁。

(13) Vgl. Hirsch,前掲注(6)S. 64ff. 福田＝井田訳一二〇頁参照。わが国において規範主義的立場を徹底するのが、鈴木茂嗣教授の客観的帰属論である（鈴木茂嗣「相当因果関係と客観的帰属」松尾浩也先生古稀祝賀論文集上巻（一九九八年）一七三頁以下）。教授によれば、客観的帰属論は「結果発生へ至った事実的因果の流れを如実に解明し、この『事実的因果流』と問題とされる『行為』との法的関連性（結果回避義務の存否）を吟味するという形で展開すべきであ」り、「必要なのは、事実的因果関係の法的『限定論』ではなく、むしろ事実的因果流と行為の間の法的『関係論』なのである」。したがって、帰属の客観的基盤解明の要諦は、危険発生・実現過程を具体的に解明するとともに、行為者の社会的役割や規範的要請等を考慮しつつ、規範的な帰属関係の存否、すなわち「当該行為の回避により結果を回避すべき義務」（結果回避義務）が存したにかかわらず当該結果を惹起したか否かを吟味することである、とする。客観的帰属の問題が「事実的因果流」と行為との法的関連性として現れるとき、それ自体が事実的性格をもつことはありえない。

(14) Roxin,前掲注(5)§11 Rdn. 39, S.310.

(15) Welzel, Studien zum System des Strafrechts, ZStW58 (1939), S. 517; ders., Abhandlungen zum Strafrecht und zur Rechtsphilosophie, 1975, S.142.

(16) Welzel, Das Deutsche Strafrecht, 11. Aufl., 1969, S.66.

(17) Welzel,前掲注(16)S.132.

(18) Z.B. Armin Kaufmann, „Objektive Zurechnung" bei Vorsatzdelikt?, Festschrift für Jescheck, 1985, S. 251ff.; E. Struensee, Objektive Zurechnung und Fahrläßigkeit, GA 1987, S. 97ff.; Küpper, Grenzen der normativierenden Strafrechtsdogmatik, 1990, S. 83ff.

(19) Hirsch, 前掲注(6)S. 60ff. 福田＝井田訳一一八頁。Ders., a.a.O. 前掲注(12)S. 119ff. 井田／金子訳(上)八一頁以下。

(20) Hirsch, 前掲注(12)S. 122ff. 井田／金子訳(上)八五頁以下。

(21) クラウス・ロクシン「客観的帰属論」（山中敬一訳）法学論集四四巻三号二八〇頁。なお、客観的帰属論に批判的なヒルシュも、当初は故意論による解決を支持していたが（Hirsch, 前掲注(6)S. 67. 福田＝井田訳一二一頁）、その後見解を改め、客観面に不十分なものがあるからこそ、その反映として主観面に故意ではなく「願望」があるにすぎない、とするに至っている（Hirsch, 前掲注(12)S. 123. 井田／金子訳(上)八六頁）。

(22) ロクシン（山中訳）・前掲注(21)二八一頁。

(23) ヤコブスは、客観的構成要件要素の欠缺か、それとも構成要件的故意の欠缺か、という問題に関し、前者の客観的支配可能性の欠缺は所為能力（Tatmacht）を欠く故意の客観的反映にほかならず、後者は客観的所為能力の主観的反映にほかならない、として両者を統一的に扱っている（Günter Jakobs, Bemerkungen zur objektiven Zurechnung, Festschrift für Hirsch, 1999, S. 47）。

(24) ロクシン（山中訳）・前掲注(21)二七四頁以下。シューネマンは、ロクシンおよび山中は客観的帰属を客観的注意義務に代わるものと主張している、という（Schünemann, 前掲注(2)S. 218）。

(25) ロクシン（山中訳）・前掲注(21)二七五頁。

(26) Hirsch, 前掲注(12)S. 127f. 井田／金子訳(上)八九頁以下。

(27) Schünemann, 前掲注(2)S. 217f.

(28) Hirsch, 前掲注(12)S. 138f. 井田／金子訳(下)法学研究七一巻九号一一四頁以下。

(29) Schünemann, 前掲注(2)S. 219ff.

(30) Schünemann, 前掲注(2)S. 229.

(31) その詳細は、曽根・前掲注(3)早稲田法学七四巻四号一五七頁以下。

(32) Wolfgang Frisch, Tatbestandsmäßiges Verhalten und Zurechnung des Erfolgs, 1988. フリッシュの帰属論と規範論については、曽根・前掲注(3)早稲田法学七四巻四号一六九頁以下参照。

(33) Hirsch, z.B. Die Entwicklung der Strafrechtsdogmatik in der Bundesrepublik Deutschland in grundsätzlicher Sicht, Hirsch/Weigend (hrsg.), Strafrecht und Kriminalpolitik in Japan und Deutschland, 1989, S. 65, 67ff. Vgl. Jakobs, 前掲注(23)S. 45

(34) Jakobs, 前掲注(23)S. 45f.

(35) Schünemann, 前掲注(2)S. 215f.

(36) Schünemann, 前掲注(2)S. 216.

(37) Küpper, 前掲注(18)S. 116.

(38) Hirsch, 前掲注(6)S. 70. 福田＝井田訳一二二頁。

(39) Hirsch, 前掲注(12)S. 141. 井田／金子訳(下)・前掲注(28)一二〇頁。

(40) Hirsch, 前掲注(12)S. 133ff. 井田／金子訳(下)・前掲注(28)一一〇頁以下。

(41) Hirsch, 前掲注(12)S. 135f. 井田／金子訳(下)・前掲注(28)一一一頁。

(42) 行為者がある人を殺そうとして銃を撃ったところ、被害者に致命傷を与えることはできなかったが、被害者が運び込まれた病院で火事が発生し、そのために被害者が死亡したという例。

(43) Jakobs, 前掲注(23)S. 49.

(44) Jakobs, 前掲注(23)S. 50f. ヤコブスの関心は、ヒルシュの理論と客観的帰属論とが、一方で「主体」の体系において、他方では「社会」の体系において必然的に一致するものとして記述される、とするところに置かれている

(Jakobs, 前掲(23)S.51)。

(45) Schünemann, 前掲注(2)S.219.

(46) Schünemann, 前掲注(2)S.228.

(47) 鈴木教授が、客観的帰属論は可罰評価の段階での「犯罪類型」的帰属論であるとするのも同様の趣旨であろう（鈴木・前掲注(13)一七五頁）。

(48) この問題に関する筆者の見解については、曽根威彦「違法の統一性と相対性」同『刑事違法論の研究』（一九九八年）七三頁以下。

(49) Hirsch, 前掲注(12)S.132f. 井田／金子訳(下)・前掲注(28)一〇九頁。

(50) Schünemann, 前掲注(2)S.214f.

(51) Schünemann, 前掲注(2)S.213ff.

(52) Hirsch, 前掲注(6)S.69. 福田＝井田訳一二二頁。

(53) ロクシンは、客観的帰属論に対して一括してこれを拒否しているのは、目的論者の視点で今日なおヒルシュにみられるとしている（Roxin, 前掲注(5)§11 Rdn. 41, S.311, Fn.85)。

(54) ロクシン（山中訳）・前掲注(21)二七九頁。

(55) 曽根・前掲注(3)早稲田法学七四巻四号一五七頁以下参照。

(56) Hirsch, 前掲注(12)S.142, Fn. 66. 井田／金子訳・前掲注（28）一二一頁。

17　臓器移植――生と死――

町野　朔

一　臓器移植法における脳死

1　脳死――「半分だけの死」

一九九七年に成立した「臓器の移植に関する法律」（以下「臓器移植法」、あるいは単に「法」という）においては、脳死は「脳幹を含む全脳の機能の不可逆的停止」である（六条二項）。しかし、この法律が、このような状態である「脳死」を本当に人の死と認めたものかは、極めて疑わしいのである。

それは第一に、法の文言による。法（六条一項・二項）は、「死体」には「脳死した者の身体」を含むとしている。一九九四年の国会に提出以来、法案は「脳死体」という言葉を用いてきたが、一九九七年の参議院においてこのように修正されたのである。また同時に、本人が事前に脳死判定に承諾していること、一定の者が脳死判定を拒まないことが移植目的で行われる脳死判定の要件であるとされたが、後者の「脳死判定拒否権」を有するのは「遺族」ではなく「家族」であるとされた（六条三項）。「身体」は生きている人のからだを、「家族」は生きている人の近親者を指すのがむしろ通例であることからするなら、法は、脳死者も生者であるとしたもののように見える。少なくとも死者であると断定することを避けたものである。

第二に、法（六条二項）は『脳死した者の身体』とは、その身体から移植術に使用されるための臓器が摘出されることとなる者であって……」としている。これは、移植用臓器の摘出の目的があるときに限って脳死が存在しうるとしたかのようである。心臓死体は、それにどのような攻撃がどのような目的で加えられようと、死体であるが、脳死体の場合には移植手術との関係だけで死とみなされていて、例えば怨恨をはらすつもりで脳死体を蹴飛ばしたようなときには、彼は生きていて暴行罪が成立するかのようである。行為の目的から死の概念を相対化したかにみえる臓器移植法では、移植用臓器の摘出という限られた範囲内だけで、脳死は辛うじて人の死として取り扱われているのである。

第三に、既に見たように、法（六条三項）は本人が脳死判定に承諾し、家族もそれを拒まないときだけ脳死判定をなしうるとしている。これはあたかも個人、その家族に死の選択権を認めたかのようであるし、関係者が異議を述べない場合に限って、不承不承、脳死を人の死としたかのようである。

第四に、附則四条一項は、「当分の間」ではあるが、「脳死した者の身体以外の死体」、すなわち心臓死体から移植のために眼球（角膜）、腎臓を摘出することは、本人がそれを拒否していない以上、遺族の承諾だけで許されるとしている。これは、臓器移植法の一般原則に従って生前の本人の承諾がなければこれらを摘出できないことにすると、これまでの「角膜及び腎臓移植に関する法律」（これは臓器移植法の成立によって廃止された。法附則三条参照）のときより、摘出要件が厳しくなることを考慮した経過規定であるが、これによって、法は取り扱いを異にする二種類の死があることを認めてしまったのである。

以上のように、臓器移植法は、脳死を移植に必要な範囲で人の死としただけであって、「完全な死」である心臓死に対して、脳死は「不完全な」死あるいは「死の二級市民」であるかのようになった。脳死者は「半分だけ死んでいる」、あるいは「半分だけ生きている」存在である。そして臓器移植法は、特に脳死体からの移植用臓器の摘出に焦点を合わせた「脳死・臓器移植法」であるということになる。

2　議論の継続

札幌医大心臓移植事件が起こったのは一九六八年八月のことであった。この事件(1)のあと、我々は、人の死とは何か、移植医療とは何かを考え続けてきた。それから三〇年が経とうとする一九九七年に成立した臓器移植法は、一つの決着をつけたかにみえた。しかし、明らかな妥協の産物であった臓器移植法のもとでは、脳死・臓器移植は倫理的には終わっていないばかりでなく、かえって混乱を生じさせたように見える。唄博士は、脳死を人の死とする法案と脳死を人の死としない違法阻却論との奇怪な合体に、戸惑いを隠されなかった(2)。今回の立法によって脳死を人の死であるとすることに決着したとされる平野博士も、「この法律は、理論的に筋が通らないだけでなく、妥協の産物であるため、臓器摘出の条件が厳しくなっている」とされた(3)。さらにあるドイツの刑法学者は次のように述べた。「あなた方の現在の法律は、相容れない二つの見解の間での不可能な妥協物だと思う。一方には脳死を認めない人があり、他方には脳死を認める人があって、そのため臓器摘出を不可能な諸条件の下でのみ許すことになっている。これは明らかに破綻した妥協物で、正しい判断とはいえないものだ(4)」。そして、附則二条一項の予定する「施行後三年を目途とした検討」が迫っている中で法改正の議論、特に「小児臓器移植」問題の検

討が行われなければならなくなったのである。(5)

本稿は、「脳死」「臓器移植」を改めて論じるための予備的考察として、以上のような「妥協」を支えている思想の実質を検討し、その適否を論じようとするものである。

二　生と死の境界線

1　死の概念と死の判定手続

臓器移植法では、脳死は死そのものではないようである。脳死は、目的によって死であったり、死でなかったりする。それは、関係者の選択によって死であったりなかったりする。そしてこの考え方の背後には、死と認めてもいい状態はあり、脳死状態もそうであるが、死そのものは存在しない、脳死そのものは死ではない、という考え方があるように見える。人は、その中から一定の目的、一定の手続によって、脳死を人の死とするのであり、生と死の境界線も相対的であり、絶対的なものは存在しないのである。臓器移植法が、脳死の概念より、死の判定手続にかなり複雑な規定を置き、厚生省が、法施行後の脳死判定手続に関して神経質とも思われる程度に厳格な手続の遵守を求めたのにも――それが法の執行である以上当然のことともいえるのではあるが――、このことが影響しているのであろう。

2　概念の重さ

例えば、生者からは移植のための心臓の摘出は絶対に許されない、死者からはある条件の下でそれが許される、というように、伝統的には、生と死、生体と死体は移植用臓器摘出の可否、その要件を導き出す存在として考えられていた。しかし、死そのものは存在しない、どういうときに死とするかが問題である、という考え方では、このような論理はとられないことがある。臓器提供は許されないとすべきだからそれは生者である、許されるとすべきだからそれは死者である、とされることにもなる。そしてここでは、「生」「死」という概念が持っていたはずの、「地球より重い」存在が、移植という梃子によって軽々と持ち上げられているかのようである。心臓移植が認められる範囲で、法的脳死判定を受けた人は死者としてよいという法の態度は、そのようなものである。[6]

このように、何が許されるかが決定的だとする以上、死の概念自体もさほど重要視する必要もない。「脳死は人の死ではないから脳死者は生きている。しかし、移植のためにその心臓を摘出して彼を死［この立場では、心臓死］に至らしめても違法ではない」という「違法阻却論」はこのようにして生じた。「脳死臨調最終報告」（一九九二年）における少数意見、日本弁護士連合会の「修正案」（一九九五年）、国会で提案された「金田案」（一九九七年）、「猪熊案」（同年）はこの立場をとっていた。そして、金田案は衆議院で否決されたが、参議院で現在の形に修正された臓器移植法は、実はこの論理を排除していないのだとすることも可能なのかも知れない。[7][8][9][10]

しかし、違法阻却論においては、臓器提供者の生きる権利は、移植医療の中で相対化され背後に退けられている。それは、死の重みを考慮しながら、生の重さに意を用いなかったものということもできる。脳死者は生きているとしつつ、しかも彼を殺して移植用臓器を摘出していいという論理はかなり衝撃的である。これは、言い方の問題に過ぎないというのではなく、観念の問題である。もし単に表現の問題に過ぎないというのなら、違法阻却論者もあれほど激しく脳死説に反発する必要はなかったはずである。そしてより衝撃的だったのは、これを衝撃的と思わない人がかなりいたという事実である。[11]

3 脳死者の承諾

臓器移植法は、提供者本人の書面による承諾がなければ臓器の提供は認められないとしている（六条一項）。既に触れたように、心臓死体からの腎臓、角膜の摘出については経過措置が規定されているが（附則四条一項）、本人の opt-in を臓器提供の必須要件とするのは日本法だけだと思われる。これにより、日本では臓器提供が極めて困難になり、何よりも小児の心臓移植が不可能となっているのである。[12] だが、もともとこれは、違法阻却論から主張された立場であったことに注意すべきである。すなわち、生体肝移植手術のように、生きている人からの臓器の提供を受ける場合には、ドナー本人の真摯な積極的承諾がなければならない。脳死者が生きているとして、違法阻却論から臓器摘出を認めようとするのなら、脳死者本人の臓器提供意思の表明がなければならないのは当然ということになる。他方、死であることに疑いのない心臓死のときには、これは必然的な要件ではないことになる。ドナーを、①生きている人、②死者、③脳死状態の人、に分け、①③からの臓器の摘出については本人の積極的承諾を要件とした生命倫理研究会の「試案」（一九九一年）[13] 以来、違法阻却論からは脳死者からの臓器摘出の要件は、常にこのように考えられてきた。脳死者の opt-in を臓器摘出の要件とすることは、「脳死者は半分だけ生きている」と考えている臓器移植法の下では、受け入れやすかったものといえる。

三 生と死

1 臓器移植法の解釈と法改正

以上のように、生と死の境界線は入り組み、不分明になり、ついには消えつつあるのが現行法である。そして、現在問われているのはこのような考え方の、倫理的妥当性である。法改正の是非、その内容に関する議論は、このような法律の態度をどう考えるかと、分かちがたく結びついているからである。

私はやはり「脳死説」が妥当であり、移植目的、関係者の意向によって、脳死が人の死であったりなかったりするという「相対的脳死論」は不当であると思う。従って、臓器移植法の解釈論としては、この法は脳死を人の死であることを認めたのであり、六条などの問題の条文は、ただ臓器移植の際の脳死判定手続についてだけ規定しているに過ぎない、これは脳死が人の死であることを変更するものではない、と解するほかはない。[14] もちろんこの解釈だけで、現行法の問題のすべてが解決するわけではない。特に医療現場における脳死をめぐる戸惑いは、これによって解消するわけではない。臓器提供に関して本人の opt-in を要件とすることの妥当性も、検討されなければならない。その際には、脳死説に従って、すなわち原点に戻って、死体からの臓器提供はいかなる要件で行われるべきかが、改めて論じられることになる。[15]

2　日本文化普遍主義について

しかし、臓器移植法を肯定的に評価する立場は依然として根強い。かねてより、臓器を提供しようとする人、臓器移植手術を受けたい人、移植医療を行いたい人、これらすべての人々の希望を満足させるため、日本では法律が必要である、「善意の贈り物」を無駄にしてはいけない、などといわれてきた。臓器移植法は、関係者すべての意思が一致している範囲で、特に、本人、遺族（家族）のすべてが承認し、納得している範囲においてのみ「脳死臓器移植」を認めようとするものであり、日本人の国民性・文化にもっとも合致したものである、とするのである。[16] このような論者はこの基本原則を変更しようとする法改正には、当然反対するのである。しかし、三年目の見直し、法改正が議論されるようになると、臓器移植法は、日本人の国民性に合致するだけでなく、世界に発信すべき優れた精神であると考える傾向が強まる。(17)これまでの議論が、「日本法が外国法と違うのは確かだが、我々には我々のやり方があるので、外国法を引き合いに出して臓器移植法を批判するのは不当である」という「日本文化固有論」であるとすれば、これは「日本文化普遍主義」とでも呼ぶべきものである。これも、当然日本の優れた精神に反する法改正など行うべきではないとするが、同時に外国は日本に学ぶべきことをも主張する。脳死の扱い、臓器提供における本人の承諾要件の二点において、外国法は日本法と基本的に異なっているが、「日本には日本のやり方があるのだからほっといてくれ」というのではなく、今や、「後れているのはむしろ外国で、外国が我々に学ぶべきだ」とするのである。前者が「日本は神の国だ」というのだとすれば、後者は“Japan as No. 1”というものであろう。また、かつては、日本の臓器移植法の態度を支持する人も、国内で法的に不可能な「小児心臓移植」を、合法な国外で行う「渡航移植」を非難したり、阻止しようとはしなかった。しかし、日本文化普遍論を一貫すれば、これを行うことになろう。脳死を死とする外国の態度は誤っているとして、外国で反対運動をするために渡航する医師の話は小説にも登場するが、(18)これはありうる話である。日本の臓器移植法の精神を積極的に世界に発信すべきだと考えている人のなかには、死者が生前に臓器提供の意思を現実に表示していないのに遺族の意思だけでそれを行いうるという外国の法律は「人間の尊厳」に反する、そのような法律によって移植手術をすることも不当であるとして、「渡航移植」に消極的な人も存在する。(19)

四　社会的合意論の矮小化

1　合意による意思決定

「合意の範囲での臓器移植」というのが日本の臓器移植法の基本的な態度である。そして、おそらくはこれが最大の倫理的問題であるように思われる。

もちろん、日本文化はすべて「恥の文化」として排斥されるべきものではない。また、「浴湯と共に子供まで流してしまう[20]」べきではない。しかし私は、臓器移植法に関する日本文化固有論は「子供を愛するの余り、濁った浴湯までも捨てることをも拒んだもの[21]」ではないかと疑う。また日本文化普遍論は、外国の赤ん坊を日本特産の濁った浴湯に投げ込むよう求めるものだとも思う。

本来大切にすべき子どもは、いうまでもなく、人間の生命、人間の尊厳、いのちである。そして濁った浴湯とは、生と死の重みを理解せず、その境界線をあえて明確にしないことが、いのちを大切にするゆえんだと考える態度である。生命の尊厳、死者の尊厳は、生と死を正面から見つめ、理解しようとするところから、初めて明らかになる。そのまなざしは冷酷であってはならないが、曇っていてもならない。我々にはそれでも、鏡の中に見るようにおぼろにしか真実は見えていないのであろう。しかし、いつの日か顔と顔とが向かい合う日が来ることを信じなくてはならない。生と死の輪郭、意味はもともとおぼろなのだ、そのようにしておくことがいいのだ、ということではない。生・死をあいまいなままにし、ただ「いのち」と「人間の尊厳」だけを説き、皆が納得するところで折り合いをつけようとする曖昧模糊とした汚れたぬるま湯のなかでは、子どもは病気にならない訳がない。

2　死の個人性・社会性

臓器移植法における「脳死判定拒否権」の考え方は、一方的に死を宣告することは本人の人としての尊厳を害するという考え方によるのであろう。しかし、死んでいる人を死者として扱うのは正当なことである。命ある個人を人間として大切にし、死者は死者として遇することが、個人を尊重し、生命の尊厳を守り、いのちを大切にすることである。我々は死者を悼み、その思い出に涙し、彼のことを簡単に忘れることはしない。しかし我々は彼が死んだから彼の死を悼むのである。彼の死を認めることが、彼の人としての尊厳を侵害することになるわけではない。

あるいは、本人が脳死を選択していない以上、本人は生きているのだというのかも知れない。しかし、死は本人の選択に任されるにはあまりにも大きな存在である。本人が脳死でいいといったから脳死を彼の死とし、本人がいやだというから心臓死にしよう、ということはできない。死が個人の選択すべきものだとすることは、死を、食後にコーヒーにするか、紅茶にするかのように軽いものと考えているということである。人の死とは、彼がこの世に別れを告げ、人々もそれを見送るという厳粛な事実である。死の概念を本人の選択に任せることは、死概念の不統一を招くということだけに止まらない。それくらいだったら、何とか取り繕って辻褄をあわせることもできるであろう。しかし、死の意味を理解しない倫理的な軽薄さは取り繕うことはできない。

3　矮小化された社会的合意論

それでも臓器移植法がこのような態度をとったのは、本人も家族も脳死でいい、その段階で臓器を提供していいといっているのなら、その範囲で脳死・臓器移植を認めてもいいのではないか、という考え方があるのであろう。そしてこれが日本的美徳、争いを好まず和を求める態度だとも考えられているのだろう。たとえばある論者は、「脳死の倫理問題」とは「脳の動きの止まった人」に関係者がどのように関わり合うべきかであり、「脳死とは何か」などというのでは問題の本質は見えないとしている。[22] ここにも、脳死が人の死かどうかは直截に決められるのではなく、関係者によって決められるべき事柄である、みなの意見が一致すればそれでいい、それが自己決定権の尊重ということだ、という考え方が見える。

かつての「社会的合意論」の中には、社会を世論と同視し、世論が脳死を人の死と認めればそれでいいというようなものもあった。ここでは、脳死を死とすることが妥当なのかという倫理的に基本的な観点が欠落している。しかし、そもそも社会的合意に反する死の概念は認められないという議論は、移植のために必要だという医学的理由から死の概念を動かすことを拒否するとともに、断固として、社会の文化に合致した死の概念を求めるものであった。日本の法学者によるならば社会的合意とは"volonté générale"（国民的合意、国民的総意）[23]、あるいは「社会通念」[24]にほかならないものであり、アメリカ合衆国大統領委員会の報告書では「社会内の確定した価値、人間存在・人格権とに合致したもの」[25]であったのである。社会を世論と同視する社会的合意論は、その矮小化であった。そして以上の考え方もそれと同質のもので、「国民世論」を「関係者たち」にサイズダウンし、さらに矮小化したものに過ぎない。

しかし、関係者が同意しているならそれでいいという内容の社会的合意論、自己決定権の議論は、法律家の中でも一般的なものであったと思われる。加藤一郎博士は、社会的合意とは実体のない蜃気楼みたいなもので、それによりかかる社会的合意論は自分の意見をいわないで、蜃気楼を隠れ蓑にしている卑怯者の論理であるか、あるいは、全員一致の合意でなければ何も決定できないというムラ社会の論理であると激しく非難された[26]。しかし、一九八八年に博士が座長としてまとめられた日本医師会生命倫理懇談会の「最終報告書」[27]が、実はこのような社会的合意論をとっていたのである。それは次のようにいう。

「脳の死による死の判定を是認しない人には、それをとらないことを認め、是認する人には、脳の死による死の判定を認めるとすれば、それでさしつかえないものと考えてよいであろう。このことはまた、自分のことは自分で決めるとともに、他人の決めたことは不都合のないかぎり尊重するという、一種の自己決定権にも通じる考え方であるといえよう。」「わが国でも、死後に臓器を提供して他の患者に役立てたいという善意の人に対しては、その意思を活かして、脳の死による死の判定を認めていけば、それによって臓器移植への道が開かれることになろう。」

ここには、自己決定を意見の一致のための道具とし、関係者の合意を獲得するための手段とする考え方が示されている。人間の「異なっている権利」を保障し、精神障害者、傷つきやすい者に平等に権利を保障し、どこまでも侵入する鋭い槍で医療的合理性を貫通しようとした、自己決定権の革命的な激しさ(28)は姿を消している。ここでは、自己決定権は仲良くするための道具にしか過ぎない。唄孝一博士が、このような議論を「自己決定権論の出番を誤ったもの」とされるの(29)も当然だと思われる。日本文化固有論、あるいは普遍主義の論者たちが加藤博士らの報告書を読んだかは明らかではないが、ここには日本で伝統的な考え方を見ることができよう。

（1）　世論に与えた衝撃、医プロフェッションへの不信、移植医療への疑惑など、この悲惨な事件の影響は今日にも及んでいるが、ここでは、次の二つの優れたレポートを参照するにとどめる。中島みち『見えない死――脳死と臓器移植』増補新訂版（文芸春秋社、一九九〇年）、共同通信社社会部移植取材班『凍れる心臓』（共同通信社、一九九八年）。

（2）　唄孝一「脳死論議は決着したか――臓器移植法の成立」法時六九巻一〇号（一九九七年）三四頁。

（3）　平野龍一「三方一両損的解決――ソフト・ランディングのための暫定的措置」ジュリ一一二一号（一九九七年）三〇頁。

(4)　ハンス＝ルートヴィッヒ・シュライバー（長井圓＝臼木豊訳）「人の死はいつなのか？――移植法の起点となる脳死、臨床死および同意をめぐって」法時七一巻一一号（一九九九年）七二頁における「訳者前書」参照。
(5)　町野朔ほか「臓器移植の法的事項に関する研究(1)――特に『小児臓器移植』に向けての法改正のあり方――」『平成一一年度（二〇〇〇年三月）厚生科学研究費補助金「免疫・アレルギー等研究事業」（臓器移植部門）研究報告書』三五四頁参照。
(6)　「生命は尊貴である。一人の生命は、全地球よりも重い」としたのは、死刑の合憲性に関する最（大）判昭和二三・三・一二刑集二巻三号一九一頁である。
(7)　臨時脳死及び臓器移植調査会答申「脳死及び臓器移植に関する重要事項について」町野朔＝秋葉悦子編『脳死と臓器移植〔第三版〕』（信山社、一九九九年）三一四頁。
(8)　日本弁護士連合会「『臓器の移植に関する法律案』に対する意見書」町野朔＝秋葉悦子編・前掲注(7)六七頁。
(9)　町野朔編『脳死と臓器移植〔第二版〕追補』（信山社、一九九八年）一〇三頁。
(10)　町野朔編・前掲注(9)一〇五頁。
(11)　違法阻却論に対しては、近時も、齊藤誠二『医事刑法の基礎理論』（多賀出版、一九九七年）一六七頁以下。なお、町野朔『犯罪各論の現在』（有斐閣、一九九六年）四〇頁以下。
(12)　本人が脳死判定と臓器提供に書面によって承諾しうるためには、彼に十分な意思能力が必要であるということになる。厚生省のガイドライン（「『臓器の移植に関する法律』の運用に関する指針〔平成九年一〇月八日健医発一三二九号厚生省保健医療局通知別紙〕」町野朔＝秋葉悦子編・前掲注(7)九七頁）は、これを「一五歳以上の者」としている。小児に移植される心臓はサイズの適合した小さな心臓でなければならないから、その提供者は小児でなければならないことになる。このようにして、必ずしも正確な表現というわけではないが、事実上「一五歳未満の小児心臓移植は我が国では不可能である」といわれる事態になっているのである。町野朔ほか「臓器移植の法的事項に関する研究――現行法の三年目の見直しに向けての提言――」『平成一〇年度（一九九九年三月）厚生科学研究

費補助金「免疫・アレルギー等研究事業」（臓器移植部門）研究報告書』三三二頁以下、同・前掲注（5）三五六頁以下、参照。

(13) 生命倫理研究会・脳死と臓器移植問題研究チーム「臓器の摘出に関する法律（試案）」町野朔＝秋葉悦子編・前掲注（7）二八頁。

(14) 町野朔ほか「臓器移植の法的事項に関する研究(1)」『平成九年度（一九九八年三月）厚生科学研究費補助金「免疫・アレルギー等研究事業」（臓器移植部門）研究報告書』二九二頁以下。すでに、中森教授（町野朔ほか「座談会・臓器移植法をめぐって」ジュリ一一二一号［一九九七年］一四頁［中森喜彦発言］）がこのような解釈をとられ、長井圓「臓器移植法をめぐる生命の法的保護――脳死一元論の立場から」刑法三八巻（一九九九年）六六頁以下も、これを前提とした解釈論を展開している。

(15) 町野朔ほか「臓器移植の法的事項に関する研究――現行法の三年目の見直しに向けての提言」『平成一〇年度（一九九九年三月）厚生科学研究費補助金「免疫・アレルギー等研究事業」（臓器移植部門）研究報告書』三三二頁以下、同・前傾注（5）三五七頁以下。

(16) たとえば、一九九九年五月二日に開催された第一五回公衆衛生審議会疾病対策部会・臓器移植専門委員における中島みち・柳田邦男両参考人の陳述を参照。http://www.mhw.go.jp/search/docj/shingi/s9905/txt/s0524-1_11.txt (as visited on Sept. 10, 2000).

(17) たとえば、森岡正博＝町野朔「対談・臓器移植法改正、イエスかノーか」論座二〇〇〇年八月号一七六頁（森岡正博発言）参照。

(18) 加賀乙彦『生きている心臓』（上）・（下）（講談社、講談社文庫版、一九九四年）。

(19) 森岡正博＝町野朔・前注（17）一八五頁（森岡正博発言）参照。

(20) これは、尊属傷害致死罪の規定（刑法旧二〇五条二項）は封建的・反民主主義的であるとしてこれを違憲とした原判決を破棄するにあたり、最高裁判所が用いた言葉である。最（大）判昭和二五・一〇・一一刑集四巻一号二〇三七頁。

(21) これは、尊属傷害致死罪は違憲であるとして、右の最高裁判決に反対された平野博士の言葉である。平野龍一・刑事判例評釈集昭和二五年度二一四頁以下。

(22) 森岡正博『増補決定版　脳死の人――生命学の視点から』(法蔵館、二〇〇〇年) 五頁以下。

(23) 唄孝一『脳死を学ぶ』(日本評論社、一九八九年) 六二頁。

(24) 星野英一「脳死問題を考える筋道と『社会的合意』論」ジュリ九〇四号 (一九八八年) 五八頁。なお、同「脳死」『心の小琴に』(有斐閣出版サービス、一九八七年) 三二五頁参照。

(25) President's Commission for the Study of Ethical Problems in Medicine and Biomedical and Behavioral Research, Defining Death: A Report on the Medical, Legal and Ethical Issues in the Determination of Death 46 (1981).

(26) 加藤一郎「脳死問題・社会的合意は蜃気楼だ」文藝春秋一九八八年四月号一〇八頁以下。

(27) 日本医師会生命倫理懇談会「脳死および臓器移植についての最終報告」町野朔＝秋葉悦子編・前掲注(7)二五五頁。

(28) 町野朔「医師の責任と法」『医と法／第一回日本医学会特別シンポジウム記録集』(一九九四年) 九六頁参照。

(29) 唄孝一・前掲注(2)三七頁。

＊ 本稿は二〇〇〇年七月三日、上智大学カトリックセンター主催の公開シンポジウム「いのちと死をみつめて――脳死、臓器移植に関する法をめぐって」における筆者の報告、「生と死――きえゆく境界線」を基礎としたものである。このシンポジウムでは、他にホアン・マシア教授 (上智大学)、森岡正博教授 (大阪府立大学) の報告があり、司会は青木清教授 (上智大学) であった。各報告の録音をおこしたものは上智大学カトリックセンターのホームページ (http://www.info.sophia.ac.jp/cathocen/inochi.html, as visited on Sept. 10, 2000) に掲載されている。

三五年前、初めて東京大学法学部の共同研究室でお目にかかってから、常に優しく指導してくださった田宮裕先生に、謹んで本稿を捧げる。

18　抽象的事実の錯誤

川　端　　博

一　抽象的事実の錯誤の問題性

行為者の認識と結果とが異なる二つの構成要件にまたがる場合を「抽象的事実の錯誤」という。例えば、AがBを殺そうとして投石しBの物を壊した場合、その錯誤は殺人罪と器物損壊罪の構成要件に関わるので抽象的事実の錯誤である。錯誤の対象は何かという観点からの分類として、①方法の錯誤、②客体の錯誤、③因果関係の錯誤がある。具体的事実の錯誤・抽象的事実の錯誤と、方法の錯誤・客体の錯誤・因果関係の錯誤とは、異なった観点からの区別であるから、交錯する関係にあり、具体的事実の錯誤と抽象的事実の錯誤において、方法・客体・因果関係の錯誤がそれぞれ生じうることになる。ただし、抽象的事実の錯誤の場合、構成要件上異なる二個の客体が存在するので、因果関係の錯誤は通常、問題とならない。

抽象的事実の錯誤の取り扱いに関して、基本的に、法定的符合説と抽象的符合説とが対立している。従来の判断図式からすると、法定的符合説も抽象的符合説も、故意を抽象化するが、両者の違いは、形式的には、構成要件の範囲内で抽象化を認めるのか（法定的符合説）、それとも構成要件の範囲を超えて抽象化を認めるのか（抽象的符合説）、という点にあり、実質的には、錯誤に基づいて発生した結果を「意図的に実現した」ものと見るべきか（法定的符合説）、それとも発生した結果に対して「故意犯について規定されている刑」を科すべきか（抽象的符合説）、という点に存することになる。しかし、錯誤「論」の本来の在り方という観点から見ると、右のような特徴づけには疑問の余地が生じてくる。

例えば、日高教授は、次のように主張される。すなわち、「錯誤理論は、そもそも現実に生じている刑の不均衡を是正するためにあると考える。つまり、具体的妥当な処断刑を算出して事案の適切な解決を図ることが錯誤理論の使命であり、錯誤理論の適用される犯罪領域では、いわゆる正面の故意論が排除されると解するのである。もちろん、この見解では、錯誤理論を適用すべき場合を制限して考える必要があるが、その制限の基準は、構成要件的な重なり合いや罪質の同一性というものではなく、いわゆる正面の故意論で考えて予見事実か実現事実かのいずれかの関係で十分に重い刑が出てくる場合は、錯誤理論の適用を考えないというものである。立法に際して、刑の権衡がとれるように法定刑が定められているのであれば、これまた錯誤理論の適用される余地はなくなってくるのである。刑の適用の本来的な姿から言えば、A罪とB罪とにまたがる錯誤については、C罪として処罰するというような法規が設けられるのであれば、それに越したことはない。しかし、現実には、そのような規定はわが国の刑法典にはなく、刑の不均衡が生じる場合が多々あるのである。これを解決するのが錯誤理論にほかならない。」とされるのである。(1)

これに対して、佐久間教授は、「刑法上故意の概念が一貫した理論にもとづくべきものであることはもちろんである。また、それが、消極的な故意論として、表裏一体を成す錯誤論にあてはまることもうたがいをいれぬともう」とされたうえで、[2]「そこでいう錯誤論は、故意の観念からまったく切り離された、処罰上の考慮にもとづく政策的『故意』を、みとめるものであるといわざるをえない。しからば、構成要件的符合における故意の観念を維持する以上、構成要件的区別を厳密に貫いておよそ『符合』をみとめるべきでないのか。わたくしは、上述した錯誤論の意義に着目するならば、一定のばあい異なる構成要件間にあっても『符合』がみとめられると考える。けだし、錯誤論にいう構成要件の『重なり合い』とは、概念としての『構成要件』それ自体の『符合』を意味するものでなく、当該構成要件間の共通性にもとづいて、一方の構成要件事実の実現をめざしてなされた行為が、同時に、他方の故意による行為と評価しうる場合を排除する趣旨ではないからである。すなわち、構成要件的故意の存否は、結局、事実的基礎に対する刑法的評価によってはじめて決定されるものである以上、ある行為者意思が、つねに特定かつ一個の構成要件にのみ該当するわけでないことは、当然だからである。」とされる。[3]

また、長井教授も、「抽象的事実の錯誤において『法益』や『行為態様』、行為者の『動機』や『立法目的』、さらには『罪質』ないし『不法責任内容』の一致・共通性が問題にされるとき、個別の錯誤事例相互の関係は問題とはされていないように見受けられる。また、(事実的認識としての) 故意 (事実的故意) と違法性の意識の認識 (意識) 内容および相互関係についても、必ずしも統一的な理解が得られているわけではない。確かに、すべての事例に適用・対応しうる解決基準を見出すことは、実際上も原理的にも、困難ではあろう。それぞれの素材に応じた切れ味鋭い道具を用意することは、むしろ当然のことである。しかしながら、個別の錯誤事例を解決する際に、そこで通底している『故意』概念は、少なくとも理論的に矛盾のない整合的なものでなければならない。『錯誤論』は『裏返しの故意論』あるいは『故意の消極面』であるとも言われる。しかし、最終的に『故意』責任の有無を問う議論は『故意論』以外にはない。個々の錯誤事例に固有の『故意』概念が存在するはずもない。錯誤論はむしろ『故意論』そのもののはずである。」と指摘されている。(4)

日高教授の所説は、佐久間教授が批判されるように「政策的故意」をみとめる立場であり、その限りにおいて、従来の錯誤論とは範疇を異にするといわざるをえない。すなわち、佐久間教授や長井教授が指摘されるように、錯誤論は「消極的故意論」・「裏返しの故意論」ないし「故意論そのもの」にほかならないのである。錯誤論を故意論の延長線上の問題と解する以上、認識と結果の「符合」を検討しなければならなくなる。いわゆる正面の故意論の適用が排除される領域こそ、「刑の不均衡」を是正するための錯誤論が適用される範囲であるとされるが、わたくしは刑の不均衡は生じていないと解している。(5)次に、いわゆる正面の故意論における故意概念は、具体的符合説の主張する故意概念にほかならず、法定的符合説は「固有の故意概念」を有しているのである。(6)したがって、右の主張は不当前提に基づく立論であって妥当でないとされうる。さらに、合一的「評価」説は、まさしく政策的観点から「故意犯」としての「評価」を加えるための道具として「錯誤論」という語を用いているのであって、「符合」を問題とする伝統的な「錯誤論」とはまったく異質な主張である。その意味において、それは抽象的「符合」説の範疇からはみ出る見解として位置づけられるべきであろう。ここでは詳論する余裕がないので、従来の分類に従って検討を加えていくが、他の抽象的符合説の位置づけを含む問題については改めて考察する機会をもちたいとおもう。

二　抽象的符合説とその検討

抽象的符合説は、行為者が認識した犯罪事実と現実に発生した客観的な犯罪事実とが罪質を同じくしない場合であっても、故意阻却を認めない学説であり、次の四つに大別されている。

1 牧野説

①軽い甲罪の故意で重い乙罪の事実を実現した場合、軽い甲罪の既遂と重い乙罪の過失との観念的競合を認めるべきであるとする。したがって、例えば、器物損壊の故意で人を死亡させた場合には、器物損壊罪の既遂と過失致死罪の観念的競合を認めることになる。②重い甲罪の故意で軽い乙罪の事実を発生させた場合には、重い甲罪の未遂と軽い乙罪の既遂とを合一し、その重い方に従うべきであるとする。例えば、殺人の故意で器物を損壊した場合には、殺人罪の未遂と器物損壊罪の既遂とを合一し、その重い方、すなわち、殺人罪の未遂に従うことになる。(7)

この説の特徴は、軽い罪についてつねに故意犯の成立を認める点、①の場合を観念的競合とし、②の場合にはこれを認めず、合一して扱う点にあるといえる。

2 宮本説（可罰的符合説）

この説は、第一命題として認識事実について未遂犯の成立を想定し、第二命題として発生事実について過失犯の成立を想定して両者を観念的競合と解し、第三命題として現実に発生した事実についての故意犯の既遂を考え、この第三命題と第一命題・第二命題との間に法条競合としての択一関係を認める。それゆえ、この説によれば、①軽い甲罪の故意で重い乙罪の事実を発生させた場合、軽い甲罪の未遂と重い乙罪の過失と重い乙罪の既遂との三命題を想定したうえで、刑法第三八条第二項の制限内において択一的に重い方に従うべきことになる。例えば、器物損壊の故意で人を死亡させた場合、器物損壊罪の未遂と過失致死罪と殺人罪の既遂との三命題を想定し、第三八条第二項により、その処罰は器物損壊罪の既遂の刑の限度にとどめられる。②重い甲罪の故意で軽い乙罪の事実を実現発生させた場合には、重い甲罪の未遂と軽い乙罪の過失と軽い乙罪の既遂との三命題を想定したうえで、択一的に重い方に従うべきであるとされる。例えば、殺人の故意で器物を損壊した場合、殺人罪の未遂と過失器物損壊罪と器物損壊罪の既遂との三命題を想定し、重い殺人罪の未遂によって処断されるわけである。(8)

この説の特徴は、一般規範上の故意概念においては、事実と認識は具体的に符合することを要するが、刑法上の可罰的評価としての故意概念においては、刑法がつねにあらゆる未遂および過失を罰するものではないことを考慮して、法条競合としての択一関係を認めようとする点にあるといえる。

3 草野説

①軽い甲罪の故意で重い乙罪の事実を発生させた軽い甲罪の未遂と重い乙罪の過失との観念的競合を認め、仮に重い乙罪について過失犯の処罰規定がないときは、未遂犯を処罰する規定の有無にかかわらず、もっぱら軽い甲罪の未遂で処断すべきであるとする。例えば、器物損壊の故意で人を死亡させた場合には、器物損壊罪の未遂を想定してこれと過失致死罪との観念的競合とし、器物損壊罪の未遂によって処断されることになる。発生した重い事実について過失犯処罰規定がない場合、例えば、病者を遺棄する故意で死体を遺棄した場合には、過失犯を処罰する規定が存在しないので、遺棄罪の未遂を想定し、これによって処断されることになる。②重い甲罪の故意で軽い乙罪の事実を発生させた場合、重い甲罪の未遂と軽い乙罪の過失との観念的競合を認め、軽い乙罪について過失犯を処罰する規定がないときは、重い甲罪の未遂で処断すべきであるとし、重い甲罪の未遂を処罰す

る規定がないときは、その責任を乙事実に対する故意犯の刑の限度にとどめるべきであるとする。例えば、殺人の故意で器物を損壊した場合、殺人罪の未遂と過失器物損壊罪との観念的競合を認めたうえで、殺人罪の未遂によって処断される。例えば、傷害の故意で器物を損壊した場合には、傷害罪の未遂と過失器物損壊罪との観念的競合を認めるべきであるが、傷害未遂を処罰する規定がないため、その刑は器物損壊罪の程度にとどめられる。(9)

この説の特徴は、①の場合に未遂犯を処罰する規定がなくても未遂としての処断を認め、②の場合に、重い甲罪の未遂を処罰する規定がないときに、その責任を軽い乙事実に対する故意犯の刑の限度にとどめるべきであるとする点にある。

4 植松説（合一的評価説）

この説は、故意の抽象化を推し進め、予見事実についての未遂犯と実現事実についての過失犯との観念的競合を否定して合一的評価により一個の重い罪だけで処罰しようとするものである。①軽い甲罪の故意で重い乙罪の事実を実現した場合、甲罪および乙罪の故意犯を想定して合一的に評価して乙罪の成立を認めるが、三八条二項の制限があるので処断刑は甲罪の既遂の法定刑によるとされる。例えば、器物損壊の故意で人を死亡させた場合、殺人罪既遂の成立を肯定したうえで、器物損壊罪の法定刑で処断されることになる。②重い甲罪の故意で軽い乙罪の事実を実現した場合、甲罪について未遂を考え、乙罪について故意犯を想定し、これらを合一的に評価して、重きに従って処断するとされる。殺人の故意で器物損壊した場合には、殺人未遂罪で処断されることになる。また、重い保護責任者遺棄の故意で軽い死体遺棄の事実を実現した場合、保護責任者遺棄罪の未遂を考え、実現事実については死体遺棄罪の既遂を考えるが、前者の未遂を処罰する規定が存在しないので死体遺棄罪で処罰され

ることになる。(10)

この説の特徴は、①の場合に発生事実の既遂の成立を認めたうえで、処断刑を予見事実の法定刑によるとして罪名と処断刑を分断し、②の場合には、予見事実の未遂と発生事実の故意犯を想定してこれらを合一的に評価し、重きに従って処断する点にある。

この説を支持する日髙教授は、次のように敷衍されている。すなわち、「抽象的事実の錯誤の場合においては、いわば正面の故意論を導入して解決すること自体が適切でないと言わなければならない。つまり、錯誤理論で解決する以上、正面の故意論が機能しない特別な犯罪領域を是認し、その犯罪領域については、故意の抽象化を認めて刑の不均衡を解決し、具体的妥当な処断刑を解釈上引き出すことに意義を認めなければならない。そうして、行為者が何らかの犯罪事実を予見し、それに基づいて予見しなかった何らかの犯罪事実が発生している場合には、例え予見事実と実現事実とが構成要件的に重なり合わなくても、故意を抽象化して考え、予見事実の処罰規定と実現事実の処罰規定とを判断材料として、この特殊な犯罪領域についての具体的妥当な処断刑を算出すべきである。そうすると、合一的評価説に行き着かざるを得ない。この立場では、錯誤理論が適用される場合には、いわば正面の故意論が排除される特殊な場合となるので、適用範囲を限定して考えるべきである。これについては、予見事実についての未遂犯か実現事実についての過失犯かのいずれかが処罰され、その法定刑も充分に重いものである場合には、正面の故意論を展開して解釈すればよく、錯誤理論の適用を考える必要はない。つまり、正面の故意論の適用によっては刑の不均衡が生ずる場合において、はじめて錯誤理論を適用することになるのである。」と。(11)

抽象的符合説の実質的根拠は、法定符合説をとると、刑の不均衡が生ずるので、これを是正しなければならないという点にある。器物損壊の故意で人を死亡させた場合、法定的符合説は、過失致死罪の成立を認めるにとどまるので、人を死亡させたのに器物損壊罪よりも軽く処罰されることとなって刑の不均衡を生じさせるとされる。たしかに、単純に過失致死罪と器物損壊罪の法定刑を比較すれば、前者は人の死亡という重大な結果を発生させているにもかかわらず、後者よりも軽く処罰されるので、刑の均衡を失しているかの観を呈する。しかし、このように法定刑を比べただけでは、行為の当罰性の問題は解決できない。刑法は器物損壊罪の法定刑よりも過失致死罪の法定刑を軽くしている点で一つの立場決定をおこなっているのであって、これは錯誤論によって解決されるべきものではないのである。かりにこれが刑の不均衡であるとしても、それは法定的符合説がもたらす刑の不均衡ではない。(12)

次に、保護責任者遺棄の故意で死体遺棄の事実を実現した場合、法定的符合説は保護責任者遺棄罪も死体遺棄罪も成立しないとするが、これは妥当ではないとされる。たしかに、純粋に客観的に見れば保護責任者遺棄罪に相当する結果が発生しているのに、まったく犯罪が成立しないとするのは、当罰感情を害し不当であるように見えるであろう。しかし、行為類型として見た場合、生きている人を遺棄して生命に危険を生じさせる行為と死体を遺棄して社会的な宗教感情を害する行為とは明らかに違うのである。したがって、行為者としては「死体」を遺棄しようとしたのであるから、その故意は「生きている人」の遺棄を包括しえず、その行為は、理論上、死体遺棄罪の未遂と過失による保護責任者遺棄罪の観念的競合ということになる。しかし、いずれも、処罰規定がないので、実際上は犯罪不成立となる。これを刑の不均衡と見るのは、あまりにも結果にとらわれ過ぎて行為者の「実現意思」をまったく無視するものであって、逆に妥当でないとされるべきであろう。(13)

かりに刑の不均衡があるとしても、抽象的符合説のように、故意の抽象化を極端に押し進めるのは、故意概念の実体を失わせ、故意を単なる処罰のためのラベルに化してしまうものであり、妥当ではない。(14) さらに、抽象的符合説においては、現実に存在しない犯罪規定での処断を認める立場もあり、罪刑法定主義に反する結果をもたらす。また、成立する罪名と処断刑との分裂を生じさせるのも、実際上、妥当でない。(15)

三　法定的符合説とその検討

法定的符合の程度をめぐる問題についての学説は、構成要件的符合説、罪質符合説、不法・責任符合説に大別される。(16)

1　構成要件的符合説

法定的符合の基準を構成要件に求め、異なる構成要件が重なり合うときは、その重なり合う限度で故意の成立を認める見解である。これは、法定的符合の意味を構成要件的符合と理解するのである。しかし、構成要件的符合、すなわち構成要件の「重なり合い」の理解をめぐって、さらに見解が分かれる。

(1)　構成要件の「重なり合い」を厳格に理解し、刑罰法規相互が法条競合の関係にある場合に限定して符合を認める見解である。(17) この説は、構成要件は立法技術的に定められる側面があるから、構成要件的符合を法条競合の場合に限定するのは、あまりにも符合の範囲を狭めるものと批判されている。(18)

(2)　構成要件の「重なり合い」を形式的に解する見解である。この見解においても、共犯の場合に、窃盗と強盗、恐喝と強盗、傷害と殺人は前者の限度で符合するとする最高裁判例にとくに反対していない。(19) さらに、占有離脱物横領と窃盗との符合も認めている。(20) もっとも、公文書の無形偽造と有形偽造との符合を認める最高裁判例

（最判昭二三・一〇・二三刑集二巻一一号一三六頁）に対しては疑問が提起されている。[21]

構成要件の「重なり合い」を厳格かつ形式的に考える見解をとると、例えば、恐喝罪は被害者の任意の意思に基づいた財物・利益の移転を構成要件とするのに対し、強盗罪は任意の意思に基づかない財物・利益の移転を構成要件とするから、前者の構成要件が後者の構成要件と重なり合っているとはいえないことになる。また、占有離脱物横領と窃盗についても、占有を離れた他人の物が占有下にある他人の財物に含まれると考えることには困難があるから、占有離脱物横領の限度で構成要件的符合を認めることには疑問が生ずる。さらに、覚せい剤輸入と麻薬輸入、麻薬所持と覚せい剤所持（判例・通説は符合を認める）についても、客体が別の物質であるから、構成要件の重なり合いを認めることはできないこととなる。[22] このような結論は、実際上、不都合である。

(3) 構成要件の「重なり合い」を「実質的に」考える理解で、今日の通説・判例の立場である。通説は、構成要件の「実質的な」重なり合いを肯定し構成要件的符合を認める基準を「法益の共通性および行為の共通性」に求め、その見地から、判例とほぼ同様に、符合が肯定される諸場合のほか公文書の無形偽造と有形偽造との符合をも認める。[23]

さらに、「実質的な」同質性の判断については構成要件が基準となるのは当然であるとしたうえで、①構成要件の内包的包摂性または②外延的包摂性が認められる場合に構成要件的符合を肯定する見解がある。[24] ①は、一つの構成要件が内包的に他の構成要件を包摂していると考えられる場合であり、例えば、殺人と同意殺人、殺人と傷害、窃盗と占有離脱物横領などがこれにあたるとする。②の構成要件の外延的な包摂性には、同じ構成要件のなかに択一的に規定されている場合（例えば、同意殺人と自殺幇助、一項詐欺と二項詐欺）と、立法技術上、別個の条文に書き分けられているにすぎない場合（例えば、公文書有形偽造と無形偽造、麻薬所持と覚せい剤所持）とがあり、後者は、「実質上」構成要件的に符合すると考えてよいとする。

2 罪質符合説

構成要件的な符合（加重・減軽類型相互間の重なり合い）がなくても罪質同一の範囲内で故意の成立を認める見解である。[25] この見解によれば、故意は、一定の法益侵害に向けられたものであれば、多少、法益侵害の方法に構成要件的な相違があっても、その存在を肯定できるのであり、その「法益」は精密な法的概念である必要はなく、一般人がほぼ同意義に考えるようなものどうしについては符号を認めてよいとされる。判例で符合が肯定された諸事例のほかに、死体遺棄と単純遺棄との間にも符合が肯定されることになる。すなわち、この場合、両者は構成要件も異なるし、厳密な法的意義での法益も異にするが、「日常生活の実態」からすれば、少なくとも生きているのか死んでいるのか明らかな状態でない人を捨てるという意思が認められ、その段階にあるかぎり、それは死体にも生体にも共通しうるので、罪質同一の範囲内にあるとして故意の成立が肯定されるわけである。

罪質符合説の見解の問題点は、その中心となる「罪質」の概念が明らかでないことにある。すなわち、「罪質」は法的概念としての「法益」によって決められるだけではなく、また、構成要件との関連性も認められていないので、「罪質同一」といっても、それがどのような範囲を意味するかは必ずしも明らかでない。[26]

3 法益侵害・危険符合説

林教授は、「法益侵害・危険」の符合を要求する見解を主張される。すなわち、「立法者は、一定の法益の侵害・危険の発生を防止するために、犯罪を規定し、これを処罰しようとする。しかし、その法益の侵害・危険のあらゆる場合を犯罪とする必要はないこともある。その場合、一定の主体に限定したり（たとえば、秘密漏泄罪）、一定の客体に限定したり（公務執行妨害罪の「公務員」、窃盗罪の「財物」、後に述べるように麻薬、覚せい剤もこのような場合である）、一定の行為態様に限定したり（たとえば、財産罪の諸類型）することになる。立法者がそのように処罰の対象となる違法類型を限定した以上、故意既遂犯はそのように限定された違法類型、すなわち構成要件を実現し、かつ構成要件に該当する事実を認識していたのでなければ、これを認めることはできない。しかしながら、一定の法益侵害・危険を防止するために、択一的に幾つかの要件を規定する場合には、その択一的な要件のどれかの構成要件が実現されなければならず、どれかの構成要件が該当する事実の認識がなければならないが、どの構成要件が実現・認識されるかには、立法者は無関心なのである。それ故その場合、その異なる構成要件にまたがる錯誤があったときにも、それは『非本質的な錯誤』として符合が認められるのである。」とされるのである。(27)

そして、「このような考え方は、従来いわれてきた法益符合説とほぼ同じものである。しかし、これまで法益符合説は、構成要件的符合説と全く異なるものとされてきた。確かに、形式的な構成要件の重なり合いを基準とする構成要件的符合説とは、それは明らかに異なっている。しかし、実害犯においては法益の侵害が、危険で重なり合うときに符合を認めるとしてもよいことになる。判例が示した『罪質の同一性』とは、同一法益の侵害・危険を防止しようとしている場合のことでなければならない。また、しばしばいわれてきた構成要件の『実質的な』重なり合いは、同一法益の侵害・危険を構成要件要素としている場合に認められるのでなければならない。このように解しうる限りでは、『構成要件の実質的な重なり合い』という基準は維持しうることになるのである。」とされる。(28) 林教授の所説は、結論的には妥当であるが、やはり法益符合説に対する批判がそのまま妥当すると考えられる。

4 不法・責任符合説

故意を肯定するためには、構成要件該当事実の認識がなくても、構成要件の内容をなす不法・責任の認識があれば足りるので、認識事実と実現事実とが構成要件的に符合しなくても、各構成要件の不法・責任内容において符合が認められる範囲で故意犯の成立を肯定しうるとする見解である。(29) この見解は、通説・判例が構成要件の「実質的な」重なり合いを問題とすることに代えて、故意の構成要件関連性を否定したうえで故意概念自体に変更を加えることによって、通説・判例と同様な結論に到達している。

不法・責任符合説は、構成要件の内容をなす不法・責任の認識があるといえるためには、少なくとも構成要件該当事実の認識が必要なのであり、かりに、そうでないとすると、その認識の内容は、構成要件に該当する客観的（外部的）事実という手がかりを失った、任意に設定可能な不明確なものになってしまう。たしかに、構成要件的符合説の多くは、構成要件を拡張するものであるといえるが、しかし、すでに存在する甲罪の構成要件と乙罪の構成要件の他に拡張された丙罪の構成要件を新しくつくり出して、その丙罪の成立を認めるわけではない。甲罪と乙罪とが刑罰法規として規定されていることを前提として、甲罪を犯す意思で行為したところ乙罪の結果が発生した場合に、甲罪の構成要件と乙罪の構成要件とが「実質的に重なり合っている」限度で、軽い方の罪（甲罪または乙罪）の成立を認めるにとどまるのである。(30)

町野説に対して、林教授は次のように批判される。まず、故意の構成要件関連性の観点から、「行為者が実現した構成要件と同一の構成要件に該当する事実の認識がなければ故意既遂犯の成立を認めることができないという考えは維持できない。しかしそのことから、故意責任を問うためには、およそ構成要件に該当する事実の認識を要しないとするべきであろうか。町野教授は、故意の成立には『不法・責任内容』の認識で足りるとして、例えば覚せい剤だと思って一般麻薬を所持したような場合について、一般麻薬所持罪の成立を認める多数説・判例の結論を維持しようとされる。しかし結論からいえば、このような考えにも問題があるように思われる。」と指摘される。(31) 教授は、故意の構成要件関連性について、自らの立場を次のように明示された上で、批判を展開しておられる。すなわち、①構成要件該当事実の認識といっても、例えば、麻薬の場合、科学者や裁判官がそれを特定する際に要求される程の厳密性・正確性をもって認識する必要はない。そうでなければ、科学者や法律家のみが犯罪を犯しうるということにもなりかねない。しばしばいわれてきたように、故意の成立には「素人仲間における並行評価」で足りる。(32) ②客体の自然的・物理的事実の認識は、多くの場合、故意の内容として要求されるが、麻薬や覚せい剤の場合は、例えば、被告人が運び屋で、箱の中には「麻薬」が入っていると知らされ、法外の報酬を受け取ったような場合を考慮すると、自然的・物理的事実の認識がなくても故意責任を認めうるとしてもよい。(33) ③「故意責任を認めるためには、その構成要件を保護しようとしている法益の侵害または危険の認識を要すると解するべきである。というのも、違法事実の本質は法益の侵害・危険にあるのであり、違法行為に出るべきでないのに出たことに対して問われる故意責任は、その構成要件の保護しようとしている法益の侵害・危険の認識があってはじめて認められると思われるからである。町野教授の『不法内容の認識』とは何を指すのか必ずしも明らかではないが、右に述べた趣旨だとすれば、正当」である。(34) ④「故意の成立には当該構成要件の保護しようとする法益の侵害・危険の認識を要するが、しかし、それで十分であるわけではない。法益侵害・危険の認識が構成要件該当事実の認識に基づいているときにのみ、故意責任が認められるのである。というのも、刑法上違法なのはあらゆる法益侵害・危険ではなく、構成要件に該当する法益侵害・危険のみだからである。刑法三八条一項は『罪ヲ犯ス意ナキ行為ハ之ヲ罰セス』と規定している。構成要件に該当する行為のみが『罪』なのであるから、

『罪ヲ犯ス意』の中に構成要件該当事実の認識が含まれることは、現行法の要求するところでもある。およそ構成要件該当事実の認識のないところに、故意責任を認めることはできないのである。(35)」。故意責任の把握には疑問があるが、町野説に対する右の諸批判自体はいずれも妥当であるとおもわれる。

次に責任符合の点については、次のように批判される。すなわち、「町野教授は、『不法内容』の符合の他に責任内容の符合を要求される。しかし、責任とは基本的に違法行為に出るべきでないのに出たことに対して問われるものである。そうだとすれば、同一法益の侵害・危険で符合している場合には、その同一法益の侵害・危険を認識しているときにはその限度ですでに責任の符合が認められるのであって、それで十分だと思われる。教授は、窃盗罪と器物損壊罪とは『不法内容においては符合している』が、『行為者の利己的な動機』の有無によって両罪は区別されるとされる。仮りにそのような解釈をとるとしても、それは尊属殺人罪と殺人罪の関係の場合と同じように解釈されるべきである(36)」とされるのである。右の批判も妥当であるといえる。

結　論

わたくしは、法定的符合説の見地から構成要件の「実質的な重なり合い」を基準にする見解がもっとも適切であると考える。なぜならば、構成要件が異なっていても、実質的に構成要件が重なり合っている場合には、その範囲で発生した事実につき故意の成立を認めても、行為者にとって「不意打ち」の結果とはならないからである。元来、錯誤論として発生した結果に対して故意を認めるということは、行為者がそれを「意図的に実現した」ものとして扱うことを意味するのであり、行為者に「不意打ち」と受け取られるようなものであってはならない。構成要件は、法技術的に作り上げられた観念形象であるから、それを専門的観点から認識し得ない「一般人」にとっては、その構成要件が指示している「実体」（実質）を現実に表象し意欲しているかどうかが、決定的に重要であることになる。そうすると、立法政策的・法技術的観点から設定された構成要件の厳密な「形式的」符合よりも、一般人が同義と感じられるだけの「実質的」・「実体的」な符合を基準にすることが、現実の故意の内容（わたくしのいう「実体としての故意」）[37]に相応するのであり、当の行為者にとっても不当な「結果」責任を追及することにはならないのである。

ところで、日高教授は、法定的符合説を次のように批判される。[38]すなわち、法定的符合説は、故意の抽象化に限度を設け、その限界を画する標準を構成要件あるいは罪質に求めており、この考え方の根底には、故意は構成要件と離れては考えられないという思考があるとされる。そして、「構成要件を規準として故意の抽象化に限界を設けることにどれだけの意味があるだろうか。もし、構成要件に該当する事実の認識ということを厳格に考えて故意の成立を判断するのであれば、いかなる場合においても予見事実に対しては未遂犯を実現事実に対しては過失犯をそれぞれ考えるべきであり、具体的符合説をより徹底させてこそ、行為者の認識した事実にそった故意論を展開することができるはずである。」とされるのである。しかし、右の批判は、あくまでも具体的符合説における故意概念を前提とするものであって、法定的符合説の故意概念には当てはまらないといえる。さらに、構成要件の故意規制機能は重要であり、これを看過した錯誤論は妥当でない。

また、教授は、「行為者の認識した個別具体的な構成要件的事実を基礎にして、刑法上の構成要件的故意の存否を決定することは、通常の場合では、故意論のまさにあるべき姿である。このいわば正面の故意論を裏面の錯誤論にも導入するのであれば、採るべき道は、厳格な具体的符合説以外にはないと言えよう。しかし、抽象的事実の錯誤における具体的符合説の適用結果は、法規の規定のしかたが不備であるとして放置するにはあまりにも大きな刑の不均衡をもたらしてしまう。」とされる。(39) しかし、これも、すでに見たようにいわゆる正面の故意論として具体的符合説の主張する故意概念を前提とするものであって、法定的符合説には妥当しない批判である。

実質的符合説においは、構成要件の「実質的な」重なり合いを認める基準が重要な問題となる。構成要件は、刑罰法規が類型化した、一定の法益の侵害・危険を生じさせる一定の行為の型であるから、「法益の共通性」と「法益侵害行為」の共通性の両者をともに認めることが基本的な基準になる。そして、これを前提としたうえで、構成要件の「実質的な」重なり合いを考えるにあたっては、行為客体（目的物）の共通性、および、立法技術上別個の条文に書き分けられて規定されることにより別個の構成要件とされているかをも考慮する必要があることになる。(40)

構成要件の「実質的な」重なり合いを基準とする見解に対しては、「形式的」であるべき構成要件概念を「実質化」するものであって妥当でないとの批判がある。すなわち、「重なり合い」を構成要件から切り離し、法益侵害・危険に対する認識の共通性として、故意の非難に値するかどうかの見地から「重なり合い」の基準を設けるべきであるとされるのである。(41)

しかし、このような批判には、次のように反論できる。すなわち、この説は、故意における認識の対象は構成要件該当の事実ではなく、法益侵害・危険の認識の内容が共通する範囲で発生した事実につき故意を認めるべきであるとするが、このようなたんに法益侵害ないし危険があるという認識は、違法性の認識であり、違法性の認識は責任要素なのであって故意の内容とはならないのである。構成要件的故意があるといえるためには、異なる構成要件相互に実行行為としての共通性が認められることを要するのである。このような共通性は、構成要件に該当する事実の重なり合いの範囲で認められるべきであり、これを離れて符合を認めることは許されないと解す

べきである。(42)

また、実質的符合説は、発生した事実につき行為者はいかなる範囲で認識があったといえるかを問題とし、構成要件の「実質」を類型的に考察してその重なり合いを判断するのであるから、このことによって構成要件該当性判断それ自体の形式性・類型性が実質化されるわけではない。すなわち、構成要件の内容を考慮することとある事実が構成要件に該当するかを判断することとは質が異なるのである。異なる構成要件の内容を相互に比較したうえで、その符合を肯定しても、けっして構成要件の実質化とはならないといえる。

(1) 日高義博『刑法における錯誤論の新展開』(平3年・一九九一年) 七三―四頁。
(2) 佐久間修『刑法における事実の錯誤』(昭62年・一九八七年) 一三一―二頁。
(3) 佐久間・前掲注(2)一五一頁。
(4) 長井長信『故意概念と錯誤論』(平10年・一九九八年) 三頁。
(5) 拙著『錯誤論の諸相』(平6年・一九九四年) 二〇七―九頁。
(6) 拙稿「方法の錯誤」植松正＝川端博＝曽根威彦＝日高義博『現代刑法論争I』(昭58年・一九八三年) 一八六頁、第二版 (平9年・一九九七年) 一八八頁。
(7) 牧野英一『刑法総論下巻』全訂版 (昭34年・一九五九年) 五七四頁以下。
(8) 宮本英脩『刑法大綱』(昭10年・一九三五年) 一四三頁、斎藤信治「事実の錯誤」芝原邦爾＝堀内捷三＝町野朔＝西田典之編『刑法理論の現代的展開総論II』(平2年・一九九〇年) 二六―八頁。
(9) 草野豹一郎『刑法要論』(昭31年・一九五六年) 九四頁以下、斉藤金作『刑法総論』改訂版 (昭30年・一九五五年) 一九三頁以下、下村康正『刑法総論の現代的諸問題』(昭54年・一九七九年) 一一一頁以下。
(10) 植松正『現代刑法概論I総論』再訂版 (昭61年・一九八六年) 二七六頁以下、日高義博「抽象的事実の錯誤」

植松＝川端＝曽根＝日高・前掲注(6)一九七―八頁、第二版一九八―二〇〇頁、日高・前掲注(1)三六頁以下。

(11) 日高・前掲注(1)四四―五頁。
(12) 拙著・前掲注(5)二〇八頁。
(13) 拙著・前掲注(5)二〇八頁。
(14) 拙稿・前掲注(6)二〇三頁、第二版二〇五頁。
(15) 拙稿・前掲注(6)二〇四頁、第二版二〇六頁。
(16) 内藤謙『刑法講義総論（下）I』（平3年・一九九一年）一〇〇三頁。
(17) 香川達夫『刑法講義〔総論〕』第三版（平7年・一九九五年）二六八頁。
(18) 内藤・前掲注(16)九七六頁。
(19) 団藤重光『刑法綱要総論』第三版（平2年・一九九〇年）二九九頁、四二六頁以下。
(20) 福田平『刑法総論』全訂第三版（平8年・一九九六年）二二〇―一頁。
(21) 団藤・前掲注(19)四二七頁。
(22) 内藤・前掲注(16)九七六頁。
(23) 大塚仁『刑法概説〔総論〕』第三版（平9年・一九九七年）二二二―五頁、大谷實『刑法講義総論』新版（平12年・二〇〇〇年）二〇一頁。
(24) 平野龍一『刑法総論I』（昭47年・一九七二年）一七八頁以下。
(25) 西原春夫『刑法総論』（昭52年・一九七七年）一九八頁、曽根威彦『刑法総論』第三版（平12年・二〇〇〇年）二〇八―一〇頁。
(26) 内藤・前掲注(16)九七九頁。
(27) 林幹人『刑法の現代的課題』（平3年・一九九一年）九一―二頁。
(28) 林・前掲注(27)九七頁。

(29)　町野朔「法定的符合について（下）」『警察研究』五四巻五号（昭58年・一九八三年）三頁以下。
(30)　内藤・前掲注(16)九八一頁。
(31)　林・前掲注(27)八四―五頁。
(32)　林・前掲注(27)八五頁。
(33)　林・前掲注(27)八五頁。
(34)　林・前掲注(27)八六頁。
(35)　林・前掲注(27)八七頁。
(36)　林・前掲注(27)九六頁。
(37)　拙著『刑法総論講義』（平7年・一九九五年）一六九―七〇頁。
(38)　日高・前掲注(1)四三―四頁。
(39)　日高・前掲注(1)四四頁。
(40)　内藤・前掲注(16)九八一頁。
(41)　中森喜彦「錯誤論2―構成要件的錯誤」法学教室一〇七号（平元年・一九八九年）五二頁、前田雅英『現代社会と実質的犯罪論』（平4年・一九九二年）二一八―九頁。
(42)　内藤・前掲注(16)一〇〇〇頁、大谷・前掲注(23)二〇五―六頁。

わたくしは、田宮裕先生から、大学院時代より刑事判例研究会をはじめ種々の機会に直接、御指導を戴いた。学恩に感謝しつつ追悼の念を込めて先生の御霊に本論文を捧げさせて戴きます。

19 組織体刑事責任論

――同一視説、あるいは、いわゆる代位責任説を超えて――

伊東研祐

はじめに

少し含羞んだような優しい笑顔と「やー、伊東さん」で始まる立ち話。その最初のときと最後のときの情景が、田宮先生の訃報を伝える夜遅くの電話を終えると、何にも増して真っ先に想い浮かんできた。初夏を思わせる清々しい空の下、何の御仕事で来られていたのだろうか、東大法研の脇にある掲示板の前にワイシャツ姿で輝くように立たれていた先生が、正門の方から歩いて来た私に話しかけて下さったのが、最初であった。「助手論文のテーマは決まりましたか？　期待されていますよ。元気にやって下さい、少し風呂敷を拡げる位でなくちゃ」と言われた先生は、今数え直してみると、四三歳のまさに脂の乗りきった頃であった。明治学院大学での刑法学会大会で、理事選挙の結果公示を眺めていた私の横にいつの間にか並んで立たれた先生が、「私達の世代の時代はもう終わりですね。次からは伊東さん達の世代に頑張って貰わないと」と言われたのが最後であった。だいぶ前から健康を害され、その中で理事長の大任を果たし終えられた六一歳の先生の表情は、飄々として枯れていた。……先生には、遠くから、いつも優しく励まされ、見守って頂いていたような気がする。そして、そんな先生に甘え過ぎていたのかもしれない。「たしかに、日々激変を遂げる現代の混乱した社会状況とすさんだ心情を眺めると、刑法という手段の機能に期待することがポスト・モダン的な要請であることは疑いがない。しかし、近代法の遺産を一度十分にそしゃくするという経験を前提にしない超近代の要請は、あたかも〝前近代の妖怪〟がよみがえったにひとしく、それはつまりは前近代と超近代の奇妙な結合であるが、実は超近代という衣をかぶった前近代にほかならない。それは醜悪なばかりか危険な存在であろう。［原文改段落］こうして、刑法におけるわれわれの課題は、戦後法学の成果をそこに迷いこんだ、したがって克服すべき異端としてではなく、なおいとおしみはぐくむに足りる遺産として、ポスト・モダンの要請との調和を求めるべきこと(1)」である、という残された言葉、その強さは、私の虚を突くお叱りとして刻み込まれた。

組織体自体の刑事責任の根拠付けを試みる本稿が、田宮先生を追悼する小論として、先生の残されたお叱りに少しでも応えるものとして、相応しいものであることを祈るばかりである。

一 問題の所在

我が国の所謂「法人の刑事責任」論、即ち、法人を含む「組織体」自体の刑事責任の理論学的根拠付けや要件の定立等を巡る議論が、実定的な両罰規定の解釈論と密接に関わり合って、あるいは、語弊を恐れずに言えば、それを通じて展開してきたことは、改めて述べるまでもないであろう。一九九〇年代初頭までの理論展開を辿り、到達された理論レヴェルを検討・再確認した拙稿を、[2] 筆者は以下のようにまとめている。「本稿冒頭にいう「組織体」は、責任主義を貫徹するとき、現行両罰規定下において、その構成員の意思・行為を媒介とせざるを得ないながらも、統一的意思（に基づいて活動する）主体として、行為責任並びに監督責任を根拠とした処罰の対象とされることになる。しかし、意思主体性・犯罪能力が実質的には一般的に認め得るものであるとすれば、少なくとも、組織体の行為責任を問い得る場合についての理論については、各犯罪類型（の質や予定される刑種等）に必然的に伴う制約はあるが、原理上、刑法犯についても適用可能である」[3] と。その後、一〇年余りが経ち、両罰規定に関して言えば、例えば、一方で、理論学的には障害がないと確認されていた〝事業主に対する罰金刑と違反行為者に対するそれとのリンク〟の切断が、一九九二年（平成四年）の証券取引法及び独占禁止法の改正、翌年の不正競争防止法の改正により実行され始め、他方では、判例を契機とする所得税法二四四条一項のような規定形式の両罰規定の非事業主への適用の可否、「代理人」や「従業者」の意義、違反行為に関与した非従業者に対する刑法六五条一項の適用の可否等々、従来議論されることの殆どなかった新たな解釈論上の問題点或いは新たな（？）動きへの可能性も認識されるに至った。[4] しかしながら、最も特筆すべきなのは、アメリカ合衆国における一九九一年の「組織体に対する量刑ガイドライン」の作成・施行に至るまでの理論展開等にも触発された、両罰規定解釈論を通じて形成されてきた（ことに因る、いわゆる企業組織体責任論を含む）我が国の組織体刑事責任論の視座の限界の再認識・再批判と、それに基づく再びの新たな枠組み論の展開の動きであろう。表現はコンテクストや展開しようとする方向に応じて様々であるが、比較的最近の論稿から、その再認識・再批判に関わる部分を幾つか引用しておこう。

「法人の刑事責任をめぐる議論においては、従来、企業の構成員である自然人の主観と行為の特定を前提として、法人に刑事責任を帰すアプローチが主流であった。……〈中略〉……今日では、……、企業の組織体としての性質に着目する傾向がみられる。たとえば、今日の刑事責任論では、自然人を媒介とせず企業組織体のコンプライアンス・プログラムや管理システムの欠陥に対する責任を問う動きがみられる。(5)」

「アメリカでは実務上、使用者責任の理論が定着しているが……、責任概念との調和という観点から、法人自体の責任を基礎づけようとする見解が、近時、有力に主張されている。そこでは、模範刑法典によって導入された同一視理論もまた、強い批判に晒されているのである。……〈中略〉……ひるがえって、わが国においては、同一視理論と基本的に同一の基盤に立った見解が、現在、多くの学説によって支持されている。ただ、このような方向が十分な支持を得るためには、アメリカでみられた同一視理論に対する諸批判に対して、説得力のある解答を用意しなければならないであろう。(6)」

「そもそも刑法上は、代表者の行為は第一次的にはあくまで代表者個人の行為として評価すべきであり、またそのように捉えることに理論上の困難があるとも思えない。それゆえ、代表者の行為につき、代表者と法人という二つの法主体の刑事責任を併存させる場合には、代表者の行為それ自体……に、法人の「(自己の有責行為に対する責任という意味での)行為責任」をも同時に基礎づける要素が見出されない限り、法人の刑事責任は、「行為責任」とは異質な責任として把握するほかはあるまい。(7)」

「通説が、自説を代位責任・転嫁責任と無縁の責任主義を貫徹した見解である、と考えているとすれば、それは誤解であろう。通説においても、機関である自然人と法人は別の人格であるにもかかわらず、法人が機関である自然人の行為について絶対責任を負うことになっているからである。……〈中略〉……必要なことは責任主義と調和する形で法人固有の刑事責任を構築することなのである。(8)」

既に明らかかで繰り返す必要もないことではあろうが、それは、一言で言えば、いわゆる同一視説的な構成、あるいは、一定の組織構成員の行為を組織体自体の行為と同一視する・看做すことにより組織体に責任を問うという意味での代位責任説的な構成の再批判である。(9) 勿論、一〇年余り前の時点において、筆者が、そしてまた、我が国の学界が、このような問題点の認識を有していなかった訳ではない。筆者自身は、組織体ないし法人の意思や政策（ポリシー）ということを想定しつつ、以下のように述べて、(何故か、一般には、そこまで読み込んで頂けないのではあるが)高級職員のみならず末端従業者の行為であっても組織体ないし法人の行為として責任を問い得る場合があることを主張した。

「この関連において重要なのは、対外的代表権限の存否ではなく、彼／彼女が法人意思の忠実な執行者であり、且つ、それとして下位者に法人意思を忠実に実行させる（べき）者であるということである。逆にいえば、代表者に限らず、ある者が、その組織制度上の権能において、法人意思を執行していると解されるときには、その行為は法人に帰属するものとして「行為責任」を問い、法人意思に基づかない或いは矛盾する執行を看過するときには「監督責任」を問うとすることに原理的な支障は存しないはずである。そこに、代表者と非代表者たる従業員の峻別を疑問視する展開への契機が潜むこととなる。(10)」

「違反行為防止義務の担い手を高級職員に拡張する方向は……高く評価され得る。……しかし、更に、既述した、事業主に要求される選任監督義務の内容を限定する試みが、……組織体における権限委譲の実態に立脚して展開されている点に注目せねばならない。そこには、組織体の政策として設定され継続的に改善・機能化の図られるべき制度的諸違反防止措置の現実的担い手とされ、権限を付与された者総てを、各々の果たす（べき）役割分担との関連において重畳的に、同様の者として取り込み得る視座が開かれているからである。[11]」

それは、確かに、当時までの主たる問題意識が、現時点でのものとは謂わば逆方向のものであったことを良く示してはいる。しかし、反面において、末端従業員の対極にある者、謂わば遡及していった場合の連鎖の一番最後に位置する者も当然ながらイメージ程度はされていた、と考えるのが自然ではないであろうか。組織体ないし法人の代表権を有する者がそのような者に該らないことは、当時でも瞬時考えれば既に明らかであり、正直なところ筆者は、組織体ないし法人の代表者等をも選任監督し、また、制度的諸違反防止措置等を組織体の政策として設定し継続的に改善・機能化を図るよう命じることのできる者、即ち、株主総会等の組織体ないし法人の最高意思決定機関もしくはそう目し得るものを連鎖の一番最後に位置する者としてイメージしていたのである。そのような最高意思決定体が組織体ないし法人それ自体とは形式的にはなお謂わば別存在(別人格)である、ということは否定し得ないものの、その機能内容は正に組織体ないし法人それ自体の意思ないし政策の(一定状態の放置等による事実的な形でのものを含む)形成・確定であって、その限度においては、実質論として両者の存在は区別し得ない或いは区別しないことが法的に予定されている、とひとまずは考えたのである。それは、組織体ないし法人の政策としての制度的諸違反防止措置等の設定と継続的な改善・機能化(の事実)という観点から眺めれば、不可避的な或いは不可抗的な構成であったともいい得よう。しかしながら、そのひとまずの判断を乗り超えて最終的な決着をつける糸口がなかなかに見出し難く、将来的課題として謂わば後世代任せの保留状態に置いてきたことも、また否定できない。上掲の近時の学説が同一視説的ないし代位責任説的構成を如何なる方向で乗り超えようとしているのか、それを批判的に検討・学習しつつ、なお可能ならば自説を展開して行く為の糸口を探ることとしたい。

二　近時の理論状況

改めて述べるまでもなく、組織体ないし法人が処罰されるとすれば、それは、直接行為者やその選任監督義務者等の特定の自然人に対するものとは別個の、組織体ないし法人自体(の行為)に対する非難として為されるべきものである、という点において、近時の学説は基本的に一致しているといい得る。更に、刑罰に予防効果を措定する場合には、組織体ないし法人の処罰は、そのような特定の自然人に関するものとは別個の、組織体ないし法人自体(の行為)に関する一般予防及び特別予防を目的として為されるべきものである、という点においても、基本的に一致しているといい得よう。しかしながら、これらの要請を充足すべく提示されている理論展開には、多様な方向への萌芽あるいは解釈の可能性が含まれている。その意味で、各論者の主張の本来の趣旨に反する虞がないとはいえないであろうが、大きな方向性として捉え、検討していくことにしたい。

組織体ないし法人自体(の行為)に対する非難とは一体如何なる実体のものであろうか。「倫理的」という形容を付すか(性質を肯定するか)否かは別として、社会的存在として他の社会構成員から総体としての一定の評価を受けている組織体ないし法人に対する否定的な価値判断・負のラベリングが考えられていることは間違いがないであろう。そこから先は分かれる。一方は、特定の個人を超えた組織体ないし法人の意思決定に対する非難、従って、意思決定に対する働き掛けを通じた抑止(他行為選択)の可能性という観点を維持し、自然人と全く同じものでないことは当然としながらも、謂わば自然人の場合とパラレルに、あるいは、自然人の場合の責任要件と実質的に同視し得るものを考えようとする行き方である。(12) もう一方は、組織体ないし法人が社会的存在として客観的に要求される違反防止措置義務を充足しなかったことに対する非難という観点から、自然人の場合とは謂わば異質な帰責原理・要件を考えようとする行き方である。いわゆる企業組織体責任論的視座を押し進めようとする立場からは、以下のように主張される。

「(企業組織体活動における)「落ち度」をそれ自体として客観的に捉え、「行為責任」とは別の帰責法理を取り込むことによって、いわば「客観的責任」として法人の刑事責任を捉えていくという方向を目指すべきように思われる。(13)」

「法人はその目的の範囲内で社会的に活動するものとして、その存在およびその活動を許されている。そして、社会も、法人がその目的の範囲内で他者の権利ないし法益を侵害しないように活動するものであるという信頼を、法人に対し抱いているとみることができるであろう。そうだとすると、法人がその活動において法益を侵害する結果を発生させた場合には、社会の信頼を裏切ったことに対する非難、つまり「信頼責任」に基づく社会的非難を法人それ自体が受けると解することは不合理ではないと思われる。すなわち、法人それ自体の過失責任とは、社会の信頼を裏切ったことに対する客観的責任、つまり「信頼責任」を根拠とする責任であると考えることができるように思われる。(14)」

また、組織体ないし法人固有の違反防止措置義務の内容としてコンプライアンス・プログラム的なものを考えようとする「企業システム過失責任論」の立場からも、以下のような主張が為される。

「業務の内容や社会的な影響力にかんがみて、企業法人には、こうした従業者の違反行為を防止するための管理システムを備える法的義務がある。この義務に違反したために、企業法人の業務の中で従業者による違反行為が行われ、その結果として法益侵害が発生したと認められる場合、これに対して法人の刑事責任を問うことは適切な措置であると考える。これが「企業システム過失責任論」である。もちろん、この「企業システム過失責任」の概念は、従来の自然人を対象とした過失概念とは異質である。しかし、法人が自然人とは異なる性質を持った法的・社会的存在であり、そうした法人固有の性質に起因した法益侵害が見逃せない状況にある以上、法人固有の性質に着眼した責任概念を採用することは必要ではないだろうか。[15]」

もっとも、この二つの行き方は、視座の表現上の明確な相違にも拘わらず、必ずしも矛盾するものではないように思われる。客観的に要求される制度的諸違反防止措置が採り得たにも拘わらず、あるいは、採った諸措置を機能化・実効化し得たにも拘わらず、それらを怠る（こととなる）意思決定を組織体ないし法人として行ったことに対する非難、というように構成することも可能だからであり、[16]また、後者の行き方も組織体ないし法人全体としての無過失免責を認めるものであって、絶対責任を主張する訳ではないからである。その意味では、組織体ないし法人の意思決定に対する非難という従前の観点を破棄すべしとする後者の行き方に、立証責任が課されることになろう。

後者の行き方は、その発生論的な関係あるいは理論的親近性において見れば、企業組織体責任論においても維持されていた観点、正に、組織体ないし法人の意思決定に対する非難という観点を破棄したことになる点に特徴がある。逆にいえば、それによって、違反行為者不特定であっても法人に刑責を問い得る、とする企業組織体責任論の眼目たる主張の前提に対する理論学的批判[17]は回避し得たことになるようにも思われる。しかしながら、本当にそうであろうか。諸々の制度的違反防止措置の設定・機能化あるいはコンプライアンス・プログラムの設定・実施は、組織体ないし法人自体の活動として行われねばならないはずである。確かに、それらが客観的な事実として自然発生的に生じることも少なくはないであろう。しかし、そのようなものは、組織体ないし法人自体の活動としてサーティファイされ、取り込まれない限りは、法的意義・効果を認められないのではないだろうか。そうでなければ、例えば、従業員が違反を理由とする企業の営業停止命令を受けるのを避け、職場を確保する為に自己負担で自主的に始めた違反防止措置が客観的に相当である限り、企業は免責を受け得ることになってしまうであろう。事実的あるいは黙示的にせよ、サーティファイし、取り込むという組織体ないし法人の意思決定(サーティファイされ、取り込まれて、組織体ないし法人自体の活動として行われているという事実)が、結局は必要といわねばならず、従って、実質は、そのような意思決定の為されていないこと(で、組織体ないし法人自体の活動として十分な違反防止措置が行われていないという事実)に対する非難が加えられているといわねばならないであろう。その意味において、後者の行き方は成功しているとは未だ言い難いと思われるし、前者の行き方と最終的には同様なものとならざるを得ないと思われる。

近時における理論展開の方向は、かくして、特定の個人を超えた組織体ないし法人の意思決定に対する非難、従って、意思決定に対する働きかけを通じた抑止(他行為選択)の可能性という観点を維持し、自然人と全く同じものでないことは当然としながらも、謂わば自然人の場合とパラレルに考えようとする行き方であることになる。この行き方は——一〇年余り前の基本的な方向も、勿論、同じものであったのであるが——、それ自体として、果たして妥当なのであろうか。……正直なところ、この当然に問われるべき問いに如何に応えれば良いのかを考えるといささか当惑せざるを得ないのであるが、刑罰という歴史的に意味付けされてきた一定の属性を有する法的効果を同じく科す(用いる)以上、法人と自然人とを性質の許す限りにおいて同じく扱うのは当然である、標語的に換言すれば、責任主義・責任刑法の観点からすれば当然であり、この行き方が妥当である、ということになるのであろうか。……如何に応えるにせよ、近時の理論展開がこの行き方を採っている(採ることになる)以上、次に問題となるのは、組織体ないし法人の意思決定というものを如何に捉えるか、ということであろう。それは、改めて述べるまでもなく、従前の基本的な方向にとっても極めて重要な問題である。しかしながら、独自に或いはアングロ・アメリカ法系やオーストラリア法における様々な見解等をも手掛に検討されて来てはいるが[18]、各論者自身の見解を具体的なイメージとして一貫して理解することは必ずしも容易ではない。

例えば、「組織の犯罪行為における故意・過失の要件は、それぞれの構成要件に該当する犯罪内容をもつ具体的行為が、組織の通常のプロセス・決定機構によって、関連情報を考慮しつつ決定されあるいは実行されたことをもって基本的には満たされる。[19]」という見解は、「具体的検討はなお将来の課題[20]」として留保したものであり、「自然人の場合の責任要件と実質的に同視しうるものを考える[20]」という立場から述べられたものであるが、まさにそれに留まる。個別且つ具体的な組織活動実態等を前提とする経験的判断の積み重ねということが、あるいは、それによる意思決定の詳細な類型化ないしモデル構築が考えられているのではないかと思われるが、敢えて論を進めるならば、組織体ないし法人自体が客観的な構成要件該当事実の認識ともいうべきものを有していなければ故意は認められず、その認識可能性を有していなければ過失も認められない、ということにはならざるを得ないであろう。他方、「現場や第一線からの発言・意向を汲み上げたボトムアップ方式の決定」等をも念頭に置いた上で、そのプロセスやメカニズムについての、犯罪とされる問題行為に即した具体的解明等ということがいわれるとき[21]、そのようなボトムアップ方式の組織体ないし法人の意思決定が為されたとされる（であろう）場合のイメージは既に存しているはずであるが、そこでも、組織体ないし法人のボトムから生じた構成員の個別的あるいは集合的な意思決定の内容が、組織体ないし法人自体によっても謂わば共有され（サーティファイされ、取り込まれ）ていなければならないことになろう。例えば、株式会社形態を採る企業の一つの課の内部のみで共有されていても、勿論、それでは足りないであろう。部では、営業所、支店、事業所ではどうであろうか。真にその単位内で止まっている限りは、やはり、足りないであろう。勿論、支店、事業所等で、その高級職員や長が本店・本社の中間管理職以上あるいは取締役等としても機能し、情報の伝達による意思決定のアップワードな又ホリゾンタルな全組織的拡がり・共有が始まり得ることはいうまでもない。しかし、たとえ取締役会によって共有されるに至ったとしても、近時の学説の立場では、それをもって直ちに組織体ないし法人自体の意思となった(組織体ないし法人自体の非難の根拠となる)と見るべきではないであろう。それでは、株主総会がボトムから生じた構成員の個別的あるいは集合的な意思決定の内容をサーティファイし、取り込んだ場合はどうであろうか。そのようなことが現実的にどれだけあり得るのかという問題や、いかなる状況があればサーティファイし、取り込んだことになるかという問題は残るにせよ、例え通常は全く企業活動の運営に直接的な関わりを有しない株主達のイニシアティヴによる場合であっても、また、企業内での通常の意思ないし情報伝達経路の環の多くを飛ばしている場合であっても、基本的には、まさに当該会社の意思・政策とされたと解する他はないのではないであろうか。……勿論、最後の点は筆者の従前の考えとして既述したところに連なり得るものであって、その意味でバイアスのかかった勝手な解釈・推論ともいい得よう。しかしながら、少なくともいい得るのは、組織体ないし法人自体の意思決定に対する非難という観点を維持し、責任要件等を自然人と謂わばパラレルに考えて行こうとするとき、その行き方に忠実であろうとすればするほど、組織体ないし法人自体の主観的な認識・認識可能性というようなもの、従って、その要件、更にいえば、認定方法等を考えざるを得ないことになるが、それは正攻法では極めて困難(あるいは、そもそも不可能?)である、ということであろう。

それが故にか、法人固有の責任を問う前提として「法人の行為となるべき行為を行う自然人に犯罪成立に必要な故意・過失が認められることが必要である」としつつ、法人自体を当該自然人行為者とは独立に非難し得る為には「法人として、当該違反行為に出ないことができたのに、行為に出たことを非難できる必要がある。自然人の場合、行為に出ようと意欲する主体と、これに対する反対動機を形成し行為に出ることを思いとどまるべき主体は、当然のことながら同一である。これに対して、法人の場合は、行為者の行為を内部で監視し思いとどまらせる機序は、当該行為者の内面だけでなく、法人の組織的な犯罪防止措置にも見出すことができる。法人の場合には、自然人の人格が組織化されているということができるのである。(22)」とする見解は、この問題を謂わば回避する途を選んでいるように思われる。そこでは、明示的な説明は行われていないが、組織体ないし法人自体の認識・認識可能性というようなものは、組織体ないし法人自体の行為を行うと看做される自然人行為者のそれと(本来的なものとしてか、あるいは、代替的なものとしてか、明らかではないが）考えられ、そのような認識・認識可能性に立った上での組織体ないし法人としての行為制御機序の不適切性の責を問う、より正確にいえば、そのような認識・認識可能性を有した自然人行為者が出る場合を事前に予測して採られている(はずの）組織的な違反行為防止措置の不適切性の責を問う、という構成が採られていると解される。組織体ないし法人自体の認識・認識可能性というようなもの、あるいは、そのようなものに直接基づく意思決定というものは、もはや考えられていないのである。………この構成自体の論理としての当否の詳細はひとまず措こう。筆者が先ず思うのは、組織体ないし法人自体の認識・認識可能性というようなものを、組織体ないし法人自体の行為を行うと看做される自然人行為者のそれと考えること、敢えていえば、同一視することが、論者の基本的視座と一致するのか、ということである。企業組織体責任論に対する論者の批判を裏返せば、組織体ないし法人の活動を担う自然人の行為のいずれかの段階において故意・過失が認められれば当該違法行為の組織体ないし法人への帰属の為に足りる、と考えていることになるようにも思われるが、疑問とせざるを得ない。また、「大規模の法人企業では、必ずしも代表者によって違反防止の措置が講じられている必要はなく、システムとして違反防止機構が作用していれば足りるというところに行きつく[23]」という二〇年余り前の指摘を引用しつつ「組織全体の集合的な責任[24]」ということを述べるこの見解においても、(代表者自らによって決され、実施等される必要はないにせよ)諸々の違反防止措置は組織体ないし法人のものとして採られていなければならないのではないか、その限度では、近時の学説において客観的責任を目指すもう一つの行き方に対して先に投じられたのと同様の問題が残るのではないであろうか。そこで述べたことをそのまま繰り返せば、事実的あるいは黙示的にせよ、サーティファイし、取り込むという組織体ないし法人の意思決定(サーティファイされ、取り込まれて、組織体ないし法人自体の活動として行われているという事実)が、結局は必要といわねばならないのではないであろうか。犯罪防止措置が組織体ないし法人自体のものとして採られているという属性は、客観的な関連からのみでは付与されず、何等かの自然人ないし自然人集団の認識・意思を媒介とした組織体ないし法人の一定の謂わば主観的態度を待って、初めて認められるものであるように思われる。論者は、その何等かの自然人ないし自然人集団を代表者と考える通説的見解を対象として、なお同一視説的・代位責任説的構成と批判するが、その点自体においては妥当であるとしても、代表者ではなく株主総会等の最高意思決定体を考えることも可能であり、そう考えるときには、論者の批判は当たらなくなるのである。株主総会等の最高意思決定体を考えるならば、その認識・認識可能性というようなものを考えることにより、自然人行為者の認識・認識可能性との同一視ということも不要になる。勿論、そのような構成が、我が国における組織体ないし法人の活動あるいは意思形成過程の実態に適合的であるか否かは、更に検討される必要がある。[25]

三　自説の展開

近時の理論状況の検討は、必ずしも筆者自身の従前の見解の大幅な変更を余儀なくするようなものを見出さなかったが、視座と理論構成の明確化を促進する多くの示唆を与えてくれたように思われる。繰り返しになる部分も多いが、自分自身の整理の趣旨をも込めて、以下に現時点で考えるところをまとめておくこととしたい。

近時の学説がいうように、（行為）責任主義の要請に従うならば、組織体ないし法人に刑事責任を問う為には、自然人行為者とは別個独立に、組織体ないし法人自体を非難できなければならない。その為には、組織体ないし法人自体の行為とそれが担う組織体ないし法人自体の意思あるいは政策（ポリシー）とが認められることが必要である。組織体ないし法人が謂わばフィジィカルな行為を為し得ないのは勿論であるが、組織体ないし法人の意思あるいは政策（ポリシー）の形成・選択の結果として一定範囲の自然人がそのフィジィカルな行為を行う場合、それを（少なくとも価値論的・理論学的に）組織体ないし法人自体の行為としても捉えることができる、ということは特に説明を要しないであろう。従って、問題は、組織体ないし法人自体に自然人構成員のものから独立した固有の意思あるいは政策（ポリシー）の形成・選択ということを認め得るか、いかなる要件を満たせば認め得るか、ということに帰着する。

組織体を構成する複数の自然人構成員の当該組織体の活動等に関する個々の考え・意思が相異なり、話し合いの結果、いずれの自然人構成員の当初の意思とも異なる決定が為されるということは、我々の日常経験として認め得るところであるが、勿論、これには様々な意味合いの場合が含まれる。話し合いの結果、真に自然人構成員の（新たな個別的）意思の一致が成立する場合もあろうし、特定の者の意思が優越する・押し切る場合もあろう。

また、関係した自然人構成員の数量的広がりや質的（水平的及び垂直的）広がりにも多様な場合があり得る。自然人構成員が既に組織体の機関として関与する場合もある。これらの多くの場合、個々の構成員の意思とは異なった自然人の集合あるいは機関としての意思が形成されたとはいい得るが、それはあくまでもそのようなものであって、自然人構成員あるいは機関のものから独立した組織体に固有の意思あるいは政策（ポリシー）が形成・選択されたとはいい難いであろう。しかしながら、当該組織体の最高意思決定体が関与する場合は別論である。何あるいは誰が最高意思決定体であるかは、組織体の形態・性格等で異なり、個別類型的に判断される他ないが、そこでの判断は、まさにそのような機能属性を有するものの意思として、当該組織体に固有の意思あるいは政策（ポリシー）を形成・選択するものと解することが予定されている、といわざるを得ないからである。即ち、組織体ないし法人の最高意思決定体が関与して形成・選択された当該組織体ないし法人の活動に関する意思あるいは政策（ポリシー）は、組織体ないし法人固有のものである、といい得る。

組織体ないし法人の最高意思決定体の関与の形態は様々であり得る。自発的に意思あるいは政策（ポリシー）の内容も自ら考え出して行う場合もあるであろうし、下部の構成員や機関のなした意思決定・発案等を能動的に或いは受動的に取り上げて内容形成する場合もあるであろうし、それらを知って放置する・黙認する等の形で事実上承認する場合もあるであろう。いずれにせよ、そのような関与を経て形成・選択された組織体ないし法人自体の意思あるいは政策（ポリシー）を自然人行為者が担って行為する・実行する場合、それは組織体ないし法人の直接行為責任を生じ得ることになる。形成・選択された組織体ないし法人自体の意思あるいは政策（ポリシー）が直接に構成要件該当事実の発生を目指すものであれば、故意の行為責任が問われ得るし、構成要件該当事実の発生を認識することが可能かつ法的に命じられていたにも拘わらず、それを怠って十分な発生防止手段を講じずに発生させた場合には、過失の行為責任が問われ得る。なお、後者には、従前は間接行為責任的に考えていたものであるが、組織体ないし法人全体の意思ないし政策（ポリシー）としてのいわゆる違反防止措置の設置・実施の要否や必要として採った違反防止措置の内容的適否等に関して判断を誤った場合、謂わば構造的欠陥の作出の故に構成要件的事実を実現する場合も含まれる。このように考えると、組織体ないし法人の間接行為責任を問題にする余地はないようにも思われるが、必要とされた組織制度的違反防止措置が原初的ないしは初期状態として（内容的に不十分であるにせよ）一旦は成立し機能し始めるまでは、組織体ないし法人自体の違反防止意思あるいは政策（ポリシー）を担って行為している・実行している自然人行為者というのは観念し難いこともあり、設置決定・作業開始から一旦成立し機能を開始するまでの間に生じる構成要件該当事実の発生については、違反防止措置システムを現実に開設する任に当たる自然人行為者に対する選任監督義務違反の存否を考える必要があるであろう。

おわりに

近時の学説が議論する内容は、両罰規定解釈論を中心とした従前の組織体ないし法人の刑事責任論のそれに比すると、企業組織体責任論を含め考えても、格段に広範であり、また、多様性を帯びている。本稿は、その従前の議論からの離脱点周辺のみを拡大して眺め、批判的に検討・学習し、可能ならば、それを通じて自説の展開を図ろうとしたものである。しかし、残念ながら、本稿の副題が示したような自己の思考枠組みの変更の試みには成功しなかったように思われる。その理由は、正直なところ、定かではない。私見が既に近時の学説のいうところの「同一視説、あるいは、いわゆる代位責任説」ではなかったのかもしれないし、筆者の「同一視説、あるいは、いわゆる代位責任説」の理解、特に射程・範囲の理解が誤っていたのかもしれないし、あるいは、単純に筆者が従前の思考枠組みから抜け出すだけの柔軟性を欠いているだけであるかもしれない。そのいずれであるにせよ、少なくとも、従前の思考枠組みの中での理論構成を若干でも進展させ、明確化することはできたように思われる。勿論、それと同時に、組織体ないし法人の最高意思決定体というものを如何に捉えるべきか、そのようなものの意思ないし政策（ポリシー）形成・選択を考えることが現実の組織体ないし法人の状況に適合的か等々、従前のイメージ・レヴェルで考えていた段階より解決の困難そうな問題が少なからず存することも明らかになった。責任主義の貫徹を目指す近時の学説の展開から更に学習しつつ、相互批判と自律的な理論学的深化を通じて、当面は自説の更なる具体化・精密化・明確化を図ることとしたい。

（1）田宮裕「変革のなかの刑事法――戦後刑事法学は〝異端〟だったのか」芝原邦爾他編『松尾浩也先生古稀祝賀論文集　上巻』（一九九八年）二一頁〔田宮裕『変革のなかの刑事法　刑事訴訟法研究(6)』（二〇〇〇年）二三頁〕。

（2）伊東研祐「法人の刑事責任」芝原邦爾他編『刑法理論の現代的展開　総論II』（一九九〇年）一〇七頁以下。

（3）伊東・前出注(2)一三七頁。

（4）例えば、所得税法二四四条一項にいう「従業者」の意義と、その違反行為に関与した「非従業者」に対する刑法六五条一項の適用の可否について判示した最高裁平成九年七月九日決定（刑集五一巻六号四五三頁）に関しては、伊東研祐・現代刑事法創刊号（一九九九年）七五頁以下及び同稿所掲の評釈を、所得税法二四四条一項の非事業主に対する適用の可否と同項にいう「代理人」の意義について判示した最高裁平成九年一〇月七日（刑集五一巻九号七一六頁）に関しては、伊東研祐・ジュリスト一一三五号（臨時増刊）平成九年度重要判例解説（一九九八年）一四七頁以下、木口信之・法曹時報五一巻一〇号（一九九九年）二二一頁以下、川崎知巳・同志社法学五一巻三号（一九九九年）一六六頁以下、笠井治・ジュリスト一一八五号（二〇〇〇年）一一六頁以下及びこれら所掲の評釈等を参照されたい。

（5）　川崎知巳「企業犯罪論の現状と展望（二・完）」同志社法学四七巻五号（一九九六年）三八八頁。同「両罰規定における法人の刑事責任とコンプライアンス・プログラム――「企業システム過失責任」の導入をめざして――」同志社法学五〇巻三号（一九九九年）四〇頁以下、一四二頁以下をも参照。なお、後に本文で述べる点との関連において予め付言しておけば、「企業システム過失論」の導入を主張する後者の論文一四五頁は、代表者の故意・過失による違反行為に関しては（企業システム過失責任とは別に）法人の行為責任を問うとし、その限度では同一視説を維持する。

（6）　青木紀博「アメリカにおける「法人責任」論の試み」（京都）産大法学三〇巻三号（一九九七年）三〇／一頁。

（7）　神例康博「企業の刑事責任に関する法理について」刑法雑誌三六巻二号（一九九七年）九六頁。

（8）　佐伯仁志「法人処罰に関する一考察」芝原邦爾他編『松尾浩也先生古稀祝賀論文集　上巻』（一九九八年）六五八／九頁。更に、六六五頁以下等も参照されたい。

（9）　なお、より全般的な問題点の指摘をも含むものとして、吉岡一男「企業の犯罪と責任」法学論叢一四〇巻五・六号（一九九七年）七五頁以下参照。また、ドイツにおける近時の議論については、金尚均「環境保護のための刑法の可能性（二）――企業による環境破壊を考慮しながら」西南学院大学法学論集三一巻四号（一九九九年）四七頁以下等を参照。

（10）　伊東・前出注(2)一二八頁。

（11）　伊東・前出注(2)一二九頁。なお、企業組織体責任論を支持する立場からの従前とは異なった両罰規定解釈の試みである「組織関連性推定説」に対して補完的に付した同頁注(34)［一三五頁］において、筆者は、「本稿が既に示した通り、現時点における両罰規定解釈論のフロンティアは……事業主意思の実現・実行と認められる限り従業者一般の違反行為を事業主の行為と解するところまで来ている」とも述べたところである。

(12) 青木・前出注(6)二八頁以下（但し、一つの方向として、問題点を指摘しつつ、紹介・提示するに止まる。）、佐伯・前出註(8)六六四頁、六七二頁、吉岡・前出注(9)一〇二頁等参照。
(13) 神例・前出注(7)九八頁。
(14) 神例・前出注(7)一〇〇頁。
(15) 川崎・前出注(5)「両罰規定における法人の刑事責任とコンプライアンス・プログラム」同志社法学五〇巻三号（一九九九年）一四四頁。
(16) 佐伯・前出注(8)六七二頁、吉岡・前出注(9)一〇二／三頁等参照。ちなみに、コンテクストを若干無視することになるので注意を要するが、佐伯・前出注(8)六八七頁は、「法人が組織全体として犯罪防止のための有効なシステムを欠いていたという意味での責任」という表現をも用いている。
(17) 西田典之「団体と刑事罰」岩波講座『基本法学2』（一九八三年）二七九頁、伊東・前出注(2)一三一頁等参照。
(18) アメリカ合衆国やオーストラリア等における学説の概要については、青木・前出注(6)一三頁以下、佐伯・前出注(8)六六九頁以下参照。なお、石堂功卓「アメリカの法人犯罪論」中京法学三四巻三・四合併号（二〇〇〇年）二五三頁以下等もある。
(19) 吉岡・前出注(9)一〇二／三頁。
(20) 吉岡・前出注(9)一〇二頁。
(21) 吉岡・前出注(9)一〇〇頁参照。
(22) 佐伯・前出注(8)六七二頁。
(23) 田中利幸・「企業体の刑事責任」西原春夫他編『判例刑法研究（1）』（一九八〇年）二〇五頁。
(24) 佐伯・前出注(8)六七三頁。
(25) 更に、この構成の結論としては、法人は組織制度的措置義務違反を根拠としてのみ刑事責任を負うとされるが

（詳細は、佐伯・前出注（8）六七三頁参照）、組織体ないし法人が直接に違反行為を行う場合も（少なくとも、社会観念上は存することは否定できないのであって、刑事政策的処罰必要性判断に基づく理論構成をいう場合、その観点からの検討も必要であろう。

20　消極的身分と共犯

内田文昭

はじめに

1　「共犯と身分」の関連で、特にわが国では、「消極的身分」という観念が一般に行われている。消極的身分も、刑法六五条の「身分」といえるかどうかというのである[1]。しかし、消極的身分という概念自体、実は必ずしも一義的に明確ではないといわざるをえない。

尤も、「消極的身分」とは、一定の身分をもつことが、犯罪の成立を妨げる事由を指称するということには、異論はないようである[2]。無資格者・無免許者が行うことを禁止され、処罰される場合、資格・免許を有する者は、当該禁止から解放され、処罰されることがないわけであるが、このような場合の「資格」・「免許」を消極的身分というのである。弁護士は、非弁護士の法律事務取扱罪（弁護士法（昭和二四年法律二〇五号）七七条）の主体たりえず、医師は、非医師の医業禁止罪（医師法（昭和二三年法律二〇一号）一七条・三一条一項一号）の主体たりえないから、この限りにおいて、「弁護士」・「医師」は消極的身分を有することになるといってよかろう。「自動車運転免許を有する者」は、無免許運転罪（道路交通法（昭和三五年法律一〇五号）六四条・一一八条一項一号）につき、消極的身分を有するというのも同様である。「警察官」も、職務上の武器携帯につき、銃砲刀剣類所持禁止罪（銃砲刀剣類所持等取締法（昭和三三年法律六号）三条一項一号・三一条の三第一項）の刑責を負うことがないのである。

問題は、このような「身分」（仮りに「真正の消極的身分」と呼ぶ）をもつ者が、無資格者・無免許者と共働した場合には、なお無資格罪・無免許罪の「共犯」たりうるかということになる。

消極的身分とは、さらに、一定の身分をもつことが、「違法減少」・「責任減少」の根拠になる場合をも包含すると解されることがある。(3)

たしかに、犯罪を構成する身分（刑法六五条一項）や刑を加重する身分（刑法六五条二項に含まれている）を「積極的身分」と呼ぶならば、「刑罰を軽減する身分」はこれを「消極的身分」（仮りに「不真正の消極的身分」と呼ぶ）と考えることには、合理性があるといえよう。このような理解の下では、刑法六五条二項には「積極的身分」と「消極的身分」の双方が含まれることになる。しかし、六五条二項は、単に「刑の軽重があるとき」を規定するだけである。敢て、積極的身分と消極的身分に分類するまでもなく、「不真正の消極的身分」といえるものは、すべてこれを「刑罰を軽減する身分」と称しておけば足りるのではあるまいか。(4) 責任阻却事由や人的処罰阻却事由に当たる「身分」もないわけではないが、(5) これらも、特に「消極的身分」と呼ぶ必要はないものと思われる。これらの人的特性は、すべて「一身的」に作用するにすぎず、他の共犯者に「連帯的」に作用する機能を有するものではないという点が重要である。(6)

さらに、消極的身分とは、一定の身分をもたない非身分者一般を指すとか、[7] 犯罪の主体として特定の地位・状態にある「人」が限定されている場合はこれをすべて「身分犯」と考えてよいとし、たとえば、無免許医業罪は、犯罪の主体が医師でない者に限定されているから、同罪は「身分犯」であるという理解も行われている。[8] しかし、前者は、結局は「非身分者」を「消極的身分者」と呼ぶだけであって、刑法六五条の関係では「身分のない者」にほかならないのであるから、「消極的身分」という観念を立てる必要は全くないといわざるをえないであろう。[9] また、後者では、六五条一項は、これを「犯人の身分（無資格という消極的身分）によって構成すべき犯罪行為に加功したときは、身分のない者（資格ある者）であっても、共犯とする」と読むべきことになるが、それは、結局、「無い者」を「有る者」とする論理であり、人間社会では背理であるといわざるをえないのである。[10]

2 したがって、「消極的身分」とは、専ら第一の意味での身分に限定されるべきである。以下において消極的身分とは、特に断らない限り、このような身分、すなわち、「真正の消極的身分」を指称することにしたい。

わたくしは、これまで、「消極的身分と共犯」の関係について論じることがなかったが、改めて若干の考察を試み、常に実質的な論理を追究された田宮裕教授在天の霊に捧げたいと希うものである。

(1) すでに、大正一〇年一二月二四日、当時の「法曹会」は、委員会第三科決議において、狩猟免許を有する者・甲が、非免許者・乙と共同して狩猟行為を行った場合、刑法六五条一項の適用はあるのかという問題に関して、「刑法第六十五条第一項ニ所謂身分トハ或ル特定ノ犯罪ニ付キ其犯人ノ具有スルコトヲ必要トスル特種ノ人的関係ヲ汎称スルモノニシテ狩猟免状ヲ受有セサルコトハ狩猟法第二十一条違反者タルニ付法律上必要ナル身分タルコトヲ失ハサルカ如シト雖（即チ消極的身分）同法第三条及第二十一条ノ規定ヲ彼是対照シテ考フルトキハ同法ノ趣旨ハ単ニ狩猟行為ヲ為スニ付キ免許ヲ受クルコトヲ必要トシ免許ヲ受ケスシテ狩猟行為ヲ為スコトヲ処罰スト謂フニ過キサルカ故ニ特ニ無免許ナル身分ヲ生スト解ス可キモノニ非ラス従ツテ甲ヲ乙ノ共犯者（正犯）トシテ処罰スルコト能ハスト謂ハサル可カラス」と決議したことであった（法曹記事三二巻四号四〇頁）。

この「決議」が前提とする「消極的身分」とは、「非身分者一般」を指称することになるものといえようから、決して正当な理解ではないといわざるをえないが（後注(7)）、それはともかくとして、かなり古くから「消極的身分」という観念が行われたことを示すものとして、重要な意義を有するのである。なお、「狩猟法」とは、後に確認するように、大正七年法律三二号の「狩猟法」である。後出三・3参照。

ちなみに、一八七一年以来のドイツ刑法の伝統は、一七七条の強姦罪につき、婚姻関係外において、男性が女性を「強姦」することを要件としてきたから、婚姻関係にある夫は、妻に対する強姦罪の主体たりえないことになっていたが、ナークラーは、このような関係を、強姦罪の規定が「具体的」な関係で排除される場合であるとするだけであった（J. Nagler, Die Theilnahme am Sonderverbrechen, 1903, S. 2）。実は、このような関係こそが、「消極的身分」の名に相応しいわけであるが（次注(2)）、ナークラーをはじめ、ドイツの学説・判例では、「消極的身分」という観念は、一般的ではないということを指摘しなければならないのである。なお、内田文昭・刑法概要上巻（平七）一七五頁注(9)、後注(4)。

(2)　植田重正・共犯と身分（総合判例研究叢書・刑法(2)（昭三一）一五四頁以下、中山研一「消極的身分と共犯」井上正治博士還暦祝賀・刑事法学の諸相(上)（昭五六）一一三頁以下。なお、大塚＝河上＝佐藤編・大コンメンタール刑法三巻（平二）七五〇頁以下〔川端〕。

(3)　植田・共犯と身分一五四頁以下、佐伯千仭・共犯理論の源流（昭六二）二〇七頁以下、中山・井上祝賀(上)一一三頁以下。

(4)　ドイツ刑法二八条二項も、刑罰を「加重減軽する身分」・「刑罰を阻却する身分」につき規定するが、これらを「消極的身分」とはいわないのが一般であることに注意しなければならない（内田文昭・刑法概要中巻（平一一）五三五頁以下、五五一頁以下）。

(5)　植田・共犯と身分一五八頁以下、一六一頁以下、佐伯・共犯理論の源流二一六頁以下、中山・井上祝賀(上)一一八頁以下、一二四頁以下。
(6)　内田・刑法概要中巻五五四頁以下。
(7)　植田・共犯と身分一五四頁。なお、中山・井上祝賀(上)一一三頁。
しかし、実は、「無資格者」は、「積極的身分」を欠くのであって、「消極的身分」を有するのではないことに注意しなければならない。
(8)　東京地判昭和四七年四月一五日判例時報六九二号一一二頁。なお、後出三注(4)。
(9)　中山・井上祝賀(上)一一三頁。
(10)　なお、木村栄作「いわゆる消極的身分」臼井＝木村＝鈴木・刑法判例研究Ⅳ（昭五〇）二七一頁以下、二七九頁以下。

一　学説における真正の消極的身分と共犯

1　学説では、「消極的身分」の典型に「違法阻却身分」を挙示するのが一般である(1)。弁護士は、非弁護士の法律事務取扱罪につき、「違法阻却身分」すなわち「消極的身分」を有し、医師は、非医師の医業禁止罪につき、「違法阻却身分」を有するというわけである。

しかしながら、このような理解は、妥当ではないといわなければならない。弁護士・医師は、そもそも単独では右各犯罪の「構成要件」を実現することはないのであり、したがって、違法阻却身分をもつこともないといわなければならないからである。

尤も、これに対しては、実質的に違法ではないから構成要件に該当しないというだけではないかという反論も予想されよう。だがしかし、これらの者が構成要件に該当しないというのは、より実質的な基盤をもっているのである。

そもそも、「法律事務取扱い」といい、「医業」といい、それ自体は「禁止されるべきではない」ばかりか、法益保全を促進するものとして推奨されてしかるべき営みなのである。(2) ここに、「人を殺すこと」・「物を盗むこと」などとの重大な差異があるといわなければならない。殺人や窃盗は、「禁止の実体」であるが、法律事務取扱いや医業は、決して「禁止の実体」ではないのである。(3)

2　しかしながら、有資格者・免許取得者が、自由に活動できるのは、限られた範囲に限定されているといわなければならない。たとえば、弁護士法によれば、弁護士は、その職務を行いえない事件が明定され（二五条）、非弁護士との提携・名義貸しが禁止され（二七条）、係争権利の譲り受けが禁止され（二八条）、兼職・兼業が禁止され（三〇条）、違反が処罰される場合があるのである（七七条）。また、医師法によれば、医師は、二年ごとの厚生大臣への届出が義務づけられ（六条三項）、診察を経ない治療等が禁止され（二〇条）、診察録への記録が義務づけられ（二四条）、違反は処罰されるのである（三三条）。

このような観点だけからするならば、弁護士・医師が、「法律事務取扱罪」や「医業禁止罪」の刑責から解放されるのは、まさに「違法阻却身分」の故ではないかという疑問も生じえよう。例外的な「許容事由」の外観が看取されえないではないからである。(4)

しかし、弁護士・医師に対する右のような各種規制も、究極においては、法益保全・促進のための当然の制約にすぎないと考えるべきである。弁護士の法律事務取扱い、医師の医業行為が、より適正・円滑に遂行されることを保障するための各種制約にすぎず、「法律事務取扱い」・「医業行為」を「例外的許容」に変質させることにはならないと考えるべきなのである。(5)「良いことは大いにやってよいが、間違いがあってはならない」というだけである。

弁護士が非弁護士に法律事務の取扱いをさせたり、医師が非医師に医業を行わせたりすることが許されないのも、右のような理解の下では、至極当然のことであるといわなければならない。有資格者は、資格を喪失しない限り、常に有資格者であり続けるから、無資格者と「共同」した場合であっても、「共同正犯」たりえないとするのは、(6)形式論にすぎないのであって、到底承服できない議論というべきである。

3　有資格者・免許取得者が、無資格者・無免許者と「共同」した場合の実質的な処罰根拠は、「資格」・「免許」の「放棄」にこれを求めるべきである。(7)

さきに一言したように、弁護士は非弁護士に自己の名義を利用させてはならないが（弁護士法二七条・七七条）、これなどは、法の予定する範囲内での「資格の濫用」を想定したものといえよう。

これに対して、単に名義を利用させるだけにとどまらず、非弁護士の法律事務取扱いに「共同」したかたちをとるようなことは、およそ法の想定しないところであるといわなければならない。この限りで、当該弁護士は、資格を放棄し、「非弁護士」として取り扱われるべきことを容認したものといってよい。弁護士法七七条の罪の「共同正犯」が成立するのは、当然なのである。

問題は、刑法六五条一項適用の是非である。弁護士の「資格」が「違法阻却身分」であると解する立場では、違法阻却事由をもつ者を「違法」なりとするためには、六五条一項によって「違法連帯」を認める必要が生じるであろう。(8)しかし、「資格」を放棄し「特権」を放棄した者は、「無資格者」として扱われるべきであると解するならば、その者について、「構成要件該当性」・「違法性」を否定する根拠はないのであるから、敢て六五条一項に

よる「違法連帯」を考えるまでもなく、当然共同正犯の成立を肯定してよいということになるわけである。(9)

この関係を、刑法六五条一項の趣旨に照らしていうならば、そもそも六五条一項は、非身分者が、積極的な身分を取得することの事実的・法的困難さを前提とし、「共同法益侵害（危殆化）」を肯定してよいと考えられる限りにおいて、敢て強引に「積極的身分の連帯」を規定したわけであるが、(10)身分者は、容易に身分を悪用してこれを放棄し、「共同法益侵害（危殆化）」を招来したものとして評価されうるのであるから、立法者は、六五条一項の裏面として、敢て特別の趣旨を示唆する必要がないと考えたものというべきことになる。(11)「無い者」は、容易には「有る者」になれないが、「有る者」は、資格・免許などに関する限り、容易に「無い者」になれるのである。

医師と非医師の「共同医業」についても、全く同じ考量が妥当するであろう。後に検討するが、判例も、基本的には、このような理解に立っているといえよう。

4　尤も、右の場合において、弁護士法七七条違反罪の共同正犯が成立するためには、弁護士が非弁護士と法律事務取扱いを「共同」しなければならないし、医師法三一条一項一号違反罪の共同正犯が成立するためには、医師が非医師と医業を「共同」しなければならない。単に無資格者を補助的事務の処理に当たらせるだけでは、「共同」したといえないのは当然である。それは、むしろ許容されてしかるべきである。たとえば、医師は、看護婦・保健婦等に一定の医療行為を行わせることすら許されるのである（保健婦助産婦看護婦法（昭和二三年法律二〇三号）三七条）。したがって、問題は、禁止される行為の「共同実行」といえるものが認定されるかどうかの判断にあるといってよい。この判断は、必ずしも容易ではないが、結局は事実判断の問題であるといわなければならない。判例も、一定限度において、補助者利用を認めるのである。後に、改めて確認しよう。

これに対して、非弁護士の法律事務取扱罪や非医師の無免許医業罪の教唆罪・幇助罪はなにびともこれを行いうるから、特に弁護士・医師に対して、刑法六五条一項を適用する必要がないのは、ここでもまた当然のことであるといわなければならない。(12)この点も、後に判例を通してあきらかにしよう。弁護士が、非弁護士に名義を「利用」させ、かつ、その法律事務取扱いを「教唆」したような場合は、弁護士法二七条違反罪の正犯と七二条違反罪の教唆犯とが併合罪の関係に立つのが普通であろう。

一方、無資格者・無免許者が、有資格者・免許取得者に対して、一定の行為を依頼・支援した場合につき、「教唆」・「幇助」の問題が論じられることがあるが、(13)法が許容する範囲の行為に関するものであるときには、敢て「教唆」・「幇助」という用語を使用すること自体に問題があるといわなければならない。構成要件に該当しない行為について教唆・幇助を論じることは意味をもたないからである。

5　以上で、「真正の消極的身分」と「共犯」の関係に関する諸問題は、一応解決されたことになるわけであるが、本来の「違法阻却事由」を有する者とこれを有しない者との共働関係もないわけではないし、学説では、さきに一言したように、「責任阻却事由」等をも「真正の消極的身分」に算入しようとする立場があることでもあるから、念のために若干の補足を加えることにしよう。

まず、Aにとっては「正当防衛」であるが、Bにとっては単なる「殺人」にすぎないような場合から考えよう。この場合にこそ、「違法阻却身分」を問題にする余地があることになるが、違法阻却身分すなわち「消極的身分」の「連帯」を考えることは愚かであり、逆に、Aに対して、Bとの「違法連帯」を認めることも許されるべきではないのである。まさに、「違法の個別化」が肯定されるべきである。勿論、「共同正当防衛」が認められるときは別である。(14)

つぎに、犯人蔵匿隠避罪（刑法一〇三条）に関して、「犯人」と「犯人以外の者」との「共働」が行われた場合を考えよう。罰金以上の刑に当る罪を犯した「犯人」本人は、「適法行為の期待可能性」に欠けるという理由で、本罪の刑責から解放されると解されているから、論者の「責任阻却身分」すなわち「真正の消極的身分」を有するものと考えることも不可能ではない。しかし、この「犯人」が他人を「教唆」して自己を蔵匿させた場合には、教唆犯の成否をめぐり、対立があることは、周知の通りである。だがしかし、「みずから逃げかくれする」ことの期待可能性と、「他人に犯罪を犯させて逃げかくれする」ことの期待可能性とは、決して同一ではないと考えるべきであるから、問題は肯定的に答えられるべきであるが、[15] それは、今は重要ではない。ここでは、犯人蔵匿隠避罪の教唆犯・幇助犯はなにびともこれを行いうるという点を確認すれば十分である。[16] 弁護士・医師が、非弁護士の法律事務取扱罪や非医師の無免許医業罪の教唆犯・幇助たりうるというのと、論理的には、同じ構造にあるといってよいわけである。

蔵匿隠避の「共同実行」はどうか。「犯人」が「犯人以外の者」と共同で地下室を作り、そこにかくれたような場合が問題である。

しかし、ここでも、「犯人」は、法の「恩典」をみずから「放棄」したものと考えるべきである。「共同正犯」が成立するのである。[17] この限りで、弁護士・医師の「共同正犯」と同様の論理が妥当する。「共同実行」の有無が特に問題となる。

これに対して、「犯人以外の者」が、「犯人」に逃亡を「教唆」・「幇助」したような場合は、それが「蔵匿」・「隠避」そのものに当たらない限り、不可罰というべきであろう。自己蔵匿・隠避は「期待可能性」に欠けると考えられる以上、それは「違法」であることを前提とするわけであるが、立法者は、敢て「構成要件」を樹立しなかったものといえようから、ここで、「正犯なき共犯」を認める必要はないのである。[18]

いずれにもせよ、刑法六五条一項を考えるべき場はないといわなければならない。(19)

(1) 植田・共犯と身分一五五頁以下、佐伯・共犯理論の源流二一二頁以下、中山・井上祝賀(上)一一四頁以下。なお、後注(4)。

(2) このことは、弁護士法一条一項・二項、二条の規定や医師法一条の規定からして、自明のことに属するのである。なお、警察官職務執行法(昭和二三年法律一三六号)一条・七条参照(後注(5))。

(3) 内田文昭「特別刑法の体系」(内田・刑法研究第一巻)(平二)六五頁以下、一〇一頁以下、一〇六頁以下、一一七頁以下、一三五頁以下。

(4) 前注(1)の諸見解に顕著に窺われる。

(5) 警察官職務執行法七条は、一定の条件の下で、例外的に許容されるにすぎない警察官の「武器使用許可」であるかの如き「外観」を呈しているが、「武器使用」そのものは、防衛の必要上、あるいは、動植物捕獲・採取の必要上、人間の歴史と共に歩み続けてきた「文明の証」なのである。

しかし、「武器使用」を個人の自由に任せることは「危険」である。それは、「殺人」その他の犯罪を誘発させる危険性が高いからである。諸種の制約を受けるべきは、これまた当然のことであるといわなければならない。同様のことは、非弁護士の「法律事務取扱い」や非医師の「医業」についても、当然に妥当する。「法益保全」・「福祉増進」を妨げる「危険」防止のために、これを「禁止」しなければならないのである。

(6) 美濃部達吉・行政刑法概論(昭一四)八八頁以下、九一頁以下。

(7) 正田満三郎「消極的共犯身分」判例時報一〇七一号一〇頁以下、一二頁注(5)。

ちなみに、竹田直平「消極的身分と共犯」法と経済九巻二号一二六頁以下は、大判昭和一二年一〇月二九日刑集一六巻一四一七頁(後注(11)、後出、三注(2))に関する判例批評中で、無資格者の犯罪に「共同」した有資格者はその資格を「脱落」させることはないが、無資格者の「行為の違法性を分担しなければならない」とされ、草野豹一郎「消極的身分と共犯」刑事判例研究第四巻（昭一四）一五八頁以下は、同じ大審院判例に対する批評中で、そのような場合は、むしろ特権の「脱落」にほかならないというべきであろうとされたことであった。

(8) 中山・井上祝賀(上)一一四頁以下は、このような理解に立つものといえよう。なお、佐伯・共犯理論の源流二一三頁以下、平野龍一・刑法総論II（昭五〇）三六九頁。

(9) 草野・刑事判例研究四巻一七三頁以下、正田・判例時報一〇七一号一一頁。なお、後出、むすび参照。

(10) 内田・刑法概要中巻五四二頁以下。

(11) したがって、刑法六五条一項の「精神ニ則ルヘキ」（大判昭和一二年一〇月二九日刑集一六巻一四一七頁）必要はないし、これを「準用する」（吉田常次郎「狩猟免状受有者の無免許狩猟の教唆」法学新報四七巻一二号一三八頁以下。これは、後出、三注（9）の判例批評である）必要もないのである。

(12) 内田・刑法概要中巻四四四頁、四五〇頁注（16）、五四六頁注（17）。なお、後出、**三・3**参照。

尤も、自己の法律事務の取扱いを非弁護士に依頼した者（非弁護士）は教唆犯として処罰されることはないが（最判昭和四三年一二月二四日刑集二二巻一三号一六二五頁）、その者は、弁護士法上の「被害者」として位置づけられるから処罰されないのであって、問題領域を異にするものである点を看過してはならないであろう。

(13) 植田・共犯と身分一五五頁以下、佐伯・共犯理論の源流二一〇頁。

(14) 内田・刑法概要中巻一〇二頁以下、一一九頁。

(15) 内田文昭「犯人が人を教唆して自己を隠避させた場合と犯人隠避罪の成否」（内田・刑法研究第三巻）（平五）三二二頁以下。

(16) ちなみに、自己の刑事被告事件に関し、人を教唆して偽証させた事案について、大判昭和一一年一一月二一日刑集一五巻一五〇一頁は、「行為者ノ身分ニヨリ犯罪ヲ構成セサル場合ニアリテハ行為者カ実行行為者ニ対シ加功スルモ其ノ加功行為ハ加功者ニ身分アル限リ依然処罰サルヘキモノニアラスシテ唯被加功者カ実行行為ヲ自ラ為シタルトキハ単独処罰ヲ受クルニ過キサルコト明白ナルカ故ニ被告人カ自己ノ被告事件ニ関シ他人ヲシテ虚偽ノ陳述ヲ為サシムルモ亦自ラ虚偽ノ陳述ヲ為スト同シク何等罪責ヲ負フヘキ理由ナシ」とする上告を斥け、「此ノ如キ責任阻却ノ事由ハ被告人単独ニテ虚偽ノ陳述ヲ為ス場合ニノミ認メラルヘキモノニシテ他人ヲ教唆シテ虚偽ノ陳述ヲ為サシムル偽証教唆ノ如キ場合ニマテ拡張セラルヘキモノニ非ス」と判示したことである。

周知のように、この問題は、刑法一〇三条（前注(15)）・一〇四条・一六九条で共通したものをもっている（内田文昭・刑法各論〔第三版〕（平八）六五二頁以下、六五六頁以下、六六五頁以下）。「期待可能性」を欠くことを考慮して、法が不処罰を肯定したと考えるべき場合の「限界」の問題にほかならない。

本件上告は、「身分者」は当該身分を有する限り身分者であり続けるから、身分が犯罪を構成しない規定となっている場合には、みずから（実行）行為に出ようと、共犯行為に出ようとを問わず、「不処罰」にとどまるべきだという主張をしたわけであるが（前注(6)参照）、妥当性を欠くことはあきらかであるといわなければならない。大審院の態度は、正当である。そして、大審院は、結局は、「なにびとも教唆犯・幇助犯たりうる」という命題を是認したことになるものと考えるべきである（前注(12)）。草野豹一郎「被告人の自己の刑事被告事件に関する偽証教唆と其の罪責」（刑事法判例研究第三巻（昭一二）一三五頁以下は、この事件に対する判例批評で、「単独犯の場合に於ける身分に因る責任阻却事由は、共犯関係を生ずることに因って、脱落して仕舞う」と立言される。これまでの検討からしても、正当な指摘である（前注(7)）。なお、佐伯・共犯理論の源流二一七頁以下。

(17)　前注(7)。これに対しては、中山・井上祝賀(上)一二一頁以下。

ちなみに、東京高判昭和五二年一二月二二日刑裁月報九巻一一＝一二号八五七頁は、「犯人」が「犯人隠避」を教唆するにとどまらず、進んで隠避の「実行行為」を「共同」するに及んだ場合につき、隠避罪の教唆犯が成立するのみで、共同正犯の「成立する余地」はないと判示するが、妥当ではあるまい。「共同実行」が肯認される限り、「共同正犯」が成立し、教唆犯はこれに吸収されるものと考えるべきである（内田・刑法概要中巻六三一頁）。なお、共同実行ではなしに「幇助」にすぎない場合もありえよう。しかし、この場合こそ、「期待可能性」がないのが一般であると思われる。

(18) 内田・刑法概要中巻四六六頁注(8)、四七二頁注(6)参照。
(19) なお、「責任無能力」などをも「消極的身分」の問題としてとらえうるとする立場もあるが(植田・共犯と身分一五八頁以下、中山・井上祝賀(上)一一八頁以下)、その必要がないことも、いうまでもあるまい。

二 学説における不真正の消極的身分と共犯

1 違法減少身分や責任減少身分をも「消極的身分」に算入するのが、学説の一般的傾向であることは、さきに一言した。しかし、その必要はないという点も、すでに述べた通りである。改めて、ここで確認することにしたい。

たとえば、刑法一〇九条二項の放火罪は、一〇八条や一〇九条一項の放火罪に比較して刑罰が軽い。その理由は、同じ公共危険犯でも、自己所有建造物放火罪は、自己財産損壊の性質をも有することから、「違法性」を減少させるという点にあるものと思われる。したがって、一人暮しのAが、保険金詐欺の目的で、友人Bと「共同」して自宅に放火したような場合は、Aには一〇九条二項の「共同正犯」が成立し、Bには一〇八条の「共同正犯」が成立するというのが、「犯罪行為共同説」の帰結ということになる。(1)

これに対して、「犯罪共同説」では、一〇八条の共同正犯を肯定した上で、Aは「消極的身分身分」をもつから、刑法六五条二項により、一〇九条二項の罪責を負えば足りるとか、A・B共に一〇九条二項の放火罪を成立させるが、Bは「消極的身分」を欠くから、六五条二項の趣旨により、一〇八条の罪責を負わなければならないという解決などが図られるであろう。

しかしながら、このような解決策は、ここで「違法減少身分」に代えて、敢て「消極的身分」の観念を用いるまでもなく、これまでも、一般的に提示された議論であるといわなければならない。(2) 刑法六五条二項に関しては、「違法加重連帯」も「違法減少連帯」もこれを許してはならないのである。(3)

2　同様のことは、「責任減少身分」については、従来から、ほぼ異論なしに是認されてきたといってよい。たとえば、一九九八年の第六次刑法改正法で廃止されたドイツ刑法二一七条の嬰児殺は、婚姻外の嬰児を出産した母親が、分娩直後にこれを殺害した場合について、精神的・経済的負担等にかかわる「適法行為の期待可能性」の低下を考慮して、殺人罪の「責任減少類型」を定立したものとされていたが、嬰児殺に共働した母親以外の者は、その恩恵に親しまないという点で、異論はなかったのである。(4) しかし、この母親が「消極的身分」をもっているというような理解はみられなかったといってよいであろう。(5)

わが刑法上も、刑法九七条の単純逃走罪は、「適法行為の期待可能性」の低下を考慮した「責任減少類型」を規定したものと解しうるが、「拘禁された既決又は未決の者」が逃走したような場合は、「その者」がみずから逃走したときにのみ九七条の適用を受けうるのであって、他人を教唆して自己を逃走させたような場合は、やはり、別個に逃走援助罪（刑法一〇〇条）の教唆犯が成立しうるものと考えるのが筋道というべきである。(6)

以上、「不真正の消極的身分」も、これを肯定する必要はないというべきである。

（1）　内田・刑法概要中巻四三三頁以下、五五三頁以下。

ちなみに、ロクシンは、ドイツ刑法二八条二項の「減軽身分」は、「責任減少身分」であって、「違法身分」は、刑を基礎づける「構成身分」か、刑を加重する「加重身分」でしかないというが（Leipziger Kommentar, 11. Aufl. 1994, §28 Rdn. 80〔C. Roxin〕）、妥当ではないといわなければならない。これに対して、ランガーは、「親告罪」

としての「親族相盗罪」(ドイツ刑法二四七条)につき、それは「違法減少身分」を肯定した「特典資格犯罪」(Sonderrechtsdelikt) にほかならないとしている (W. Lauger, Das Sonderverbrechen, 1972, S. 456ff., 478f., 491f.)。正当であろう。しかし、いずれも、「消極的身分」という観念を前提としていない点が、ここで重要である。
(2) 内田・刑法概要中巻五五五頁注 (1)。
(3) 内田・刑法概要中巻五三五頁以下、五五三頁以下。
(4) Leipziger Kommentar, 11. Aufl. §28 Rdn. 81 〔C. Roxin〕.
(5) 前注 (1) (4) 参照。
(6) これに対して、中山・井上祝賀(上)一二二頁以下は、一〇〇条の「教唆犯」か、軽い九七条の「正犯」かの問題であるとされる。妥当ではないであろう。逃走罪の「教唆」は飽くまでも「教唆行為」を行うだけであって、決してみずから「逃走」するものではないからである。教唆行為が、被教唆者の「逃走援助罪」の教唆の要件を充足する限り、教唆した上で、みずから逃走した者は、二個の行為を行ったものといわざるをえないであろう。尤も、罪数処理としては、重い「逃走援助罪の教唆犯」に包括して評価することは許されてしかるべきであろう。内田・刑法概要中巻六二九頁以下。

三　判例における消極的身分と共犯

1　判例が「消極的身分」を問題にする場合は、専ら「真正の消極的身分」に限定されているといって過言ではない。これまでの検討からして、正当である。

まず、無資格選挙運動を禁止していた衆議院議員選挙法 (大正一四年法律四七号) 九六条違反事件で、資格のある選挙事務長が、無資格者と共謀して選挙運動を行った場合に関する大判昭和一二年一〇月二九日刑集一六巻一四一七頁が重要である。上告趣意は、大正一〇年一二月二四日の法曹会決議(1)を援用し、この場合も、同選挙法九六条により「無資格選挙運動者」という身分が「有資格者」に新たに発生することはありえないから、刑法六五条一項を適用することはできない筈であるというものであったが、大審院は、これに応えて、「選挙委員モ亦無資格運動ヲ為シタルモノトシテ…罪責ヲ免レサルコト本院判例…ノ示ス所ナリ」と判示しながら、原判決が「刑法第六十五条第一項ヲモ直接適用セルハ失当ナリ叙上判例ハ同条ノ趣旨ヲ酌ミ其ノ精神ニ則ルヘキコトヲ示シタルニ過キス」と説示して原判決の適条を否定しつつも、同選挙法一一二条一項一号（買収罪）の罪が成立することに変わりはないとして、上告を棄却したのである。(2)

大正一〇年の法曹会決議は、無資格者を「消極的身分者」とする理解を前提としていたのに対して、本件弁護人は、有資格者が、無資格者に共同したところで、「消極的身分」を新たに生じさせることはありえないとするわけであるが、いずれも正当でないことは、今や明白であろう。大審院が上告を棄却したことは、正当である。ただ、刑法六五条一項の「精神」を掲げたことは、上告趣意にひきづられたものといわざるをえないであろう。(3)

これに対して、東京高判昭和四七年一月二五日東高時報二三巻一号九頁は、犯人に医師の資格がないということは刑法六五条一項の「身分」に当たらず、その犯人の無免許医業に協力・加功したところで、「身分により構成すべき犯罪」に加功したことにはならないのであって、その協力・加功が「共謀共同正犯」の形態をとるときは、刑法六〇条を適用すれば足りるとした上で、「医師の資格があるからといって、他人の無免許医業に協力、加功することまで許されているわけではないから、医師が他人の無免許医業に加功すれば、その加功の程度に応じた責任を負うのは当然である」と判示した。

ところが、右東京高裁判決よりすこし遅れて、東京地判昭和四七年四月一五日判例時報六九二号一一二頁は、同種事案につき、「身分犯」かどうかは、「構成要件上、犯罪の主体が特定の地位または状態にある者に限定されているか否か」で決することであるとしながら、無免許医業は「犯罪の主体が医師でない者に限定されているのであるから、同罪は刑法六五条一項の身分犯であると解すべきであり、被告人のような医師である者に同罪の成立を認めるには、同条項を適用するほかない」というのである。まさに、「消極的身分」を肯定するわけである。(4)これまでの検討からして、この東京地裁判決には、反対せざるをえない。(5)

尤も、さきの東京高裁判決も、「消極的身分」を否定する根拠につき、必ずしも明確ではなかった。無免許医業罪は身分犯でないというだけでは、「身分者」・「有資格者」が、何故に「非身分犯」を実現しうるのかという問題に対する適切な解答を与えることにはならないのである。やはり、「身分」（「資格」・「免許」）の「放棄」・「脱落」を前面に出す必要があるというべきであろう。

2　一方、「消極的身分」の概念を特に意識していないと思われる判例もないではない。大判昭和一二年二月一七日刑集一六巻九二頁は、選挙運動資格のある「選挙委員」が無資格者と共謀して「無資格選挙運動」をしたという事案につき、「選挙委員ハ候補者ノ為適法ナル選挙運動ヲ為シ得ヘキハ言ヲ竢タスト雖無資格運動者ノ無資格運動ニ加功スルハ選挙委員トシテ為スヘキ選挙運動ノ範囲ニ属セスト認ムヘキヲ以テ無資格運動者ト共ニ共犯ニ関スル規定ノ適用」を受けなければならないとして、衆議院議員選挙法一一二条一項一号と刑法六〇条を適用したのである。

尤も、弁護人は、原判決の罪数処理を不当として上告したのであって、この限りで、大審院が、刑法六五条一項の問題に触れることがなかったのは当然であるともいえようが、「為スヘキ選挙運動ノ範囲ニ属セスト認ムヘキ」行為の「共同」には、当然「共同正犯」が成立しうることを肯定したものとして、重要な意義をもつのである。すなわち、大審院は、「許容範囲の逸脱」に「資格」・「特権」の事実上の「放棄」・「脱落」を認めたことになるものと考えるべきなのである。

この判例は、さきに取り上げた大判昭和一二年一〇月二九日刑集一六巻一四一八頁と併せて検討されるのが一般であるが、いずれも好意的にとらえられているといえよう。[6] これに対しては、「有資格者が無資格者となる理由は無い」という反対[7]があるが、資格の「放棄」を認めないことの理由づけが、なんらあきらかにされていないというべきである。

3　「無資格」・「無免許」の行為が犯罪を「構成」する場合の教唆犯・幇助犯は、「なにびと」もこれを成立させうることは、さきに指摘したところであるが、判例は、この点をも確認しているのである。たとえば、大判大正四年一〇月四日刑録二一輯一三七六頁は、「凡従犯ハ単ニ正犯ヲ幇助スルニ因テ成立スルモノナレハ苟モ他人カ歯科医師ノ免許ヲ受ケスシテ歯科医業ヲ為スノ情ヲ知リテ之ヲ幇助スルトキハ自ラ有免許者タルト無免許者タルトヲ問ハス歯科医師法違反罪ノ従犯タルヲ免レサルハ勿論」であると判示して、当時の歯科医師法（明治三九年法律四八号）一一条違反罪（無免許歯科医業罪）の「正犯」たりえない者（歯科医）はその幇助犯たりうるいわれはないという上告を斥けたことであった。極めて正当であるといわなければならない。[8] したがってまた、大判昭和一四年七月一九日刑集一八巻四一七頁が、狩猟免許を有する者が、無免許者を「教唆」して狩猟を行わせたという事案につき、免許取得者が「狩猟鳥獣ヲ捕獲スルコトハ固ヨリ其ノ自由ニ属スト雖他人ヲ教唆シテ他人ニ捕獲セシムルニ至リテハ免許権ノ範囲ヲ逸脱セル違法ノモノト断セサルヲ得ス」として、狩猟法（大正七年法律三二号）三条・二二条一項一号違反罪の教唆犯の成立を認めたのも、正当であるといわなければならないのである。[9]「自由の範囲」の「逸脱」は、結局、「自由の放棄」を意味するわけなのである。

この問題は、実は、共同正犯と教唆犯・幇助犯とで相違はないのであるが、単独では「正犯」たりえない者が「共同正犯」たりうることの説明がやや困難であったのに対して、第二次的•間接的法益侵害としての「教唆犯」・「幇助犯」では、この点の説明が比較的に容易であり、その結果、「なにびと」でも教唆犯・幇助犯たりうるという理解が生じてきたものと考えることができるのである。(10)

4　尤も、「なにびとも共犯たりうる」という命題は、「いかなる行為」でも教唆犯・幇助犯を成立させうるということを意味しないのは、当然である。「共同実行」が認定される共同正犯の場合は、この点は特に問題とはならないわけであるが、「教唆行為」・「幇助行為」は共同実行ではないから、この点が特に重要な問題となるのである。

問題の解決は、ここでもまた、「自由の範囲」の濫用・逸脱があるかないかの認定にあるといえよう。そして、判例は、ここでも、妥当な方向を示してきたといってよい。さきに一言した通りである。たとえば、大判昭和一〇年一一月二二日刑集一四巻一二〇九頁は、按摩術営業取締規則(明治四四年内務省令一〇号)一条•一〇条の「無免許営業罪」に関し、「免許取得者」が無免許の徒弟を「補助者」として使役•修業させうる「範囲」につき、具体的に明示しており、大判大正三年九月二一日刑録二〇輯一七一九頁は、「医師」が、「無免許医業」を行う者に、自己の出張所の「看板」を掲げることを許諾した場合につき、一方では患者に利便を与え、他方では安んじて無免許医業を遂行するの利便を享受させたものであるから、「無免許医業ノ犯罪行為ヲ幇助スルモノト云ハサルヘカラス」と判示し、大判大正四年七月一日刑録二一輯九三六頁は、「医師」が、「無免許歯科医業」を行う者に対して、自己の「名義」を使用することを許容した場合につき、当時の歯科医師法一一条違反罪の幇助犯の成立を認めたのである。(11)いずれも、正当であると思われる。特に、「幇助犯」の成立につき、その「因果性」に関して意を用いたものと解される後二者は貴重であると考えたい。

(1) 前出、はじめに注 (1)。
ちなみに、この法曹会決議は、「有資格者」に「消極的身分」を生じさせるいわれはないから、「共犯」たりえないという結論であったことを、今一度確認しておきたい。

(2) この判例は、一般には好意的にとらえられているといってよい。前出、一注 (7)。

(3) 前出、一注(11)。

(4) 前出、はじめに注(8)。

(5) 前出、はじめに注(10)。

(6) 前出、注(2)。

(7) 美濃部達吉・選挙罰則の研究 (昭一二) 二〇頁以下、同・行政刑法概論九一頁以下。なお、前出、一注(6)。

(8) 前出、一注(12)。なお、後注(11)。

(9) この判例については、竹田直平「狩猟行為の補助の依頼と無免許狩猟行為の教唆」法と経済一二巻五号一二四頁以下、滝川幸辰「狩猟免許者の無免許狩猟行為教唆」公法雑誌五巻一二号九六頁以下。さらに、吉田常次郎「狩猟免状受有者の無免許狩猟の教唆」法学新報四九巻一二号一三八頁 (前出、一注(11))。

(10) 滝川・公法雑誌五巻一二号一〇〇頁は、「身分あるものの身分なきものの行為に対する違法連帯性は、身分あるものが身分なきものを教唆または幇助する場合、即ち固有の意義の共犯として関与する場合に止まり、共同正犯としての関与につき認むべきでないことは、身分あるものにその行為の実行を許したことそれ自体から明かである。この点は刑法第六十五条第一項の身分犯における非身分者の関与と同一に解すべきである」とされる。共同正犯と教唆犯・幇助犯の「相違」を意識されたのは理解しうるが、共同「実行」には「違法連帯」を認めず、教唆犯・幇助犯には「実行」がないから「違法連帯」を認めうるとするのは、やはり形式的にすぎるといわざるをえないであろう。また、刑法六五条一項の関係では、結局は「消極的身分」を肯定する方向を示されたことにはならないであろうか。

(11) ちなみに、当時は、「歯科医」が「医業」を行うことは許されないが、「医師」は「歯科医業」を行うことが許されていたのである（大判明治四〇年七月四日刑録一三輯七九八頁）。

むすび

1 以上の検討により、「不真正の消極的身分」はもとより、「真正の消極的身分」も、これを敢て認める必要がないということが了承されたといえよう。このような観念を用いることは、却って議論を紛糾させるといって過言ではないのである。しかし、残された問題もないわけではない。それは、弁護士・医師が、「無資格者」と「共同実行」に出たときには、直ちに「非弁護士の法律事務取扱罪」・「非医師の無免許医業罪」の「共同実行」とされることの根拠である。換言すれば、何故、自己の「法律事務取扱」・「医業」の「共同実行」とは評価されえないのかという問題だといってもよい。

改めて、この点につき、若干の補足を試みよう。

2 弁護士の法律事務取扱いは、弁護士の資格をもった者同士の共同によって、はじめて「共同法律事務取扱い」となり、医師の医業は、医師の資格をもった者同士の共同によって、はじめて「共同医業」となるものと考えるべきである。一個の法律事件を複数の弁護士が共同で担当する場合とか、大手術を複数の医師が共同で実施する場合とかが典型である。弁護士と非弁護士の「共同法律事務取扱い」という観念は生じないし、医師と非医師の「共同医業」という観念も生じえないというべきなのである。弁護士は、資格を喪失しない限り弁護士であり続けるから「非弁護士の法律事務取扱罪」の共同「実行」はありえないとか、医師の「無免許医業罪」の共同「実行」はありえないとかの主張は、犯罪行為共同説の下においても、形式論にすぎないといわなければならない。[1] 犯罪行為共同説は、たしかに、共同実行者が、各自においてそれぞれ自己の犯罪を「共同」して実行する点に、共同正犯の実質を考えるものであるが、その場合にあっても、相互に「補充し合って」自己の犯罪を完成させる必要があるとするのである。弁護士も医師も、「資格のない者」と「共同」するときには、その者の犯罪行為の完成を補充するのであって、その限りで、自己の「法律事務取扱い」・「医業」であることを「放棄」するものといわなければならないのである。

勿論、「自己の法律事務取扱い」や「自己の医業」に、「資格のない者」を参加させることも、一定限度では許されないではない。機械的な事務や物品の持ち運びなどがそれである。しかし、このような場合は、まさに「補助者」の利用にすぎないのであって、決して「共同実行」ではない点に留意する必要があろう。弁護士・医師は勿論のこと、「補助者」も無罪である。しかし、これは、これまでの検討からして、当然のことであるといわなければならない。[2]

(1)　犯罪行為共同説によるならば、無資格者・無免許者は、当然に所定犯罪の正犯たりうるのであるが、有資格者・免許取得者は、「行為」はこれを「共同」するが「犯罪」はこれを「共同」しないと考えるべきことになるのではないかという疑問も生じえないではないので、念のため一言しておく次第である（内田・刑法概要中巻四三四頁以下、四九二頁）。

(2)　前出、一注(13)、前出・大判昭和一〇年一一月二二日刑集一四巻一二〇九頁。

21　有形偽造の新動向

林　幹人

はじめに

有形偽造について、最近判例・学説(1)に新しい動きがあった。そこで、判例の動きに即して、この新しい動向について検討を加えることとしたい。

(1)　学説としては、今井猛嘉「文書偽造罪の一考察」法協一一二巻二号（一九九五）一頁以下がとくに重要である。

一　名義人の承諾・意思

1　本来名義人自身で作成するべき文書について、名義人の承諾を得て、他人がこれを作成したという場合については、交通事件原票について、すでに最高裁判例がある。(1)その後、交通事件原票以外にもいくつかの文書において、同様の事件が下級審で問題となったが、いずれも有形偽造の成立が認められている。(2)その意味で、この問題について判例には根本的には新しい展開はない。ただ、一般旅券発給申請書について、不正使用の目的で、名義人でない者がこれを作成した場合に有形偽造を認めた判例においては、第一に、名義人に共犯としての責任が認められたこと、第二に、傍論としてではあるが、次のように判示されたことが注目される。「被告人が右文書の名義人であり、単独では正犯にはなり得ないことは右結論には影響しない(3)」。

最高裁判例に従い、このような場合を有形偽造とすれば、名義人が共犯となるのは当然のことであって、そこに新しさはない。しかし、名義人自身が本件文書を作成したとすれば、有形偽造とはならないこと、すなわち、本件の被告人である名義人自身が自ら作成したとすれば、たとえ、その結果発給された旅券を他人に不正に使用させる目的だったとしても、したがって、他人Cに不正使用させようとして、そのCの写真を貼付したとしても、有形偽造とはならない、と判示したことは重要である。

これは正当なことである。有形偽造とは名義を偽ることであって、名義を偽っていないかぎり、その文書を不正の目的に使用するつもりであったとしても、あるいは、他人の写真を貼っていたなどの事情があっても、有形偽造とすることはできないのである。

このことは、すでに交通事件原票の場合にも認められていたといってよい。たとえば、違反者Aに代わって、BがB名義の交通事件原票を作成しても、すなわち、違反した事実に偽りがあっても、有形偽造とならないことは当然のことと解されていたのである。

もっとも、この一般旅券発給申請書事件の場合、交通事件原票についての最高裁判例の場合と同じように、名義人自身が作成したのではなく、他人が作成した。ここに、前の場合との違いがある。そしてまさに、今回の判決は、本件文書は「その性質上名義人たる署名者本人の自署を必要とする文書」だとして、有形偽造を認めたのである。この判示もまた、最高裁判例に従ったものである。名義人の承諾を得て、他人名義の交通事件原票を作成した場合について、最高裁は「その文書の性質上、作成名義人以外の者がこれを作成することは法令上許されない」と判示していたのである。学説にもこのような判例の論理を支持するものもある(4)。

しかし、このような論理はそれ自体としては成り立たないものである。たしかに、この種の文書においては、本名を書くことが強く要請されている。いいかえると、たとえ名義人の承諾があっても、名義人以外の者が他人名義で文書を作成することは違法といってよい。

しかし、作成者が他人名義の文書を作成したというただそれだけの理由で、有形偽造とすることはやはりできない。たとえば、交通事件原票の場合、違反者Aが手に傷を負ったので、同乗車BがAに代わってA名義の交通事件原票を作成してやったような場合にまで、有形偽造とするべきではない(5)。この場合、まず、警察官がBはAでないと知っている事情の下で作成したような場合なら有形偽造とするべきではないであろう。そうだとすれば、たとえ現場でBがAになりすましていたとしても同じであろう。一般に、他人になりすまして行動し、文書を作成することは、それ自体としては違法なことかもしれない。しかし、たとえそのような事実があったとしても、AがBにA名義の文書を作成することを承諾し、その承諾どおりにBがA名義の文書を作成したにすぎない以上は、その文書作成行為自体を有形偽造とすることはできないのである。

一般旅券発給申請書の場合も同じであって、Aが手に傷を負った、あるいは、字が下手だというので、Bが代わってA名義の申請書を書いてやったような場合まで有形偽造とするべきではない。この場合も、たとえBがAに代わって出頭し、BがAになりすましていたとしても、そのことを捉えて有形偽造とすることはできない。

そうだとすれば、このような問題の場合、ただ自署を必要とするということは、有形偽造を基礎づける理由とはなりえないのである。

以上に述べたように、この問題の場合、まず、被告人が自らこの文書を作成するかぎり、たとえ不正使用の目的があっても、あるいは内容に偽りがあっても、有形偽造とすることはできない。次に、名義人が自ら書いたのでなくても、内容に偽りがなく、名義人の承諾を得て作成するかぎり、やはり有形偽造とすることはできない。もちろんこのいずれの場合も、適法な行為といえないことはたしかである。しかし、それだけでは有形偽造の不法内容を充足しないのである。

問題は、以上の結論を正当化する理論的な根拠がどこにあるか、である。これについては、以上のいずれの場合も、文書は名義人の意思に基づいて作成されたからだというほかはないのではないだろうか。そうだとすれば、この問題の場合も、有形偽造とはすることはできないということになるはずである。この問題で判例の見解が学説の支持を得られないのはこのような理論的な理由によるのである。(6)

2 このように、判例理論には疑問があるが、最近判例を支持する新しい論理が展開されているので、以下に検討を加えることとしたい。

松宮教授は、銀行に対する預金払い戻し請求書について、通帳と印鑑だけで払い戻しが可能な体制の下では、たとえば、父親に代わって娘が父親名義の文書を作成しても有形偽造とならないが、「サイン・システムでは、通常、代筆は認めない」ことを理由にそのような場合には有形偽造となるとされる。(7) また、Aの承諾を得てA名義の交通事件原票を作成した場合、Bには「代理表示する意思はない」ことを理由に有形偽造とする。Aの名を書いた供述書は「A(代理人)B」と読むことはできないし、BもAもそう読ませるつもりはないとするのである。(8)

この見解は、結局、他人名義の文書を作成しても有形偽造とならないのは、その他人が代理権を与え、代理人が代理する意思をもち、そして、そのことが法的に許容されている場合だとするドイツにおいて有力な見解と同じものと思われる。(9)

このような見解によれば、自筆遺言証書（民法九六八条）のように、法が代理を禁じ、強く自筆性を要求している場合には、それに反したというだけで有形偽造となることになる。(10) しかし、遺言しようとする者が自分ではもはや書くことができないので、他人に書いてもらった場合、たしかにそれは民法の要求に反し、したがって、自筆遺言証書としての効力は生じないとしても、そのことだけで有形偽造とすることにはやはり疑問がある。(11)

銀行に対する払い戻し請求書の場合も同じであって、サイン・システムに反しただけで有形偽造とするべきではない。たとえば、父親が印鑑を紛失してしまったので、娘に依頼して、銀行に届けてあるものとそっくりのものを改めて作り、預金を引き出してもらったような場合、通帳と印鑑で払い戻しが可能な体制の下でも違法なことには違いない。しかしその払い戻し請求書の作成を有形偽造とするべきではないであろう。そうだとすれば、サイン・システムに反した場合も同じだと思われる。

前の交通事件原票の場合に作成者に「代理意思」を要求することにも疑問がある。たとえば、通常の文書の場合にBがAの承諾を得てA名義の文書を作成した場合に有形偽造とならないのは、Bに代理表示する意思があるからではない。(12) Aがそのような文書を作成することに承諾を与えた、すなわち、その文書はAの意思に基づいて作成されたからである。そうだとすれば、交通事件原票の場合も、BはAの意思に基づいて作成している以上は、有形偽造を否定しなければならないということになる。

3　最近有形偽造について詳細な研究を発表された今井教授は、交通事件原票の場合に有形偽造を認める判例を支持する理由について、次のようにいわれる。この種の文書の名義人は、「当該状況で実際に文書を作成したことになっている者であり、この者に対する信用が、文書自体の信用を基礎付けている」。すなわち、この種の文書においては、当該状況で実際に作成したことに対する信用が重要であり、その信用に対する危険が有形偽造を基礎付けるというのである。(13) そして、「「違反者として認定された」という属性を名義に読み込むことは、必要であり、かつ、妥当な結論を導く」という。(14)

この見解は、名義人自らが作成しなかったことは、それだけでは有形偽造とするに不十分だという。ところが、名義人が当該状況にいなかったことは有形偽造の理由となるというのである。また、現場にいて違反者でないにもかかわらず違反者であるかのように偽っても有形偽造とならないが、現場にいなかったために違反者と「認定」されていない場合には有形偽造となるというのである。同様にして、替え玉受験の場合(15)にも、実際に受験場に出頭しておれば、すべて（氏名も答案の内容も）他人に書いてもらっても、有形偽造とはならないが、受験場に出頭していない場合には、受験場に出頭したことについての偽りがあることになり、そのことが有形偽造を基礎づけるというのである。(16)

しかし、名義人についてのさまざまの属性・情報の中で、このように、「現場にいたこと」についての偽りのみが有形偽造を基礎づけるとする理論的な根拠はないと思われる。交通事件原票の場合、名義人が現実に違反行為をして、名義人が自ら作成したものだということ、試験答案の場合、名義人が自分の学力を示すために自分で作成したものだということに対する信用の方が、社会的にみれば、はるかに重要である。これらの事情についての偽りは処罰せず、現場にいたことについての偽りのみを捉えて有形偽造とすることは、政策的にも理由のないことと思われる。

(1)　最決昭和五六・四・八刑集三五・三・五七。
(2)　東京地判平成一〇・八・一九判時一六五三号一五四頁など。
(3)　前掲判時一六五三号一五五頁。
(4)　川端博・新版文書偽造罪の理論（一九九九）二一二頁など。
(5)　西田典之・刑法各論（一九九九）三五二頁、今井・前掲論文法協一一六巻六号一〇三頁、一三六頁注(108)など。ただし、注(13)以下に注意。
(6)　判例の見解に批判的なものとして、林幹人・刑法各論（一九九九）三五八頁に引用のもののほか、野村稔編・刑法各論（一九九八）三〇九頁（酒井安行）、伊東研祐「文書偽造罪――「偽造」の概念」法教二一五号（一九九八）三六頁など。
(7)　浅田和茂他編・刑法各論（一九九五）三〇二頁（松宮孝明）。
(8)　前掲三〇五頁。
(9)　ドイツの状況について、林幹人・現代の経済犯罪（一九八九）一五二頁、幾代聡「有形偽造の一考察」東京都立大学法学会雑誌三二巻二号（一九九二）一七三頁以下、今井・前掲論文法協一一六巻六号九〇頁以下。
(10)　Vgl., RGSt, 57, 235.
(11)　同旨、今井・前掲論文法協一一六巻六号一〇三頁。
(12)　同様の批判として、今井・前掲論文法協一一六巻六号九七頁。
(13)　今井・前掲論文法協一一六巻六号一〇六頁。
(14)　前掲一一二頁。
(15)　この場合も交通事件原票や旅券発給請求書と同じ問題が生じる。参照、林幹人「有形偽造に関する二つの新判例をめぐって」曹時四五巻六号一頁以下。
(16)　前掲一二三頁。今井教授と同様の指摘は西田教授によってもなされている。「法令の趣旨(道交法一二六条、旅券法三条）や文書の性質からみて、一定の場所的状況において作成することが当然に予定されている」とし、「交通事件原票は交通違反行為の現場で、入試の答案は試験場で、旅券の申請書は公務所に出頭して作成されることが予定されている」とし、名義人は「警察官により違反者と認定された乙」、「公務所に出頭した乙」だとされる（西田・各論三五二頁）。しかし、一般旅券発給申請書の場合、正当な目的に使用すること、あるいは、自署性もまた当然に予定されているし、むしろ、そのような事情に偽りがないことの方が社会的により重要だと思われる。

二　仮名・偽名の使用

1　偽名を使用して文書を作成した場合に、有形偽造の成否が問題となった最高裁決定が最近出された。(1) 事案は、指名手配を受け潜伏中の者が、就職しようとして、偽名を使用して履歴書を作成したというのである。偽名を使用した場合の有形偽造の成否が問題となった判例としては、すでに、最高裁昭和五九年二月一七日判決(2)があるが、本件の場合には、——前の判例では再入国許可申請書について問題となったのに対して——文書が履歴書であったこと、偽名はほとんど通称性がなかったこと、などの点で異なっている。

この事件の弁護人は、まず、履歴書に自己の写真を貼付したことを指摘しているが、それ以外の氏名、生年月日、住所などについて偽っている以上は、それだけでは有形偽造を否定する理由とはならないであろう。

むしろ重要なのは、本件の場合、弁護人の主張するように、「文書から生じる責任を免れようとする意思」はなかったという点である。すなわち、被告人は、これから履歴書の提出先である企業に自ら出向いて就職しようとしているのであり、これから先、この文書の作成主体としての責任をとる意思だったというのである。この点も含め、本件には有形偽造の限界に関わるいくつかの重要な問題があるので、次に検討を加えよう。

まず、ここでも、たとえ履歴書であっても、本名を書かなかったこと自体をとらえてただちに有形偽造とするのは妥当でない。芸名やペンネームを長期間使用してきて社会的通称性ができあがっていたような場合ならば、その通称名を使用して履歴書を作成したとしても、有形偽造とするべきではないであろう。あるいは、昭和五九年最高裁判決の場合でも、文書が再入国許可申請書という公的手続において利用されるものであったから、有形偽造を認めたことは理解することができる(もっとも、筆者は有形偽造を認めることには反対である)[3]ものの、二五年もの間その偽名で生活し、周囲の人のだれもがその氏名で被告人を特定するというような状況ができあがっていたときに、被告人の住む町で就職しようとしてその偽名を使用して履歴書を作成したような場合にもまた、有形偽造とするべきではないと思われる。そうだとすれば、本件の場合も、本名を書かなかったというただそれだけで有形偽造とすることはできないことになる。もっとも、本件の場合、被告人の使用した偽名はこれまでほとんど使用したことのないものであって、社会的通称性はまったくなかったので、この観点からは有形偽造を否定することはできない。

次に問題となるのは、被告人の「意思」が有形偽造を決める要素となりうるか、という点である、この点については、筆者は、一般論としては肯定してよいと考える。[4]

たしかに、およそ有形偽造の成否に意味をもちえない意思というものはありうる。たとえば、弁護士詐称事件の第一審判決は「弁護士資格を偽る意図をもっていた」ことを有形偽造を認める一つの理由としている[5]が、そのような意思によって有形偽造を認めるべきではない。また、たとえば、詐欺の目的で文書を作成したとしても、それだけでただちに有形偽造となるわけでもない。

しかし、たとえば、ある有名人がホテルに宿泊する際、本名を知られたくないために宿泊申込書に偽名を使用したが、ホテルの代金は当然支払う意思であったような場合、有形偽造とするべきではない。(6) 他方、宿泊後逃走して支払いを免れる意思で偽名を使用したならば、有形偽造とするべきであろう。ここにおいては、意思の内容が有形偽造の成否を決める要素となっていると考えられる。理論的にいえば、文書作成主体としての責任を、将来にわたって免れる意思は、有形偽造の違法性を基礎づけるといってよい。客観的に偽造された文書から、被害者にとって、文書の名義人として作成人が特定されない可能性を高めるかぎりにおいて、行為者の意思は有形偽造の根拠となりうると思われる。(7)

これに対して学説には、有形偽造の成否は客観的に判断されるべきだとして、このような宿泊申込書の場合にも、後から警察が調べたり、あるいは、ホテルも後で何らかの請求をする可能性があるから、有形偽造とするべきだと主張するものもある。(8) しかし、前にあげたような通常の場合で、犯罪を犯して逃げ回っているわけでもないときに、そのような制度的な理由、あるいは、ほとんど生じないような可能性を根拠として有形偽造を認めるのは妥当ではないと思われる。

本件の場合も、弁護人がいうように「文書から生じる責任を免れようとする意思」がなかったことは、したがって、一般論としては重要である。

しかし、本件の被告人は、指名手配を受けて潜伏中であったというのである。したがって、被告人は、逮捕されそうになれば、いつでも行方をくらましかねない状況にあったといってよいであろう。このような被告人が置かれた客観的な状況もまた、有形偽造の成否に意味をもっていると思われる。(9)

たとえば、逮捕勾留された被疑者が、供述書に虚偽の氏名を署名したとしても、有形偽造とするべきではないと思われる。なぜなら、被疑者が虚偽の氏名を使用しても、逮捕勾留されているために、将来にわたって、その

供述調書の名義人として、被告人が特定されなくなってしまう可能性はほとんどないからである。(10)

あるいは、大審院判決に、本件と似たような事件がある。それは、被告人は就職しようとするときに、前科を隠すために、過去数年使用してきた偽名を使用して履歴書を作成したという事件である。大審院は有形偽造とした。(11) しかし、このような場合も、被告人が偽ったのは、本名と本名にまつわる過去の経歴のみであり、これから履歴書を作成した者としての責任を免れる意思がないだけでなく、その客観的な可能性もない。したがって、このような場合にも有形偽造は否定すべきだと思われる。

本件の場合は以上の場合とは異なり、いつでも行方をくらましかねない客観な状況に被告人はあった。したがって、文書を受け取った相手は、この文書の名義人として誰をも特定できないこととなる可能性が高度にあったといえる。被告人は責任を免れる意思はなかったというが、逮捕されそうになれば行方をくらますつもりではあったろう。したがって、本件の場合、有形偽造とされてもやむをえないであろう。

2　先にあげた再入国許可申請書事件において、最高裁は名義人は「適法な在留資格を有するA」だとした。(12) このように、人格のある属性・性質の偽りを問題として有形偽造を認めることに対しては、すでに筆者は疑問を述べたことがあるが、(13) このような見解はその後も学説によって主張されているので、改めて検討を加えることとしたい。

今回の最高裁決定においても、たとえば、名義人は「指名手配を受けて潜伏中でないA」あるいは、「違法な行為をしていないA」だとはしなかった。しかし、先の最高裁判決のように、名義人を問題とするときに人格の一定の属性に着目するならば、そのような判示にも至り得たはずである。このように、人格のある属性をとらえて、その偽りを以て有形偽造とする見解の最大の問題は、人格のさまざまな属性のどの部分を問題とするのか、その基準が明らかでないというところにある。

学説上は、文書と属性・資格の関連性を問題とし、問題の文書において一定の人格の属性・資格が高度の重要性をもち、文書の信用の根拠となっている場合、それについての偽りは有形偽造となるとするものがある。たとえば、弁護士資格を偽った場合でも、訴訟手続で作成された文書においては弁護士資格は重要な意味をもつから、有形偽造となるが、訴訟外で作成された請求書や領収書においては弁護士資格を偽っても有形偽造とはならないというのがその例である。(14) しかし、弁護士の職務は訴訟だけではないのだから、このように、訴訟の内か外かで区別することはできないであろう。およそ弁護士が職務上作成する文書において、弁護士資格が文書の信用性を基礎づける上で重要でないことはないといってよい。しかしこの見解を徹底すれば、弁護士でない者が弁護士と偽って文書を作成すればつねに有形偽造となってしまう。それは、弁護士でない者が弁護士の標示をすることを軽く処罰している弁護士法七四条、七九条の趣旨にも反する。

このことは、医師でない者が医師の資格を冒用した場合にもいえる。たとえば、医師の作成するべき診断書においては、医師の資格は本質的に重要であって、まさに、医師たる個人ではなく、医師であることそれ自体が文書の信用性を基礎づけているともいえる。しかし、このような場合であっても、たとえば、ある者が長い間無資格医業を行なっていたときに、診断書を作成したような場合、氏名や病院の住所は偽っておらず、名義人としてその者が確実に特定されるのであれば、有形偽造とする必要はない。それは、まさに医師でない者が医師の名称を用いることを処罰する規定（医師法一八条、三三条）で処罰すべきものである。

あるいは、ある者が選挙の立候補の届け出をするときに、学歴や博士号を偽っていた場合も、同様に、学歴や博士号に対する信用は重要であるが、このような場合は、公選法二三五条条で処罰すべきものであって、有形偽造を認めるべきではない。

裁判官でない者が、裁判官という肩書きを冒用して逮捕状を作成したような場合も問題とされている。このような場合、たとえ本名を書いたとしても、資格・肩書きが重要な意味をもつから有形偽造とすべきだというのである。(15)たしかにこのような場合、多くは有形偽造とするべきであろう。しかしその理由は、逮捕状においては裁判官という資格が重要な意味をもつからではない。その論法からすれば、先の診断書などの場合にも有形偽造となってしまう。そうではなく、逮捕状などにおいて裁判官という資格を偽ると、たとえ本名を書いても、通常その者は裁判所におらず、住所などもわからないことから、被告人自身が作成者として特定できない危険があるからである。

このように、資格や肩書き、あるいは人格の属性の偽りが有形偽造となるのは、そのことによって、作成人が名義人として特定されない可能性が生じる場合のみである。いいかえれば、人格の存在について偽りがないときは、その属性についていくら偽っていても有形偽造とすることはできない。(16)それは、そのような場合、文書作成主体の責任の所在はすでに明らかであり、その他の偽りから生じる被害者の不利益は相対的に小さいからである。ここにまさに法が有形偽造と無形偽造を区別し、原則として有形偽造のみを処罰することとしている根拠がある。

(1)　最決平成一一・一二・二〇刑集五三巻九号一四九五頁。
(2)　刑集三八巻三号三三六頁。
(3)　林・各論三六六頁。
(4)　参照、林・前掲論文曹時四五巻六号一二頁。
(5)　大阪地判平成三・一一・七判タ七七九号二八三頁。

(6) 有形偽造の成否の判断において行為者の意思を考慮すべきだとするものとして、林・前掲論文曹時四五巻六号一九頁注(15)に引用のものの他、中川武隆・最高裁判所判例解説昭和五九年度七三頁など。

(7) 宿帳について有形偽造を否定するものとして、前掲野村編・各論三一一頁（酒井）など。

(8) 今井・前掲論文法協一一六巻八号一三〇七頁。

(9) 青柳勤・最高裁裁判所判例解説平成五年度四七頁は、「文書が作成された客観的状況をも考慮することは当然に許される」とされる。本件で問題となっているのは、履歴書の名義人は誰か、すなわち、被告人なのか、あるいは、被告人以外の、虚無人ではないか、というものである。しかし、名義人が誰かは、文書自体からただちに一義的に決まるとはかぎらない。仮名を使用した場合、それがどの程度通称性があったかという事情は、一般論としては重要な意味をもつが、そのような事情はまさに文書外の客観的状況である。有形偽造の不法内容は、その文書を受け取った相手が、名義人として作成者を特定できない可能性を生じさせることである。したがって、それは、文書を受け取る相手の状況によっても変わる。先に最高裁で問題となった弁護士詐称事件において、問題となった文書の名義人についての情報から、大阪の人間は名義人として被告人を特定したであろうが、東京の人間は東京在住の別の弁護士資格をもった人格を特定したであろう。このように、ある人間はAという人格を特定するであろうが、別の人間はBという人格を特定するということもありうる。有形偽造を認めるにあたっては、文書を受け取る相手が、文書の名義人についての情報から、どのような人格を特定するであろうか、ということを問題としなければならない。

(10) 参照、山口厚・昭和五五年度重要判例解説一八四頁。

(11) 大判大正四・一二・五刑集四巻七〇九頁。

(12) 酒井安行「通称の使用と私文書偽造罪の成否」国士館法学一七巻（一九八四）四六頁は、最高裁昭和五九年判決について、在留の適法性は重要ではないが、自分の本名を書かなかったことは重要だとする。しかし、この事件においても、本名を書かなかったというだけで有形偽造を認めるべきではない。最高裁もそのようには考えていない。参照・中川・前掲解説七七頁。
(13) 林・各論三六六頁。さらに、そこに引用の文献のほか、平川宗信「出入国管理法違反に対する刑事処罰の一問題」松井芳郎他編・国際取引法と法(一九八八)三二九頁以下、北野通世・法学(東北大学)五七巻四号一五五頁以下など。
(14) 今井・前掲論文法協一一六巻八号一五一頁。さらに参照、木村光江「偽造罪の保護法益と人格の同一性」研修五五四号(一九九四)三頁以下。
(15) 参照、酒井・前掲論文四五頁、青柳・前掲解説四〇頁、今井・法協一一六巻八号一三六頁など。
(16) 伊東・前掲論文法教二一五号三七頁。

三　権限の濫用と逸脱

1　組織内において有形偽造の成否が問題となる場合、すなわち、権限の逸脱と濫用の限界については、新しい判例としてカブトデコム手形偽造事件がある。事案は、不動産会社の会長である被告人が、グループ企業の手形帳を持ち出した上、総額六四億円の約束手形を偽造してこれを行使したとして有価証券偽造罪及び同行使罪に問われたというものである。裁判所は有形偽造を否定した。(1) 問題は事実認定にあるが、裁判所の事実認定を前提とすれば、本件について有形偽造を認めることはできないであろう。

この判例で注意しなければならないのは、有形偽造の成否を問題とするにあたり、裁判所は、もっぱら被告人を含む組織内の関係者の内部的な地位・役割を問題とし、かつ、それらの者の「意思」「許容」を問題としているということである。(2) いいかえると、問題の手形の民事法上の「効力」はまったく問題としていないことである。

周知のように、かつては、このような場合、民事法上の効力を問題として、有効だから有形偽造とはならないとする判例もあった。しかし、判例自身はそのような基準をかなり前に捨ててしまっている。[3] ところが学説には依然としてこのような見解を採用するものが少なくない。筆者はかつてこのような見解を規範的意思説と呼び、批判したことがあるが、[4] 最近学説によって再び主張されている。[5]

このような見解の根拠としては、まず、条文上私文書偽造罪の客体は「権利、義務、事実証明に関する文書」に限定されているところから、保護法益としても、民事法上の「権利」と解するべきだということが考えられる。[6] 有価証券偽造罪の場合も、証券に示された民事法上の権利が保護法益とされることになる。この見解によれば、被害者が民事法上の権利を実現できる、すなわち、「有効」であるならば、被害者に損害はなく、有形偽造とするまでもない、というのである。

しかし、この見解に対しては幾つかの疑問が生じる。まず、この見解を推し進めれば、「事実証明に関する文書」の場合には、真実ならば有形偽造とするまでもないということになる。[7] 逆に、虚偽ならば有形偽造ということにもなる。しかし、このように解することは、形式主義を採用した現行法の建前に反することであろう。たとえば、市役所の公務員が作成するべき印鑑証明書を私人が勝手に作成した場合、その内容が真実だからといって有形偽造を否定するべきではない。そうだとすれば、権利・義務に関する文書の場合も、民事法上の効力があっても、有形偽造を否定するべきではないということになる。たとえば、債権者が債務者に無断で債務者名義の借用証書を作成したような場合、有形偽造を否定するべきではないのである。

その理論的な根拠は次のようなところにある。私文書偽造罪の客体はたしかに「権利、義務、事実証明に関する文書」に限定されている。しかし、それは犯罪の客体を限定したものにすぎず、法益を表現したものではない。有形偽造は、文書に示された内容・権利ではなく、そのような内容・権利の存在を示そうとする文書の作成主体、すなわち、名義人に対する信用を保護しようとするものである。いいかえると、文書内容の真実性や、文書に記載された権利の実現可能性、すなわち有効性ではなく、文書成立の真正性をそれ自体独立に保護しようとするものなのである。

民事法上の効力だけを問題とする立場を一貫すれば、逆に、無効な場合には、それだけで有形偽造となってしまう。たとえば、公序良俗に反するような契約を結ぶ文書を自ら作成したり、他人に作成してもらったような場合である。しかしこのような場合、その文書は真正に成立したものである。(8)

民事法上の効力は、たとえば手形の場合、受け取った相手が過失か重過失・悪意か、(9)追認したか、(10)などの文書作成の後の事情によって変わり得るものである。そのような事情によって有形偽造の成否を動かすことはできない。

以上に述べたように、民事法上の効力を有形偽造の成否の基準とする見解は理論的に成り立たないように思われる。このことはかなり前から多くの論者によって指摘されていることである。(11)それにもかかわらず依然としてこのような見解を主張する人がいることは、不可解というほかはない。

2 有形偽造の問題にはさまざまのものがあるが、それらはすべて有形偽造についての一元的な基準によって解決されなければならない。先にあげた「効力」という基準はまさにそのような方向を目指したものであった。しかしそのような基準が維持されないとすれば、どのような基準によるべきであろうか。名義人に法的な責任を追及できるときには有形偽造とならないといわれることがあるが、その「責任」の内容と根拠がまさに問題である。

筆者はかつて有形偽造とは名義人の事実上の「意思」に基づかない文書を作成することだと規定したことがあ

る。名義人の意思に基づいているかぎり、名義人は文書作成主体としての責任を免れず、文書作成の真正性に対する信用は害されないからである。このような見解によれば、第一の問題については、文書は名義人の意思に基づいて作成されている以上は、他人が作成しても、真正と解される。第二の問題については、意思をもって作成したことになっている名義人として、現実に意思をもって作成した被告人が特定されるかが問題となり、特定されない可能性が高いときには不真正と解される。第三の問題のように、法人などの組織の場合、その組織において問題の文書を作成する役割・地位にあった者の意思に基づいて作成されたかが問題とされることになるのである。以上のような見解を、先の効力を問題とする見解を規範的意思説としたのに対して、事実的意思説と呼んだ。共に「意思」説としたのは、どちらの説も、誰が物理的に作成行為を行なったのかを問題とするのではなく、精神的に、すなわち、誰の意思に基づいて、作成されたのかを問題とするものだからである。

このような事実的意思説に対しては幾つかの批判が寄せられているので、以下それについてコメントをしておきたい。

第一に、事実的意思からは、権限の濫用の場合にも、意思に反したことになるというものがある。[12] しかし、旧稿でも述べたように、有形偽造の基準となる意思は、文書についての一定の限られた意思のみである。[13] 内容に関わる意思は含まれない。自分で虚偽の文書を作成する場合でも、内容に関わる部分については、文書どおりの意思は彼にはない。それにもかかわらず、名義の部分については、彼の意思どおりの文書が作成されていることを根拠に有形偽造は否定される。このように、文書作成のときの意思にはさまざまのものがあり、それらは区別が可能であり、また、区別しなければならないのである。判例も、間接偽造の場合について、名義人に文書の内容どおりの意思はなくても、「作成する意思」はあったときには無形偽造としている。[14] ここにおいては、文書作成のときには現実に多くの意思があり、有形偽造を基礎づけるものはその一部に基づかない場合だという理解が示されている。

第二に、事実的意思説の立場からは、虚無人名義の場合、ただちに虚無人とわかる場合であっても、つねに有形偽造とされてしまうという批判がある。(15)しかし、ただちに虚無人とわかるような場合には、文書の作成主体にただちに懐疑が生じ、そもそも信用しないから、作成意思をもったことになっている名義人に対する信用は最初から害される危険性がないといえる。虚無人名義であるにもかかわらず有形偽造が否定されるのは、まさにそのような場合だといえよう。

第三に、事実的意思説の立場からは、代理名義の文書の場合、代理人が意思の主体であり、代理人が名義人となってしまい、有形偽造が否定されてしまうという批判もある。(16)しかし、本来の意思説・精神性説は、文書作成の精神的な張本人（Urheber）を問題とし、誰の意思に「基づいて」作成されたかを有形偽造の基準とするものであったのである。代理人の意思をもって文書作成意思として十分だとするならば、タイピストや秘書にもそのような意思はあり、作成したのは本人ではなく彼らだということになってしまう。それは行為説・物体化説にほかならず、意思説の本来の眼目は、まさにそのような見解を否定するところにあったのである。(17)

（1）　札幌地判平成九・六・一三判時一六二〇号一九頁。
（2）　参照、判時一六二〇号三〇頁など。これに対して今井・法協一一六巻七号一二七頁は、作成権限を組織の内部事情から検討した点を疑問とする。しかし、文書の真正性を基礎づける作成権限は本来内部的なものであり、その内部的事情に対する外的な信用が有形偽造の保護しようとするものである。林・現代の経済犯罪一四八頁。

(3) 参照、東京高判昭和四〇・六・一八高刑集一八巻四号三七七頁。参照、林・現代の経済犯罪一二八頁。
(4) 林・前掲書一二七頁以下。
(5) 今井・前掲論文法協一一六巻七号一三三頁、一一六巻八号一六三頁。
(6) 参照、平野龍一・刑法概説（一九七七）二五四頁。
(7) 平野・前掲書二六一頁。
(8) 今井・法協一一六巻八号一三七二頁は、公序良俗に反するために文書が無効であっても、その文書を作成したことについて損害賠償請求ができるから、真正としてよい、という。しかし、そのような場合、損害賠償請求できるか疑問であるだけでなく(それでは、無効とする意味がなくなってしまう)、本来効力を問題とする見解は、文書の内容どおりの効力を問題としていたはずである。
(9) 今井・法協一一六巻八号一七一頁。
(10) 今井・法協一一六巻七号一四〇頁は、追認した場合には、有形偽造を否定してよいとする。
(11) 規範的意思説を批判するものとして、園田寿「文書偽造罪における「偽造」の概念と精神性説」関西大学法学部百周年記念論文集（一九八七）三六九頁、川端・前掲書二一七頁、西田・各論三二二頁、井田良・刑法判例百選II各論（第四版）一七九頁、木村・前掲論文研修五五四号一二頁、川崎一夫「有形偽造と無形偽造の区別」創価法学二一巻二＝三号（一九九二）五一頁など。
(12) 山口厚・問題探求刑法各論（一九九九）二五一頁以下。
(13) 林・現代の経済犯罪一四五頁。
(14) 大判昭和一五・四・二刑集一九巻一八一頁。
(15) 幾世聡「有形偽造の一考察」東京都立大学法学会雑誌三二巻二号（一九九一）七一頁、三三巻一号二一五頁。
(16) 今井・前掲論文法協一一六巻七号一一三五頁。さらに参照、川崎・前掲論文四九頁。
(17) 西田・各論三五四頁は、代理名義の冒用につき有形偽造を認めるとすれば、再入国許可申請書事件の場合にも有形偽造を認めるべきだとされる。しかし、意思説に従うときは、代理名義の場合、文書作成の主体に「到達不能」であるのに対して、再入国許可申請書事件の場合には、それに完全に到達可能である。

22 共犯者に対する死刑判決の基準

河上和雄

はじめに

死刑判決の許される一般的基準については、いわゆる連続ピストル射殺事件において、最高裁第二小法廷が示した次の判示が確立された判例となっており、現在のところ、事実への当てはめの点は別として、これを否定する判例はなく、学説もこれを支持しているといってよい。すなわち、

「死刑が人間存在の根元である生命そのものを永遠に奪い去る冷厳な権利であり、誠にやむをえない場合における窮極の刑罰であることにかんがみると、その適用が慎重に行われなければならないことは原判決の判示するとおりである。そして、裁判所が死刑を選択できる場合として原判決が判示した前記見解の趣旨は、死刑を選択するにつきほとんど異論の余地がない程度に極めて情状が悪い場合をいうものとして理解することができないものではない。結局、死刑制度を存置する現行法制の下では、犯行の罪質、動機、態様ことに殺害の手段方法の執拗

性・残虐性、結果の重大性ことに殺害された被害者の数、遺族の被害感情、社会的影響、犯人の年齢、前科、犯行後の情状等各般の情状を併せ考察したとき、その罪責が誠に重大であつて、罪刑の均衡の見地からも一般予防の見地からも極刑がやむをえないと認められる場合には、死刑の選択を許されるものといわなければならない。」(最判昭五八・七・八刑集三七巻六号六〇九頁)

とするものである。

もとより、右は、一般的、抽象的基準であって、右の各点を考慮すれば足りるというものではなく、例えば、被告人と被害者との関係といった情状に極めて重大な影響を持つ因子も事案によっては大きく結論にかかわってくることはいうまでもない。右の判例の事案は、いわば行きずりに各地で四人の人を殺害した事件のため、敢えて被害者との関係に言及しなかったにすぎない。

この判例は、その後の死刑判決の是非をめぐる議論の中で、確立された判例、確立された判断基準として扱われ、これに異を唱える議論の出る余地のないままに推移して来ているが、そのような扱われ方には、重大な欠陥を秘めている。というのは、右は、単独犯による殺人であつて、共犯者が居る場合の死刑については、参考にはなるとしても、この判旨とは、別の考察をすべきところがある点が看過されているからである。

この点については、すでに他で指摘したところ(拙稿「死刑と無期刑との間——仙台高裁平成一〇年三月一七日判決・判例時報一六七〇号九三頁」判例時報一七〇〇号一八〇頁)であるが、今回あらためて、共犯者が居る場合の死刑判決の基準について、右判旨にいかなるものをつけ加えるべきか、それとも取り去るべきかを論ずることとする。

一　共犯関係における死刑の基準

共犯関係による強盗殺人罪などの実行の場合、共犯者の中には自ら手を下さず他の者を使嗾するにとどまる者、計画の立案、検討をするにとどまる者、犯罪の実行に中心的役割を果す者、資金その他の調達を担当する者、被害者の動静を探索する者等その役割には千差万別があり、事案によって一様でないことはいうまでもない。

とりわけ、共犯者が固い絆で結ばれ、一個の犯罪集団を形成しているような場合には、全員が犯罪の成就に向ってそれぞれの性格や得意分野に応じて犯罪行為の実行を分担するのが普通であろう。この場合、外形的に主導的立場に立つ者と従属的立場に立つ者とに分かれてみえる場合が多いであろうが、それだけで、前者に対して科する判決と後者に対して科する判決とに当然の如く差異が生ずるのであろうか。つまり、前者に死刑、後者に無期という死刑判決の基準が成り立ち得るものであろうか。

この点について、六名の共犯者が他三名の共犯者と互に乱れあって三件の強盗殺人事件を犯した事件において、三名に死刑、三名に無期懲役（うち二名に求刑死刑、一名は無期）を言い渡した一審判決に対して控訴した検察官は、次のように主張している。

「両事件を敢行した被告人らは、極めて強固な犯罪集団であり、しかもその結び付きは時間の経過に従って益々強固になり、一蓮托生ともいうべき強固な犯罪集団を形成していったことが認められるところ、このような集団犯罪においては、各自が犯行に向いて相互に心理的影響を及ぼし、分担行為を補完し合っている上、集団犯罪の構成員の間に主従の関係はなく、それぞれ重要な地位、役割を分担し、一体となつて敢行し、分け前も平等に得ている。したがって、量刑上も、全員が全責任を負わなければならないのであって、各人の行為そのものに差異があっても、これを殊更重視すべきでない。」

これに対して、仙台高裁は

「両事件とも、事前共謀のうえ敢行した集団犯罪であり、各自が犯行に向けて相互に心理的影響を及ぼし、分担行為を補完し合い、それぞれ役割を分担し、一体となって敢行していること、被告人らは両事件において、若干の差はあるものの概ね分け前を平等に得ていることも、所論が指摘するとおりである。」

とその主張を認めながら、

「(両事件において)被告人らの間に犯行計画の立案や実行行為の際において、主導的、中心的な役割を果した者と、比較的従属的な立場にとどまっていた者がいたことは否定できないところ、この両者の間には、同じく正犯者であるとはいえ、自ずからその責任の大きさに違いがあるといわざるを得ないのであって、この点は被告人らの量刑を定めるに当たり考慮されて然るべきである。」(仙台高判平一〇・三・一七判例時報一六七〇・九三)

と判示してその主張を排斥している。

しかしながら、その理由とするところは、犯行計画の立案や実行行為の際の主導的、中心的役割と比較的従属的役割にとどまった者の存在を否定し得ないというもので、検察側の主張を認めている各自相互の心理的影響、分担行為の補完、一体となった敢行といった前段の理論を何ら否定するものではなく、むしろ前段の理論と矛盾する主体的、従属的という理論を特段の理由付けなしに展開するもので、理論的に破綻するものである。

この判決は、右の点を意識したのか、右引用部分に引き続き、

「両事件が、所論指摘のとおり稀にみる凶悪事件であることや、前記のような特質をもった集団犯罪であることも十分考慮しつつも、盛岡・郡山両事件における、被告人らの犯罪集団の中における立場や役割等をも慎重に考

慮することが必要不可欠であって、このことは、死刑の選択が許される場合の一般的基準を示したとされる、所論引用の最高裁判決（いわゆる連続ピストル射殺事件・最高裁昭和五八年七月八日判決。刑集三七巻六号六〇九頁）の趣旨からも、当然肯定されるところであると考える。」としている。しかし、この論旨は、前者を考慮しつつも、それを否定する後者を考慮するとするもので、必ずしも説得的ではない。

この高裁判決にみるように、実務では、連続ピストル射殺事件の最高裁判例を死刑の一般的基準を示したものとして、事件の性質、とりわけ共犯事件という全く異質の性質に十分考慮を払うことなしに、安易にこの判例に寄りかかって結論を出し勝ちである。

共犯関係の場合には、右最高裁判例が全く考慮しておらず従ってその基準にも入っていない共犯者相互の影響力、共犯者であることが犯罪遂行のエネルギーとしてどれだけの力を持っていたかが極めて重要なことはいうまでもない。単に犯罪遂行に対して果した役割を考慮するだけでは、正しい犯罪集団のダイナミズムを理解し得ないのである。また犯罪集団の中における立場が主導的、中心的でない場合でも、その立場にないが故に余計に犯罪の実行を分担せざるを得ず、積極的に行動する場合も多々あるのであって、表面的に集団の中の立場を見るだけでは、正しい結論に到達し難いことはいうまでもない。

右最高裁判例とは離れた共犯関係における死刑の一般的基準の確立が必要不可欠なのである。

二　共犯者の一部の刑が確定している場合の他の共犯者の罪責に与える影響

多数の共犯者の居る事件、共犯者の検挙に時期的ずれがあり起訴時に間隔がある事件、共犯者の一部が事実を認めて争わず他が争う事件、一部が上訴せずに有罪が確定し、他が上訴して争うような事件などでは、共犯者であっても、一部の有罪が確定し、他が争うという場合が少くない。

このような場合に、先に確定した共犯者の刑が軽く、後に判決されるべき共犯者の刑に影響を与えるというケースが存在する。一つには、確定した共犯者は、一事不再理の原則から更に刑が加重される危険がないため、未確定の共犯者に有利な証言をして救おうとする場合が考えられるが、そのような例は、事実認定の問題であるので別として、確定した共犯者が無期懲役であるために、それに引きずられて他の共犯者が死刑判決を受けるに至らない場合が存在する。

その典型的な事例が、札幌における同棲相手の女性と共謀して女性の両親を殺害し、金品を強取した後に死体を焼いた事件であろう。この事件は、実の両親を殺害した女性は一審で無期懲役（求刑同）。控訴後取り下げて確定、被告人が一、二審とも無期懲役（求刑死刑）となって、検察側が上告したものである。

最高裁によれば、事件の概要は、

「本件は、被告人がA子（当時一九歳）と共謀の上、A子の両親であるB及びC子（いずれも当時四五歳）を殺害して金品を強取しようと企て、平成三年一一月二二日午前一時ころ、札幌市内の居宅で就寝中のB及びC子の各身体を包丁で突き刺し、両名をその場で失血死させて、現金二十数万円、貯金証書、預金通帳、生命保険証書等を強取し（第一審判決判示第一の強殺事件）、同年一二月一日、同市郊外の原野において、自動車の座席に乗せたBとC子の死体にガソリンを散布して着火し、自動車とともに土中に埋没させてこれを遺棄し（同判決判示第二の死体遺棄）、また、同年一一月二二日から一二月一七日までの間に、強取した貯金証書、預金通帳、生命保険証書等を利用し、関係書類を偽造、行使して、預貯金や生命保険の解約等の名目で合計四五八万円を騙取した（同判決判示第三ないし第六の各有印私文書偽造、同行使、詐欺）という事案である。」（最決平一一・一二・一六判例時報一六九八号一四八頁）

とされている。

まさに心の凍りつくような凶悪な尊属殺人事件であるが、女性は事件当時一九歳であったことが主な理由と思われるが、無期懲役の求刑で第一審判決も同じ結果となっている。

女性とは別に審理された被告人について、第一審は、被害者夫婦殺害の実行行為を殆んど行ったとして被告人がより重い役割を果したとしながら、女性についても被告人に準じる重要な役割を果したとして、被告人と女性との間に死刑と無期といった全く異なる刑の差異を生じさせるほどの量刑事情の相違はないとした。これに対する量刑不当を理由とする検察官の控訴に対して、第二審は、被告人と女性との罪責に歴然といえるほどの差異はなく、女性の関与なしに事件の実行はなかったとして、女性に無期判決が確定していることなどを考慮すると死刑の選択がやむを得ないと認められる場合には当たらないとした。

検察官の上告に対して、最高裁は、一、二審の認定を若干是正したものの、次のように判示して、上告を棄却した。

「……A子においても、本件の具体的な計画、準備等の段階で自ら発案するなどして積極的に関与し、実行行為の一部を分担したほか、殺害後の犯跡隠ぺい工作、財産取得等の段階でも積極的に関与し、相当重要な役割を果したものと認められる。したがって、被告人が被害者夫婦の殺害を発案してA子を同調させ、計画、準備等の段階や殺害後の場面において、A子に指示あるいは示唆していたことが認められるとしても、A子が本件の全般にわたって主体的に関与したことは否定できない。特に、被害者夫婦の殺害計画は、その実子であるA子が最終段階までに翻意していれば実行が不可能であったと考えられ、A子が右計画に最後まで同調し、積極的に加担したことが、その実現に大きくあずかっているものと認められる。そうすると、格別非違のない両親の殺害計画に積極的に加担したA子の責任も、極めて重いものといわざるを得ない。

以上のような被告人とA子の本件犯行への関与の状況に加えて、その他の量刑事情を総合的に考慮すると、先に指摘した原判決の認定、評価の誤りなどが是正されたとしても、いまだ、被告人に対し、A子に対して言い渡された無期懲役刑とは歴然とした差異のある極刑に処すべきものとまでは断定し難い。」

要するに、共犯者の一方の刑が無期懲役だから、それとバランスを取るためには、死刑ではなく無期懲役にするしかないというわけである。

だが、この立論には疑問がある。

まず、A子に対する無期懲役が誤りであることを看過している。たしかに、最高裁大法廷は、刑法旧二〇〇条(尊属殺)について憲法一四条一項に違反して無効であるとしているが、その多数意見は、次の通りに判示しているのである。

「被害者が尊属であることを犯情のひとつとして具体的に量刑上重視することは許されるものであるのみならず、さらに進んでこのことを類型化し、法律上、刑の加重要件とする規定を設けても、かかる差別的取扱いをもってただちに合理的な根拠を欠くものと断ずることはできず、したがってまた、憲法一四条一項に違反するということもできないものと解する。」(最大判昭四八・四・四刑集二七巻三号二六五頁)

そして、論を進め、次のように結論付けているのである。

「……刑法二〇〇条は、尊属殺の法定刑を死刑または無期懲役刑のみに限っている点において、その立法目的達成のため必要な限度を遙かに超え、普通殺に関する刑法一九九条の法定刑に比し著しく不合理な差別的取扱いをするものと認められ、憲法一四条一項に違反して無効である……」

右のような判示に至るのは、その立法目的にあるのであって、この判決は、右各引用の前段に次のように判示している。

「およそ、親族は、婚姻と血縁とを主たる基盤とし、互いに自然的な敬愛と親密の情によって結ばれていると同時に、その間おのずから長幼の別や責任の分担に伴う一定の秩序が存し、通常、卑属は父母、祖父母等の直系尊属により養育されて成人するのみならず、尊属は、社会的にも卑属の所為につき法律上、道義上の責任を負うのであって、尊属に対する尊重報恩は、社会生活上の基本的道義というべく、このような自然的情愛ないし普遍的倫理の維持は、刑法上の保護に値するものといわなければならない。」

右の立法目的がある以上、次の判示部分は当然の結論ということになる。

「もとより、卑属が、責むべきところのない尊属を故なく殺害するがごときは厳重に処罰すべく、いささかも仮借すべきではない……」

このような論理は、現時点においても、全く変わることなく維持されるべきであり、本件のような責むべき点のない両親を強盗殺人するが如き所為は、当然厳重に処罰すべき対象となっているのである。

このような立法目的に対しては、子の親に対する報恩のみを基本的道義とするには論理の飛躍があるとする反論がある（香川達夫「尊属殺規定の違憲性」判時七〇〇号一七二頁）が、親子間の報恩の道義が社会的な報恩の道義の基礎であり、報恩の道義性を否定し得ない以上は右の反論は極めて弱い。

このことは、尊属傷害致死規定（刑法旧二〇五条二項）をその後に合憲とした次の判決において右判示を維持することによって、明らかにされている。

「……尊属に対する尊重報恩は、社会生活上の基本的道義であって、このような普遍的倫理の維持は、刑法上の保護に値する……」(最大判昭四九・九・二六刑集二八巻六号三二九頁)

つまり、本件において、両親を殺害して財物を強取したA子の責任は、極めて重く、犯行時一九歳だとしても、死刑をもって処断すべき事案なのである。しかるに、求刑さえ無期懲役だったということは、尊属殺規定を違憲とした大法廷判決の結論のみにとらわれ、その論理に思いを致さなかった関係者の無知が誤りの原因だったのであって、本来あるべき判決は、死刑判決でしかなかったというべきである。

それでは、かかる誤りによって共犯者に対して、無期懲役刑が確定したことが、本件のような被告人の量刑に影響を及ぼすべきものなのか否かが論じられなければならない。

両親を強盗殺人したうえ、死体を焼いて土中に車ともども埋めたという本件犯行において、被告人の罪責がA子のそれより重いことは、最高裁自体が認めるところである。しかるに、最高裁が、検察側の上告を棄却したのは、「いまだ、被告人に対し、A子に対して言い渡された無期懲役刑とは歴然とした差異のある極刑に処すべきものとまでは断定し難い。」とするところからも明らかなように、A子の刑とのバランスだけを考慮してのことといえる。A子が死刑ならば、当然被告人に対しても死刑判決を下しただろうことは想像にかたくない。

共犯者の一方が、明らかに軽い刑に処せられ確定した場合、後に裁判を受ける共犯者の他方は、右の確定刑の影響を論理的に受けるべきものなのだろうか。本来、刑罰は、個人責任の問題であって、共犯者の刑は、影響を及ぼすべき筈のものではないのではないか。本件の場合と異なり、逆に確定刑が重過ぎた場合に、後の裁判を受ける共犯者が、バランス上重過ぎる刑を受けるべきものでないことはいうまでもあるまい。その場合には、共犯者間の刑のバランスは、個人責任の原則の前に考慮から外されるのである。

そうである以上、軽過ぎる確定刑とバランスをとって、軽過ぎる刑を科すことについての合理的説明が必要であろう。本件決定のように常にA子の刑とのバランスだけを考慮して死刑判決を回避する論理には人を説得するものが欠けている。

問題は、本件が刑訴四一一条により判断されている点にある。

形式的にみる限り、本件において、被告人に死刑を科さなかったのは、著反正義に当たらないからとする判旨を否定するのは、難かしい。だが、本件では、右にみたように、本来A子の無期懲役刑が誤りであることを前提とする限り、この確定判決とのバランスのみで無期懲役刑を維持することには、著反正義に明らかに該当していたのではないか。二審判決も本件決定も、検察側がこの点を指摘せずに、単に事実誤認と量刑違反のみを主張するにとどまったため、本来一番問題とするべきバランス論に入らなかったといえる。その意味で、検察活動の低調さがこのような判例を産んだといえよう。

三　集団責任か個人責任か

右に見たように二つの判例の事案を検討して来たが、両者の間に奇妙な矛盾があることに気付く。

すなわち、仙台高裁の事例では、犯罪集団としての一体性が検察側によって強く主張されたのに対し、裁判所は、具体的犯行における個々の犯罪行為を重視して、被告人の罪責を決定している。一方、最高裁の事案では、個々の被告人の犯罪行為が重視され、その上に立って検察側が死刑を求刑するのに対し、裁判所は、共犯者間のバランスを重視しており、必然的に共犯者を一つの集団として見てそれに属する個々の被告人の罪責を決定するという手法に出ている。

私自身の論理も、前者においては、犯罪集団の一体性から各被告人の刑事責任の一様性を強調しているのに対し、後者においては、犯罪者についての刑事責任の個別性を主張し、前者の集団責任論と矛盾する個人責任論を展開しているかのような様相を呈している。しかし、私の立論は、共犯関係においては、集団責任が原則であり、個別責任は、特別に考慮し得る場合のみという点で前後に矛盾するものではない。

最高裁の判例の事案で、被告人とA子とのバランスを考慮すべきでないことの理由として、刑責の個人責任原理を挙げているが、これは集団責任論を放棄したものではなく、本来A子に対しても死刑判決が選択されるべきであったのに、一審の検察側の求刑が無期懲役という誤ったものであったため、一審判決自体が死刑を選択しない誤りを犯していることを指摘したのであって、本来的には、両者は集団責任を負うべき筈であったのである。

このような例は、法的にも存在し得る場合がある。例えば、共犯者のうち犯行時一八歳未満の者に対しては、いかに凶悪犯罪であれ、死刑は法的に不可能であり、結果として一八歳以上の他の共犯者の死刑判決との間にバランスを欠くことになるが、これは法令の制約から生ずるやむを得ない結果であつて、集団責任の原理を否定するものではない。

それでは、共犯関係の犯罪の場合に、常に集団責任が優先し、個人責任は考慮されるべきではないのだろうか。従来の判例の多くは、集団責任の原則を容認して来ているといってよい。例えば、共謀共同正犯理論(大連判昭一一・五・二八刑集一五巻七一五頁、最大判）などは明らかに集団責任の原則に立つものといえるし、共同正犯の中止犯について、共同正犯中の一人が、自己の意思により犯行を中止しても、他の者の犯行を阻止しなかったときは、共同正犯の責めを免がれることができないとする判例（最判昭二四・一二・一七刑集三巻一二号二〇二八頁）や二人で共同して暴行を加えた後、一人が現場を去るにあたって、相棒がなお相手に暴行を加えるおそれが消滅していなかったのに、格別の防止措置を講じなかったときは、両者の共犯関係は解消したものといえないとする判例（最決平一・六・二六刑集四三巻六号五六七頁）などは、明らかに集団責任の原則に立っている。

もちろん、一方において、窃盗の意思で見張りをした者は、共犯者が強盗をした場合には窃盗の責任を負うにとどまるとするような一連の刑法三八条二項の判例（最判昭二三・五・一刑集二巻五号四三五頁など）が存するが、これは、法的な制約からの当然の結論であり、集団責任の原則を否定するものではない。

それでは、共犯者に集団責任があるとしても、個々の具体的犯行状況によって、刑事責任の度合に軽重の差があるのだろうか。

刑事責任という言葉の問題はあるが、量刑として考える以上、これは、やはりあるといわなければならない。刑の軽重は、情状の軽重によって生じ得ることは、事実上刑の量定の基準とされている刑事訴訟法二四八条(起訴便宜主義)の規定自体が認めるところであり、具体的犯行情況が量刑に及ぼすことは、単なる慣習ではなく、法の予定するところだからである。ただ、従来は、とかく共犯者について、共犯関係の持つ全体としてのエネルギー、つまり犯行遂行に向けての共犯であることの実効性が無視され、平面的に役割分担を見るだけで情状を判断し、刑事責任に差を設ける実務がとられていたが、そうであってはなるまい。

右最高裁判例の事件で、A子が翻意すれば本件犯罪はなかったと最高裁が判示しているのは、まさにこの点なのである。

もとより、集団責任と個人責任の点は、基本的には犯罪の成否に深く係っているのに対し、ここでの刑事責任の差＝量刑の差は、単なる情状の差であることを忘れてはならない。集団犯罪としての共犯犯罪の本質を揺がすような量刑の差は、許されないというべきであろう。

田宮さんに初めて会ったのは、昭和四二年の夏前頃だったと思う。東大で開かれたアメリカ法の研究会が終った後、二、三人で本郷三丁目の地下鉄まで歩いたのだが、二人ともアメリカから帰って間がないということもあって、親近感を覚えたものだつた。

その後、研究者と実務家という立場の違いはあったが、一緒に本を編集する機会に恵まれたり、放送大学の講義に出演したり、年に何回かは顔を会わせる機会があった。

私は、平成三年に検察庁を退官したが、その直前に、当時司法修習生をしていた田宮さんの愛娘と飲む機会などがあり、彼女が検事を希望したときに、すでに退官していたものの相談に乗り、いささか消極的に見えた田宮さんを口説いたことが想い出される。

如水会館での勲賞受賞パーティの際、御夫婦で並んで立って居られた姿が、今でも目に浮かぶが、訃報を聞いてすでに一年以上が経ってしまった。

あまりにも早く、才能が全開し過ぎたのだろうか。田宮さんの夭逝は、惜しみても余りある。御冥福を祈るのみである。

23 被害感情と量刑

原田國男

はじめに

今日、犯罪による被害者又はその遺族（以下、単に「被害者」ということがある。）の保護・救済が広く求められるようになり、その目的に基づく「刑事訴訟法及び検察審査会法の一部を改正する法律」（平成一二年法律第七四号）及び「犯罪被害者等の保護を図るための刑事手続に付随する措置に関する法律」（同年法律第七五号）の成立をみた。この新立法により、新たに、性犯罪の告訴期間の撤廃、ビデオリンク方式による証人尋問、被害者等の傍聴に対する配慮、被害者等による公判記録の閲覧及び謄写、公判手続における被害者等による心情その他の意見の陳述、民事上の和解を記載した公判調書に対する執行力の付与等の全般的な措置が図られた。筆者は、かつて、犯罪被害者補償制度の立案関係者として、その法案化にかかわったことがあるが、紆余曲折の末、同制度は、警察庁所管の「犯罪被害者等給付金支給法」（昭和五五年法律第三六号）として結実した。[1] その後、犯罪被害者に対する具体的な多方面における救済を図る措置の必要性は、かつてないほどに国民から強く要請され、前記の新立法が実現したのである。

そして、前記の被害者の意見陳述を認める規定（刑訴法二九二条の二）は、その第一項において、「裁判所は、被害者又はその法定代理人（被害者が死亡した場合においては、その配偶者、直系の親族又は兄弟姉妹。以下この条において「被害者等」という。）から、被害に関する心情その他の被告事件に関する意見の陳述の申出があるときは、公判期日において、その意見を陳述させるものとする。」としている。ところで、実際の裁判における量刑ないし量刑相場は寛刑化の傾向にあるとされ、これと被害感情ないし潜在的な被害者感情ともいいうる国民感情とでは「ずれ」があり、前者は後者よりも軽いのが一般であるといわれる。そこで、前記の被害者の意見陳述規定の新設を契機として、このような「ずれ」を解消すべきなのか、どの程度調整すべきなのかという基本的な問題に改めて直面する。もっとも、被害感情と国民感情とは異なる局面であるから、被害感情との「ずれ」を修正すべきかと、国民感情との「ずれ」を修正すべきかは、一応別個の問題である。ここでは、被害者救済の大きな流れのなかで、今後、量刑の情状としての被害感情について、どのように考えてゆくべきかを検討したい。ただ、被害感情を重視することは、多くの場合、国民感情にも配慮することになるから、国民感情との「ずれ」の問題にも言及したい。

一　寛刑化の傾向の有無とその原因

まず、実際に寛刑化の傾向があるのか否か、そしてあるとすれば、その原因を探る必要があろう。

まず、刑法犯第一審有罪総人数に対する科刑別パーセントを明治四三年から昭和一五年までの三三年間の各年について調べた資料によれば、この間の特色として、①罰金刑の激増、②短期自由刑の激減及び③重刑罰(五年以上の懲役から死刑までの重い刑)の激減の三つをあげ、その原因を裁判官の刑罰観ないし犯罪観の変遷に求めている。(2) 同様な観点から、戦前からの寛刑の傾向の原因について、ヒューマニズム思想の直截的な現れであり、人が人を罰することに対する畏れの自覚によるものであって、このような近代刑事思潮の影響により、量刑の比重は行為結果から行為者へ、違法要素から責任要素へ移り、刑事学、犯罪学等の社会科学の進歩によって、行為者の性格、社会的環境等の犯罪原因に対する理解が深まり、理解することは、宥恕することに通じ、行為結果に対する寛大な評価をもたらしたと総括する見解がある。(3) そして、そこでは、刑事裁判官に対する寛刑化の原因についての質問の回答として、前記のような見解のほかに、「刑罰の教育的効果に対する不信乃至絶望をあげるもの」、「裁判官の被害感覚の鈍磨をあげるもの」、「上級審又は検察官の態度をあげるもの」、「直接接しない過去の犯行事実に対する関心が比較的稀薄なのに対し、直接接する被告人に対しては惻隠の情を禁じ得ず、できるだけ軽くしてやりたいという心理が働くこと」、「決定に迷うような場合は得てして軽い刑を選びがちであること」など、刑が軽くなる原因についてかなり裁判官の本音に迫った調査結果が示されている。(4)

時代縦断的な長いスパンでの刑罰の寛刑化の傾向とその原因は、以上のようなものであると考えられるが、より具体的に、被害感情の最も強い普通殺人(嬰児殺を除く)及び業務上過失致死について、量刑の変遷を見ることにしよう。

まず、普通殺人の科刑別パーセントについて、明治四二年から大正二年までの累計と昭和一一年から一五年までの累計を表にしたものが、前記資料による**別表1**である。前記資料は、両者を比較し、普通殺人について、死刑・無期及び一五年以上の懲役の言渡し率は、いずれも三〇年間に五分の一以下に激減し、一〇年以上の懲役も五分の二に減じ、これに代わり五年未満の刑が増加し、特に法定刑以下の量刑の増加が顕著で、殺人犯の四〇％が減軽を受けているとしている。(5)

次に、平成一〇年から五年ごとに遡り、昭和二八年までの四五年間の普通殺人罪の懲役刑の科刑別パーセントの推移を見たものが、**別表2**である。これを見ると、顕著な傾向として、①三年以下の刑が占める割合が昭和二八年の五二・七％から平成一〇年の二三・六％と約半減していること、②三年を超えて七年以下の刑の割合にはそれほどの変化がないこと（昭和二八年で三〇・四％であり、平成一〇年で三四・九％）、③七年を超えて一〇年以下の刑の割合が昭和二八年の九・八％から平成一〇年の二二・〇％と約倍増していること、④懲役一〇年を超えて一五年以下の刑及び懲役一五年を超えて無期懲役の各刑の割合が約三倍弱の増加を示していることが指摘できる。これらからすれば、普通殺人について、寛刑化の傾向よりも、逆に厳罰化の傾向がうかがわれるといえよう。やや、大胆にいえば、三年以下の刑の部分が、七年以下へ、七年以下の部分が、一〇年以下にそれぞれシフトしているといえよう。もっとも、④の点は、この間の死刑の言渡しの減少の反映とみる余地がある。

次に、業務上過失致死の五年ごとの実刑率（パーセント）について、参考のために業務上過失傷害のそれも合わせたものを、**別表3**で示した。これによれば、昭和四三年六月一日の刑法の一部を改正する法律の施行までは、禁錮刑の実刑率は、両罪とも上昇していたが、右改正以降、徐々に低下し、業務上過失致死で、昭和四四年の三一・九％から平成一〇年の一二・〇％へ顕著に減少している。業務上過失傷害について、昭和六二年の起訴基準の変更（傷害の程度がおおむね二週間以内の事件について特別の事情がないときには、不起訴とするというもの）を考慮するとしても、ほぼ同様である。(6) 両者の全般的な実刑率の低下は明らかである。その原因としては、①強制保険

別表１　戦前の嬰児殺を除く殺人罪の２期間累計科刑別パーセント一覧表

※	死刑	無期	15年	10年	５年	３年	１年	６月
明42～大２	2.90	9.44	11.04	17.80	25.14	16.22	16.76	0.44
昭11～昭15	0.62	1.52	1.92	6.92	26.38	20.06	39.74	0.05

※　アラビヤ数字の年の欄は、当該数字以上を示す。

別表２　戦後の嬰児殺を除く殺人罪の各５年ごとの懲役刑の科刑別パーセント一覧表

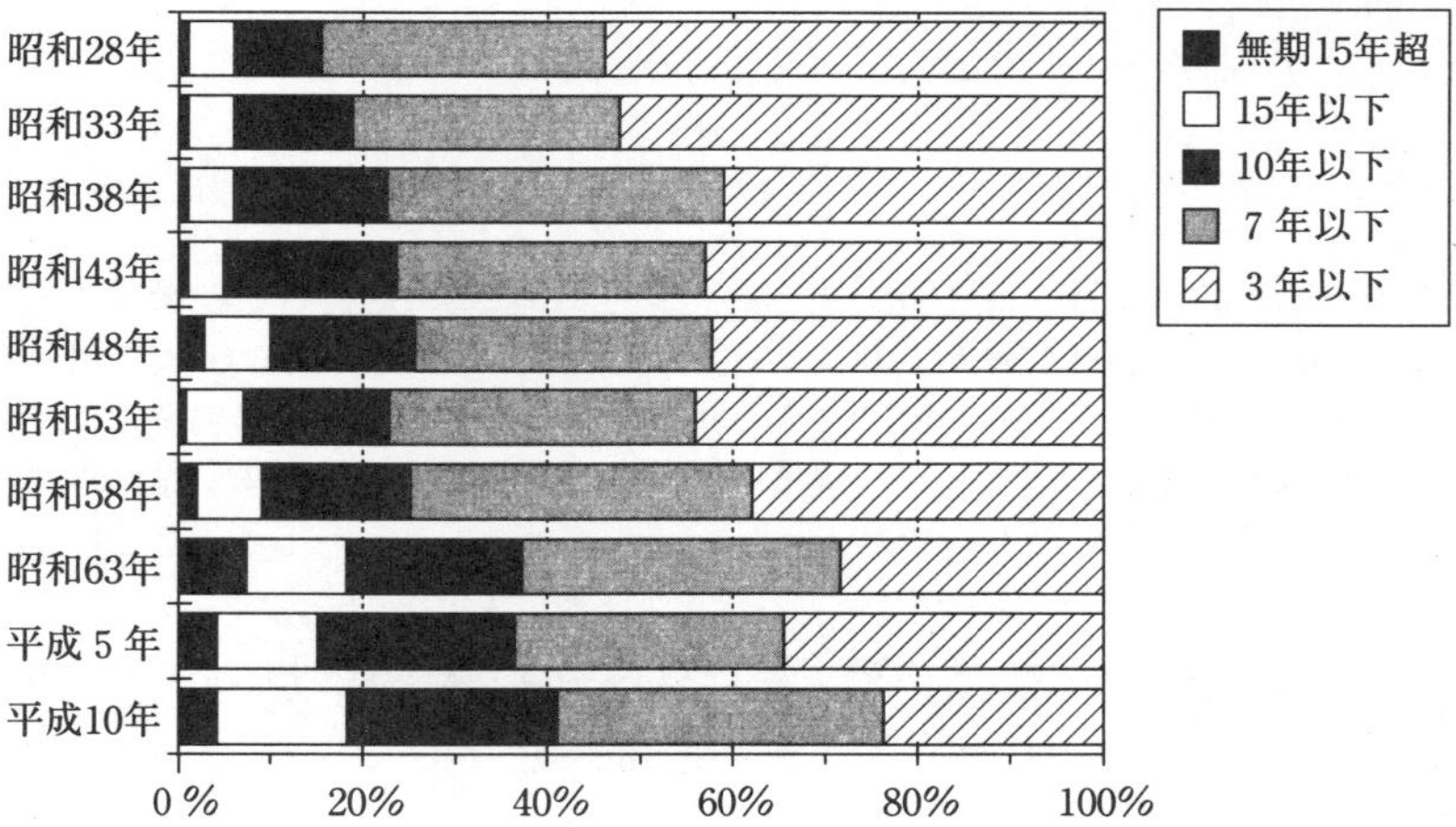

（司法統計年報による）

別表３　業務上過失致死傷罪の各５年ごとの実刑率（パーセント）一覧表

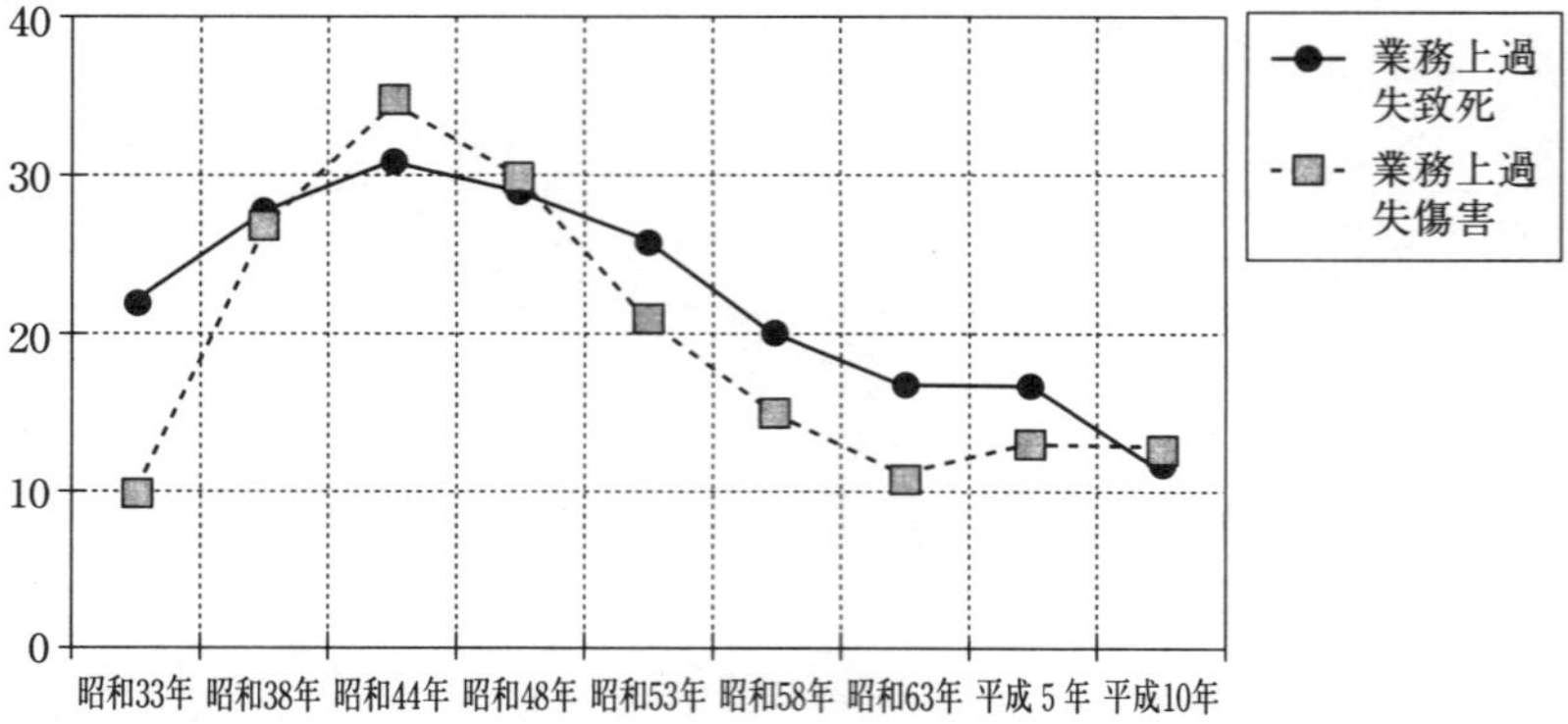

（司法統計年報による。）

※　昭和43年６月１日に刑法の一部を改正する法律が施行され，業務上過失致死及び業務上過失傷害について，５年以下の懲役刑が加えられ，禁錮刑の上限が３年から５年に引き上げられたことから，昭和44年をここでは取り上げた。したがって，昭和33年及び昭和38年については，禁錮刑の実刑率を表記したものである。

及び任意保険の普及により、示談の成立がかなり容易になったこと、②国民皆免許の時代を迎え、一瞬の過失によりいつ自分が加害者になるかもしれないという意識が一般化したこと、③結果主義から過失主義へ裁判官の考え方が変化したことなどにあるように思われる。このような傾向については、批判もある。すなわち、交通事故数や死亡者数が増加している状況の下で、起訴率、公判請求率が下がり、いわば悪質な態様の業務上過失致死傷のみが公判請求されている状態にあるとすれば、むしろ、実刑率は上昇するはずであり、その傾向のなかで実刑率が減少しているとすれば、寛刑傾向、刑罰の後退の傾向は二乗化されてますます顕著であり、それでよいのかとの疑問が提示されている[7]。しかし、現状では、普通の形態で（赤信号無視、酒酔い又はひき逃げを伴う悪質な場合を除くという趣旨である）、致死被害者一名の場合には、執行猶予から考えるのが一般となっているように思われる。横断歩道上の致死事故でもかなり執行猶予となるケースは多く、被害感情さらには国民感情との「ずれ」は大きくなっているかもしれない。

二　国民感情と量刑

国民一般は、刑事裁判の量刑の実際についてどうみているであろうか。総理府広報室が昭和六一年七月に一般国民を対象として実施した世論調査によれば、「裁判における量刑（刑の重さ）は、適切に行われているか。」という質問に対して、「重すぎると思う。」が一・〇％、「適切だと思う。」が二八・〇％、「軽すぎると思う。」が一八・七％、「一概に言えない。」が三四・六％、「わからない。」が一七・七％となっている。(8) この数字をどう見るかは論者によって異なるであろう。「軽すぎると思う。」が一八・七％ある点に着目し、これを重視する見方も可能である。(9)

しかし、国民一般は、刑事裁判の量刑について精通しているはずはなく、おそらく、マスコミ等で報道された著名事件等についての断片的な印象に基づいて、前記のような回答をしているものと思われる。「わからない。」が一七・七％もある点もそのことをうかがわせる。しかし、「重すぎると思う。」が一・〇％しかない点は、国民一般が量刑が軽いのではないかという意識を持っていることを推測させる。

このように、社会の一般人の反応は、職業裁判官によって伝統的に作りあげられた暗黙の基準（量刑相場）よりもかなり重いのが通常であるとの指摘もある。(10) また、我が国に限らず、裁判の結果に対して刑が軽いという見方は、外国の国民一般にも見られる現象であるともいえる。例えば、アメリカ法律家協会（ＡＢＡ）が一般市民（一八歳以上の一、〇〇〇名)を対象として実施した米国司法制度に関する包括的な全国調査において、「裁判官は、犯罪で有罪となった者に十分重い刑罰を与えていない。」という項目について、強く同意・同意が五二％、同意でも不同意でもないが二三％、強く不同意・不同意が二四％という結果が得られている。(11)

さらに、我が国の裁判官のなかにも、裁判所の量刑が社会一般の感覚からすれば軽いと考えている人がかなりいるものと思われる。刑事裁判官に対するアンケートで「あなたは現在の量刑一般について、一市民としてのお立場ではどのようにお考えでしょうか。（イ）一般に軽過ぎる。（ロ）一般に重過ぎる。（ハ）概ね妥当。」との問いに対して、二二〇名の回答者のうち、（イ）が八七名（三九・五％）、（ロ）が〇名、（ハ）が一一〇名（五〇％）であったという調査結果があり、この結果について、「裁判官としての公的な立場での量刑意見と、一市民としての私的な立場での意見とを区別することが容易でない以上、現在の量刑傾向を是とする意見の多いことは、むしろ当然であろう。しかしながら、それにも拘らずこれを軽過ぎるとする意見が約四割に上ったことは、注目に値することと思われる。これは裁判官が個人的には自らの量刑に納得し難いものを感じつつも、従来の量刑傾向から踏出すことのできない事例がかなりあること、換言すれば裁判官に対する量刑慣行の拘束力の強さを物語るものではあるまいか。」という興味深い指摘もある。(12) これは、裁判官自身も世間の相場からみれば、量刑が軽すぎるという実感ないし自覚を持っていることを示唆するものであろう。

また、死刑抑制傾向が進行中であるとして、その関連で、「死刑に限らず、現実に行われている量刑が、一般市民の法感情に合致していないのではないか、とは、法律実務家が共有する疑問であるように思われる。もしかすると、死刑適用基準に関する考え方が、一般の感覚と最も乖離している点かも知れない。以上のような裁判実務の趨勢が正しいものなのかどうか、法曹の範囲を超えて、一般の法感情を探ってみる必要がある時期にきている

ように思われてならない。」という指摘もある。(13)

我が国の量刑相場が前述のように全体として一般に寛刑化の傾向にあるとすれば、多くの場合国民の右のような意識との「ずれ」が生じているといえる。そこで、この「ずれ」を修正する制度的な方策として参審制度を導入すべきかは、それ自体重要な司法改革のテーマであるが、(14)ここでは、このような「ずれ」を、被害感情を重視することによって少しでも埋めることが妥当なのかどうかという側面からみることにしたい。裁判所は、被害感情を重視することによって、この一般国民の見方に配慮すべきであるのか。(15)この「ずれ」は、刑事裁判が被害者を長く疎外してきたことから生じたものであるとし、被害者救済の立場に立ち返れば、もっと刑を重くし、この「ずれ」をより少なくする方向に量刑の考え方自体を転換すべきであるということになるのであろうか。

三　被害者の意見陳述の量刑への影響

被害者の被害感情が被告人の厳罰を求める傾向にあることは各種の実態調査の結果からも明らかである。すなわち、犯罪被害者実態調査研究会（代表宮澤浩一）による犯罪被害者の実態調査の結果によれば、調査時点（事件後約三年）でも、遺族で約九三％が、身体犯被害者で約六〇％が、「相手の刑が軽すぎる」と答えているとし、(16)平成一一年度版犯罪白書における実態調査においても、現在の加害者に対する気持ちについて尋ねた結果として（平成九年一月一日から一一年三月三一日までの間に有罪判決の言渡しのあった対象事件の被害者のアンケート時点の被害感情）、「許すことができない」とするものの比率は、全体では、約六四％であり、罪種別では、殺人等（嬰児殺を除く殺人及び傷害致死）が約九一％で最も高く、次いで強姦の約八四％となっている。(17)

ところで、被害者の意見陳述の新規定は、量刑にどのような影響を及ぼすのか、あるいは、今後及ぼしていくのかという問題がある。

被害者の意見陳述規定についての積極説の根拠の一つとして、「被害者の公判での意見陳述が量刑に影響を及ぼす心配は殆んどないといってよい、現在の実務でも被害者の意見表明によって不当に量刑が重くなったという話は聞いていない」という指摘がある。(18) また、被害者の意見陳述規定について、法制審議会の審議関係者も、「この制度によって量刑が不当に重くなるといった心配はないのではないか」としている。(19) 他方では、「我が国の場合には職業裁判官制度をとっているが、死刑と無期かの選択、さらには執行猶予をつけるかどうかというような微妙な限界の場合に、被害者の感情的なアピールによって影響を受ける可能性は、否定できないであろう。」という指摘もある。(20)

実務家のなかでも、被害感情の程度・内容が一般的にみて、量刑に影響しうる要素であることは当然であるが、被害感情の表明を認める新たな仕組みがその傾向に拍車をかけるものとなるのかといえば、そこまではいえないであろうという予測ないし推測がある一方、求刑の引き上げ等を通じてかなりの影響がありうるとの見方も実際にあるようだ。

意見陳述規定の新設により量刑へある程度の影響があるのはよいとしても、過度の厳罰化は認めるべきでないとするのが、大方の支持を得やすい考え方であろう。(21) ただ、不当の範囲の捉え方如何によってはかなりの重罰化も容認する余地が生じる。例えば、被害感情を重視して量刑を行うことは何も不当なことではないとすれば、その影響は広範となりうる。(22)

この規定の他の運用上の実務的な問題点は別として、(23) その量刑への影響についての将来の実務の動向を占うことは現時点では極めて困難である。量刑一般に対する影響よりも、ここでは、被害感情が特に問題となる殺人、交通事故による業務上過失致死及び強姦等の性的な犯罪の各具体的な場合について、若干の検討をしてみたい。

① 殺人の場合

殺人の場合では、現在においても、被害感情自体が量刑に大きく作用する比率は小さいのではないかと思われる。むろん、これは、一実務家の感想であって一般化できる根拠はない。ただ、殺人罪の量刑が前述したように必ずしも寛刑化の傾向にないことも関連していよう。被害感情が決定的な理由となって死刑になるというケースも考えにくい。量刑判断はすでに別稿で述べたように、量刑のランクの中からの選択である。(24)殺人の量刑でも、例えば、懲役八年、一〇年、一二年の三ランクに絞り込まれた場合に、被害感情の強さを考慮して、その中では、重い方のランクになる可能性は十分あるが、逆にいえば、一ランク重い方に考慮される程度であろう。被害者の意見陳述の規定の新設によっても、この基本的な傾向に大きな変化はないものと思われる。

死刑事件においては、被害者に落ち度のない強盗殺人事件や保険金目的の殺人事件が多いこともあって、その殆どで、被害者遺族が死刑ないし厳罰を希望しているとの調査結果があり、(25)他方、逆に、宥恕がある場合には、大きく死刑回避に作用するという分析結果がある。(26)殊に、被害者の遺族が被告人側の情状証人として被告人のために供述するのは、まず異例といってよいであろう。オウム事件の林郁夫被告人の公判廷には、地下鉄サリン事件の死亡被害者の妻が出廷し、「主人のことを思うと被告を許すことはできませんが、被告に対する激しい憎しみの気持ちはありません。本当に罪を悔いているならば、一生刑務所に入って主人に謝罪してほしいというのが、現在の被告に対する気持ちです。」と証言し、(27)この証言が、死刑ではなく、無期懲役の求刑及び無期懲役判決の背景の一つをなしていたと見る余地もあろう。(28)

兇悪重大事件では、被害感情が峻烈であるのが普通であるから、それは、既に量刑判断に、いわば、折り込み済みであって、そのこと故に、無期懲役が死刑になるということはなく、逆に宥恕していることが死刑回避事由として働くのかも知れない。

② 交通事故による業務上過失致死の場合

交通事故による業務上過失致死の場合には、かつての東京高裁の量刑傾向や東京地裁の判決中にも被害感情の影響がうかがわれるものがあるとの指摘がある。(29) 次のような事例もある。普通の主婦が学校帰りの小学校低学年の少女を車で跳ねて死亡させた事件で、被告人が葬式に参列した際に被害者が飛び出したと言ったために、被害者の母親が娘がそのようなことをするはずはないと激昂し、一切示談に応じず、ひたすらその主婦が刑務所に入ることだけを望み、遂にその望み通りに被告人が実刑になり、上告も棄却されて確定した。飛び出しの真偽は、被告人の供述だけで他に証拠がないのではっきりしなかったけれども、少なくとも被害者の母親がそういうことはありえないと断言するだけの合理的な根拠もないのであるから、まさに被告人の当初の場をわきまえない不用意な発言が発端となって被告人にとっても重大な結果になったというほかない。(30) このような被害者の遺族は、裁判所の刑を軽すぎると憤慨するだけではなく、検察官の求刑自体も軽すぎると思っているから、その満足を得られるような刑はなかなか実現されない。そのため、そのストレスは、裁判を通じて減じるどころか、ますます高じ、司法に対する不信感を深めることになる。この事例では、被害者の母親の強い被害感情がなければ、おそらく被告人は執行猶予になっていたものと思われるから、そのために示談も成立しないこともあいまって、被害感情が実刑を選択した大きな理由であったのではないかと推測される。

しかし、全く普通のどこにでもいる主婦に刑務所生活をさせることについて、より悪質な事案の多くが執行猶予になっている現実のもとで、被害感情を満足させるということから正当化できるのか疑問の余地があろう。交通事故の量刑について、被害感情をそのまま刑量に反映させることの合理性は稀薄であり、実際的にいって、被害感情には個人差があるから、これを考慮すると刑の公平性が損なわれる危険が大きいという指摘もある。(31) さらには、被告人のすべてを知ることは、すべてを許すことになるというのであれば、逆に、被害者や遺族の痛みのすべてを知ることは、峻厳すぎる刑罰を生むということもあり得るという指摘もある。(32)

また、交通関係業務上過失事件についての公判請求事件一〇〇件のサンプル調査において、被害者が加害者の処罰を望んでいないものが六四件、相応の処分を望んでいるものが二一件、厳重処分を望んでいるものが一二件という被害者感情調査がある。(33) 被害感情が実刑か執行猶予かの判断の決定的理由となるような一つの観念型を想定した場合、全体の約一割の厳重処罰希望の被害者について、被告人を実刑に処し、残りの約九割について、執行猶予とするのであれば、刑罰の不均衡は顕著であるといわざるをえない。もっとも、残りの九割、ことに、被告人を宥恕している約六割についても、一切かかわりを持ちたくないという心境の現れにすぎず、その多くは心からの宥恕ではなく、応報感情は根強く残っていると推測されるから、その分について偶々執行猶予になるとしても、厳重処罰を希望する約一割について実刑にするのは不均衡ではないという見方もありうる。すなわち、被害者の殆どが本当は被告人の厳罰を心の中では希望しているのであるから、それが表に表明された事件について実刑を選択しても不当ではないという論理である。しかし、この考え方は、被害者が心からの宥恕をしていない場合は、実刑とすべき方向で考えるべきであるということを意味し、妥当であるとは思えない。確かに、交通事故の被害者の遺族が受ける精神的な苦痛等はまさに耐え難いものであろう。今日、新聞紙上等で取り上げられている犯罪被害者の救済は、この種の犯罪の被害者やその遺族にかかわるものが多い。

しかし、これらの人達の精神的・社会的・経済的な救済は、加害者の重罰によっては贖えないのであり、むしろ、もっと別の社会全体からするケアにこそ求められるべきではなかろうか。過失犯における結果責任から行為責任への大きな転換の流れは、それ自体正当なものであって、被害者救済の観点のみからこれを逆行させるべきではないと思うのである。こうしてみると、被害者の意見陳述の規定の新設は、この分野において確かに量刑相場に微調整をもたらすことはありうるが、特に悪質な事案は別として、大勢としての実刑化への要因になるものとは思えないし、そうなってはならないと考える。

③　強姦等の性的な犯罪の場合

強姦罪等の性的な犯罪についてみよう。この種の犯罪の被害者の多くは、一刻も早く被害を忘れようとしているから、みずから進んで法廷に姿を見せることは少ない。「一切かかわりを持ちたくない」という気持ちのなかには、示談に応じることなどによって、被告人の刑が軽くなるのを厭う心境もあろう。この種の犯罪の被害者にはこのタイプがかなり見受けられる。特に、強姦既遂の場合には、被害者の受けた痛手は深いものがあるから、示談に応じることで、被告人が執行猶予になることは絶対に許さないという気持ちが強く見られる。これは、強姦既遂でも示談が成立すると執行猶予になる可能性がかなりあり(34)、だからこそ、被告人・弁護人も示談の成立に一生懸命になるのである(35)。ために、示談に応じなければ、書証を不同意にして証人として出頭してもらうことになると、いわば脅すようなケースもあるようだ(36)。それは、論外として、弁護人サイドからみれば、強姦等の場合の示談交渉には格別の苦労が伴う。それだけ、深い被害感情が潜在しているといえよう。

しかし、改めて考えてみれば、悪質な態様の強姦既遂では、示談ができようができまいが、実刑に処すべきケースがかなりあるはずである。被害者がかかる犯罪の被害について、損害賠償を受けることは今や当然であって、あたかも、それと執行猶予とが引き替えになるような性質のものではあるまい。ただ、筆者の個人的な感想としては、かつては、強姦に対して傾向的に刑の軽い裁判官がいたように思われるが[37]、近時、女性の人間としての尊厳を侵害する犯罪として厳しい態度で望む裁判官も増えているように思われる。それでも、強姦という犯罪に対する種々の誤った偏見、例えば、本当に嫌なら抵抗できたはずであるから、被害者にも何らかの落ち度があったのではないかといった見方は、なかなか根強いものがあろう[38]。それだけに、被害者が受ける精神的な苦痛は深刻である。また、幼女に対する強制わいせつの事案などは、前科がなければ、まずは執行猶予が従来の相場であろう。しかし、若年女性に与える精神的・心理的な悪影響がやや軽視されてきたのではないかという反省も生まれている。したがって、このようなタイプの被害者の場合、証拠に明確に現れていなくとも、その被害の重大性を十分忖度すべきであるし、後に述べる被害の客観的な状況に関する証拠の収集の必要性が高いというべきである。なかなか、被害者として公判廷に出頭して被害感情を表明してはくれないとは思われるが、意見陳述の規定は、この種犯罪の被害者の被った心の痛みに対する再認識をうながす効果があるものと思われる。

四　被害感情の客観化の必要性

被害感情の量刑上の捉え方としては、まず、個々の被害感情ではなく、犯罪から一般的に推量できる被害感情の量を想定し、具体的量刑では、個々の被害感情の多寡ではなく、前記の抽象的な被害感情の量に応じるという思考方法が考えられる。そこで、たまたま被害感情が極めて強い場合でも、前記の抽象的被害感情を超える量についてては考慮しない反面、被害者が宥恕していても、被害感情をゼロと見るのではなく、隠れた抽象的被害感情の量を考慮することになる。この考え方は、量刑が個々の被害感情に流される危険を防ぐ意味では有益であろう。しかし、この抽象的被害感情の中身は何かとなると、必ずしも明確ではない。結局は、個々の犯罪に関する狭義の犯情(犯行の動機、態様及び結果等)から、このような犯罪であれば、被害者はこの程度の被害感情を有するであろうと推認することになり、狭義の犯情に付け加えるべき量刑要素としての独自性が失われることになるであろう。

次のように考えられないか。最も愛する人を不幸にも失った遺族としては、その意味では、応報感情は、自然な気持ちの発露というべきであり、むしろ、多くの日本人の被害者は、逆にその気持ちを押さえ込むことによって、その心的外傷を深めているといえよう(39)。そして、被害者のこのような加害者に対する厳罰を求める気持ちやそのための行動は、そもそもは被害者の本意ではなく、被害の回復に失敗した場合の一つの代償行動であるという指摘もある(40)。とすれば、そのような被害者の激しい厳罰要求に対して、裁判所がそれを受け入れて刑を重くするという方向に向かうべきではなく、既に述べたように、国や社会として、被害者の精神的なケアを含めた全般的な救済をはかるのが筋であるというべきであろう(41)。

そして、量刑においては、個々の被害感情の強さそのものを重視すべきではなく、犯罪被害の結果生じた被害者側の客観的な被害状況ないし影響を量刑の基礎として取り入れるのが相当である(42)。被害者に被告人の受けるべき量刑についての意見を述べさせること自体は意味があるとしても、その意見を重視しすぎるべきではないであろう(43)。激しい被害感情を持っていること自体ではなく、被害を受けたことにより、平素の生活にどのような身体的、精神的、経済的あるいは社会的な支障が生じているかを問題とすべきである。このような方法で、被害情状の客観化を図るほうがよいと思われる。これまでは、被害者側の情状として、被害感情が重視され、このような客観的な状況に関する情報は必ずしも多くはなかった。捜査段階での被害者の調書でも、被害感情の強さを述べることに重点があり、実際上どのような被害状況が広範に生じているかの把握が乏しかったと思われる。むろん、精神的な被害も客観的事実として考慮の対象に含まれる。前記各実態調査で明らかになったような犯行再現への恐怖やPTSDの症状等に関する情報は、重要である。犯罪が被害者にどのような客観的な影響を及ぼしたかについて明らかにする必要性がある。このように被害感情の客観化を図ることにより、より合理的で公平な量刑を実現することが、真の被害者救済につながるのではあるまいか。

（1）　犯罪被害者補償制度は、当初、法務省所管のものとして、かなりの立案作業が進められていたが、最終的には警察庁の所管ということになった。その実際の理由はつまびらかではないが、法務省案では、例えば、一案として、裁定者を検事正にするというようなことが考えられたけれども、それには種々の問題点があり、制度として受け入れにくかったという事情もあろう。結局、警察庁所管として、同制度は歩み出したが、その後の警察における被害者救済の進展ぶりを見ると、それでよかったという感を禁じ得ない。やはり、この分野は、基本的に行政作用に属することであり、都道府県公安委員会のような行政機関が担当するほうが適切なのである。しかも、警察は、まさに、最初に被害者と接触する国家機関であるから、被害者救済を推進する責務があるともいえる。そして、同じ時期に発足した「犯罪被害救援基金」の運営やその委託に基づく犯罪被害者の実態調査が被害者救済への大きなモメントとなったこと及び警察庁による「被害者対策要綱」の策定やこれに基づく全国規模の被害者支援の施策の実施等を見れば、昨今の被害者対応の不手際の事例は論外として、ますますその感を深くする。

（2）　最高裁判所事務総局刑事局「量刑の変遷に関する統計」刑裁資料五九号（一九五一年）及び高橋正己「量刑の変遷について」小野博士還暦記念『刑事法の理論と現実（二）刑事訴訟法・刑事法』（一九五一年）三五一頁以下。

（3）　松本一郎『戦後の量刑傾向と行刑の実際』司法研究報告書一四輯六号（一九六四年）三九頁。

（4）　松本・前注（3）三八頁。

（5）　刑裁資料・前注（2）三六頁。

（6） 平成五年版犯罪白書二四九頁は、交通関係業過事件の起訴率について、昭和六一年に七二・八％のピークに達し、それ以降平成四年の一八・七％までの急激な低下の背景には、①「国民皆免許時代」、「くるま社会」の今日、軽微な事件について国民の多数が刑事罰の対象となるような事態となることは、刑罰の在り方として適当でないこと、②保険制度が普及し、治療費や修繕費に対する保険による補償が充実してきたことに伴い、加害者が起訴されなくとも、被害者が納得することが多いこと、③交通事故の防止は、刑罰のみに頼るべきものではなく、行政上の規制・制裁をはじめ、各種の総合的な対策を講ずることによって達成されるべきものであること、④この種事件を起訴するとはいっても、従来から、その多くは略式手続によって処理され、少額の罰金が科されていたわけであるが、このように少額の罰金を科するのは、罰金の刑罰としての感銘力を低下させ、刑事司法全体を軽視する風潮を醸成することとなることなどの事情があると分析してる。

（7） 豊田健「交通事故事件における量刑」荒木友雄編『刑事裁判実務体系第五巻交通事故』（一九九〇年）三四七頁。なお、二木雄策『交通死――命はあがなえるか』岩波新書（一九九七年）四一頁以下は、交通犯罪に対する寛大化の傾向に強い批判を加えている。また、川本哲郎「交通事故の被害者」『宮澤浩一先生古稀祝賀論文集第一巻犯罪被害者論の新動向』（二〇〇〇年）三一九頁は、無謀運転による業過致死傷に対する刑罰の引き上げは検討に値するものであろうとする。

（8） 百瀬武雄＝安森幹彦「量刑基準と国民意識」法務総合研究所研究部紀要刑事政策研究三一（一九八八年）一頁以下。

（9） 百瀬＝安森・前注（8）八頁。

（10） 平野龍一『矯正保護法』（一九六三年）三六頁。

（11） 最高裁事務総局『米国司法制度に関するアメリカ法律家協会（ＡＢＡ）の調査結果』（二〇〇〇年）六六頁。なお、エドナ・エレツ「量刑手続への被害者の参加、量刑の結果そして被害者の福祉」宮澤浩一・田口守一・高橋則夫編訳『犯罪被害者と刑事司法』（一九九五年）二五三頁。

(12)　松本・前注(3)三五頁以下。
(13)　加藤松次「最近における死刑判決言渡し事案の実情」法律のひろば四三巻八号三七頁。
(14)　中山善房「刑事手続の活性化」『西原春夫先生古稀祝賀論文集第四巻』（一九九八年）二〇頁は、「検察官が極刑を求刑した場合に、この段階で、国民から選ばれた参審員をその量刑判断に関与させるという方策は考えられないものであろうか。」とする。量刑参審に対しては、被告人の厳罰化を招く危険がないか、量刑相場が不安定にならないか、量刑相場に習熟した職業裁判官を相手に参審員は無力ではないかといった疑問がある。他方では、量刑に民意を反映させる必要があり、その方法としては、量刑参審が最も適切ではないか、ドイツの運用例をみても、参審員は必ずしも重い量刑を主張するとは限らないのではないか、むしろ、国民一般が死刑を望むような事案で、参審により無期懲役とするなら、そのほうが、国民の理解を得やすいのではないかといった考え方もあろう。
(15)　百瀬＝安森・前注(8)八頁、百瀬武雄「殺人罪における量刑」石川弘・松本時夫編『刑事裁判実務体系第九巻身体的刑法犯』（一九九二年）二三二頁。
(16)　宮澤浩一・田口守一・高橋則夫編『犯罪被害者の研究』（一九九六年）七三頁。
(17)　平成一一年版犯罪白書二九六頁。
(18)　椎橋隆幸「犯罪被害者をめぐる立法課題」法律のひろば五二巻五号一六頁。
(19)　座談会「犯罪被害者の保護」ジュリスト一一七六号三〇頁。
(20)　斉藤豊治「被害者問題と刑事手続」季刊刑事弁護二二号九六頁。なお、同「アメリカにおける死刑の量刑手続と被害者の参加」『井戸田侃先生古稀祝賀論文集転換期の刑事法学』（一九九九年）五三六頁は、「裁判官経験者からは、死刑について被害者側に意見陳述を認めたとしても、裁判官が動かされる可能性は少ないが、懲役刑や執行猶予の有無などでは、裁判官が動かされる可能性は否定できないであろうとの示唆を受けた。」とする。
(21)　例えば、瀬川晃「刑事司法における被害者への配慮」『宮澤浩一先生古稀祝賀論文集第一巻犯罪被害者論の新動向』（二〇〇〇年）一〇六頁等は、この種規定が重要な意義を有することを認めた上、応報思想と過度に結びつく危険性への自戒を説く。立法論としての積極説の多くも基本的に同旨の論調であるといってよい（椎橋・前注(18)一六頁、甲斐行夫「刑事手続における犯罪被害者等の保護に関する従前の法整備等の状況と立法課題」ジュリスト一一六三号一五頁等）。

(22) 吉岡一男「犯罪対応における被害と被害者」宮澤浩一先生古稀祝賀論文集第一巻『犯罪被害者論の新動向』（二〇〇〇年）八六頁、同『自由刑論の新展開』（一九九七年）二九頁は、被告人に重くなる方向での量刑への考慮は許されないとする。しかし、その片面的配慮自体の正当性に疑問があるほか、そう解すると、この規定は、いわば言葉は悪いが、被告人の厳罰を求める被害者に対してガス抜き的効果しかないということになり、その存在意義が薄いものとなってしまうであろう。

(23) 例えば、弁護人からは従来でも弁護人が被害者に不利なことを法廷で主張したり、被告人質問でその点に触れると、公判廷で傍聴している被害者の遺族やその関係者の怒りを買い、示談もおぼつかなくなるため、言いたいことや主張したいことも自制してきたが、この規定の新設によりさらにそうなるのではないかという危惧も聞かれる。しかし、これらの点は記録を見ればある程度明らかであるから、裁判所も弁護人や被告人の主張や供述が明確になくとも、実際には十分考慮するので実害はないと思われるが、今後とも被告人が言いたいことが言えなくなるようなことがないように訴訟指揮においても十分配慮すべきであろう。

また、弁護人からは、実際には、可哀想な被害者だけではなく、したたかな被害者もおり、例えば、被害者自身は、あまり表に出ずに、別の人（例えば、暴力団関係者等）を立てて被告人側に犯行内容に比べて過大ともいえる損害賠償額を要求することがあり、新規定は、この種の被害者に悪用されるおそれはないかという懸念も聞かれる。我が国において、加害者が被害者等に弁償をすることは少なく、その額も低額であるというのが実情である。そして、普通の被害者は、弁護士を頼むことにも躊躇するから、結局、加害者側から賠償を得るためには、知り合いの人や顔の利く人に頼みやすく、そうすると、えてして、頼まれた者も被害者のためにできるだけ多額の賠償を得ようとして被告人側の弁護人との交渉が難しくなり、裁判所からみれば、前記のような状況も起こってくるのである。

弁護人としても依頼者である被告人の実刑を避けるために示談成立に努めるが、このようなケースでは示談の成立もなかなか困難で、被告人も第一審で実刑となると、控訴審での示談では、ますます足元を見られ、多額の弁償を支払わざるを得ないことにもなる。

犯罪被害者等の保護を図るための刑事手続に付随する措置に関する法律四条により、民事上の和解の公判調書への記載とそれに対する執行力の付与が新たに認められ、その記載に当たっては、裁判所は、形式的な審査をするのみで、実質的に過大な額の和解であっても、記載をすべきことになると解されるから、そのような被害者が意見陳述と公判調書への記載を武器に不当な要求をしてくる可能性も否定できないであろう。

裁判所としては、こういうケースもあるということは考慮に入れて、各新規定の適正な運用を図ってゆくほかない。このような被害者の場合、示談が成立していなくとも、その背景にある事情を洞察し、示談不成立ゆえに刑を重くするべきではあるまい。

(24)　原田國男「量刑判断の実際」司法研修所論集一〇一号六一頁。

(25)　柳俊夫・古江頼隆・安田潔「凶悪重大事犯の実態及び量刑に関する研究」法務総合研究所研究部紀要刑事政策研究三九（一九九六年）七七頁。なお、同七九頁では、遺族が宥恕しているにもかかわらず、死刑に処せられた事案を紹介し、犯行そのものの客観的な諸事情から死刑に処せられるのもやむをえなかった事案であるとしている。

(26)　松永榮治・吉田弘之「強盗致死事件に見る量刑因子の数量化」法務総合研究所研究部紀要刑事政策研究三一（一九八八年）三三頁は、被害者遺族の宥恕はかなり大きく死刑回避に作用するという量刑因子の数量化に基づく分析を示している。

(27)　読売新聞一九九八年三月三日朝刊。

(28)　東京地判平成一〇年五月二六日判時一六四八号三八頁は、被害者の家族ら多数の者の被害感情は峻烈であるとしつつ、この証言ともう一人の死亡被害者の妻の上申書を挙げて、「両名が胸の内に去来する複雑な思いのすべてを語っているわけではないものの、少なくとも、現段階で、被告人に対して極刑を望んでいると断ずることはできない。」とし、「このことは、被告人の公判廷における供述内容と供述態度が真摯な反省、悔悟に基づくものであることの証左といい得るのである。」と判示している。この判示が、被害者遺族の宥恕を被告人の反省に結びつけて考慮しているのは、犯した罪の重大さからして、一部の被害者遺族が宥恕したからといってそのことから死刑を回避できる訳ではないことを示唆しているものであろう。なお、我が国では、被害者が「罪を憎んで、人を憎まず」とする考え方に立たなければ、人間として失格であるかのような意識があり、このためにかえって、被害者の心的外傷をますます深めることになっているとの指摘がある（諸澤・後注(38)三七六頁）。被害者の警察官調書や検察官調書には、まさに「罪を憎んで、人を憎まずです。」との供述記載が時折見受けられる。これが本当の被害者の心境であるならばよいが、そうではなく、捜査官の感心するような被害者像に合わせて、本心と異なることを言っているとすれば、その心の傷の深さは計り知れない。

他方、本当にそのような心境に達したと思われる被害者も極めて少ないが存在する。このような被害者が検察官側ではなく、被告人側の情状証人としてわざわざ法廷に出頭し、被告人の更生のために誠に心に響く証言をしてくれた例もある。もっとも、暴力団の被告人による恐喝の被害者が示談に応じただけではなく、被告人側の情状証人として証言したケースでは、真の宥恕ではなく、その背後に被告人による強い働きかけが感じられたことがある。

(29)　永井登志彦『自動車による業務上過失致死傷事件の量刑の研究』司法研究報告書二一輯一号（一九六九年）二四七頁。

(30)　交通事故の死亡被害者の葬式に被告人を参列させるか否かは弁護人としても苦慮するところであるようだ。参列すれば、したで何故来たと言われ、参列しなければ、後々葬式にも来ず、反省していないと言われる。親がいれば、親が行くのが穏当な場合もあるという。

(31)　永井・前注(29)二四七頁。

(32)　百瀬・前注(15)二二七頁。

(33)　平成五年版犯罪白書二六二頁。

(34)　平成一一年版犯罪白書三二二頁によれば、強姦で公判請求された場合、示談未成立の事案の九〇％以上（三六件中三五件）が実刑となっているのに対して、示談成立の場合は、半数以上（一六件中九件）が執行猶予となっている。
(35)　強姦の被害者でどうしても示談に応じてもらえないので、世界一周の旅行券を送ったらそれだけは受け取ってもらえたというケースもあった。
(36)　河原理子『犯罪被害者　いま人権を考える』平凡社新書（一九九九年）三三頁。
(37)　松本・前注(3)一八頁は、「激増する性犯罪の対策が苦慮されている今日、強姦罪の量刑がかような寛大な方向にあることは、一般市民の感覚からすれば、不当の誇りを免れないであろう。（中略）それにしてもこの種犯罪は、教養階級に属する裁判官にとって、最も卑しむべく最も憎むべき犯罪の一つである筈であり、被害感覚も一般市民以上に鋭い筈であるのに、このような傾向をみていることは理解に苦しまざるを得ない。これを以て、女性を男性の道具視する封建社会の女性観の現れとする公式主義的見解には容易に左袒し得ないにしても、この種犯罪を他の犯罪より重く罰するのがドイツ裁判所の慣行であるときくとき、何か割切れない思いを抱くのは私のみであろうか。」と嘆いている。なお、前注(2)刑裁資料五九号三四頁は、単純強姦罪及び強姦致死傷罪について、明治末期と昭和一〇年以降を比較してその顕著な寛刑化の傾向を指摘している。
(38)　諸澤英道『新版被害者学入門』（一九九八年）二八八頁。ジョルジュ・ヴィガレロ『強姦の歴史』（藤田真利子訳・作品社・一九九九年）は、この種の偏見の歴史を詳述した上、今日では、「被害者の内面の傷に注意が向けられるようになり、以前は道徳的な恥辱や社会に対する犯罪としか考えられなかったものが、被害者に回復不可能な傷をもたらす犯罪であるという見方に変化した」と指摘する。
(39)　諸澤・前注(38)三七七頁。なお、我が国の国民が一般的に無宗教であることも、被害者の厳罰を強く要望することの背景にあるように思われる。すなわち、被害者が宗教により癒されることがなく、また、宗教を基礎とした広範な民間のボランティア活動により癒されることもなく、さらには、人に最終的に罰を加えるのは神であるという観念に乏しく、現世における人、すなわち、裁判官による厳罰を求めるセンチメントになりやすいのではあるまいか。

(40) 諸澤・前注(38)三九一頁。

(41) 高橋則夫『刑法における損害回復の思想』(一九九七年) 一八五頁は、死刑廃止論と被害者救済との関係を論じ、重大犯罪の場合には、回復感情を充足するための措置こそをまず第一に模索しなければならないとした上で、被害者(遺族)の真の苦しみを分かち合う社会的連帯意識の形成の方向を探ることなく、被害(遺族)感情=応報感情という等号に固執することは真の被害者(遺族)感情を理解しない局外者的見解といわざるを得ないとする。

(42) ニュージーランドにおけるいわゆるVIS (victim impact statement) では、その陳述内容は、被害者が被った被害の程度や影響に限られ、被告人について言及することやその処分に関する意見を含むことができないとされているという(平成一一年版犯罪白書四四七頁)。

(43) アメリカではVISに量刑に関する被害者の意見を含ませることに対して陪審を扇動しがちであり被害者の他のいかなる情報よりも予断偏見を生じさせる可能性があるという批判がある(斉藤・前注(20)『転換期の刑事法学』五〇六頁)。職業裁判官である日本の場合には、このような心配はいらないが、実際被害者証人も明確に死刑にして欲しいとか刑務所に入れて欲しいとは、後難等を恐れるからか、あまり明確に言わないことが多いような印象もある。

Ⅲ　少年法

24　少年推知報道と少年の権利

平川宗信

はじめに

少年法は、少年の健全育成（一条）の見地から、審判を非公開とする（二二条二項）とともに、「家庭裁判所の審判に付された少年又は少年のとき犯した罪により公訴を提起された者については、氏名、年齢、職業、住所、容ぼう等によりその者が当該事件の本人であることを推知できるような記事又は写真を新聞紙その他の出版物に掲載してはならない」（六一条）と規定して、本人を推知可能な報道（以下、推知報道という）を禁じている。

少年法六一条の趣旨は、同条に罰則規定がないこともあって、一九六〇年代頃までは必ずしも徹底していなかった。日刊新聞の全国紙も、オー・ミステイク事件（一九五〇年）、小松川女子高生殺害事件（一九五八年）、浅沼社会党委員長刺殺事件（一九六〇年）、嶋中中央公論社社長宅襲撃事件（一九六一年）、少年ライフル魔事件（一九六五年）、連続ピストル魔事件（一九六八年）等では、少年の氏名・顔写真等を掲載したものが多かった。しかし、その後は、少年法の趣旨が次第に浸透して、大手メディアによる少年の氏名・顔写真等の報道はなくなっていった。ところが、一九八〇年代の後半から、再び大手メディアによる少年の氏名・顔写真等の報道がかなり頻繁に見られるようになった。札幌両親殺害事件（一九八五年）や神戸児童連続殺傷事件（一九九七年）での『フォーカス』の顔写真報道、女子高生コンクリート詰め殺害事件（一九八八年）での『週刊文春』の実名報道、市川一家殺傷事件（一九九二年）での『週刊新潮』の実名・顔写真報道、長良川リンチ殺害事件（一九九四年）での『週刊文春』の擬似仮名報道、堺少女等殺傷事件（一九九八年）での『新潮45』の実名・顔写真報道などが、それである。(1) これらの報道は、特定・少数の出版社の雑誌によって、「あえてタブーを破る」との理由付けの下に、いわば確信犯的に繰り返し行われているところに特徴がある。その背後には、メディア間の競争の激化により、一部メディアがこのような報道で他との差別化を図ろうとしている事情があるように思われる。

従来は、犯罪・非行を報道された者は、無実ないし無罪を主張しているのでない限り、報道に不満があっても泣き寝入りするのが通例であった。しかし、最近は、人権意識の高まりにより、犯罪事実ないし有罪を認める者でも、報道によって人権を不当に侵害されたと考える場合にはメディアの責任を問う動きが出てきている。堺少女等殺傷事件に関する『新潮45』の記事と長良川リンチ殺害事件に関する『週刊文春』の記事に対しては、少年側が、損害賠償等を求めて民事訴訟を提起した。そして、二〇〇〇年前半に、それぞれの控訴審判決が言い渡された（大阪高判平成一二年二月二九日判時一七一〇号一二一頁、名古屋高判平成一二年六月二九日・判時一七三六号三五頁）。(2)

これらの判決は、民事判決ではあるが、少年法六一条の推知報道禁止の法意と憲法二一条との関係、少年事件報道と人格権との関係等、刑事法の見地からも興味深い判断を示している。しかも、大阪高裁判決は記事の違法性を否定し、名古屋高裁判決は記事の違法性を肯定していて、両者は対極的な判断を示している。この点でも、両判決には、極めて興味深いものがある。本稿では、この二つの高裁判決を契機に、少年法六一条の法意と憲法との関係、少年事件報道と少年の権利との関係等を中心に、推知報道について刑事法学的な見地から若干の検討を加えることとしたい。

本稿のテーマは、個人の権利と表現の自由との調整に関係する一方で、少年法の理念とも関連する。私は、かねてから名誉毀損罪を中心に個人の権利と表現の自由との調整の問題を研究してきたが、田宮裕先生は、私の提示した考え方[(3)]に早くから賛意を示して下さっていた[(4)]。また、田宮先生が少年法についても多くの研究を残しておられることも、周知の通りである。本稿を奉呈することで、田宮先生に対する追悼の微意を表したい。

一 『新潮45』大阪高裁判決と『週刊文春』名古屋高裁判決

はじめに、大阪高裁判決と名古屋高裁判決の内容について、簡単に見ておくことにしたい。

1 『新潮45』大阪高裁判決

『新潮45』の記事に関する大阪高裁の判決は、次のようなものである。

まず、堺少女等殺傷事件というのは、一九九八年一月、当時一九歳の少年が堺市内でシンナー吸引中幻覚に支配された状態で五歳の幼稚園児等を殺傷したとして緊急逮捕された事件である。この事件について、『新潮45』は、事件後間もない時期に、「ルポルタージュ『幼稚園児』虐殺犯人の起臥」と題する記事を載せ、記事中に少年の実名、中学卒業時の顔写真、現在の容貌・年齢・職業・住居等を掲載した。これに対して、少年側は、プライバシー権・肖像権・名誉権等の人格権から派生し少年法六一条により認められた「実名で報道されない権利」が侵害されたとして、損害賠償等を求めて民事訴訟を提起した。第一審の大阪地裁は損害賠償責任を認め、『新潮45』側が控訴していた。

大阪高裁は、本件記事に実名・顔写真がなかったとしても記事内容の価値に変化が生じるとは思えないなどとして実名・顔写真の掲載を批判したが、次のように判示して損害賠償責任を否定した。「表現の自由は、それ自体内在的な制約を含むとはいえ、民主主義の存立基盤であるから、憲法の定める基本的人権の体系中において優越的地位を占めるものではあるが、常に他の基本的人権に優越するものとまではいえない」。表現の自由とプライバシー権との調整は、表現の自由の憲法上の地位を考慮しつつ、慎重に判断すべきである。この観点からは、「表現行為が社会の正当な関心事であり、かつその表現内容・方法が不当なものでない場合には、その表現行為は違法性を欠き、違法なプライバシー権の侵害とはなら」ず、「犯罪容疑者については、犯罪の内容・性質にもよるが、犯罪行為との関連においてそのプライバシーは社会の正当な関心事となりうる」。さらに、少年法六一条は、少年の健全育成という公益目的と特別予防という刑事政策的考慮による規定であり、同条が実名で報道されない権利を付与していると解することはできないし、罰則がないことも考慮すると、同条が表現の自由に当然に優先すると解することもできない。本件事件は「社会一般に大きな不安と衝撃を与えた事件であり、（中略）本件記事は、社会的に正当な関心事であった」。また、「被疑者等の特定は、犯罪ニュースの基本的要素であって犯罪事実と並んで重要な関心事であると解されるから、（中略）少なくとも、凶悪重大な事件において、現行犯逮捕されたような場合には、実名報道も正当として是認される」。また、本件実名報道がなぜ更生の妨げになるかについても主張・立証がされておらず、抽象的な更生の妨げの可能性だけでは損害賠償の根拠とすることはできない。

2 『週刊文春』名古屋高裁判決

次に、『週刊文春』の記事に関する名古屋高裁の判決は、次のようなものである。

まず、長良川リンチ殺害事件というのは、一九九四年一〇月、当時一八歳の少年が他の二名の少年と共謀して二名の被害者を自動車内に監禁し、現金を奪った上、長良川河川敷で殺害したなどとされる事件である。『週刊文春』は、その三年後、この少年について、「『少年』にわが子を殺されたこの親たちの悲鳴を聞け、長良川リンチ殺人、名古屋アベック殺人、山形マット殺人」と題する記事の中で「犯人グループの主犯格Kは昭和五十年生まれ（当時19歳）」と記載し、また「『少年犯』残虐」と題する記事の中で実名をもじった仮名・経歴等を記載した。これに対して、少年側は、名誉・プライバシーを侵害されたほか、少年法六一条が保護する推知報道をされない権利・利益を侵害されたとして、損害賠償を求めて民事訴訟を提起した。第一審の名古屋地裁は損害賠償責任を認めたため、『週刊文春』側が控訴していた。

名古屋高裁は、「主犯格K」の表示は本人を推知させるものではないが、実名をもじった仮名は本人を容易に推知させるとした上で、以下のように判示して損害賠償責任を認めた。少年は、憲法一三条により名誉権・プライバシー権を有し、憲法二六条により学習権を有している。また、児童の権利条約は、三条一項で児童の最善の利益の考慮を規定し、四〇条一項で非行のある「児童が社会に復帰し及び社会において建設的な役割を担うことがなるべく促進されることを配慮した方法により取り扱われる権利」を規定している。さらに、国際人権規約B規約一四条四項は、少年手続において更生の促進を考慮すべきことを規定し、これを具体化した「少年司法に関する国連最低基準規則」八項は、少年犯罪者の特定に結び付く情報の公表を禁止している。これらを踏まえれば、少年が社会に復帰して建設的な役割を担うことが促進されるような方法で取り扱われることは、少年の基本的人権の一つとも観念できる。そして、推知報道によるラベリングの弊害は見やすい道理であり、「少年法六一条は、右のような理解の下に、報道の規制により、成長発達過程にあり、健全に成長するためにより配慮した取り扱いを受けるという基本的人権を保護し、併せて、少年の名誉権、プライバシーの権利の保護を図っているものと解するのが相当である」。他方、「表現の自由及び報道の自由は、民主主義の基盤を支え、また、国民の知る権利に奉仕するものとして、極めて重要なものである」が、少年の利益は憲法や国際人権条約の理念に基づく貴重な基本的人権であり、少年の氏名や顔写真等を報道しなくても事件の社会的意味を知らせることは可能であること等を総合的に考慮すると、少年法六一条は少年の人権・権利を保護するためのやむをえない制約であり、憲法二一条に違反しない。同条に違反して推知報道をする者は、人権侵害行為として不法行為責任を負う。

二 問題の所在

大阪高裁と名古屋高裁の二つの判決を比較・対照すると、推知報道に関しては、以下の諸点が法理論的に問題となるように思われる。

第一点は、推知報道は少年の権利ないし利益を侵害するか、侵害するとすればその実質は何かという、推知報道の権利・法益侵害性の問題である。この点は、民事損害賠償責任の成否を論じる上での基本的な論点であり、推知報道と少年の人権との関係を論じる上でも基本的な問題点である。この点について、大阪高裁判決は、プライバシー権、肖像権、名誉権、実名を公開・報道されない人格的利益・権利、更生・社会復帰の利益等を主に問題にしているのに対して、名古屋高裁判決は、少年に固有の権利を重視して、「健全に成長するためにより配慮した取り扱いを受けるという基本的人権」と少年の名誉権・プライバシー権を主に問題にしている。結局、この問題は、少年にはいかなる権利・法益が認められるのか、それが推知報道によってどのように侵害されるのか、という問題になろう。

第二点は、これとの関連で、報道が少年法六一条に違反していれば直ちに少年の権利・利益の侵害が認められるのか、すなわち、少年法六一条違反は少年の権利侵害を根拠付けるのか、という問題である。これは、成人の場合とは異なり、少年については少年法六一条に推知報道禁止規定があるために、とくに問題となる点である。この点については、大阪高裁判決は、少年法六一条は少年の健全育成と特別予防という公共の利益の実現を目的にした規定であるとしてこれを否定的に解しているのに対して、名古屋高裁判決は、同条は少年の健全発達権と名誉権・プライバシー権の保護を目的にした規定であるとしてこれを肯定的に解している。この点は、結局、少年法六一条の趣旨・目的など、その法意をどのように理解するかの問題になると思われる。

第三の点は、これらの問題を踏まえた上で、少年の権利・利益の保護および少年法六一条の推知報道の禁止と報道の自由との関係をどのようにとらえるのか、両者の調整をどのように考えるのか、という問題である。この点は、少年の推知報道の当否、少年法六一条の憲法適合性等に関わる問題であり、推知報道に関して憲法理論的に最も重要な問題である。この点については、大阪高裁判決は、表現の自由の優越的地位を考慮して、重大・凶悪事件で現行犯逮捕されたような場合には少年の実名・肖像等にも報道の自由が及ぶとしたのに対して、名古屋高裁判決は、少年の人権の憲法・国際人権条約上の貴重性を重視して、推知報道の禁止は表現の自由に対するやむを得ない制約であるとして、少年の人権の優位性を認めている。この問題は、結局、表現・報道の自由の限界の問題であり、最終的には、表現の自由が保障される根拠・趣旨・範囲をどのように考えるかという、表現の自由の原理論に帰着する問題であると思われる。

このほか、民事判決である両判決では詳しく論じられてはいないが、刑事法の見地からは、推知報道に対する刑事責任の成否も問題になりうる。現在、少年法六一条には罰則がないので推知報道禁止違反それ自体の処罰は立法問題でしかないが、推知報道を少年に対する名誉毀損として名誉毀損罪で処罰できるかは、一つの解釈問題である。そこで、以下においては、これらの諸点について、順次検討を加えてゆくことにしたい。

三 推知報道の権利・法益侵害性と少年法六一条の法意

1 推知報道が少年のいかなる権利・法益をどのように侵害すると考えるかは、少年の権利ないし保護されるべき法益をどのように解するかに関わる。

成人については、まず、人格権として名誉権・プライバシー権が認められ、実名による犯罪報道は、これらの権利を侵害するものと解される。少年の場合も、この点は、成人の場合と同様に考えられると思われる。

名誉権との関係では、犯罪行為の報道が人の名誉を毀損することは明らかである。犯罪行為は人の評価に関わる事実であり、犯罪者にも名誉はある。(5) 刑法二三〇条は「事実の有無にかかわらず」名誉毀損罪が成立するとしており、犯罪行為の報道が名誉毀損にあたることは明らかである。刑法二三〇条の二第二項が「(公訴提起前の)犯罪行為に関する事実は、公共の利害に関する事実とみなす」との規定を置いているのは、このことを前提とするものである。プライバシー権との関係では、犯罪行為がプライバシーに属するか否かについては、問題がなくはない。しかし、純粋に「私生活の領域に属する事実」(6) ないし「評価の対象とならない事実」(7) のみがプライバシーであると解するのではなく、「他人に知られたくない事実」がプライバシーであると解するならば、犯罪行為をプライバシーと解することに困難はない。また、近年有力な、プライバシー権を「自己に関する情報をコントロールする権利」として理解する立場では、犯罪行為も当然プライバシーに含まれることになろう。(8) 犯罪行為の報道は、プライバシー権を侵害するということができる。(9)

少年に関しても、児童の権利条約一六条は、「1　いかなる児童も、その私生活（中略）に対して恣意的に若しくは不法に干渉され又は名誉及び信用を不法に攻撃されない。2　児童は、1の干渉又は攻撃に対する法律の保護を受ける権利を有する」と規定して、少年にも名誉権・プライバシー権があることを確認している。(10) 推知報道が当該少年の名誉権・プライバシー権を侵害することは、否定できない。

2　さらに、成人の場合、犯罪との関係では社会復帰の権利および適正手続の権利が認められ、実名犯罪報道はこれらの権利を侵害する危険を有していると考えられる。これに対して、少年については、社会復帰および手続に関して成人とは異なる少年固有の特別の権利が認められており、推知報道はこれらの権利を侵害するものと解される。

成人の場合、犯罪を犯した者も、憲法一三条の幸福追求権、二五条の生存権などに基づいて、社会復帰の権利を有すると解される。国際人権規約B規約一〇条三項の「行刑の制度は、被拘禁者の矯正及び社会復帰を基本的な目的とする処遇を含む」との規定は、この権利を前提とするものと解される。そして、実名犯罪報道が社会復帰の障害となることは、過去の調査・研究ですでに明らかにされている。(11)(12) また、成人の場合、憲法三一条以下や国際人権規約B規約などに基づいて、適正手続の権利を有している。被疑者・被告人を犯人視した実名犯罪報道が「無罪の推定」の理念に反するのみならず裁判官や証人に心理的な悪影響を及ぼして公平・公正な裁判を害するおそれがあることは、以前から強く指摘されてきたところである。(13) 実名犯人視報道は、適正手続の権利を侵害する危険を有するということができる。(14)

少年が社会復帰の権利や適正手続の権利等を有することは、成人と異ならない。児童の権利条約四〇条も、一項で少年の社会復帰の権利を認め、二項で成人に準じた手続的権利を具体的に保障している。しかも、少年については、憲法および児童の権利条約に基づいて成長発達権が認められ[15]、児童の権利条約三条ではその「最善の利益」の尊重が求められている。そのようなところから、国際人権規約B規約は、一〇条三項で行刑における社会復帰処遇を規定した上で「少年の犯罪者は、（中略）その年齢及び法的地位に相応する取り扱いを受ける」と規定し、また一四条四項で「少年の場合には、手続は、その年齢及びその更生の促進が望ましいことを考慮したものとする」と規定している。そして、児童の権利条約は、四〇条一項で「締約国は、刑法を犯したと申し立てられ、訴追され又は認定されたすべての児童が、（中略）社会に復帰し及び社会において建設的な役割を担うことがなるべく促進されることを配慮した方法により取り扱われる権利を認める」と規定した上で、同条二項(b) viiで「手続のすべての段階において当該児童の私生活が十分に尊重されること」を保障している。これは、少年に対して、「社会復帰の権利」にとどまらず「社会復帰の促進を考慮した取扱いを受ける権利」を保障し、手続におけるプライバシーを尊重されることがその権利の一部であることを宣言したものということができよう。

さらに、「少年司法運営に関する国連最低基準規則」（北京ルールズ）八条は、「1　少年のプライバシーの権利は、不当な公表(publicity)またはラベリングから生じる害悪を回避するため、すべての段階で尊重される。2　原則的に、少年犯罪者の特定をもたらすいかなる情報も、公表（publish）されてはならない」と規定している[16]。そして、この規定の公式注釈は、「青少年は、烙印を押されることで特に害されやすい。マスメディアの事件に関する情報（例えば、訴追されまたは有罪とされた少年の氏名）の報道が少年に（多種・多様な）有害な影響を及ぼすことは、ラベリングについての刑事学的なリサーチが実証している」と解説している。北京ルールズは、児童の権利条約の下では、同条約の趣旨を具体的に展開したものとして位置付けられよう。この見地からは、北京ルールズ八条は、推知報道が少年に有害であり、「社会復帰の促進を考慮した取扱いを受ける権利」を害するものとして、推知報道の禁止を規定したものと解されることになろう。

このように見るならば、日本も加入している国際人権条約では、少年には基本的権利の一つとして「社会復帰の促進を考慮した取扱いを受ける権利」が認められ、推知報道はこれを侵害するものとされているということができる。このことは、「社会復帰の促進を考慮した取扱いを受ける権利」には「推知報道をされない権利」が含まれることを意味しよう。

3　少年法六一条の法意は、現在では、これらの国際人権法を前提に理解されるべきものと思われる。それゆえ、少年法六一条は、少年の最善の利益の見地に立って、推知報道が少年の一般的な名誉権・プライバシー権を侵害するだけではなく、非行を犯した少年が「社会復帰の促進を考慮した取扱いを受ける権利」とくに「手続におけるプライバシーを尊重される権利」「推知報道をされない権利」を侵害するものとして、推知報道を禁止しているものと解すべきである。(17) 少年の改善・更生の促進による特別予防などの公共の利益の実現は、第二次的な目的ないしは少年の権利保護の副次的・反射的効果と見るべきであろう。そうだとすれば、少年法六一条に違反して推知報道がされた場合には、少年の一般的な名誉権・プライバシー権のほかに、少年の「社会復帰の促進を考慮した取扱いを受ける権利」「手続におけるプライバシーを尊重される権利」「推知報道をされない権利」の侵害が認められることになるであろう。

このように、少年法六一条は、国際人権法における「推知報道をされない権利」の承認を受けて、これを国内法で具体的に規定したものと解される。この意味で、少年法六一条は、「推知報道をされない権利」を創設・付与したというよりは、これを確認・具体化した規定というべきである。少年法六一条は、文言に変わりはなくとも、国際人権法による子どもの権利の確立により、その性格が変わったといわなければならない。

四 表現の自由の意義と限界

1 表現の自由からの検討の必要性

上述したように、推知報道は少年の名誉権、プライバシー権、「社会復帰の促進を考慮した取扱いを受ける権利」などを侵害する。しかし、これらの権利が憲法・国際人権法によって認められた非常に重要な権利であるとはいえ、それで直ちに推知報道の禁止が正当とされる訳のものではない。報道する側には表現の自由が認められるのであり、この権利も、憲法二一条の表現の自由に基づく非常に重要な権利である。とくに、表現の自由が憲法上「優越的地位」が認められる権利であることを考えると、表現の自由は少年の権利に優越するようにも見える。最近、憲法研究者の一部に表現の自由を強調して少年法六一条の推知報道の一律禁止を不当・違憲とする者が現れてきているのも、理由のないことではない。(18)

このことを考えると、少年法六一条の当否や推知報道の違法・合法を考えるためには、問題を表現の自由の見地からも検討する必要がある。しかし、従来の議論では、この点の検討は必ずしも十分でなかったように見受けられる。従来の少年法・刑事法研究者の議論は、少年の人権を強調するのに急で、表現の自由への言及は少ない。これに対して、最近の一部の憲法研究者の議論では、表現の自由の重要性や優越的地位、アメリカの状況等が指摘されるのみで、少年の権利と表現の自由との関係についての詳しい分析はされていない。問題解決のためには、この見地からの検討が必要である。

2　表現の自由の意義と限界

㈠　少年の権利と表現の自由との関係を明らかにするためには、少年の人権との関係で表現の自由がどこまで及ぶのか、表現の自由は少年の権利にどこまで優越するのか、表現の自由の優越的地位とは何を意味し、どの範囲で認められるのか、などの点を明らかにする必要がある。これは、表現の自由の保障や、その「優越的地位」の趣旨・範囲・限界等に関する、表現権理論の問題である。そして、この問題を解明するためには、表現の自由が保障されるのはなぜか、それが「優越的地位」を有するとされるのはなぜか、それと他の人権とはいかなる関係に立つのかという表現の自由の原理論にまで立ち返り、そこから改めて問題を考えてみる必要がある。

ところで、日本では「表現の自由の原理論が不毛または不活発である」との指摘が、一〇年以上前からされている。[19] その後、多少の研究の進展[20]はあっても、事態は根本的には変わっていないようである。[21] それゆえ、我々は、日本やアメリカにおける今までの表現権理論を踏まえつつ、日本の現実に即して、表現の自由の原理論を我々なりに模索していく必要がある。表現の自由の原理論は、「抽象的な理念の産物ではなく、すぐれて社会の現実と思想を反映するもの[22]」であると言われる。私も、そのような見地から、名誉毀損罪や犯罪報道の研究[23]とささやかな実践経験[24]を基礎に、この問題に若干の考察を加えてみたい。

㈡　表現の自由の原理論の基礎をなすのは、表現の自由が保障されるのはなぜかという、表現の自由の「保障根拠論」である。

表現の自由の保障根拠については、主に二つの原理に求めるのが、今日の大勢であるように思われる。[25] 一つの原理は、「個人の自己実現」という個人主義的原理であり、もう一つの原理は、「市民の自己統治」という民主主義的原理である。前者は、表現の自由は個人が自己の人格を形成・発展させ、自己を実現・充足するために不可欠であり、人間の尊厳・本性を守るために表現の自由が保障されるとする。これに対して、後者は、市民が主権者として民主的な自己統治を行うためには意見形成に必要な情報入手と意見表明の権利が不可欠であり、市民の自己統治・市民自治に必須の手段として表現の自由が保障されるとする。このいずれか一方に表現の自由の保障根拠を求める見解[26]もあるが、現在の憲法学では、両者を保障根拠とする「多元（併存）説」が主流[27]である。問題は、「多元説」に立った場合、両者の関係をどのように理解するかである。この点は、「表現の自由をめぐる最大の問題点の一つ[28]」とされ、「表現の自由は、自己実現の価値を基本に置いた自己統治の価値によって支えられている[29]」などと説明されているが、必ずしも明確な理解は示されていない。

この問題は憲法観・民主主義観・違憲審査権観等にも関わる困難な問題であるが、私は、憲法を「国民の意思に基づく合法的支配」と「人間の尊厳および自由と生存」を確保するための規範としてとらえ、民主主義を「市民自治」として理解し、裁判所の違憲審査に一定の積極的役割を認める立場[30]から、表現の自由を「市民の自己統治」と「個人の自己実現」の二つの原理で根拠付ける多元説を正当と考えている。そして、すべての表現は「個人の自己実現」に不可欠なものとして憲法上保障されるが、とくに市民自治のために必要な表現には「市民の自己統治」の原理による特別の保障が与えられると考えている[31]。すなわち、個人の自己実現を保障するためには、個人が必要とする情報の受信・発信を一般的に保障する必要がある。それゆえ、この見地からの表現の自由の保障は、すべての表現に及ぶ。憲法二一条が「一切の表現の自由」を保障しているのは、この趣旨と解される。ただし、自分の自己実現のために他者の自己実現を犠牲にすることは、許されない。それゆえ、この見地からの表現の自由の保障は、他者の人権を不当に侵害する表現には及ばない。そして、市民が政治・社会問題について討論・判断して意見形成するために必要な情報の受信・発信に関しては、市民自治のために不可欠のものとして、さらに「市民の自己統治」の見地からの保障が及ぶ。この自由は、民主主義の基礎であり、これが失われた場合には、民主的プロセス自体が失われ、これを民主的プロセスで回復することが不可能になる。それゆえ、市民自治に必要な情報に関する表現の自由は、他の権利・自由よりも憲法上特別に厚い保護を受けるべき優越的権利とされ、他の人権・自由に優越する地位が認められなければならない。私は、表現の自由の保障根拠・保障原理を、以上のように考えるものである。

㈢　ところで、松井茂記教授は、表現の自由の保障根拠を民主的な政治プロセスの確保に置きつつ、この見地からの表現の自由の保障はすべての表現に及ぶとして、すべての表現に憲法上の特別の保護を認めるべきものとされる。[32]そして、松井教授は、このような表現の自由の原理論に依拠して、少年の氏名の報道の規制は「やむにやまれないほど重要な政府利益」がある場合でなければ許されず、そのような場合でなければ氏名を報道されても損害賠償は請求できないと主張しておられる。[33]しかし、このような見解には、以下のような重大な疑問がある。

第一に、この見解は、合衆国における「プリュラリズム的パラダイム」ないし「共和主義パラダイム」に立脚して、イリィのプロセス的司法審査理論を支持する立場から理論構成されたものである。しかし、このような憲法理論的立場は、合衆国でも日本でも、一般的なものではない。[34]憲法や裁判所の役割を民主的政治プロセスないしプロセス的権利の保障に限定し、それ以外の人権の保護をすべて政治プロセスに委ねるのは、権利章典としての憲法と人権保障機関としての裁判所の役割を矮小化するものであり、非現実的な観念論といわなければならない。第二に、表現の自由の保障根拠を民主的政治プロセスの確保に置きつつ、その保障をすべての表現に及ぼすのは、背理である。詐欺師の騙しの弁舌ややくざの脅し文句が、民主的政治プロセスに関わるとは思えない。松井教授はプロセス的司法審査理論からも一切の表現に厳格審査の保障を及ぼすのが「可能」「妥当」とされるが、[35]

その理由は明らかにされていない。第三に、すべての表現規制に厳格審査そして「やむにやまれぬ政府利益」を必要とするのも、疑問である。本来、この基準は、合衆国において、扇動罪処罰規定等の厳格審査のための基準として「明白かつ現在の危険」「ブランデンバーグ法理」などとともに認められてきたものである。(36) 国家的・社会的法益を害する危険のある表現の規制の合憲性判断に関して保護の対象となる国家的・社会的法益の重大性や法益侵害の危険の具体性・現実性を基準とすることは理解できるが、表現が個人の権利・法益を現実に侵害する場合に「政府利益」や「危険」を問題にするのは理解できない。名誉毀損罪は、個人的法益を侵害するから罰せられるのである。ここに「政府利益」という国家的法益を持ち込むのは、不当である。松井教授の見解は、すべての表現犯を国家的法益に対する罪に「還元」することにならないであろうか。憲法学でも、名誉・プライバシーの侵害などの合憲性判断基準としては、「定義的衡量」(definitional balancing) の方法によるのが一般的なのである。(37)

五　少年推知報道と表現の自由

1　推知報道と表現の自由

私見のような表現の自由の原理論を前提にした場合、少年推知報道と表現の自由との関係は、以下のように考えられると思われる。

私見の基本的な考え方は、市民自治に必要な表現すなわち市民が政治・社会問題について討論・判断して意見形成するために必要な情報に関わる表現には、憲法上他の人権に優越する保護が与えられ、それが他者の人権を侵害する場合にも許容されるが、それ以外の表現は、他の人権に優越するものではなく、他者の人権を侵害する場合には許容されない、というものである。それゆえ、市民が政治・社会問題について討論・判断して意見形成するために必要な情報に関わる報道は、たとえそれが少年の権利・利益を侵害するものであっても、許容されなければならない。これに対して、それ以外の情報に関わる報道は、それが少年の権利・利益を侵害する限り、原則として許容されるべきではない。

それでは、氏名等の少年を推知させる情報は、市民が政治・社会問題について討論・判断して意見形成するために必要な情報であろうか。結論は、否である。少年の非行・犯罪や少年法の問題を政治・社会問題として市民が討論・判断・意見形成するためには、非行・犯罪の内容やその背景が分かれば足りるのであって、個々の非行・犯罪がどこの誰によって行われたかを知る必要は全くない。現に、少年問題や少年法の研究者は、個々の非行・犯罪を行った少年をアイデンティファイすることなく、少年問題や少年法について議論しているのである。成人の犯罪に関しては、行為者が政治家・高級公務員等の公人である場合など、市民が政治・社会問題について討論・判断・意見形成するために犯罪を行った者が誰かを知る必要がある場合もある。しかし、少年の場合、そのようなことは、ほとんど考えられない(38)。それゆえ、少年推知報道は、少年の人権に優越するものではなく、少年の権利・利益を侵害する限り許容されない。前述のように、少年推知報道は、少年の名誉・プライバシー権と「社会復帰の促進を考慮した取扱いを受ける権利」「手続におけるプライバシーを尊重される権利」「推知報道をされない権利」を侵害する。したがって、少年推知報道は、表現の自由の原理論の見地からも許容されるべきではない。

2　推知報道に対する法的評価

このように見てくると、少年推知報道を一般的に禁止することは、「表現の自由の優越的地位」等の憲法上の表現権理論の見地からも、決して不当なことではない。少年法六一条の規定は、審判に付される前の少年や電波メディアによる報道に言及していないなどの問題点はあるにしても、基本的に妥当な規定というべきである。(39) また、同条に違反する報道がされた場合には、上述のような少年の権利の侵害が存在するのであって、メディアに損害賠償責任を負わせることも、何ら不当なことではない。

さらに、少年推知報道は、通常、刑法二三〇条の名誉毀損罪を構成すると解される。前述のように、犯罪少年にも名誉はあり、推知報道が名誉毀損罪の構成要件に該当することに疑問はない。ただし、刑法二三〇条の二は、「公共の利害に関する事実」を公益目的で摘示した場合は事実が真実と証明されれば罰しない（一項）とし、公訴提起前の犯罪事実を「公共の利害に関する事実」とみなし（二項）ている。少年推知報道は、この免責事由に該当するようにもみえる。しかし、この免責規定は、上述のような表現権理論に基づいて、個人の名誉に対して優越的地位が認められる表現に免責を認めたものと解すべきである。(40) それゆえ、この「公共の利害に関する事実」は、「市民自治に必要な事実」すなわち「市民が政治・社会問題について討論・判断・意見形成するのに必要な事実」と解されなければならない。(41) 上述のように、少年の氏名等は、通常、市民自治に必要な事実ではないから、「公共の利害に関する事実」には該当しない。もっとも、たとえそうであっても、二項のみなし規定が適用になるのではないかとの問題は残る。しかし、この点についても、少年推知報道には二項の適用はないと解するのが妥当である。成人の犯罪者の場合も、通常は、その氏名等は、市民自治に必要な事実ではなく、「公共の利害に関する事実」とはいえない。しかし、その者が公人の場合には、氏名等も市民自治に必要な事実であり、「公共の利害に関する事実」といえる。ただし、公人・私人の限界は微妙である。その判断を誤った場合に刑事責任を問われるのであれば、報道は萎縮する。そこで、私人の場合についても報道を刑罰から解放し、公人・私人の判断を報道の自己規律に委ねたのが二項の規定なのである。[42] 二項の規定は、全ての実名報道を適法・合法とし、あるいは「実名報道をする権利」を付与した規定ではなく、刑法の謙抑性の見地から刑事規制の範囲を縮限した規定というべきである。そうだとすれば、少年については、氏名等が市民自治に必要な公人とされる場合はほとんど考えられないのであるから、このような配慮は必要ない。実定法の解釈としては、少年法六一条を刑法二三〇条の二第二項に対する特別規定と解して、少年には二項の適用を否定するのが妥当である。[43] そして、その上で、少年の氏名は、刑法二三〇条の二第一項の「公共の利害に関する事実」には原則的に該当しないと解するのが妥当である。

六　大阪高裁判決と名古屋高裁判決の評価

以上の検討を踏まえて、大阪・名古屋両高裁判決に対する若干の意見を述べておきたい。

大阪高裁判決は、表現の自由の優越的地位に言及するなど、表現の自由に大きな考慮を払っている。本判決の表現の自由からのアプローチを重視する姿勢は、評価されて良い。しかし、本判決は、表現の自由の重要性を言うのみで、表現の自由の限界や他の人権との調整についての原理論的検討なしに、社会の正当な関心事には表現の自由が及び、犯罪行為に関連するプライバシーは社会の正当な関心事であり、凶悪重大事件で現行犯逮捕されたような場合には少年の実名報道が許容されるとしている。そこでは、何が個人の人権に優越する「社会の正当な関心事」なのか、なぜ少年の実名がそれに含まれるのかなどの点についての表現権理論に基づく説明は、何ら示されていない。他方、本判決は、児童の権利条約や北京ルールズ等の存在を無視し、実名報道が少年に及ぼす悪影響を無視するなど、少年固有の問題に関する理解にも欠けている。本判決の論理は、ジャーナリズムの立場からの論理としてはともかく、[44] 法の立場からの論理としては極めて杜撰と言わざるを得ない。[45]

名古屋高裁判決は、児童の権利条約・国際人権規約B規約・北京ルールズにも目を向けて少年固有の権利に詳細な検討を加え、少年の「健全な成長のためにより配慮された取り扱いを受ける権利」を認め、それを少年法六一条の基礎に置いている。そして、表現の自由が民主主義の基盤をなす重要な権利であることを認めつつも、少年の氏名等を報道しなくても事件の社会的意味を知らせることは可能であるとして、少年法六一条を合憲とし、推知報道をした者は不法行為責任を負うとしている。このような考え方および結論は、基本的に妥当なものであり、高く評価されるべきものと思われる。しかしながら、本判決も、表現の自由に対する原理論的な考え方をほとんど述べておらず、表現の自由が少年の氏名に及ばないことの表現権理論上の根拠をほとんど示していない。このことは、本判決が少年の人権に関して詳細な判示を展開していることと対比して、憾みの残るところである。

おわりに

表現・報道の自由は、市民自治を支える基盤として極めて重要な価値を有する。表現・報道の自由のない社会・国家がいかに悲劇的であるかは、戦前の日本の歴史が教えるところである。我々は、権力の介入から表現・報道の自由を守り、権力を監視し、個人の自由・権利と市民自治を保持していかなければならない。

とはいえ、現在のメディア状況は、表現・報道の自由への法的介入を排除すれば個人の自己実現と市民の自己統治という表現の自由の目的が予定調和的に実現する、というほど牧歌的ではない。政府や大資本・大企業は、巨大な情報力や経済力によって、報道への影響力を強めている。反面において、商業主義とメディア間の競争の激化から、個人のプライバシーは商品化され、報道被害が発生しやすい状況が生まれている。とくに犯罪少年は、社会の偏見に晒され、自ら表現する手段も言葉も持たず、政治プロセスで自分の権利を守るための参政権も有しない、表現・報道や政治のプロセスから疎外された存在であり、報道被害を受けやすい立場にある。その権利擁護を、「表現の自由市場」や「自由な政治過程」に委ねることはできない。本来、報道被害の防止は「報道評議会」のような自主規制手段によるのが望ましい[46]とはいえ、少年保護のための一定の法規制は、やむをえないというべきである。[47]

犯罪統制機関や被害者の視点に片寄った現在の少年事件報道は、少年への憎悪を掻き立て、問題少年の排除と少年に対する権力の管理・統制の強化への道を開く。[48] 少年法改正への道を舗装したのは、メディアである。しかし、権力強化に荷担するのがジャーナリズムではないはずである。メディアが、真のジャーナリズムとして少年犯罪に向き合うことを期待したい。

（1）以上の事件および報道の内容の概要については、白取祐司「少年事件の報道と少年法」法時七〇巻八号（一九九八年）三〇頁以下、田島泰彦＝神奈川大学田島ゼミナール「戦後少年事件報道小史」田島泰彦＝新倉修編『少年事件と報道』（一九九九年）一四二頁以下参照。

（2）それぞれの第一審判決は、大阪地判平成一一・六・九判時一六七九号五四頁、名古屋地判平成一一・六・三〇判時一六八八号一五一頁。なお、大阪高裁判決には少年側が上告していたが、その後上告が取り下げられ、同判決が確定した。名古屋高裁判決には『週刊文春』側が上告し、最高裁に係属中である。

（3）平川「事実の真否と名誉毀損罪―表現の自由との関連において―」名古屋大学法政論集七一号（一九七七年）五二頁。後に、平川『名誉毀損罪と表現の自由』（一九八三年）に所収。

（4）田宮先生は、「おそらく今日、この考え方が、現行法の説明としては、理論上もっとも難点のすくないものというべきであろう」（「表現の自由と名誉の保護」中山研一他編『現代刑法講座・第五巻』一九八二年・一九九頁）と賛意を示しておられた。

(5) 大判大正三・一一・二四刑録二〇輯二二三〇頁。最判昭和五六・四・一四民集三五巻三号六二〇頁（前科照会事件）も、「前科及び犯罪経歴は人の名誉、信用に直接かかわる事項であり、前科等のある者もこれをみだりに公開されないという法律上の保護に値する利益を有する」と判示して、犯罪行為が名誉に関わる事実であることを承認している。

(6) プライバシーに関する古典的な見解である。阪本昌成『プライバシー権論』（一九八六年）三二一頁以下参照。

(7) 阪本・前掲注（6）八頁、佐伯仁志「プライヴァシーと名誉の保護」法協一〇一巻九号（一九八四年）一三二頁など。

(8) 個人情報保護法（「行政機関の保有する電子計算機処理に係る個人情報の保護に関する法律」）も、犯罪行為に関する情報は当然に同法二条二号にいう個人情報であるとの前提に立っている（同法一三条一項など参照）。

(9) これらの点については、平川「犯罪報道と人権をめぐる諸問題」名古屋大学法政論集一二三号（一九八八年）三五七頁以下参照。

(10) この文言は、主体を「何人も」としている国際人権規約B規約一七条の文言と、全く同一である。

(11) 法務省法務総合研究所編『犯罪白書・昭和六二年版』（一九八七年）三六五頁、第一四回近畿弁護士連合会人権擁護大会シンポジウム第一分科会報告書『報道と人権』（一九八六年）六頁、第三五回中部弁護士連合会定期大会シンポジウム報告書『報道と人権』（一九八七年）九頁など参照。

(12) Vgl. *Peter von Becker*, Straftäter und Tatverdächtige in den Massenmedien, 1979, S. 101-132, 190f.

(13) 田中輝和「刑事『事件報道』の実態と刑事訴訟法」東北学院大学論集・法律学二七号（一九八五年）一頁以下、同「刑事『事件報道』と刑訴法との関係（覚書）」同五一＝五二号（一九九八年）四五頁以下、渕野貴生「犯罪報道と適正手続との交錯」法学六〇巻三号（一九九六年）五八九頁以下、同「犯罪報道と適正手続の理念（一）（二・完）」同六三巻二号一九四頁以下・三号四〇二頁以下（一九九八年）。

(14)　これらの点については、平川・前掲注(9) 三六〇頁以下参照。

(15)　成長発達権とその憲法・国際人権法上の基礎付けについては、福田雅章「少年法の拡散現象と少年の人権」刑法雑誌二七巻七号（一九八四年）二三七頁以下、山口直也「少年事件と被害者の権利」田島＝新倉編・前掲注（1）六五頁以下、服部朗「少年事件報道と人権」『澤登俊雄先生古稀祝賀・少年法の展望』（二〇〇〇年）二六二頁以下など参照。

(16)　さらに、同規則二一条は、「少年犯罪者の記録は、極秘とされ、第三者に非公開とされなければならない。記録へのアクセスは、当該事件の処理に直接関わる者及び他の正当な権限を有する者に限定されなければならない」とも規定している。

(17)　少年法六一条が少年の名誉・プライバシーや社会復帰等の少年の権利・利益を保護する趣旨を含むことは、広く認められている（団藤重光＝森田宗一『新版　少年法〔第二版〕』一九八四年・四三四頁、田宮裕編『少年法』一九八六年・二九八頁、田宮裕＝広瀬健二『注釈少年法』一九九八年・三六〇頁など）。本稿は、その少年の権利・利益の内容をより具体的に展開しようとしたものである。

(18)　松井茂記「犯罪報道と表現の自由」ジュリスト一一三六号（一九九八年）三八頁、同「少年事件と報道の自由」民商一二〇巻二号（一九九九年）二二七頁、田島泰彦「少年事件と表現の自由」法時七〇巻一一号（一九八八年）一二頁、同「少年事件と表現の自由」田島＝新倉編・前掲注（1）一三頁、同「少年の実名報道と少年法六一条」法時七二巻九号（二〇〇〇年）九五頁。

(19)　奥平康弘『なぜ「表現の自由」か』（一九八八年）九頁。

(20)　浜田純一『メディアの法理』（一九九〇年）、同『情報法』（一九九〇年）、井上達夫「人権保障の現代的課題」碧海純一編『現代日本法の特質』（一九九一年）六〇頁以下、阪本昌成『コミュニケイション行為の法』（一九九二年）、長谷部恭男『テレビの憲法理論』（一九九二年）、奥平康弘『憲法Ⅲ』（一九九三年）一五八頁以下、佐藤幸治「立憲主義といわゆる『二重の基準論』」『芦部信喜先生古稀祝賀・現代立憲主義の展開・上』（一九九三年）三頁以下、大沢秀介「共和主義的憲法理論と表現の自由」同上五八五頁以下、松井茂記『二重の基準論』(一九九四年)、浜田「表現の自由(1)」樋口陽一編『講座憲法学3』(一九九四年)一三七頁以下、立山紘毅『現代メディア法研究』(一九九六年)、市川正人「最近の『二重の基準論』論争をめぐって」政策科学三巻三号(一九九六年)三頁以下、松本和彦「人権制約の正当化と判例理論」『榎原猛先生古稀記念・現代国家の制度と人権』(一九九七年)二七九頁以下、松井「表現・報道と法」『岩波講座・現代と法・10』(一九九七年)五三頁以下、芦部信喜『憲法学III・人権各論(1)』(一九九八年)二三五頁以下、奥平『ジャーナリズムと法』(一九九八年)、同『「表現の自由」を求めて』(一九九九年)など。

(21) 浜田純一「表現の自由の保障根拠」『憲法の争点(第三版)』(一九九九年)九四頁。

(22) 浜田・前掲・注(21)九四頁。

(23) 平川・前掲注(3)『名誉毀損罪と表現の自由』、同・前掲注(9)三四三頁以下など。

(24) 私は、一九八六年以来「マスコミと人権を考える東海の会」という市民団体に代表として関わり、一市民として報道の改革に取り組んできた。メディアの現実や論理は良く分かっているつもりである。

(25) 奥平・前掲注(19)三頁以下、芦部・前掲注(20)二五二頁以下など参照。

(26) 「市民の自己統治」を保障根拠とする見解として、松井・前掲注(20)『二重の基準論』三〇六頁以下、「個人の自己実現」を保障根拠とする見解として、佐藤・前掲注(20)二三頁以下。

(27) 芦部・前掲注(20)二五九頁以下。

(28) 芦部・前掲注(20)二五五頁。

(29) 芦部・前掲注(20)二五九頁。

(30) 平川「刑法の憲法的基礎について」『平野龍一先生古稀祝賀論文集 上巻』(一九九〇年)七一頁以下。

(31) 平川・前掲注(3)『名誉毀損罪と表現の自由』五五頁、同・前掲注(9)三六七頁以下。

(32) 松井・前掲注(20)『二重の基準論』三〇四頁以下。

(33)　松井・前掲注(18)「少年事件と報道の自由」二二六頁以下。田島教授も「表現の自由の優越的地位」を根拠に少年法六一条を過剰規制とされる（田島・前掲注(18)田島＝新倉編・八頁以下）が、その根拠となる表現の自由の原理論、憲法理論は明らかにされていない。大阪高裁判決は、このような見解に影響されたものとも考えられる。

(34)　戸松秀典「松井茂記『二重の基準論』」ジュリスト一〇五二号（一九九四年）一七六頁。

(35)　松井・前掲注(20)『二重の基準論』三二四頁。

(36)　芦部・前掲注(20)四一一頁以下参照。

(37)　芦部・前掲注(20)三四六頁以下、四一〇頁参照。

(38)　考えられるとすれば、IT事業で成功して社会的影響力のある事業者になった少年が脱税等の経済犯罪を犯した場合や、未成年の皇族が犯罪を犯した場合くらいではなかろうか。この場合は、市民が氏名等を知る必要があるようにも思われる。

(39)　結論同旨、新倉修「少年事件報道と少年の人権」田島＝新倉編・前掲注(1)三七頁、棟居快行「出版・表現の自由とプライバシー」ジュリスト一一六六号（一九九九年）一五頁、酒巻匡「少年犯罪報道と少年法六一条」書斎の窓四九三号（二〇〇〇年）二〇頁、服部・前掲注(15)二六一頁以下。葛野尋之教授の刑法学会第七八回大会分科会「犯罪報道と人権」における報告（報告原稿は、二〇〇一年三月発行予定の『刑法雑誌』四〇巻三号に登載予定）も、私見に近いものであった。

(40)　最判昭和四四・六・二五刑集二三巻七号九七五頁（『月刊ペン』事件）は、この趣旨を認めたものと解しうる。平川・前掲注(3)『名誉毀損罪と表現の自由』一一三頁以下参照。

(41)　平川・前掲注(3)『名誉毀損罪と表現の自由』一二二頁以下。

(42)　平川・前掲注(9)三七五頁以下。

(43)　平場安治『少年法（新版）』（一九八七年）七八頁。

(44)　もっとも、本判決に対する新聞の論調がかなり批判的だった(例えば、二〇〇〇年三月二日の朝日新聞社説「説得力に欠ける判決だ」）ことをみると、同判決の論理は、ジャーナリズムの論理としても問題のようである。

(45) 表現の自由の優越性を重視する本判決の論理は、青少年の健全育成のための表現の自由の規制を比較的ゆるやかに認めてきた最高裁判決（最判平成元・九・一九刑集四三巻八号七八五頁参照）の論理とは、かなり異なるものである。最高裁判例の流れを変えようとした本判決の勇気は評価できるが、その勇気を発揮する場を誤ったと言わざるをえない。

(46) 平川「報道評議会の設立を目指して」自正四八巻八号（一九九七年）一四頁以下参照。

(47) 最近の合衆国でも、従来は表現の自由の「優越的地位」や「絶対主義的」保障を主張していた「リベラル派」に、マイノリティ保護等の見地から国家による規制を再評価する動きが生じているとのことである。阪口正二郎「表現の自由・市場・国家」大須賀明編『社会国家の憲法理念』（一九九五年）二七頁以下。

(48) 大庭絵里「少年事件と犯罪報道」法セ五一七号（一九九八年）六五頁以下参照。

〔付記〕

本稿の校正段階で、松井茂記『少年事件の実名報道は許されないのか〔少年法と表現の自由〕』（二〇〇〇年）に接した。本書は、注(18)掲記の松井教授の論文「少年事件と表現の自由」に「大幅に加筆したもの」（同書二二五頁）とのことである。

25 現行少年法と起訴状一本主義

福井 厚

はじめに

第一四七回国会は、衆議院が二〇〇〇年六月二日に解散され、その結果、「少年法等の一部を改正する法律案」（以下、単に「改正案」と略記する）は廃案となった。そもそも、「改正案」の背景となった議論においては、当初は「事実認定手続の適正化」が唱い文句とされていた。ところが、「改正案」を生み出した法制審議会少年法部会（以下、単に「部会」と略記する）における議論の過程では、被害者をはじめとした国民の少年審判に対する信頼を確保するという観点や少年審判における裁判官の中立性を確保するという観点などから少年審判への検察官関与や合議制の導入が正当化され、結局、できあがった「改正案」は「必罰主義的な方向での事実認定の『適正化』[1]」と特徴づけ得るものであった。[2] その路線の延長線上で、少年犯罪の凶悪化と犯罪被害者の保護の必要性が声高に叫ばれ、刑罰適用年齢の引下げ等による少年犯罪の厳罰化に向けた少年法改正が、議員立法の準備という形で進行し

つつある。(3)

ところで、「事実認定手続の適正化」を唱い文句にしながら、「必罰主義的な方向での事実認定の『適正化』」と特徴づけられるような今回の「改正案」が、なぜ登場してきたのであろうか。今回の「改正案」を生み出した部会における審議の過程を辿ってみると、現行少年法と同様に起訴状一本主義を採用していないドイツの刑事手続をどう見るか、という問題がその点を考える際の一つのヒントになるように思われる。それを手がかりにすることによって、今回の「改正案」がドイツの刑事手続と日本の刑事手続の両者の悪い点を繋ぎ合わせたものであることが明らかになるのではあるまいか。

一 ドイツ刑事手続と日本の少年法

周知のようにドイツ法は起訴状一本主義を採用していない(ドイツ刑事訴訟法一七〇条一項・二〇三条、ドイツ少年裁判所法二条)。ところが、部会の審議の過程においては、ドイツ法が起訴状一本主義を採用していないからといって、一件記録による裁判官の予断の問題は存在していないかの如き議論が行われ、(4)学界においてもそのような議論に共鳴するかのように、「一件記録全部ですので、必ずしも有罪方向とは限らないのではないでしょうか。ドイツの場合は起訴法定主義ですし、運用上も、検察官のところで厳しく選別して確実に有罪だと考えるものだけを送るということではない」「〔日本の〕少年事件の場合は、起訴法定主義どころか、全件送致主義なわけでしょう(5)」という発言も行われている。

しかし、ドイツの刑事手続が起訴法定主義を採っているからといって、嫌疑のないものまで起訴しなければならないわけではない。すなわち、ドイツ刑事手続では犯罪の嫌疑の存在が公訴提起及び公判開始決定の要件とされており（ドイツ刑事訴訟法一七〇条一項・二〇三条参照）、この点はドイツの少年手続についても同様である（ドイツ少年裁判所法二条、ドイツ刑事訴訟法一七〇条一項・二〇三条参照）。また、日本の少年事件の全件送致主義も嫌疑のないものまで全て送致せよということではない。[6] けだし、「犯罪の嫌疑があると思料するとき」（少年法四一条・四二条）に家裁送致が行われるのであるから、一件記録全部が必ずしも有罪方向とは限らないからといって、一件記録が全て無罪方向のものばかりであれば、家裁送致はありえないからである。要するに、起訴状一本主義が採用されていない場合に、公訴の提起や家裁送致が行われれば、一件記録により裁判官の予断が生ずる、と考えるのが素直な見方だと思われる。[7]

そうだとすれば、起訴状一本主義を採用していないドイツにおいて、そのような予断を埋め合わせる制度として、以下に掲げる(1)～(4)のような制度[8]が刑事手続にビルト・インされていることに注目することこそ肝要だと思われる。

(1)　一件記録と裁判長の訴訟指揮

ドイツでは、公判審理の前に裁判長が一件記録に目を通すといっても、それは公判開始決定及び訴訟指揮や証人尋問などのためであって、日本の少年法が認めているように、一件記録を非行事実（本稿ではもっぱら犯罪少年（少年法三条一項一号参照）を念頭に置いている）の認定のための実質証拠として使用することを認めているわけではない。すなわち、(3)で見るように、ドイツではその大部分が伝聞証拠から成る一件記録は、犯罪事実の認定のための実質証拠としての証拠能力は口頭主義・直接主義を根拠に原則として否定されているのである。ドイツの職業裁判官が一件記録に目を通して公判審理に臨むのは、訴訟指揮及び被告人・証人・鑑定人尋問にあたって、かれらがその尋問技術を駆使して実体的真実を発見するためなのである。

(2)　一件記録と参審制度

第二に、ドイツでは、一定の事件について参審制度が採用されているが、参審員が手続に関与する場合は、成人の手続であれ少年の手続であれ、参審員がその一件記録のみならず起訴状に触れることも禁止されている（ドイツ裁判所構成法三〇条一項参照。なお、ドイツ刑事訴訟法二四九条二項第四文をも参照）。それも、一件記録による予断を参審員が抱くことを防ぎ、「（裁判の公判段階におけるすべての決定、判断において、素人と職業裁判官とが共同して決定をするという）コンビネーションがあることで、予断、偏見が埋め合わせられるとともに、誤判の原因というものも小さくするということができる」(9)からなのである。というのも、参審員の賛成なしに職業裁判官だけで有罪判決を言い渡すことはできない仕組みになっているからである（ドイツ刑事訴訟法二六三条一項。なお、ドイツ裁判所構成法一九六条一項参照）(10)。

(3)　直接主義・口頭主義・集中審理主義

第三に、素人が刑事裁判に関与するようになると、公判中心主義・口頭主義・直接主義・集中審理主義が強調されることになる。けだし、捜査の実情に疎い素人裁判官に、捜査書類の信用性を適切に評価することを期待することはできず、かといって素人裁判官が捜査書類を公判廷外で精査することは実際上困難なので、結局、事実認定に必要な情報は公判廷において口頭で直接報告される必要があるからである。そして、被告人・弁護人の証人に対する質問権（ドイツ刑事訴訟法二四〇条二項）も、口頭主義・直接主義の存在によって初めて、被告人の防御権を実質的に保障する意味を持つことになるのである(11)。

なお、公判審理に素人である参審員が関与し、口頭主義・直接主義を採用しているドイツ刑事訴訟では、徹底した集中審理が行われ（ドイツ刑事訴訟法二二九条）、したがって、ドイツではわが国におけるような裁判官の交代による「公判手続の更新」(刑事訴訟法三一五条)という制度は存在しない。[12] むしろ、ドイツ刑事訴訟法二二六条・二六一条は、裁判官の交代というものは明文で禁止しているのである。このようなことが可能なのも、ドイツにおいてはわが国のような裁判官の人事異動＝配置転換というものが存在しないからなのであり、これは、裁判官の人的独立の根幹をなすものの一つと捉えられている。[13] このような事情も、事実認定の問題を考える場合に決して無関係とはいえないのである。[14]

(4)　証拠調べ請求権

第四に、ドイツでは職権主義を採っていながら、証拠調べ請求権が手厚く保障されている。この点は、「刑訴法の証拠調請求権の規定は、当事者主義的訴訟構造の下で認められるものであって、少年保護手続の職権主義的手続構造になじまない」[15]との俗説があるだけに、重要な論点である。そして、この点も、一件記録による予断の問題と無関係ではない。すなわち、ドイツのように事実認定者と訴訟指揮者が分離されていない手続構造の下で、裁判長が一件記録から得た知識を前提にして事案解明を目的に訴訟指揮(ドイツ刑事訴訟法二三八条一項)を行う場合には、職業裁判官の有罪の予断に基づき被告人・弁護人側の証拠調べの必要性が否定されることの弊害は大きいため、これを規制するためとりわけ被告人側に証拠調べ請求権を保障する必要性が高くなる、というのである。そうであれば、起訴状一本主義を採用していないのに、一件記録による予断を埋め合わせるべき(1)ないし(3)のような制度を持たず、かつ、伝聞証拠たる捜査書類による非行事実(犯罪事実)の認定を認めている現行少年法の下では、少年側の証拠調べ請求権を認める必要性はドイツ法に比較し一層高まるというべきであろう。[16]

以上述べてきたところから分かるように、ドイツの刑事手続には、一件記録による裁判官の予断を埋め合わせるための種々の制度がビルト・インされている。ところが、日本の現行少年法は起訴状一本主義を採用していないのに、一(1)〜(4)のような制度がそこにはビルト・インされていない。

二 現行少年法と起訴状一本主義

このような事情もあってか、起訴状一本主義を採用していない現行少年法について、その国際人権法違反性や違憲性が強く指摘されることがある。子どもの権利条約(平成六年条約二号)との関係では、「事実認定をする裁判官が審判を行う前に捜査側の用意した全ての資料(伝聞、再伝聞、噂話、補導歴、保護処分歴などを含むあらゆる資料)を無制限に見ることができる現行の制度は、証拠の『採用』などという概念を超えた、捜査官から裁判官への『嫌疑の引き継ぎ』を認める制度にほかならず、『無罪推定の原則』(条約四〇条二項(b)ⅰ)や『公平な司法機関による審判』(条約四〇条二項(b)ⅲ)を要請する「子どもの権利条約」に違反すると思う。」といわれたり、また、わが国でも批准され(昭和五四年条約七号)、一九七九年七月二一日に発効している「市民的及び政治的権利に関する国際規約」(いわゆる国際人権B規約)九条以下の規定は、少年手続に直接適用されると主張される[17](したがって、起訴状一本主義を採用していない現行少年法は、「公平な裁判所の公開審理」を保障した国際人権B規約一四条一項に違反することになろう)。また、日本国憲法との関係では、「裁判官への捜査資料の全面的な引き継ぎを認める(少年保護事件の)現在の実務は『公平な裁判所による裁判』を保障する日本国憲法三七条一項や自己に不利益な証人に対する『十分な審問』の機会を保障する同条二項に違反する。たとえ審判廷に検察官を立会わせず、彼らの抗告権を否定したとしても、これらの憲法上の保障に代替しうる措置とは言えないし、また、供述調書等を裁判官があらかじめ閲読したうえで事後的に原供述者を尋問するのを許すだけでは、少年の反対尋問権を保障したことにはならない。[18]」ともいわれる。いずれにしろ、このように憲法三七条一項の「公平な裁判所による公開裁判」の保障の内容に起訴状一本主義が含まれるという有力説を前提[19]に、同項の保障が少年にも及ぶと考える場合には、起訴状一本主義を採用せず（少年審判規則八条二項）、かつ、審判を公開しない（少年法二二条二項）現行少年法の合憲性には疑問が生ずることになろう。[20]

しかしながらドイツでは、刑事手続においても少年手続においても、起訴状一本主義が採用されず、かつ、検察官も公判に立ち会うが、そのようなドイツの手続が、国際人権B規約一四条一項と同旨の規定であるヨーロッパ人権条約（BGBl.1952II, S.686）六条一項によって保障された「公平な裁判所による公開審理」を受ける権利を侵害する、と考えられているわけではない。そもそも、国際人権B規約一四条一項が規定している、「……。すべての者は、その刑事上の罪の決定又は民事上の権利及び義務の争いについての決定のため、法律で設置された、権限のある、独立の、かつ、公平な裁判所による公正な公開審理を受ける権利を有する。……。」という保障の内容も、日本国憲法三二条の「裁判所において裁判を受ける権利」と異なるものではない、という理解が一般的である。[21]けだし、憲法三二条の前身は「日本臣民ハ法律ニ定メタル裁判官ノ裁判ヲ受クルノ権ヲ奪ハルヽコトナシ」という大日本帝国憲法二四条であるが、もともと、同条の前提としていた「何人も法律上の裁判官を奪われない」という原則自体、歴史的に形成されてきたものであり、権力分立、司法権の独立、官房司法の禁止というような近代立憲主義憲法の成立過程で法治国家的意味における裁判の基礎として認められるようになった諸原則が、法治国家的裁判の包括的保障という形で集約されているのであり、今日では、「政治権力から独立の公平な司法機関に対して、すべての個人が平等に権利・自由の救済を求め、かつそういう公平な裁判所以外の機関から裁判されることのない権利[22]」が、「裁判を受ける権利」（憲法三二条）の内容と理解されているからである。[23]すなわち、憲法三二条は、刑事・民事を問わず、「独立・公平な裁判所」「適正な手続」「正しい事実認定」「正しい法の解釈・適用」によって下され、国民が承認・受容し得る「公正な裁判」を受ける権利を保障した規定と考えられる。[24]そうだとすると、民事手続において除斥や忌避の制度を規定している民訴法二三条・二四条一項も、「公正な裁判を受ける権利」を保障した憲法三二条を具体化した規定と考えられるし、また、憲法三二条は少年保護事件においても除斥や忌避の制度を当然のことながら要請していることになろう。[25]他方では、憲法三二条は、「公開」を明文で要求しているわけではないから、「審判は、これを公開しない。」（少年法二二条二項）という規定も同条に違反するということにもならないのである。[26]

こうして、憲法三七条一項ではなく、憲法三二条を出発点として少年審判のあり方を考えていくことが、少年の健全育成という保護主義に立脚する現行少年法の内容を実り豊なものに具体化していこうとする場合には妥当だと思われる。[27]けだし、「予断の形成の過程はとりもなおさず少年を理解する過程でもある[28]」から、「可塑性のある少年の保護のために、できるだけ速やかにかつ少年の成長に悪い影響を及ぼさない形で問題を処理する[29]」ために、伝聞証拠を含む一件記録を利用することも、立法者の合理的な政策判断として、憲法三二条の許容するところと考えられるからである。

三　むすびに代えて

もっとも、このように考えてきたからといって、少年審判における非行事実の認定をゆるがせにしてよいということにはならない。憲法三二条によって保障された「公正な裁判」を受ける権利の内容として「正しい事実認定」が含まれる以上、非行事実（犯罪事実）の存在が「合理的な疑い」を超える程度に厳格に証明されることは憲法三一条の要求するところと考えられるし、(30) それが少年法の根本理念である保護主義を全うするための大前提であることは、いうまでもなかろう。

ただ、「正しい事実認定」のためには、少年にも憲法三七条二項の反対尋問権を保障すべきではないか、という疑問が生ずる。(31) たしかに、非行事実（犯罪事実）を認定するにあたって、伝聞証拠の使用を認めれば、反対尋問権を保障するために伝聞証拠を排除する場合よりも誤判のおそれは高まると思われる。しかし、それも、審判の不開始や不処分を行う場合には問題は少ない。(32) 問題は、伝聞証拠を非行事実（犯罪事実）の積極的な認定のために使用する場合である。しかし、この点では、刑事手続においても反対尋問を経ていない捜査官作成の自白調書（刑事訴訟法三二二条一項参照）も補強証拠（憲法三八条三項、刑事訴訟法三一九条二項参照）さえあれば有罪認定のために使用されているし、また、伝聞証拠たる検察官面前調書も実質証拠として許容される（刑事訴訟法三二一条一項二号後段参照）のが常態である。(33) そうだとすれば、刑事手続とは異なり検察官の関与を認めず、したがって、検察官の抗告権も認められていない現行少年法の下で、非行のない少年が誤って非行ありとされる誤判を避けるために、憲法三二条で保障された「裁判所における裁判を受ける権利」の内容として何が要求されているかを具体化していくことこそ、われわれの目指すべき方向ではあるまいか。(34)

もっとも、これはあくまで「事実認定の正確性」確保というレベルで問題を考えた場合の話である。最近、「証人審問権」（憲法三七条二項）については、①事実認定の正確性の確保を目的とするばかりではなく、②権力濫用を抑止する目的をも有し、さらには③「自己の運命に影響を与えるかかる尋問プロセスへの『参加の保障』の価値」をも有しており、①〜③が実現されることは、「被告人の『個人の尊厳』が尊重されること」を意味するという主張が有力に説かれるようになっている。[35] このように「手続の公正」ということが強調される場合には、憲法三二条で少年にも保障される「公正な裁判」を受ける権利の内容も、「正確な事実認定」の確保という要請との関係でのみ具体化すればよい、というわけにはいかない。「少年に対する人権保障は、保護処分が『所期の改善効果』を挙げるための手段なのではない。換言すれば、少年の人権は保護処分の改善効果を阻害しない範囲でしか保障されないと考えることはできない。[36]」という論者の主張にも、そのような志向を窺うことができよう。少年が、自己に不利な供述を行う者との対質を求めることは、「自己の運命に影響を与えるかかる尋問プロセスへの『参加の保障』の価値」の実現を求めることにほかならず、[37] それも憲法三二条の保障の内容であると考えることは十分に可能だと思われる。しかし、だからといって、起訴状一本主義を採用していない現行少年法が違憲だということにはならないのである。

(1) 斉藤豊治「少年審判の非公開と少年事件報道の匿名性」新倉修＝横山実編〔澤登俊雄先生古稀祝賀論文集〕『少年法の展望』（現代人文社、二〇〇〇年）四〇八頁。
(2) この点につき、拙稿「少年法改正論議とドイツ刑事手続——一件記録による予断の問題を中心として」『刑事裁判・少年審判と適正手続』〔梶田・守屋両判事退官記念論文集〕（現代人文社、二〇〇〇年）四七頁参照。もっとも、所教授は、「今回の法案の対審化は、なお保護処分の福祉一元的な理解を大きく越えるものではないと見るべきである」（新倉修＝横山実編・前掲注(1)『少年法の展望』一六頁）とされる。
(3) 保岡興治法務大臣（当時）発言参照（『朝日新聞』二〇〇〇年七月一四日付朝刊による）。
(4) この点については、拙稿・前掲注(2)三九—四〇頁参照。
(5) 〔座談会〕「少年法改正（下）」ジュリスト一一五三号（一九九九年）六八頁（井上正仁発言）。

(6)　荒木伸怡「少年審判における非行事実の認定（その2）」犯罪と非行一一二号（一九九七年）七頁参照（同編著『非行事実の認定』〔弘文堂、一九九七年〕所収）。

(7)　ただし、田口守一「公判二分論の今日的意義」高田卓爾博士古稀祝賀『刑事訴訟の現代的動向』（三省堂、一九九一年）一六〇―一六一頁は、量刑予断と罪責予断とを区別すべきことを主張する。その上で、罪責認定に必要な一件書類のみが提出された場合には、少なくとも職業裁判官には予断を与えるものとは考えない見解として、ドイツの一九八五年草案を紹介する。なお、津村政孝「起訴状一本主義」法学教室一九九七年二月号四二頁参照。

(8)　この点の詳細につき、拙稿・前掲注(2)四一頁以下、及び拙稿「ドイツ刑事証拠法と少年法改正論議」『犯罪と刑罰』一四号（成文堂、二〇〇〇年）三三頁以下参照。

(9)　東京三弁護士会陪審制度委員会『フランスの陪審制とドイツの参審制――市民が参加する刑事裁判』（一九九六年）一二三頁（グリュンヴァルト）。

(10)　なお、参審員が関与せず職業裁判官一人による裁判の場合には、被告人には事実誤認を理由とする控訴の可能性も与えられているが、これは、「為政者の区裁判所の裁判に対する制度上の不信ないしは不安感」を示すものであり（平良木登規男「ドイツの刑事裁判制度について――参審制度理解のために」東京三弁護士会陪審制度委員会・前掲注(9)二〇九―二一一頁、二六〇頁参照）、この場合の控訴審は第一審と同様に口頭主義・直接主義に基づくものなのである（この点の詳細は、後藤昭『刑事控訴立法史の研究』〔成文堂、一九八七年〕五九頁以下参照）。

(11)　拙稿・前掲注(2)四三―四四頁、同・前掲注(8)「ドイツ刑事証拠法と少年法改正論議」四三頁参照。

(12)　「刑事手続は、公判審理の中断などなしに判決の言渡しまで、一気呵成に行われるべきもの」とされている（高田昭正「ドイツ刑事訴訟における参審制――『刑事司法への国民参加』論の素材として」刑法雑誌三三巻四号〔一九九四年〕八七頁）。

(13)　木佐茂男『人間の尊厳と司法権――西ドイツ司法改革に学ぶ』（日本評論社、一九九〇年）一三頁、八四頁、二三四―二三五頁参照（なお、一〇三頁をも参照）。

(14) 日本裁判官ネットワーク『裁判官は訴える』(講談社、一九九九年) 九九―一〇七頁 (宮本敦)、日本裁判官ネットワークシンポジウム「キャリア裁判官を考える」判例時報一七〇七号 (二〇〇〇年) 六―七頁 (井垣康弘) 参照。なお、伊東武是〔投稿〕「裁判官人事の透明化を求める」(朝日新聞二〇〇〇年五月三日付『論壇』) 参照。

(15) 見目明夫「少年事件への刑訴法の準用」判例タイムズ九九六号 (一九九九年) 三二〇頁。

(16) 部会において提案された弁護士委員案には、少年側の証拠調べ請求権を明文で規定することも含まれていた(弁護士委員案骨子は、ジュリスト一一五二号 (一九九九年) 一〇二―一〇五頁に掲載されている)。

(17) 高野隆「子どもの権利条約から見た日本の少年手続」自由と正義四二巻二号 (一九九一年) 五三頁。なお、同「あるべき非行事実認定手続――憲法から考える」季刊刑事弁護七号 (一九九六年) 八〇頁参照。

(18) 高野隆「憲法問題としての非行事実認定手続――子供は大人より簡単に有罪とされてもよいか」犯罪と非行一〇四号 (一九九五年) 三六頁 (荒木伸怡編著・前掲注(6)所収)。

(19) 高野隆「あるべき非行事実認定手続――憲法から考える」季刊刑事弁護七号 (一九九六年) 八〇頁、八三頁注(3)参照。

(20) 高野隆・前掲注(17)「子どもの権利条約から見た日本の少年手続」五五頁。

(21) 中野貞一郎「民事裁判と憲法」『講座民事訴訟 ①民事紛争と訴訟』(弘文堂、一九八四年) 五―六頁。

(22) 芦部信喜編『憲法III 人権(2)』(有斐閣、一九八一年) 二七五頁 (同)。

(23) もっとも、憲法的刑事手続研究会『憲法的刑事手続』(日本評論社、一九九七年) 二三四頁以下 (出口崇) は、日本国憲法三二条の英文たる No person shall be denied the right of access to the courts の訳として、「裁判所において裁判を受ける権利」を「裁判所を利用する権利」に置き換えるべきだとして、憲法三二条の保障の内容をより豊かなものにしようとする。

(24) 小田中總樹『刑事訴訟と人権の理論』(成文堂、一九八三年) 三六頁以下参照。

(25) 刑事手続について「公平な裁判所の裁判を受ける権利」が憲法三七条一項によって初めて保障される権利だと

すると、民事手続や少年保護手続においては除斥や忌避の制度は憲法上要求される制度ではないことになろう（村井敏邦「少年手続と憲法判例のあり方」法と民主主義二六八号（一九九二年）四八頁参照）。

(26)　この点につき、葛野尋之「刑事裁判の公開と少年審判の非公開――少年の適正手続としての審判非公開」新倉修=横山実編・前掲注(1)二二三頁以下参照。

(27)　なお、この点につき田宮裕編『少年法判例百選』七頁（田宮裕）参照。

(28)　法制審議会少年法部会・第七七回会議議事録五一頁参照。

(29)　村井敏邦「少年手続をめぐる現今の議論状況」國士舘法学二八巻（一九九六年）四一二頁。

(30)　従来、この点は憲法三一条の要求するところと考えられてきた（たとえば、荒木伸怡「少年審判における非行事実の認定」犯罪と非行一〇一号（一九九四年）三三頁参照（同編著・前掲注(6)所収））。なお、この点につき、佐伯仁志「少年保護手続における適正手続保障と弁護人の援助を受ける権利」法曹時報四八巻一号（一九九六年）七一八頁参照。

(31)　高野隆・前掲注(17)「子どもの権利条約から見た日本の少年手続」五三頁は、少年の反対尋問権（憲法三七条二項）を保障したといえるためには、(イ)完全な起訴状一本主義（捜査資料を家庭裁判所に送付することの禁止、(ロ)事実認定手続と処遇決定手続を二分し、事実を確定しないかぎり、処遇決定手続を開始しないこと（事実確定前に処遇に関する資料を見ないこと）、(ハ)自認事件について事実認定手続を行わないこと（アレインメント制）、(ニ)伝聞法則の完全な採用――事実認定手続への検察官の立会い、(ホ)アレインメント及び事実認定手続を行う全事件について弁護人の立会いを必要的とする、ということが前提となるという（なお、同・前掲注(18)九頁も参照）。なお、安冨潔「少年審判手続と憲法上の基本権保障」家裁月報三九巻四号（一九八七年）一頁以下は、少年審判の職権主義・非対審構造を理由に、当事者主義・対審構造により認められる憲法三七条二項による権利の保障は、少年審判には直接及ばないと解さざるをえない、とする。

(32)　田宮裕『刑事訴訟とデュー・プロセス』（有斐閣、一九七二年）三四六―三四七頁（とくに三四七頁）、同『演

習刑事訴訟法』（有斐閣、一九八三年）二四六頁以下参照。

(33) むろん、それが憲法三七条二項との関係で問題があることは、ここでは措く（この点につき、最近の論稿として、伊藤睦「検面調書の証拠能力――アメリカにおける証人による公判外供述に関する議論を手がかりとして」法学六四巻二号〔二〇〇〇年〕三四頁以下がある）。

(34) たとえば、日本弁護士連合会の『少年司法改革に向けての提言』（二〇〇〇年七月一四日）は、「予断排除原則や厳格な証拠法則を採用していない現行の職権主義構造においては、捜査記録に引きずられた裁判官が少年の訴えに耳を傾けない態度で審判を運営すれば、審判は一方的に少年を追及する場となり、誤判を生ずる。裁判官の裁量に対する防御権、特に証拠調べ請求権の確立をすみやかに実現すべきである。」としている。

(35) 堀江慎司「証人審問権の本質について(六)・完」法学論叢一四二巻二号（一九九七年）二四頁。

(36) 高野隆・前掲注(18)三六頁。

(37) この点につき、酒井安行「事実認定手続における対審化――『恩恵的パターナリズム』と少年司法」新倉修＝横山実編・前掲注(1)『少年法の展望』二一五―二一六頁参照。

26　少年保護事件の抗告理由と決定への影響

小林　充

はじめに

少年法三二条（以下、少年法については、条文だけを掲げる）は、抗告理由として、「決定に影響を及ぼす法令の違反、重大な事実の誤認又は処分の著しい不当」を掲げ、三三条二項は、これらに該当するときは、「原決定を取り消して、事件を原裁判所に差し戻し、又は他の家庭裁判所に移送しなければならない」と規定している。これを一見して明らかなことは、法令の違反については、常に決定に影響を及ぼすことが必要とされている一方、重大な事実の誤認及び処分の著しい不当については、決定に影響を及ぼすことが要件とされていないことである。処分の著しい不当につき決定に影響を及ぼすことが要件とされていないのは、そこにいう処分が決定の主文に現れたそれを指すことから、その著しい不当ということは、異なる主文、すなわち、異なる決定となる蓋然性を当然内包するものとしてことさら規定されなかったと解することができよう（刑訴法上の量刑不当についても、そのこと自体主文に影響を及ぼすとしてこれを絶対的控訴理由と解する説も有力である）。これに対し、重大な事実誤認については、決定に影響を及ぼすことが要件とされていないにもかかわらず、後述するように、そこにいう「重大な」とは、事実誤認が決定に影響を及ぼすことであるとする説も有力であり、そうとすると、そこにおいても「決定に影響を及ぼす」ということの意味内容を明らかにすることが求められよう。

ところで、この「決定に影響を及ぼす」は、刑事訴訟法におけるいわゆる相対的控訴理由（刑訴三七九、三八〇、三八二）における「判決に影響を及ぼす」とその形式および内容においてかなりの類似性を有する。私は、先年、この相対的控訴理由と判決への影響につき考えるところを一応まとめたので(1)、本稿においては、ときにこれと対比しつつ、少年保護事件の抗告理由における決定への影響につき少し詳しく考察することとしたい。

一 若干の留意点

まず、少年審判の抗告理由（以下、単に「抗告理由」ともいう）における決定への影響、ひいては、抗告理由一般を考察するに当たって留意すべき若干の点について言及しておく。

1 第一に、少年審判の特徴として、手続き面において家庭裁判所（以下、「家裁」ともいう）に広範な裁量が認められているとともに、実体面において家裁の判断を尊重していることを挙げることができる。前者についていえば、少年審判は少年の保護育成を目的とする教育的処分であり、その目的・性質に照らし、手続き面において家裁に対し形式に捉われない裁量性、柔軟性が認められている。少年審判の手続きに関する少年法の規定は極めて簡単であって、裁量ないし運用に委ねられている部分が多く、このことは、手続き面における抗告理由が自ずから狭い範囲に止まることを意味しよう。次に、後者については、家裁は、裁判官以外に家裁調査官等を有する専門機関であるところから、できるだけその判断内容を尊重すべきものとされている。保護処分については検察官からの抗告を認めず、少年側からのそれについても抗告理由を制限し(三二)、また、抗告に執行停止の効力を認めていないこと(三四)などは、その現れといえよう。このことから、抗告理由の有無の判断に当たっては、すでになされた保護処分の安定性ということをも充分考慮しなければならないと思われる。

2　第二に、検察官からの抗告が認められていないことから、抗告理由はもっぱら少年の立場において考慮すべきことになる。したがって、例えば、抗告理由としての重大な事実の誤認も、それが少年にとって不利益か否かの観点から決せられることになろう。

3　第三に、少年審判の抗告審は事後審を基調とすべきことである。事後審の最も本質的な特徴は、自ら事件について心証を形成するものではなく、原裁判の当否を審査するということである。すなわち、当事者から原裁判に対する瑕疵の主張、すなわち、抗告理由が主張され、この抗告理由が認められなければ抗告を棄却し、認められれば原裁判を破棄し事件を原裁判所に差し戻すということで足り、事件について自らの心証を形成して判断することまではしないのである。三三条の文言は、まさにこの事後審の構造に符合するものである。また、事後審において、瑕疵の立証責任は抗告を申し立てた側にある。したがって、抗告理由の存在が積極的に立証されない限り、抗告は棄却されなければならない(原裁判の認定、判断が積極的に不合理といえる場合にのみ原裁判は破棄されるという言い方もされている)。なお、この抗告審の構造ということは、抗告審における事実の取調べということとも密接に関係するが、この点については**四**で述べる。

まず、三二条において冒頭に掲げられている「決定に影響を及ぼす法令の違反」について考察することとする。これは、決定に影響を及ぼすということと法令の違反とに分けて考えることができよう。

二　決定に影響を及ぼす法令の違反

1　法令の違反

ここにいう法令の違反（以下、「違法」ともいう）については、刑事訴訟の控訴理由と比較して特に注意を惹く点が二つある。一つは、訴訟法の違反と実体法の違反の双方が含まれていることである。刑事訴訟の控訴理由においては、法令の違反を訴訟手続きの法令違反（刑訴法三七九。同三七七・三七八は、その特殊の場合である）と法令適用の誤り（同三八〇）とに二分し、一般に、前者は訴訟法（手続き法）違反、後者は実体法違反と解されているが、抗告理由においては、両者を一体として法令の違反としているのである。いま一つは、そのこと自体決定に影響を及ぼすとみなされる刑訴法上のいわゆる絶対的控訴理由（刑訴法三七七・三七八）に当たるものは認められておらず、常に決定に影響を及ぼすことの判断が必要とされていることである。

法令の違反のうち、訴訟法の違反は、審判手続きに関する法令の違反といってよく、審判開始決定後保護処分決定がされるまでのすべての段階における法令違反が含まれる。保護処分の言渡し後決定書を作成しなかった違法も、審判の一部をなす保護処分決定手続きの違法としてこれに含まれる（福岡高決平六・一一・一四家庭裁判月報（以下、「家月」という）四七・四・八〇）。家裁の事件受理前の捜査段階及び事件受理後審判開始決定以前の段階における各違法は直接には法令の違反に含まれないが、その違法を看過したことが審判手続きの違法となることはあろう。また、法令の違反のうち実体法の違反は、決定事実に対する刑法その他の実体法の適用の誤りであって、刑訴法三八〇条の法令適用の誤りとほぼ同じに考えてよい。

2　決定に影響を及ぼす

この点は、控訴理由における「判決に影響を及ぼすことが明らか」と同じく、問題が多いところである。

(ア)　まず、決定に影響を及ぼすという場合の決定については、これを内容面のみから理解するのが一般的見解であるが[2]、刑事訴訟の場合[3]と同様に、決定の有効性をも含み、審判手続きに重大な違法がある結果決定それ自体の無効（広義の無効の意味であって、上訴審における取消を要する場合を含む）をもたらす場合も、決定に影響を及ぼすと解すべきであろう。そう解さないと、例えば、決定を少年の面前で告知せずに送達して行うとか、決定の告知を公開して行うとかの違法を冒したときでも、その決定の内容はこれらを適法に行ったときと異ならないから違法は決定に影響を及ぼさないということになるが、この結論は明らかに不当だからである。審判期日の手続きが、少年及び保護者の弁解を全く取り上げることなく、少年に対する非難ないし叱責に終始するなど保護ということとは縁遠いような非教育的、糾問的な雰囲気の下に行われたときも、非行事実の性質等からみて決定の内容自体は是認し得る余地があるとしても、決定それ自体の無効をもたらすというべきであろう。より正確に言うならば、決定の内容の当否は、それに先立つ手続きの適法性を前提として初めて云々すべきものであるから、この手続きに重大な違法がある場合は、決定の内容を論ずるまでもなく、決定自体が無効となるのであって、その意味で違法は決定に影響を及ぼすというべきである。このような場合は、一旦なされた保護処分の安定性に勝る是正の利益が存在するというべきであろう。

なお、このように決定自体の無効をもたらすのは、訴訟法違反、しかも、少年の保護育成の観点から決められた重要な手続きに違反し、まさに適正手続き違反といえるような場合に限られるべきで、実体法違反の場合は含まれないと解すべきである。非行事実に対する法令の適用を全く欠くとか全然無関係な法令を適用しているような場合も決定の無効をもたらすと考える余地がないとはいえないが、このような場合は、実体法違反というよりはむしろ決定に理由を付していないという訴訟法違反として捉えるべきであると思われる。

(イ)　次に、決定の内容に影響を及ぼす場合において、決定は主文に限られるか理由をも含めて考えるべきかの問題がある。刑事訴訟法の控訴理由に関する「判決に影響を及ぼすことが明らか」における判決は、主文だけではなく理由を含めて考えるべきであり、判決の主文が異なってくるときのみならず、犯罪に対する構成要件的評価に直接又は間接に影響を及ぼすと解される限り、すべて判決に影響を及ぼすとされている。(4)これに対し、抗告理由としての「決定に影響を及ぼす」とは、主文に影響を及ぼす場合に限ると解するのが多数説といえる。(5)

思うに、控訴理由に関する決定の範囲が広く解されているのは、国家機関である裁判所が誤りを冒したならば、被告人の具体的救済とは別個に国家公共的立場からそれを是正しなければならないという理由に基づくものであろう。これに対し、少年審判手続きにおいては、一条から明らかなように、少年の福祉保護が第一に考えられるべきで、上述の国家公共的見地は後退せざるを得ない。決定の理由中に瑕疵がある場合に、その程度の如何を問わず、かつその主文は維持できる場合にも一律に原決定を取り消すべきものと解することは、この観点から到底是認できない。そのように解するならば、すでに少年院に収容されている少年を釈放し、しかも再度の審判の結果原決定と同じ処分となり再収容を要するというような事態も生ずるが、それが少年の保護育成にとって好ましいものでないことは多くをいわずして明らかであろう。原決定の主文が維持できる場合には、原則として一旦なされた保護処分の安定性を期することに優越的利益が認められるべきであろう。

問題は、原決定の理由中に重大な誤りがある場合にも、この原則を貫徹すべきかということである。判例中には、一般論としてこのような場合は決定に影響を及ぼすとするものがある。すなわち、東京高決昭四六・七・六（家月二四・二・一五六）は、「少年法三二条にいう「決定に影響を及ぼす」とは、単に主文に影響を及ぼす場合のみに限らず、その理由の重大な部分に変更を加うる必要があり、そのままでは原決定を維持できない場合をも含むものと解すべきであって、本件の場合、たとえ少年に対する要保護性という観点からいえば、少年を施設に収容して、その健全な育成をはかる必要があり、従って少年を少年院に送致することとした原決定の結論そのものは正当であり、これを変える必要が認められない場合においても、右のように解釈することを妨げるものではないと考えるのが相当である」としている（同旨、仙台高決昭五〇・七・七家月二八・四・一三四）。

ただ、留意を要するのは、これらの判例は、理由中の構成要件的評価という観点から決定への影響を論じているわけではないということである。それらの事案をみても、前記東京高決昭四六・七・六においては、送致された六件の窃盗の事実のうち一件につき判断の遺脱があり、一件につき特定を欠き不明確であったというものであり、また前記仙台高決昭五〇・七・七においては窃盗二九件、傷害一件、強制わいせつ一件の送致事実のうち窃盗一件の判断を遺脱したというものであって、いずれも構成要件的評価に誤りがある場合とは言い難いのである。そこでは、(ア)で論じた決定の有効性に影響を及ぼす場合であるかどうかが問題とされるべきであろう（この観点からみても、各事案の結論の妥当性に疑問がもたれることについては**3**の(エ)で述べる）。

そこで、改めて、理由中の構成要件的評価という観点から決定に影響を及ぼす場合があるかどうかを問題としよう。**三**で詳述するように、等しく抗告理由とされている重大な事実誤認については構成要件的評価に重大な影響を及ぼすと認められる場合に限り決定に影響を及ぼすと解するのが相当であり、そうするとこれとの整合性において、法令の違反についても同様に解するのが相当であると考える。もっとも、このようにいっても、実際にこの場合に該当すると認められた例は判例上見当たらないので、問題は、現段階においては理論上のものに止まるといってよい。

(ウ) 一方、主文に影響を及ぼす場合においても、刑事訴訟とは異なって考えざるを得ない場合がある。刑事訴訟においては、起訴事実の一部につき無罪等を言い渡す場合には、それが全体のごく一部であっても、これを主文に表示しなければならず、したがって、原審が起訴事実の一部につき無罪であるのに有罪と認定したときは、他に有罪とされるべき事実があっても、判決内容に影響を及ぼすこととなる。これに対し、少年審判において、原審が少年に対し保護処分を科しているが、その認定非行事実の一部を認定できない場合に、刑事訴訟と同様に解することは相当でないと思われる。送致非行事実の一部を認定できないときについてはこれを主文に表示する取扱いと、その旨を理由中で説示し主文においては保護処分のみを表示するとする取扱いがあるとされているところ、[6]前者の取扱いが正しいとすると、右の場合には、原審として「一部非行なし」を主文に表示すべきであったことになるから、形式的には誤りが主文に影響を及ぼすということにならざるを得ないと思われる。しかし、この場合においては保護処分を科することが相当と認められる限り、原決定を取り消すべきではないであろう。少年審判においては、少年に対しいかなる処遇をするかが最重要事で、個々の非行事実等のもつ意味は、刑事訴訟ほど重要ではないと思われるからである。そうすると、刑事訴訟と異なり、主文への影響という場合の主文は、これを実質的に解し、主文中の保護処分と解すべきことになる。[7]

なお、主文に表示されていても、保護処分の当否と関わりのない没取の違法は、やはり決定に影響を及ぼさないものと解すべきであろう（大阪高決平八・一二・二家月四九・五・五八）。これもまた、主文を実質的に解することから導かれる例であろう。

(エ)　次に、「決定」とは原決定を意味する。すなわち、法令の違反がなければ原審において原決定とは異なった決定がなされたかどうかを問題とすべきであり、抗告審が自ら言い渡すべき決定の映像を形成し、それと原決定とを比較して影響の有無を判断するものではない。これは、抗告審が基本的に事後審であり、原決定の当否を審査するものである点からみて疑う余地はないものと考えられる。この点、判例のなかには、違法はあるが原審の決定内容は相当であるから違法は決定に影響を及ぼさないとするものがあるが（名古屋高決昭三一・四・三〇家月八・六・六二、広島高岡山支決昭三二・一・二二家月九・一・四〇等）、違法はあるがそれがなくとも原審としては同じ決定内容に到達したであろうという考察方法をすべきなのである。

(オ)　次に、決定に「影響を及ぼす」とは、もし違法がなければ、現になされた原決定とは異なる決定に到達したであろうということである。刑事訴訟においては、影響を及ぼすことが「明らか」でなければならず、かつ、「明らか」とは蓋然性を意味すると解されているが(8)、少年抗告事件においても、その文言はないが、前述した家裁の判断の尊重という点からみて、同様に解してよいと思われる。いずれにせよ、違法と原決定との間に因果関係の存在することであり、かつこの因果関係は、法律的、規範的性質のものである。また、違法がなければの意味であるが、これは、「審判手続き等が適法に行われたならば」と置き換えて考えるべきである。その場合の決定がいかなるものであるかを考え、それと実際の決定が異なるとき、違法は決定に影響を及ぼすということになるのである(9)。

ところで、刑事訴訟において、上記の因果関係の存否については、個々の事案ごとに具体的に検討して決すべきであるとする具体的因果関係説と、具体的に追求する必要はなく、その予想が事前につけば足りるという抽象的因果関係説があるが、判例は、裁判所が当該事件について具体的に諸般の状況を検討して判断すべき問題であるとして、前説を採ることを明らかにしている（最判昭三〇・六・二二刑集九・八・一一八九）。少年審判手続きにおいても同様に解してよいであろう。ただ、具体的因果関係説によっても、違法と判決への因果関係は、それが法律的、規範的判断である以上ある程度類型的に把握できるものと思われ、特に審判手続きに関する法律違反が決定自体の無効を招く場合はそうであると思われる。

3 具体例

以下、これまで述べたことをいくつかの場合に当てはめ判例を参考として考察するが、違法が決定の有効性に対して影響を及ぼすかどうかが問題とされる場合を第一類型の違法、違法が決定の内容に対して影響を及ぼすかどうかが問題とされる場合を第二類型の違法ということとする。

A 手続き法違反の場合

まず、手続き法違反の例について考察するが、前述したように、少年審判においては広範な裁量性が認められているため、これに該当するとされる場合は刑事訴訟に比べかなり少ない。

(ア) 審判期日に保護者の呼出を欠いた場合

少年審判規則（以下、「規則」という）二五条二項は、審判期日には保護者を呼び出さなければならないと定めているが、この呼出を欠いた違法は決定に影響を及ぼすであろうか。判例は、積極、消極の両説に二分されている。(10)判例が分かれているのは、この違法を第一類型の違法とみるか第二類型の違法とみるかの相違によるものと理解できる。規則二五条二項の趣旨は、少年の処遇決定には、その家庭の保護環境、保護者の意思、態度等が重要な要素をなすため、保護者の意見を聞いた上で処分を決定するのが適当であるとされた結果であろう。そして、このことが少年審判に関する重要な基本原則であるとみるならば、このことを怠ったこと自体、決定の無効を招くと理解することができ、違法は、常に決定に影響を及ぼすことになろう。判例中、特に理由を付することなく違法は決定に影響を及ぼすとした事例（名古屋高決昭二五・三・二四家月二・六・二三六等）、あるいはそれ以前における調査官の調査により保護者の意見が予め明らかにされていても違法は決定に影響を及ぼすとした事例（大阪高決昭二九・一・一九家月六・七・九八）は、このような考えに基づくものと理解できよう。これに対し、決定への影響を、適法に保護者を呼び出して意見を聞くなどすれば原決定以外の適切な処分に至ったであろうという第二類型の違法と解するならば、保護者を呼び出しその意見を徴することによって原決定と異なる結論になったであろうと認められるときは決定に影響があることになるが（高松高決昭三五・四・四家月一二・六・一八〇等）、少年の処遇に関する保護者の意思が予め明らかにされているなどの事情があるときは、違法は決定に影響を及ぼさないということになろう（東京高決昭三一・七・二四家月八・八・四〇）。

私は、この場合は第一類型の違法の適例として説明することができると考えるが、その観点からの理由を補足しておく。法が審判期日に必ず保護者を呼び出すこととした趣旨は、単に保護者に少年の処遇について意見を述べさせてこれを審判の参考にするというに止まらず、当日期日における手続きの進行を保護者に目の当たりにさせて少年の問題点を把握させ、少年の今後の更生に役立たせるとともに、審判廷における保護者の発言を少年に直接聞かせることにより、少年に対する教育的効果を期待したと考えることができるのである。そして、そのような手続きをとる余地のないままで決定を言い渡した場合は、まさに、少年の保護育成の観点から定められた重要な手続きに違反したものとして決定自体の無効をもたらすと解することができよう。そして、このことは処遇に関する保護者の意見が予め明らかにされていたか否かによって異なるところはないといってよいであろう。

(イ) 審判期日に附添人の呼出を欠いた場合

規則二五条二項は、審判期日には附添人をも呼び出さなければならないと定めているが、この呼出を欠いた違法は決定に影響を及ぼすであろうか。この点も違法を第一類型のものとみるか第二類型のものとみるかの相違により結論が分かれるものと思われる。刑事訴訟において弁護人に対し公判期日を通知せずその不出頭のまま審理した場合は、そのこと自体から違法は判決に影響を及ぼすと解することができ[11]、少年保護事件における附添人も、ほとんどの場合弁護士であるから、この場合と同視できるとするならば、第一類型の違法として違法は決定に影響を及ぼすこととなろう（高松高決昭三四・七・二家月一一・八・一三九、福岡高決昭五三・四・一七家月三〇・一一・九七は、いずれも決定の内容への影響を問題にすることなく、原決定を取り消している）。しかし、当事者主義を基調とする刑事訴訟における弁護人と、職権主義構造をとる少年保護手続きにおいて裁判所の協力者的立場にとどまる附添人とを同一視することはできないとするならば、この場合の違法は第二類型のものに止まるということになろう。ただ、そうだとしても、附添人、特に弁護士たる附添人には、非行事実の存否について専門的立場から意見を具申し、また要保護性の点でも必要な資料を提供しあるいは環境調整を試みるなど少年に対する適正な処分を求めるために行動することが期待されており、その審判廷における在席の有無は決定の結論にも重大な影響を与えるものであるから、附添人に対する呼出を欠くことが主文の内容に影響を及ぼすとみてよい場合もあろう（札幌高決昭五三・一二・一五家月三一・六・五九は、その文言からみてこのような趣旨のものであろう）。

なお、少年法の改正により検察官の審判立会が認められた場合は、当該事件における附添人の地位は刑事訴訟における弁護人のそれと極めて接近するから、第一類型の違法とみる余地が大きくなるであろう。

(ウ) 職権証拠調べ義務違反

少年審判手続きは、職権主義的審問構造がとられており、その主宰者である裁判所には、事実発見ないし少年に対する適正な処分を行うという見地から、ある範囲では職権証拠調べ義務があると解すべきであるが[12]、ただ、その義務を怠った場合の違法は第二類型のものに止まるといってよいであろう。ところで、刑事事件に関する最判昭三三・二・一三刑集一二・二・二一八をも参考にして職権証拠調べの義務のある場合の基準を考えると、①記録だけでは非行事実の認定又は少年に対する適正な処分の決定についての重要な事実の存否が不明であるが、職権で証拠調べを行えばその点についての心証が得られると思われること、②右の事実に関する証拠の存在が裁判所に判明しているか裁判所がその存在を容易に推測できること、を挙げることができると思われる。そして、右の①の要件からすれば、職権証拠調べの義務違反の場合にはこれを履行したならば異なる主文にいたる蓋然性が大きいと解されるから、違法は決定に影響を及ぼすというべきであろう。処分の決定につき重要な意義を持つ関係者につき調査をしなかったことが決定に影響を及ぼすとした判例（大阪高決昭三一・六・一四家月八・七・七一）は、この趣旨のものと理解できる。

(エ) 一部の事実に対する判断を遺脱した場合

家裁に送致等された事実の一部につき決定書において判断を遺脱している場合につき、判例の多数は、決定に影響を及ぼす法令違反があるとし、その理由として、決定書に非行事実として判示されていない事実には、四六条の一事不再理効がなく、後に再審判を受ける可能性があることを挙げている（大阪高決昭四二・八・四家月二〇・四・六三、東京高決昭四三・八・三家月二一・三・九二、東京高決昭四六・七・六家月二四・二・一五六、仙台高決昭五〇・

七・七家月二八・四・一三四)。しかし、刑事裁判における一部の事実の判断遺脱に関する最判昭四三・四・二六(刑集二二・四・三四二)の趣旨からすれば、右の場合において判断遺脱の事実につき後に再審判ないし刑事訴追をすることは許されないと解されるから、[13]この点を理由として違法が決定に影響を及ぼすと解するのは相当でない。もっとも、刑事訴訟において、判断遺脱は、起訴事実の一部であっても重大な瑕疵として絶対的控訴理由とされていること(刑訴三七八③)との対比において、少年事件においても常に決定の有効性に影響を及ぼすものとみるべきであると考える余地もあり、決定に影響を及ぼすとした前記の各判例はこの点をも考慮したのではないかと思われる。しかし、少年保護事件において保護処分の基礎となる非行事実の持つ意味は刑事訴訟におけるほど重要ではないことは前述したとおりであるから、判断遺脱がその内容、程度等を問わず常に決定の有効性に影響を及ぼすとすることには疑問があろう。判断遺脱が全事実中のかなりの部分を占めている場合はまた別に考える余地があるであろうが、一般的には主文内容への影響を問題にすれば足りるというべきである。すなわち、遺脱された事実が全事実のごく一部であり、そのことの存否によって主文の内容が変わってくるとはみられない場合は、違法は決定に影響を及ぼすとはいえないということになろう(大阪高決平三・四・一〇家月四三・九・九四)。

(オ)　一部の事実を重複認定した場合

この場合、刑事訴訟においては、一部の事実の全事実中に占める割合いかんに関わらず刑訴法三七八条三号又は四号の絶対的控訴理由に該当すると解する余地がある。しかし、事実のもつ意味が刑事訴訟ほど重要ではない少年審判においては、一部の事実が全事実中のかなりの部分を占める場合においては決定の有効性に影響を及ぼすが、そうでない場合は決定内容への影響を問題にすれば足りると解すべきであろう。二〇件の窃盗事実につき一四件を重複認定し三四件の窃盗を認定した事案に関し、処分の著しい不当を来しているとした判例があるが(東京高決昭四六・五・一〇家月二四・六・六三）、右の観点からは法令の違反を問題にすべきであり、かつ決定自体の無効をもたらす場合であると解する余地があろう。

(カ)　非行事実の判示が不特定な場合

この場合については、非行事実の全てが不特定であったときにこれを取り消した判例（大阪高決昭三六・九・二五家月一三・一一・一二一、大阪高決昭三七・一〇・二九家月一五・三・一六五、大阪高決昭四三・五・一四家月二〇・一一・一九六）と一部が不特定であったときに主文に影響を及ぼすものではないとして原決定を維持した判例（東京高決昭四三・一一・二八家月二一・七・一二〇、大阪高決昭五〇・一〇・七家月二八・六・一三三）とがある。刑事訴訟においては、全事実のうちごく一部の事実の判示が不特定の場合は刑訴法三七八条四号の絶対的控訴理由に該当しないと解されているところ、少年審判においても、一部の事実が全事実中のかなりの部分を占める場合においては、第一類型の違法として決定の有効性に影響を及ぼすといってよいであろうが、そうでない場合は第二類型の違法として主文の内容への影響を問題にすればよいであろう。したがって、右の各判例はいずれも相当であると考えられる。この点につき、非行事実の判示が特定性、具体性を欠く場合に非行事実の存在が確実とはいえないからその事実がないものとして決定への影響を考えるべきであるとの考えもあるが、(14) 非行事実の存在は明らかでただ決定書におけるその判示が不十分である場合もあるから、その場合をも含めて前記のように説明するのが相当であろう。

(キ)　審判後決定書を作成しなかった違法

保護処分の決定をするときは決定書を作成しなければならず、この決定書を作成しなかったときは、決定内容を証明できず、第一類型の違法として、決定に影響を及ぼすと解すべきであろう（福岡高決平六・一一・一四家月四七・四・八〇)。

(ク) その他

二七個の窃盗の送致事実のうち非行なしとして不処分にした二〇個の送致事実を特段の事情もないのに要保護性認定の資料としたことが決定に影響を及ぼすとした事例(東京高決昭五二・二・四家月二九・九・一二七)、立件又は送致をまたず余罪数十件を少年の要保護性判断の資料とすることが不告不理の原則を潜脱するもので決定に影響を及ぼすとした事例(大阪高決昭六一・八・二一判タ六二五・二五六)は、いずれも第一類型の違法が決定に影響を及ぼす場合として理解すべきであり、また、附添人に社会記録の閲覧を拒否したことが決定に影響を及ぼさないした事例(大阪高決平元一二・二六判時一三四八・一六一)、数個の非行事実のうち一個につき自白の補強証拠が存在しないことが決定に影響を及ぼさないとした事例(東京高決昭四〇・一・二七家月一七・八・九六)、一部の事実に審判条件が欠如していることが決定に影響を及ぼさないとした事例(東京高決昭四〇・三・二九家月一七・一一・一三八)は、いずれも第二類型の違法が決定に影響を及ぼさない場合として相当であろう。

B 実体法違反の場合

実体法違反と決定への影響につき論じた判例はかなり少ないが、非行事実中に暴行の事実が含まれていないのに、適用法条に刑法二〇八条を挙示することは決定に影響を及ぼさないとした事例(大阪高決昭三六・八・九家月一三・一一・一一四)、単なる共犯規定の遺脱は決定に影響を及ぼさないとした事例(大阪高決昭四〇・一・一八家月一七・八・九四)、誤って鉄砲刀剣類所持等取締法二二条を適用した違法は決定に影響を及ぼさないとした事例(東京高決昭四三・三・一五家月二〇・九・一二八)、包括一罪を二罪と認定した違法は決定に影響を及ぼさないとした事例(東京高決昭五二・九・一九家月三〇・八・七九)は、いずれも第二類型の違法が決定に影響を及ぼさない場合として相当であろう。

三　重大な事実の誤認

「重大な事実の誤認」は、「重大な」（以下、「重大性」ともいう）との点で決定への影響と関わりを持つが、まず、この抗告理由一般についても簡単に考察しておく。

1　事実の範囲

ここにいう「事実」の範囲については、非行事実を指すとするのが多数説であるが、(15) 非行事実及び要保護性が審判の対象とされ、要保護性の点が適正な処分の決定に重要であることを理由に、非行事実とともに要保護性を基礎づける事実も重大な事実の誤認に含まれるとする見解がある。(16) しかし、非行事実とならんで審判の対象とされるのは、要保護性であって要保護性を基礎づける事実ではないから、要保護性の点が事実誤認の対象となる事実に含まれるとするならば、それは要保護性の存否それ自体としなければならないはずのものであり、かつ要保護性の存否の判断はあくまでも具体的になされた保護処分との関係において、それに見合う程度の要保護性があるかという観点からなされるべきものと思われる。ところが、その点の判断は、具体的な処分を決定する際に考慮すべき事情としても最も重要なものであるから、抗告審としては、その判断の誤りを処分の不当として見ることもできるはずであり、事実誤認又は処分不当のいずれとして処理すべきかの基準は不明確なものとならざるを得ない。

そもそも、抗告理由としての事実誤認をどの範囲で認めるべきかについては、訴訟で認定を要するあるいは実体形成の対象となる一切の事実ではなく、他の抗告理由の存在をも考慮して、どの範囲内のものにつき真正面から事実認定の当否を争わせれば足りるかという一種の政策的判断によって決定されるべきであろう。そうすると、この範囲は、保護処分の決定に当たってまず認定することを要し、かつ決定書にも必ず判示すべきものとされている非行事実に限定し、要保護性の存否ないし程度に関する事実は、処分の不当に関連させて主張させれば足りると解するのが相当である。

このことは、事実誤認の対象を要保護性ではなく要保護性を基礎づける事実と解しても同様であろう。なお、要保護性を基礎づける事実には種々の態様のものが含まれ、刑の量定の基礎となるいわゆる情状と同視できるところ、刑事訴訟においてこの点に関する誤認は、一般に、事実誤認ではなく量刑不当として争うべきものとされていることとの対比からも、このように解するのが適当と思われる。(17)

2 事実の誤認

事実の誤認とは、原決定において適法に認定されるべきであった事実と現に認定された事実とがくいちがうことをいう。「適法に」とは、原審及び抗告審において取り調べられた証拠に基づくことを意味する。すなわち、誤認とは、証拠との関連における事実面のくいちがいを指し、客観的事実そのものとのくいちがいを意味するものではない。

なお、刑事訴訟の場合と同じく、一見事実の誤認に当たるようであるけれども、原決定の当該部分の前後の表現や決定全体の趣旨内容、さらには訴訟記録の内容等から明白な誤記としてよい場合もあるであろう。

3 「重大な」の意義

抗告理由としての法令違反と事実誤認とを比較すると、前者については、前記のように「決定に影響を及ぼす」ことが要件とされているのに対し、後者についてはその要件はなく、他方では重大性が要件とされていることから、その意味、内容が問題とされるのである。

この重大性については、決定、しかも主文に影響を及ぼすことと同一意義に解するのが多数説といえる(18)。しかし、多数説の立場だと、三二条においては、法令違反の場合と同じく「決定に影響を及ぼす事実の誤認」と規定すればよかったはずである。文理上は、重大性は、決定に影響を及ぼすことと無関係ではないであろうが、他の場合を排除しているとは認められず、むしろその様な場合をも予想していると解するのが自然である。

とはいえ、重大性と決定に影響を及ぼすということが多くの面で重なり合うことは否定できないであろう。異なる決定となる蓋然性があるということはそのこと自体事実誤認の重大性と結びつくと解されるからである。そこで、**二**で述べた決定への影響を手がかりとして重大性の意味、内容を検討することとしたい。

まず、重大性を決定への影響との関連で考えるとしても、決定それ自体の有効性に影響を及ぼす場合を含める必要はないと思われる。刑事訴訟においては、判決に掲げられた証拠から罪となるべき事実を認定できない場合は、判決それ自体の無効を招くものであって、絶対的控訴理由である刑訴法三七八条四号の理由の不備又はくいちがいに当たると解されているが(19)、決定書に証拠を挙示することが必要とされない少年保護事件の抗告においては、そのような決定自体の無効を招く場合を考え難いからである。したがって、重大性は専ら決定内容との関係で論ぜられるべきであろう。

ところで、決定内容への影響という場合、ここでも主文への影響と構成要件的評価への影響ということを考え得るところ、多数説は、主文への影響を考えれば足るとし[20]、またその立場から、同一構成要件内の事実の誤認はもちろん、構成要件を異にしても、一項詐欺と二項詐欺など同一法条内部の同程度の事実相互間の誤認も重大な事実誤認に当たらず、また複数の同種非行事実のうち一部に誤認があっても、主文の内容に影響のない程度ののであれば、やはり重大な誤認に当たらないと解している[21]。判例にも、重大性をこの主文への影響ということから説明しているものも見受けられる。例えば、大阪高決昭四〇・一・一八（家月一七・八・九四）は、四件のうち一件は認められず事実誤認はあるが、「原決定非行事実1乃至3のみに基づいても本件において少年の要保護性が優に認められることは原決定説示のとおりであって、右4の詐欺の点を除外することにより原決定の言い渡した医療少年院送致の処分が不当となるものといえない」とし、また東京高決昭五九・一・一九（家月三六・一〇・一一〇）は、非行の日時及び所持する覚せい剤の数量に誤認がある場合につき、この点「が相違していることは、いまだ少年の処遇決定を左右するほど重大な認定の誤りと見る必要はなく、原決定の医療少年院送致の措置は十分是認できるところといわなければならない」とし、それぞれ抗告を棄却している。

右のような例においては、重大性を主文への影響ということで理解することが可能であるが、問題は重大性のすべての場合をこのような説明でまかない得るかということである。そして、判例には、犯罪に対する構成要件的評価において重大な誤認がある場合において、主文への影響ということから決定に影響を及ぼすと説明しているものもあるが（殺人、同未遂、窃盗、鉄砲刀剣類所持等取締法違反のうち、殺人、同未遂については正当防衛が成立するのに、原審において過剰防衛が成立するに過ぎないとした事案に関する東京高決平元・九・一八月報四一・一一・一一〇）、他方、主文への影響ということを問題とすることなくそのこと自体重大な事実誤認に当たるとして原決定を取り消しているものもかなり見受けられるのである（例えば、窃盗、恐喝未遂、強姦、虞犯のうち、強姦については未遂しか認定できない事案に関する東京高決昭三五・一・二六家月一二・五・一八二、恐喝、窃盗、強盗等一〇件の非行のうち強盗を認定できない事案に関する東京高決昭四六・一二・六家月二四・七・八五、業務上過失致死、道路交通法違反（無免許運転）のうち、業務上過失致死を認定できない事案に関する東京高決昭五九・一二・二六家月三七・五・一一二、酒酔い運転、毒物及び劇物取締法違反のうち、酒酔い運転については酒気帯び運転しか認定できない事案に関する東京高決昭五九・三・一五家月三六・八・一三八等）(22)。

思うに、事実の誤認において判決の内容への影響は犯罪に対する構成要件的評価に直接又は間接に影響する場合のすべてを含むとする刑事訴訟の考えを、そのまま少年保護事件の抗告に援用することはできないであろう。刑事訴訟においては、構成要件的評価を異にする場合には、横領を背任と認定したときのように、同一罪質で法定刑に軽重のない犯罪間の誤認も含まれると解されているが(23)、少年保護事件においては、このようなときは主文が異なってこない限り、既になされた保護処分の安定性を維持することに優越的な利益が認められるべきであって、重大な事実誤認と解すべきではないと思われるからである。問題は、前記各判例の事案のように、罪質、法定刑、行為の内容、結果等からみて構成要件的評価において重大な影響があるとせざるを得ないような場合においても、主文に影響しない限り、重大な事実誤認とすることはできないかということである。私は、このような場合に限定して、問題を積極に解したいと思う(24)。その理由としては、以下のようなものを挙げることができよう。

(ア)　このように解することが、決定への影響が要件とされておらず、「重大な」とされている文理にも沿うものである。また、前記の各判例の事案のような事実誤認の場合は、「重大な」という語感にも合致すると思われる。

(イ)　多数説のように解することは、少年審判における非行事実の意義を軽視することになりはしないだろうか。非行事実は、刑事訴訟における犯罪事実と重要性の点で同視できないにしても、その適正な認定は少年審判における適正手続きの中核をなすものであって、その非行事実に到底看過できないような認定の誤りがある場合は、主文への影響ということを問題とすることなく原決定を取り消してよいのではないか。すなわち、この場合は、手続の違法が決定自体の無効をもたらす場合と同様に保護処分の安定性に優越する是正の利益があるということができよう。

(ウ) このような重大な事実誤認によって原決定を取り消す場合は、少年自身の納得ないし少年に与える心理的影響という面でも、例えば、原審手続の不備等によって原決定が取り消された場合とは異なると思われる。すなわち、保護処分の中断等があったとしても、少年は、自己の主張が容れられた結果としてこれをやむを得ないものとすることが多いのではなかろうか。なお、この場合、抗告審決定後の措置が緊急に行われるべきことはもちろんであるが、原審における再度の処分の種類及びその内容（勧告の有無等）においても配慮すべきものがあろう。

ちなみに、構成要件的評価において重大な影響があるとせざるを得ないような事実誤認の場合、その多くは同時に主文にも影響を及ぼすと解してもよいであろう。しかし、常にそうであるとは限らない。前記各判例の事案において、当該少年が試験観察中であるなどの事情があるため、いずれにせよ、原決定の処分は避けられないというようなときもあるからである。私としては、このようなときも重大性は否定されないと解するものである。(25)

4 重大性についての補足

以上検討したところにより、私は、重大な事実の誤認は決定の主文に影響を及ぼす誤認の場合のほか、主文への影響ということと関わりなく、理由中の非行事実の認定に関し構成要件的評価の面で重大な誤りがある場合を含むと解するものである。ただ、説明としては、抗告理由としての事実誤認の重大性と決定に影響を及ぼすことを同一意義に解したうえ、その場合の決定への影響を刑事訴訟の控訴理由としての事実誤認における判決への影響とほぼ同じに考え、主文に影響を及ぼす場合と理由中の構成要件的評価に影響を及ぼす場合の双方が含まれ、ただ後者についてはその影響が重大であるときに限定されるとすることも可能であろう。等しく抗告理由とされている法令の違反の場合の決定への影響と整合性を持たせるためには、この後の説明の方が適切とも考えられる。

四　抗告理由の判断方法

決定への影響の点を含め、抗告理由の判断は、通常は、原審の記録及び証拠物に基づいて行われる。しかし、抗告審は、決定をするについて必要があるときは、事実の取調べをすることができる（規則四九Ⅰ）。本稿の目的と関係がないわけではないので、以下においては、この事実の取調べの範囲等につき若干考察する。

その前提として、はじめに述べたように、少年保護事件の抗告審の性質は事後審であり、三三条の規定の形式も事後審の構造に符合するものである。そして、典型的な事後審の形態においては、原裁判後生じた事実の取調べは許されず、また原裁判時までに生じた事実についての資料の取調べも制限を受ける。しかし、同じく事後審と解されている刑事控訴審においては、資料の取調べは、少なくとも職権で行う限りは制限を受けないと解されており（最決昭五九・九・二〇刑集三八・九・二八一〇）、職権主義的色彩がより強いと思われる少年の保護事件の抗告審においても同様に解してよいであろう。

問題は、原裁判後生じた事実の取調べを許すかということである。この事実は原決定がその基礎とせず、また基礎となし得なかったものであるから、これを認めるならば、抗告審は原決定の当否を審査しているというのではなく、むしろ、原決定の審理を引き継いでさらに審理を続行し、抗告審の裁判時を基準として自らの心証に基づいて裁判をしているのであって、その場合の抗告審は続審であるといわなければならない。可塑性に富む少年の要保護性は変化しやすく、抗告審の裁判時における要保護性に応じた判断を求めることが保護処分の本質に合致することなどを理由にこれを肯定する見解も有力である。(26) しかし、可塑性に富む少年の要保護性は変化しやすく時間的に際限なく考えられるからこそ、少年法は適宜な時期に加えられた原審の保護処分の安定性をできるだけ尊重しようとしているのであって、抗告審決定時を基準とすることはこの建前に反するし、抗告審決定時が時間的に際限なく考えられる原決定後の経過における一時的に過ぎないことを考えると、そのことに合理性があるかも疑問である。さらに、ほとんどの抗告事件は、特段の事実調べをすることなく棄却によって処理されているのであって、その場合が判断の一般的基準時を原決定時とする事後審の運用であることは明らかであり、これを抗告審決定時に求める説はこの運用に照らしても疑問であろう。考え方としては、原裁判後生じた事情については一切斟酌しないということも出来ないではないと思われる（東京高決昭三一・八・八家月九・九・四三、仙台高決昭四三・一二・二四家月二一・六・一一六）。

ちなみに、抗告審の構造を確定し、そこから種々の結論を演繹的に論証しようとする方法論については、疑問を呈する向きもある。(27) しかし、法の体系や個々の条文から審級の構造を論じたうえ、逆に個々の問題についての結論をこの審級の構造に符合するように導くという思考方法は、同じ上訴審である控訴審に関して広く採られているところであって基本的には正当とすべきであり、また適切な結論を得るについて第一に考慮すべき点でもあろう。もっとも、抗告審が取り扱う原裁判の性質、内容等に様々なものがあることに応じ、原則を絶対的なものとすることなく、いわば例外を緩やかに考えるという態度も必要であると思われる。この観点からは、刑事訴訟においても、必要があると認めるときは原決定後の刑の量定に影響を及ぼす情状についての取調べとそれに基づく原判決の破棄が認められており（刑訴三九三Ⅱ・三九七Ⅱ）、これは、原判決後における情状面の変動を考慮しないことが裁判の具体的妥当性ないし被告人の救済という面から忍び得ないという見地からのものであるとされていることが留意されるべきであろう。少年保護事件の抗告審においても同様のことがいい得るし、また手続面において許される裁量性は、むしろ抗告審の方が大きいといい得るであろう。したがって、事後審査の経過において、それが原決定当時存在したならば原決定の処分がなされなかったであろうというような事実が原決定後生じたことが判明した場合には、これを参酌し抗告審の裁判の基礎とすることも許されると考えられる（原決定後の事情を参酌して原決定を取り消した事例は、かなり見受けられる。東京高決平四・六・二家月四四・一一・一二〇、広島高岡山支決平七・七七・一四家月四八・七・七八等）。しかし、これは事後審性ということからはやはり例外的なものであるから、この取扱いを一般化し、さらには抗告審の判断の一般的基準時は抗告審裁判時であるというような言い方をすることには疑問の余地が大きいと思われる。

（1）　小林・相対的控訴理由と判決への影響（再論）西原古稀論文集四・一二一頁（以下、「小林・論文」という）、同・注釈刑事訴訟法（新版）六・一三七、一七二、二〇〇頁（以下、「小林・注釈」という）。
（2）　田宮裕＝広瀬健二編・注釈少年法二七二頁（同所掲記の文献を含む。以下、「田宮ほか」というときは、この趣旨である）。
（3）　小林・論文一二四頁、同・注釈一三九頁。
（4）　小林・論文一二三頁、同・注釈一三八頁。
（5）　田宮ほか・二七二頁。

(6) 田宮ほか・二七三頁。
(7) 浜井一夫ほか、少年事件の処理に関する実務上の諸問題二四八頁。
(8) 小林・論文一三七頁、同・注釈一四四頁。
(9) 小林・論文一三四頁、同・注釈一四二頁。
(10) 付添人の呼出を欠いた場合を含め、田宮ほか・一六四頁に網羅的に紹介されている。
(11) 小林・注釈一五〇頁参照。
(12) 田宮ほか・一八一頁。なお、いわゆる流山中央高校事件に関する最決昭五八・一〇・二六刑集三七・八一二六は、直接的には「非行事実の認定に関する証拠調べの範囲、限度、方法は家庭裁判所の完全な自由裁量に属するものではなく、その合理的な裁量に委ねられたものである」と判示するにとどまるが、判示全体からすれば、一定の限度で職権証拠調べ義務を認めたものと解釈する余地があるし、一般的にもその様に解釈されているように思われる。
(13) 近藤和義・家月三〇・四・四四。
(14) 近藤・前掲五七頁。
(15) 田宮ほか・二七三頁。
(16) 近藤・前掲六二頁等。なお、その立場にある若穂井透・少年法判例百選一六六頁に双方の趣旨の判例が掲記されている。
(17) 小林・注釈一九二頁。
(18) 田宮ほか・二七三頁。
(19) 小林・論文一四三頁、同・注釈一一三頁。
(20) 田宮ほか・二七三頁。
(21) 近藤・前掲六五頁。

(22)　平良木登規男・家月三七・四・八七に他の同種判例の紹介がある。
(23)　小林・論文一二三頁、同・注釈一三八頁。
(24)　平良木・前掲九一、九五頁は、非行事実の認定に極めて大きな誤認が認められる場合には、個々具体的に主文への影響を問題にすることなく重大な事実の誤認に当たるとし、かつそれはおそらく多くの高裁裁判官の実務感覚と一致するところであろうとする。なお、特に限定を付することなく、理由に影響を及ぼす場合も重大性が認められるとするものとして、柏木千秋・改訂新少年法概説一四七頁。
(25)　この点については、前記流山中央高校事件決定の団藤・中村両裁判官の補足意見及び同事件決定に関する木谷調査官の解説（最判解説昭五八年度三七一頁）が参考となろう。なお、同調査官も、決定への影響の有無は、主文のみならず、理由をも含めて考える立場が相当ではないかとする（同解説三七四頁注五）。
(26)　田宮ほか・二八〇頁。
(27)　松尾浩也＝後藤昭・刑事訴訟法の争点二七五頁。

27 私たちに問いかけるもの

小田中聰樹

田宮裕先生が亡くなったとき、私は『人身の自由の存在構造』(信山社)の校正を終えようとしていた。その論文集には、通信傍受(盗聴)法の立案過程を分析した論文や、刑事訴訟法五十年に当たり感慨を記した小論などを収録し、刑事訴訟法学界における「憲法的思考の後退・相対化」の傾向を批判すると同時に、その復権・復帰への期待ないし予測を表明した。この期待ないし予測の直接の「名宛人」は、田宮先生であった。

その先生が思いもかけないことに忽然として去っていかれたのである。その知らせを三井誠さんから受けたときの衝撃と悲しみは、とても言葉でいい表わすことができない。

憶えば、私が初めて田宮先生にお会いしたのは一九六三年四月のことだった。来日中のジョージ教授と平野龍一先生を囲んで、アメリカ刑事法セミナーが東京大学で一〇回ぐらいもたれた。田宮先生は、毎回そのセミナーを企画し、自ら通訳の労をとられた。いってみればそれはジョージ・平野・田宮セミナーだった。東京の研究者だけでなく、京都大学の助手をしておられた鈴木茂嗣さんも参加されたし、実務家も大勢参加された。とてもぜいたくなセミナーだった。

当時私は大学院の学生だったが、毎回出席し、デュー・プロセス革命ともいうべき動きを示し始めていたアメリカ刑事法の実態を学んだ。そして田宮先生のフレッシュな問題意識と、アメリカ法の動きを巧みに日本の問題に移し換えて解決策を発見していく、シャープで柔軟な思考に接し、深く魅了された。

それから三十数年間、私は絶えず田宮先生を意識し、その厖大な著作や論文や発言から多くのことを学び、そしてそれと格闘してきた。

とくに一九六〇年代から七〇年代にかけて、アメリカの判例に依拠するかたちをとりながらデュー・プロセスの概念を豊富で具体的なものに構成し、これを駆使してわが国の刑事手続の糾問的構造を批判し、その変革を迫る田宮先生のさっそうとした論陣は、流麗で説得的な文章力とあいまって刑事訴訟法学界、とくに若い研究者に大きな影響を与え、デュー・プロセス理論に傾倒させた。

私もその一人であり、その理論が民主主義国家において「正当性」を持つことを高く評価した。が、それと同時に、その理論が裁判官を担い手として強調する点、及びその帰結として判例による強制処分新設を容認する点には深い疑問を覚え、それを書評などの形で表明したりした。

このように田宮先生の理論は、学界には大きな影響を及ぼしたが、捜査・検察実務は初めからこれに反撥、抵抗し、裁判実務も一九七〇年代以降、徐々にその傾向を強めていった。このようにして生じた学界と実務との乖離状況の進行のもとで、学界には刑事実務の「絶望」的状況への批判を強め、その根本的打開を説く流れと、現状を「精密司法」と捉え大枠として肯定しつつ小改革を求める流れとが生じた。

一九八〇年代に顕著になった二つの流れのなかで、田宮先生は、それ迄の理論的枠組を維持しながらも修正を加える動きを示された。捜査の抑制から捜査の点検へ。強制処分法定主義の妥当範囲の限定へ――。そして一九九〇年代に入ると、通信傍受（盗聴）法の立法化を推進する論陣に加わられ、これとの関連で事前捜査をも積極的に認める立場へのパラダイム転換を主張されたのである。

私は、このような田宮先生の軌跡を具さに辿り、それを「憲法的思考の後退・相対化」への転換とみて批判を加えたが、その一方で先生が憲法的思考の復権へと早晩向かわれることを信じていた。

田宮先生は、「強権的な治安優先の〝強い刑事法〟」へのファンダメンタルズの変換を受容しつつも、デュー・プロセスの理論を異端視することを却け、「近代化」をも追求すべし、と説いておられた。先生のこのような二重思考的立場は、現実の厳しい展開のなかで、その柔軟な思考力と理論構成力をもってしても困難に直面するであろうが、そのとき先生は憲法に依拠し「近代化」に軸足を戻されるに違いない、と考えたからである。

あるいはひとはいうかもしれない。それは小田中の一方的で願望的な思い入れであって、もともと田宮先生の理論にはそのような二重思考的立場が含まれていたのだ、と。三井誠さんの見方はこれに近いように思う。

三井さんは、田宮先生のデュー・プロセスの理論が、具体的な利益の較量を本質とする柔軟なものであり、「社会の治安状況と一種の相対関係にある」（田宮）ことに注意を喚起し、軽々に転換視することを戒めておられる（ジュリスト一一八二号）。

たしかに田宮先生の理論には、三井さんがいわれるような特徴があり、私にとってはそこが魅力でもあるが危うさを感じさせるところでもあった。そして、社会や国家、とりわけ裁判官が理論と賢慮をもって権力の濫用を自制し防止しようとする見識と力を持っている場合には、先生の理論には破綻がこない。しかし、そのような見識と力が期待できない場合には、決定的な破綻が生じてしまう。

このことを明敏な田宮先生は自覚しておられたと思う。そうであればこそ、先生は、パラダイム転換を説かれつつも、「近代化」を追求する営みの重要性を指摘され、この営みを「異端視」してはならないことを力説されたのだと思う。

そう考えてくると、「近代化」を求める営みが不幸にして「異端視」される状況が出現した場合（私はその危険が大いにあると考えるが）、先生が「近代化」追求の営みの「正当性」の擁護のため論陣を張って下さるだろうと期待することは、私にとっては自然なことだったのである。

このこととの関連で、私は、田宮先生が亡くなる直前迄一貫して誤判・再審の問題について深い関心を持たれ、熱心に取り組まれたことについて注意を喚起しておきたいと思う。

改めて指摘する迄もなく田宮先生の御業績は刑事司法の全分野に及んでおり、各分野において先駆的な論文を遺しておられるが、そのなかでも「刑事再審制度論」（立教法学一三号・一九七四年）は、誤判・再審問題に関する理論的水準を一気に高め、再審実務に大きな影響を与えた画期的な論文として歴史に刻み込まれている。そして先生は、松尾浩也先生、井戸田侃先生、光藤景皎先生、横山晃一郎先生、庭山英雄先生をはじめとする二十数名の方々とともに、その年（一九七四年）に発足した刑事再審研究会（代表者鴨良弼先生）に参加された。

この研究会は、その後二十数年にわたり、名称、テーマ、メンバーなどに変化はあったが続いてきており、共同研究書を次々に発刊し、再審実務の活性化、誤判救済に向けて大きな役割を果たしてきた。研究者のみでなく、弁護士や裁判官をも交えて二十数年に及ぶ濃密な共同研究を誤判救済に向け地道に継続してきたこの営みが、日本の刑事司法のあり方に対しどんなに深い影響を与えてきたか、測り知れないものがあるように思う。

このような地を這うような共同研究に、田宮先生は亡くなる直前迄熱心に参加し、討議に加わって下さった。そのすぐれた理論や卓抜なアイデアがどんなに研究水準を引き上げたかしれない。その一つの例として、手続上の事実誤認を再審理由に組み込む解釈論を挙げておきたい。

田宮先生のこのような態度、姿勢は、他の共同研究参加者、とりわけ私たち後進にとってどんなに嬉しく感じられ、励みになったことだろう。もし先生が参加して下さらなかったら、この研究会が学界でこれほど迄に固い理論的地歩を占め続けることができたかはわからない。このことについて、研究会の裏方を務めた者の一人として、私は深い敬意と感謝の念を先生に捧げたいと思うのである。

そしてこのような深い尊敬の念があればこそ、私は田宮先生の転換に疑義を表明しつつも、先生が憲法的思考に回帰して下さることを期待したのである。


このように書き綴ってきて、私の筆が、先生が亡くなってから急展開している刑事立法の動きに向うのを抑えることができない。

既に通信傍受(盗聴)法が立法化され、いま少年法も大幅に変えられようとしている。また司法制度改革審議会が大規模な司法制度改革に向けプラン作りを急ピッチで進めており、その一環として刑事司法にも改革を加えようとしている。

「中間報告」のかたちで骨格をととのえつつある刑事司法改革のプランは、その眼目を捜査権限の拡大、公的被疑者弁護の導入、審理の迅速化の三つに置いている。これに加えて、参審導入も狙上にのぼっている。捜査権限拡大の具体策としては、刑事免責制度の導入、参考人に対する出頭強制ないし勾引制度の新設、おとり捜査の拡大などが検討されている。公的被疑者弁護については、その導入と抱き合せて弁護活動規制システムが検討されている。また審理の迅速化に向け、アレインメントの導入、第一審審理期間の法定、法廷侮辱罪設置なども検討されている。

私はそのいずれについても賛成できず、刑事司法の強権化と人権侵害拡大の危険を強く感じるが、もし田宮先生が御存命ならどういう対応をされるであろうか。先生の年来の主張からみて刑事免責やアレインメントなどについて賛成されることは明らかであるが、参考人の出頭強制ないし勾引や第一審審理期間の法定については果たして賛成なさるだろうか。

それにしても、と私は思う。それにしても、一旦たがが緩むと、なんと次々に人権侵害の危険の大きい刑事立法が、学者や法律家の声を殆ど聞くことなく強引に行われることか。そして、これ迄は社会の理性と良識の声に支えられながら学者や法律家が懸命に守り支えてきた憲法的原則や理論的原則が、こともなげに破られ、「近代化」の実現がなんと益々困難なものになることか。

このような状況をみるとき、田宮先生の柔軟で賢明な頭脳のなかではバランスよく両立可能にみえる二重課題が、実は両立の基礎を失っているというのが厳しい現実のように思えてくるのである。

田宮先生は、遺言となった論文ともいうべき「変革のなかの刑事法――戦後刑事法学は〝異端〟だったのか」（松尾浩也先生古稀記念論文集上巻・一九九八年）において、戦後刑事法学を〝異端〟としてはならないと説かれた。しかし、いま時代の流れは、先生の二重思考的バランス論さえも押し流そうとしていると私は思う。

この動きに対しどう向き合うべきか。田宮先生の余りにも早過ぎる突然の御逝去が私たちに問いかけているのは、この一点だと私は思う。

28　田宮先生の思い出

加藤　晶

私が、田宮先生に初めてお目にかかったのは、昭和五八年の春であった。同年三月に私は栃木県警察本部長から警察大学校特別捜査幹部研修所（「特捜研」）の所長に転任した。田宮先生は、既に久しく立教大学法学部の教授をしておられたのだが、昭和四七年から特捜研の部外講師に招聘され、数年遅れて警察大学校（「警大」）本科の講師にもなられ、それぞれの学生に刑事訴訟法（「刑訴法」）の講義をされるという状態《こと》が続いていた。このような事情から、爾後、私が特捜研を離れるまでの約一年半の間、田宮先生に近接する機会に恵まれたのである。

私は、昭和三一年に警察庁に入って以来、捜査畑を歩き、捜査の管理・運営の適正化を図る職責を負う警察庁刑事局の捜査一課長を勤めたことがあり、その職掌柄、刑法、刑訴法等についての著書、論文をはじめ、捜査関係の文献・資料を読み、執務の参考としていた。つまり、私は特捜研所長になる前には、田宮先生については、その著書、論文等を読むことで、刑訴法学者としての人物像を描いていたわけである。

だが、特捜研では、私も学生（入所者）と共に田宮先生の講義を聴き、談話を交わす等して、直接、その風貌言辞に親しんだので、以下、それらを中心に田宮先生の思い出を綴ることにする。

特捜研では、全国の警察から選抜された捜査の中堅幹部（警視、警部）三〇余名が、約六ヶ月の間（当時）、捜査について理論と実務の両面から徹底的に討議考究する。そうして捜査能力、特に指揮能力を高めた卒業者が適正な捜査を全国的に展開することを期している。その為、講師には各分野でのエキスパートを迎え、警察に批判的な意見を含めて、多彩な論議が為されるよう配慮している。

さて、田宮先生の講義についてである。

開講に先立って、特捜研の主任教授が受講生に対して、田宮先生の経歴、活躍状況、著書等を丁寧に紹介した。終って、壇上の田宮先生が、静かな口調で〝私は只今の紹介にあったような権威者《オーソリティ》と呼ばれる程の者ではない。ただ、刑訴法の研究を倦《う》むことなく続けている学究である〟という意味の事を、すらりと述べられた。それは田宮先生の白皙端正な風貌と相俟って、聞く者の胸に素直に浸み通った。受講生は、論客として著名な専門学者の講義を初めて聴くというので、ある身構えを以って臨んでいたのだが、その緊張感が一挙に解消した。

まず、田宮先生は、現行刑訴法が大陸法系と英米法系との混合法であり、裁判が当事者主義化したので、捜査の構造を弾劾的なものと解する旨を詳述された。当時は、一時《いっとき》、盛行した捜査構造論議が収束に向っていた時期であったが、戦後、新刑訴法等によって主体的捜査権を与えられた警察にとって基本的な重要問題である点《こと》を考慮されての詳説であった。

続けて田宮先生は、新刑訴法施行三〇有余年間の社会の変化、犯罪の多様化を踏《ふま》えて、刑訴法の論点を摘示し、我国及び米国の学説の展開、判例の変遷等を講述された。最後に受講生の質問に応答して、九〇分を遙かに超える講義を終えられた。

この講義で、田宮先生は自説を述べるとともに、他の多様な学説、判例についても十分目配りした公正、かつ、客観性を保つ態度に終始された。受講生も私も、事前に田宮先生の『刑事訴訟法』（教科書）『捜査の構造』『刑事訴訟とデュー・プロセス』等の諸著作を読んで、〝田宮学説の捜査に対する厳格さ〟を感じていたのだが、〝講義における田宮先生の公正さと端正さ〃に接し、新たな感銘を覚えたのであった。私は、このようにして前後三回、田宮先生の講義を聴いたのであるが、公正と客観性を保持する姿勢は、一貫していた。内容的には、漸次、幅を広げ、柔軟性を加えられたように感じた。私は、この事に関連して以下の逸話《エピソード》を思い起した。以前に、特捜研教授の小杉修二警視（当時）が、折から百家争鳴の観のある捜査構造論議に対して、批判的な「捜査構造論に問う」と題する論文を雑誌『警察学論集』（警大編集、昭和四二年八月号、同年九月号）に発表した。これを、その論客の田宮先生が取上げて、法律雑誌に紹介記事を載せられた。筆者小杉氏は、田宮先生と面識はなかったが、その公正な扱いに感銘したということである。

また、田宮先生は、雑談の間に、警察署に行った時、旧知の特捜研の卒業者が幹部として勤めているのに出会い、親切に応待してくれるのが、頼もしくもあり、嬉しくもあるということを屡々語られた。その中に、某署の刑事課長から「先生、立派な学説だけでは現実の捜査はうまく出来ません。もっと実務に役立つ理論を提示して下さい」といわれたと仰った。私が、その失礼を詫びるのを遮って田宮先生は「いや、それも実務家としては、尤もな意見ですから」と笑みを含んで応じられたことがあった。

更に、講義終了後等に、私たちが捜査の具体例にからめて、刑法、刑訴法、警職法等に出て来る任意と強制の別、その根底にある自由意思等について詰めた質問をするのにも、田宮先生は、よく相手になって下さった。

なお、こうした雑談の間に、先生の話好きの一面を窺い知ることもあった。例えば、田宮先生の授業を受ける大学生の態度と、特捜研、警大本科の受講生の態度の相違とか、ＪＲ職員の民営化後の応接態度とか、時々の社会事象について、率直な感想を語られたのである。

ある時、田宮先生が歯の治療を受けられたと仰ったので、その原因を尋ねたところ、「長時間、論文の原稿を書いていたら、知らない間に、体に力が入り奥歯を嚙みしめていたので」と応じられた。私がそういうものかと思い乍ら「それが本当の力作ですね」と駄洒落を言ったら、静温な田宮先生が、破顔一笑されたことがあった。

もう一つの思い出の種は、田宮先生、佐々木史朗氏（当時裁判官）、河上和雄氏（当時検察官）に私が加わって、「警察関係基本判例解説一〇〇」（別冊判例タイムズ第九号、昭和六〇年一一月二〇日判例タイムズ社刊）の編集に携ったことである。河上氏から「田宮先生と相談したのだが、この企画に参加しないか」との誘いがあり、私は喜んで応諾した。田宮先生は、既に有斐閣の「刑事訴訟法Ｉ」（大学双書、昭和五〇年八月二五日初版発行）の編集者として、当時の特捜研教授数名を執筆者に加え、他の学者等の論述と併せて一書に纏《まと》められていたので、同様にして警察関係法令の判例解説集を編纂しようと企図されたのであった。

その編集会議が、出版社の編集長を交えて数回開かれた。私は、警察関係のことでもあるし、執筆者の勉強にもなると考え、警察側から出来るだけ多数の執筆者を出したいと要請し、同意を得た。そこで特捜研主任教授（当時）の深山健男君と相談して判例と執筆者とを選定し、作業の進捗を図った。だが、警察側執筆者の一部の人の原稿提出が予定期日よりも大幅に遅れ、他の編集者にも出版社にも迷惑をかける結果に陥った。これは私が、昭和五九年九月に神奈川県警察本部長に転出して特捜研を離れたこともあるが、所詮、私の力不足が招いたことで、忸怩たる思いが残っている。ただ、この間、田宮先生は忍耐強く待たれて、良き調整者の役割を果たされたことを、感謝の念を以って思い出すのである。

最後に一つ付け加える。私が神奈川県警察に着任後、田宮先生が管下の平塚市内に住んでおられることを知ったが、多忙に取り紛れて、ついに一度もお訪ねしなかったのが、まことに心残りのことであった。

以上、長くはないが、貴重な出会の中から幾つかの思い出を拾って、田宮先生の偲び種《くさ》を綴った次第である。

29　田宮先生をしのぶ

菊池信男

平成一一年一月に田宮先生の急逝の知らせを聞いた時は、ショックでした。田宮先生には、三、四か月前にお目に掛かり、お元気な様子に接したばかりでした。平成一〇年の秋、その春三〇年間勤務された立教大学を退職された先生を囲む会が企画されて、私も案内をいただき、神田の如水会館で行われたその会に出席して、久しぶりで先生にお会いしました。その時は、お見受けしたところ特に以前とお変わりになったような様子もなく、お元気そうに談笑しておられました。特に、会の最後のお礼のごあいさつでは、かなり長い時間、実に楽しそうに、これまでのいろいろの思い出や、感想、今後のことなどについてお話になり、音楽についてのご造詣を披露されながら、「学会のモーツァルトになりたい。」と言っておられました。とても気持ちのいい会で、私も先生と懐かしい思い出話などをして時を過ごしました。体調が必ずしも万全というわけではないということもうかがいはしましたが、その時のお元気そうで、楽しげだった印象が強く、まだまだ相当の期間活躍していただけると思っていただけに、先生の突然の訃報は本当に信じられない思いでした。

田宮先生に初めてお目に掛かったのは、札幌の裁判所に勤務していた時です。私は、昭和三八年の八月から昭和四〇年の三月まで、家裁で少年事件を担当し、その後、地裁に移って、昭和四一年の四月まで刑事事件を担当しました。そのころの札幌では、裁判官と、北大を中心とする大学の学者、研究者との共同の研究会が盛んでした。かなり前から、小山昇、山畠正男、川井健、五十嵐清、中川良延先生ほかの方々と、家裁を中心とする裁判官や、調査官による札幌身分法研究会が精力的に活動していましたし、私が赴任する前年には、小山昇、川井健などの民事法の先生たちと、倉田卓次さんを中心とする高裁、地裁の裁判官による札幌民事実務研究会が発足していました。そして、それらよりも少し遅れて、私が着任した前後ごろだと思いますが、刑事判例研究会が、裁判官側は、高裁におられた萩原太郎さんと家裁におられた中利太郎さんが中心になり、北大の田宮先生と、小暮得雄先生とにご相談して始まっていました。私の在任したころは、この三つが活発に活動していて、私も、札幌身分法研究会と、刑事判例研究会に参加していました。特に、刑事判例研究会には札幌に勤務していた間、終始出席していました。

田宮先生については、もちろん、それまでもお書きになったもので存じ上げていましたが、直接お目に掛かったのは、この刑事判例研究会が最初でした。裁判所側は、支部も含めた高裁、地裁、家裁の裁判官、北大側は田宮、小暮の両先生をはじめとする学者、研究者がメンバーで、毎月だったか、隔月だったか、記憶が定かではありませんが、裁判所の会議室や、北大のクラーク会館で行っていました。出席者はいつもかなり多く、裁判所側も大学側も皆若いメンバーばかりで、なかなか活発な議論が出ていました。クラーク会館などで節目節目の時期にしていた懇親会も賑やかなものでした。

研究会での田宮先生は、いつも、にこやかに笑みをたたえて、発言されるときは、和やかに、静かな調子で話をされました。私と同い年ですから、三〇歳そこそこだったわけですが、既におとなの雰囲気を持っておられて、口角泡を飛ばすような、喧々諤々の議論でも、柔らかく受け止めて、やさしく、穏やかに、諄々と話をされ、決して激するようなことはありませんでした。実務の問題点などを指摘されるようなときも、内容はなかなか厳しいことを言われているのに、にこやかで、穏やかな調子は変わりませんでした。どんなときでも、およそごつごつしたところがなく、さらさらと水が流れるような態度で、当時から君子の風を漂わせておいででした。

当時、札幌家裁では二ヶ月に一回、裁判官と調査官がペアで道内の少年院に視察に行っていました。そして、裁判官も、調査官も、視察に行った都度、二人で手分けして少年院に送る時に自分が担当した少年に限らず、札幌家裁から送った全ての少年に会って、その結果をほかの裁判官、調査官に報告するようにしていました。こういうふうに、少年院に送った後も、少年の様子をフォローするようにしているということを、田宮先生、小暮先生にお話したところ、両先生のご希望もあり、中さんと私がご一緒して、お二人を北海少年院、千歳少年院にお連れしたことがあります。お二人とも、とても、熱心に、説明を聴き、質問をされながら、いろいろご覧になっておられました。後々までも、田宮先生とお話をしていると、その時のことが話題に出ていました。田宮先生との札幌時代のお付き合いは、研究会を中心とするものが主でしたが、こんなこともあって、随分親しくさせていただきました。

昭和四一年春に私は、東京に異動になり、田宮先生ともお目に掛かることがいったん途絶えましたが、田宮先生が立教大学に転じられた直後のころから、また、定期的にお目に掛かるようになりました。大分記憶があいまいになっていますが、確か、私たちが札幌にいたころ、地裁の室蘭支部にいてその後東京地裁に転任していた松本時夫さんと、田宮先生との間で話が出たのがきっかけで、田宮先生のほか、藤木英雄、松尾浩也、宮沢浩一先生など数人の刑事関係の学者の方々と、松本さんら数人の在京裁判所に勤務していた刑事関係の裁判官に、私も加わって、夕食会をするようになりました。二、三ヶ月に一度ぐらい、法曹会館で、食事をしながら、懇談するという会でしたが、私が参加するようになったのは、田宮先生が私の名を挙げられたからだということでした。

この会は、何かの議論をするということではなく、いろいろな話題が出て全く自由に懇談するというやり方で、数年間続きました。初めのころは、学園紛争が激化し、集団事件が続発して物情騒然としていたころでしたが、その時々のいろいろな出来事や、事柄、経験などが話題になり、それぞれの人の物の考え方、感じ方もおのずと分かって、本当に有益な、楽しい会でした。

私は、東京家裁、東京地裁に勤務した後、昭和四四年から最高裁家庭局の第三課長として少年事件に関する仕事を担当しましたが、昭和四五年に法務大臣から法制審議会に対して少年法改正についての諮問が行われ、少年法部会での審議が行われるようになりました。各方面で盛んに少年法改正に関する論議が行われ、刑法学会でも少年法改正問題が取り上げられるようになって、私も、立場上、学会や、いろいろの機会に刑事法関係の学者の方々とお会いすることが多くなりました。こうして、田宮先生とも、夕食会のほかに、学会などでもお目に掛かる機会が増えてきました。こういう状況は、私が昭和四八年に大阪地裁に転出するまで続き、この期間が、先生とお会いすることが一番多かった時期でした。

その後、私は昭和五〇年に東京に戻り、法務省や、高裁、地裁で勤務しましたが、以後は、刑事事件や、少年事件の仕事からは離れましたので、田宮先生とも、年賀状や、あいさつ状の交換は続けていたものの、直接お目に掛かることはほとんどないままに、過ぎていました。その間、昭和六一、二年ごろ、先生においでいただいてお話をうかがう機会を持ったことがあります。久しぶりで、電話をしてそのことをお願いしたところ、近ごろあまり体調がすぐれないのでそういう話もできるだけ断っているとおっしゃりながらも快諾してくださいました。半日時間を割いていただいて、お話をうかがいましたが、昔と変わらない調子でお元気な様子でしたし、思い出話もいろいろすることができました。

平成一〇年春、私も定年で裁判官を退官しましたが、夏ごろだったか、前橋地裁の廣瀬健二さんから田宮先生を囲む会の連絡をいただき、また十一、二年ぶりで先生にお目に掛かることができました。私が、囲む会の案内をいただいたのも、先生のお考えだということでしたが、思いもかけず、それが先生とのお付き合いの最後の思い出になりました。夕食会でのお付き合いでも、囲む会での最後の機会でも、ふしぎに先生にその切っ掛けを作っていただきました。囲む会では、たくさんの出席者に囲まれた先生と、それほど長い時間お話できたわけではありませんが、かけがえのないいい機会を与えていただきました。

思えば、田宮先生とは初めてお会いしてから三五年になりました。直接お目に掛かることのない期間が随分続いていても、いつも親しい気持ちには変わりがありませんでしたし、全く久しぶりでお目に掛かっても、お会いするとすぐ昔のままの感じで時を過ごすことができました。この長い間、田宮先生の印象は、最初の時から、最後のころまで、いつも変わりませんでした。いつ思い浮かべても、思い出の中の先生は、にこやかな笑顔で、春の風が暖かく吹き抜けるような感じの中におられます。

長い間のご厚情に対して心からお礼申し上げ、先生が安らかにおやすみになられますようお祈り申し上げたいと思います。

30 絢爛たる才能

小暮得雄

様々な出会いがあり、別れがある。この世に出会いの数だけ別れがあるのは、論理的にみれば当然の仕儀ながら、思えば何とふしぎなことだろう。そして多分、出会いと別れの織りなす哀歓、喜びや悲しみの総量も、その絶対値においては釣りあい、均しいのではないだろうか？

畏友田宮裕博士が忽然と幽界に旅だたれてから、早くも二年近い月日が流れようとしている。さすがに訃音の衝撃はうすらいだものの、非凡な才能を失った痛恨の思いは癒やすすべもない。

つたない追悼の辞を捧げるにあたって、さてどうお呼びしたらよいか迷う。実のところ私の方が数ヶ月早く生まれていることに免じて、田宮君と呼んでもご寛容いただけるだろうが、偉大な才能に対して多少の憚りがあるし、さればといって田宮先生あるいは田宮氏では、肩肘はった感じを否めない。あれこれ思案のすえ、この際、自然体で田宮さんとお呼びしておく。

およそ四〇年ほど前、たしか田宮さんと俊子夫人との華燭にちなむ企画だったか、「田宮裕先生還暦記念論集の刊行に先だつこと三〇年……」といった趣旨の一文を寄せた微かな記憶がある。当時は、昨今のように古稀祝賀ではなく、発起人の肝煎で〝還暦〟記念論集を編むのが慣わしであったから、そんな軽い表現になったのだろう。そろそろ田宮先生祝賀論集の企画が全国的規模でスタートするころかな、と考えていた矢先、まさしく青天の霹霳のように、田宮さんの訃報に接した。古稀祝賀論集への執筆に代わって、こうして追悼論集への寄稿という事態を迎えるとは、何とも無念の成り行きというほかない。

顧みれば、田宮さんと私とは、昭和動乱の時代、ほぼ同じころに生を享け、苛烈な銃後体験を共有したのち、大学を同期に了えて、ともに刑事法学を志した。いわば同門の学究ながら、学者としての〝出自〟ないし在り方には天地の開きがあったといえよう。すでに学部時代から、田宮さんが、かの三島由紀夫氏をして〝最高の美学〟と嘆じさせた刑事訴訟法学に傾倒し、不退転の姿勢で助手コースを歩まれたのに対し、私の方はといえば、将棋や小唄、コントラクト・ブリッジ、山歩きなどに明け暮れたあげく、あえていえば〝そこに大学院があったから〟という程度の安易な姿勢で大学院への途を進んだ。その辺はともあれ、私が曲りなりにも大学院を修了して世間並みに生業を求めていたとき、いくつかの可能性のなかから、結局、澄明な北の大地をめざすこととなったのは、田宮さんが一足はやく北海道大学助教授として赴任されていたことに負うところが大きい。当時、田宮さんは、助手論文として著わされた「刑事訴訟における一事不再理の効力」で学会賞に輝き、また「貧困と刑事司法」というテーマで朝日学術奨励金を得られるなど、新進気鋭の刑事法学者として注目を浴び、かたや不埒な〝遊び人〟の眼からは、眩いばかりの存在であった。法学の諸領域のなかで、刑法学者には、とりわけ豊かな天賦の才能に恵まれた人が多い、といえば語弊があるだろうか？明治以降の刑法学史を繙くと、私見によれば、ほぼ一〇年おきに傑出した大天才が登場しているが、田宮さんはまさに、刑法学史を飾るこうした才能の一人に挙げることができよう。運命の導くままに、そんな才人と出会い、やがて澎湃たる大学紛争の直前、立教大学に転じられるまでの一〇年間を、同僚として家族ぐるみのご厚誼をいただき、その後の三〇年間も、終始近しくご高導賜わったことをありがたく、倖せにおもう。

田宮さんの学問的業績、ないしはそのたぐい稀な学者としての資質については、この論集の随処で、しかるべき方々から言及されることであろう。私には多くを語る資格がないが、せめて田宮さんの〝視野の広さ〟に加えて、その歯ぎれのよい魅力的な文体にふれておきたい。たとえば昭和三〇年代から四〇年代にかけて、判例時報に長期連載された〈外国法の話題〉などは、その例証としていまも強く印象に残っている。そのころ相前後して同誌に連載されていた〈裁判官の悩みと悲しみ〉（青木英五郎）、〈法経余録〉（萩野益三郎）などの名稿に伍して、若き日の田宮さんは、ミシガン留学時の見聞をベースに、広く現代大陸法や英米法へのアンテナをはりめぐらしながら、学界や実務の動向全般にわたって、堂々の論陣を張った。毎回のように、ウォレン・コート、ポリシー、パースペクティヴ、ウィズダム……などの片かな語を鏤ばめた新鮮な語り口が、どんなに光彩を放ったことだろう。田宮さんへの追悼の言葉を贈るにあたって、〝絢爛たる〟才能というタイトルを掲げたが、田宮さんなら多分、もっとスマートに、〝ブリリアント〟という言葉を使ったにちがいない。

仰ぎみる田宮さんは、決して孤高の人ではなかった。あらためて顧みれば、若い後輩たちに注ぐ、田宮さんの温かい眼差しを忘れることができない。かれこれ一〇年ほど前、しばらく来道の機会がなかった田宮さんを大学院の刑事法研究会にお招きしたことがある。いまや学界を代表する大家の謦咳に接すべく、北大から巣だった気鋭の学者や、現に籍をおく多勢の若手研究者が集まった。固唾をのむ若い学者たちを前に、田宮さんは淡々と来し方を省み、学問とは何か、を気さくに語りかけるのだった。あとで田宮さんいわく、「小暮さんはたくさんの良いお弟子さんを育てられましたね。」みずからは輝くことなく、すぐれた弟子に恵まれたことをひたすら自負し、誇りにしている私にとっては、何よりの賛辞といえよう。心の琴線にふれる田宮さんの優しさが心に沁みた。

往時茫々。国家試験関係の会議や学会・諸先達のお祝いの席などで、時たまお会いする機会に決まって交わされるのは、手短かな家族の近況を除けば、寄る年波の哀しさ〔?・〕、もっぱら血圧や内臓の異変など、おたがいの健康の話題だった。ひところ大いに健康を害されていた時期があったことは承知していたが、紫綬褒賞の栄誉を受けられたころは十分に元気を回復されたようにお見受けしていただけに、突然のご逝去は無念やる方ない思いである。いったい、脳梗塞を患い、高血圧や痛風、さらには腎障害を抱えて、なお踰跟と永らえている私よりも、なぜ田宮さんの方が〝先〟なのだろうか。神の計らいとはいえ、あまりにも理不尽で、〝デュー・プロセス〟に反するのではないか?

◇　卒然と旅だった畏友の在りし日を偲びつつ、腰折三句を捧げる。

〈天〉　ああ神よ
　　順番をいかに　定めたまう。

〈地〉　絢爛と
　　花を咲かせて　友は逝き。

〈人〉　法網の
　　ほころびを縫う　天の網。

31　思い出すままに・田宮裕先生

小林芳郎

田宮裕先生の御逝去を知ったのは、平成一一年一月一三日の朝刊新聞だった。平成一〇年九月二六日に神田一ツ橋の如水会館で、田宮先生の立教大学法学部教授の定年退職慰労と名誉教授就任、亜細亜大学教授就任のお祝いをする「田宮裕先生を囲む会」が催された。学者三九人、実務家二四人、先生ご夫婦とご家族が集った。松尾浩也先生初め多くの方から、田宮先生の学者・研究者としての功績をたたえ、今後の活躍への期待の祝辞が述べられた。先生は俊子夫人とともに、にこやかに、普段と変わりなく応対され、お元気そうにお見受けした。その三ヶ月半後の突然の訃報記事を私は痛恨の思いで見た。人生八〇年時代といわれる今日、田宮先生は六六歳、病気で生涯を閉じてしまわれた。

定年退職で時間の余裕ができたのを機に手掛けられた仕事も幾つかあったことだろうにと思い、お元気な頃のにこやかな貴公子然とした上品で、飾り気のないスマートな温容と誠実、謙虚な人柄を思い浮かべると一瞬時の流れが止まったように思われた。同時に落胆の思いが体を駆け抜けた。

私は、普通の弁護士・実務家にすぎないので、二つの思い出を追悼として記させていただく。

司法研修所の弁護教官の頃（昭六二・四〜平二・四）に先生の論稿に啓示をうけて、刑事弁護の講義の基礎に使わせていただいたことである。昭和六二年四月頃、刑事弁護教官室では、先輩教官の配らいで、学者との懇談会を持った。学者側は、幹事の三井誠神戸大教授、田宮裕先生、井上正仁先生(当時東大助教授)、司法研修所一部教官、弁護教官ＯＢ有志、現役の刑事弁護教官が出席され、新任教官として参加させていただいた。

当時、平野龍一先生の論文「現行刑事訴訟法の診断」で、「今、わが国の刑事裁判の有罪率が九九・八六パーセントにのぼる」と指摘され、日弁連でも、「刑事裁判の実態、九九・八六パーセントの有罪をめぐって」(自由と正義三八巻二号、昭六二・二月号)が特集され、刑事弁護教官室においても、有罪率九九・八六パーセントに果たした弁護人の役割、起訴前弁護活動の重要性と限界などが真摯に検討され、学者側の提言を窺う機会を持ったものだった。

私は、斯界の代表的学者と先輩教官の中では発言もできなかったが、懇談の中から、刑事弁護の重要な視点とスタンスを教わった。田宮先生のお話からは多くの啓示をうけた。以後の講義では、先生の論稿「免田無罪判決にみる誤判の構造」(ジュリ七九九・二九、刑事手続とその運用一〇八頁以下に所収)を多くの場面で使わせていただいた。この論稿で、「古いといわれているこの事件で、事実に即してたずねてみると、実は今日の状況と不思議なほどよく符節するものがある」、事件から再審無罪まで三十余年を経て、「人も世も変わった今日、真赤な傷口をあけて、なまなましい課題をわれわれに迫っている。ここにあらわれた誤判問題が刑事訴訟の運用そのものにまつわる構造的な宿弊たることをまざまざと示しているという他はない。誤判の元凶は虚偽自白の偏用にあり、そのあくなき追求にある。早くから、わが国刑事司法の宿弊といわれ指弾されてきた」ものであり、「誤判を生む構造の一つとして、捜査官ペースによる徹底した追及、強引な誤導、つまり熱意溢れる捜査が裏目に出たときに、誤判は生まれる可能性がある。したがって、不備・ずさんとは不十分ということではなく、一方的にすぎるということを意味している。」と指摘されている。司法修習生には、松川事件、二俣事件、鹿児島夫婦殺し事件など再審、無罪の救済事例を挙げ、弁護士としての自戒の念を込めて、この指摘を伝授させていただいた。先生亡き後においても、生き続ける価値ある御指摘と思う。

もう一つは、司法試験考査委員を一緒に勤めさせていただいたことである。私は平成四年一月から平成六年一二月まで必須選択（当時）の刑事訴訟法の実務家側の考査委員になった。平成四年一月二八日の第一回考査委員会議で就任のご挨拶をした。当時、先生の次女恭子さんが四四期修習生で後期修習中だったせいもあり、私を司法研修所関係者として寛容に受け入れていただいた。その後は考査委員会議のある度に親しくお話をいただいた。

平成四年（一九九二年）九月に体系書『刑事訴訟法』（有斐閣）を発刊されたときには、早速にその一冊を頂戴した。秋の口述試験委員をペアで勤めた日に、持参してサインをお願いした。先生は少し困ったような顔をされ、専門家に贈る言葉は難しいよと仰しゃられ、万年筆でさらさらと「学は博く、志は篤く　田宮裕」と運ばれた。今では得難い貴重なサインとなった。

平成五年秋には、司法研修所発刊の「平成五年版、刑事弁護実務」（刑事弁護講義案）が出て、先生に謹呈した。弁護士の業界で、コンセンサスが得られているとは言い難い刑事弁護の取組みを折り込んだ講義案に理解と高い評価をいただいたと思う。

毎年一〇月末頃司法試験の最終及落会議が法務省で開かれる。刑訴法部門の考査委員は、その日の夕刻法曹会館で懇親会を開いて打ち上げをするのが恒例だった。渡辺惇さん（当時、法務省刑事局国際課長・検事）が設営してくれた。海外留学時代の話から世間話まで楽しい懇親会だった。あるとき、野球の話が出て、私が野球選手の経験話をした。田宮先生は大変に興味を示されて面白そうに話に乗っていただいた。

「投手の投げたボールは何故曲がる」という話には、特に興味を示された。当時、新聞に掲載されたものである

（朝日夕刊、平六・八・二六、一二面サイエンス・アイ）。カーブを初めて投げた人は、米国人カミングスで、一八六七年米大リーグ誕生前であること、打者に一番打ちにくいボールは「浮き上がってくるボール（ホップする）速球」だといわれていること、投手から捕手まで僅か一八・四四メートルの間で、ホップするボールは可能か。ミズノ技術開発部によると、約一四五グラムの公認球（硬球）をホップさせるには時速二七〇キロから二八〇キロ、バッテリー間を五〇から六〇回転の球を投げなければならない。当時ロッテの伊良部クラスでも、時速一五五キロ、二二か二三回転ほど。カーブなどボールの変化の秘密は、空気抵抗とボールの回転にあり、ボールの回転でボール周辺の空気に圧力差ができる。カーブ、シュート、スライダーは、縦や横に生じるその圧力差により、回転方向に曲がっていく。球のスピードが速ければ、曲がり始めるのが遅くなる。打者の手前五〇センチのところで、急激に曲がるカーブを投げるには、時速二五〇キロ、五〇回転が必要といわれている。フォークボールは、回転を無くすことで球を変化させる。球の後の部分に乱気流のような渦ができ、ボールの飛ぶ力を弱める。打者に近づくと引力に従いスーッと落ちる。しかも渦の微妙な変化によって、左右に揺れることもある。人さし指と中指で球を挟み、抜くように投げる。同じような球種にパームやナックルがある。フォークを進化させたスプリット・フィンガード・ファーストボールは、一九八〇年代に米大リーグで開発され、フォークと直球を合わせたような球で、より速く、回転を殺すことで鋭い変化を生むと言われていること。私の記憶では、近鉄（当時）の野茂英雄のフォークの回転数は一二、三回転、横浜の大魔神佐々木の回転数は一〇回転前後などと話したと思う。

田宮先生も昭和四三年（一九六八年）北大から立教大に移られた頃には、立教ＯＢのプロ野球選手、長島、杉浦、本屋敷各氏の活躍の記憶を思い、興味を示されたのかと思う。その後、先生にお会いすると、またいつか野球の話でも聞かせてよなどと親しく声をかけていただいた。

思い返してみると、田宮先生は、平成六年秋の打ち上げ懇親会の頃にはウーロン茶を注文してビールも口にされなかったように思う。肝臓障害の疑いで、注意していると言われたように記憶している。平四、五年頃には、多少のビールには付き合っていただいていた。

私は平成六年に考査委員を退任したので、時々時候あいさつの手紙を送った。平成八年八月に論文考査の労らいを込めて残暑見舞いを出した。先生から「弁護士もなかなか大変な時代になりましたね。そういうこともあって今年は弁護人の問題にしてみました。どうぞ、ご自愛の程。」という返事を頂戴した。平成一〇年夏には、「多少、年を感ずるようになり……」などと記され、先生の健康を危惧していたが、平成一一年九月二六日の「囲む会」で、お健やかな姿を拝見して安堵したところだった。その三月半後に先生が忽然と幽明境を異にせられた現実を示されて、まことにやりきれない断腸の思いと、先生の生命を奪った病と天を恨み、哀惜の念に堪えない。まことに悲しい、慟哭の極みだ。

研究は常に必要にして、日々新らたなるべしとの生活、また学者・研究者として、名を求めず、利を追わず、逆境にあっても、礼節を厚くして大志を失わず、常に心清きを保ちつづけられたご生涯だった。私は平成一二年三月一七日京都伏見の坂本龍馬の船宿・寺田屋を見学した。仕事の寄り道で、以前に聞き及んでいた龍馬の書を見るためだった。原本は京都博物館に所蔵され、その写が掛けられていた。

「貧すると雖も、浮雲のような富を求むること勿れ、窮すると雖も丈夫の志を屈すること勿れ、矯々龍の如く、沈々虎の如く、身を潜め名を隠し、まさに一陽来復の時を待つべし。直柔（龍馬の雅号）」と記されていた。

私は、この書を田宮先生のご生涯に重ねて読んだ。真理を求めて研究を重ねられた日々、誠実で謙虚、高い見識と円満な人格。後進の畏敬を集める学者・研究者の立派な生涯だった。

壮士、ひとたび去って、復た還らず（史記、荊軻）。

田宮先生の刑事手続研究へのロマンと情熱、思い入れを後の世に生きる誰かが受け継いでくれるよう期待したい。

32
永遠の師に捧げる

澤登俊雄

田宮裕さんから、数えきれないほど多くのことを教えていただいた者の一人として、拙い一文を捧げる。

私が刑事法研究に本格的に取り組み始めたのは、一九六五（昭和四〇）年、新設間もない國學院大学法学部の教員として赴任した時である。それ以来三五年間、さまざまな研究会に参加して、数多くの研究者から薫陶を受けることができた。優れた図書館や心地好い研究室に恵まれることはすばらしいことには違いないが、それだけでは、研究環境が優れているとは言えない。同学の人たちとお互いの研究成果を確かめ合うことを通して、自分にとっての次の課題の発見が可能になるのだと思う。したがって、忌憚なく意見を交換できるたくさんの研究会でたくさんの人たちと交流できることが、すぐれた研究環境と言えるための第一の条件だと思う。幸い私は、上京以来数多くの研究会に参加することが許された。さらに、自分で同学の士を集めて研究会を作ってもきた。これらの研究会では、研究報告の内容のすばらしさに心を打たれることも数多くあったが、それに加えて、論文を読むだけでは分からない研究者の独特の個性や人柄に心を揺り動かされることも数多く経験した。「他人と違っていることの権利」という言葉があるが、研究会とは、まさにこの権利性が遺憾無く発揮される貴重な場所と言うべきであろう。

田宮さんとは、いくつかの研究会で同席し、その学識と人柄に感銘することが多かったが、なかでも「刑法研究会」と「刑法理論史研究会」では、田宮さんから本当にたくさんのことを教えられた。これらの研究会の場で、田宮さんの穏やかな発言の仕方とその内容の厳しさとのコントラストが、とりわけ鮮明に私の想い出として残っている。しかし、多くの仲間が感じていたであろうように、田宮さんの学説は、見事なバランス感覚の上に構築されていると考えている。司法機関を含む事件に関係するすべての人たちの利益がもっとももよく保全された状態を維持させることのできる手続、ないし、対立する利益間の調整を図ることによって回復可能な利益を回復させることができる手続が、適正手続の実質的な内容だと思う。まさに対立する利益の調整は、バランスの実現にほかならない。田宮さんは、実務に即した適正手続の具体的な内容を精密に考察し、私たちにそれを提示して下さった。そのお仕事の中に田宮さんの卓抜したバランス感覚が強く表明されている。

バランスという言葉の背景ないし延長線上に「妥協」とか「折衷」という言葉が浮かんでくる。さらに「中庸」とか「常識」という言葉も極めて近い位置にある。前記の「刑法理論史研究会」で田宮さんが担当したのは、折衷主義の刑法学者と言われている泉二新熊博士の刑法理論であった。その研究報告は、吉川経夫ほか編著『刑法理論史の総合的研究』（日本評論社、一九九四年）三九六頁以下に掲載されているが、そこでは「折衷」の意義について分析をされている。そこで紹介されているのは、紛れもなく泉二博士の学説であるが、読んでいくうちに、それが田宮さん自身のお考えのような錯覚にとらわれるのである。今回追悼文を執筆するにあたって、田宮さんの著作の一部を改めて熟読することになったが、その中でも上記の論文から特別な感銘を受けた。特に印象が強かったのは、「折衷」と「常識」という標題のある第四節である。少々長い引用になるが、その論文のさらに一部を以下に再現しておく（同書四〇七頁）。

泉二のいわゆる折衷主義は、上述のように目的刑論を根底にもちながら、その主張を和らげ、これを前進的なものとしたといってよいであろう。犯罪予防を考えるについて応報との調和を求め、特別予防を配慮するかたわら一般予防との調和を探求するという、多元的でかつつねにバランスを心がけた複線的思考方法は、新派の主張を実務にうけいれやすいものとするという作用をもった。

そのよい例が立法作業である。執行猶予者の保護観察にせよ、仮釈放者の保護観察にせよ、また不定期刑にせよ、「妥協」によって立法的成案にもちこめたのは、泉二的アプローチのあずかるところが多かったであろう。また、このような態度は、具体的な刑法解釈においては、極端な主観主義に走らず、従来の実務をふまえた実際的解決へと導くことになる。いわばリスト流の実際的解釈論が心がけられ、その中庸をえた堅実な結論が、急激な変化を好まない実務家のメンタリティーと協和したといえる。「その穏健で実際向きの内容は、……わが司法の実務に対して終始大きな指導力を発揮し」たと評価されるのは、そのためである。

（中略）

折衷主義が、このように「漸進・中庸」を意味するならば、それはひとり刑罰の目的論にかぎらず、およそ法の解釈を行う場合に基本的な指針ともなりえよう。現に泉二の場合には、折衷主義は、そのような意味で、法解釈の方法論であったといえる。これは極端をきらう温厚・公正な人格者だったといわれる、泉二のパーソナリティに由来するところが大きいであろう。これは、「要ハ中庸ヲ得ルニアリ」と強調した「常識ト法律ノ解釈」を読めばうなずかれる。

穂積重遠『有閑法学』（日本評論社一九三四年）には、次のような内容の文章がある。

――英国の法律家は常識が豊かだといわれる。その「常識」の内容は、「正義」「識別」「仁愛」の三徳の調和であり、それに従って「大胆に」「細心に」「慈悲深く」判断された内容が常識であるといわれる。これを東洋の道徳に言い換えれば、「智仁勇」ということになる。ところが今の世は、智にも仁にも勇にもあらざる平凡な常識と、智仁勇三徳の不調和による非常識との多きに苦しむ。――

田宮さんのことを考えるたびに、きまってこの文章が思い起こされるのは何故であろうか。田宮さんこそ穂積博士が求めていた法律家だったのではないだろうか。

田宮さんについてさらに記しておきたいのは、その比較法的視野の広さである。このことは、前記「刑法研究会」での田宮さんの発言を聞きながら、強く感じていたことである。なかでもアメリカ法についての造詣の深さは著名であるが、欧州大陸法についても広い知識を持っておられた。同研究会が出版した『刑法改正の研究1・2』の執筆個所にも、比較法的視点の確かさが現れている。それらの文章から強い躍動感が伝わってくる。その一例を同書1から引用しておこう（一六六頁）。

……非犯罪化の傾向には、アメリカの現代社会を前提にした切実な要求がある点を見逃してはならないと思う。今日ほど激しい価値観の変貌を経験しつつある時代がかつてあったであろうか。他方犯罪は確実に増加していて、警察力は追いつかず、刑務所はあふれるばかりである。それは矯正の実験場でなければならないが、刑罰が福祉的施策ではありえないというのが冷厳な現実だというべきであろう。それにもかかわらず、デュー・プロセスの理念はますますとぎすまされ、人権感覚は鋭くなって働く。こういう現状では、無駄なもの、有害なものを切り捨てる以外に、事態の収拾の途はないであろう。非犯罪化の主張は、「犯罪との戦争」を叫んだ大統領委員会の副産物であったということからもわかるように、せっぱつまったうえの背水の策なのである。

わが国には、右のようなアメリカほどの事情はまだないといえるかもしれない。しかし類似の問題は多かれ少なかれ出ており、遠からずそういう現実に当面することはまちがいないだろう。

刑事訴訟法および少年法の領域で田宮さんが残した業績がいかに偉大なものであるかについては、三井誠教授および廣瀬健二判事がジュリスト誌上で展開された詳細な分析によって知ることができるので、ここではあえて触れないまま、この文を閉じることにする。しかし最後に一言付け加えておきたい。

法制審議会で「少年法改正要綱」が審議され、理念論も含む激しい議論が展開されていた頃、確か日本弁護士連合会主催の集会であったように思うが、そこで少年法の基本的な性格が問題とされたとき、田宮さんが立ち上がり、「少年法はロマンのある法律です。」と発言された。その凛とした言葉がいまでも私の脳裏に響き渡っている。比較的長期にわたる私の少年法研究活動の原点として、この言葉はかけがえのないものである。

田宮さんは、まさに永遠の師である。

33 田宮先生を偲ぶ

田中康郎

一九九九年一月一二日未明、田宮裕先生が忽焉として永遠の眠りにつかれた。

ご訃報に接して愕然としたのをつい最近のことのように思い起こす。享年六六歳、あまりにも突然の黄泉への旅立ちは、痛恨の念に堪えない。

「人間は一生のうちに逢うべき人には必ず逢える。しかも、一瞬も早すぎず、一瞬も遅すぎない時に。」というある哲学者の言葉を今かみしめている。思えば、先生との邂逅は、逢うべき人に逢えた喜びであった。幾久しくお導きをいただけるものと思っていただけに、敬慕と哀惜の念は日々脳裏をよぎるばかりである。

田宮先生は、学界の重鎮としてその令名が高く、つとに存じ上げてはいたが、その謦咳に接する機会を得たのは、一九九〇年に司法試験委員を仰せつかったころのことであった。論文試験の問題協議の場でご教導いただき、口述試験の試験官としてもご一緒させていただいた。先生は、協議の場においても、周りの者が発言しやすいような雰囲気作りに腐心され、どの発言者にもご配慮された上で、最後にはご自分のお考えをきっぱりと述べておられ、敬服した。

私が初めて口述試験の主査を務めさせていただいた折には、まことに的確な補充質問をされたことがあった。受験生の実力や思考パターンをよくよく呑み込んでおられ、質問の頃合いやリードの仕方はお見事というほかはなかった。お会いするたびに学界や日ごろのご研究、はたまた立教大学の学生の気質などに至るまで貴重なお話を率直にしてくださり、アカデミーの事情に疎い私の蒙を啓いてくださった。

田宮先生からご著書を頂戴したことがある。刑事訴訟法を講じられて三〇余年を経て完結された体系書『刑事訴訟法』は、あくまでも気高く、重量感に溢れ、手にしたその時から胸がときめいた。先生は、この体系書において、大学教育のレベルを基本に据え、学習すべき事項を絞り込んだ上、図表や統計資料も駆使し、法とその運用の現状を努めて客観的に、しかも生き生きと叙述しておられる。他方、全篇を通じ、年来の高遠なご主張や方法論をしっかりと貫いておられる。もとより、デュー・プロセス論を基底とするすぐれたご示唆が随所に含蓄されている。いわゆる田宮刑訴法学の集大成期に完結されたもので、畢生の大業の一つに数えられよう。

先生は、その後も精力的に改訂を心掛けられ、新たな法令の誕生や判例の蓄積、実務の運用の変化等を踏まえて、初版から三年余にして新版を世に送り出された。新版には、そのはしがきに、出版のまさにその日から「改訂の必要」が著者の心をさいなみはじめると記されてあった。先生の学者としての良心と高邁な精神、そして生きている刑事訴訟法を実証的に観察した上で読者に伝えようとする強いご意志の一端がここにも表れているように感ぜられ、胸を打たれた。重厚で安定感のあるこのすばらしい体系書は、今後とも広く法学徒や実務家の間で読み継がれていくことと思うし、そうあってほしいと心から願っている。

田宮先生は、紫綬褒章を受けられた後のある会合で、「論文集をあと一冊刊行し、田宮作品のシリーズを完成させたい。これがこれからの自分のライフワークである」旨熱っぽく語られた。立教大学を定年で退職され、勇躍、亜細亜大学に赴任されたばかりであり、その健筆振りから大著の刊行が大いに期待されていた。それだけに、先生ご自身もさぞお心残りであったと思う。法学界はもとより、広く刑事司法の世界にとっても、本当にかけがえのない方を失ってしまった。しかし、その輝かしい業績と大きなお志は、光明を放ち続けて必ずや多くの人々の心の奥深く永久にとどめられ、語り継がれ、受け継がれていくものと思う。願わくは、先生の学統を受け継がれる偉材が、遺業を引き継がれていかれることを期待したい。その意味でも、廣瀬健二判事、多田辰也教授らのご尽力により、『刑事法の理念と現実』（二〇〇〇年・岩波書店）及び『変革のなかの刑事法—刑事訴訟法研究(6)』（二〇〇〇年・有斐閣）の二著が田宮先生の論文集として新たに編まれ、先生の畏友松尾浩也東大名誉教授の珠玉のはしがきとあとがきに彩られて世に送り出されたことは、特筆に値する。

思えば、田宮先生は、よきご家族に囲まれて、いつも温顔をたたえ、颯爽としていた。ご自慢は掌中の珠ともいうべき二人のお嬢様であり、次女の恭子さんは私のクラスの修習生であった。極めて優秀で信望が厚く、現在弁護士として活躍中の坂井慶君と結婚され、可愛いお子様に恵まれている。先生は、そのお孫さんを大変可愛がっておられた。お孫さんのお話をされるときは、また格別で、そのご尊顔などから拝察して、お孫さんの笑顔や無邪気な仕種が先生に日々生きていることの喜びや豊かな感性を与えていたにちがいないとひそかに思ったりしたものである。

ご親交のあった多くの人々が、先生のご永逝を痛惜している。先生は、きっと私たち一人一人の心の中にずっと生き続けてくださるにちがいない。ご冥福を衷心よりお祈りするとともに、俊子夫人はじめ御遺族の方々が、この深い悲しみを乗り越えて、今後とも力強く歩んでいかれるようにと念じている。

34 田宮さんと刑事訴訟法三二八条

千葉 裕

一　田宮さんと初めてお会いしたのは、昭和四二年か四三年ころであったと思う。そのころ私は最高裁判所で刑事事件担当の調査官をしていた。当時、最高裁の判事であった田中二郎さん、大隅健一郎さん、岩田誠さんらが肝いりをされて、東京大学の法学部関係の先生がたと最高裁の調査官全員との会合が開かれた。会場はどこであったか。湯島の江知勝ではなかったかと思う。民事法、刑事法のほか、行政法や労働法などの諸先生も出席されていたから、前記の最高裁判事や調査官らと合わせて、相当の大人数であった。刑事法の関係では、団藤先生、平野先生を始め、何人かの先生が見えていたが、若輩である私は、年代の近い松尾さん、田宮さんらと主に話を交わした。田宮さんは、北大から立教大学に移られて間もないころだったようである。松尾さんは、私が昭和四〇年に司法研修所報に投稿した「刑事訴訟法四三〇条による原処分の変更について」という小論文を覚えていて下さって、話題にして頂いた。田宮さんは、私と同じ昭和八年の生まれであり（ただし、田宮さんは早生まれなので、学年は私より一年先輩になる）、名前も同じ裕（ひろし）なので、初対面であるのにすぐ親しくさせて頂いた。この夜の会合は、私にとってまことに幸いで貴重な集まりであった。いつまでも忘れることができない。この会合は、その後も年に一回ぐらいずつ何回か続けられたように思うが、二回目以降のことはあまり覚えていない。

このようにして田宮さんの知遇を得た私は、その後も折にふれてお目にかかると共に、種々の機会に原稿のお願いをするようになり、また、田宮さんからも寄稿の依頼をうけたりした。私が、ほかの編集委員らと共に、田宮さんにお願いをして快諾を得、執筆して頂いた論文の主なものは、「公訴権の運用と裁判官」（中野次雄判事還暦祝賀・刑事裁判の課題・昭和四七年、有斐閣）および「刑事訴訟における判例の機能――所持品検査の判例を素材に」（鴨良弼先生古稀祝賀論集・刑事裁判の理論・昭和五四年、日本評論社）の二篇である。どちらの論文も、裁判所や判例の役割、特に刑事手続面における法形成機能を重視され、それを多面的に分析されながらも、概ね肯定的に評価されたものであり、私など刑事事件担当の裁判官にとって力強い励ましとなるものであった。田宮さんの判例に対する評価、考察のその後のもの（今となっては最終段階のもの）は、御逝去の後に刊行された『刑事法の理論と現実』（二〇〇〇年一月、岩波書店）所収の諸論文（「刑事訴訟における判例と立法」、「判例雑感」、「刑事訴訟法の歩みとゆくえ」など）によってよく知ることができる。

私の方は、田宮さんから電話で直接依頼をうけ、法学教室の第二期七号（昭和五〇年）に「自由な証明」という小論を寄稿させて頂いたほか、田宮さんがいずれも編者の一人であった捜査法大系、公判法大系（いずれも日本評論社）、判例タイムズの別冊（第六号、第七号）や特集号、ジュリストの刑事訴訟法判例百選（第四版、第五版）などに、いくつかの論文、判例解説等を執筆させて頂いた。田宮さんは、このような刊行物の企画、推進の面でも、学界、実務家の双方に幅広い接触を持たれた御人柄の良さもあって、理論と実務の進展に大きな貢献をされたのである。

二　田宮さんの刑事法における数多くの理論、所説のうち、私が最も注目し、かつ大いに賛同するものは、刑訴三二八条に関するいわゆる片面的構成の理論である。この理論は、初めジュリスト二七二号（昭和三八年四月一五日号）に「証明力を争う証拠の問題」として発表された。田宮さんが北大の助教授をされていたころの論文である。この論文（後に『刑事訴訟とデュー・プロセス』三三七頁以下に収められた）は、当時大きな問題となっていた松川事件の差戻し後の二審判決における新証拠の取扱いを契機として、三二八条の解釈につき深く鋭い検討を加えられたものである。田宮さんは、右論文において、三二八条で許容されるのは自己矛盾の供述に限るとする制限説と、それに限られないとする非制限説とを対比され、条文の素直な解釈からすれば非制限説を相当とするとされながら、検察官が非制限説の立場で弾劾のための証拠を提出できるとすれば、それは憲法三七条の保障する被告人の証人審問権を侵害するものであって許されず、検察官に関しては制限説による証拠提出に限られるとされる。そのうえで、被告人に関しては、強大な証拠収集の権限を有する国家の側との対比上、証明力を争う機会を十分に与えるべきであって、三二八条の文言からしても、被告人側には、証拠の証明力を争うために、伝聞証拠を使うことを特に許したものと解すべきである、とされた。

そして、三二八条によって許容される弾劾証拠は、実質証拠として有罪判決に引用することができないのは当然であるが、被告人に関しては、積極的に証拠を提出して裁判所の心証を動かす責任は全くなく、ただ、検察官の「合理的な疑いをこえる」までの立証任務を切り崩し、減殺するだけでよいのであるから、被告人側にとっては、弾劾証拠も実質的証拠の役目を果しているのであり、むしろ、弾劾証拠は即実質証拠なのであるとされる。結局、三二八条の証拠も無罪判決には実質証拠として引用してよく、無罪方向への事実誤認を理由とする破棄判決にも引用することが許されるという結論を示されたのである。

以上のような田宮さんの論文は、明言されてはいないが、松川事件の前記二審判決（無罪判決である。以下、その裁判長の名をかりて門田―もんでん―判決という。）を結論的に是認されたものであり、その理論的裏づけとして、三二八条についての片面的構成の理論を提唱されたのであって、この理論は田宮さんのその後の著作(刑事訴訟法入門（有信堂）初版二二一頁、刑事訴訟法（有斐閣）初版三九一頁）にも示されている。

ところで、右門田判決(仙台高裁昭和三六年八月八日判決、ジュリスト二三九号、判例時報二七五号に掲載されている。）は、その審理中に裁判所の勧告に従って検察官から提出された多数の新証拠（捜査段階における供述調書等であり、伝聞証拠であって、被告人側の同意はなく、証拠能力のないものであった。）を精査検討し、これと従前からの証拠とを対照吟味するなどしたうえ、この場合の新証拠は物的証拠の性格を持つと述べ、結論として、被告人らのアリバイの成立はほとんど決定的、あるいは成立の蓋然性が甚だ高いなどとし、全般的に、被告人らが本件犯行を敢えてしたことを確信するに足る心証の形成からは、ほど遠い結果になったものとして、一審の有罪判決を破棄し、被告人ら全員を無罪としたのである。

右門田判決に対する検察官からの上告をうけた最高裁の第一小法廷は、昭和三八年九月一二日、構成裁判官四名のうち三名の多数意見によって上告棄却の判決をした(刑集一七巻七号六六一頁、ジュリスト二八四号、判例時報三四六号収載)。右最高裁判決は、その冒頭において、「原判決はその説示が多岐にわたりぼう大なものであるが、要するに無罪判決であって、なんら被告人らの犯罪事実を積極的に認定したものではなく、原審が上告審のかけた重大な事実誤認の疑いを解明するため、二つの連絡謀議はもとよりその他の謀議、実行行為、アリバイ工作に至るまで一審判決の認定した事実全般にわたり、新証拠により、またはこれと旧証拠とを総合して検討を加えた結果、一審判決のした事実認定に対し合理的な疑いをいれざるを得ないこととなって、結局無罪の心証が形成されて行ったその心証の経過を逐一説明したものである。」と述べたうえ、三二八条により提出された証拠を犯罪事実認定の資料に供するのは違法であるとした判例に原判決が違反しているとの上告趣意に対し、「検察官の挙示する判例はいずれも有罪判決に関するものばかりであるところ、原判決は前記の如く、本件公訴事実の存在を認めるに足る証拠は遂に得られなかったとした無罪判決であって、なんら犯罪事実または有罪に関する事実を積極的に認定したものではないのであるから、挙示の判例はすべて本件に適切でなく、所論はその前提を欠くものといわざるを得ない。のみならず、刑訴四〇五条にいう「判例と相反する判断をした」というためには、その判例と相反する法律判断が原判決に示されているのでなければならないのであるが、原判決は有罪の認定をしているのではないから、黙示的にも挙示の判例と相反する判断をしたとは認められない」として、上告趣意を失当としたのである。

すなわち、右の最高裁判決は、有罪判決と無罪判決との本質的な差異を重視し、無罪判決は犯罪事実を積極的に認定したものではないことを理由として門田判決を結論的に維持し検察官の所論を斥けたものであって、三二八条の解釈を正面から打出したものではないけれども、有罪判決と無罪判決とのそれぞれにおいて証拠の用い方に違いがあってよいことを明確に認めたものとみることができる。従って、三二八条についての前記田宮理論と基本的に相通じるものがあるといわなければならない。

私は、前記田宮論文の発表された時期と右最高裁判決の言渡し年月日との対比からみて、田宮論文は最高裁判決の多数意見の形成に対し、理論的な面で大きな影響を与えたのではないかと推測する。田宮論文が発表されたころ、第一小法廷の裁判官や担当の調査官らは、門田判決と従来の三二八条に関する判例、学説との矛盾、対立と、その解決、処理に頭を悩ませていたと思われるのであり、田宮論文に目を向けない筈がなく、多数意見は早速その考え方をとり入れたのではないかと推測するのである。もとより、四〇年近くも前のことであり、右の裁判官や調査官らのほとんどの方が既に故人となられた今では、右の推測を確かめるすべもない。

いずれにせよ、実務にも大きな影響を与え得るような大胆ですぐれた論文をまだ若い時期に発表された田宮さんには、深い敬意を表し上げるものである。田宮さんの早い御逝去を心から悼むと共に、刑訴三二八条についての片面的構成論が実務、学界の双方からもっと強く支持されてよいとあらためて思う。

35 田宮さんのこと

所　一彦

田宮さんは、私の二年先輩である。昭和八年生まれで、私が昭和一〇年、ともに早生まれであるから、学年も二年違いである。助手になったのも私が二年後だった。しかし立教は私が先だった。助手のあと、田宮さんは最初北大に赴任され、立教に来られたのは昭和四三年、私の九年後だった。私はそのとき在外研究中で、アメリカでその話を聞き、一も二もなく賛成した。田宮さんの例の一事不再理の論文は前に読んでおり、その目もくらむばかりの鮮やかな分析にぞっこん惚れ込んでいたから、言うなれば意中の人との結婚を打診された家付娘のようなものだった。

ところが間もなく紛争である。帰国したのが翌四四年の夏、紛争の真っ只中で、頭の中は在外研究をまとめる仕事と紛争への対応とで一杯だったらしい。田宮さんとどういう接触の仕方をしたのか、てんで覚えていない。教授会でどんな発言をされたかも覚えていない。大体があまり発言されない方だし、新しく来られたばかりだったこともあって遠慮しておられたのであろうが、それにしてもこの時期の教授会は、全員教壇に並ばせられて、一人一人つるし上げられたので、その時にどうだったかぐらいは覚えていそうなものであるが、覚えていない。この大衆団交の後、教授会は傍聴公開を決め、反対派は立教を去ることになった。田宮さんは残られたので、私は、田宮さんは賛成なのだとばかり思っていた。そうでなかったと知ったのは、だいぶ後になってからである。

何かの折に、「僕は今でも傍聴に反対なんだ」と漏らされたのを聞いて仰天するとともに、よくぞ辛抱して下さったと、心中改めて手を合わせる思いだった。

やがて荒木君が加わって刑事法が三人になった。思えばこの時も田宮さんは辛抱がよかった。荒木君を採ると刑訴が二人になる。一方、刑法は空いたままだから、田宮さんは刑訴の担当を半分にし、新たに刑法を担当しなければならなくなる。しかし人事というのは相手のあることである。とくにこの時期、立教の法学部は紛争で多数のスタッフが去った痛手から立ち直っておらず、わがままを言えない立場にあった。以来立教の刑事法は、刑訴を田宮さんと荒木君が交代で担当、刑事学を私と荒木君が交代で担当、刑法は各論を非常勤にお願いすることにして、総論を田宮さんと私が交代で担当する原則になった。結果的には、この体制は三人の間の風通しを良くし、リアリズムと機能主義に傾斜した立教刑事法のカラーが育つのを助けたと思う。

教授会では、先にも触れたようにあまり発言されなかったが、発言されれば重く受け止められた。よく聞いておられ、よくよく我慢できなくなった時だけ発言されたのであろう。いまさら言うまでもなく飛び切り明晰な頭脳で、人の言うことをよく理解し、自分の言うことも人によく理解させることができた。田宮さんに理解してもらえない発言は、どこか間違っているのである。私はお喋りで、しかも軽率と来ているから、その、田宮さんに理解できない発言をちょくちょくした。その場では何も言われず、あとで、「よくわからなかったんだけれど」と言われる。言われたらおしまいである。必ず間違っている。立教のなかだけならまだいいが、一回は司法試験の考査委員会で、間違った計算根拠を前提に発言した。田宮さんも出席されていて、例によって後で、「よく分からなかった」と言われた。大きな間違いで、訂正文を事務局に送った。田宮さんは数学も強いのだと認識を新たにした。田宮さんは学部長をされた時も、名学部長だという評判だった。私が学部長だったときは、時々分からないことを言う、と言われたから、そこから推し量ると、田宮さんは、人に分からないことは言われなかったのだろう。学部長職は、人に分からないことを言ったのでは失格である。分かってもらえなければ要求を通せないし、学部に持ち帰って同意してもらえない。

研究業績は言わずもがなである。比べちゃいけないことは分かっているのだが、立教法学の退職記念号に載せる自分の業績目録を、田宮さんのを参照しながら作ったから、どうしても比べてしまう。改めて田宮さんの業績の大きさに脱帽した。二年、二年と思いながら追いかけてきたが、差はいつのまにか大きく拡がっていた。思えばしかし、その予感は既に、初めて田宮論文を読んだ時に、そしてその田宮さんを立教に迎えた時にあった。そしてその田宮さんの大きな翼に守られて、したいことをし放題にしてきたのだった。

その田宮さんに、私からいちゃもんをつけたことが二度あった。田宮さんの論文に青柳文雄の日本人論を参照したところがあって、これは卓見だと思って元をあたったが見つからない。伺うと、すぐ調べられて、オーヴァー・インタープリテーションだったと認められた。心中ひそかに快哉を叫んだが、考えてみれば何のことはない。卓見だと思ったのは青柳説でなくて、田宮説だった。もう一度は田宮さんが編集された概説書で、判例の明らかな読み違いを見つけたときである。ふつうなら著者に物申すのであろうが、田宮さんには知っておいてもらった方がいいかとも思われたので、田宮さんにお話した。編者としてはそこまでは責任を背負い切れないケースであるが、予想以上に深刻に受け止められ、却って恐縮した。後年、広瀬判事との共著を出されたとき、その書評を私が引き受けた関係で同判事から伺ったことであるが、病床で丹念に手を入れておられた由、亡くなられたのはその後間もなくだった。この原稿を書いていて思い当たった。ひょっとして私のあの申し出が、この病床での頑張りに関係してはいなかったか。

立教を退職されるとき、田宮さんは立教への愛着を切々と述べられた。私は、二年先には自分もああなるのかと思っていたが、実際には違った。どうしてか。立教は、私にとっては乗り越え乗り越えして三〇年間を過ごされたたが、田宮さんにとっては幾らか抵抗感のある存在で、その抵抗感を乗り越え乗り越えして三〇年間を過ごされたため、愛着を強く自覚されることになったのではなかったか。第一、お宅から二時間かかる。内臓にハンデをお持ちの身で、さぞきつかっただろう。教授会傍聴に反対だったことも、抵抗感を生んだであろう。そうした抵抗感を克服して、立教の田宮として精一杯励まれた、その御自身の生き様への愛着が、立教への愛着として迸り出たのではなかったか。

立教には辛抱のいい人がもう一人おられた。その人も、早く亡くなられた。澤木敬郎さんである。辛抱の仕方は少し違うかと思うが、葛藤を内に取りこんで辛抱に辛抱を重ねられた点は、お二人共通なものがあったのではないか。葛藤はすべからく外に追放すべしというのが、お二人を反面教師としての教訓である。その結果、迷惑する人が出るかもしれない。しかしだからといって遠慮してはいけないのである。お二人はそこで遠慮された。身を殺して仁をなされたというべきか。合掌。いま一度合掌。

36　田宮さんの思い出

庭山英雄

一　田宮さんという人

生前「田宮さん」と呼んでいたので、ここでも「田宮さん」と呼ばせて頂く。田宮さんと呼ばないとどうも調子が出ないのである。田宮さんの存在を意識したのは、まだ私が一橋の大学院にいた頃であった。指導教授の植松先生は講義の合間などにときどき学会の模様などを話してくれたが、ある日「昨日、北大の田宮助教授と一緒に話す機会がありまして、田宮氏から大分批判されましたが、なぜかさわやかでしたね。あの人は優秀ですね」と私たちに語った。それまでにも法廷に法律鑑定人として出たあと「あの弁護人は失礼だ。もう二度と鑑定人には出ない」などとかんかんに怒っていたこともあったので、「田宮助教授とはどんな人か」と興味を抱いたことであった。その後刑法学会を通じて親しくおつきあいすることになったが、田宮さんにお会いするたびに植松先生の言葉を思い出していた。しかし田宮さんに直接にそのことを話したことはない。

昭和四〇年代の前半、私は名古屋の大学に勤めていて、傍ら大須事件弁護団の顧問のような仕事をしていた。ある日弁護団から相談をかけられてアメリカの判例を参照する必要に迫られ、立教大学の田宮さんに連絡した。田宮さんは分厚いコピーを送ってくれたが電話で「大須事件とアメリカ判例とどういう関係があるのか」と私に尋ねた。その質問とコピーの分厚さとがしばらく私にとって心の重荷であった。だからその後田宮さんの紹介で多田さんから連絡があり、少しばかり資料の点でお手伝いができたとき、借金を返したときのようにほっとした。多田さんの手紙に「あの人は偉い人だから礼を尽くすようにと、田宮先生から言われている」と書いてあるのを見たとき、田宮さんという人は「思想・信条によって人を差別しない人だ」と感に堪えた。

もう一つ強く印象に残っているのは、田宮さんの文章のさわやかさであった。私が自分の著作を送ったりすると、決まって絵はがきでお礼状がきた。どこでどうやって手に入れるのか、いろいろな種類の絵はがきがあった。裏面の下半分に細身の万年筆でいつも流れるような文章が綴られていた。青インクであった。短いけれど心のこもった的確な文章であった。インクの色も的確な文章も田宮さんの人柄を偲ばせるに十分であった。「教養の差だな」といつも私は思った。

二 互いの著作のことなど

一九八一年のこと、私の初めてのまとまった著作『民衆刑事司法の動態』を贈ったとき田宮さんから電話がきた。お礼の電話かと思ったら仰天するような内容であった。献呈されているグランヴィル・ウィリアムズ先生の英語のスペルが違っているという。校正のときに確かめてあったから、まさかと思ったが調べてみたら田宮さんのいうとおりであった。信じられないような出来事であったが、印刷工が最後の組版を運搬中に床に落とし、自分勝手に活字を並べなおして、そのまま印刷してしまったのだという。田宮先生の指摘がなかったら大変な失礼をおかしたかもしれない。

田宮さんから先生監修の刑事訴訟法のテキストが送られてきたことがあった。共著の本によくあることであるが、前後で内容が矛盾することがある。田宮さんの監修であるから、そんなことはあるまいと思っていたが、調べてみたら前後で矛盾する個所があった。そのことを手紙で知らせると、丁重な詫び状がきた。私が最初に受け取った封書であり、長い手紙であった。「監修と名前が出ている以上、責任は自分（田宮）にある。改定版で必ずなおすから、それまで待って欲しい」と潔い態度であった。以前に大変なミスプリを教えて頂いたことがあるので、少しばかり返礼ができた感じがした。

田宮さんは私より少し年下であったが、学問的には大先輩であった。だから田宮さんの著作に拙稿が引用されることは私にとって大きな名誉であった。それがあるとき実現した。田宮裕編著『刑事訴訟法Ⅰ―捜査・公訴の現代的展開』（有斐閣、一九七五年）六一八頁に次のような引用がある。

これに対して、「訴訟条件は公訴権に解消されるべきでなく、防御権にこそ解消されるべきものである」との批評がある（庭山英雄「高田事件判決と公訴権濫用論」一橋論叢七一巻一号（昭四九）二二頁）。しかし、訴訟条件を公訴の要件とする本文のような考えは、被告人のための訴追の抑制をめざし、まさに被告人の防御権の一環として構成せんとするものである。「公訴権に解消」といわれる気持はわかるが、それでは論理的には、訴訟条件が具備するときだけ防御権を認める、という奇妙な帰結を導くことになる（論者の本旨ではあるまい）。

故人を偲ぶこの文章の中で「田宮さんは誤解している」などと論じるつもりはない。田宮さんが拙稿を読んでくれて、上記のコメントをしてくれた。そのことが嬉しくて、あえて長文を引用した。読者のご寛恕を願いたい。田宮さんと私とは思想・信条をかなり異にしていたが、憲法を守ろうという姿勢では一致していた。だからかつて植松正先生が批判されても同氏に「さわやかな」印象を残したのであろう。ただ刑事司法の実態についての把握はかなり異なっていたように思われる。たとえば私の処女作の書評をお願いしたときには、はっきりと断わられた。ショックであった。それでもお互いに許すところがあったのはひとえに憲法を媒介にしてであった。そこからくるのであろうが、刑事訴訟法の大きな流れの節目には、決まって田宮さんは夜遅く私に電話をかけてきた。「盗聴立法」のときにもそうであったといったら驚く人もあるであろうが、田宮さんは政府側の委員の一人になっていることを相当気にしていたらしい。幽明境を異にしている現在、私のいえる限度はここまでであろう。

三　最終講義のことなど

田宮さんの最終講義は一九九八年一月一三日に行われた。さすがに大教室が満員となる盛況であった。登壇した田宮さんはやつれていた。しかしいつものゆっくりした口調で始まった講義は圧巻であった。題して「日本の刑事裁判――その近代化と現代化」。ドイツ法の研究から次第にアメリカ法の研究に移っていく過程、デュー・プロセス論、日本の現実と進んで、「近代化の宿題と現代化の要請」で結んだ。「現代化の要請」の個所ではむろん盗聴立法の問題に触れた。小田中さんと私とは教壇に向って左側の中程に座っていたが、電話傍受の問題に触れるときには私たちの方をきっと見据えたように見えた。「問題は判例の展開にゆだねておいてよいかであって、およそ許されるかどうかではない」と述べた。このあたりはやはりわれわれとは違うなと思った。だからといって田宮さんに対する敬意を失った、などということはない。われわれは過去数十年、お互いに批判しあいながら友情を保ち続けてきた。その最終講義が今終わろうとしている、私にとってはもう結論はどちらでもよかった。そんな思いであった。

二〇〇〇年一月三〇日に「田宮裕博士を偲ぶ会」がセントポールズ会館（立教）で催された。たくさんの人からたくさんの思い出が語られた。どれも初耳のことばかりで、私など学会を通じてのありきたりの付き合いでしかなかったことがわかった。鈴木義男さんの思い出話が忘れられない。鈴木さんと田宮さんとはちょうど同じ頃ミシガン大学に留学し、家族ぐるみの親交があったそうである。二人は音楽の趣味が少し違うので、片方が音楽会に行くときはもう一方がベビーシッターをしたとのこと。そのときお世話したお嬢さんが今や成人して立派な社会人になっているという。会が終わって池袋の駅に向う途中、私の心はしばし充たされたような感じであった。

それから間もなく田宮令夫人から二冊の本が送られてきた。一冊は岩波書店刊の『刑事法の理論と現実』、もう一冊は有斐閣刊の『変革のなかの刑事法』であった。今回本稿を草するにあたって二冊全部を読みなおしてみた。美しい文章の連続で途中でやめることができず、気がついたら夜が明けていた。そんなことが前に一度あった。松尾浩也さんから『刑事訴訟法の原理』を送ってもらったときであった。法律学の論文だから難解であってもよいということはない。法律論文であっても、文章がきれいでなかったら説得力はない。田宮さんの遺著を読みとおして改めて思ったことであった。

37　「刑事手続の英米法化」雑感

——田宮教授を偲んで——

古田佑紀

一　田宮教授の最後の論文となった「変容を遂げる捜査とその規制」（法曹時報四九巻一一号一頁）は、大陸型捜査から英米型捜査への転換を概観しつつ我が国の刑事手続の英米法化の「第二期」を展望しており、今後の田宮学説の展開の方向を窺わせるものとして示唆に富むものであった。その具体的な姿を示される前に教授がこの世を去られたことはまことに残念なことというほかはない。そこで、教授の追悼論集が発刊されるに当たって、教授を偲びつつ、刑事手続の英米法化といわれているテーマに絡む様々な問題のいくつかについて筆者なりに感じているところを述べてみたい。

我が国の刑事手続の英米法化といわれる現象は戦後GHQの指示による改革によって進んだということは今更いうまでもない。伝聞法則、当事者主義構造の訴訟手続の採用がその典型的なものとされるが、最大の点は、捜査を裁判所から切り離し、警察などのいわゆる捜査機関の権限として集中したことであろう。大陸法系の国では、捜査は、元々は裁判所が行うものであるのが原則であるのに対して、英米法系の国では警察等のいわゆる捜査機関が行うのが原則である。我が国の旧刑訴はいうまでもなく大陸法系に属していたものであって、制度的に見れば、この転換は極めて大きなものである。しかも、この点はむしろ米国以上に徹底しているようにみえる。米国の裁判所が持っているサピーナ発出権限や大陪審手続におけるコンテンプトの制裁を伴った手続などの制度は、実質的には検察官が利用する形で運用されているものの、裁判所における捜査機能に他ならない。当時のＧＨＱはこれらの制度を採用することなく、裁判所はもっぱらチェック機関――特に強制捜査については徹底した事前のチェック機関――として位置づけ、ほぼ完全に捜査から切り離した。もちろん、これは、単に英米法化という動機ではないし、また、このような制度が英米法系の実際の制度からみてこれに必然的なものとは必ずしもないとともに、それはそれで別な問題をもたらす面もあると思われるが、英米法のある一面から見れば、徹底した英米法化ということができる。

しかし、それでは我が国の刑事手続が大きく英米法化されたかというと多くの疑問があるし、また、訴訟制度全体としてみると、跛行的なものとなったことは否定できない。後者については、たとえば、伝聞法則の採用は確かに英米法化の一つであるが、英米法において伝聞法則は刑事に固有の問題ではなく、訴訟全般に共通する証拠法則である。それが刑事についてのみ導入されたために、民事訴訟と刑事訴訟の著しい乖離現象をもたらす一因となるなどの問題を起こしているように思われる。

二 当事者主義についていえば、訴訟手続は当事者主義構造が採られた。しかし、刑事訴訟自体が英米法系のようにアレインメントなどを含めいわば自己責任を前提とする実質的な当事者主義化が行われたものではなく、また、それが求められたようにも思われないのであって、結局、訴訟の仕組みに止まっている。もとより、英米法系の国においても、刑事訴訟において当事者主義が貫徹しているわけではなく、実体的真実に基づく裁判の要請から修正が図られてきている。しかし、根底には、刑事訴訟においても、仕組みの問題を越えて実質的な当事者主義が存在していると思われる。翻って考えると、当時のＧＨＱはこのような刑事手続の変更を我が国がどのような社会となることを想定して導入する考えであったのか、また、前述のように実質的な当事者主義の考えがない状態で訴訟手続のみにその仕組みとして当事者主義構造を導入したときにどのようなことが起こると考えていたか必ずしも明瞭ではない。

戦後の改革の際の一つの重要な主張がいわゆる「あっさりした捜査」であった。その主張の主たるねらいは、英米法系の被疑者の詳細な取調べに対するものであったと思われる。被疑者の詳細な取調べを行わないことは、英米法系の一つの特徴であろうが、捜査機関に広汎な権限を与えるのも、また、英米法系の特徴である。しかし、実際にGHQの示唆したものは他の捜査手段の充実を伴わず、かつ捜査機関の権限を英米法系のそれよりも大幅に制限した「あっさりした捜査」であって、その意味で捜査における英米法化も片面的なものであり、このような「あっさりした捜査」を採用する場合に生じることがかなりの蓋然性をもって予測される犯罪摘発機能の低下――すなわち真犯人が処罰されない場合の増加――、あるいはえん罪の発生が社会にとってどのように影響するかということがどう考えられたかもやはり明らかとはいえない。

三　英米法化が徹底していないもう一つの側面は、法執行の理解である。英米法系には大陸法系と異なり、司法警察と行政警察とを区別する観念はない。犯罪との関連ではいわゆる法執行機関という観念が用いられる。大陸法系の国では、前述のとおり、犯罪の捜査は本来的に裁判所の権限に属する事項であり、既存の犯罪に対する裁判の準備活動としてとらえられることから、犯罪の抑止を含む摘発活動とは区別され、おおむね、前者は司法警察の分野に、後者は行政警察の分野に属すると整理される。これに対して、英米法の法執行機関の活動は、それ自体独立したものであって、もちろん裁判に向けての証拠の収集活動が大きな役割となるが、犯罪の摘発が目的となるといえ、その活動は、犯罪が既に行われたかこれから行われようとするものかを原則として問わないことになる。言い換えれば、英米法系においてはこのような活動が総体として刑事手続としての規制に服することとなる。我が国の刑事手続では裁判所を捜査から切り離し、捜査機関に独立の位置づけを認めたにもかかわらず、このような考えは導入されなかった。そのために、犯罪への対応について、我が国においては、大陸法、英米法のいずれから見ても、一種のブランクが生じるに至っており、また、検察官や警察等の捜査機関の制度上の位置づけもあいまいな点を残す結果になったように思われる。

この問題は、近年、いわゆる将来犯罪の捜査の可否の問題として、通信傍受の導入の際に激しく議論されたものである。冒頭に引用した教授の論文は、この問題をとらえて、第二の英米法化の始まりと位置づけている。

もっとも、将来の犯罪の捜査の問題は、実際は大陸法系の刑事手続においても、ある程度取り入れられてきている。例えば、イタリーは刑事手続による通信傍受に関して犯罪が行われる重大な兆候がある場合も可能としているし、ドイツにおいても何らかの犯罪行為が存在することが前提であるが、それがある重大な犯罪の準備行為と認められるときには刑事手続による傍受を可能としており、次第にその区別は薄れつつあるといえる。

しかしながら、この問題も、戦後の改革において英米法のシステムが根本的に取り入れられたものではないという一つの例になるであろう。

同じく制度面から見て指摘が必要と思われることは、英米法系の裁判所が有している法的に担保された訴訟指揮権が導入されなかったことである。職権主義の裁判手続においては、裁判所がみずから必要と認める範囲で証拠調べなどの手続を行えば足りることから、このような訴訟指揮権は必ずしも必要ではないが、当事者主義構造の審理手続きの場合は、審理を的確に進めるためには、裁判所のいわば議事整理権というべき訴訟指揮権が極めて重要になり、これが適切に行使できなければ、当事者の対応によっては審理が散漫かつ冗長なものになることは明らかである。

また、その反面をなすものでもあるが、当事者、特に弁護人の活動についてそのルールを明確化することも取り入れられなかった。関連することであるが、我が国における現在の一部の刑事弁護活動についてこれをもし外国で行ったとすると、相当とされるものであろうかということを感じることもある。

四　以上のように、「刑事手続の英米法化」といわれる問題は、実際の英米法系の制度と比較してみて、部分的なものであり、ある部分では現実の英米法系の制度を超え、ある部分では一面のみを採り入れたものという印象を受ける。戦後の刑訴学説はいわば「英米法化の実質化」を中心として議論が展開されてきたが、それは、部分的に取り入れられたそれをより体系的なものとするためのモデル論であったといえる。

いうまでもなく、教授は、このような議論の展開の過程における中核的な存在の一人であった。しかし、同時に教授が、これがモデル論であり、現実の刑事手続の運営においてはモデル論に基づく理念的な議論のみでは適切な解決が得られないこともよく理解されていたことは、特に後期の著作において窺える。

刑事手続の本質的作用は犯罪行為を的確に明らかにして真犯人を適切に処罰することにある。この点に適切な対応を示さない議論は、少なくとも現実の刑事手続の議論としては成り立たない。米国の戦後の展開を見ると、確かに連邦最高裁の判例レベルにおいては被告人の権利保護の拡大への方向が顕著であったといえる時期があった。教授が新進気鋭の学者として活躍されていた時期は、このような時期と一致していた。しかし、米国においてはそのような動きのみが中心であったかといえばそうではない。むしろ、犯罪情勢の悪化もあって、立法上、あるいは運用上は犯罪摘発機能の強化が一貫した方向であった。立法上、やや反対の方向としては、特に法律上規制がなかった通信等の傍受に対して厳格な規制を設けたことなどが数少ない例であろう。なお、先にも述べたとおり、同国では、我が国と異なり、捜査行為に対する事前チェック制度が緩やかであり、捜査手続きの適法性も原則としては独立の審査手続きがあるわけではなく、訴訟の段階における判断にゆだねられている点からくる相違や、連邦最高裁が判断する場合、特に州の事件については連邦憲法が法的判断の基準であるといった違いもあると思われる。教授はこのような諸点も十分承知されていたものと思われる。

前述のように、我が国における「刑事手続の英米法化」は不完全なものであり、客観的には英米法系の制度を十分消化した上で導入されたものではなかったとしかいえない。その理由の分析まではここでは踏み込まないが、問題はその後の我が国において「英米法的」なるものを可能としている米国などの様々な制度をも観察した成熟した議論に十分発展せず、「英米法化」という言葉の中で念頭に置かれているドグマの支配が強く、刑事手続の本質的機能である犯罪の処理の機能を正面に見据えてその適正な強化を図る議論が行われにくかったところにある。そして、そのことが理念の過度の強調を招くとともに、我が国における刑事司法観と相まって、様々な面で刑事手続を硬直化させ、社会が期待する機能の発揮を阻害する一方で、「英米法化」を進展させようとする立場に対しても、おそらくその意図に反して、妨げとなってきたようにみえる。

教授が英米法化の「第二期」といわれるとき、教授の所説の刑事手続のモデルをコアとしつつも、それを現実に可能とするためにどのような制度が必要となるか、英米法における犯罪の摘発機能の在り方をも含めてより具体的かつ網羅的な議論に展開することが予想されるものであった。教授が他界された今、その作業が近い将来何人かによって完成されることを切望する。

38　颯爽として

前田雅英

田宮先生は、いつも「意外」な面を見せて下さったいたように思う。その意味で「ミステリアス」な先生だった。一定のイメージで捉えようとすると、そこからスルリと抜けて出て、「ここにいるよ」と離れたところで手招きしている。いつも「颯爽とした牛若丸」であった。常に、よい意味で「変化」されておられた。時代を切り開いてこられた。もう、かなり古い話になるが、藤木先生が本郷の喫茶店で、田宮先生を特にその時代感覚の鋭さという点について繰り返し誉めておられたことを思い出す。常に新しい時代の先端を目指しておられた藤木先生が、である。

戦後半世紀以上が経過してしまった。その間、いろいろなものが変化した。刑事法の理論の土台となる社会状況・価値意識も変わったのであろう。憲法状況も例外ではない。そして、さらに変わっていくと思われる。そのような中で、先生が生きておられれば、次々に新しい「見取り図」を示して下さったに違いない。

私はある時期から、刑事法の考え方を「実質的」な方向に展開していこうと思うようになった。その基礎に、田宮先生の「刑事法理論・学説」の考え方の影響があることはまちがいない。もちろんそのかなり前から多面的な影響を受けてきたのであるが、田宮先生の「刑法解釈の方法」（平野龍一先生古稀記念論文集上巻）を読んで、スーと肩の力が抜けるような感じがしたことをよく覚えている。その感じを表現するには「目から鱗が落ちた」「腑に落ちた」という方がわかりやすいのであろうが、私の本音では、そんな単純なものではなかった感じなのである。「判例における法解釈は、法の定立機関内部の法生成過程（具体的適用過程）そのものであるのに対し、学説における法解釈は、その生成過程への外部からの批判活動であるから、判例を動かすことを射程距離にいれた作業でなければ、すくなくとも現実的な意味はないといえよう。そこで、学説の役割としては、一方で、もちろんみずからの法解釈を試みる。しかし、それは判例を批判しリードしようとするのであるから（もちろん支持する場合もあることを否定するものではない）、本質的にアドバイゾリーな地位にとどまる。判例法国で、学説は判例のような第一次的オーソリテイではなく、二次的な資料にすぎないとされるのは、その意味である。他方、すでに判例が存在している場合には、その判例を前提にして解釈方法を提案するのであるから、その作業は『解釈の解釈』たる性質をもつ。判例に内在するルールを発見・確定して、将来を予測しつつ、あるべき方向を提議することになろう。その場合、判例じしんが法的実在である以上、法文に接するような厳密な態度で判文の解釈を試み、その判示を支えた事情を詳細に分析・検討してその内容を確定するという作業、すなわち法解釈と同じ作業が要求されるわけである。従来わが国の解釈法学は、前者に力点をおいていたが、各分野で判例が豊かに集積しつつある今日、同時に後者のような方法に漸次力点を移動していくべきであろう。」

このような考え方は、平野先生から教えていただいてきたといえばそうなのだが、「判例に内在する理論をできる限りクリアーに抽出してみせること」が、学説の最も大切な仕事になると言い切るべきなのだと確信した。さらに豊に判例が集積していくことは間違いないからである。しかし、それ以上に、最もシャープで、憲法などから演繹的に、トップダウン的に解釈を導いているように見えた田宮先生の言葉であるが故に、強い力を感じたのである。

ただ、何時までも「実質的刑事法理論」等といっていると、またスルリと飛んで「いつまでそんなところにいるんだい」と、にこにこと笑われるようにも思われる。私は、このところ肉体的にも身が軽くないので、しばらくここにとどまらざるを得ないのかもしれない。ただ、少し反応は鈍いが、流れについていきたいとは思っている。未来の変化へのアンテナだけはしっかり張っておこうと思っている。

田宮先生は「リアリティー」を、重んじられたように思う。理論優先に見える先生の、ある意味で最も大きな意外性の部分である。田宮先生は先程の論文で、「わが国では、検察官が訴追について独占的権限をもっており、ゆるやかな訴追裁量権を基礎として、事件の処理・解決に大きな役割を果たすという刑事司法面の特色があるので、このような視点からは、検察官の訴追運用に注目することが重要である。警察官にも微罪処分の権限があるので、もうすこし広げて捜査・訴追の運用といった方がよいかもしれない。いずれにせよ犯罪の処理・訴追政策の運用いかんで、権限濫用による犯罪化は考えられないにしても、反対に刑事法の死文化という事態はいくらでもありうるであろう。その限度で、捜査・訴追の運用は、刑法のかたちを実質的に変えたり再構成したりする機能をもつことを否定することはできない」とされておられる。先生からは、当たり前すぎることなのであろうが、「手続きの中で生きている法」をありのままに捉えなければならないということが、どれだけ実践できているのか。私も、訴訟法の講義をするようになって初めて見えてきた刑法の世界がかなりある。「刑法ではこうあるはずだ」といくら力んでみても意味がないのである。

刑法理論で、まだ何ヵ所か、「理論はそうかもしれませんが、現実はまるで違いますからね」と、実務家に跳ね返されてしまう部分がある。それは多くの場合、前提・基礎となる事実が、現場で見るのと遠くから眺めるのとで非常に異なっている場合なのである。決して、実務家が理論を理解していないとか、実務の「利益」を墨守しようとしていることでは説明できない。その辺の事情を最も深く理解されて刑法を論じておられたのが田宮先生なのだと思う。そして、刑事訴訟法の世界の内でも、実は「リアリティー」を大切にされておられたのだと思う。

先生のおしゃれは有名であるが、私も助手時代に見た、学会での先生のカラーワイシャツの色を鮮烈に覚えている。世の中一般でも「白」しかなかった時代である。まして学会の場であるから、目立つといえば目立つのであるが、そうではないのである。センスが目立つのである。それも、単に色彩感覚が優れているというより、「颯爽」として、まさに田宮先生なのである。先生が、私の教科書の表紙の色と版組みを「颯爽としている」とほめて下さった時は、じつは本当にうれしかった。

二年ぐらい前になるであろうか、雑誌の編集の方と文京区内のある病院のソバの蕎麦屋でそばを食べた。いわゆるそば通の好みそうな本格的な感じの店であった。「先日、田宮先生ご夫妻とこの店でお会いしたんですよ」と編集の方がちらっと言っていた。「先生はおそばが好きなのです」。なるほど、先生らしい店なのだなあと思い、店がより一層「本格的なだなあ」と思えてきた。ただ、同じ編集者から「田宮先生は本当にそばがお好きで、東大前の蕎麦屋でもよくお見かけするんですよ」と聞いて、ほっとしたのである。本郷通りから、ほんのわずか入った古くからの店である。ただ、ごくごく普通の蕎麦屋なのである。そば粉一〇〇％の手打ちでそれも打ちたてがよいという面もあるが、「そういうそばでなければそばではない」といってしまうと、やはり本当のそば好きではないのではないかという気もする。「はば」「奥行き」がないと疲れてしまう。もちろん学問の世界は、そういう「疲れる専門家」でいなければいけない面が強い。田宮先生は、まさに颯爽と専門家をこなしてこられた。ただ、実は先生には大きな「はば」があった。だから、常に颯爽としておられたのだと、勝手に思っているのである。

あとがき

田宮裕博士が一九九九年一月一二日急逝されてから、早くも二年余の月日が過ぎ去ってしまった。本書は、「はしがき」で松尾浩也東京大学名誉教授が述べられたとおり、田宮裕博士（以下先生と呼ぶことをお許し頂きたい）を追悼する趣旨の論集であるが、本論集が編まれた経緯等について若干補足させて頂く。

私は学生時代から田宮先生のお教えを仰いできたものであるが、一九九八年秋、田宮先生の立教大学御退職の慰労と紫綬褒章受章の祝賀を兼ねた「田宮裕先生を囲む会」を手伝わせて頂いて間もなく、そろそろ田宮先生の古稀を記念する論文集を企画し、献呈できるように準備しなければなどと先生の教えを受けた者を中心に話し合っていた。ところが、前述のように年が明けると間もなく、先生が突然ご逝去なされたため、古稀記念の論文集は幻の企画となってしまい残念でならなかった。

田宮先生の追悼の趣旨を込めた論文集を発刊したいとの想いに駆られながら、現今の厳しい出版事情と、私自身そのころ転勤の内示があり、前橋地方・家庭裁判所から東京高等裁判所へと職場も変わり、職務上も多忙を極める状況で、追悼論集はのびのびとならざるを得なかった。それでも、田宮先生とご縁のあった方々の暖かいご助力や励ましをいただいて、ジュリストの田宮先生追悼の特集等への執筆、遺稿集二冊（『変革のなかの刑事法』『刑事法の理論と現実』）の刊行、「田宮先生を偲ぶ会」の開催などに関わらせて頂くうち、信山社から追悼論集の出版を引き受けてもよいとの申し出を受けた。そこで、井上正仁教授、多田辰也教授をはじめとする世話人の方々と相談のうえ、追悼論集を企画したところ、学界及び実務界から多数の方々のご賛同・ご支援を得ることができ、刑事訴訟法、刑法、少年法、刑事学等の論文のほか、心のこもった追悼文など相当数の玉稿を頂戴して、本論集は上下二巻として出版することとなった。執筆者の中には、要職にあり、あるいは難題・難件を抱えられ、原稿は頂けないのではないかと思われた方々や本論集の企画を伝え聞いて積極的に執筆を申し出られた方々もおられ、本書の編集段階においても、あらためて田宮先生の広いご交友、ご人徳の大きさを実感させられるとともに、制度の激変が予感される今日こそ、田宮先生がおられれば、先生のお教えを仰げれば、との想いは深まるばかりであり、編集作業で校正刷に目を通しながら落涙を禁じ得ないこともあった。

本書が刊行されるまでには、前述のとおり信山社の袖山貴氏の暖かい申出のほか、同社編集部の中浦芳明、戸ヶ崎由美子両氏の御尽力、執筆者各位の御協力はもちろん、諸般の事情から執筆は断念されたものの我々を励ましてくださった方々のご支援があった。ここに記して厚くお礼申し上げる。他方、そのようなご協力、ご支援にもかかわらず、予定の三回忌よりも大幅に遅れたうえ、上巻のみを先行して出版することとなったのは編集に関わった我々の責任によるものである。とりわけ、当初の締切を厳守し、あるいは、早期に入稿して下さった執筆者の方々、出版を待っておられるご遺族には、誠に申し訳なく、ご海容をお願いするほかない。

本論集が追悼の趣旨にかない、学説・実務の一助ともなることを祈りつつ、田宮先生にお捧げする次第である。

二〇〇一年三月

廣瀬健二

田宮 裕博士追悼論集　上巻

2001年（平成13年）5月20日　第1版第1刷発行
1959-0101,070；656p
2005年（平成17年）4月10日　第1版第2刷発行
1959-0102,035；656p

編　集　廣 瀬 健 二
多 田 辰 也

発行者　今 井 貴

発行所　信山社出版株式会社
〒113-0033　東京都文京区本郷6-2-9-102
電　話 03（3818）1019
FAX 03（3818）0344

Printed in Japan

印刷・製本／東洋印刷・大三製本

ISBN4-7972-1959-2 C3332

1959-0102-01-035

NDC分類 326.011